STUDIA PHOENICIA

VIII

STUDIA PHOENICIA

BIBLIOTHÈQUE DE LA FACULTÉ
DE PHILOSOPHIE ET LETTRES
DE NAMUR

———————— 69 ————————

STUDIA PHOENICIA

VIII

MELQART

CULTES ET MYTHES DE L'HÉRACLÈS TYRIEN EN MÉDITERRANÉE

par

Corinne BONNET

UITGEVERIJ PEETERS - LEUVEN
PRESSES UNIVERSITAIRES DE NAMUR

1988

AVEC L'AIDE DE LA DIRECTION GENERALE DE L'ENSEIGNEMENT, DE LA FORMATION ET DE LA RECHERCHE DU MINISTÈRE DE LA COMMUNAUTÉ FRANÇAISE.

À Jean Servais

Table des matières

Deuxième partie : L'approche historico-religieuse de Melqart

A. L'assimilation de Melqart à Héraclès

B. Les antécédents historiques de Melqart

Liste des abréviations

AA(A)S	=	*Annales archéologiques (arabes) syriennes.*
AC	=	*L'Antiquité classique.*
ACFP 1	=	*Atti del I Congresso internazionale di studi fenici e punici* I-III, Rome 1983.
AEA	=	*Archivo Español de Arqueología.*
AfO	=	*Archiv für Orientforschung.*
AION	=	*Annali dell'Istituto orientale di Napoli.*
AIPHOS	=	*Annuaire de l'Institut de philologie et d'histoire orientales et slaves.*
AJA	=	*American Journal of Archaeology.*
AJBA	=	*Australian Journal of Biblical Archaeology.*
AJPh	=	*American Journal of Philology.*
AJSL	=	*American Journal of Semitic Languages and Literatures*
ANET	=	J.B. PRITCHARD (éd.), *The Ancient Near Eastern Texts Relating to the Old Testament*, 3rd ed., Princeton 1969.
ANLR	=	*Accademia nazionale dei Lincei. Rendiconti. Classe di scienze morali, storiche e filologiche.*
ANRW	=	H. TEMPORINI - W. HAASE (Hg.), *Aufstieg und Niedergang der römischen Welt.*
AnSt	=	*Anatolian Studies.*
AntAfr	=	*Antiquités africaines.*
AO	=	*Aula Orientalis.*
AOAT	=	Alter Orient und Altes Testament.
Arch. Delt.	=	Ἀρχαιολογικὸν Δελτίον.
ArOr	=	*Archiv Orientální.*
ASA	=	*Annuario della Scuola archeologica di Atene e delle missioni italiane in Oriente.*
ASP	=	*Annali della Scuola normale superiore di Pisa.*
AW	=	*The Ancient World.*
BA	=	*The Biblical Archaeologist.*
BAC	=	*Bulletin archéologique du Comité des travaux historiques et scientifiques.*
BASOR	=	*Bulletin of the American Schools of Oriental Research.*
BCAR	=	*Bullettino della commissione archeologica comunale in Roma.*
BCH	=	*Bulletin de correspondance hellénique.*
BeO	=	*Bibbia e Oriente.*
BÉS	=	J. TEIXIDOR, *Bulletin d'épigraphie sémitique*, dans *Syria* 44 (1967) - 56 (1979).
BICS	=	*Bulletin of the Institute of Classical Studies of the University of London.*
BIFAO	=	*Bulletin de l'Institut français d'archéologie orientale.*
BiOr	=	*Bibliotheca Orientalis.*
BJRL	=	*Bulletin of the John Rylands Library.*
BMB	=	*Bulletin du Musée de Beyrouth.*
BMC	=	*A Catalogue of the Greek Coins in the British Museum.*
BSA	=	*Annual of the British School at Athens.*

BSOAS	=	*Bulletin of the School of Oriental and African Studies.*
BZ	=	*Biblische Zeitschrift.*
CAH I-III	=	*The Cambridge Ancient History* I-II, 3rd ed., Cambridge 1970-77 ; III, 2nd ed., Cambridge 1982 ss.
CIL	=	*Corpus Inscriptionum Latinarum.*
CIS I	=	*Corpus Inscriptionum Semiticarum. Pars I : Inscriptiones phoenicias continens*, Paris 1881ss.
CJ	=	*The Classical Journal.*
CP	=	*Classical Philology.*
CRAI	=	*Comptes rendus de l'Académie des inscriptions et belles-lettres.*
CW	=	*The Classical World.*
DBS	=	*Dictionnaire de la Bible. Supplément*, Paris 1928 ss.
DHA	=	*Dialogues d'histoire ancienne.*
DISO	=	Ch.-F. JEAN - J. HOFTIJZER, *Dictionnaire des inscriptions sémitiques de l'Ouest*, Leyde 1965.
EAD	=	*Exploration archéologique de Délos*, Paris 1909 ss.
ÉPRO	=	Études préliminaires aux religions orientales dans l'Empire romain.
EVO	=	*Egitto e Vicino Oriente.*
FGH	=	F. JACOBY, *Die Fragmente der griechischen Historiker*, Berlin-Leyde 1923-58.
FHG	=	C. MÜLLER, *Fragmenta Historicorum Graecorum*, Paris 1841-70.
GGM	=	C. MÜLLER, *Geographi Graeci minores* I-II, Paris 1855-61.
HAAN	=	S. GSELL, *Histoire ancienne de l'Afrique du Nord*, 8 vol., Paris 1914-28.
HThR	=	*Harvard Theological Review.*
ICO	=	M.G. GUZZO AMADASI, *Le iscrizioni fenicie e puniche delle colonie in Occidente* (Studi semitici 28), Rome 1967.
ID	=	F. DURRBACH et alii, *Inscriptions de Délos*, Paris 1927 ss.
IEJ	=	*Israel Exploration Journal.*
IG	=	*Inscriptiones Graecae*, Berlin 1873 ss.
IGLS	=	*Inscriptions grecques et latines de la Syrie*, Paris 1929 ss.
IGRR	=	*Inscriptiones graecae ad res romanas pertinentes.*
IK	=	V. KARAGEORGHIS - M.G. AMADASI GUZZO, *Fouilles de Kition* III. *Inscriptions phéniciennes*, Nicosie 1977.
JA	=	*Journal Asiatique.*
JANES	=	*Journal of the Ancient Near Eastern Society of Columbia University.*
JAOS	=	*Journal of the American Oriental Society.*
JESHO	=	*Journal of the Economic and Social History of the Orient.*
JHS	=	*Journal of Hellenic Studies.*
JIAN	=	*Journal international d'archéologie numismatique.*
JNES	=	*Journal of the Near Eastern Studies.*
JRS	=	*Journal of Roman Studies.*
KAI	=	H. DONNER - W. RÖLLIG, *Kanaanäische und aramäische Inschriften*, Wiesbaden 1962-64 (3. Aufl. 1971-76).
KTU	=	M. DIETRICH - O. LORETZ - J. SANMARTÍN, *Die keilalphabetischen Texte aus Ugarit. Teil I. Transkription* (AOAT 4/1), Kevelaer-Neukirchen-Vluyn 1976.
LÄg	=	W. HELCK - E. OTTO (Hg.), *Lexikon der Ägyptologie*, Wiesbaden 1972 ss.
LAPO	=	Littératures anciennes du Proche-Orient.
LEC	=	*Les Études Classiques.*

LIMC	=	*Lexicon iconographicum mythologiae classicae*, Zurich-Munich 1981 ss.
Los Fenicios	=	M.E. AUBET SEMMLER - G. DEL OLMO LETE, *Los Fenicios en la Península Ibérica* I. *Arqueología, Cerámica y Plástica*. II. *Epigrafía y Lengua. Glíptica y Numismática. Expansión e Interacción Cultural*, Barcelone 1986.
MEE	=	*Materiali epigrafici di Ebla*, Naples 1979 ss.
MÉFRA	=	*Mélanges d'archéologie et d'histoire de l'École fr. de Rome. Antiquité*.
MIO	=	*Mitteilungen des Instituts für Orientforschung*.
MLE	=	*Materiali lessicali ed epigrafici*.
MN	=	*Museum Notes*.
MUSJ	=	*Mélanges (de la Faculté Orientale) de l'Université Saint-Joseph*.
OA	=	*Oriens Antiquus*.
OBO	=	Orbis Biblicus et Orientalis.
OGIS	=	W. DITTENBERGER, *Orientis graeci inscriptiones selectae*, Leipzig 1903-05.
OLA	=	Orientalia Lovaniensia Analecta.
OLP	=	*Orientalia Lovaniensia Periodica*.
Or	=	*Orientalia*. Nova series.
PEQ	=	*Palestine Exploration Quarterly*.
PRU II	=	Ch. VIROLLEAUD, *Le Palais royal d'Ugarit* II, Paris 1957.
PW	=	A. PAULY - G. WISSOWA et alii (Hg.), *Realencyclopädie der classischen Altertumswissenschaft*.
QDAP	=	*Quarterly of the Department of Antiquities of Palestine*.
RA	=	*Revue d'assyriologie et d'archéologie orientale*.
RAO	=	Ch. CLERMONT-GANNEAU, *Recueil d'archéologie orientale* I-VIII, Paris 1885-1921.
RArch	=	*Revue archéologique*.
RB	=	*Revue biblique*.
RBPhH	=	*Revue belge de philologie et d'histoire*.
RDAC	=	*Report of the Department of Antiquities of Cyprus*.
RÉA	=	*Revue des études anciennes*.
RÉG	=	*Revue des études grecques*.
RÉL	=	*Revue des études latines*.
RelFen	=	*La religione fenicia. Matrici orientali e sviluppi occidentali. Atti del Colloquio in Roma (6 marzo 1979)* (Studi semitici 53), Rome 1981.
REPPAL	=	*Revue des études phéniciennes-puniques et des antiquités libyques*.
RÉS	=	*Répertoire d'épigraphie sémitique*, Paris 1905 ss.
RHR	=	*Revue de l'histoire des religions*.
RLA	=	*Reallexikon der Assyriologie und vorderasiatischen Archäologie*.
RNum	=	*Revue numismatique*.
RSF	=	*Rivista di studi fenici*.
RSO	=	*Rivista degli studi orientali*.
SCE	=	E. GJERSTAD et alii, *The Swedish Cyprus Expedition*, Stockholm 1934-48.
SCO	=	*Studi classici e orientali*.
SE	=	*Studi etruschi*.
SEb	=	*Studi eblaiti*.
SEL	=	*Studi epigrafici e linguistici sul Vicino Oriente antico*.
SIMA	=	Studies in Mediterranean Archaeology.
SM	=	*Studi magrebini*.
SMSR	=	*Studi e materiali di storia delle religioni*.
SNG	=	*Sylloge Nummorum Graecorum*.

SSR	=	*Studi storico-religiosi.*
St.Phoen.	=	*Studia Phoenicia.*
TAPhA	=	*Transactions and Proceedings of the American Philological Association.*
ThWAT	=	J. BOTTERWECK - H. RINGGREN - H.-J. FABRY (Hg.), *Theologisches Wörterbuch zum Alten Testament,* Stuttgart 1970 ss.
TM	=	Tell Mardikh.
TOu	=	A. CAQUOT - M. SZNYCER - A. HERDNER, *Textes ougaritiques* I. *Mythes et légendes,* Paris 1974.
TRU	=	P. XELLA, *I testi rituali di Ugarit -I* (Studi semitici 54), Rome 1981.
UF	=	*Ugarit-Forschungen.*
VO	=	*Vicino Oriente.*
VT	=	*Vetus Testamentum.*
WO	=	*Die Welt des Orients.*
ZAW	=	*Zeitschrift für die alttestamentliche Wissenschaft.*
ZDPV	=	*Zeitschrift des Deutschen Palästina-Vereins.*

Avant-propos

Ce volume, issu d'une thèse de doctorat défendue à l'Université de Liège en mars 1987, a bénéficié de multiples appuis que j'ai grand plaisir à évoquer. Les membres du jury, les professeurs Cl. Baurain, Ch. Fontinoy, E. Lipiński, J. Loicq et P. Marchetti, ainsi que L. Isebaert, qui a fait partie du comité de publication, ont largement concouru à la révision du fond et de la forme de cette étude par leurs remarques critiques et leurs suggestions. Je leur en sais vivement gré et je tiens à souligner l'attention ainsi que la disponibilité généreuses d'E. Lipiński, Cl. Baurain et P. Marchetti qui ont tant contribué à l'élaboration et à la maturation de ce travail.

Tous mes remerciements vont aux Facultés Notre-Dame de la Paix qui m'ont permis de réaliser cette enquête dans les meilleures conditions et ont participé à sa publication. Je dois beaucoup à l'amitié de mes collègues des Départements d'Histoire et de Philologie Classique et au constant et chaleureux soutien de R. Noël, Doyen de la Faculté de Philosophie et Lettres. La photocomposition de ce volume a été réalisée à la Société des Études Classiques, au sein de laquelle j'ai bénéficié du dévouement et des conseils d'A.-M. Guillaume.

Je ne puis nommer ici tous les collègues belges et étrangers qui m'ont prodigué leur conseils : qu'ils soient assurés de ma plus profonde gratitude. Parmi eux, le professeur M. Sznycer a eu l'extrême amabilité d'assister à ma défense publique et de me communiquer ensuite une foule d'appréciations critiques dont j'ai tenté de faire le meilleur usage. Avec Colette Jourdain-Annequin, auteur d'une thèse sur Héraclès en Occident qui paraîtra sous peu, j'ai eu le grand plaisir d'établir un échange d'idées très enrichissant et plein de promesses. Je remercie encore les professeurs S. Moscati et W. Röllig de l'intérêt qu'ils ont manifesté pour mes recherches. J'ai fait appel, pour l'illustration, à plusieurs collègues et établissements scientifiques dont l'amabilité et la diligence méritent d'être soulignées : J. Des Courtils, l'École française d'Athènes, G. Falsone, l'Istituto per la Civiltà fenicia e punica, P. Naster, le Musée archéologique d'Istanbul, L. Villaronga et M. Yon.

Parents et amis n'ont cessé, durant ces années, de me soutenir de leur affection et de leur sollicitude, en m'aidant sans relâche, jusque dans les relectures d'épreuves. Je les en remercie du fond du cœur.

Dans un domaine où, sur les traces de son maître Angelo Brelich, il a mieux que quiconque réfléchi et écrit, comment dire enfin ce que je dois à Paolo Xella ? Sans lui, ce livre ne serait pas ce qu'il est.

Au moment de dédier ce volume à Jean Servais, mon très cher maître disparu lorque cette recherche n'en était qu'à ses premiers balbutiements, je me souviens, comme ceux qui l'ont connu, de sa cordialité et de son intelligence. Elles m'ont accompagnée dans ce long cheminement dont j'aurais aimé lui montrer l'aboutissement.

Namur, février 1988

Préface : Objectifs et méthodes

1. Le cadre des études phénico-puniques

Une recherche sur Melqart, le dieu poliade de la cité phénicienne de Tyr et de divers établissements phéniciens de Méditerranée, témoigne de l'intérêt récemment porté aux études phénico-puniques. Quelques savants du siècle passé ont certes fait œuvre de pionniers dans ce domaine, tels E. Renan, F.K. Movers, Ch. Clermont-Ganneau ou W.W. Baudissin, mais, sous l'impulsion de diverses personnalités scientifiques, parmi lesquelles S. Moscati a joué un rôle de premier plan, les travaux sur la civilisation phénicienne et punique ont connu et connaissent un essor remarquable depuis plus d'une décennie. La Belgique, avec son groupe interuniversitaire d'études phéniciennes et puniques, présidé par le professeur E. Lipiński, y apporte sa contribution. Plus d'un siècle après l'étude de D. Raoul-Rochette sur les rapports entre l'Héraclès assyro-phénicien et son correspondant grec [1] ou après le panorama de la religion phénicienne proposé par C.P. Tiele [2], cette monographie s'inscrit donc dans un courant de renouveau scientifique.

Comme tout secteur en «effervescence», le domaine des études phénico-puniques est le siège d'entreprises tous azimuts : fouilles, publications d'inscriptions, études iconographiques, onomastiques ... Mais, fort heureusement, cette productivité n'étouffe pas les légitimes, les indispensables efforts de réflexion pour *définir l'objet commun de ces études*. La problématique de fond qui traverse en effet le domaine phénico-punique présente un double visage :

— d'une part, celui de la pauvreté et de l'hétérogénéité du matériel disponible, aspect sur lequel nous nous proposons de revenir ultérieurement pour la religion en particulier;

— d'autre part, celui de la difficulté à proposer une définition opérationnelle du champ de recherches.

En 1974, S. Moscati a publié un volume, intitulé *Problematica della civiltà fenicia* [3], où il traitait explicitement de la seconde question. Il remarquait bien que les limites géographiques et chronologiques à donner à la civilisation phénicienne sont plus souvent «*acriticamente presupposti*»,

---

[1] D. RAOUL-ROCHETTE, *Mémoire sur l'Hercule assyrien et phénicien considéré dans ses rapports avec l'Hercule grec*, Paris 1848.

[2] C.P. TIELE, *La religion des Phéniciens*, dans *RHR* 3 (1881), p. 167-217.

[3] S. MOSCATI, *Problematica della civiltà fenicia* (Studi semitici 46), Rome 1974.

plutôt que *«criticamente definiti»*[4]. La question, ajoutait-il à juste titre, n'est nullement formelle, mais substantielle. Il ne s'agit pas de s'entendre sur des conventions, mais d'ériger en objet conceptuel un contenu historique qui *s'impose* comme tel à nous. Pour le même auteur, c'est avec le début de l'Âge du Fer, vers 1200 av. J.-C., consécutivement à l'invasion des Peuples de la Mer, qu'une «nation» phénicienne se dégage[5]. Les conditions géo-politiques seraient alors, à ses yeux, altérées par le flot de nouveaux venus et par la sédentarisation des Araméens et des Israélites, contraignant les Phéniciens à se tourner résolument vers la mer. Ils se seraient donc progressivement, mais fermement, différenciés de leurs voisins, notamment par l'héritage syro-palestinien dont ils étaient détenteurs. Par cette voie et au travers de traits linguistiques, artistiques et autres, s'exprimerait une «autonomie» ethnique et culturelle fondant la civilisation phénicienne.

Cette approche a été récemment contestée par Cl. Baurain, dans une étude sur la portée du terme *«phénicien»*[6]. Il y prend pour point de départ les résultats des fouilles de Kāmid el-Lōz, un site libanais de la Bekaa, et, en particulier, certains objets en ivoire datés de 1400 av. J.-C. environ, dont le style naturaliste préfigure ou manifeste déjà l'art «phénicien», celui que l'on confine généralement au Iᵉʳ millénaire[7]. On est donc amené à se demander si, en raison de leur datation et en dépit de leur style, on est en droit de leur refuser la qualité de «phéniciens». Les fondements objectifs de l'équation Phéniciens = Iᵉʳ millénaire (ou du moins période postérieure à 1200 av. J.-C.) sont de fait remis en cause, dans divers domaines, par de multiples démonstrations de continuité entre l'Âge du Bronze et l'Âge du Fer, continuité que S. Moscati considère d'ailleurs comme un trait spécifique de l'identité phénicienne. Outre les ivoires, on peut songer à bien des aspects de la religion et des cultes que les textes d'Ougarit ont rendu sensibles et que ceux récemment découverts à Émar confirment largement[8]. Il n'est pas question ici de prôner l'absence de disparité entre le IIᵉ et le Iᵉʳ millénaire, mais de se demander si cette disparité ne tient pas davantage d'une évolution historique somme toute assez naturelle, plutôt que d'une fracture fatidique, suffisamment nette pour départager deux civilisations, deux terminologies. Si, du reste, Ougarit a subi de front le choc des Peuples de la Mer à la fin du XIIᵉ siècle av. J.-C., il semble que sa voisine, sur le site de Ras Ibn Hani, à 5 km, ait été réoccupée immédia-

[4] *Ibid.*, p. 21.
[5] *Ibid.*, p. 24 : le terme de *nazione* nous paraît en tout cas excessif.
[6] Cl. Baurain, *Portée chronologique et géographique du terme «phénicien»*, dans *St.Phoen.* IV, Namur 1986, p. 7-28.
[7] R. Echt, *Les ivoires de Kāmid el-Lōz*, dans *St.Phoen.* III, Leuven 1985, p. 69-83.
[8] D. Arnaud, *Recherches au pays d'Aštata. Textes sum. et acc.* (Émar VI/1-3), Paris 1985-86.

tement après sa destruction. Le manque de données pour les sites de la côte libanaise nous interdit de conclure *a priori* à l'un ou l'autre scénario en Phénicie. Probablement touchées par le raid en question, les cités côtières de Phénicie s'en sont apparemment assez rapidement relevées [9].

L'ambiguïté n'est pas moindre quand on tente de cerner les Phéniciens par leur nom. Cl. Baurain a bien montré que l'origine grecque de ce terme fixe *ipso facto* les limites de validité d'une définition partant de là. Est «phénicien» ce que les Grecs ont considéré comme tel, ce qui, *à leurs yeux*, se distinguait par une certaine façon d'être, de vivre, de parler... L'on peut difficilement, sinon au risque de susciter d'irrémédiables confusions, user aujourd'hui du même terme en lui donnant un contenu différent et prétendument objectif. Or, il faut se souvenir du fait que le terme φοῖνιξ, sous la forme *po-ni-ki-jo*, apparaît déjà sur les tablettes en linéaire B. L'*Iliade* et l'*Odyssée* connaissent aussi des Phéniciens et des Sidoniens [10]. Malgré les débats qui agitent les études homériques sur la portée historique du témoignage épique, on ne se défera pas facilement de l'idée que le «Phénicien», pour les Grecs, c'est *«le partenaire commercial privilégié (...) des époques mycénienne et géométrique»* [11], indépendamment donc de la logique de 1200 av. J.-C. Il est significatif de voir des sources classiques parler de Phéniciens et de fondations en Occident aux alentours de la Guerre de Troie, sans que l'utilisation de ce vocable semble liée à quelque échéance que ce soit. Il faut, en conclusion, être attentif au contenu objectif du terme Φοίνικες, mais aussi à la charge «affective» qu'il véhicule, car il s'insère dans la vaste problématique de la perception hellénocentriste du monde et des peuples.

Ce vocable peut donc difficilement fournir l'assise à une délimitation précise et univoque de la civilisation phénicienne. Le recours au terme «Cananéen» pour tenter d'objectiver une identité encore mal définie débouche sur des résultats également négatifs. G. Bunnens a dernièrement rappelé que ce terme recouvre une réalité complexe dans laquelle les Phéniciens n'entrent que pour une part [12]. Il n'est donc pas le reflet d'une prise de conscience d'une identité ou d'une unité, au delà des particularismes locaux.

Reste dès lors, par delà les mots, à faire appel à une démarche historique sans a priori. Partant d'une large documentation, elle viserait à organi-

---

[9] R. DE VAUX, *La Phénicie et les Peuples de la Mer*, dans *MUSJ* 45 (1969), p. 479-498.

[10] P. CHANTRAINE, *À propos du nom des Phéniciens et des noms de la pourpre*, dans *Studii clasice* 14 (1972), p. 7-15 ; P. WATHELET, *Les Phéniciens dans la composition formulaire de l'épopée grecque*, dans *RBPhH* 52 (1974), p. 5-14 ; ID., *Les Phéniciens et la tradition homérique*, dans *St.Phoen.* III, Leuven 1985, p. 235-243.

[11] Cl. BAURAIN, *art. cit.* (n. 6), p. 27.

[12] G. BUNNENS, *«Cananéens» ou «Phéniciens»*, communication inédite au Colloque de Louvain (novembre 1985).

ser, sur des critères objectifs, les diverses manifestations de l'activité humaine afin de se prononcer, non dans l'absolu, mais *à l'intérieur d'un réseau culturel organique*, sur l'extension et la périodisation d'une civilisation «phénicienne», clairement distinguée des autres. Une telle entreprise n'ayant pas encore été mise en chantier, on continuera d'attribuer à la Phénicie et aux Phéniciens un sens conventionnel, d'Arados au Carmel, principalement le Ier millénaire av. J.-C., tout en soulignant les flucutations importantes d'un auteur à l'autre. Il va de soi que l'éclatement de la côte syro-libanaise en une série de petits États, indépendants et concurrents, rend plus sensible encore l'impression d'absence d'unité. Or, ce cadre historique est d'une importance particulière lorsque l'on aborde l'étude de la religion phénicienne. Dans la mesure où cette parcellisation en microcosmes est représentative de la Phénicie, on peut considérer que la religion en est une expression privilégiée. De l'avis de tous, elle joue en effet un important rôle de différenciation : par les cultes, chaque cité affirme son identité. Ainsi Melqart est-il le Baal de Tyr, comme Eshmoun est celui de Sidon. Les panthéons urbains prennent donc une part non négligeable dans le processus historique de structuration des cités phéniciennes. Cependant, pas plus dans le domaine religieux que dans les autres, la composante phénicienne ne peut être isolée géographiquement ou chronologiquement. La religion phénicienne a largement débordé de ses frontières et s'est implantée, sous l'impulsion de l'expansion en Méditerranée, dans diverses zones du monde antique. Typologiquement, elle appartient en plus au groupe des religions des Sémites occidentaux qui présente certaines caractéristiques d'ensemble et elle a subi de profondes influences extérieures : égyptiennes, mésopotamiennes, syro-palestiniennes, sans oublier les contacts avec la religion gréco-romaine. Mélange de tradition, voire de conservatisme, et de souplesse, d'adaptation, la religion phénicienne ne peut être étudiée en vase clos, mais cette dispersion nécessite a fortiori plus de rigueur dans la démarche : une étude privée de fondements méthodologiques solides serait vouée à l'échec.

On comprend en effet que pour pénétrer dans pareil champ d'étude, se retrancher derrière l'ambiguïté, la fluidité, voire l'évanescence de l'objet n'est pas une démarche scientifique : ceci ne peut en aucun cas justifier une enquête à l'emporte-pièce. Une chose est de constater cette donnée, de s'en imprégner afin de relativiser les progrès accomplis, une autre est d'affronter ce problème et d'y parer par une stratégie critique concertée, élaborée en fonction des sources dont nous disposons.

2. La problématique des sources

La religion phénico-punique et les problèmes méthodologiques qu'elle pose ont fait l'objet de deux études, par M. Sznycer et P. Xella, auxquelles nous rattacherons notre propos[13]. Nous disposons en réalité de deux grands types de sources : les sources écrites et les sources non écrites, archéologiques ou iconographiques. Dans chaque catégorie, on trouve des sources «directes», selon la terminologie de M. Sznycer, c'est-à-dire des sources secrétées par la civilisation phénico-punique elle-même, et des sources indirectes ou étrangères, ce qui signifie que l'information qu'elles contiennent a transité, avec plus ou moins d'effet, par un milieu culturel différent, par un filtre. En toute logique, l'historien privilégiera les sources directes textuelles. La discrimination à l'égard des sources non écrites résulte de la difficulté de faire parler, et surtout de faire parler juste, des documents «muets» que, souvent, seul le regard de l'historien érige en sources du passé. L'éclairage des textes s'avère donc fondamental pour comprendre les figurations, pour identifier un sanctuaire, même si, la plupart du temps, le travail du chercheur consistera à tenter de mettre réciproquement en lumière l'un et l'autre type de documents.

Le lot quotidien de l'historien de la religion phénico-punique est en effet d'être confronté à un *testis unus* qu'en raison de la rareté des documents, il est réticent à considérer comme un *testis nullus*. Il faudra être attentif afin que cette légitime volonté de tirer des sources un maximum de données ne débouche pas sur un «acharnement herméneutique». Si les sites du Croissant Fertile ont livré quantité de tablettes portant des textes cunéiformes, les pays à écriture alphabétique linéaire ont davantage recouru à des supports d'écriture périssables. Ainsi peut-on partiellement rendre compte du naufrage du patrimoine écrit phénico-punique, dont seuls quelques lambeaux nous ont été transmis par l'intermédiaire d'auteurs classiques. La mythologie phénico-punique est donc une réalité (ou un mythe ?) qui nous fait cruellement défaut, mis à part le texte de Philon de Byblos. Le bilan serait bien négatif, si nous ne disposions d'un petit patrimoine de documents épigraphiques directement issus des terres habitées par les Phéniciens. On en dénombre environ 300 pour l'Orient, dont 200 déjà en provenance de Chypre, et environ 7000 pour la zone punique. Ceux qui concernent Melqart, on pourra s'en rendre compte plus avant, ne dépassent guère la dizaine. Cela dit, pour en évaluer l'apport à notre connaissance, il faut tenir compte non seulement de leur état de conservation, mais surtout de leur caractère répétitif, stéréotypé. Beaucoup d'entre eux saisissent au vol et laconiquement un acte quotidien du culte, de peu de portée. Rarement, ils en énoncent les modalités précises, les règles, en

---

[13] M. SZNYCER, *Phéniciens et Puniques. Leurs religions*, dans Y. BONNEFOY (éd.), *Dictionnaire des Mythologies* II, Paris 1981, p. 250-256 ; ID., *Sémites occidentaux. Les religions et les mythes. Et les problèmes de méthode*, ibid., p. 421-429 ; P. XELLA, *Aspetti e problemi dell'indagine storico-religiosa*, dans *RelFen*, Rome 1981, p. 7-25.

présentent le destinataire autrement que par un seul théonyme. Ils consti-
tueront néanmoins, en raison de leur transmission sans intermédiaire, donc
de leur fidélité à la réalité, une catégorie essentielle de documents.

Le recours aux sources écrites extérieures s'avère lui aussi tout à fait
indispensable, mais il n'est pas sans danger. M. Sznycer a vigoureusement
dénoncé l'utilisation tendancieuse et le poids excessif du texte biblique
dans l'étude de la religion phénico-punique. Le «biblicentrisme» risque de
déformer les perspectives et d'orienter a priori les questions. Par exemple,
on ne peut envisager de clarifier la nature du sacrifice *mlk* à partir des
témoignages vétéro-testamentaires relatifs à *Molek*. Le second écueil est
naturellement constitué par les sources gréco-romaines, majoritaires dans
notre dossier sur Melqart. Elles nécessitent tout un travail de décryptage
dans la mesure où elles nous livrent une image, un reflet plus ou moins
déformé de la religion phénico-punique. La perception d'un système culturel de l'extérieur entraîne inévitablement des incompréhensions, des déviations auxquelles il faut être attentif. Mais, dans l'un et l'autre cas, plutôt
que de paralyser la recherche, ces obstacles peuvent aussi stimuler, enrichir
les enquêtes. Pour P. Xella, les deux écueils, biblique et classique, doivent
être «*exorcisés de l'intérieur*» [14]. Plutôt que de capituler et de laisser le terrain aux spécialistes de chacune de ces branches, qui feraient des études
phénico-puniques un sous-domaine, il s'agira de viser une valorisation
maximale des témoignages extérieurs, dans le cadre même de ces études,
donc être simultanément à l'écoute des deux niveaux du discours : d'une
part, le discours objectif, qui fera l'objet d'une approche critique traditionnelle, d'autre part sa dimension «idéologique», qui peut apporter un «plus»
à notre connaissance et des Phéniciens et de ceux qui en parlent.

Cette voie nouvelle a déjà suscité diverses études significatives sur
l'image des Phéniciens dans la littérature classique [15] et sur le phénomène
crucial de l'*interpretatio*. S. Ribichini y a consacré une bonne partie de son
récent *Poenus advena* [16] et en a démontré la complexité, autant que la
richesse. Loin d'être un mécanisme uniforme et automatique, le rapprochement entre une divinité phénico-punique et un correspondant classique
répond à la fois à une logique profonde, qui repose sur des affinités réelles,
et à des exigences circonstancielles et locales. Les données issues de ce phénomène ne peuvent donc faire l'objet d'une utilisation mécanique et sans

---

[14] P. XELLA, *art. cit.* (n. 13), p. 9.
[15] S. RIBICHINI, *Adonis. Aspetti «orientali» di un mito greco*, Rome 1981 ; G. PICCALUGA, *La mitizzazione del Vicino Oriente nelle religioni del mondo classico*, dans H.-J. NIESSEN - J. RENGER (éd.), *Mesopotamien und seine Nachbarn*, Berlin 1982, p. 573-612 ; C. BONNET, *Phoinix Πρῶτος Εὑρετής*, dans *LEC* 51 (1983), p. 3-11 ; M. DUBUISSON, *L'image du Carthaginois dans la littéra-ture latine*, dans *St.Phoen.* I-II, Leuven 1983, p. 159-167.
[16] S. RIBICHINI, *Poenus advena*, Rome 1985.

nuance, mais doivent au contraire être évaluées au cas par cas, en fonction du cadre matériel et mental qui les a vues éclore. Lorsque, ainsi que nous nous préparons à le faire, un culte exige une enquête en tous sens, la prise en compte des substrats s'avère fondamentale pour éclairer les interprétations religieuses, qui agissent comme le révélateur d'une personnalité divine passée au crible [17].

Les sources relatives à la religion phénico-punique sont donc rares, disparates, biaisées. Face à ce constat, il importe d'adapter ses ambitions et ses objectifs. Comme le note M. Sznycer, il semble délicat et prématuré, à l'heure actuelle, d'entreprendre une synthèse sur ce sujet. On s'en tiendra par conséquent à des approches plus limitées, ainsi que le proposait P. Xella en 1981. C'est dans cet état d'esprit que nous avons travaillé, avec l'espoir que la réunion d'un dossier, celui de Melqart, puisse apporter un éclairage, partiel certes, mais néanmoins significatif sur cette zone d'ombre que sont les cultes phéniciens. La volonté de constituer un dossier exhaustif se justifie non seulement par un souci d'information, mais surtout par la conviction de trouver ainsi l'unique palliatif à la pauvreté et à la dispersion des documents. On n'oubliera jamais que notre perspective est celle de Melqart et que les sources relatives à Héraclès ou Hercule seront incorporées à cette étude en fonction de leur rapport avec le dieu phénicien. Avoir affaire à une problématique comme la nôtre, l'étude d'une divinité, suppose l'appui d'une série de principes méthodologiques issus de l'histoire des religions.

3. L'approche historico-religieuse de Melqart

Deux dangers vont constamment menacer cette entreprise. Si l'on ne redoutait pas les néologismes, on pourrait les appeler le «phénicocentrisme» et le «melqartocentrisme». Faire de Melqart un objet spécifique de recherche ne doit pas faire croire qu'historiquement parlant, il occupe partout et toujours la place centrale qu'il tient dans cette monographie. De même, à l'échelon supérieur, les civilisations en contact avec le monde phénico-punique ne doivent pas apparaître comme autant de satellites autour d'une planète, comme s'il existait une hiérarchie historiquement fondée entre les civilisations. Il faudra donc veiller à restituer des perspectives objectivement fondées et, pour y arriver, n'isoler ni Melqart, ni les Phéniciens.

La méthodologie de l'histoire des religions affirme la nécessité de ne pas limiter le champ d'étude à une civilisation. La spécialisation historique outrancière, liée au poids exorbitant de la bibliographie et à la technicité

---

[17] S. MOSCATI, *op. cit.* (n. 3), p. 95-104.

des approches, ont eu pour effet de cloisonner la recherche. Or, comme le note A. Brelich [18], *«l'étude des faits religieux n'est certes pas la seule susceptible de mettre en lumière l'insuffisance des recherches limitées à l'étude d'une civilisation, mais elle paraît, à cet égard, particulièrement significative, justifiant l'autonomie de l'"histoire des religions" en tant que discipline»*. L'approche phénoménologique des religions a au moins eu le mérite de rendre manifeste l'assise commune de bien des rites, mythes ou symboles, donc l'intérêt de ne pas les dissocier excessivement. Toute la richesse de la démarche historique prônée par A. Brelich et «l'école de Rome» [19] consiste à saisir et à éclairer les singularités historiques dont chaque civilisation a fait preuve dans le recours, l'organisation, la valorisation de ce «patrimoine» religieux. Pour en saisir ici ou là l'originalité, pour en dégager les spécificités, il faut embrasser une vaste matière, la plus vaste possible, dans le temps et dans l'espace, et s'attacher au réseau de communication qui relie le *sacré* à la *société* [20].

On comprend immédiatement que, dans cette perspective, le comparatisme demeure un outil privilégié de la recherche en histoire des religions. A. Brelich posait comme fondement de cette démarche non une *«prétendue 'nature humaine' commune»*, mais plutôt *«l'unité de l'histoire humaine»* [21]. On sera bien entendu attentif à ne pas pratiquer le «comparatisme sauvage» que dénonce M. Sznycer à propos des religions des Sémites occidentaux [22]. On ne peut en effet sous-évaluer les spécificités de chaque peuple, de chaque histoire, de chaque culture, de sorte qu'il paraît hasardeux, à ce jour, de chercher à dégager une *Ursemitische Religion*, à partir de laquelle on pourrait évaluer les écarts [23]. La parenté manifeste des langues sémitiques favorise le comparatisme intra-sémitique, mais risque aussi de déboucher sur une banalisation, une simplification, une uniformisation des réalités. Plus particulièrement en ce qui concerne les divinités, on ne pourra s'arrêter aux mots, à des théonymes semblables ou apparentés, mais on devra en revanche tendre à percer les contenus. La présence de Rasahp à Ébla, Ougarit, Émar et en Phénicie est le signe d'une remarquable longévité du théonyme, de la force persistante des cultes [24], mais sûrement pas

---

[18] A. BRELICH, *Prolégomènes à une histoire des religions*, dans *Histoire des religions* (La Pléiade) I, Paris 1970, p. 3-59, surtout p. 38.

[19] A. BRELICH, *La metodologia della scuola di Roma*, dans *Il mito greco*, Rome 1977, p. 3-29.

[20] M. DETIENNE, *Du polythéisme en général*, dans *CP* 81 (1986), p. 47-55.

[21] A. BRELICH, *art. cit.* (n. 18), p. 48 ; ID., *Storia delle religioni : perchè ?*, Naples 1979, p. 205-223, 226-257.

[22] M. SZNYCER, *art. cit.* (n. 13), p. 246.

[23] Cf. pourtant W. DAUM, *Ursemitische Religion*, Stuttgart 1985.

[24] M. SZNYCER, *art. cit.* (n. 13), p. 250-256, considère qu'il s'agit là d'un trait caractéristique de la religion phénicienne.

de la «survivance», des millénaires durant, de la même figure divine, avec la même physionomie.

Dans le cas de Melqart, étudier l'ensemble de son dossier, c'est tenter de faire la part de la tradition, de la fidélité au modèle élaboré comme tel à Tyr au Ier millénaire av. J.-C. — car ici on peut tabler sur une genèse assez claire — et celle de la souplesse[25], de l'adaptation aux conditions géographiques et culturelles nouvelles, des contaminations et remaniements, au fil des implantations en Méditerranée : bref, faire *l'histoire* de Melqart, *des* Melqart.

Pour y parvenir et éviter le piège du «melqartocentrisme», il faudra veiller, chaque fois que cela sera possible, à étudier Melqart non pas en soi, mais comme la *composante d'un panthéon polythéiste*. A. Brelich et dernièrement M. Detienne ont insisté sur le fait que le polythéisme est un système de classification des pouvoirs détenus par les êtres surhumains[26]. Chaque divinité s'y définit par rapport aux autres, non pas statiquement, mais à travers l'éventail des positions qu'elle pourrait occuper. Bref, il s'agit d'une logique différentielle et classificatoire. La discrimination entre les entités divines débouche sur une délimitation des domaines d'action, d'intervention, de sorte qu'un panthéon polythéiste est un ensemble complexe et organique, sujet à des processus historiques de théocrasie et d'énothéisme, par exemple. Dessiner la carte des panthéons phénico-puniques nécessiterait un soutien documentaire plus ample que celui dont nous disposons actuellement, mais l'essai de P. Xella sur le polythéisme phénicien a montré ce vers quoi nous devons tendre[27].

4. Le plan adopté

Un examen attentif et systématique de l'ensemble des *testimonia* relatifs à Melqart comme tel, ou sous la forme «interprétée» d'Héraclès-Hercule, nous est apparu comme un préalable indispensable à toute interprétation de sa figure. C'est la raison pour laquelle cette étude comporte deux parties. La première, analytique donc plus développée, axée sur l'heuristique, fournit une interprétation ponctuelle, mais approfondie de chaque témoignage, dans le cadre qui l'a produit, et des évolutions dont il se fait l'écho. La seconde partie, plus interprétative, voire spéculative, est davantage synthétique, donc plus courte. Elle propose, pour la première fois, une évaluation globale des processus historiques qui ont présidé à l'élaboration, à la transmission et à l'altération du personnage divin appelé Melqart.

---

[25] *Ibid.*, p. 250-256 : autre trait spécifique de la religion phénicienne.
[26] A. Brelich, *Il politeismo*, Rome 1958 ; M. Detienne, *art. cit.* (n. 20), p. 47-55.
[27] P. Xella, *Le polythéisme phénicien*, dans *St.Phoen.* IV, Namur 1986, p. 29-39.

Seule une solide connaissance du dossier autorise en effet la formulation d'hypothèses historiquement fondées et non de jugements a priori, reposant sur des présupposés idéologiques ou conceptuels.

L'ordonnance géographique de la première partie s'est imposée comme la plus cohérente, la plus adaptée et la plus prometteuse. Elle permet en effet de replacer Melqart dans un cadre culturel précis où il s'est inséré et vis-à-vis duquel il a «réagi». Adopter une logique chronologique, du moins absolue, comme fil conducteur aurait signifié sacrifier la dimension spatiale combien importante pour une religion itinérante comme le fut la religion phénicienne, au profit d'une autre logique absente de nos sources dans la plupart des cas. Car presque jamais les auteurs ne s'intéressent à l'histoire du culte, mais plutôt aux particularités qu'il adopte ici ou là. La logique géographique n'est donc ni une convention, ni un arbitraire : elle découle des sources elles-mêmes. L'itinéraire retenu, au départ de Tyr, la métropole du culte de Melqart, suit l'expansion phénicienne en Méditerranée en privilégiant l'Occident où la composante phénico-punique s'impose avec plus de netteté. Ensuite seront abordées les zones de la Méditerranée orientale où la présence phénico-punique est davantage concurrencée et contaminée, où la figure de Melqart se différencie par conséquent plus malaisément de celle d'Héraclès. Cela dit, une fois adopté ce fil conducteur, on a opté, à l'intérieur de chaque unité géographique, pour une ordonnance chronologique des témoignages. Une chronologie *absolue* n'aurait pas eu de sens, mais une chronologie *relative* est indispensable pour donner corps à l'enquête historique sur Melqart. Chaque fin de chapitre permettra en outre au lecteur de faire le point sur les évolutions liées à l'espace et au temps.

La seconde partie servira à prendre du recul par rapport aux documents, à éclairer ce dont ils ne parlent pas directement, mais qu'ils nous laissent entrevoir quand on a fait l'effort de brasser une importante quantité de matière : en particulier, les antécédents de Melqart et les mécanismes d'assimilation à Héraclès, deux points cruciaux de la problématique. Cette étude n'est donc pas seulement un catalogue de *testimonia* ; elle vise à reconstituer, dans toute sa complexité, fonctionnelle et historique, une composante de la religion phénicienne et à en proposer une interprétation. Melqart, il est vrai, constitue un cas privilégié, en raison de la diversité et de la richesse, relatives, de ses attestations. Une entreprise de ce type serait moins réaliste pour d'autres divinités phénico-puniques.

5. La terminologie : mythe et légende

Le titre de cette étude indique la double orientation à laquelle nous désirons porter attention : les cultes et les mythes. Un questionnaire maximal, optimiste, appliqué à Melqart, devrait viser à clarifier tout ce qui touche aux relations permanentes établies entre les hommes et leur dieu et aux institutions qui en découlent : sanctuaires, sacrifices, offrandes, cérémonies, interdits, règles, calendriers... Mais il devrait viser aussi à éclairer l'existence, la circulation et la signification des histoires sacrées, des mythes et traditions, où le dieu est impliqué et qui fondent la réalité du groupe qui le vénère. À ce sujet, il nous paraît impérieux d'apporter quelques précisions sur la terminologie retenue dans ce travail, en particulier sur l'emploi des termes «*mythe*» et «*légende*» que bien des auteurs modernes utilisent indistinctement.

Le terme légende a acquis le sens de «*récit à caractère merveilleux ayant parfois pour thème des faits et des événements plus ou moins historiques, mais dont la réalité a été déformée et amplifiée par l'imagination populaire ou littéraire*» [28], de «*représentation d'un fait, d'un événement réel, historique, déformé et embelli par l'imagination*» (par exemple : la légende napoléonienne) ou, péjorativement, de «*récit inexact*». Ce sens, en réalité dérivé, est apparu au XVIe siècle et fut accepté au XVIIe siècle par le Dictionnaire de l'Académie. Par contre, légende au sens de «*récit de la vie du saint du jour, lu au réfectoire et à l'église, en particulier à l'office des matines*» ou de «*vie de saint enjolivée de merveilleux par l'imagination et la piété populaire*» est connu depuis la première moitié du XIIIe siècle. Il s'agit d'un emprunt au latin médiéval *legenda*, attesté à partir de 1190. On comprend donc immédiatement la logique de l'évolution de sens : le merveilleux contenu dans les textes hagiographiques est devenu la marque distinctive des légendes au sens large.

Le rapport qu'entretient la légende avec l'histoire est donc fondamentalement ambigu : elle y puise, mais elle l'altère ou en propose un faux semblant. Tenter de trouver là une base suffisante pour distinguer mythe et légende n'est pas cohérent. Pour les uns en effet, la légende s'inspire de l'histoire, tandis que le mythe la récuse. Pour d'autres, la différence est ailleurs ; le mythe mettrait en scène des dieux et la légende des personnages héroïques ou humains [29], à moins que le premier ne soit sacré et le second profane, explication pour le moins surprenante quand on connaît l'origine du terme «légende». La confrontation des définitions données par les dictionnaires est à cet égard fort instructive et l'on ne peut perdre de vue le fait que, si le français n'a que deux mots, l'allemand, en revanche, en a davantage [30]. Il n'est guère difficile de réfuter ces interprétations. Un

---

[28] *Trésor de la langue française* X, Paris 1983, p. 1067-1068.
[29] D. BASSI, *Mito o leggenda*, dans *Mondo classico* 4 (1934), p. 394-397.
[30] L'allemand distingue *Sage*, pour des récits profanes, et *Legende*, pour des récits sacrés. Mais le premier n'est nullement péjoratif ; il désigne une histoire où une famille est impliquée et où est mis en avant une sorte d'héritage qui se transmet. Cf. P. GIBERT, *Une théorie de la légende. Hermann Gunkel et les légendes de la Bible*, Paris 1979 (la légende tiendrait du conte pour la forme,

coup d'œil dans la mythologie grecque montre bien qu'il est impossible de faire le partage entre aventures des dieux et des hommes, épisodes historiques et non historiques. Le récit de la Guerre de Troie fait ainsi intervenir simultanément Achéens, Troyens, dieux de l'Olympe et héros. Il faut par conséquent engager la réflexion sur une autre voie.

Il est indispensable, en premier lieu, de ne pas viser à l'universalité dans l'emploi d'une terminologie que l'on ne peut espérer valable une fois pour toutes. Il faut plutôt chercher à user d'un vocabulaire cohérent et précis à l'intérieur d'un système culturel donné[31]. Ainsi chercherons-nous à définir le mythe et la légende dans le cadre de la civilisation grecque, car Héraclès en particulier est concerné par cette question de terminologie. La légende au sens strict est une notion liée à l'Occident médiéval et chrétien. L'on pourrait évidemment s'entendre sur un sens commun et qualifier de légende tout récit comportant une note de fabuleux, mais un tel vocable serait de peu d'utilité tant sont nombreux les textes susceptibles d'entrer dans cette catégorie et tant ils sont hétérogènes (contes, récits de fondations, généalogies, relations de voyages...). On préférera donc donner au terme «légende» un sens conforme à son histoire, dans la lignée de la pensée d'A. Jolles qui compte la légende au nombre des *einfache Formen*, les *«Formes simples»*[32]. Selon son analyse, la légende se présente comme *«un tout bien délimité»*, présentant des traits spécifiques, par opposition au sens dérivé si diffus. Les saints étant des individus en qui le bien s'objective d'une manière particulière, la légende permet au public de faire acte d'*imitation*, de s'inspirer d'un *modèle*. La Vie de saint est donc *«tenue d'avoir un déroulement qui corresponde à tous égards à l'histoire d'une existence réelle»*[33], mais elle ne s'intéresse pas également à tous les moments d'une existence. Seuls ceux où la vertu agit, où le Bien se manifeste, retiennent son attention. En ce sens, elle ignore la réalité historique, car elle recompose les éléments d'une vie en fonction de sa logique édifiante. La légende se singularise donc par une *«disposition mentale à l'imitation»* qui connut un paroxysme avec l'hagiographie médiévale, puis perdit sa validité universelle sous la Réforme[34]. Des manifestations de cette disposition ont

de l'histoire pour le contenu et du mythe pour sa fonction). Pour la terminologie anglaise, cf. notamment G.W. COATS (éd.), *Saga, Legend, Tale, Novella, Fable. Narrative Forms in Old Testament*, Sheffield 1985.

[31] A. BRELICH, *Problemi di mitologia I : un corso universitario*, dans *Religioni e civiltà* 1 (1972), p. 331-525, surtout p. 335-336 ; J.-P. VERNANT, *Mythe et société en Grèce ancienne*, Paris 1981, p. 226. Pour une approche de la mythologie moderne, cf., par exemple, V. FRENKEL, *L'image du monde défiguré*, dans *Les Cahiers du Samizdat* 118 (1986), p. 3-25.

[32] A. JOLLES, *Formes simples*, Paris 1972 (éd. originale, Tübingen 1930), p. 27-54. Sur le sens à donner à ses «formes», cf. son introduction, p. 11-26.

[33] *Ibid.*, p. 38.

[34] Luther comptait les saints au nombre des abus anti-chrétiens. L'unique médiation acceptée était celle du Christ et sule la foi assurait le salut.

cependant existé de tous temps sous des formes diverses. Ainsi, selon A. Jolles, les odes triomphales de Pindare contiennent-elles l'évocation d'un personnage, la plupart du temps mythique, dont les vertus exemplaires doivent inspirer le comportement de celui que le poème célèbre. De nos jours, le dithyrambe sportif vise pareillement à ériger en modèle des individus.

Appliqué à notre sujet, c'est-à-dire essentiellement à Héraclès, le terme de «légende» sera adéquat lorsque l'on voudra mettre en évidence la qualité «paradigmatique» d'Héraclès. Mis bout à bout, les divers épisodes où le héros est impliqué ne forment nullement le cadre cohérent d'une biographie exemplaire. On a plutôt affaire à un mythe, inséré dans une mythologie. Car si Héraclès est né et mort dans des circonstances que les sources nous détaillent, ses aventures sont innombrables et sans cesse amplifiées [35]. Il ne s'agit pas tellement d'une vie mettant en scène un dessein divin, mais plutôt d'une nébuleuse, faite d'une multitude d'épisodes, eux-mêmes connus par de nombreuses variantes et entrant en contact avec d'autres personnages divins ou héroïques. À nos yeux, il ne faut pas confondre la dimension étiologique du mythe d'Héraclès et la logique mimétique de la légende. En fondant telle cité après avoir vaincu le chef des indigènes, Héraclès ne fournit pas tant un modèle qu'il ne crée un *précédent*. Il justifie, par une construction étiologique a posteriori, les entreprises de ses congénères. Cela dit, on ne peut nier le fait que certains aspects du mythe d'Héraclès ont pris, avec le temps et l'emprise des mouvements philosophiques, une dimension légendaire *stricto sensu*. Par sa vie de peines et de fatigues, de soumission aussi, généreusement récompensée par une immortalité bienheureuse, Héraclès a fini par être considéré comme le modèle du juste souffrant, de l'honnête homme que sa résignation élève au-dessus des autres. On a de fait parlé, à son propos, d'hagiographie avant la lettre et plus d'un moderne a souligné ses affinités avec le Christ [36].

La définition du *mythe* est chose très ardue qui nécessiterait d'amples développements. Nous tâcherons d'en dire suffisamment pour faire comprendre notre point de vue et avec quel arrière-plan conceptuel nous avons travaillé. La légende telle que la définit A. Jolles est plus ou autre chose qu'un genre littéraire : elle est une disposition mentale qui s'incarne dans

---

[35] A. BRELICH, *art. cit.* (n. 31), p. 371, indique qu'en effet les personnages mythologiques n'ont pas une véritable «biographie». Dans le même sens, C. JOURDAIN-ANNEQUIN, *Héraclès Parastatès*, dans *Les grandes figures religieuses. Fonctionnement pratique et symbolique dans l'Antiquité*, Paris 1986, p. 284-331, surtout p. 314. Cf. déjà ARISTOTE, *Poétique* 7, 1451 a 16 : «*le mythe n'est pas un du fait qu'il n'y a qu'un héros (...). Ils semblent s'être trompés les auteurs de Vie d'Héraclès (...) car ils croient que, du fait qu'il n'y a qu'un héros, la fable aussi est nécessairement une*».

[36] H. DELEHAYE, *Sanctus. Essai sur le culte des saints dans l'Antiquité*, Bruxelles 1927 ; M. SIMON, *Hercule et le christianisme*, Strasbourg 1955 ; G.K. GALINSKY, *The Herakles Theme. The Adaptation of the Hero from Homer to the 20th Century*, Londres-Southampton 1972, p. 185-230, pour Héraclès, *exemplar virtutis*.

diverses formes. Ceci est également valable pour le mythe. A. Jolles le classe donc parmi les *«formes simples»* [37] et le définit comme un mode de pensée qui cherche à créer les objets à partir d'une question et d'une réponse, en prophétisant une vérité qui part de l'objet et y revient. Selon la terminologie de Schelling, on peut dire en effet que le mythe est *tautégorique*, il est *«action du langage sur les choses dans le but de les conformer à ce qu'il dit»* [38].

Le terme «mythe», comme chacun le sait, est un décalque du grec μῦθος qui désigne originellement une suite de paroles ayant un sens, un discours, un propos, une pensée, s'exprimant souvent oralement, donc synonyme de λόγος, par opposition à ἔπος, c'est-à-dire le mot, la parole, l'outil de la pensée. Jusque dans la première moitié du Vᵉ siècle av. J.-C., *mythos* et *logos* vivent en parfaite entente [39]. Mais, en désignant du nom de *logographes* ceux qui, au VIᵉ siècle av. J.-C., mettaient *par écrit* les récits traditionnels, les auteurs du Vᵉ siècle av. J.-C. opérèrent une première différenciation entre les deux termes. Par ailleurs, vers 530 av. J.-C., Xénophane de Colophon récusa le premier les histoires relatives aux Titans, Géants ou Centaures comme étant autant d'aventures scandaleuses, de *plasmata*, de *«fictions»*. Xénophane n'utilise pas encore le terme de *mythos* pour montrer du doigt ce type d'écrits mais, peu après, Anacréon franchit le pas. Cette évolution est très sensible chez Pindare et Hérodote : le *mythos* est un récit illusoire, trompeur, né de la rumeur crédule, séduisant certes, mais qui détourne de la vérité. Le terme *logos* est désormais réservé au discours véridique, fondé, et il est significatif de voir Hérodote utiliser l'expression ἱροὶ λόγοι pour désigner les traditions sacrées relatives aux dieux, c'est-à-dire les «mythes». Avec Thucydide, la coupure est plus nette encore entre la tradition qui se récite et véhicule le fabuleux, donc obstrue la connaissance, et l'écrit, destiné à rester, qui refuse le merveilleux, mais fait œuvre utile et recourt à une intelligence critique, argumentée et conceptuelle. Platon, pour sa part, entérine la condamnation de la mythologie telle qu'elle existe : un discours scandaleux et dangereux [40]. Cette évolution sémantique fournit évidemment la clé des sens modernes de «mythe» qui insistent sur son caractère fabuleux, illusoire, imaginaire, utopique, irréfléchi, fictif, mais aussi sur sa portée «symbolique», «allégorique». Car, tout en les dénonçant, les Anciens continuaient de considérer que les mythes étaient formés d'un noyau authentique, historique, entouré de con-

---

[37] A. JOLLES, *op. cit.* (n. 32), p. 77-101.

[38] J. GAGNEPAIN, *Du vouloir dire. Pour un traité de la désignation*, Paris 1982, p. 114.

[39] J.-P. VERNANT, *op. cit.* (n. 31), p. 195-250 ; M. DETIENNE, *L'invention de la mythologie*, Paris 1981, p. 93 ss.

[40] L. BRISSON, *Platon, les mots, les mythes*, Paris 1982.

crétions qui en masquaient la vérité[41]. Dans cette perspective, le mythe n'est pas différent de l'histoire, de la temporalité humaine. Il n'est ni vrai, ni faux, mais un *tertium quid* que le *logos* aurait pour mission d'épurer, en séparant le bon grain de l'ivraie. Le mythe est donc aussi, pour nous contemporains, un récit qui renferme une certaine vérité qu'il faut savoir comprendre. Il est enfin une version idéalisée de certaines réalités, un modèle auquel socialement il est bon de tenter de se conformer, et c'est à ce titre que l'on peut parler de «mythe du couple» ou «mythe de la beauté»[42].

Les considérations qui précèdent sur l'histoire du *mythos* montrent combien il est historiquement inexact de chercher à définir le mythe comme un genre littéraire[43]. Sa marque distinctive n'est d'aucune façon sa forme extérieure. A. Brelich a au contraire insisté sur le fait que, dans la civilisation grecque, il n'est pas d'écrit spécifiquement mythique : le mythe est partout, il s'insinue dans la poésie et le théâtre, chez les historiens et les orateurs, bref dans une extrême variété formelle[44]. D'ailleurs, les tentatives pour définir le mythe en le différenciant de genres littéraires, comme le conte, n'ont pas abouti[45]. C'est donc que le mythe se singularise par sa *fonction* et non par sa forme[46].

Le mythe est un récit sacré qui suscite l'adhésion, la foi[47]. La vérité du mythe n'est pas d'ordre logique ou historique[48] : elle est fondatrice.

---

[41] P. Veyne, *Les Grecs ont-ils cru à leurs mythes ?*, Paris 1983.

[42] R. Barthes, *Mythologies*, Paris 1957 ; P. Sellier, *Le mythe du héros*, Paris 1985.

[43] P. Xella, *Problemi del mito nel Vicino Oriente antico*, Naples 1976, p. 25 ; M. Detienne, *op. cit.* (n. 39), p. 238 ; L. Brisson, *op. cit.* (n. 40), p. 168.

[44] A. Brelich, *art. cit.* (n. 19), p. 7-8.

[45] On peut citer en exemple les essais entrepris par divers savants pour distinguer le conte, tel que V. Propp, *Morphologie du conte*, Paris 1970 (éd. originale, Léningrad 1928) l'a défini, et le mythe. À ce sujet, cf. E. Mélétinsky, *L'étude structurale et typologique du conte*, appendice à la traduction française de Propp, Paris 1970, p. 202-254, surtout p. 211-217. Cette étude fait le point sur l'apport de Cl. Lévi-Strauss, *Anthropologie structurale*, Paris 1958, p. 227-255 (le conte est un mythe affaibli), de J. Greimas, *Du sens*, Paris 1970, p. 117-134, 185-230 (le même schéma analytique peut s'appliquer à l'un et à l'autre) et de Cl. Bremond, *Le message narratif*, dans *Communications* 4 (1964), p. 4-32. Une distinction entre mythe et épopée n'est guère plus réalisable, cf. l'essai de P. Verbeeck, *Analyse morphologique des récits héroïques assyro-babyloniens*, Leuven 1982.

[46] E. Cassirer, *La philosophie des formes symboliques* II. *La pensée mythique*, Paris 1972 (éd. originale 1924), p. 30 : «*la vérité du mythe n'est pas le reflet d'un processus transcendant ou de forces permanentes de l'âme, mais elle doit s'exprimer en termes de fonction*». Cf. J. Vidal, *Mythe*, dans *Dictionnaire des religions*, Paris 1984, p. 1169-1173.

[47] Cf. déjà R. Pettazzoni, *Verità del mito*, dans *SMSR* 21 (1947-48), p. 104-116 ; Id., *Nozioni di mitologia*, Rome 1948-49, p. 138-140 : «*il mito è storia vera perché è storia sacra*». Cf. aussi P. Veyne, *op. cit.* (n. 41), p. 73 ; à ce sujet, cf. aussi M. Eliade, *Traité d'histoire des religions*, Paris 1953, p. 350 ss ; J. Ries - H. Limet (éd.), *Le mythe, son langage et son message* (Homo religiosus 9), Louvain-la-Neuve 1983.

[48] M. Detienne, *Mythes grecs et analyse structurale : controverses et problèmes*, dans *Il mito greco*, Rome 1977, p. 69-90, surtout p. 86. Le mythe dispose souverainement de l'histoire ; sur ce rapport, cf., par exemple, M.I. Finley, *Mythe, mémoire, histoire*, Paris 1981 (éd. originale,

Le mythe[49] en effet n'explique pas : il instaure la réalité tout entière, bonne ou mauvaise, cohérente ou contradictoire, qu'un groupe humain doit vivre, il soustrait à la pure, à l'incommensurable contingence naturelle ce qui est important pour l'homme. En ce sens, tous les mythes sont des «mythes des origines»[50], car ils rendent compte d'une situation «nouvelle» pour laquelle le mythe, *in illo tempore*, crée des précédents, des archétypes. Pour ce faire, la fiction fondatrice opère naturellement suivant un code mental dont les règles, à l'intérieur d'une culture donnée, sont rigoureuses et guident l'imagination mythique qui n'est nullement un «délire».

Considérer le mythe, comme on l'a fait pendant des siècles, comme une ébauche de la pensée rationnelle, comme un balbutiement du *logos*, comme une «philosophie de nourrice» n'a donc aucun sens[51]. Nous avons vu selon quel processus historique *mythos* et *logos* en sont venus à s'opposer en Grèce et comment l'attitude de foi dans le mythe se mua en indocilité, en incrédulité[52]. Mais il faut refuser le clivage mythe/raison ou mythe/science que des esprits hyper-rationalistes ont érigé à tort. Dans le mythe, les acteurs sont importants non pas tant pour ce qu'ils sont, mais plutôt pour ce qu'ils font. S'ils disposent d'une relative autonomie, la prolifération des épisodes a tendance à dissoudre la cohérence de l'ensemble, sa spécificité et à donner naissance à d'autres formes de récits où le héros prend le pas sur le mythe[53]. Peut-être touche-t-on là du doigt une autre différence entre le mythe et la légende. En ce sens aussi, on peut penser que le mythe d'Héraclès, constitué à partir d'un noyau significatif sur

---

Londres 1975), p. 7-40 ; B. LINCOLN, *Reflections on Myth and Society*, dans *Myth, Cosmos and Society. Indo-European Themes of Creation and Destruction*, Cambridge Mass.-Londres 1986, p. 141-171, pour l'imbrication entre le social et le mythique.

[49] A. BRELICH, *art. cit.* (n. 31), p. 524-525, a insisté sur le fait que le concept de «mythe» est doublement contestable : il n'existe pas *un* mythe, mais une série de variantes dans une création vivante à laquelle chacun apporte un peu du sien et, par ailleurs, un mythe s'insère toujours dans un ensemble organique, la mythologie. Sur ce concept, son histoire et sa pertinence, cf. M. DETIENNE, *op. cit.* (n. 39), p. 238 : *«poisson soluble dans les eaux de la mythologie, le mythe est une forme introuvable»*.

[50] A. BRELICH, *art. cit.* (n. 31), p. 389 ; D. SABBATUCCI, *Miti di passaggio e riti delle origini*, dans U. BIANCHI (éd.), *Transition Rites. Cosmic, Social and Individual Order*, Rome 1986, p. 63-68.

[51] J.-P. VERNANT, *op. cit.* (n. 31), p. 210 ss ; M. DETIENNE, *op. cit.* (n. 31), p. 11. Nous ne pouvons évoquer ici l'interprétation lévi-straussienne de la pensée mythique. À ce sujet, on consultera M. MESLIN, *Pour une science des religions*, Paris 1973, p. 172 ss ; M. DETIENNE, *Théories de l'interprétation des mythes. XIXᵉ et XXᵉ siècles*, dans Y. BONNEFOY (éd.), *Dictionnaire des Mythologies* I, Paris 1981, p. 568-573.

[52] P. VEYNE, *op. cit.* (n. 41), montre l'importance, dans ce processus, des centres proffessionnels de vérité apparus au Vᵉ siècle av. J.-C. Cf. Cl. RAMNOUX, *Philosophie et mythologie. D'Hésiode à Proclus*, dans Y. BONNEFOY (éd.), *op. cit.* (n. 51) II, p. 256-262.

[53] A. BRELICH, *art. cit.* (n. 31), p. 438 ; P. RICOEUR, *Mythe. L'interprétation philosophique*, dans *Encyclopaedia Universalis* XII, Paris 1985, p. 883-890, surtout p. 887.

lequel on ne peut cependant guère se prononcer, a été le lieu de développements de cette sorte. Mais ces questions seront traitées en temps utile.

Ces quelques pages avaient pour but d'exposer les bases méthodologiques et conceptuelles, ainsi que les objectifs qui ont nourri cette étude.
Sans plus tarder, nous allons entrer dans le vif du sujet et l'on pourra
mesurer l'écart entre une réflexion théorique et «optimiste» et la mise en
œuvre délicate de témoignages épars.

Introduction :
Le nom et la généalogie de Melqart

1. Le nom de Melqart

On s'accorde à reconnaître dans le nom de Melqart la forme contractée[1] du titre *mlk qrt*, «roi de la cité». C'est un fait établi que la vocalisation correcte de ce nom est Milqart[2]. Le roi, en phénicien, se dit en effet *milk*, comme en témoignent des anthroponymes phénico-puniques transcrits en grec ou en latin, tels Azemilkos, Hamilcar ou Bomilcar. D'ailleurs, dans le traité en accadien signé par le roi d'Assyrie Asarhaddon et son homologue tyrien, Baal, au VIIe siècle av. J.-C., Melqart apparaît sous la forme *Mi-il-qar-tu*[3]. La prononciation traditionnelle, Melqart, résulte d'une hébraïsation du nom : *melek* est le terme désignant le roi en hébreu massorétique[4]. Néanmoins, étant donné l'ancienneté et le poids de la tradition, il nous a paru préférable, après avoir souligné le problème, de nous en tenir à la forme généralement reçue de Melqart.

La grande majorité des savants identifie la cité où règne Melqart à Tyr, métropole de la côte phénicienne[5]. À l'appui de cette interprétation, on peut citer notamment une dédicace de Malte qui désigne Melqart par le titre de *B'l Ṣr*, le «Seigneur de Tyr»[6]. Seul W.F. Albright a émis une

---

[1] La forme *Milqart*, contraction de *milk* et *qart*, avec assimilation du *kaph* au *qoph*, montre bien que le titre est devenu un authentique théonyme. Je remercie M. Sznycer d'avoir attiré mon attention sur ce point.

[2] Cf., par ex., M. SZNYCER, *Antiquités et épigraphie nord-sémitiques*, dans *AEPHE*, 1974-75, p. 191-208.

[3] R. BORGER, *Die Inschriften Asarhaddons, Königs von Assyrien* (AfO 9), Graz 1956, p. 107-109. Cf. *infra*, notre chapitre sur ce document, p. 40-42.

[4] La vocalisation en *-e* est aussi attestée dans le Melkarthos de Philon de Byblos (EUSÈBE, *P.E.* I 10,27). Il n'est pas exclu non plus que le nom de Malcandros donné par PLUTARQUE, *De Iside et Osiride* 15 (357 A), à un roi de Byblos, époux d'Astarté, soit une forme dérivée de Melqart, avec une vocalisation en *-a*.

[5] Toutes les références ont été réunies par E. LIPIŃSKI, *La fête de l'ensevelissement et de la résurrection de Melqart*, dans *Actes de la XVIIe Rencontre assyriologique internationale*, Ham-sur-Heure 1970, p. 51, n.1. Depuis cet article fondamental sur Melqart, peu d'études ont été publiées sur le sujet : C. BONNET, *Le dieu Melqart en Phénicie et dans le bassin méditerranéen : culte national et officiel*, dans *St.Phoen.* I-II, Leuven 1983, p. 195-207 : EAD., *Melqart, Bès et l'Héraclès dactyle de Crète*, dans *St.Phoen.* III, Leuven 1985, p. 231-240 ; EAD., *Le culte de Melqart à Carthage : un cas de conservatisme religieux*, dans *St.Phoen.* IV, Namur 1986, p. 209-222. On citera également, en dernier lieu, W.J. FULCO, *Melqart*, dans M. ELIADE (éd.), *The Encyclopedia of Religion* IX, New York 1987, p. 365.

[6] *CIS* I,122 et 122 bis. Cf. *infra*, p. 244-247.

hypothèse différente : *qrt* renverrait aux Enfers, la cité des morts, et Melqart serait le roi de l'au-delà, un dieu fondamentalement chthonien[7]. Pareille conception repose pour beaucoup sur une assimilation possible entre Melqart et Nergal, le dieu babylonien des Enfers. Nous reviendrons ultérieurement sur cet hypothétique syncrétisme qui, quoi qu'il en soit, nous paraît trop secondaire pour rendre compte du nom même de Melqart.

Il semble par conséquent préférable de considérer Melqart avant tout comme le dieu poliade de Tyr, mais il sera important, lorsque l'examen des divers témoignages de son culte nous aura renseigné sur la nature de ses attributions, de cerner les antécédents de ce dieu «dynastique» et de comprendre comment ce titre, puisqu'il ne s'agit pas d'un théonyme insignifiant[8], traduit un rapport privilégié entre la royauté et le sacré.

2. La généalogie de Melqart

Trois sources gréco-romaines s'accordent à faire de Melqart le fils de Zeus et d'Astéria[9]. Tout nous invite à voir dans cette dernière une version hellénisée d'Astarté. Stéphane de Byzance nous apprend du reste que la cité de Philadelphie, l'Amman moderne, s'appelait jadis Astarté[10]. Or, la numismatique de cette ville nous apprend l'existence d'un culte d'Astéria, en relation sans doute avec celui d'Héraclès[11]. Les amours de Zeus et d'Astéria furent mouvementées car, la jeune fille refusant les avances du dieu, celui-ci, pour la punir, la transforma en caille[12]. Or, à en croire plusieurs sources, Melqart, mis à mort en Libye par Typhon, fut ressuscité par le fumet d'une caille que fit rôtir à cette intention son compagnon Iolaos[13]. Astéria-Astarté, la Caille, serait donc à deux reprises celle qui donne la vie à Melqart.

---

[7] W.F. ALBRIGHT, *A Votive Stele Erected by Ben-Hadad I of Damascus to the God Melcarth*, dans *BASOR* 87 (1942), p. 23-29 ; ID., *Archaeology and the Religion of Israel*, Baltimore 1942, p. 81 ; ID., *From the Stone Age to Christianity*, 2e éd., New York 1957, p. 307 et n. 49 ; ID., *Yahweh and the Gods of Canaan*, Londres 1968, p. 111 n. 43 ; 126 n. 95 ; 212.

[8] Ce phénomène n'est pas propre à Melqart ; le nom d'Eshmoun pourrait bien faire référence à l'huile et à ses dons thérapeutiques (cf. en dernier lieu, P. XELLA, *Sulla più antica storia di alcune divinità fenicie*, dans *ACFP 1*, vol. II, Rome 1983, p. 401-407). Le nom du Christ aussi participe de la même logique.

[9] CICÉRON, *De natura deorum* III 42 ; ATHÉNÉE IX 392d ; EUSTATHE, *ad Od.* XI 600.

[10] STÉPH. BYZ., s.v. Φιλαδέλφεια. On ne peut exclure l'hypothèse que le lexicographe ait fait une confusion avec la cité de Transjordanie du Nord, connue par les textes ougaritiques sous le nom de *'ttrt*, l'actuel Tell 'Ashtarah.

[11] Cf. *infra*, notre chapitre sur Amman, p. 145-148.

[12] LACTANCE, *ad Stat.* IV 795 ; HYGIN, *Fab.* LIII ; SERVIUS, *ad En.* III 73 (avec une légère variante). Cf. M. DELCOR, *Astarté*, dans *LIMC* III, 1986, p. 1077-1085.

[13] EUDOXE de Cnide, *apud* ATHÉNÉE IX 392d ; ZÉNOBIOS, *Cent.* V 56 ; EUSTATHE, *ad Od.*, XI 600.

Il faut éviter de tirer de suite de cette généalogie des enseignements pour le culte : elle est surtout un outil traditionnellement utilisé dans la littérature gréco-romaine pour organiser la matière mythique. Seuls d'autres textes ou des monuments pourront nous indiquer dans quelle mesure cette «famille» correspond à une triade cultuelle ou s'il s'agit d'une élaboration savante hellénistique où la place de géniteur accordée à Zeus n'est qu'un décalque de celle qu'il tient pour l'Héraclès grec [14].

Une autre généalogie, ou peut-être une version différente de la première, se lit chez Philon de Byblos, conservé par Eusèbe de Césarée [15] : *«De Dèmarous, naît Melkarthos, appelé aussi Héraclès»*. L'assimilation au héros grec nous retiendra plus avant dans ce travail, mais intéressons-nous pour l'heure à Dèmarous. À plusieurs reprises, Philon cite ce personnage qui est issu d'Ouranos et d'une concubine ; Dagon, son demi-frère, lui servit de père nourricier, après que Cronos eut détrôné Ouranos. En vain, Dèmarous tenta d'attaquer Pontos, le dieu de la mer [16]. Philon ajoute à son sujet : *«La très grande Astarté et Zeus Dèmarous ou Adôdos, roi des dieux, régnaient sur cette contrée avec l'assentiment de Cronos»*.

Le texte de Philon pourrait apparaître comme la version phénicienne du mythe que les sources gréco-romaines se seraient contentées de traduire, en occultant l'épiclèse de Dèmarous qu'elles ne comprenaient pas. Plusieurs étymologies ont été proposées pour en rendre compte. Dèmarous pourrait dériver de l'araméen *d^emaruṣ*, signifiant «(celui) du malade». Il s'agirait alors d'un Zeus médecin, mais rien de ce que nous savons de lui ne nous oriente dans cette direction. On peut le rattacher à l'araméen *d^e/dī marū*, «de la seigneurie» [17], ou encore au nom d'une rivière située entre Sidon et Beyrouth, le Nahr Damôur, que Polybe nomme Δαμούρας [18] et Strabon Ταμύρας [19], à moins qu'il ne s'agisse du promontoire voisin, le Ras ed-Damôur. On peut aussi reconnaître en lui le dieu d'Amourrou, Hadad, ici Adôdos, dont le nom, *hd*, servit dès le IIIᵉ millénaire à désigner le dieu sémitique de l'orage, ainsi *Haddou* pour le Baal d'Ougarit et, au Iᵉʳ

---

[14] La conception triadique de la religion phénicienne continue d'avoir des partisans (après H. Seyrig, on peut citer R. du Mesnil du Buisson, A. Van den Branden et J. Teixidor), malgré les remarques critiques de P. XELLA, *Aspetti e problemi dell'indagine storico-religiosa*, dans *Rel-Fen*, Rome 1981, p. 7-25.

[15] EUSÈBE, *P.E.* I 10,27,3. À ce sujet, R. DU MESNIL DU BUISSON, *Zeus Dèmaroûs, père de Melqart, d'après Philon de Byblos*, dans *Mélanges offerts à K. Michałowski*, Varsovie 1966, p. 553-559.

[16] EUSÈBE, *P.E.* I 10,19,2 ; I 10,28.

[17] E. LIPIŃSKI, *Studies in Aramaic Inscriptions and Onomastics* I, Leuven 1975, p. 65 n. 2 ; ID., *Apladad*, dans *Or.* 45 (1976), p. 53-74, surtout p. 68-69.

[18] POLYBE V 68,9.

[19] STRABON XVI 2,22. On notera que ce nom réapparaît à Chypre où la famille des Tamirades assurait, avec celle des Kinyrades, le sacerdoce de l'oracle d'Aphrodite à Paphos (TACITE, *Hist.* II 3).

millénaire, Hadad, le grand dieu des Araméens, le Zeus héliopolitain des époques hellénistique et romaine. On peut songer aussi à l'épithète *dmrn* que les textes ougaritiques appliquent à Aliyan Baal et qui signifierait «héros»[20]. En définitive, R. du Mesnil du Buisson rejette la référence au Nahr Damoûr parce que trop éloigné de Tyr et de vocalisation problématique, rejette aussi Amourrou pour les mêmes raisons, rejette enfin l'épithète ougaritique peu appropriée pour Zeus. Il opte plutôt pour une étymologie par le grec car, à l'époque où Philon écrit, Tyr est profondément hellénisée et Philon lui-même recourt souvent à des épithètes grecques. Dèmarous proviendrait de l'association de δῆμος, le «peuple», et d'ἄρος, le «secours», désignant ainsi un Zeus sauveur[21].

En réalité, le rapprochement avec Hadad est conditionné par la leçon du texte de Philon. Les manuscrits donnent en effet : Ἀστάρτη δὲ ἡ μεγίστη καὶ Ζεὺς Δημαροῦς καὶ Ἄδωδος, βασιλεὺς θεῶν, ἐβασίλευον τῆς χώρας Κρόνου γνώμῃ. Certains en ont déduit qu'un troisième personnage, Adôdos, alias Hadad[22], régna conjointement avec la paire Astarté-Zeus. Mais, dès 1887, O. Gruppe proposa d'amender le texte de telle façon que l'ambiguïté soit levée, Ἄδωδος apparaissant clairement comme une apposition à Zeus Dèmarous[23] : Ζεύς Δημαροῦς (ὁ) καὶ Ἄδωδος. Cette correction fut reprise par Eißfeldt, Dussaud et d'autres, car elle étaye la thèse d'une identité entre Zeus Dèmarous et Hadad, mais elle fut contestée par Lagrange, Jacoby et Du Mesnil, ce dernier trouvant dans le texte original un argument en faveur de sa conception trinitaire du panthéon phénicien, avec Astarté, la déesse-mère, Zeus Dèmarous, le dieu-père et Adôdos, le dieu-fils.

Dèmarous et Adôdos, avec ou sans correction, sont, de toute évidence, deux épiclèses de Zeus, désigné par Philon sous deux appellations différentes, l'origine de la première nous échappant encore. À ce propos, l'hypothèse d'un rapport avec des toponymes phéniciens nous paraît la plus raisonnable et l'éloignement par rapport à Tyr n'est pas un problème en soi : Philon expose une mythologie *phénicienne*. Astarté et Zeus, le dieu souverain par excellence, jouent donc le rôle de rois mythiques d'une Phénicie au sens large. Les sources gréco-romaines et Philon pourraient bien faire allusion au même mythe, les uns en rattachant Melqart à Zeus et Astéria,

---

[20] Sur les rapports entre Dèmarous et la religion ougaritique, cf. R. Dussaud, *Le vrai nom de Baal*, dans *RHR* 113 (1936), p. 5-20 ; U.D. Cassuto, *Zeus Demarous in Ugaritic Literature*, dans *Biblical and Oriental Studies* II, Jérusalem 1975, p. 188-192.

[21] Cette interprétation arrange bien R. du Mesnil du Buisson qui identifie Dèmarous à Baal Shamim, divinité prétendument secourable.

[22] La vocalisation en -*o* qui apparaît chez Philon résulte d'une «phénicisation» du nom araméen de Hadad.

[23] O. Gruppe, *Die griechischen Culte und Mythen*, Leipzig 1887, p. 358-360.

les autres en le faisant descendre d'un Zeus local qui partageait la souveraineté avec Astarté. Mais, comme nous l'avons dit précédemment, il n'est
pas impossible que le modèle mythologique de la généalogie d'Héraclès,
étant donné la provenance de nos sources, ait inspiré les auteurs.

PREMIÈRE PARTIE :

LES TÉMOIGNAGES DU CULTE DE MELQART

Chapitre I : Tyr

A. Les textes

1. Les mythes de fondation

Nous possédons deux versions du mythe de fondation de Tyr, celle de Philon de Byblos, transmise par Eusèbe de Césarée [1], et celle de Nonnos de Panopolis [2] ; toutes deux ont donc transité par la littérature grecque.

Le problème de la filiation entre Eusèbe, auteur d'un essai polémique sur les religions païennes, Philon qu'il reproduit et Sanchouniathon, le prêtre bérytain dont ce dernier prétend s'inspirer, ne date pas d'hier [3]. Ce Sanchouniathon, que Porphyre situe avant la Guerre de Troie, c'est-à-dire dans le temps du mythe, et Philon avant Hésiode, afin d'affirmer l'antériorité de la théogonie phénicienne par rapport à la grecque, semble recouvrir une autorité religieuse vénérable, mais difficilement identifiable. Les hypothétiques apports de cette fort ancienne source sont, quoi qu'il en soit, recouverts par Philon, homme cultivé du IIe siècle ap. J.-C., d'une couche evhémériste beaucoup plus récente. L'œuvre de Philon visait à organiser en un récit continu des traditions mythologiques émanant de diverses cités phéniciennes. Exprimant un intense nationalisme [4], Philon présente les Phéniciens comme les initiateurs de toutes choses et les Grecs comme de médiocres imitateurs. Voici sa version des faits :

> «*Hypsouranios habita Tyr et inventa les cabanes faites avec des roseaux, des joncs et du papyrus ; puis il entra en conflit avec son frère Ousoos qui, le premier, avait découvert les vêtements pour protéger le corps avec les peaux d'animaux qu'il avait eu la force de capturer. Comme de violents orages et ouragans se produisirent, les arbres de Tyr frottés entre eux allumèrent un incendie et la forêt qui se trouvait là prit feu. Ousoos se saisit*

---

[1] EUSÈBE, *P.E.* I 10,10-11.

[2] NONNOS, *Dion.* XL 311-580.

[3] J. EBACH, *Weltentstehung und Kulturentwicklung bei Philo von Byblos*, Stuttgart 1979 ; A.I. BAUMGARTEN, *The Phoenician History of Philo of Byblos. A Commentary*, Leyde 1981 ; E. LIPIŃSKI, *The 'Phoenician History' of Philo of Byblos*, dans *BiOr* 40 (1983), p. 305-310 ; S. RIBICHINI, *La soglia del mito*, dans *Poenus advena*, Rome 1985, p. 19-40.

[4] L TROIANI, *L'opera storiografica di Filone da Byblos*, Pise 1974, p. 24-39 ; G. BRIZZI, *Il «nazionalismo fenicio» di Filone di Byblos e la politica ecumenica di Adriano*, dans *OA* 19 (1980), p. 117-131.

*d'un arbre et, l'ayant ébranché, il osa le premier embarquer sur la mer ;
il consacra deux stèles au feu et au vent, et les adora et il leur adressait
des libations avec le sang des animaux qu'il capturait. Après leur mort,
ceux qui restèrent lui consacrèrent des bâtons ; ils rendaient un culte aux
stèles et ils leur offraient des fêtes chaque année»* [5].

Nés de Géants portant les noms des montagnes phéniciennes, le
Casios, nom antique du mont Saphon, le Liban, l'Antiliban et le Brathy,
qui n'est pas clairement identifié [6], les deux frères, Ousoos et Hypsouranios, reflètent la dualité géo-politique de Tyr [7] : d'une part, *Ushu*, la cité
continentale, située en face de l'île de Tyr et appelée plus tard *Palétyr* par
les auteurs grecs et latins [8], d'autre part, *Ṣur*, le Rocher, la cité insulaire
d'où dérive le grec Τύρος [9]. Par son nom, Ousoos est lié à la cité continentale : il est l'éponyme d'*Ushu*. Philon en fait toutefois le premier habitant de l'île puisque grâce à une embarcation de fortune, la première à
affronter les flots tyriens — et l'on comprend d'emblée la vocation fondamentalement maritime de Tyr — il aborde en un lieu que les stèles permettent d'identifier comme la Tyr insulaire. Hypsouranios, quant à lui, est
exclusivement mis en relation avec la cité continentale. Son nom sémitique
rendu par *Samemroumos*, toujours chez Philon de Byblos, ce qui signifie
«*Cieux élevés*» et nous oriente en outre vers Sidon où un quartier portait
ce nom [10], peut-être par référence à l'épithète d'une divinité céleste honorée dans cette zone. La rivalité des deux frères ennemis pourrait dans ce
cas refléter l'opposition séculaire de Tyr et Sidon, éternelles concurrentes,
la seconde cherchant ainsi à revendiquer un rôle dans la fondation de

---

[5] Traduction J. SIRINELLI et Ed. DES PLACES, Collection Sources chrétiennes 206, Paris 1974.

[6] EUSÈBE, *P.E.* I 10,9.

[7] Sur ce mythe, C. GROTTANELLI, *Il mito delle origini di Tiro : due «versioni» duali*, dans *OA*
11 (1972), p. 49-63, et la critique de P. XELLA, *Studi sulla religione fenicia e punica, 1971-1973*,
dans *RSF* 3 (1975), p. 239-241 ; J. EBACH, *op. cit.* (n. 3), p. 149-174 ; A.I. BAUMGARTEN, *op.
cit.* (n. 3), p. 159-165.

[8] La première attestation est chez STRABON XVI 224.

[9] Cf. la synthèse fondamentale de H.J. KATZENSTEIN, *The History of Tyre*, Jérusalem 1973 ;
dans les textes égyptiens, puis accadiens, *Ushu* et *Ṣur* apparaissent tour à tour liées et séparées.
Il est cependant malaisé de savoir dans quelle mesure ces textes, par exemple les textes d'exécra-
tion égyptiens, reflètent une réalité contemporaine de la rédaction du document ou livrent au
contraire des données fossilisées, afin d'étendre artificiellement le champ d'influence des souverains égyptiens et de célébrer l'universalité de leur pouvoir. À ce sujet, J. SIMONS, *Handbook for
the Study of the Egyptian Topographical Lists*, Leyde 1936 ; G. POSENER, *Princes et pays d'Asie
et de la Nubie*, Bruxelles 1940, p. 24, 39-45 ; J. VERCOUTTER, *L'Égypte et le monde égéen préhellénique*, Paris 1956, p. 71-74 ; M. LIVERANI, *Memorandum on the Approach to Historiographic Texts*,
dans *Or.* 42 (1973), p. 178-194. On notera que pour G. PETTINATO, *Ebla. Nuovi orizzonti della
storia*, Milan 1986, p. 239, la distinction entre les deux Tyr apparaîtrait dès le IIIe millénaire
dans les archives d'Ébla.

[10] *KAI* 15. Cf. O. EISSFELDT, *Ras Shamra und Sanchuniathon*, dans *Beiträge zur Religionsgeschichte des Altertums* 4 (1939), p. 62-67.

celle-là. Peut-être même le toponyme existait-il à Tyr et la rivalité concernait-elle deux zones de cette seule cité. La «dualité» des protagonistes de ce mythe, mise en évidence et traduite schématiquement par C. Grottanelli, n'est donc pas aussi systématique qu'il l'affirme. Cette «dualité» vise surtout à souligner l'antériorité d'un établissement sur l'autre : d'*Ushu* est née *Ṣur*. La Tyr continentale peut revendiquer au nom du mythe une prééminence chronologique et la gloire d'avoir peuplé le Rocher sacré[11]. C'est sans doute ce que les Grecs ont cherché à exprimer avec le toponyme de *Palétyr*.

Le motif des frères ennemis est fréquent dans diverses mythologies. Ainsi le récit biblique d'Esaü et Jacob présente-t-il plus d'une similitude avec celui qui nous occupe[12]. Outre un rapprochement hypothétique entre Esaü et Ousoos, ces deux personnages sont de remarquables chasseurs. On décrit le premier comme velu, le second s'habille de peaux de bêtes[13]. Jacob, comme Hypsouranios, habite sous des tentes[14] et entretient avec le ciel une relation privilégiée[15]. Ce parallèle montre à quel point le motif des jumeaux ennemis est courant[16]. À Tyr, il traduit la dualité géo-politique d'une cité divisée entre deux pôles.

Relevons encore avec intérêt le fait que ce mythe renvoie à des éléments cultuels en rapport avec Melqart. Hérodote, après sa visite au sanctuaire tyrien de Melqart, mentionne pour la première fois, du moins explicitement, les deux célèbres stèles reproduites sur le monnayage local, désignées sous le nom de «pierres ambrosiennes» et considérées comme le symbole de la cité[17]. Ici, elles salueraient le rôle du feu et du vent dans l'épisode de la première navigation et de l'établissement dans l'île. En inau-

---

[11] P. Bikai, *The Pottery of Tyre*, Warminster 1978, p. 72, note que le matériel archéologique révèle que l'île a dû être occupée au moins au milieu du IIIe millénaire av. J.-C., l'occupation étant permanente dès l'Âge du Bronze. Les données d'Hérodote, qui fixait la fondation de Tyr en 2750 av. J.-C. environ, ne sont donc nullement infirmées (Hérodote II 44). À ce sujet, au milieu du XIXe siècle, J. de Bertou, *Essai sur la topographie de Tyr*, Paris 1843, parlait d'«âge tout à fait fabuleux».

[12] *Genèse* 25-28 ; C.-P. Tiele, *La religion des Phéniciens*, dans *RHR* 3(1881), p. 167-217, surtout, p. 172 ; T.K.Cheyne, *The Connection of Esau and Usoös*, dans *ZAW* 17 (1897), p. 189, ainsi que les ouvrages récents cités à la note 3.

[13] *Genèse* 25,25 ; 27,12.17.23.

[14] *Genèse* 25,27 ; 33,16.

[15] *Genèse* 28,12.

[16] A. Audin, *Les piliers jumeaux dans le monde sémitique*, dans *ArOr* 21 (1953), p. 430-439 ; M.V. Cerutti, *Dualismo e ambiguità*, Rome 1981 ; U. Bianchi, *Il dualismo religioso*, Rome 1983 ; R. Kuntzmann, *Le symbolisme des jumeaux au Proche-Orient ancien. Naissance, fonction et évolution d'un symbole*, Paris 1983, p. 39-50.

[17] Hérodote II 44 ; P. Naster, Ambrosiai Petrai *dans les textes et sur les monnaies de Tyr*, dans *St.Phoen.* IV, Namur 1986, p. 368, s'oppose à cette identification. Cf. aussi *infra*, p. 47-50, 87-88.

gurant le culte aux stèles par des libations sanglantes, Ousoos a consacré le haut-lieu tyrien, de même qu'il a fondé l'activité maritime des Tyriens[18]. Le mythe instaure donc Tyr dans les réalités fondamentales de son existence. Conformément aux conceptions évhéméristes de son époque, Philon fait des deux frères rivaux, mais bienfaisants, des humains bénéficiaires d'un culte *post mortem* sous la forme d'offrandes de bâtons[19] et d'une fête annuelle.

R. du Mesnil du Buisson a reconnu sur une monnaie d'Élagabale la représentation d'Ousoos[20]. Un jeune personnage retient par une sorte de lasso quatre cervidés qu'il vient sans doute de capturer. De la main gauche, il tient une longue perche, tandis que son bras droit est recouvert d'un manteau. Il faut souligner qu'il ne porte aucun attribut héracléen : ni léonté, ni massue[21]. Il se tient debout sur un radeau accostant au rivage. Mis en parallèle avec le récit philonien, cet exemplaire monétaire nous révèle l'image d'Ousoos mettant le premier pied sur l'île de Tyr. Plusieurs années plus tard, E. Will revit certains détails de cette hypothèse et ajouta un élément à la représentation, une source, à l'avant-plan, jaillissant d'un rocher[22]. Or, après Movers[23], Will estime que les sources tyriennes sont situées sur le continent et que, par conséquent, la pièce représenterait Ousoos plutôt comme éponyme d'*Ushu* que comme premier Tyrien, au sens strict. Il ne nous paraît en revanche nullement fondé d'identifier Ousoos à Héphaïstos, comme le propose R. du Mesnil du Buisson. Leurs

---

[18] Eusèbe, *P.E.* I 10,11, affirme qu'Héphaïstos, un descendant d'Hypsouranios, fut le premier à naviguer et fut, pour cette raison, honoré comme un dieu. Les apparentes contradictions ne manquent pas dans les citations de Philon retenues par Eusèbe, indice de la multiplicité des sources que Philon tente, parfois en vain, de concilier et, peut-être, du propos apologétique du second.

[19] Pour comprendre ce culte, il faut surtout lire le passage d'Eusèbe, *P.E.* I 9,29 : «*Les plus anciens des Barbares, singulièrement les Phéniciens et les Égyptiens, de qui le reste de l'humanité a reçu cet usage, regardaient comme les plus grands dieux les hommes qui avaient fait quelque découverte utile à l'existence ou avaient en quelque domaine rendu service aux peuples. Parce qu'ils voyaient en eux des bienfaiteurs et la source de beaucoup d'avantages, ils les adoraient comme des dieux même après leur mort, après leur avoir aménagé des temples, et ils leur consacraient des stèles et des bâtons en les appelant de leurs noms, rendant même un magnifique culte à ces objets ; et les Phéniciens leur attribuèrent les plus grandes fêtes.*» (Traduction J. Sirinelli et Ed. des Places, Collection Sources chrétiennes 206, Paris 1974). Selon A. Lemaire, *Les inscriptions de Khirbet el-Qôm et l'Ashérah de Yhwh*, dans *RB* 84 (1977), p. 595-608, surtout p. 605, n. 51, ces stèles et bâtons pourraient renvoyer aux *maṣṣebot* et aux *asherim* des sanctuaires bibliques.

[20] R. du Mesnil du Buisson, *L'ancien dieu tyrien Ouso sur des monnaies de Tyr*, dans *MUSJ* 41 (1965), p. 3-27.

[21] H. Seyrig, *Antiquités syriennes VI*, dans *Syria* 40 (1963), p. 19, avait vu dans ce personnage un Héraclès aux cervidés qu'il rapprochait d'un petit bas-relief tyrien sur lequel un jeune enfant est allaité par une biche et que nous étudierons ultérieurement, p. 82-84.

[22] E. Will, *Sur quelques monnaies de Tyr*, dans *RNum* 15 (1973), p. 80-84.

[23] F.C. Movers, *Die Phönizier* I, *Untersuchungen über die Religion und die Gottheiten der Phönizier*, Bonn 1841, p. 177-178, 358-414.

attributions se recouvrent certes partiellement, mais le second possède l'art de la magie et de la mantique que le premier ne semble pas maîtriser[24].

Retenons, pour conclure, qu'Ousoos est une figure mythique locale et ancienne, indissociable de son frère Hypsouranios avec lequel, en tant que premier Tyrien insulaire, il entretient un rapport conflictuel. Philon ne le confond nullement avec Héraclès-Melqart, même s'ils sont tous deux, à ses yeux, des mortels divinisés[25], mais il lui attribue une responsabilité essentielle dans la consécration du premier lieu saint de l'île.

Passons à présent au récit que fait Nonnos de la fondation de Tyr[26]. Bacchos, au cours d'un long périple, fait escale à Tyr et commence par admirer le cadre naturel : l'île rattachée alors au continent — Nonnos vivait en effet au IVe siècle ap. J.-C. —, le rivage, les sources aux noms ravissants, Abarbarée, Callirhoé et Drosère. Lorsqu'il a rassasié son esprit curieux, il se rend au temple d'Héraclès Astrochiton[27]. En réponse à l'hymne que Bacchos prononce alors en son honneur, le dieu tyrien apparaît et informe son hôte sur la fondation de la cité. Il présente les Tyriens comme une race autochtone à laquelle il transmit jadis un oracle. De sa voix prophétique, il leur donna des instructions précises pour construire un bateau, «*ce navigateur primitif qui va (les) soulever sur les ondes*». Et Héraclès-Melqart de remémorer les termes de l'oracle[28] :

«*Fendez alors (=après avoir construit le bateau) la crête marine dans votre coque de bois, jusqu'à ce que vous parveniez à l'endroit prédestiné, là où flottent deux roches mobiles errant sur la mer. La Nature les a désignées du nom d'Ambrosiennes. Sur celles-ci, pousse un olivier du même âge, enraciné dans le sol, au centre du rocher errant sur les flots. Tout au sommet, vous verrez un aigle et une coupe de belle facture. Dans l'arbre embrasé, un feu spontané fait crépiter de merveilleuses étincelles et son éclat enveloppe l'olivier qui ne se consume pas. Un serpent tortueux s'enroule autour de l'arbre au haut feuillage, accroissant la stupeur des yeux et des oreilles. Car le reptile ne rampe pas silencieux vers l'aigle perché dans les airs ; il ne l'enserre pas, obliquement, par son mouvement menaçant ; il ne crache pas, de ses dents, le venin mortel ; il ne dévore pas l'oiseau dans sa gueule. L'aigle lui non plus ne saisit pas dans ses serres effilées le reptile enroulé et il ne le tient pas suspendu dans les airs ; il ne l'écorche pas de son bec acéré. Le feu qui enveloppe les branches de l'arbre*

[24] P. XELLA, *Il dio siriano Kothar*, dans *Magia. Studi di storia delle religioni in memoria di R. Garosi*, Rome 1976, p. 111-124.
[25] EUSÈBE, *De laudibus Constantini* 13 : «*Certains ont divinisés d'autres hommes mortels (...). Les Phéniciens, Melkatharos et Ousoros et d'autres mortels plus indignes qui furent jadis des hommes, ils les appelèrent dieux*». Derrière ces noms déformés, on reconnaît sans difficulté Melqart et Ousoos.
[26] NONNOS, *Dion.* XL 311-580.
[27] Sur la signification de cette épithète, cf. *infra*, p. 74.
[28] NONNOS, *Dion.* XL 465-500.

au tronc élevé ne dévore pas l'arbre intact, ni ne consume les replis des écailles du serpent, son proche voisin. Le feu vif ne s'élance pas vers les ailes de l'oiseau, mais il émet, au milieu de l'arbre, une fumée inoffensive, comme une lueur bienveillante. La coupe, inébranlable, au sommet, tout en haut, ne tombe, ni ne glisse sous l'effet du vent qui secoue les extrémités des branches. Emparez-vous de ce sage volatile, l'aigle qui vole haut, aussi ancien que l'olivier, et sacrifiez-le au dieu à la chevelure bleu marine. Faites des libations de son sang sur les collines errantes dans la mer, en l'honneur de Zeus et des Bienheureux. Alors le rocher instable cessera de vagabonder, porté par l'eau, mais sur des fondations inébranlables, il se fixera spontanément et s'unira au rocher isolé. Fondez sur ces deux points culminants une ville dont les quais seront baignés par chacune des deux mers».

La version présentée ici ne fait plus appel, contrairement au récit philonien, à des humains divinisés, mais à des hommes guidés par le dieu protecteur de Tyr, Héraclès-Melqart [29]. Il y fait figure d'inspirateur de la fondation et aussi d'invention de la navigation, deux éléments décidément indissociables dans le destin de la métropole phénicienne. La coloration cultuelle du mythe est encore renforcée par rapport à Philon qui faisait seulement allusion aux Roches Ambrosiennes comme des stèles. Ici, ces mêmes roches sont deux collines errant sur la mer : l'acte de fondation consiste à les stabiliser par un rituel sanglant [30]. Sur l'île, ses premiers habitants sont censés découvrir les éléments caractéristiques du sanctuaire de Melqart : l'olivier, l'aigle, le feu, le serpent. Comme le souligne C. Grottanelli, l'élément céleste, représenté par l'aigle et Astrochiton lui-même, et l'élément chthonien, incarné par le serpent et les habitants autochtones, ne sont pas en conflit comme, chez Philon, Ousoos et Hypsouranios. Cependant, on se doit d'insister aussi sur les points de convergence entre les deux récits : l'association entre les arbres et le feu, entre les stèles-roches et un sacrifice sanglant, enfin entre la navigation et le peuplement de l'île.

Ces deux mythes se rencontrent donc sur des points essentiels. Philon, répondant aux tendances evhéméristes de son temps, rattache la fondation de Tyr à deux hommes [31], tandis que Nonnos l'attribue à l'oracle d'un dieu. Dans chaque cas, la dualité des personnages ou des éléments significatifs témoigne d'une réalité partagée entre deux pôles dont le mythe fonde

---

[29] Cf. au vers 579 : θεὸν ἀστροχίτωνα Τύρου πολιοῦχον.

[30] P. NASTER, *art. cit.* (n. 17), p. 361-371, cite plusieurs mythes apparentés où sont mises en scène des îles flottantes ; cf. aussi A. BALLABRIGA, *Le Soleil et le Tartare*, Paris 1986, p. 95-98 : les roches mouvantes constituent un seuil entre le chaos et la stabilité. Sur les rapports avec le sanctuaire de Melqart, E. WILL, *Au sanctuaire d'Héraclès à Tyr : l'olivier enflammé, les stèles et les roches ambrosiennes*, dans *Berytus* 10 (1952-53), p. 1-8.

[31] Cf. le texte cité à la note 19.

l'existence. Nous retiendrons aussi la mise en scène des *sacra* de Melqart dans la création de la cité. Ceux-ci, selon le mythe, préexistent à toute trace humaine, comme s'ils avaient été là de toute éternité. Cette éternité, cette immanence, c'est celle du mythe, refoulé *in illo tempore*, là où la réalité vécue trouve ses fondements. Ce sont ces *sacra* qui ont servi de signes de reconnaissance : ils sont la marque distinctive de la cité. N'est-ce pas à cette osmose entre cité et sanctuaire que se réfère Hérodote quand il affirme avoir appris, de la bouche des prêtres de Melqart, à Tyr, que «*le sanctuaire avait été établi en même temps que l'on fondait Tyr*» et que «*Tyr était habitée depuis 2300 ans*» ? [32] L'extrême ancienneté de ce sanctuaire a aussi retenu l'attention de Lucien de Samosate : «*Il existe en Syrie des temples aussi anciens que ceux d'Égypte, que j'ai vus pour la plupart et en particulier celui d'Héraclès de Tyr, pas l'Héraclès qu'honorent les Grecs ; celui dont je parle est beaucoup plus ancien et c'est le protecteur de Tyr*» [33]. Les destinées de Tyr, de Melqart et de la navigation sont donc, dès les origines, inséparables.

2. L'inauguration de l'*egersis* de Melqart

Si les mythes rapprochent fondations de la cité et du sanctuaire de Melqart, son culte n'est cependant pas si anciennement attesté. Flavius Josèphe situe, pour sa part, la première célébration de la fête de Melqart sous le règne du roi tyrien Hiram I. Deux ouvrages de Flavius Josèphe nous intéressent ici, les «Antiquités Juives», rédigées sous le règne de Domitien et publiées en 93/4 ap. J.-C., et le «Contre Apion», du début du IIe siècle ap. J.-C. L'auteur s'y réclame de Ménandre d'Éphèse, auteur d'une «Histoire de Tyr» qui prétend se baser sur la traduction des Annales officielles de la ville, et de Dios, auteur d'une «Histoire de la Phénicie» [34]. Un examen attentif des citations de ces deux sources semble montrer qu'en réalité Ménandre fit, à l'époque hellénistique, un simple travail de compilation d'histoires royales déjà rédigées en grec. Flavius Josèphe qui l'utilise aurait pu inventer la référence aux documents traduits du phé-

---

[32] HÉRODOTE II 44.

[33] LUCIEN, *De dea Syria* 3 : Melqart y est qualifié de Τύριος ἥρως.

[34] G. GARBINI, *Gli «Annali di Tiro» e la storiografia fenicia*, dans *Oriental Studies Presented to B.S.J. Isserlin* (Leeds University Oriental Society, Near Eastern Researches II), Leyde 1980, p. 114-127. Voir plus récemment F. MAZZA, *Le fonti classiche per la più antica storia fenicia : Giuseppe Flavio e la dinastia dei re di Tiro*, dans *ACFP 1*, vol. I, Rome 1983, p. 239-242 ; L. TROIANI, *Contributo alla problematica dei rapporti tra storiografia greca e storiografia vicino-orientale*, dans *Athenaeum* 61 (1983), p. 427-438 ; ID., *Osservazioni sull'opera storiografica di Menandro d'Efeso*, dans *Studi in onore di E. Bresciani*, Pise 1985, p. 521-528 ; D. MENDELS, *Hellenistic Writers of the Second Century B.C. on the Hiram-Solomon Relationship*, dans *St.Phoen.* V, Leuven 1987, p. 429-441.

dyade pourrait donc bien constituer l'armature essentielle des panthéons urbains de la Phénicie de l'Âge du Fer. Il n'est pas non plus interdit de penser que certains rites associaient Melqart et Astarté, par exemple une hiérogamie. Hiram a en outre comblé l'Eurychore, la partie orientale de l'île, et a rattaché à cette dernière l'îlot abritant le temple de Zeus olympien[46], sans doute Baal Shamim[47].

Le terme ἔγερσις, qui désigne chez Flavius Josèphe la fête de Melqart, est formé sur la même racine que le verbe ἐγείρω. Il signifie donc «réveil», «résurrection», comme c'est le cas dans la littérature classique et dans la Bible[48]. Mais cette acception n'est pas partagée par H.J. Katzenstein qui lui préfère le sens «construction», «érection d'une maison», attesté dans le 4e livre d'Esdras, contemporain de Flavius Josèphe[49]. Cette interprétation s'appuie en outre sur la leçon du Laurentianus qui ne comporte pas le terme en question : καὶ τὸ μὲν τοῦ Ἡρακλέους πρῶτον ἐποιήσατο ἐν τῷ Περιτίῳ μηνί, εἶτα τὸ τῆς Ἀστάρτης (Contre Apion I 118). Le terme central d'ἔγερσις n'y figure pas car, ne comprenant vraisemblablement plus ce que cela signifiait, on a glosé, paraphrasé le texte original en simplifiant le sens de la phrase : il n'est plus question désormais que de la construction du temple. En rapprochant ce passage de celui des Antiquités juives où figure le nom de la fête de Melqart, on peut comprendre comment le texte a été corrompu, mais on ne peut en proposer une correction[50]. L'egersis concerne donc une cérémonie du culte de Melqart et non pas l'édification du temple. D'autres documents, dont l'examen nous retiendra ultérieurement, qui font mention d'un «réveilleur» du dieu, nous invitent en outre à voir dans l'egersis le nom de la fête du réveil de Melqart.

Hiram I célébra, au Xe siècle av. J.-C., le premier réveil de Melqart et ce, au mois de Peritios. On a beaucoup écrit sur la situation qu'il con-

---

[46] Cette politique d'embellissement des sanctuaires est typique de l'action religieuse du roi proche-oriental : S. LACKENBACHER, Le roi bâtisseur. Les récits de construction assyriens des origines à Téglatphalasar III, Paris 1982.

[47] F. VATTIONI, Aspetti del culto del Signore dei cieli, dans Augustinianum 12 (1972), p. 479-515 ; 13 (1973), p. 37-73. Cf. aussi EUPOLÈME 723 F 2 J b (= EUSÈBE de Césarée, P.E. IX 34), chez qui Hiram devient Sourôn. La colonne d'or aurait été envoyée par Salomon. Cet auteur est toutefois connu pour son esprit fantaisiste et apologétique, cf. B.Z. WACHOLDER, Eupolemus : a Study of Judeo-Greek Literature, Cincinnati 1974.

[48] Cf. G. KITTEL (éd.), ThWNT II, s.v. ἐγείρω, ἔγερσις, Stuttgart 1935 ; G.W.H. LAMPE, A Patristic Greek Lexicon, Oxford 1961, p. 399, pour le sens de «résurrection» ; E. LIPIŃSKI, La fête de l'ensevelissement et de la résurrection de Melqart, dans Actes de la XVIIe RAI, Ham-sur-Heure 1970, p. 30 et n. 2. Voir aussi L.H. FELDMAN, Josephus and Modern Scholarship (1937-1980), Berlin-New York 1984, p. 175.

[49] H.J. KATZENSTEIN, op. cit. (n. 9), p. 92 ss.

[50] Déjà Ch. CLERMONT-GANNEAU, L'Egersis de Melqart et le Réveil des dieux, dans RAO VIII, Paris 1924, p. 142-167. Dans la citation d'Eusèbe, le terme figure bien et chez Cassiodore, on lit erectiorem.

vient d'attribuer à ce mois dans l'année. Les érudits du siècle passé, comme D. Raoul-Rochette[51], penchaient en faveur du mois de décembre et pla-çaient, non sans malice, la fête le 25 du mois. Plus près de nous, Peritios est généralement placé au début du printemps, entre janvier et mars, hypo-thèse significative dans la perspective d'une appréhension du culte de Mel-qart comme celui d'un *dying god*, sur le pseudo-modèle du culte adonidien[52].

Peritios est le nom du quatrième mois du calendrier macédonien[53]. À l'époque hellénistique, après la conquête de l'Orient par Alexandre, le calendrier macédonien fut adopté par les cités d'Asie Mineure et du Proche-Orient, mais avec des aménagements fort divers d'un endroit à l'au-tre, l'année ne commençant pas partout à la même date. Dans cette opti-que, un document est particulièrement précieux, l''Ημερολόγιον μηνῶν διαφόρων πόλεων. Il contient la concordance du calendrier julien avec les calendriers d'une série de villes. Découvert par un érudit qui consultait les manuscrits de Ptolémée à la Bibliothèque de Florence, il était inclus dans un commentaire au canon chronologique de Ptolémée par Théodose d'Alexandrie (IVe siècle ap. J.-C.). Il retomba ensuite dans l'oubli jusqu'en 1742, lorsque le Baron de la Bastie en légua une copie à l'Académie. Un manuscrit conservé à la Bibliothèque de Leyde permit d'ajouter à la liste trois cités supplémentaires. Il semble que ces manuscrits remontent à une compilation assez ancienne et les recoupements confirment régulièrement sa valeur[54]. D'après ces tables, le mois de Peritios comprend, à Tyr, 30 jours et s'étend du 16 février au 17 mars, l'année débutant le 19 octobre. Ce serait donc entre la mi-février et la mi-mars que prenait place l'*egersis* de Melqart. Il conviendra dès lors de nous interroger sur le rapport éven-tuel entre cette date et le cycle de la nature dont on avait l'habitude de célébrer la renaissance au printemps[55].

[51] D. RAOUL-ROCHETTE, *Mémoire sur l'Hercule assyrien et phénicien considéré dans ses rapports avec l'Hercule grec* (Mémoires de l'Institut National de France XVII,2), Paris 1848.

[52] B. SOYEZ, *Byblos et la fête des Adonies*, Leyde 1977. Cf aussi, S. RIBICHINI, *Adonis. Aspetti «orientali» di un mito greco*, Rome 1981.

[53] HÉSYCHIOS, s.v. Περι[πέ]τ[ε]ια καὶ περιῆτες, pour une fête macédonienne, *Peritia*.

[54] *Hémérologue ou calendrier des différentes villes, comparé avec celui de Rome*, dans *Histoire de l'Académie royale des Inscriptions et Belles-Lettres avec les Mémoires de Littérature* 67 (1809), p. 66-84 ; F.K. GINZEL, *Handbuch der Mathematik und technischen Chronologie* III, Leipzig 1914, p. 1-8 ; KUBITSCHEK, *Die Kalenderbücher von Florens*, dans *Denkschriften der kaiserl. Akademie der Wissenschaften in Wien, Phil.-Hist. Klasse* 57,3 (1915), p. 109-110 ; A.E. SAMUEL, *Greek and Roman Chronology*, Munich 1972, p. 171ss ; J.-P. REY-COQUAIS, *Calendriers de la Syrie gréco-romaine d'après des inscriptions inédites*, dans *Actes du Ve Congrès int. d'épigraphie grecque et latine*, Munich 1973, p. 564-566. Le mois de Peritios figure aussi dans une épitaphe des environs de Tyr : Ch. CLERMONT-GANNEAU, dans *RAO* V, Paris 1903, p. 378-380.

[55] Au Moyen Âge, la fête d'un saint trouve souvent son origine dans la consécration d'un lieu de culte, mais ici cette fête s'inscrit dans une série de rites de renouveau du printemps attes-tés dans diverses religions du Proche-Orient.

Pour comprendre en quoi consiste le réveil de Melqart, il nous faudra attendre l'apport d'autres sources. La notion de réveil d'un dieu n'est pas tout à fait nouvelle. Apulée et Porphyre nous rapportent comment, chaque matin, à l'ouverture des temples, les Égyptiens découvrent la statue du dieu mise à l'abri pour la nuit et comment leurs prêtres, sur le seuil, éveillent le dieu en l'appelant[56]. Dans le judaïsme, les lévites *excitatores* avaient pour charge de réveiller chaque jour le dieu du Temple en lui récitant le verset 24 du Psaume XLIV : «*Levez-vous, pourquoi dormez-vous, Seigneur ? Levez-vous et ne nous rejetez pas pour toujours*». Dans le monde grec, enfin, le culte de Dionysos à Rhodes connaissait une pratique similaire[57]. Toutes ces données ont amené Ch. Clermont-Ganneau à considérer que l'*egersis* de Melqart à Tyr était certes une consécration annuelle, mais pouvait être renouvelée quotidiennement dans la liturgie du culte[58].

Le fait que la première attestation de l'*egersis* soit située au Xe siècle av. J.-C.[59] ne signifie pas nécessairement que c'est alors qu'apparut le

[56] APULÉE XI 20,22 ; PORPHYRE, *De abstinentia* IV 9.

[57] B. SARIDAKIS - F. HILLER VON GÄRTRINGEN, *Inschriften aus Syme, Teutlussa und Rhodos*, dans *Jahreshefte des Österr. archäol. Inst.* 7 (1904), p. 92-94. Cf. B. UFFENHEIMER, *The «Awakeners». A Cultic Term from the Ancient Near East*, dans *Leshonenu* 30 (1965), p. 163-174 (en hébreu).

[58] Ch. CLERMONT-GANNEAU, *art. cit.* (n. 50), p. 142-167.

[59] H.J. KATZENSTEIN, *op. cit.* (n. 9), p. 349, a bien montré que la chronologie des rois de Tyr demeure problématique. Cela vient du fait que, pour l'établir, on ne dispose quasiment que d'une seule source : Flavius Josèphe. Pour le problème précis des temples tyriens, ID., *Is there any Synchronism between the Reigns of Hiram and Salomon ?*, dans *JNES* 24 (1965), p. 116-117, estime que la chronologie fournie par Flavius Josèphe ne concerne nullement Hiram, donc encore moins les temples tyriens. Ce serait Salomon qui en l'an 11 ou 12 de son règne, et non 4 comme cela figure dans le texte, aurait construit le Temple de Jérusalem. Il faut donc supposer une double erreur de personne et de chronologie, ce qui paraît excessif. R. VAN COMPERNOLLE, *Étude de chronologie et d'historiographie siciliotes*, Bruxelles 1959, p. 141-144, 154-156, 174-180 ; ID., *L'inscription de Salmanasar III IM 55644 du Musée de Bagdad, la chronologie des rois de Tyr et la date de la fondation de Carthage*, dans *AIPHOS*, 20 (1968-72), p. 467-479, rejette le synchronisme traditionnel entre la construction du Temple de Jérusalem au cours de la 4e année de règne de Salomon et la 12e du règne d'Hiram. On aurait confondu deux événements apparentés, les constructions de temples à Tyr et Jérusalem, d'où ce synchronisme artificiel. En se basant sur ce fait et sur la liste des rois de Tyr donnée par Ménandre d'Éphèse, qui compte 155 ans et 8 mois entre l'avènement d'Hiram et la fondation de Carthage, on parvient par simple soustraction à 143 ans et 8 mois entre cette même fondation et la construction du Temple de Jérusalem. Rien ne prouve cependant que c'est bien en l'an 12 de son règne qu'Hiram consacra les nouveaux temples tyriens : là réside toute l'incertitude de cette hypothèse. E. LIPIŃSKI, *Ba'ali-Ma'zer II and the Chronology of Tyre*, dans *RSO* 45 (1970), p. 50-65 a proposé une chronologie encore différente. Enfin, G. GARBINI, *L'impero di David*, dans *ASP* 13 (1983), p. 1-20 ; ID., *Storia e ideologia nell'Israele antico*, Brescia 1986, p. 42-57, considère que la version des faits s'applique mieux à une situation historique postérieure de deux siècles, lorsque Azarias était roi de Jérusalem et Hiram II, roi de Tyr. À partir des données du VIIIe siècle av. J.-C., on aurait procédé à une réélaboration des rapports idéaux entre Tyr et Israël. Le texte biblique n'est certes pas constitué d'une strate, mais les relations commerciales et culturelles entre Tyr et Israël, au Xe siècle av. J.-C., sont confirmées par les traces matérielles, cf. S. GEVA, *Archaeological Evidence for the Trade between Israel and Tyrus*, dans *BASOR* 248 (1982), p. 69-72. Cf. aussi D. MENDELS, *art.*

culte de Melqart, comme on l'écrit souvent. Le texte de Flavius Josèphe parle de la démolition de temples antérieurs sans préciser à qui ils étaient consacrés. Cette inconnue nous interdit de percevoir l'ampleur de la réforme religieuse d'Hiram I. Son programme architectural était sans nul doute ambitieux, mais eut-il des implications profondes quant aux cultes ? La vénération d'Astarté par les Tyriens est certainement antérieure à cette époque, mais pour Melqart, on ne dispose d'aucune attestation antérieure. Nous verrons qu'un dieu *Mlk* était connu dans toute l'aire ouest-sémitique dès le IIIe millénaire av. J.-C., mais nous ignorons quand il prit, à Tyr, la forme de *Mlk qrt*. Si Hiram a bien célébré la première *egersis* de Melqart, on peut légitimement penser qu'il fut un promoteur du culte de Melqart, dont il institutionnalisa le «réveil» annuel.

Une dernière mise au point s'impose avant de conclure. On peut lire un peu partout chez les modernes que le temple de Melqart à Tyr et celui de Jérusalem procèdent du même plan. Nous savons effectivement que Salomon fit appel à Hiram et aux artisans tyriens pour la construction du Temple. La Phénicie fournit cèdres et cyprès en échange de blé et d'huile [60]. Un bronzier du nom d'Hiram, originaire de Tyr (l'homonymie n'indique-t-elle pas qu'il y a eu confusion avec le roi lui-même ?), exécuta diverses commandes, notamment les deux colonnes de bronze dressées près du vestibule du Temple et restées célèbres sous les noms de Yakîn et Boaz [61]. Certains modernes les ont rapprochées des deux fameuses stèles du sanctuaire tyrien de Melqart, ce qui déjà soulève de sérieuses objections en raison des dimensions très différentes des deux termes de la comparaison. On en conclut généralement que le Temple de Jérusalem est inspiré de celui de Tyr. Mais T.A. Busink a émis à ce sujet de prudentes réserves [62]. Pour lui, tant que l'on ne connaît pas mieux l'architecture religieuse des Phéniciens du début du Ier millénaire, il est délicat de parler de modèle. Par ailleurs, le texte de Flavius Josèphe ne permet pas de savoir si les constructions tyriennes ont précédé ou suivi celles de Jérusalem. Certes Hiram est plus âgé que Salomon — il entretenait déjà de bonnes relations avec David — et l'on peut donc supposer que Tyr fut embellie avant

---

cit. (n. 34), p. 429-441, pour l'influence des rapports Juifs-Phéniciens au IIe siècle av. J.-C. sur la rédaction de ces épisodes.

[60] G. BUNNENS, *Commerce et diplomatie phéniciens au temps de Hiram I de Tyr*, dans *JESHO* 19 (1976), p. 1-31 ; H. DONNER, *Israel und Tyrus im Zeitalter Davids und Salomos*, dans *JNSL* 10 (1982), p. 43-53. Les sources sont FLAVIUS JOSÈPHE, *C.A.* I 117 ; *A.J.* VIII 5,3 ; *I Rois* 5,15-26 ; *II Chron.* 2,1-15.

[61] *I Rois* 7,13-22 ; *II Chron.* 3,15-17. Cf. A. VAN DEN BRANDEN, *I bruciaincenso Jakin e Bo'az*, dans *BeO* 4 (1962), p. 47-52.

[62] T.A. BUSINK, *Der Tempel von Jerusalem*, Leyde 1970 ; sur le même sujet, C. ORRIEUX, *Le temple de Salomon*, dans *Temples et sanctuaires*, Lyon 1984, p. 51-59.

Jérusalem, mais ceci demeure une hypothèse et il était bon de le rappeler.

Nous retiendrons pour l'instant qu'avec ce témoignage de Flavius Josèphe, Melqart fait sa véritable entrée en scène. On ne peut au préalable manquer d'être frappé par le fossé chronologique qui sépare notre informateur des faits qu'il relate et, une fois encore, par l'inévitable détour à faire par l'hellénisme ou le judaïsme pour appréhender les réalités des cultes phéniciens. Une telle constatation est au demeurant valable pour l'ensemble de ce travail. Cela dit, le rite central du culte de Melqart consiste en un «réveil», célébré en février/mars et inauguré par le roi de Tyr en personne, au Xᵉ siècle av. J.-C. Dans ce témoignage, Astarté apparaît conjointement à Melqart, révélant ainsi explicitement une association cultuelle fondamentale du panthéon tyrien, à travers elle, l'existence d'un couple poliade, typique de la religion phénicienne.

3. Le traité d'Asarhaddon

Melqart réapparaît à Tyr au VIIᵉ siècle av. J.-C. comme garant d'un traité signé entre le roi d'Assyrie Asarhaddon et le roi de Tyr, Baal[63]. On accordera à ce document une attention particulière puisque l'efficacité des engagements reposait en bonne partie sur l'appui des divinités, d'autant plus fiable qu'il concernait leur secteur propre d'«activité». Leur ordre de citation ne doit pas être considéré comme le reflet d'une hiérarchie à l'intérieur d'un panthéon, mais plutôt comme l'expression de la différenciation organique des pouvoirs et des compétences à l'intérieur d'une structure polythéiste. Sont pris à témoin de cet accord, en premier lieu, les dieux d'Assur, puis ceux de Tyr : Baal Shamim, Baal Malagê[64], Baal Ṣaphon, puis Melqart, sous la forme *Mi-il-qar-tu*, et Eshmoun, enfin Astarté.

[63] D.R. HILLERS, *Treaty-Curses and the Old Testament Prophets* (Biblica et Orientalia 16), Rome 1964, *passim* ; R. BORGER, *Die Inschriften Asarhaddons, Königs von Assyrien* (AfO 9), Graz 1956, p. 107-109 ; G. PETTINATO, *I rapporti politici di Tiro con l'Assiria alla luce del «Trattato tra Asarhaddon e Baal»*, dans *RSF* 3 (1975), p. 145-160 ; M.L. BARRÉ, *The God-List in the Treaty between Hannibal and Philip V of Macedonia : A Study in Light of the Ancient Near Eastern Treaty Tradition*, Baltimore-Londres 1983, *passim* ; R. BORGER - M. DIETRICH - E. EDEL - O. LORETZ - O. RÖSSLER - E. VON SCHULER, *Rechts- und Wirtschaftsurkunden : historisch-chronologische Texte 2. Staatsverträge* (Texte aus der Umwelt des Alten Testaments I), Gütersloh 1983, p. 158-159, édition par R. BORGER.

[64] Sur cette divinité, F.O. HVIDBERG-HANSEN, *Ba'al-Malagê dans le traité entre Asarhaddon et le roi de Tyr*, dans *Acta Orientalia* 35 (1973), p. 57-81. L'auteur rejette les hypothèses d'un Baal marin, d'un Baal du port, d'un Baal de la pêche ou des navigateurs et propose de rattacher l'épithète de Baal à une racine *mlg* attestée en babylonien moyen, en araméen, en arabe et en ougaritique. Elle évoquerait l'idée d'abondance et de fertilité et conviendrait alors à un dieu de la végétation. Mais l'auteur estime que le traité comprend déjà dans ce registre Baal Ṣaphon — cependant sa nature est tout autre (cf. C. BONNET, *Baal Ṣaphon et Typhon*, dans *St.Phoen.* V, Leuven 1987, p. 101-143) — et Melqart, dont les attributions sont, à notre sens, plus vastes et plus diversifiées. Cf., pour une critique de cet article, P. XELLA, *art. cit.* (n. 7), p. 231-232.

Aux trois premiers, il est demandé, en cas de violation du traité de «*provoquer une tempête qui détruise les vaisseaux, brise les câbles, arrache les amarres, les engloutisse dans la mer*». Ces trois divinités possèdent donc la maîtrise des forces naturelles, de la foudre, des éléments célestes et aquatiques.

Melqart et Eshmoun, dans la même éventualité, «*apporteront la ruine dans votre pays et le saccage (la déportation) à votre peuple, de votre pays [...] la nourriture dans votre bouche, le vêtement sur votre corps [...] l'huile de vos onguents, ils les corrompront*».

Enfin Astarté «*brisera vos arcs à flèche dans un mauvais combat et vous abandonnera aux pieds de votre ennemi. Un ennemi plus étranger partagera votre butin*».

On constate qu'au VIIᵉ siècle av. J.-C., trois types de Baal règlent les forces de la nature, Astarté contrôle l'exercice de la guerre. Quant à Melqart et Eshmoun, situés entre ces deux divinités ou groupes de divinités, ils sont responsables de ce qui fait le bien-être de la population : nourriture, vêtements, onguents, les trois biens essentiels de l'existence humaine, ainsi qu'en témoignent de nombreux parallèles dans la littérature procheorientale, mythique, oraculaire juridique ou administrative [65]. Dans l'éventualité d'une félonie, ils se métamorphosent en divinités terrifiantes provoquant la ruine et le désastre du fait qu'il retirent leur protection, laissent leurs fidèles livrés à eux-mêmes. Ces actions punitives sont l'envers de la réalité, l'aspect potentiellement négatif de leurs attributions. Elles soulignent en tout cas l'importance de leur rôle dans le maintien d'un équilibre vital à la fois collectif et individuel. Si les Tyriens s'avèrent des alliés loyaux, ils pourront compter sur la protection de leurs dieux, sur le bienêtre et la prospérité.

L'insertion d'Eshmoun, le dieu principal de la cité voisine et souvent rivale de Sidon, à côté de Melqart, le dieu tyrien par excellence, peut revêtir une coloration politique [66]. En 677 av. J.-C., Sidon, jadis fidèle alliée des Assyriens, se révolta et fut réprimée sans pitié : la cité fut simplement rasée et, un an plus tard, son roi exécuté. Sarepta, qui lui appartenait, fut cédée à Tyr, laquelle, malgré une propension à la rébellion, se montrait alors soumise envers Asarhaddon. À cette époque, c'est elle qui prédomi-

---

[65] Cf. M. Liverani, *Adapa ospite degli dei*, dans *Religioni e civiltà. Scritti in memoria di A. Brelich*, Bari 1982, p. 293-319, surtout p. 302-307.

[66] Sur Eshmoun, E. Lipiński, *Eshmun «Healer»*, dans *AION* 33 (1973), p. 161-183, en attendant la monographie sur Eshmoun de P. Xella. Il n'est peut-être pas indifférent de noter qu'une des sanctions en son pouvoir dans le traité est de corrompre les onguents. P. Xella, *Sulla più antica storia di alcune divinità fenicie*, dans *ACFP 1*, vol. II, Rome 1983, p. 401-407, a montré qu'un dieu *šmn* est attesté à Ougarit et peut-être déjà à Ébla sous la forme i-giš/*zi-mi-nu*. Sur Eshmoun et ses affinités avec Melqart, S. Ribichini, *op. cit.* (n. 3), Rome 1985, p. 55-58.

nait en Phénicie et qui assura la prise en charge du patrimoine culturel et religieux de Sidon anéantie. Mais quelques années plus tard, elle s'allia à Taharqa, le souverain égyptien, pour secouer le joug assyrien : nous sommes en 671 av. J.-C. Les deux années qui suivirent permirent à l'Assyrien de reprendre la situation en main et de faire rentrer Tyr dans les rangs des vassaux assyriens. Le problème est par conséquent de faire entrer le traité de soumission qui nous occupe dans cette séquence événementielle. La plupart des modernes penchent pour l'année 675 av. J.-C., juste après l'écrasement de Sidon. La position privilégiée prise par Tyr dans ces années aux yeux du «protecteur» assyrien lui aurait permis de s'approprier Eshmoun, le dieu de Sidon. Mais à la suite d'O. Eißfeldt, G. Pettinato, dans sa récente analyse du traité, considère qu'il suivrait plutôt la soumission des années 671-669 av. J.-C., dans la mesure où il crée de véritables liens de vassalité. Par ailleurs, Tyr y apparaît comme une cité exclusivement insulaire; or, c'est à la suite de sa révolte que Tyr fut privée de ses possessions continentales [67].

L'essentiel de ce témoignage est qu'il fournit de précieuses indications sur la nature des attributions de Melqart à Tyr. En tant que «roi de la cité», il n'est pas seulement le dieu personnel de la dynastie, mais aussi l'archétype de celle-ci; il exerce, dans la sphère divine, les prérogatives du roi terrestre : assurer le bien-être de la collectivité, la protéger de la ruine et de la dévastation et prémunir chacun de ses membres, individuellement, de la faim, du dépouillement et de la maladie. L'association à Eshmoun, dieu tutélaire de Sidon, indique que ce profil est sans doute caractéristique du Baal poliade des cités phéniciennes du Ier millénaire av. J.-C.

4. Les prophéties d'Ézéchiel

En 612 av. J.-C., la puissance assyrienne cède le pas sous la montée irrésistible des Babyloniens. Après une courte période de renouveau, les cités phéniciennes sont à nouveau le théâtre d'événements dramatiques, dont le fameux siège de Tyr par Nabuchodonosor, entre 586 et 573 av. J.-C. Pendant ce temps, alors qu'Israël subissait la même contrainte et qu'une partie de sa population était déportée, Ézéchiel exerçait son sacerdoce d'abord au Temple de Jérusalem, puis à Babylone auprès des déportés. Il est un prophète nationaliste, moraliste qui cherche à rendre compte

---

[67] Sur cette période et les difficultés de suivre l'évolution historique du territoire continental de Tyr, J. ELAYI, *Les cités phéniciennes et l'empire assyrien à l'époque d'Assurbanipal*, dans *RA* 77 (1983), p. 45-58 ; P. GARELLI, *Remarques sur les rapports entre l'Assyrie et les cités phéniciennes*, dans *ACFP 1*, vol. I, Rome 1983, p. 61-66 ; J. ELAYI, *Les relations entre les cités phéniciennes et l'empire assyrien sous le règne de Sennachérib*, dans *Semitica* 35 (1985), p. 19-26.

du destin néfaste de son peuple. En situant la relation avec le Dieu d'Israël sur un plan personnel, plutôt que collectif, il recrée une perspective de salut. Dans le même temps, il affirme la singularité foncière du peuple élu qui doit se tenir à l'écart des autres nations. Il développe donc des visions à coloration parfois apocalyptique, où il met en scène l'«histoire immorale» d'Israël, pour lui prêcher l'obéissance absolue à la Loi, mais aussi l'histoire des autres peuples dont il souligne l'irréductible altérité.

Ainsi Tyr, pour s'être réjouie de la ruine de Jérusalem, sa rivale commerciale et partenaire de jadis, va devoir affronter des malheurs en cascade[68]. D'abord, elle sera pillée par Nabuchodonosor, roi de Babylone, elle et «ses filles dans la campagne», c'est-à-dire ses dépendances continentales. De ces passages d'Ézéchiel relatifs à Tyr, il ressort l'image d'une cité opulente, commerçante et accueillante, resplendissante de beautés et de richesses, mais arrogante. Une première allusion intéressante est la menace proférée contre Tyr : «Tes stèles qui faisaient ta force tomberont par terre»[69]. C'est probablement aux deux stèles, évoquées déjà dans les mythes de fondation et qu'Hérodote relèvera dans le sanctuaire de Melqart à Tyr[70], qu'il est fait référence. Elles étaient donc gravées dans les mémoires comme l'attribut essentiel du culte de Melqart et, partant, comme symbole de la cité et de sa puissance. Suit alors la description poétique de Tyr transformée par la magie de la métaphore en un vaisseau de toute beauté, sillonnant les mers et empruntant de-ci de-là une parure supplémentaire.

Le passage le plus révélateur pour notre étude est l'invective du chapitre 28, adressée au prince de Tyr dans laquelle Ézéchiel reproche au roi l'ampleur de son sens de la royauté sacrée[71].

---

[68] Sur Ézéchiel comme prophète, J. BOTTÉRO, Naissance de Dieu. La Bible et l'historien, Paris 1986, p. 109-118. Sur notre texte, Ézéchiel 26-28,19, J. STEINMANN, Le prophète Ézéchiel et les débuts de l'exil (Lectio divina 13), Paris 1953 ; G. FOHRER, Ezechiel (Handbuch zum Alten Testament I 13),Tübingen 1955 ; J. DUS, Melek Şōr-Melqart ? (Zur Interpretation von Ez. 28,11-19), dans ArOr 26 (1958), p. 179-185 ; K. YARON, The Dirge over the King of Tyre, dans Annuals of the Swedish Theological Institute 3 (1964), p. 28-57 ; H.J. VAN DIJK, Ezekiel's Prophecy on Tyre. A New Approach, Rome 1968 ; R.D. BARNETT, Ezekiel and Tyre, dans Eretz-Israel 9 (Albright Volume), Jérusalem 1969, p. 6-13 ; N. ZIMMERLI, Ezechiel, Neukirchen-Vluyn 1969, p. 680-681 ; A.J. WILLIAMS, The Mythological Background of Ezekiel, 28,12-19, dans Biblical Theology Bulletin 6 (1976), p. 49-61 ; O. LORETZ, Der Sturz des Fürsten von Tyrus (Ez. 28, 1-19), dans UF 8 (1976), p. 455-458 ; P.M. BOGAERT, Montagne sainte, jardin d'Éden et Sanctuaire (hierosolymitain) dans un oracle d'Ézéchiel contre le prince de Tyr (Ez. 28,11-19), dans Le mythe, son langage et son message (Homo religiosus 9), Louvain 1983, p. 131-153. Cette prophétie pourrait bien être contemporaine du siège de Tyr par Nabuchodonosor.

[69] Ézéchiel 26,11.

[70] Hérodote II 44, cf. infra, p. 47-50.

[71] Ézéchiel 28,1-19 (traduction Bible de Jérusalem). À l'époque ce devait être Ithobaal III (591/0-573/2) qui occupait le trône tyrien.

«[1] *La parole de Yahvé me fut adressée en ces termes :* [2] *Fils d'homme, dis au prince de Tyr : Ainsi parle le Seigneur Yahvé. Parce que tu t'es enflé d'orgueil, tu as dit : «Je suis un dieu, je suis assis sur le trône de Dieu, au milieu de la mer.» Alors que tu es un homme et non un dieu, tu te fais un cœur semblable à Dieu.* [3] *Voilà que tu es plus sage que Danel. Pas un sage n'est semblable à toi.* [4] *Par ta sagesse et ton intelligence, tu t'es acquis des richesses, tu as amassé de l'or et de l'argent dans tes trésors.* [5] *Si grande est ton habileté dans le commerce ! Tu as multiplié tes richesses, et ton cœur s'est enorgueilli de tes richesses.* [6] *C'est pourquoi, ainsi parle le Seigneur Yahvé. Parce que tu t'es fait un cœur semblable à Dieu,* [7] *eh bien ! je vais faire venir contre toi des étrangers, la plus barbare des nations. Ils tireront l'épée contre ta belle sagesse, ils souilleront ta splendeur,* [8] *ils te précipiteront dans la fosse et tu mourras de mort violente, au cœur des mers.* [9] *Diras-tu encore : «Je suis un dieu», en face de tes meurtriers ? Mais tu es un homme et non un dieu, entre les mains de qui te tue.* [10] *Tu mourras de la mort des incirconcis, par la main d'étrangers. Car moi j'ai dit, oracle du Seigneur Yahvé.* [11] *La parole de Yahvé me fut adressée en ces termes :* [12] *Fils d'homme, prononce une complainte contre le roi de Tyr. Tu lui diras : Ainsi parle le Seigneur Yahvé. Tu étais un modèle de perfection, plein de sagesse, merveilleux de beauté,* [13] *tu étais en Éden, au jardin de Dieu. Mille pierres précieuses formaient ton manteau. Sardoine, topaze, diamant, chrysolithe, onyx, jaspe, saphir, escarboucle, émeraude, l'or dont sont faits tes tambourins et tes flûtes, furent préparés au jour de ta création.* [14] *Avec un chérubin protecteur je t'avais placé, tu étais sur la montagne sainte de Dieu, tu marchais au milieu des charbons ardents.* [15] *Tu fus exemplaire dans ta conduite depuis le jour de ta création jusqu'au jour où fut trouvé en toi le mal.* [16] *Par l'activité de ton commerce, tu t'es rempli de violence et de péchés. Je t'ai précipité de la montagne de Dieu et le chérubin protecteur t'a fait périr, du milieu des charbons.* [17] *Ton cœur s'est enflé d'orgueil à cause de ta beauté. Tu as corrompu ta sagesse à cause de ton éclat. Je t'ai jeté à terre, je t'ai offert aux rois en spectacle.* [18] *Par la multitude de tes fautes, par la malhonnêteté de ton commerce, tu as souillé tes sanctuaires. J'ai fait sortir de toi le feu, pour te dévorer. Je t'ai réduit en cendre sur la terre, aux yeux de tous ceux qui te regardaient.* [19] *Parmi les peuples, quiconque te connaît est frappé de stupeur à ton sujet. Tu es objet d'épouvante ; c'en est fait de toi à jamais.*

On remarquera immédiatement qu'Ézéchiel met dans la bouche du roi de Tyr les paroles suivantes : «*Je suis un dieu, je siège sur un trône divin au cœur des mers*» [72]. On peut sans doute y trouver une allusion à la puissance maritime de Tyr et en particulier de son dieu poliade. D'autres passages pourraient renvoyer à certains traits de son culte. Mais avant de les

---

[72] A. CAQUOT, dans son compte-rendu du Colloque tenu à Rome en 1981 sur le thème *La religione fenicia*, dans *RSF* 10 (1982), p. 303 écrit ceci : «*je tiens personellement pour une référence certaine à un mythologoumène phénicien l'allusion que fait le prince de Tyr d'Ézéchiel 28,2 au séjour maritime d'un dieu (poliade ?)*».

mentionner, relevons que la prophétie est adressée en réalité à deux personnages, désigné par deux noms différents : le *nagîd*, celui qui mène son peuple [73] et que la Septante rend par ἄρχων et, dans les versets 11 à 19, le *melek*, le roi, sans doute divinisé, c'est-à-dire le *milk qart*, le dieu de Tyr [74].

Dans la première séquence, le reproche final formulé par Yahvé, c'est celui de l'«autodéification». Par là, il faut entendre une expression hyperbolique de l'orgueil royal, mais aussi la tendance, bien attestée dans diverses cultures proche-orientales, à «diviniser» le roi [75]. Par sa filiation fonctionnelle avec Melqart, son ancêtre et son archétype, le roi de Tyr considère sans doute qu'il appartient à la sphère du divin. Et comme par contraste, ce sont des maux purement humains, la guerre, la violence, la mort, que lui prédit Ézéchiel.

Dans la seconde partie, le même schéma de grandeur et décadence est appliqué au Roi de Tyr, à Melqart ; les fortes colorations cultuelles de ce passage situent en effet l'oracle dans un autre monde. L'invective n'est plus adressée au chef politique, mais s'inscrit au contraire nettement dans un contexte mythique. À en croire Ézéchiel, le *melek Ṣōr* vivait en Éden et gardait, tel un chérubin, le jardin de Dieu ; or, S. Ribichini a bien montré que le jardin est régulièrement mis en relation avec le culte des souverains morts et divinisés [76] : la localisation de Melqart dans ce gn 'lhnm est donc très significative. La montagne sainte sur laquelle il évolue doit sans doute symboliser Tyr, son domaine, son royaume. Mais ses péchés vont le chasser de cet Éden et le réduire à néant. La mention, dans ce lieu, de

---

[73] W. BAUMGARTNER - J.J. STAMM, *Hebräisches und aramäisches Lexicon zum Alten Testament* III, Leyde 1983, p. 629 ; L.B. KUTLER, *Social Terminology in Phoenician, Biblical Hebrew and Ugaritic*, Ph.D. Diss., Ann Arbor 1984, p. 290-291 ; G.F. HASEL, *nagid*, dans *ThWAT* V/1-2, Stuttgart 1984, col. 203-219.

[74] Cf. J. DUS, *art. cit.* (n. 68) ; G. GARBINI, *I Fenici. Storia e religione*, Naples 1980, p. 56-57 ; P.M. BOGAERT, *art. cit.* (n. 68) ; seul H.G. MAY, *The King in the Garden of Eden. A Study in Ezek. 28 12-19*, dans B.W. ANDERSON - W. HARRELSON (éd.), *Israel's Prophetic Heritage. Essays in Honor of James Muilenburg*, Londres 1962, p. 166-176, renverse les termes de l'équation ; H. RINGGREN - K. SEYBOLD - H.-J. FABRY, *mlk*, dans *ThWAT* IV, Stuttgart 1984, col. 926-957.

[75] Ce phénomène de la royauté sacrée présente évidemment bien des nuances d'une civilisation à l'autre du Proche-Orient : S.H. HOOKE (éd.), *Myth, Ritual and Kingship*, Oxford 1958 ; *La regalità sacra. Contributi al tema dell'VIII Congresso Internazionale di Storia delle Religioni*, Leyde 1959 ; A.R. JOHNSON, *Sacral Kingship in Ancient Israel*, Cardiff 1967.

[76] Cf. S. RIBICHINI, *Adonis. Aspetti «orientali» di un mito greco*, Rome 1981, p. 94-107. Dans l'Ancien Testament, le chérubin est un génie puissant, redoutable et majestueux qui manifeste les divers aspects de la puissance de Yahvé. Cf. J. TRINQUET, *Kerub, Kerubim*, dans *DBS* V, Paris 1957, col. 161-186, col. 176 pour notre texte ; D.N. FREEDMAN - P. O'CONNOR, *kerub*, dans *ThWAT* IV, Stuttgart 1984, col. 322-334. En ce qui concerne les pierres précieuses de l'Éden, T.H. GASTER, *Myth, Legend and Custom in the Old Testament*, New York 1969, p. 28, indique que c'est un trait commun de plusieurs «paradis».

pierres précieuses n'évoquerait-elle pas les stèles d'or et d'émeraude du sanctuaire tyrien de Melqart ? Aussi intéressante pourrait être la mention de charbons ardents sur lesquels le roi va et vient : serait-ce une allusion au rite du bûcher de Melqart ? L'affirmation suivante y renvoie, quant à elle, sûrement : «*J'ai fait sortir de toi le feu, pour te dévorer. Je t'ai réduit en cendre sur la terre*». La crémation de Melqart signifierait donc dans ce cas son anéantissement et non le prélude à son *egersis*.

J. Dus a bien montré que les deux oracles se répondent par un jeu d'opposition. Les titres des personnages sont certes différents car leur nature même l'est ; le prince, le *nagîd*, habite la terre et la mer, le domaine de la Tyr humaine, tandis que le Roi a été placé par Yahvé lui-même sur la montagne sacrée ; le premier est châtié pour s'être impunément proclamé dieu, alors que le second possède incontestablement cette dimension divine, mais il en a mal usé ou abusé. Le prince sera chassé par des nations étrangères et tyranniques, le Roi l'est par Dieu en personne ; le premier sera tué par le fer et jeté à la mer, le second sera brûlé par un feu intérieur. Le contraste entre les deux conditions est donc manifeste.

Quoi qu'il en soit de l'histoire de ce texte [77], qui trouve un probable antécédent dans le récit de la Genèse relatif à la chute du premier homme au Paradis [78], nous retiendrons que, dans son oracle sur Tyr, Ézéchiel associe dans une même dénonciation le prince terrestre de Tyr et son Roi mythique, sa divinité tutélaire, Melqart, soulignant ainsi implicitement le lien qui les unit et les associe dans un même destin [79]. Parmi les allusions cultuelles de ce texte, nous avons relevé celles qui renvoient au sanctuaire de Melqart (stèles), au rite du bûcher et à sa maîtrise des mers. Le texte souligne encore sa «sainteté» et sa sagesse, deux traits que nous aurons l'occasion de retrouver plus avant dans notre enquête.

---

[77] P.M. BOGAERT, *art. cit.* (n. 68), p. 131-153, a remarqué que si le texte massorétique identifie le roi de Tyr au chérubin de l'Éden, la Septante les distingue et fait du second un compagnon du premier. Cet auteur pense donc que, dans un premier temps, le séjour en Éden concernait le roi terrestre de Tyr, puis, par identification au chérubin, son habitant acquit une dimension angélique et le récit devint celui de la chute d'un ange, plutôt que du premier homme. Enfin, le dieu poliade prit la place du roi humain. Divers éléments cultuels de cet oracle renverraient, à travers Tyr, à Jérusalem, possible lieu d'élaboration de la prophétie. On pourrait même penser que cet oracle concernait à l'origine Jérusalem, ce qui expliquerait le rapport de confiance entre Yahvé et le roi de l'Éden. Son adaptation postérieure à Tyr aurait, à notre sens, nécessité l'insertion d'éléments précis d'identification du cadre nouveau, d'où les références cultuelles probables à Melqart et son sanctuaire.

[78] *Genèse* 2-3 : l'homme, façonné par Dieu, est placé dans le jardin d'Éden pour le cultiver et le garder. Mais en compagnie de la femme, il ne peut résister à l'attrait de l'arbre de la connaissance du Bien et du Mal et se fait expulser du jardin où il est remplacé par les chérubins.

[79] Cf. *supra*, p. 33-40, pour l'apport du roi tyrien Hiram I au culte de Melqart. On signalera brièvement l'article tout récent de A. VAN DEN BRANDEN, *Une statue phénicienne*, dans *BeO* 152 (1987), p. 57-68, sur un inédit tyrien daté du VIᵉ-Vᵉ siècle av. J.-C., représentant peut-être un prêtre portant des habits, dont une cape en peau de lion, qui trouvent des parallèles dans la tradition biblique relative aux vêtements sacerdotaux, mais on ignore quel dieu ce personnage servait.

5. La visite d'Hérodote à Tyr

Après la soumission de Tyr par Nabuchodonosor, la cité fut gouvernée pendant quelques années par des suffètes, puis retrouva le pouvoir dynastique. Malgré sa perte de puissance politique, Tyr conserva un certain rayonnement culturel. Dès que les Perses eurent mis la main sur le défunt empire babylonien, les cités phéniciennes cherchèrent à s'attirer les bonnes grâces de leur nouveau maître. Pour s'acquérir les services précieux de la flotte phénicienne, Cyrus accorda à la 5e satrapie, qui comprenait la Phénicie, des privilèges particuliers et une relative autonomie dans le choix des modalités d'exercice du pouvoir local. Sidon était certes la cité principale de la côte, mais Tyr jouissait d'un vaste territoire et toutes deux connaissaient une période de prospérité. C'est dans ce cadre historique que les cités phéniciennes participèrent aux côtés des Perses aux Guerres Médiques ; peu après, Hérodote visita Tyr [80].

Dans son livre II, consacré à l'Égypte, Hérodote discourt des rapprochements entre divinités égyptiennes et grecques et de leur ancienneté respective. Ainsi en vient-il à aborder le cas d'Héraclès. S'étant informé à son sujet en Égypte, il cherche à approfondir ses connaissances en se rendant à Tyr où il a entendu dire qu'il existe un sanctuaire fort vénéré d'Héraclès. Voici sa description des lieux [81] :

> «*Je vis ce sanctuaire richement garni d'offrandes nombreuses et diverses, et notamment à l'intérieur de celui-ci se trouvaient deux stèles, l'une d'or épuré, l'autre d'émeraude qui brillait fortement durant les nuits. Entré en conversation avec les prêtres du dieu, je leur demandai combien de temps s'était écoulé depuis la création du sanctuaire : je me rendis compte qu'eux non plus n'étaient pas d'accord avec les Grecs. Ils déclarèrent en effet que le sanctuaire du dieu avait été créé en même temps que l'on fondait Tyr et qu'ils habitaient Tyr depuis 2300 ans. J'ai vu par ailleurs à Tyr encore un autre sanctuaire d'Héraclès portant le surnom de Thasien. Je suis allé aussi à Thasos où j'ai trouvé un sanctuaire d'Héraclès fondé par les Phéniciens qui, s'étant élancés à la recherche d'Europe, fondèrent Thasos.*»

[80] Pour toute la période qui sépare Hérodote d'Ézéchiel, H.J. KATZENSTEIN, *Tyre in the Early Persian Period (539-486)*, dans *BA* 42 (1979), p. 23-34.

[81] HÉRODOTE II 44 : καὶ εἶδον πλουσίως κατεσκευασμένον ἄλλοισί τε πολλοῖσι ἀναθήμασι, καὶ ἐν αὐτῷ ἦσαν στῆλαι δύο, ἡ μὲν χρυσοῦ ἀπέφθου, ἡ δὲ σμαράγδου λίθου λάμποντος τὰς νύκτας μεγάλως. Ἐς λόγους δὲ ἐλθὼν τοῖσι ἱρεῦσι τοῦ θεοῦ εἰρόμην ὁκόσος χρόνος εἴη ἐξ οὗ σφι τὸ ἱρὸν ἵδρυται· εὗρον δὲ οὐδὲ τούτους τοῖσι Ἕλλησι συμφερομένους· ἔφασαν γὰρ ἅμα Τύρῳ οἰκιζομένῃ καὶ τὸ ἱρὸν τοῦ θεοῦ ἱδρυθῆναι, εἶναι δὲ ἔτεα ἀπ' οὗ Τύρον οἰκέουσι τριηκόσια καὶ δισχίλια. Εἶδον δὲ ἐν τῇ Τύρῳ καὶ ἄλλο ἱρὸν Ἡρακλέος ἐπωνυμίην ἔχοντος Θασίου εἶναι. Ἀπικόμην δὲ καὶ ἐς Θάσον, ἐν τῇ εὗρον ἱρὸν Ἡρακλέος ὑπὸ Φοινίκων ἱδρυμένον, οἳ κατ' Εὐρώπης ζήτησιν ἐκπλώσαντες Θάσον ἔκτισαν. Je propose ici une traduction personnelle un peu différente de celle de Ph.-E. Legrand dans la Collection des Universités de France.

Ce témoignage d'Hérodote est diversement interprété, mais un point fait l'unanimité : pour la première fois dans notre dossier documentaire, dans la première moitié du Ve siècle av. J.-C., Melqart est identifié à Héraclès. L'assimilation entre le dieu tyrien et le héros grec remonte donc au moins à cette époque[82]. Un certain nombre de modernes estiment pourtant que les renseignements fournis par Hérodote concernent le sanctuaire de Baal Shamim, la divinité ouranienne que nous pensons reconnaître dans le Zeus Olympien de Flavius Josèphe[83]. On attribue dès lors à l'historien d'Halicarnasse une confusion que seuls, en vérité, les modernes commettent[84]. Certes Hiram dédia, au témoignage de Flavius Josèphe, une colonne d'or à Zeus Olympien, mais cet auteur fait très bien la différence avec le sanctuaire d'Héraclès et Astarté qui fait l'objet d'un autre traitement. De même, appliquer au sanctuaire de Melqart la localisation que Flavius Josèphe donne pour le sanctuaire de Zeus Olympien, à savoir sur un îlot séparé, procède du même amalgame moderne[85]. Hérodote apporte donc, à notre sens, un témoignage tout à fait valide et qui n'est pas entaché d'erreur. Il parle de deux stèles, et non d'une, la seconde, faite d'émeraude, étant d'ailleurs remarquée plus tard par Théophraste et Pline[86]. Enfin, les informations recueillies par Hérodote, qui lient fondations de la cité et du sanctuaire n'ont pu l'être qu'auprès des officiants du culte de Melqart, en référence aux mythes de fondation étudiés précédemment[87].

On retiendra de la première partie du texte d'Hérodote l'impression de richesse laissée au visiteur, en raison de la multitude et du faste des offrandes, concrétisations de la grande faveur de Melqart auprès des Tyriens. Parmi ces ἀναθήματα[88], Hérodote met en évidence les stèles qui constituent la marque distinctive et la curiosité du lieu. Leur matière est un indice de somptuosité et fait écho, peut-être, aux «pierres précieuses»

---

[82] Plusieurs sources ultérieures la confirment, dont EUSÈBE, *P.E.* I 10,27.

[83] FLAVIUS JOSÈPHE, *Contre Apion* I 117-118 ; EUPOLÈME 723 F2 J b (= EUSÈBE, *P.E.* IX 34), confirme qu'il s'agissait bien du temple de Zeus. Cf. *supra*, p. 36.

[84] C'est le cas de W.B. FLEMING, *The History of Tyre*, New York 1966 (1e éd. 1915), p. 4 ; H.J. KATZENSTEIN, *op. cit.* (n. 9), p. 20, n. 19 ; G. GARBINI, *op. cit.* (n. 74), p. 75. Cf. aussi F. MORA, *Religione e religioni nelle storie di Erodoto*, Milan 1986, p. 207-212, qui considère à tort que les stèles du sanctuaire de Tyr étaient le simulacre de la divinité. Sa présentation de Melqart comporte du reste plusieurs erreurs et repose sur du travail de seconde main.

[85] Cf. FLAVIUS JOSÈPHE, *Contre Apion* I 113. Erreur déjà soulignée par E. RENAN, *Mission de Phénicie*, Paris 1864, p. 555-556.

[86] THÉOPHRASTE, *Lap.* 25 ; PLINE, *H.N.* XXXVII 74-75. Le disciple d'Aristote, repris par Pline, estime qu'il s'agit de la plus grosse émeraude au monde, mais laisse planer des doutes sur son authenticité ; peut-être s'agissait-il de malachite, de jaspe ou de porphyre vert.

[87] Cf. *supra*, p. 27-33.

[88] Le balancement τε ... καὶ montre bien qu'Hérodote compte les stèles au nombre des offrandes.

d'Ézéchiel[89]. Des prêtres veillent sur le sanctuaire et répandent une propagande pieuse unissant dans une même ancienneté la cité et son dieu.

Hérodote ajoute qu'il existe à Tyr un second sanctuaire d'Héraclès affublé de l'épiclèse de Θάσιος. La tradition qui fait de Thasos une colonie phénicienne est bien connue et aussi celle de l'origine tyrienne du culte d'Héraclès à Thasos[90]. On aurait donc ici un cas de réciprocité d'emprunt qui n'est pas aisé à comprendre. Il existait bien à Tyr deux sanctuaires de Melqart-Héraclès : le premier, le plus important, dans l'île, l'autre sur le continent, à Palétyr, en un emplacement difficile à préciser. Nous apprenons son existence par les sources relatives au siège de Tyr par Alexandre le Grand, lorsque les Tyriens tentent de détourner les velléités d'offrande du Macédonien vers cet autre sanctuaire, apparemment moins cher à leur cœur, moins «saint» que celui de l'île[91]. À l'occasion du siège, il semble qu'il fut détruit. Mais est-ce bien à celui-là qu'Hérodote fait allusion ? On ne peut se prononcer à ce sujet. L'épithète de «Thasien» qu'il accole à cet autre Héraclès vénéré à Tyr pourrait être le signe d'une adoption par les Tyriens du culte d'une divinité étrangère, mais ce processus est plutôt inhabituel avant l'époque de syncrétisme qu'est la période hellénistique. Il est indubitable que des relations commerciales existaient entre la Phénicie et la Grèce du Nord, héritage peut-être de l'époque où les Phéniciens avaient pris pied à Thasos. On a, par exemple, découvert à Ras Shamra un petit trésor de statères archaïques en argent, dont la plupart proviennent d'ateliers thraco-macédoniens[92]. Mais sont-elles vraiment l'indice de contacts directs entre ces deux régions ?[93] Trouvées à proximité de fragments de métal brut, elles ont pu être traitées comme des lingots et achetées uniquement pour être fondues en raison de la qualité du métal nord-égéen. À Akko, non loin de Tyr, on a découvert des estampilles thasiennes[94]. La présence de commerçants thasiens à Tyr n'est donc pas inconcevable. Thasos entretenait des relations suivies avec l'Égypte, mais aussi toute l'Anatolie, ainsi qu'en témoignent les puissantes influences artistiques micrasiatiques sensibles dans l'île[95].

---

[89] Sur cette connotation du sanctuaire de Melqart, cf. *infra*, p. 43-46.

[90] Sur ce sujet, voyez *infra*, p. 346-371.

[91] QUINTE-CURCE, *Hist. Alex. Mag.* IV 2,1.

[92] C.F.A. SCHAEFFER, *Une trouvaille de monnaies grecques archaïques à Ras Shamra*, dans *Mélanges syriens offerts à Monsieur René Dussaud* I, Paris 1939, p. 461-487.

[93] P.J. RIIS, *Griechen in Phönizien*, dans *Phönizier im Westen*, Mainz 1982, p. 237-260, surtout p. 252, estime que les Rhodiens notamment auraient pu servir d'intermédiaires.

[94] M. DOTHAN, *Notes and News*, dans *IEJ* 25 (1975), p. 265. À Ras el Bassit aussi, on possède des anses thasiennes, cf. P. COURBIN, *Bassit*, dans *Syria* 63 (1986), p. 175-220, surtout p. 208.

[95] J. POUILLOUX, *Recherches sur l'histoire et les cultes de Thasos* I, Paris 1954, p. 21 et 49. On a des cas parallèles, comme celui de l'Apollon milésien implanté à Naucratis. Cf. aussi A.B. LLOYD, *Herodotus. Book II. Commentary 1-98*, Leyde 1976, p. 205-212.

calamité ou de crise, les Phéniciens utilisaient ce moyen pour apaiser les dieux[119]. À Tyr, une telle pratique n'est donc pas inimaginable, mais elle ne semble pas avoir de rapport avec Melqart[120]. Quinte-Curce a pu, du reste, faire appel à un *topos* classique sur le monde punique, et par extension phénicien.

La dramatisation des événements opérée par Quinte-Curce explique ensuite l'apparition d'une *bellua*, un monstre marin, d'une grosseur exceptionnelle qui longe les remparts tyriens. Puis les faits se précipitent. Alexandre vient finalement à bout de la résistance tyrienne ; il massacre une bonne partie des hommes en armes, crucifie les rescapés et réduit en esclavage les femmes et les enfants[121]. Seuls en réchappèrent les Tyriens réfugiés à Carthage et les suppliants qui s'abritèrent dans les temples tyriens, notamment dans celui d'Héraclès-Melqart. Ce fut le cas du roi Azemilkos, des notables tyriens et des théores carthaginois, soit l'élite de la société tyrienne qui avait confié son sort à l'inviolabilité du sanctuaire du dieu poliade[122].

Le siège s'acheva à la mi-août 332. Alexandre délivra Apollon de ses chaînes et accomplit de grandioses sacrifices en l'honneur d'Héraclès de Tyr. Arrien détaille ces cérémonies : défilé de toute l'armée, revue navale, concours gymnique et course aux flambeaux. La machine qui avait abattu le mur tyrien fut consacrée dans le temple, ainsi que le vaisseau sacré d'Héraclès pris durant l'assaut et agrémenté d'une inscription. Il devait s'agir du bateau spécialement équipé par les Carthaginois afin d'apporter à Tyr

et d'importantes quantités de matériel céramique d'origines diverses (Égypte, Chypre, Grèce mycénienne). Le bâtiment dégagé devait donc vraisemblablement être le théâtre de sacrifices humains ; un couteau a été découvert à proximité. Opinions divergentes sur cette fouille recueillies par G.C. HEIDER, *The Cult of Molek. A Reassessment*, Sheffield 1985, p. 213-214. Sur les sacrifices humains dans le monde phénico-punique, A. SIMONETTI, *Sacrifici umani e uccisioni rituali nel mondo fenicio-punico*, dans *RSF* 11 (1983), p. 91-111 ; M.G. AMADASI GUZZO, *La documentazione epigrafica dal tofet di Mozia e il problema del sacrificio* molk, dans *St.Phoen.* IV, Namur 1986, p. 189-207, avec toute la bibliographie récente sur le sujet.

[119] EUSÈBE, *P.E.* IV 16,6.

[120] PLINE, *H.N.* XXXVI 39 fait état d'une statue de l'Hercule punique exposée à Rome et prétend qu'on lui offrait des sacrifices humains. Sur l'interprétation de ce passage, cf. *infra*, p. 171-172.

[121] Les chiffres fournis par les sources comme bilan humain du siège sont très variables. Diodore parle de plus de 7.000 morts, 2.000 crucifiés et 13.000 prisonniers ; Arrien donne 8.000 morts et 30.000 Tyriens vendus en esclavage ; Quinte-Curce retient 6.000 morts, 2.000 crucifiés et pendus, ainsi que 15.000 réfugiés tyriens à Sidon.

[122] Selon Quinte-Curce, Alexandre profita de l'occasion pour remettre aux Carthaginois une déclaration de guerre «dont les circonstances l'obligeaient à retarder l'effet». Alexandre semble en effet avoir conçu le projet d'étendre son empire jusqu'aux fameuses Colonnes d'Hercule, voire même d'entreprendre la circumnavigation de l'Afrique. Il voulait en somme s'assimiler à son glorieux ancêtre Héraclès qui voyagea jusqu'aux confins du monde. G. RADET, *Alexandre le Grand*, Paris 1931, p. 389-390. Cf. DIODORE XVII 113,2 ; QUINTE-CURCE, *Hist. Alex. Mag.* X 1,17.

les prémices offertes à Melqart [123]. Il faut souligner, en fin de compte, le faste déployé par le Macédonien pour rendre hommage à Melqart dont le sanctuaire, au vu des objets qui y furent exposés, devait être de vaste dimension. Mais surtout on est frappé du caractère spécifiquement grec des célébrations ; de toute évidence, la dévotion d'Alexandre est adressée à Héraclès, le lutteur, le patron des gymnases et Melqart s'est effacé devant son correspondant grec, à vocation plus universelle. De fait, la période hellénistique marque un tournant dans les cultes du Proche-Orient dans la mesure où Alexandre veilla à implanter sur son passage des divinités certes grecques par leur origine, mais pouvant aisément se fondre dans les religions locales par la voie des syncrétismes. Héraclès est un des piliers de cette politique et son culte jalonne bien des fondations alexandristes [124]. Les compétitions sportives tyriennes perdurèrent, célébrées tous les quatre ans, signe de la profonde et durable hellénisation de Melqart. Divers exemplaires monétaires tyriens évoquent ces jeux, en représentant des tables agonistiques supportant deux prix entourés de branches de palmier, avec les légendes ACTIA ERACLIA, HPAKΛIA OΛYMΠIA ou AKT HPA [125]. Jusqu'au IIIe siècle ap. J.-C., on maintint ces Jeux Héracléens que l'empereur Commode, pris d'une manie héracléenne, rebaptisa sans doute, d'après un document de Laodicée, Ἡράκλεια Κομμόδεια [126]. Nous possédons un témoignage supplémentaire sur ces festivités, relatif au IIe siècle av. J.-C. et contenu dans le *IIe Livre des Maccabées* [127].

«Comme on célébrait à Tyr les jeux quadriennaux en présence du roi, l'impur Jason envoya des représentants des Antiochiens de Jérusalem portant avec eux 300 drachmes d'argent pour le sacrifice d'Héraclès».

Le concours était donc πενταετηρικός, soit célébré «chaque cinquième année», nous dirions en fait tous les quatre ans, comme à Olympie [128]. Le

[123] POLYBE, XXXI 12.

[124] Cf. E. WILL, *Aspects de l'intégration des divinités orientales dans la civilisation gréco-romaine : langage conventionnel et langage clair*, dans *Mythologie gréco-romaine, mythologies périphériques. Études d'iconographie*, Paris 1981, p. 157-161.

[125] G.F. HILL, *op. cit.* (n. 111), p. 271, n°379 ; 278, n°414 ; 279, n°418 ; 285, n°44 ; 295, n°493 ; 296, n°s 498-499. Le terme *Actia* trouve son origine dans la célébration d'épreuves sportives en l'honneur d'Apollon après la victoire d'Auguste à Actium.

[126] *IGRR* III 1012 = *IGLS* IV 1265. Le dédicant se vante d'avoir remporté une foule de victoires ici et là et mentionne un pugilat pour enfants à Tyr. Sur ce volet sportif du culte tyrien, L. BOUTROS, *Phoenician Sport*, Amsterdam 1981, à utiliser avec suspicion en raison des connaissances insuffisantes de l'auteur sur la religion phénicienne.

[127] *II Maccabées* IV 18-20. Cf. F.-M. ABEL, *Les livres des Maccabées*, Paris 1949, p. 335-336 ; J.A. GOLDSTEIN, *II Maccabees* (The Anchor Bible 41), New York 1985, p. 232-233.

[128] Ch. CLERMONT-GANNEAU, *RAO* IV, Paris 1901, p. 306-307, mentionne des concours similaires à Damas et Bostra. ARRIEN, *Anab.* III 6,1-2, rapporte que sur le chemin du retour, Alexandre trouva sa flotte à Tyr et sacrifia une seconde fois à Héraclès. Il y célébra un autre concours gymnique et musical. Il n'est donc pas vraiment exclu que, comme dans le cas des Panathénées, la fête ait été annuelle, mais redorée d'un faste spécial tous les quatre ans.

roi Antiochos IV Épiphane, qui accéda au pouvoir en 175 av. J.-C., rehaussa le prestige de ces célébrations par sa présence ; l'envoi de délégations étrangères confirme leur faste et leur renommée internationale. Or, même s'il ne fut pas à proprement parler un «prophète» de l'hellénisme, Antiochos IV persécuta le judaïsme. C'est sans doute la coloration grecque du culte tyrien, outre son prestige, qui l'attira[129]. Jason, le grand prêtre de Jérusalem, y délégua des Antiochiens ; il s'agit probablement d'une corporation, d'une section hellénisée des habitants de Jérusalem, autorisés à s'ériger en *polis* dénommée Antioche, à moins que l'on ait affaire à une nouvelle désignation de Jérusalem pour honorer le roi. On remarquera que, malgré leur hellénisation manifeste, ces Antiochiens, après réflexion, demandèrent aux Tyriens d'utiliser la somme d'argent à autre chose qu'au sacrifice en l'honneur de Melqart : leur yahvisme n'avait donc pas totalement disparu. Le texte établit bien une relation entre ces jeux et un important sacrifice à Héraclès, sans doute en souvenir de celui accompli par Alexandre. Le moment exact de cette célébration nous échappe, mais une concordance avec l'*egersis* de Melqart n'est pas à exclure.

Dans les jardins de l'église protestante de Tyr, on a découvert un tronçon de colonne de marbre gris comportant une inscription grecque de quatre lignes assez mal gravée et endommagée[130]. Un certain Eutychos, originaire d'Éphèse, s'y proclame vainqueur du pentathlon à la Compétition Actiaque Universelle, au cours de la XIIe tétraétéride, soit en 288 av. J.-C., étant donné que la première tétraétéride a dû commencer avec Alexandre en 332 av. J.-C. La périodicité des épreuves est confirmée et l'épithète d'«universelle», même si elle a un côté pompeux, témoigne bien de leur vocation internationale.

Il faut enfin rattacher à ce siège de Tyr par Alexandre la création par le sculpteur Lysippe d'une célèbre statue, l'Héraclès Epitrapezios. Le type de l'Héraclès au repos était certes antérieur, mais l'exemplaire lysippéen demeura célèbre jusqu'à la période romaine, à en croire Stace et Martial[131]. Tous deux ont pu en admirer une copie chez un riche Romain. Haute d'un pied, en bronze, elle représentait Héraclès assis sur un rocher, tenant sa massue d'une main et une coupe de l'autre. Or, Ch. Picard a établi une connexion entre les circonstances de sa réalisation — à

---

[129] Sur Antiochos IV Épiphane, O. MØRKHOLM, *Antiochus IV of Syria* (Classica et mediaevalia dissertationes 8), Gyldendal 1966, p. 138-139 ; J.G. BUNGE, «*Theos Epiphanes*». *Zu den ersten fünf Regierungsjahren Antiochos' IV. Epiphanes*, dans *Historia* 23 (1974), p. 63-66 ; E. BICKERMAN, *The God of the Maccabees*, Leyde 1979 ; Éd. WILL-C. ORRIEUX, *Ioudaïsmos-Hellènismos. Essai sur le judaïsme judéen à l'époque hellénistique*, Nancy 1986, p. 115-119.

[130] D. LE LASSEUR, *Mission archéologique à Tyr*, dans *Syria* 3 (1922), p. 116-117.

[131] STACE, *Silv.* IV 6,38 ss ; MARTIAL, *Ep.* IX 43-44.

Tyr, lors du siège — et le profil prétendument sémitique de la statue[132]. Lysippe se serait inspiré du «dieu-patèque» phénicien, Melqart, pour représenter un héros-dieu, triomphant à la fin de ses Travaux, détaché des misères terrestres et banquetant paisiblement. Aux traits généraux de Melqart, se serait superposée la physionomie d'Alexandre à qui la statue était destinée. F. de Visscher, qui reprit l'étude de ce type[133], n'a pas contesté une influence orientale sur Lysippe, ni l'hypothèse de sa présence à Tyr, mais il estime que la comparaison avec les autres exemplaires de ce type ne corrobore pas une influence, dans ce cas précis, de l'iconographie de Melqart ou d'Alexandre. Nous ajouterons pour notre part que la soi-disant apparence «patèque» de Melqart ne repose sur rien, que la figure du Patèque est en elle-même bien énigmatique[134] et qu'enfin, l'iconographie de Melqart nous est connue par un très petit nombre de documents qui ne permettent en aucun cas de se faire une idée des traits de son visage.

7. Héraclès-Melqart à l'époque hellénistique et romaine

Nous avons laissé Tyr dans les fastes d'Alexandre. À la mort de celui-ci, la cité connut une période mouvementée, passant plusieurs fois des mains de Ptolémée à celles d'Antigone[135]. En 274/3 av. J.-C., commença une première ère de Tyr, mais le jeu de balancier entre les Lagides et les Séleucides ne tarda pas à reprendre. En 126/5 av. J.-C., finalement, Tyr devint une cité libre et elle inaugura une nouvelle ère. Pendant la guerre civile romaine, César, pour punir Tyr d'avoir reçu la femme et le fils de Pompée, fit main basse sur les offrandes du sanctuaire de Melqart[136]. En 20 av. J.-C., Auguste aussi sévit contre Tyr qui s'était révoltée, mais Strabon rapporte qu'elle conserva sous les Romains l'autonomie accordée par les Séleucides[137]. Dès 93/4 ap. J.-C., elle se proclama «métropole» sur son monnayage et, en 198 ap. J.-C., Septime-Sévère l'éleva au rang de colonie

---

[132] Ch. Picard, *Du nouveau sur l'Héraclès Epitrapezios*, dans *RArch 1961/1*, p. 65-69 ; Id., *Un dossier archéologique pour l'étude de l'Héraclès Epitrapezios de Lysippe*, dans *RArch 1962/1*, p. 245-248. Sur le caractère plus ou moins spécifique de la physionomie et des traits des peuples sémitiques tels que les représentent notamment les Égyptiens, S. Moscati, *I predecessori d'Israele*, Rome 1956.

[133] F. de Visscher, *Héraclès Epitrapezios*, Paris 1962, p. 20, signale qu'il devait circuler plusieurs copies de cette statue et que l'exemplaire «romain» pourrait faire partie du lot ; voir aussi l'étude récente de J. Floren, *Zu Lysippos Statuen des sitzenden Herakles*, dans *Boreas* 4 (1981), p. 47-60, mais qui ne se prononce pas sur l'influence orientale subie par cette iconographie.

[134] J. Elayi - A.G. Elayi, *The Aradian Pataecus*, dans *MN* 31 (1986).

[135] M. Chéhab, *Tyr à l'époque romaine*, dans *MUSJ* 38 (1962), p. 11-40.

[136] Dion Cassius XLII 49.

[137] Strabon XVI 2,23.

avec le *ius italicum* et la proclama capitale de la province de Syro-Phénicie. Élagabale (218-222 av.J.-C.) la priva pourtant de ces titres au profit de Sidon, sa rivale de toujours. Tout au long de cette période, Tyr prospéra et s'embellit. Ce phénomène pourrait bien être en rapport avec le culte de Melqart, puisque, dès le IIᵉ siècle av. J.-C., les monnaies tyriennes portent la mention Τύρου ἱερᾶς καὶ ἀσύλου, «*de Tyr, ville consacrée et asyle*»[138]. Le siège de Tyr par Alexandre nous a déjà donné l'occasion d'illustrer la fonction de refuge du sanctuaire, mais il est question ici plutôt de l'asylie de toute une ville qui est l'objet d'une consécration. La consécration d'une cité à un dieu est généralement une initiative du roi, en l'occurrence de Démétrios II, qui prétend toutefois suivre une manifestation de la volonté divine, souvent exprimée par une théophanie et un oracle. Le souverain proclame alors la consécration de la cité et perd, au profit du dieu, d'importantes prérogatives, notamment en matière fiscale[139]. Ensuite, et le reste de la procédure n'implique plus le roi, la cité concernée pouvait solliciter la reconnaissance de la consécration et de l'asylie par les puissances étrangères. H. Seyrig a remarqué que les Séleucides ont concédé ces privilèges exclusivement à des cités maritimes, ce qui laisse supposer que ces droits servaient aussi de protection contre la piraterie. À Tyr, la consécration et l'asylie furent accordées simultanément en 141 av. J.-C. Or, H. Seyrig a mis au jour une tessère en bronze, portant une inscription phénicienne sur deux lignes[140] :

Face A : *lmlqrt / bṣr*
Face B : *hyrw / 'sls*

La première ligne se laisse traduire aisément : «*À Melqart dans Tyr*». La deuxième est totalement incompréhensible si l'on y cherche du phénicien. H. Seyrig a fort ingénieusement pensé qu'il pourrait s'agir de la transcription phonétique en alphabet phénicien de la légende monétaire grecque : ἱερὰ καὶ ἄσυλος, la conjonction de coordination ayant été traduite en phénicien par *w*[141]. La technique de frappe de cette tessère, avec des flancs

---

[138] H. SEYRIG, *Les Rois Séleucides et la concession de l'asylie*, dans *Syria* 20 (1939), p. 35-39 ; ID., *Tessère relative à l'asylie de Tyr*, dans *Syria* 28 (1951), p. 225-228 ; D. VAN BERCHEM, *Trois cas d'asylie archaïque*, dans *Museum Helveticum* 18 (1960), p. 21-33.

[139] Cette proclamation est souvent une concession faite en temps de crise, quand le souverain craint de perdre la ville au profit d'un rival. Dans ce cas, Tyr était convoitée par l'usurpateur Tryphon qui ravageait les côtes voisines. Cf. E. BICKERMAN, *Institutions des Séleucides*, Paris 1938, p. 153-156 ; Cl. PRÉAUX, *Le monde hellénistique. La Grèce et l'Orient de la mort d'Alexandre à la conquête de la Grèce (323-146 av. J.-C.)* II, Paris 1978, p. 433-435.

[140] H. SEYRIG, *art. cit.* (n. 138), p. 225-228 ; A. CATASTINI, *Note di epigrafia fenicia* dans *RSF* 13 (1985), p. 5-10, surtout p. 9-10.

[141] A. CATASTINI, *art. cit.* (n. 140), p. 9-10, traduit *hyrw 'sls* par «dimora del santo», sans expliquer toutefois ce que devient alors le *w*. On possède un parallèle de ce type de transcription sur

biseautés, indique, par comparaison avec la technique monétaire sous Démétrios II et Antiochos IV, qu'elle est sans doute contemporaine de l'attribution de l'asylie et l'on serait en présence d'un jeton donnant accès à quelque réjouissance célébrée à cette occasion. Une fois encore, on notera la profondeur de l'hellénisation de Tyr, au point de ne pas traduire l'expression grecque, mais de la reprendre telle quelle dans l'alphabet local.

Avec ce nouveau statut de la cité, la présence de Melqart, le poids de son culte se trouvent encore renforcés, puisque, en quelque sorte, il se substitue en droit au roi, comme maître et protecteur de la cité. Dans une ville aussi commerçante que Tyr, l'exercice des prérogatives fiscales mettait certainement à la disposition de son sanctuaire de très importants revenus. On peut dès lors estimer que ses officiants représentaient un pouvoir non seulement religieux, mais aussi politico-économique qu'illustre l'épisode pseudo-historique d'Elissa et de son riche et puissant mari, Acherbas, le grand-prêtre de Melqart [142]. Strabon affirme d'ailleurs qu'Héraclès est honoré à l'excès par les Tyriens, dans cette cité qu'il considère comme la plus ancienne des Phéniciens [143]. Pline l'Ancien, pour sa part, rapporte qu'il existe dans le temple d'Hercule à Tyr un siège taillé dans une pierre appelée «eusébès», c'est-à-dire la «pierre sacrée» et d'où seuls les hommes pieux peuvent se lever sans entrave [144]. Ce siège était peut-être le symbole de la royauté divine exercée par Melqart ; chez Ézéchiel, le prince de Tyr ne prétend-il pas siéger sur *un trône divin* [145] ?

L'époque impériale romaine apporte d'autres témoignages de la longévité du culte tyrien de Melqart, au nombre desquels trois inscriptions grecques. La première d'entre elles, du Ier siècle ap. J.-C., comporte malheureusement une grosse lacune : environ la moitié des lignes a disparu. Sa compréhension est donc quasi impossible, mais on en retiendra la mention à la ligne 8 d'Héraclès et Astronoé. Dans cette dernière, R. Dussaud reconnaît une version grecque du nom d'Astarté à laquelle il assigne le rôle de parèdre d'Héraclès [146]. Nous avons déjà pu observer la place privilégiée

---

un scarabée de *ca* 400 av. J.-C., portant la mention *hkbls*, pour ἐκηβόλος, cf. P. BORDREUIL, *Catalogue des sceaux ouest-sémitiques inscrits de la Bibliothèque Nationale, du Musée du Louvre et du Musée biblique de Bible et Terre sainte*, Paris 1986, n° 36, p. 41.

[142] Cf. JUSTIN, *Phil.* XVIII 4,5.

[143] STRABON XVI 2,22-23.

[144] PLINE, *H.N.* XXXVIII 161. Cette tradition semble concerner une forme d'ordalie au cours de laquelle la pierre, en raison de sa qualité d'*eusébès*, porte un jugement sur ceux qui se soumettent, par un contact, à son verdict. Cf. M. DELCOURT, *op. cit.* (n. 109), p. 97-99, qui donne des parallèles de «conte du siège enchanté». Elle insiste sur le contexte funéraire dans lequel s'insère toujours ces traditions. Voir, notamment, PAUSANIAS X 29,9, pour un trône où la peau peut rester collée. Il est possible que l'homonymie θρόνος, le «trône» et θρόνα, le «poison-remède» ait quelque rapport avec le rôle attribué au siège magique.

[145] *Ézéchiel* 28,2.

[146] R. DUSSAUD, *Héraclès et Astronoé à Tyr*, dans *RHR* 63 (1911), p. 331-339.

d'Astarté dans le panthéon tyrien, aux côtés de Melqart. Dans le cas présent, il faut bien reconnaître que ce texte présente une énumération de divinités que seul l'état de préservation de la pierre limite à Héraclès et Astronoé : θεῶν 'Ηραϰλέους ϰαὶ 'Αστρονόης ϰαὶ.... Le rapprochement des deux théonymes est sans doute significatif, mais il n'y a pas à coup sûr un couple dans ce texte qui concerne bien Melqart, et non l'Héraclès grec, comme l'indique sa qualité de θεός. Pour P. Berger, Astronoé serait une sorte de calembour étymologique visant à souligner les attributions astrales et célestes d'Astarté, récemment mises en évidence par S. Ribichini[147]. Nous aurons, en outre, l'occasion de revenir ultérieurement sur le rapprochement possible entre cette Astronoé et la forme 'strny qui apparaît, dans diverses inscriptions puniques, pour désigner une fonction religieuse sans doute en rapport avec Melqart et Astarté[148]. Astronoé apparaît enfin dans plusieurs épitaphes tardives de la nécropole de Tyr, comme nom d'un port tyrien[149]. Vers la même époque, au VIe siècle ap. J.-C., Damascius, dans sa *Vita Isidori*, raconte comment Astronoé, la mère des dieux, tomba amoureuse d'un jeune chasseur appelé Eshmoun qui se châtra d'un coup de hache[150]. Ce récit, situé à Béryte, amalgame, de toute évidence, des éléments relatifs à divers mythes de cités phéniciennes, celui d'Adonis et de la Baalat Gebal en particulier, contaminé par celui de Cybèle et Attis, non phénicien, le tout associé à la figure plus spécifiquement sidonienne d'Eshmoun. Quoi qu'il en soit, Héraclès-Melqart demeure important à Tyr au Ier siècle de notre ère, puisqu'il vient en tête de l'énumération des divinités.

La seconde inscription, datant de 187/8 ap. J.-C., a été mise au jour par l'Émir Chéhab à l'emplacement de la Basilique des Croisés qui ne devrait pas être fort distante du sanctuaire de Melqart[151]. Il s'agit d'une dédicace sur un autel de calcaire :

«*Diodore, fils de Nithumbalos, agoranome, au cours du premier semestre de l'an 313, objet d'une attestation par le sénat et le peuple pour son inté-*

---

[147] P. Berger, *Le culte de Mithra à Carthage*, dans *RHR* 65 (1912), p. 1-15. Il fait référence à d'autres formes grecques du nom d'Astarté, comme Astéria ou Astroarché (épithète de Tanit). Cf. aussi J.-G. Février, *Astronoé*, dans *JA* 256 (1968), p. 1-9 et, pour le caractère astral d'Astarté, S. Ribichini, *op. cit.* (n. 3), p. 77-92.

[148] Cf. *infra*, p. 174-175.

[149] J.-P. Rey-Coquais, *Inscriptions grecques et latines découvertes dans les fouilles de Tyr (1963-1974) I, Inscriptions de la nécropole*, dans *BMB* 29 (1977), p. 100-101, 132-134 ; M. Chéhab, *Fouilles de Tyr. La nécropole II-IV*, Paris 1984-1986, II p. 139 ; III p. 666, 675, 676, 733. Tyr possédait deux ports, le Sidonien et l'Égyptien ; celui d'Astronoé pourrait s'identifier au Sidonien, à moins qu'il ne s'agisse d'un troisième.

[150] Damascius, *Vita Isidori* fr. 348 = *Epitoma Photiana* 302 (éd. C. Zintzen).

[151] M. Chéhab, *art. cit.* (n. 135), p. 11-40 : Διόδωρος Νιθυμβάλου ἀγορανόμος (τῇ πρώτῃ ἑξαμήνῳ) τοῦ ιγτ ἔτους μαρτυρηθε[ὶς] ὑπό τε βουλῆς δήμου ἐπὶ ἀγνείᾳ ϰαὶ ἐπιμελείᾳ ϰαὶ φιλοτιμίᾳ τὸν βωμὸν θεῷ ἁγίῳ 'Ηραϰλεῖ εὐχαριστ[ίας] ἔνεϰεν.

*grité, son zèle et sa libéralité (a dédié) cet autel au dieu saint Héraclès,
en reconnaissance».*

On relèvera d'emblée l'épithète d'ἅγιος appliquée à Héraclès[152]. Si
son équivalent latin, *sanctus*, est souvent accolé aux noms de diverses divinités, comme Hercule, un peu partout dans l'empire romain, le terme grec
est plus rare et presque toujours réservé aux divinités orientales[153]. Or ici,
une fois de plus, on a pris la peine de spécifier que le destinataire de l'offrande est le *dieu* Héraclès, soit Melqart.

La dernière inscription provient du centre de la partie dégagée de la
rue à portiques, plus précisément du secteur situé autour de l'espace carré
déterminé par des blocs de marbre. Deux autres inscriptions ont été découvertes au même endroit. La nôtre est d'époque sévérienne[154] :

«*Lucius Septimius Diodore [...] prêtre de la Bonne Fortune, chevalier
ayant droit à la toge prétexte, grand prêtre à vie des dieux (suivants), le
seigneur Héraclès et la déesse Leucothéa et le Devin [...], ses collègues prêtres de la Bonne Fortune (ont honoré) en raison de sa piété envers les
dieux*».

Cette dédicace est intéressante à plus d'un titre pour les cultes tyriens.
Elle nous apprend d'abord l'existence d'un culte à la Bonne Fortune, typique des époques tardives, culte réglé par un collège de prêtres[155]. Elle
nous révèle ensuite que le culte de Melqart est apparemment associé à celui
de Leucothéa et d'une troisième divinité, oraculaire[156], puisque un seul
grand prêtre en a la charge à vie. Outre l'épithète de κύριος appliquée à
Melqart et qui souligne sa souveraineté sur la ville, il est bon de s'interroger sur la physionomie de ses «associés».

Leucothéa est une divinité marine déjà présente chez Homère, où elle
vient en aide à Ulysse[157] et chez Alcman où elle est qualifiée de σαλασ-

---

[152] M. DELEHAYE, *Sanctus. Essai sur le culte des saints dans l'antiquité*, Bruxelles 1927 ; F.
CUMONT, *Les religions orientales dans le paganisme romain*, 4e éd., Paris 1963, p. 260, n.5. Le
terme grec pourrait correspondre au sémitique qdš, épithète fréquente des dieux ; cf. P. XELLA,
QDŠ. Semantica del «sacro» ad Ugarit, dans *MLE* 1 (1982), p. 9-17, surtout p. 13-15.

[153] Nous retrouverons cette épithète appliquée à Melqart dans une inscription de Sardaigne
(*ICO*, Sard. 32) et peut-être à Pouzzoles, cf. *infra*, p. 253-254, 306-307.

[154] M. CHÉHAB, *art. cit.* (n. 135), p. 11-40 : Λ(ούχιον) Σ(επτίμιον) Διόδωρον [...] ἱερέα τῆς
Ἀγαθῆς Τύχης ἱππιχὸν πρετεξτάτον διὰ βίου ἀρχιερέα θεῶν χυρίου Ἡρακλέους χαὶ θεᾶς Λευχοθέας
χαὶ προμάντεως [...] οἱ συνιερεῖς τῆς Ἀγαθῆς Τύχης, εὐσεβεία(ς) τῆς εἰς τοὺς θεοὺς ἕνεχεν.

[155] Elle figure sur de nombreuses monnaies tyriennes à partir du IIe siècle av. J.-C. Cf. G.F.
HILL, *op. cit.* (n. 111), p. 253 ss.

[156] Le terme πρόμαντις est généralement utilisé pour des hommes ayant des facultés divina-
toires ou pour des prêtres transmettant des oracles, comme à Delphes. Seul EURIPIDE, *Ion* 681,
l'applique à un dieu, en l'occurrence à Apollon. Le terme apparenté de προμαντεύς est souvent
appliqué à Zeus ou Apollon et son féminin προμαντεία, à la Pythie. Sur les problèmes de restitution de cette inscription, cf. L.ROBERT, *Bulletin épigraphique*, dans *RÉG* 77 (1964), p. 230-231,
n°499.

[157] HOMÈRE, *Od.* V 339.

σομέδοισα, «reine de la mer»[158]. Elle a aussi un caractère chthonien, de par son lien avec Dionysos dont elle fut la nourrice. Elle participe de ce fait à divers cultes à Mystères, dont les ὄργια de Corinthe célébrés en l'honneur de son fils Mélicerte/Palémon. Son culte, en tant que Leucothéa ou Ino, est répandu dans toute la Grèce, en particulier dans les ports. Dans le monde romain, elle fut interprétée comme Mater Matuta et son fils, comme Portunus[159]. Mais elle n'est pas inconnue au Proche-Orient. Avant d'examiner un témoignage de cette provenance, il est bon de rappeler qu'elle-même ou son mari, Athamas, dans un accès de folie, tua son fils Mélicerte en le précipitant dans un chaudron. Ce passage par le chaudron, le λέβης, est un rite de passage, de la vieillesse à la jeunesse, de la vie à la mort ou l'inverse, car le chaudron est ambivalent. On possède diverses illustrations de ce rite, comme la cuisson de Pélias par Médée, celle de Pélops par son père Tantale, celle de Dionysos Zagreus bouilli par les Titans, celle des enfants de Thétis dont elle voulait ainsi tester l'immortalité[160]. Chez les Celtes, le chaudron permettait aux guerriers morts d'accéder à l'au-delà[161]. On possède du reste de ces épisodes diverses représentations sur les vases grecs.

Or, on a découvert à El-Burdj, sur le versant oriental du Djebel ech-Cheikh, en Syrie, une inscription gravée avec grand soin, mais dans une syntaxe et une orthographe très incertaines[162]. D'après la titulature de l'empereur Trajan, elle remonte aux années 103-116 ap. J.-C. Un certain Ménnéas, surveillant des travaux, dédie un monument à la déesse Leucothéa et rappelle qu'un membre de sa famille, Néteiros, «*a été divinisé dans le chaudron avec lequel on accomplit les cérémonies*»[163]. Le participe ἀποθεωθέντος fut interprété par Fossey comme «inhumé», par réaction con-

---

[158] ALCMAN fr. 241, l. 12 (éd. C. CALAME, *Alcman*, Rome 1983).

[159] L.R. FARNELL, *Ino-Leucothea*, dans *JHS* 36 (1916), p. 36-44 ; I. KRAUSKOPF, *Leukothea nach den antiken Quellen*, dans *Akten des Kolloquiums zum Thema «Die Göttin von Pyrgi»* (Biblioteca di studi etruschi 12), Florence 1981, p. 137-148 ; C. BONNET, *Le culte de Leucothéa et de Mélicerte en Grèce, au Proche-Orient et en Italie*, dans *SMSR* 51 (1986), p. 53-71.

[160] M. DELCOURT, *Pyrrhos et Pyrrha. Recherches sur les valeurs du feu dans les légendes helléniques*, Paris 1965, p. 72 ss (ce procédé serait la réplique de la matrice où «cuit» le fœtus) ; J. LINDSAY, *The Clashing Rocks*, Londres 1965 ; M. ELIADE, *La nostalgie des origines*, Paris 1971, p. 225-226, note que «la mort initiatique est interprétée soit comme un *descensus ad inferos*, soit comme un *regressus ad uterum*» ; C. PORTA, *Médée, miroir de magie* (mémoire de licence inédit), Liège 1982 ; A.F. LAURENS, *L'enfant entre l'épée et le chaudron. Contribution à une lecture iconographique*, dans *DHA* 10 (1984), p. 203-252. Pour les sources, PINDARE, *Ol.* I 25 ; CLÉMENT d'Alexandrie, *Protrept.* II 17,2 et 18,1-2 ; Schol. APOLL. RHOD. IV 816 ; APOLLOD. III 13,6.

[161] Cf. M. RENARD, *Du chaudron de Gundestrup aux mythes classiques*, dans *Latomus* 13 (1954), p. 384-389 ; J. GRICOURT, *Sur une plaque du chaudron de Gundestrup, ibid.*, p. 376-383.

[162] Ch. CLERMONT-GANNEAU, dans *Revue Critique* 22 (1886), p. 232 ; ID., dans *CRAI* 1886, p. 365 ; C. FOSSEY, *Inscriptions de Syrie*, dans *BCH* 19 (1895), p. 303-306 ; *IGRR* III 1075.

[163] Τοῦ ἀποθεωθέντος ἐν τῷ λέβητι δι' οὗ (ἑ)ορταὶ ἄγ[ο]νται.

tre Clermont-Ganneau, l'éditeur, qui y voyait la trace d'un sacrifice humain[164]. Or, il semble indubitable que l'on ait affaire ici à un rite d'initiation par le chaudron qui donne à l'initié la qualité d'«immortel». En plein cœur de la Syrie, on accomplissait donc un rituel calqué sur le mythe de Leucothéa, mais les autres attestations de son culte au Proche-Orient vont nous montrer que sa pénétration s'accompagna d'une *interpretatio*, voire d'un syncrétisme.

Dans l'Hermon, à Rahlé, les ruines de trois temples ont été décrites par divers voyageurs : il pourrait donc s'agir d'un centre religieux important. Dans les notes d'un Père Jésuite missionnaire en Syrie, L. Jalabert a retrouvé les copies, exécutées en 1860-1865, de plusieurs inscriptions[165]. L'une d'elles provenant du mur du temple nord-est mentionne des travaux effectués ἐκ τῶν τῆς θε(ᾶς), soit «*avec les fonds de la déesse*». Ce temple, consacré à un Baal, peut-être celui de l'Hermon, abrite aussi Leucothéa et une autre inscription atteste l'existence de ἱεροταμίαι θεᾶς Λευχοθέας Ῥαχλᾶς, en 68 ap. J.-C. Leucothéa de Rahlé, divinité locale, se voit encore adresser une dédicace en 360 ap. J.-C., sous l'appellation θεᾶς μοίθου τοῦ ῥαισθέντος παίδος, «*la déesse du mythe de l'enfant noyé*»[166]. L'allusion à Leucothéa est claire, elle qui, pour échapper à la folie meurtrière de son mari, s'était précipitée dans la mer et s'était noyée avec son fils. Or, les Syriens vénéraient une déesse aquatique, Atargatis-Dercéto, qui s'était également jetée à l'eau, à Ascalon, avec son fils Ichthys[167]. D'autres documents nous confirment cette assimilation, ainsi un relief provenant de Qala'at Yahmour où elle est représentée entre des pampres et des raisins, attributs dionysiaques, et entourée, comme Atargatis, de lions[168]. Ou encore ce cippe de calcaire découvert aux confins du territoire d'Héliopolis, près de l'Hermon, dédié

---

[164] Au IIᵉ siècle ap. J.-C, il serait en effet inconcevable de faire, par voie épigraphique, une telle publicité autour d'une pratique strictement interdite par les Romains. Il doit s'agir par conséquent de tout autre chose. Sur les sacrifices humains, cf. F. SCHWENN, *Die Menschenopfer bei den Griechen und Römern*, Giessen 1915 ; A. BRELICH, *op. cit.* (n. 117), *passim* ; A. HENRICHS, *Human Sacrifice in Greek Religion*, dans *Le sacrifice dans l'Antiquité* (Entretiens sur l'Antiquité classique 27), Genève 1980, p. 195-235.

[165] L. JALABERT, *Inscriptions grecques et latines de Syrie*, dans *MUSJ* 2 (1907), p. 265-320.

[166] R. MOUTERDE, *Cultes antiques de la Coelésyrie et de l'Hermon*, dans *MUSJ* 36 (1959), p. 53-87.

[167] DIODORE II 4 ; cf. P.J. MORIN, *The Cult of Dea Syria in the Greek World*, Ohio State University 1960 ; M. HÖRIG, *Dea Syria. Studien zur religiösen Tradition der Fruchtbarkeitsgöttin in Vorderasien* (AOAT 208), Kevelaer-Neukirchen-Vluyn 1979 ; EAD., *Dea Syria-Atargatis*, dans *ANRW* II 17/3, Berlin-New York 1983, p. 1536-1581 ; H.J.W. DRIJVERS, *Dea Syria*, dans *LIMC* III, 1986, p. 355-358 ; R. FLEISCH, *Atargatis, ibid.*, p. 358 ; Ch. AUGÉ, *Derketo, ibid.*, p. 382-383. Elle est aussi la mère de Sémiramis.

[168] R. MOUTERDE, *Monuments et inscriptions de Syrie et du Liban*, dans *MUSJ* 25 (1943), p. 21-79. Sur la face principale d'un prisme de marbre, Leucothéa apparaît à nouveau entourée de pampres.

à Jupiter héliopolitain et à «*Leucathéa*» (*sic*) qui apparaît de nouveau flanquée de lions [169].

À Tyr, il est très probable que Leucothéa, en raison de ses attributions
marines, s'est identifiée à Astarté qui, de fait, trouve parfois un répondant
dans l'Aphrodite Euploia des Grecs [170]. Mais en plus, à en croire certaines
sources, une certaine Astarté/Astéria aurait subi la même mésaventure que
Leucothéa et Atargatis [171]. Poursuivie par Typhon, la déesse se serait réfu-
giée, en compagnie de Cupidon selon Ovide, au bord de l'Euphrate, qualifiée d'«*eau palestinienne*» (renseignement significatif de l'origine du mythe),
puis s'y serait précipitée et métamorphosée en poisson. On perçoit donc à
travers cette série de textes une interprétation phénicienne de Leucothéa
en Astarté et syrienne en Atargatis.

Reste le mystérieux Devin dont le nom est indéchiffrable. Il faut savoir
que Leucothéa est une divinité oraculaire [172] ; elle manifeste ses volontés
par incubation [173] ou par l'eau, ce qui fournit un élément de plus en
faveur d'un rapprochement avec Astarté qui, à Aphaca, près de Byblos, se
manifestait de la même façon [174]. Melqart aussi, lors de la fondation de
Tyr, comme dans celle de Gadès sur laquelle nous reviendrons, ou lors du
siège d'Alexandre, a rendu des oracles, mais il n'est pas facile de savoir
dans quelle mesure il s'agit là d'une recomposition sur le mode grec de la
physionomie de Melqart. Cette particularité de l'inscription qui nous
occupe ne paraît cependant pas suffisante pour penser, comme M. Chéhab,
son éditeur, qu'il ne s'agit pas du grand culte national de Melqart, car l'on
peut rendre compte de la présence de Leucothéa et du Devin, même si
l'identité de ce dernier ne peut être précisée.

Du IIe siècle de notre ère, nous devons mentionner un jeton de théâtre
en os, provenant de Tyr et représentant au droit la tête d'Héraclès barbu,
avec la légende Ἡρακλῆς au revers, assortie du chiffre I et de la lettre A
désignant la rangée et le côté de la place attribuée au spectateur [175].
Héraclès-Melqart servait donc bien d'emblème de la cité, en tant que dieu
tutélaire de la cité.

---

[169] Y. HAJJAR, *La triade d'Héliopolis-Baalbek. Iconographie, théologie, cultes et sanctuaires*,
Mont-réal 1985, p. 372-373, pl. XI. L'auteur y reconnaît plutôt une Tyché.

[170] M.-F. BASLEZ, *Cultes et dévotions des Phéniciens en Grèce : les divinités marines*, dans *St.
Phoen.* IV, Namur 1986, p. 289-305, surtout p. 301, note bien cette évolution des figures du
Baal et de la Baalat qui, au contact de la diaspora phénicienne, ont tendance à acquérir davantage
de maîtrise sur le milieu marin.

[171] OVIDE, *Fastes* II 461-464 ; MANILIUS, *Astronomica* IV 580 ss.

[172] D. BRIQUEL, *Vieux de la mer grecs et Descendant des eaux indo-européen*, dans *D'Héraklès
à Poséidon. Mythologie et protohistoire*, Paris 1985, p. 141-158, montre bien le rapport entre l'eau
et la vérité.

[173] PAUSANIAS III 26,1 ; STRABON XI 2,17.

[174] PAUSANIAS III 23,8.

[175] E. GUBEL (éd.), *Les Phéniciens et le monde méditerranéen*, Bruxelles 1986, p. 239, n°277.

Sur cette période romaine, on possède encore les témoignages, souvent de nature polémique, des premiers auteurs chrétiens. Parlant des fils de Zeus, voici ce qu'affirme le pseudo-Clément [176] :

> «Mais les tombeaux de ses fils qui, chez eux, sont considérés comme des dieux, se trouvent dans des lieux particuliers très connus : (...) celui d'Hercule est à Tyr où il a été brûlé par le feu».

Le pseudo-Césaire lui fait écho [177] :

> «À Tyr, Héraclès, ayant été brûlé à cause de sa méchanceté, est considéré comme un dieu par les païens».

Il semble donc, pour reconstituer une séquence logique, que l'Héraclès de Tyr était passé par le feu, puis enseveli. On peut alors supposer qu'intervenait l'*egersis*, la résurrection dont nous avons déjà parlé. Mais on doit se demander dans quelle mesure ces données n'ont pas été contaminées par la figure grecque d'Héraclès, brûlé sur le Mont Œta. Dans ce cas, cependant, il n'est pas question d'ensevelissement, puisque l'âme d'Héraclès s'en va rejoindre les Olympiens. D'autres indices déjà connus, comme ceux tirés du texte d'Ézéchiel ou de documents à venir, nous permettront de conclure, avec une certaine vraisemblance, à une tradition autonome.

Héliodore d'Émèse, un auteur chrétien du IIIᵉ siècle ap. J.-C., décrit une scène cultuelle en rapport avec Melqart [178]. Des commerçants tyriens, en route vers Carthage, célèbrent à bord, au son des flûtes, un banquet en l'honneur d'Héraclès, leur θεὸς πάτριος, leur «dieu national», afin de fêter la victoire à Delphes, dans l'épreuve de la lutte, d'un jeune Tyrien. Ils invoquent en outre l'assistance apportée par le dieu au jeune vainqueur par la voie d'un songe,— revoilà un Melqart oraculaire —, ainsi que le souhait d'obtenir de lui des conditions optimales de traversée. Pour la première fois dans les textes examinés jusqu'à présent, il est fait explicitement référence à un Melqart protecteur de la navigation et des marins. La fête en l'honneur de Melqart décrite par Héliodore comprend en outre des danses particulières [179] :

> «Quand je les quittai, ils étaient encore à la musique et aux danses. C'était une danse assyrienne, accompagnée par des flûtes qui jouaient un air de vive cadence. Tantôt ils sautaient en l'air avec légèreté, tantôt, accroupis près du sol, ils tournaient sur eux-mêmes comme des possédés.»

---

[176] Ps.- CLÉMENT, *Recognitiones* X 24 : *...Herculis apud Tyrum ubi igni crematus est.*

[177] Ps.- CÉSAIRE, *Dial.* II 112 (= MIGNE XXXVIII, col. 993, 71-72) : ἐν Τύρῳ Ἡρακλῆς (...) πυριάλωτος γενόμενος διὰ κακίαν ὑπὸ τῶν ἀθέων ἐκθειάζεται.

[178] HÉLIODORE d'Émèse, *Aethiopica* IV 17.

[179] Καὶ τοὺς μὲν αὐτοῦ καταλιπὼν πρὸς αὐλοῖς ἔτι καὶ ὀρχήσεσιν ὄντας, ἃς ὑπὸ πηκτίδων ἐπίτροχον μέλος Ἀσσύριόν τινα νόμον ἐσκίρτων, ἄρτι μὲν κούφοις ἅλμασιν εἰς ὕψος αἰρόμενοι, ἄρτι δὲ τῇ γῇ συνεχὲς ἐποκλάζοντες καὶ στροφὴν ὁλοσώματον ὥσπερ οἱ κάτοχοι δινεύοντες. Traduction J. MAILLON, Collection des Universités de France, Paris 1938.

Il sera intéressant de mettre ce passage en parallèle avec la scène des prophètes défiés par Élie sur le Mont Carmel et qui accomplissent une danse assez comparable, avec des fléchissements frénétiques.

Le *Talmud de Jérusalem*, enfin, nous renseigne sur l'existence à Tyr, comme en bien d'autres lieux du Proche-Orient hellénistique, d'un rituel d'hydrophorie appelé *yerid* [180]. De telles processions aux sources ou à la mer étaient effectivement accomplies, comme celle d'Hierapolis, décrite par Lucien [181]. Ces fêtes ont peut-être des antécédents à Ougarit ou en Israël [182]. Le terme de *mayumas* qui sert parfois à les désigner, comme c'est le cas à Carthage, serait, selon R.M. Good, un synonyme du grec ὑδροφορία. Il souligne donc la valeur fécondante de l'eau et l'on ne s'étonnera pas de voir ces hydrophories en relation avec des pratiques hiérogamiques. Le monde grec, du reste, connaissait la même association lors des fêtes des Anthestéries en l'honneur de Dionysos où intervenait l'eau des Choéphores et l'union sacrée entre le dieu et la femme de l'archonte-roi [183]. La cérémonie tyrienne traversa les siècles et fut peut-être encore observée au XIXᵉ siècle par deux voyageurs. Chaque année, selon leur témoignage, dans les premiers jours d'octobre, l'eau des puits fermente, soulève le sable et devient boueuse. On y jette alors de l'eau de mer qui la clarifie en quelques heures. Les locaux disent qu'ils reproduisent un usage ancestral et ajoutent, de manière symptomatique, qu'il s'agit du *mariage de l'eau de la mer avec celle de la terre*. On ne peut s'empêcher de faire référence aux rites des Adonies giblites au cours desquelles les modifications du fleuve Adonis (le Nahr Ibrahim) marquaient le début des cérémonies [184]. D'une manière générale, l'eau, comme l'a bien montré S. Ribichini [185], joue un rôle important dans le culte de la catégorie des «héros divins», qu'il s'agisse d'Adonis, de Melqart ou d'Eshmoun ; elle exprime sans doute leur rapport privilégié à la vie et à la fécondité. À l'époque du Bas-Empire, divers édits interdisant ce type de célébration

---

[180] *Talmud de Jérusalem, Aboda Zara* I 4,39b ; I. LEVY, *Cultes et rites syriens dans le Talmud*, dans *Revue des Études Juives* 43 (1901), p. 183-205 ; E. LIPIŃSKI, *El's Abode*, dans OLP 2 (1971), p. 13-69, surtout p. 29-31 et une récente communication de J. GREENFIELD sur le sujet au Congrès de Rome (novembre 1987), à paraître dans *ACFP 2*.

[181] LUCIEN, *De Dea Syria* 13 ; Cf. M. DELCOR, *Rites pour l'obtention de la pluie à Jérusalem et dans le Proche-Orient*, dans RHR 178 (1970), p. 117-132 ; R.M. GOOD, *The Carthaginian* mayumas, dans *SEL* 3 (1986), p. 99-114.

[182] A. CAQUOT et alii, *TOu*, Paris 1974, p. 374-375 ; pour le rôle de l'eau dans les cultes de fertilité, cf. E. LIPIŃSKI, *Fertility Cult in Ancient Ugarit*, dans A. BONNANO (éd.), *Archaeology and Fertility Cult in the Ancient Mediterranean*, Amsterdam 1986, p. 207-215.

[183] H. JEANMAIRE, *Dionysos*, Paris 1951, p. 51-55.

[184] B. SOYEZ, *Byblos et la fête des Adonies*, Leyde 1977.

[185] S. RIBICHINI, *op. cit.* (n. 3), p. 58. Dans le monde grec, Héraclès aussi est régulièrement associé aux sources, cf. R. GINOUVÈS, *Balaneutikè. Recherches sur le bain dans l'Antiquité grecque*, Paris 1962, p. 361-364.

font indirectement allusion aux rites qui les accompagnaient, en insistant sur le caractère indécent, licencieux, voire honteux de ces pratiques[186].

Rien ne permet, à ce jour, de rattacher avec certitude cette hydrophorie au culte de Melqart. Mais celui-ci aime l'eau, à Tyr, à Amrith, à Gadès, à Kition. Par ailleurs, le même passage du *Talmud de Jérusalem* fait état d'une inscription latine, reproduite en araméen, lue jadis par R. Simon ben Yoḥanan à ce sujet[187] :

> *«Moi, Dioclétien, empereur, j'ai consacré ce* yerid *de Tyr au génie protecteur de mon frère Herculius pendant huit jours».*

Il ne s'agit sans doute pas là d'une citation textuelle, mais on peut espérer qu'elle nous transmet la substance de la dédicace. L'empereur Dioclétien aurait donc, lors de son passage à Tyr, célébré en personne l'hydrophorie. Le génie protecteur de son frère (en araméen, le *gd*) est certainement Hercule. On sait en effet que son collègue Maximien avait pris le surnom d'Herculius. Le geste de l'empereur s'expliquerait mieux si ce rite s'adressait annuellement à un Hercule en qui l'on pourrait reconnaître Melqart, le dieu de la fertilité, de la fécondité et du bien-être[188].

8. Le témoignage d'Achille Tatius

Originaire d'Alexandrie, Achille Tatius est l'auteur d'un roman racontant les amours tumultueuses de Leucippe et Clitophon. Il semble qu'une première version de cette aventure ait circulé déjà au IIe siècle ap. J.-C., version qui aurait été remaniée plus tard, aux alentours du IVe siècle ap. J.-C., par Achille Tatius[189] : une genèse par conséquent incertaine pour un texte qui présente l'avantage de situer une bonne partie de son action à Tyr et dans un passé lointain, celui de la domination perse, que l'auteur tente de recréer, non sans peine[190].

---

[186] J.-P. REY-COQUAIS, *op. cit.* (n. 149), p. 86-88. On relèvera le fait qu'une inscription grecque tardive provenant du complexe XXVIII de la nécropole de Tyr, dans une chambre où précisément aboutit une canalisation, mentionne les μαιουμίξοντες. On obtient par cette voie un renseignement sur la vocalisation de nom de cette fête que R.M. Good, qui semble ignorer ce document, retenait comme hypothétique. Cf. M. CHÉHAB, *op. cit.* (n. 149), III, p. 549 et 573-575.

[187] Traduction I. LÉVY, *art. cit.* (n. 180), p. 183-205. Cf. déjà E. RENAN, *op. cit.* (n. 85), p. 540.

[188] E. LIPIŃSKI, *art. cit.* (n. 180), p. 30, n. 79, propose d'idetnifier cette fête aux Jeux Héracléens, mais nous ignorons tout d'un rite d'hydrophorie à cette occasion. Nous serions plutôt encline à dissocier les deux célébrations.

[189] P.E. EASTERLING - B.M.W. KNOX (éds.), *The Cambridge History of Classical Literature* I. *Greek Literature*, Cambridge 1985, p. 692-694.

[190] Un voyage à Alexandrie vient briser, de façon étonnante, la cohérence du cadre chronologique.

Clitophon, le héros, est tyrien, mais sa famille possède des biens à Byzance. Promis à un mariage très proche avec sa demi-sœur Calligone, Clitophon est averti en songe que le projet ne se réalisera pas [191]. Son oncle, Sostratos, est stratège à Byzance où se dessine un affrontement avec les Thraces. En conséquence, Sostratos envoie à Tyr, en lieu sûr, sa femme et sa fille Leucippe. C'est dans ce contexte qu'Achille Tatius mentionne un oracle qui avait cours chez les Byzantins menacés [192] :

> *«Cette ville est une île, sa race porte le nom d'une plante ;*
> *elle présente à la fois un isthme et un détroit sur la terre ferme ;*
> *là, Héphaïstos se réjouit de posséder Athéna aux yeux pers.*
> *C'est là que je te recommande d'apporter des sacrifices à Héraclès».*

En raison de son origine tyrienne, Sostratos a vite fait de décrypter le message : il faut envoyer une ambassade à Tyr et il explique :

> *«Le dieu dit que la ville tient son nom d'une plante car cette île appartient aux Phéniciens et le palmier (phoinix) est une plante. Autour d'elle, la terre et la mer sont rivales, car la mer l'attire à elle comme l'attire aussi la terre et, elle, elle participe de leurs deux natures. Elle est située en mer, mais elle n'a pas abandonné la terre (...). Héphaïstos possède Athéna : l'énigme fait allusion à l'olivier et au feu qui, chez nous, cohabitent. Il y a en effet un emplacement sacré à l'intérieur d'une enceinte où pousse un olivier aux branches lumineuses et, en son sein, on a fait naître un feu qui nourrit de grandes flammes dans ses branches. Les cendres du feu entretiennent la plante. Telle est l'entente entre le feu et la plante. Et c'est ainsi qu'Athéna ne fuit pas Héphaïstos»* [193].

Cette tradition rappelle clairement l'arbre perpétuellement embrasé du récit de Nonnos sur la fondation de Tyr [194]. Nous sommes, il est vrai, à peu près à la même époque, mais on a des raisons de croire que ces auteurs font écho à un patrimoine mythique plus ancien. Nous obtenons en outre

---

[191] Faut-il chercher dans ce fait une allusion au pouvoir divinatoire d'Héraclès-Melqart de Tyr ?

[192] ACHILLE TATIUS, *Leucippe et Clitophon* II 14. Le même oracle, attribué explicitement à Apollon, est repris par l'*Anthologie Palatine* XIV 34. Deux vers y sont ajoutés : *«Là coule un sang issu de moi, ainsi que le sang de Cécrops.».* Νῆσός τις πόλις ἐστὶ φυτώνυμον αἷμα λαχοῦσα / ἰσθμὸν ὁμοῦ καὶ πορθμὸν ἐπ' ἠπείροιο φέρουσα, / ἔνθ' Ἥφαιστος ἔχων χαίρει γλαυκῶπιν Ἀθήνην / κεῖθι θυηπολίην σε φέρειν κέλομαι Ἡρακλεῖ.

[193] Φυτώνυμον γὰρ ὁ θεὸς εἶπεν αὐτήν, ἐπεὶ Φοινίκων ἡ νῆσος· ὁ δὲ φοῖνιξ φυτόν. Ἐρίζει δὲ περὶ ταύτης γῆ καὶ θάλασσα. Ἕλκει (μὲν ἡ θάλασσα, ἕλκει) δὲ ἡ γῆ, ἡ δὲ εἰς ἀμφότερα αὐτὴν ἥρμοσε. Καὶ γὰρ ἐν θαλάσσῃ κάθηται καὶ οὐκ ἀφῆκε τὴν γῆν· (...) Ἀθηνᾶν δὲ Ἥφαιστον ἔχειν· εἰς τὴν ἐλαίαν ᾐνίξατο καὶ τὸ πῦρ, ἃ παρ' ἡμῖν ἀλλήλοις συνοικεῖ. Τὸ δὲ χωρίον ἱερὸν ἐν περιβόλῳ· ἐλαία μὲν ἀναθάλλει φαιδροῖς τοῖς κλάδοις, πεφύτευται δὲ σὺν αὐτῇ τὸ πῦρ καὶ ἀνάπτει περὶ τοὺς πτόρθους πολλὴν τὴν φλόγα· ἡ δὲ τοῦ πυρὸς αἰθάλη τὸ φυτὸν γεωργεῖ. Αὕτη πυρὸς φιλία καὶ φυτοῦ· οὕτως οὐ φεύγει τὸν Ἥφαιστον Ἀθηνᾶ.

[194] L'arbre joue un rôle fort important dans les sanctuaires du Proche-Orient, cf. E. LIPIŃSKI, *The Goddess Aṯirat in Ancient Arabia, in Babylon, and in Ugarit*, dans *OLP* 3 (1972), p. 101-119. Sur l'olivier en particulier, M. DETIENNE, *L'olivier, un mythe politico-religieux*, dans *RHR* 178 (1970), p. 5-24.

confirmation de l'existence d'un péribole autour du sanctuaire de Melqart. On notera qu'ici les éléments de la tradition tyrienne sont réinterprétés en termes grecs. L'olivier, c'est Athéna et le feu, Héphaïstos : l'oracle est en effet attribué à Apollon. Toutefois, les rapports entre les deux éléments et les deux divinités sont contraires à la logique du mythe (Athéna devrait repousser Héphaïstos) et du réel (le feu devrait brûler l'arbre). Ainsi se manifeste le caractère sacré du lieu qui transforme le feu, d'élément destructeur, en un facteur bénéfique qui entretient la vie de la plante. N'aurions-nous pas là la traduction symbolique du rite du bûcher de Melqart qui, suite à son passage par le feu, n'est pas définitivement anéanti, mais assure au contraire le renouveau de la fécondité naturelle et humaine ?

Parvenue à Tyr, l'ambassade byzantine accomplit un sacrifice à Héraclès, le maître des lieux [195]. Les dames sortent pour voir cette grandiose cérémonie:

> *«Il y avait une grande quantité de parfums et une grande variété de guirlandes de fleurs. Les parfums étaient de l'amome, de l'encens et du safran ; les fleurs, des narcisses, des roses et du myrte ; les exhalaisons des fleurs rivalisaient avec les fumées des cassolettes. (...) Les victimes étaient nombreuses et diverses et, dans leur multitude, ce qu'il y avait de plus remarquable, c'était les bœufs du Nil».*

Cette brève description est la seule que nous possédions d'un sacrifice à Héraclès-Melqart dans son sanctuaire tyrien. Il s'agit, selon le terme même qu'utilise Achille Tatius quelques lignes auparavant, d'une θυσία, c'est-à-dire d'un sacrifice avec banquet rituel, tel que les Grecs en adressaient aux Olympiens. Point d'holocauste donc qui aurait traduit la prétendue dimension chthonienne que certains reconnaissent au culte tyrien. On en retiendra le caractère somptueux, l'abondance des parfums et des victimes [196]. L'énumération des composantes aromatiques de l'offrande revêt un intérêt particulier : les variétés énumérées ont, de fait, pour un lecteur de culture grecque, une signification rituelle et symbolique [197].

L'*encens*, originaire, comme la myrrhe, d'Arabie, est une senteur précieuse et sacrée, dont la récolte est un véritable rituel. Ayant des affinités avec le soleil, l'encens est jeté au feu tout au début des sacrifices sanglants, pour attirer les dieux et établir avec eux une communication. M. Detienne

---

[195] ACHILLE TATIUS, *Leucippe et Clitophon* II 15 : πολλὴ μὲν ἡ τῶν θυμιαμάτων πομπή, ποικίλη δὲ ἡ τῶν ἀνθέων συμπλοκή. Τὰ θυμιάματα, κασσία καὶ λιβανωτὸς καὶ κρόκος· τὰ ἄνθη, νάρκισσος καὶ ῥόδα καὶ μυρρίναι· ἡ δὲ τῶν ἀνθέων ἀναπνοὴ πρὸς τὴν τῶν θυμιαμάτων ἤριζεν ὀδμήν. (...) Τὰ δὲ ἱερεῖα πολλὰ μὲν ἦν καὶ ποικίλα, διέπρεπον δὲ ἐν αὐτοῖς οἱ τοῦ Νείλου βόες.

[196] NONNOS, *Dion.* XL 395, qualifie l'autel de Melqart de parfumé : εὐόδμῳ σέο βωμῷ.

[197] M. DETIENNE, *Les jardins d'Adonis. La mythologie des aromates en Grèce*, Paris 1972, *passim*.

a bien mis en évidence le lien étroit qui l'unit au culte d'Adonis et à l'Orient en général.

Le *safran* semble être un parfum érotique, lié à la séduction, comme il ressort notamment de certains passages de la *Lysistrata* d'Aristophane [198].

Le *narcisse* est, quant à lui, particulièrement usité dans les rites funéraires et est régulièrement mis en relation avec l'eau et les sources [199].

Le *myrte*, enfin, apparaît dans les rituels funéraires, mais aussi nuptiaux. Il entre par exemple dans la composition de la couronne des jeunes mariés. On le retrouve dans les sacrifices par bouillonnement dans le *lébès*, dont nous avons déjà parlé, et dans le culte d'Aphrodite. M. Detienne a d'ailleurs relevé que le nom Myrrhina, «Petite Myrte», est porté par la jeune femme qui, dans *Lysistrata*, entraîne son mari dans la grotte de Pan, le séduit par son parfum puis l'abandonne au comble du désir. Le myrte est en outre une désignation du sexe féminin.

De toutes ces données, se dégage l'image d'un culte à connotation simultanément funéraire et érotique. Est-ce purement contingent ? S'agit-il d'un échantillon standard ? Toujours est-il que cela correspond remarquablement aux temps forts des rites tyriens en l'honneur de Melqart : la mort par le feu et la résurrection, peut-être par la voie d'un mariage sacré.

9. L'Héraclès tyrien de Nonnos

Nous avons déjà examiné le témoignage de Nonnos relatif à la fondation de Tyr et au rôle dans celle-ci de son dieu poliade, Héraclès [200]. Mais nous ne nous sommes guère intéressée à la manière dont cet auteur du IVe siècle ap. J.-C. caractérisait Héraclès, dont il faisait le portrait.

Avec sa faconde bien connue, Nonnos lui accole une série impressionnante de qualifications. On peut en effet lire les appellations suivantes : ἀστροχίτων, «celui qui a revêtu une tunique constellée», πρόμον ἄστρων, «chef des astres». Il le qualifie d'ἄναξ πυρός, «prince du feu» et d'ὄρχαμε κόσμου, «principe du monde». Il l'apostrophe du nom d'Hélios, le présente comme l'éternel régulateur de la vie des hommes, du cours des jours et des nuits, des mois et des saisons. Il est celui qui dispense le soleil et la pluie, assure la fertilité. Assimilé aux principales divinités des panthéons grecs et non-grecs, Bélos, Ammon, Apis, Cronos, Zeus..., il apparaît à Dionysos, son interlocuteur, resplendissant dans un manteau à l'image de la sphère de l'univers.

---

[198] ARISTOPHANE, *Lysistrata* 46-47. Il parle de «petites tuniques safranées».
[199] I. CHIRASSI, *Elementi di culture precereali nei miti e riti greci*, Rome 1968, p. 143-155.
[200] Cf. *supra*, p. 31-33. Le passage qui nous intéresse ici va des vers 369 à 410.

On constate sans difficulté que Nonnos fait de l'Héraclès tyrien une
divinité cosmique, alliant les attributions solaires et célestes, participant à
l'ordre universel sous toutes ses formes et symbolisant, à lui seul, toutes
les religions de l'Antiquité. Cette conception est le résultat de l'évolution
des religions polythéistes au Bas-Empire. Elles ont tendance en effet à multiplier les syncrétismes et les théocrasies, c'est-à-dire à fondre les divinités
entre elles, donc à rompre l'équilibre fondamental de la répartition des
pouvoirs au sein d'un panthéon polythéiste[201]. Cette dissolution du polythéisme trouve aussi des racines dans la contamination de la religion par
les courants philosophiques. Les stéréotypes que Nonnos applique à
Héraclès-Melqart montrent donc simplement qu'en cette antiquité finis-
sante, le dieu de Tyr aussi avait acquis une dimension cosmique, étrangère
au culte des époques antérieures. Ce témoignage nous renseigne bien peu
sur la physionomie originelle de Melqart.

Seules, éventuellement, l'une ou l'autre apostrophe au dieu de Tyr
pourraient faire référence à des réalités cultuelles plus anciennes et plus
authentiquement tyriennes. C'est le cas du titre de *prince du feu* par
lequel Nonnos entame son adresse à Héraclès. Nous savons le rôle tenu par
le feu dans le culte tyrien, rôle déjà évoqué par Ézéchiel et, bien plus tard,
par les apologistes chrétiens[202]. Le feu intervient encore lors de la fondation de la cité et, au sanctuaire même, dans l'olivier dont Achille Tatius
rappelle l'état de perpétuel embrasement. On pourrait donc dégager cette
qualification du lot de lieux communs appliqués à Héraclès, mais il n'est
pas sûr du tout que Nonnos, en l'utilisant, ait voulu faire référence à autre
chose qu'une maîtrise des éléments naturels.

Dans le même ordre d'idées, Nonnos met Melqart en rapport avec le
phénix[203] :

«Apportant des rameaux embaumés dans ses serres crochues,
sur ton autel parfumé, un sage et millénaire oiseau,
le phénix, portant le terme d'une vie et le début naturellement fécond d'une autre,
renaît, image renouvelée d'un temps immuable,
s'étant, dans le feu, libéré de sa vieillesse, il reçoit du feu, en échange, la jeunesse».

Cette image du phénix, symbole solaire par excellence, ressuscitant
sous l'effet du feu, pourrait être une allusion à un bûcher où Héraclès lui-

---

[201] A. BRELICH, *Il politeismo*, Rome 1958, p. 121, 159, pour les phénomènes de théocrasie
et la tendance «animistique» dont Nonnos témoigne, lui qui donne manifestement une certaine
autonomie aux épithètes divines.

[202] PS. CLÉM., *Recogn.* X 24 ; PS. CÉSAIRE, *Dial.* II 112. Cf. *supra*, p. 42-46.

[203] NONNOS, *Dion.* XL 394-398 ; cf. J. HUBAUX - M. LEROY, *Le mythe du phénix*, Liège 1939 ;
C.M. EDSMAN, *Ignis divinus*, Lund 1949, p. 11-27 ; R. VAN DEN BROEK, *The Myth of the Phoenix According to the Classical and Early Christian Traditions*, Leyde 1972.

même subirait un sort identique, de mort et de résurrection. On s'est aussi intéressé à l'épithète d'ἀστροχίτων choisie par Nonnos. L'image d'un dieu cosmique, maître des rouages de l'univers, revêtu d'un manteau astral trouve des parallèles à Ougarit et dans la Bible[204]. En outre, à Pyrgi, l'inscription phénico-punique, qui mentionne l'ensevelissement d'une divinité, peut-être identifiable comme Melqart, parle d'étoiles dont la nature et la fonction demeurent cependant problématiques[205]. L'écart de temps qui sépare nos deux témoignages, le contexte culturel très différent dont ils sont issus, nous invite à rejeter un rapprochement trop hasardeux. Il vaut mieux mettre en évidence le fait que l'épithète en question, comme l'a indiqué M. Detienne[206], n'est véritablement attestée que dans des documents tardifs et dénote souvent une influence de l'orphisme[207].

Le témoignage de Nonnos est donc bien daté. Grâce à lui, nous appréhendons Melqart à son stade ultime, désormais fondu en un Héraclès qui a perdu toute originalité et qui, bientôt, suite à l'altération de la logique organique du polythéisme, disparaîtra. Sous cet épais vernis, au-delà du dieu cosmique et tout-puissant, transparaît difficilement quelque trace du culte du Baal tyrien[208].

10. Héraclès-Melqart et la pourpre.

La pourpre de Tyr est un produit très renommé qui a largement participé à l'enrichissement de la cité et qui fut exporté aux quatre coins de la Méditerranée[209]. Le murex, ce coquillage dont on extrait la teinture pourpre, est d'ailleurs un emblème monétaire régulièrement attesté à Tyr[210]. Des sources grecques et latines tardives ont consigné trois versions de la découverte de la pourpre à Tyr. Selon la première, que reproduisent

---

[204] A. CAQUOT et alii, *TOu*, p. 240 ; *Psaumes* 104,2 ; S. RIBICHINI - P. XELLA, *La terminologia dei tessili nei testi di Ugarit* (Collezione di studi fenici 20), Rome 1985, p. 31-32. Sur la dimension astrale de certaines divinités phéniciennes, cf. S. RIBICHINI, *op. cit.* (n. 3), p. 77-92.

[205] S. RIBICHINI, *Melqart nell'iscrizione di Pyrgi ?*, dans *Saggi fenici* I, Rome 1975, p. 41-47.

[206] M. DETIENNE, *Héraclès, héros pythagoricien*, dans *RHR* 158 (1960), p. 19-53.

[207] Seul HÉRODORE 31 F 14 J = *Eclog. hist. cod. Paris.* 1630, contemporain de Socrate et auteur d'un καθ'Ἡρακλέα λόγος en 17 livres, semble l'appliquer à Héraclès ; mais il est aussi l'auteur d'une œuvre sur Orphée.

[208] Cet hymne de Nonnos est à mettre en parallèle avec l'*Hymne Orphique à Héraclès* qui, dans un style fort semblable, donne toutefois une image assez différente de la divinité. Il met en évidence sa robustesse et son action civilisatrice.

[209] PLINE, *H.N.* IX 60-63 ; STRABON, XVI 2,23. Cf. L.B. JENSEN, *Royal Purple of Tyre*, dans *JNES* 22 (1963), p. 104-118 ; J. DOUMET, *Étude sur la couleur pourpre ancienne et tentative de reproduction du procédé de teinture de la ville de Tyr décrit par Pline l'Ancien*, Beyrouth 1980.

[210] P. NASTER, *Hoofdkenmerken van de munten van Tyrus in de Ve en IVe eeuwen V.C.*, dans *St.Phoen.* I-II, Leuven 1983, p. 91-95.

Nonnos, Grégoire de Nazianze et Cassiodore[211], un chien de berger, se promenant le long du rivage tyrien, mordit dans un coquillage. Son maître, croyant qu'il s'était blessé et qu'il saignait, lui épongea les mâchoires avec une toison de laine de mouton. S'apercevant que le liquide avait teint la toison en pourpre, il offrit sa découverte au roi de Tyr que certaines sources appellent Phoinix, l'éponyme des Phéniciens.

D'autres récits, inspirés par la piété des Tyriens à l'égard de Melqart, font intervenir un certain Héraclès dans l'heureuse découverte. Dans l'un, les faits sont toujours situés sous le règne de Phoinix, contemporain de Minos de Crète[212]. Héraclès y est qualifié d'ἀνὴρ σοφός ou de φιλόσοφος, ὁ λεγόμενος Τύριος à qui l'on attribue le mérite d'avoir, à la place du berger, observé le curieux phénomène provoqué par le chien. Il correspond naturellement au schéma du héros culturel dotant l'humanité de bienfaits. Un autre état de cette tradition figure chez le lexicographe Pollux[213]. Héraclès entretenait, à Tyr, une relation amoureuse avec une nymphe éponyme, Tyros[214]. Le chien d'Héraclès provoqua la découverte dont bénéficia cette fois la nymphe. La trame est donc assez identique d'une version à l'autre. Le roi Phoinix intervient certes pour patronner le produit tyrien par excellence, puisque, aux yeux des Grecs qui ont forgé son personnage, il résume la «phénicité», mais aussi pour lui donner sa destination de monopole royal. Héraclès-Melqart est également impliqué dans la découverte du produit tyrien par excellence : nous retrouvons ici un schéma bien connu, par exemple pour l'olivier donné aux Athéniens par Athéna, du dieu poliade qui gratifie sa cité d'un bien qui assurera sa prospérité.

La présentation d'Héraclès comme un personnage historique, ici un sage ou un philosophe, n'est pas tout à fait neuve pour nous. Philon de Byblos déjà, sous l'influence de l'evhémérisme, faisait du dieu tyrien un humain divinisé en raison des bienfaits qu'il avait accomplis[215]. La pourpre devait sans doute être comptée au nombre de ceux-ci, avec la découverte de la navigation, deux données fondamentales de la réalité tyrienne. Faut-il voir dans cette façon de considérer Melqart une influence de l'Héraclès grec que son œuvre civilisatrice a élevé au rang des Olympiens ? Sans nier une éventuelle contamination de ce genre, il semble bien que cette

[211] C. Tzavellas-Bonnet, *Phoinix Πρῶτος Εὑρετής*, dans *LEC* 51 (1983), p. 3-11 ; Ead., *La légende de Phoinix à Tyr*, dans *St.Phoen.* I-II, Leuven 1983, p. 113-123. Les sources du premier groupe : Nonnos, *Dion.* XL 304-310 ; Grégoire de Nazianze, *Or.* IV 108 ; Cassiodore, *Var.* I 2.

[212] Jean Malalas, *Chron.* II 36, p. 32 Dindorf ; Jean d'Antioche VI 16 (=*FHG* IV 544) ; *Chron. Pasch.* p. 78-79 Dindorf ; seule la *Souda* s.v. Ἡρακλῆς (Adler II 584), résume brièvement l'épisode et ne précise pas de quel Héraclès il s'agit.

[213] Pollux, *On.* I 45-49.

[214] Tyros est aussi le nom d'un fils de Phoinix, cf. Stéph. Byz., s.v. Τύρος.

[215] Eusèbe, *De laudibus Constantini* 13 ; *P.E.* I 9,29.

conception de Melqart ait des racines dans la religion phénicienne. Lucien
de Samosate qualifie Melqart d' ἥρως Τύριος[216] ; dans la bilingue de
Malte, le *b'l ṣr* du phénicien est rendu en grec par ἀρχηγέτης qui désigne
Melqart comme «l'ancêtre» des Tyriens[217]. Dans une inscription délienne,
la corporation des Héracléistes de Tyr affirme que le *«fondateur de la
patrie»*, l'ἀρχηγὸς τῆς πατρίδος, a accompli *«les plus grands biens pour les
hommes»*, τοῦ πλείστων [ἀγαθ]ῶν παραιτίου γ[ε]γονότος τοῖς ἀνθρώποις[218].
Sans vouloir remettre en cause la nature divine de Melqart, il se dégage
toutefois de cet ensemble de témoignages une connotation que, faute de
mieux, nous appellerons «héroïque», dans le sens où certains héros de la
religion grecque sont distincts des dieux par leur origine humaine, mais
sont bénéficiaires d'un culte[219]. Nous nous rattachons donc entièrement
au point de vue de S. Ribichini qui a mis en évidence les caractéristiques
de cette catégorie cultuelle des *«héros divins»* dans la religion phénicienne[220]. Melqart est le bienfaiteur de Tyr et l'initiateur de la lignée
royale, comme son nom le signifie ; au surplus, son expérience de la mort
le distingue des dieux immortels du panthéon grec et le destine particulièrement à appartenir à la catégorie des «héros». Ce point de convergence
fondamental entre le Baal de Tyr et le héros grec par excellence a sans
doute fortement contribué à leur rapprochement[221], mais les sources classiques continuent de les différencier.

Dans le cas présent, l'habillage du dieu tyrien en un philosophe suggère d'une part la connaissance du milieu culturel tyrien où, de fait, fleu-
rissait une importante école de philosophie et, d'autre part, une influence
grecque dans la mesure où Héraclès était devenu le favori et le modèle de
plusieurs courants philosophiques, représentés par les Cyniques et les Stoïciens en particulier[222]. Ils voyaient en lui la perfection incarnée, un vengeur désintéressé, un exemple moral hors du commun. Dans les sphères
officielles, cette dimension l'élevait au niveau des dieux,— l'apothéose

---

[216] LUCIEN, *De Dea Syria* 3.
[217] *CIS* I,122-122 bis = *ICO*, Malta 1-1 bis = *KAI* 47. Sur le sens de cette épithète, M.-F.
BASLEZ, *art. cit.* (n. 170), p. 295, n. 48.
[218] *ID* 1519, ll. 14-15.
[219] A. BRELICH, *Gli eroi greci*, Rome 1958. Nous reviendrons ultérieurement plus en détail
sur les origines de l'héroïsation en Grèce et sur la bibliographie récente à ce sujet.
[220] S. RIBICHINI, *op. cit.* (n. 3), p. 43-73.
[221] Cf. E. LIPIŃSKI, *art. cit.* (n. 43), p. 50-51, a, le premier, mis en évidence cet aspect de Melqart, comme ancêtre des rois de Tyr. Nous argumenterons plus loin l'hypothèse selon laquelle
cette caractéristique de la physionomie de Melqart est à la base même de son assimilation à Héraclès, cf. *infra*, p. 399-439.
[222] LUCIEN, *Convivium* 16, fait d'Héraclès l'ἀρχηγέτης des Stoïciens. Cf. J. BAYET, *Hercule
funéraire*, dans *MÉFRA* 39 (1921-22), p. 219-266 ; G.W. BOWERSOCK, *Greek Intellectuals and the
Imperial Cult in the Second Century A.D.*, dans *Le culte des souverains dans l'Empire romain* (Entretiens sur l'Antiquité classique 19), Genève 1972, p. 177-212.

impériale n'était-elle pas une réplique de celle d'Hercule sur l'Œta ? —, tandis que pour le commun des mortels, il était le prototype du juste souffrant. Pour clore ce bref exposé, nous reviendrons une fois encore sur l'invective d'Ézéchiel contre le prince de Tyr où il lui est reproché d'être *«plus sage que Danel»* [223]. *«Aucun secret ne te dépasse. Par ta sagesse et ton intelligence, tu t'es fait une fortune».* Ce passage montre, en dépit de la part de stéréotype contenue dans cette adresse, que le personnage de philosophe que nos sources font jouer à Héraclès de Tyr n'est peut-être pas si étranger que cela à Melqart. L'écheveau des données d'origine et des influences grecques est quelquefois bien délicat à démêler.

B. Les représentations

1. Deux bas-reliefs assyriens

a) *Le bas-relief de Kouyunjik-Ninive*

En 1956, R.D. Barnett publia un dessin inédit de Layard représentant un bas-relief dont l'original est perdu [224]. On y voit le roi Luli fuyant Tyr menacé par le roi d'Assyrie Sennacherib ; selon les Annales assyriennes, l'événement aurait pris place en 701/700 av. J.-C. [225] À l'extrême droite, apparaissent diverses constructions de la ville, dont, au premier plan, une arche en briques, que R.D. Barnett identifie comme un accès portuaire, et un bâtiment, avec, à l'étage, une entrée en forme d'arche flanquée de deux colonnes se terminant par des chapiteaux en fleur de lys. Tout au sommet, un objet, peut-être une colonne, semble amorcer un niveau supplémentaire [226].

R.D. Barnett veut y reconnaître le temple de Melqart, les deux colonnes correspondant aux stèles décrites par Hérodote. Or, l'historien grec ne parle précisément pas de colonnes, κίονες en grec, mais de stèles, στῆλαι et leur figuration sur le monnayage tyrien confirme bien leur aspect plutôt trapu, comme des bornes ou des ombilics. Il y a donc incompatibilité entre

---

[223] *Ézéchiel* 28,3-4.

[224] R.D. BARNETT, *Phoenicia and the Ivory Trade*, dans *Archaeology* 9 (1956), p. 87-97 ; ID., *art. cit.* (n. 68), p. 6-13. Le dessin figure à la planche I,1 de l'article de Barnett paru en 1956. En II,1, on peut voir une photo prise *in situ* en 1903-1905 par L.W. King qui reprit les fouilles de ce site pour le British Museum. En ce début de XXᵉ siècle, le bas-relief n'avait pas encore disparu.

[225] *ANET*, 287b ; H.J. KATZENSTEIN, *op. cit.* (n. 9), p. 222 ss.

[226] L'auteur rapproche cette esquisse de colonne de la mention chez PLUTARQUE, *De Iside et Osiride* 15-16, d'une colonne de bois, mais il est question dans ce passage de Byblos.

ces témoignages et les colonnes architecturales du bas-relief qui nous occupe. Par ailleurs, l'interprétation de R.D. Barnett laisse supposer que le temple de Melqart s'élevait à Tyr près du rivage, ce qui n'est pas acquis [227].

b) *Le bas-relief de Khorsabad*

Intitulé la «*Scène maritime*», ce document assyrien montre des bateaux phéniciens entre deux îlots représentant peut-être Sidon à droite et Tyr à gauche [228]. R.D. Barnett a cru pouvoir y distinguer la silhouette de trois temples, dont celui de Melqart se projetant au-dessus des murailles de la cité. Cependant, même un œil attentif a du mal à voir autre chose qu'une succession de colonnes dépassant les murs de la ville afin, sans doute, d'évoquer son urbanisme [229]. Leur attribuer une destination précise ne nous paraît fondé sur aucun autre indice que l'importance objective du culte de Melqart à Tyr : cela ne peut suffire dans ce cas.

2. Le vase de Sidon

Ce vase de marbre découvert dans les environs de Sidon et aujourd'hui disparu du Musée de Berlin [230] est généralement daté du IVe siècle av. J.-C. (fig. 1). La dépression du sommet est encerclée par un serpent en relief. Sur ses quatre faces, le vase présente des figurations cultuelles de valeur artistique médiocre — l'objet semble en effet relever de la production d'art populaire —, mais de portée historique remarquable. Les modernes divergent quant à l'ordre de succession des scènes : nous adopterons le point de vue d'E. Lipiński dont la logique paraît plus sûre [231].

La première scène montre la crémation d'un personnage sur un bûcher, au sommet d'un podium. À gauche figure un serpent enroulé autour d'un tronc d'arbre, évocation du cadre de la scène : le sanctuaire tyrien de Melqart. À droite, un autel incandescent, identique à celui qui figure sur le monnayage tyrien et un croissant de lune. On pense donc pouvoir reconnaître le bûcher de Melqart auquel diverses sources font allusion.

---

[227] Cf. *infra*, notre chapitre sur la topographie sacrée de Tyr, p. 90-96.

[228] R.D. BARNETT, *art. cit.* (n. 68), pl. II,2.

[229] STRABON XVI 2,23, mentionne d'ailleurs l'existence, à Tyr, de maisons à étages comparables à celles de Rome.

[230] R.D. BARNETT, *art. cit.* (n. 68), pl. IV, fournit les premières photos de qualité de l'objet, mesurant 15 cm. de haut. Les démarches que j'ai entreprises auprès du Musée de Berlin pour savoir si la pièce n'avait pas été retrouvée sont restées sans réponse.

[231] E. LIPIŃSKI, *art. cit.* (n. 43), p. 43-46 modifie comme suit l'ordre adopté par Barnett : 3,2,1,4. Outre sa logique, cette succession correspond à une lecture des scènes vers la gauche, dans le sens de l'écriture phénicienne.

La décoration suggère qu'il prenait place à la nuit tombée, lorsque la lune brillait dans le ciel tyrien. Sous cette scène figure une paire de volutes et, entre deux branches de palmier, un objet qui ressemble à une ancre, ainsi qu'une sorte d'embarcation. On pourrait y trouver la confirmation du rôle de Melqart comme promoteur et protecteur de la navigation.

La deuxième scène présente un tombeau flanqué de deux figures masculines et surplombé du disque solaire ailé. Les funérailles et l'ensevelissement du dieu se déroulaient par conséquent au grand air, sans doute le lendemain de la crémation. Ceux qui président à cet ensevelissement sont probablement des prêtres de Melqart, vêtus de longues tuniques, coiffés de hauts chapeaux rappelant le *pschent* égyptien et portant un sceptre recourbé [232]. Sous la scène, on voit une large palmette entre deux volutes.

La troisième face nous révèle la suite du rituel. Le même jour, peut-être, on pleure le dieu mort. Au centre, apparaît une grande pyré reposant sur un podium, à droite de laquelle se dresse une déesse en vêtements de deuil, affublée d'une paire de cornes, symbole de fertilité mais aussi de deuil [233] : il pourrait s'agir d'Astarté, en raison des liens privilégiés qu'elle entretient avec Melqart. Lui faisant face, de l'autre côté de la pyré, un homme portant une tunique et une coiffe dont le pan retombe en arrière dans le dos. Étant donné que le roi de Byblos Yeḥawmilk en porte une fort semblable sur la stèle qu'il offre à la Baalat Gebal, on peut sans doute reconnaître le roi de Tyr, dont Melqart était l'ancêtre divin et qui, à ce titre, participait à son culte. Les deux personnages portent un sceptre incandescent [234]. Tous deux accomplissent des rites funèbres devant l'autel en feu. Par rapprochement avec les témoignages bibliques, nous pouvons penser qu'ils brûlent des parfums, en particulier de l'encens [235].

La dernière scène représente vraisemblablement la résurrection, l'*egersis* du dieu qui apparaît sur une base à l'intérieur de son temple schématiquement rendu. Deux étoiles du matin figurent de part et d'autre de celui-ci pour faire comprendre que l'épiphanie divine se déroulait le lendemain des funérailles, à l'aube. Deux petites figures encadrent le dieu, elles aussi sur des bases, dans des espèces de chapelles annexes. Sans doute s'agit-il

---

[232] *Ibid.*, p. 45, n. 1, pour divers parallèles à Oumm el-ʿAmed et dans le Wadi ʿAshour, près de Tyr.

[233] Son vêtement est à rapprocher de celui des pleureuses du sarcophage d'Ahiram. Sur les cornes, M.L. Süring, *The Horn-Motifs of the Bible and the Ancient Near East*, dans *Andrews University Seminary Studies* 22 (1984), p. 327-340. Isis, après la mort d'Horus, les posa sur sa tête. Pour leur rapport avec les déesses de fertilité, G. Falsone, *Anath or Astarte ? A Phoenician Bronze Statuette of the Smiting Goddess*, dans *St.Phoen.* IV, Namur 1986, p. 53-76, surtout p. 69-71.

[234] Un cas parallèle aussi à Oumm el-ʿAmed, cf. E. Lipiński, *art. cit.* (n. 43), p. 45, n. 5, qui fait appel à Lucien, *De dea Syria* 42, où il est question de prêtres πυρφόροι.

[235] *Jérémie* XXXIV,5 ; *II Chron.* XVI,14 ; XXI,19. Cf. K. Nielsen, *Incense in Ancient Israel*, Leyde 1986.

de divinités associées à Melqart et partageant son sanctuaire, mais nous ne pouvons les identifier. Sous cette scène, entre quatre branches de palmier, un personnage tient, posés sur chaque main, deux oiseaux. On les mettra en rapport avec le mythe selon lequel Héraclès de Tyr, tué en Libye par Typhon, fut ramené à la vie en humant le fumet de cailles rôties par Iolaos [236]. On pourrait avoir là une indication précieuse sur les voies de l'*egersis* du dieu et le caractère authentiquement phénicien de cette tradition contenue dans des sources classiques. Il faut encore faire état d'une inscription phénicienne gravée sous la quatrième scène : *b'l kr*. R.D. Barnett proposait de la traduire par «*Seigneur du pâturage*», en rappelant les fonctions pastorales des premières populations cananéennes. Cependant, Melqart n'est jamais explicitement conçu comme tel et cette interprétation empêche tout rapprochement avec l'iconographie du vase. C'est pourquoi on se rattachera plus volontiers à l'hypothèse d'E. Lipiński pour qui elle signifierait «Seigneur de la fournaise» ; son sens serait alors apparenté au titre d'ἄναξ πυρὸς décerné par Nonnos à Héraclès Astrochiton [237]. Ce titre soulignerait, une fois encore, que, comme l'olivier qui ne meurt pas sous l'effet des flammes, Melqart n'est pas anéanti par le feu de son bûcher.

Malgré la maladresse de son iconographie, le vase de Sidon nous apporte donc un témoignage fondamental sur le déroulement de la fête de Melqart, sur la succession des rites, sur les personnages qui y prennent part et sur les moyens qui y sont mis en œuvre. Nous tâcherons ultérieurement d'englober ces données dans une reconstitution d'ensemble, mais on peut noter d'emblée que bien des éléments trouvent des parallèles dans des cultes phéniciens apparentés. L'absence totale de contexte archéologique et l'incertitude qui entoure la découverte de cet objet sont-elles en mesure de remettre en cause sa signification cultuelle et son rapport avec Melqart ? Sa découverte à Sidon est-elle purement accidentelle ? On ne peut certes exclure qu'il ait été produit et utilisé à Sidon, mais l'étude récente d'un sceau gravé, du VIIIᵉ siècle av. J.-C., portant la mention *lmlk ṣrm*, «appartenant au roi des Tyriens» par P. Bordreuil [238] a permis de rapprocher les éléments iconographiques qui le décorent de ceux du vase de Sidon : pilier, feu, lune et astre, disque ailé. Il semble par conséquent raisonnable de penser que ce vase se rattache bien au culte tyrien de Melqart.

---

[236] Cf. *supra*, p. 20-21.

[237] NONNOS, *Dion.* XL 369. Cf. *supra*, p. 74. Un *b'l kr* figure aussi dans une inscription phénicienne découverte à Cebel Ires Dagi, en Cilicie et datée de de *ca* 625-600 av. J.-C. Il s'agit d'un énoncé de donations de terres, d'où la difficulté d'établir ce que représentent ces termes. Cf. P.G. MOSCA - J. RUSSELL, *A Phoenician Inscription from Cebel Ires Daği in Rough Cilicia*, dans *Epigraphica Anatolica* 9 (1987), p. 1-27, l. 5B.

[238] Cf. P. BORDREUIL, *Charges et fonctions en Syrie-Palestine d'après quelques sceaux ouest-sémitiques du second et du premier millénaire*, dans *CRAI* 1986, p. 290-308, surtout p. 298-308 et fig. 3 ; ID., *op. cit.* (n. 141), p. 23-24, n° 7.

3. Monuments funéraires et votifs tyriens

a) *Une stèle à deux piliers*

M. Chéhab publia en 1934 trois stèles phéniciennes, dont deux découvertes en 1931 à Bourdj esh-Shemali, près de Tyr[239]. L'une d'elles présente deux piliers dans un encadrement en forme de porte égyptisante. L'auteur estime qu'il peut exister une relation entre cette représentation et les stèles jumelles du temple de Melqart[240]. Il faut cependant rappeler que les stèles ne sont pas à proprement parler des piliers, ni des colonnes, mais des pierres de dimension réduite et de forme trapue, n'ayant aucune fonction architecturale. Certes, la dualité revêt une valeur sacrée, peut-être par référence aux dyades des panthéons phéniciens, dont Melqart et Astarté sont l'illustration tyrienne. On soulignera enfin, pour terminer, que ce motif trouve d'innombrables parallèles dans les stèles du monde punique où les représentations d'un, de deux ou d'un nombre plus important de «bétyles», sont bien connues[241].

b) *Une tombe peinte*

Dans la campagne tyrienne, à el-Awatin, on a mis au jour en 1937 une tombe peinte du IIe siècle ap. J.-C. qui présente une scène héracléenne[242]. On y voit Héraclès ramenant Alceste à la vie, épisode bien connu de la mythologie grecque. Le dieu est nu, couronné et vêtu de la léonté, armé de la massue. J. Bayet a bien montré la connotation funéraire dont le mythe d'Héraclès-Hercule est pourvu aux époques tardives[243]. Ne voit-on pas sur une autre scène de la même tombe Héraclès en compagnie de Cerbère, le gardien des Enfers ? Héraclès exprime donc l'idée de résurrection, de triomphe sur la mort ; à ce titre, il figure fréquemment sur les sarcophages romains. On représentait parfois le masque funéraire avec les traits d'Héraclès afin que le défunt atteigne la même immortalité bienheureuse que lui. Cela dit, Melqart avait également fait l'expérience de la mort et du retour à la vie, de sorte que cet exemple d'art gréco-romain de Phénicie s'enracine peut-être dans les traditions religieuses locales.

c) *Un sarcophage*

En 1903, Th. Macridy Bey, conservateur au Musée de Constantinople, accomplit des fouilles dans la région de Tyr qui lui permirent, entre autres,

---

[239] M. CHÉHAB, *Trois stèles trouvées en Phénicie*, dans *Berytus* 1 (1934), p. 44-46, pl. XI,1.

[240] De tels piliers figureraient sur les stèles rupestres de Nabatène, notamment à Petra.

[241] Cf. des parallèles dans les stèles puniques, par exemple, P. BARTOLONI, *Le stele arcaiche del tofet di Cartagine*, Rome 1976 ; S. MOSCATI - M.L. UBERTI, *Scavi a Mozia. Le stele*, Rome 1981.

[242] M. DUNAND, *Tombe peinte dans la campagne de Tyr*, dans *BMB* 18 (1965), p. 5-51.

[243] J. BAYET, *art. cit.* (n. 222), p. 219-266.

de découvrir un nombre important de fragments de sarcophages en marbre, d'époque romaine[244]. Sur l'un d'eux, on distingue Héraclès debout, nu, portant la seule léonté. Sa tête se détache sur un fond en forme de coquille. À sa droite, deux têtes féminines apparaissent sur le même décor. Leur identification n'est pas possible, en l'absence de tout attribut et de toute inscription. Cependant, R. du Mesnil du Buisson croit pouvoir reconnaître, à droite, la tête juvénile d'Eshmoun, tandis qu'à gauche, figurerait Astarté[245]. Cette reconstitution hasardeuse lui permet en réalité d'y trouver une confirmation de l'existence à Tyr d'une triade Astarté-Melqart-Eshmoun. Cependant, les arguments en faveur de cette hypothèse sont trop inconsistants. Sur ce sarcophage, se manifeste à nouveau, en confirmation de l'évolution esquissée précédemment, le pouvoir sotériologique d'Héraclès-Melqart.

4. La nativité tyrienne

Sculpté dans une plaque de calcaire, cet ex-voto gréco-romain a été découvert à Tyr et est conservé au Musée de l'Université Américaine de Beyrouth[246] (photo dans *St.Phoen.* IV, p. 358, fig. 6). E. Will le date des premiers siècles de l'empire. Divers éléments caractéristiques nous autorisent à localiser la scène qu'il illustre dans le sanctuaire tyrien de Melqart[247]. À droite, on distingue un arbre dont la ramure ressemble à de longues flammes ; autour de son tronc, s'enroule un serpent. Un aigle, les ailes entrouvertes, semble reposer sur un animal figuré à l'avant-plan : un cervidé ou une chèvre. Sous ce dernier, un petit enfant agenouillé semble têter l'animal. À gauche, une femme est étendue sur un lit, appuyée sur le coude gauche. Enfin, sur le bord inférieur du relief, un serpent dresse la tête en direction de l'enfant.

Nous sommes en présence d'une nativité mythique et de l'adoption d'un enfant divin ou héroïque par un animal nourricier. L'interprétation de ce petit monument de facture artistique médiocre n'est pas aisée. Le rapprochement avec les monnaies tyriennes figurant Ousoos capturant quatre cervidés n'est guère pertinent[248]. H. Seyrig pense y reconnaître une triade tyrienne composée d'Astarté, Zeus, symbolisé par l'aigle, et Melqart dont une hypothétique tradition phénicienne ferait l'enfant nourricier d'un

---

[244] D. Le Lasseur, *Mission archéologique à Tyr*, dans *Syria* 3 (1922), p. 133 et pl. XVI.

[245] R. du Mesnil du Buisson, *Nouvelles études sur les dieux et les mythes de Canaan*, Leyde 1973, p. 66-67.

[246] E. Will, *art. cit.* (n. 30), p. 1-12. Cf, récemment, M. Delcor, *Astarté*, dans *LIMC* III, 1986, p. 1077-1085.

[247] Pour l'intervention de ces éléments (arbre, aigle, serpent) dans le mythe de fondation de Tyr, cf. *supra*, p. 27-33.

[248] Cf. *supra*, p. 30-31.

cervidé [249]. Or, l'aigle n'est pas tant là pour évoquer Zeus que pour caractériser le cadre de la scène : il joue en effet un rôle important dans la fondation de Tyr [250]. Par ailleurs, l'ancienne théorie des triades phéniciennes s'est avérée sans fondement [251] et nous avons montré que les liens unissant ces trois divinités s'insèrent dans le cadre des généalogies mythiques mises au point par les Grecs pour Melqart et sans doute influencées par celle d'Héraclès [252].

Il nous paraît dès lors que dans le cadre de la Tyr hellénisée de l'époque romaine, la solution défendue par B. Servais-Soyez est la plus satisfaisante [253]. L'enfant allaité serait plutôt un fils du dieu principal de Tyr, Melqart-Héraclès, comme l'indiquent les éléments environnant la scène. Or, Héraclès eut un fils du nom de Télèphe qui fut allaité par une biche. Il est né de l'union d'Augé, la fille du roi d'Arcadie, avec Héraclès. Ayant été consacrée par son père à la déesse Athéna, Augé ne devait avoir aucune descendance car un oracle avait prédit au roi que son petit-fils, pour s'emparer du pouvoir, se transformerait en assassin. C'est à l'intérieur même du sanctuaire d'Athéna ou près d'une source proche qu'Héraclès abusa de la jeune fille. L'enfant, à sa naissance, fut exposé sur une montagne d'Arcadie et allaité par une biche. La suite de l'histoire pourrait bien fournir une clé supplémentaire à l'énigme du relief tyrien. Augé fut en effet vendue après la naissance de son fils, mais recueillie par le roi de Mysie. De passage par cette région, Télèphe en tomba amoureux et demanda à l'épouser. Augé, voulant demeurer fidèle à Héraclès, était sur le point de le tuer lorsqu'un serpent, envoyé par les dieux, les sépara et leur permit de se reconnaître.

En ce qui concerne la présence de l'aigle, on peut noter qu'outre le fait qu'il est un signe d'identification du cadre, il fait aussi régulièrement partie de l'iconographie de Télèphe [254]. Par exemple, sur un médaillon romain d'Antonin le Pieux, soit un document quasi contemporain de notre relief, figure Télèphe allaité par une biche sur le dos de laquelle repose un aigle, tandis qu'à gauche, Hercule, appuyé sur sa massue, observe la scène [255].

---

[249] H. SEYRIG, *Les grands dieux de Tyr à l'époque grecque et romaine*, dans *Syria* 40 (1963), p. 19-28.

[250] Son immolation volontaire permet la fondation de la cité insulaire de Tyr, cf. *supra*, p. 29-33.

[251] P. XELLA, *Aspetti e problemi dell'indagine storico-religiosa*, dans *RelFen*, Rome 1981, p. 14 ; pour les époques plus récentes, B. SERVAIS-SOYEZ, *La «triade» phénicienne aux époques hellénistique et romaine*, dans *St.Phoen*. IV, Namur 1986, p. 347-360.

[252] Cf. *supra*, p. 20-23.

[253] B. SOYEZ, *Recherches sur le panthéon des principales cités phéniciennes aux périodes hellénistique et romaine* (thèse de doctorat inédite), Liège 1974, p. 269-275.

[254] C. BAUCHHENSS-THÜRIEDL, *Der Mythos von Telephos in der antiken Bildkunst*, Würzburg 1971, p. 80, 82-83 ; cf. aussi M. JOST, *Sanctuaires et cultes d'Arcadie*, Paris 1985, p. 159, 535.

[255] F. GNECCHI, *I medaglioni romani* II, Milan 1912, p. 19, n°92 et table 53,2.

Par ailleurs, on ne peut négliger de rappeler ici les antécédents anatoliens de cette représentation [256]. Si le culte des cervidés trouve ses origines au IIIᵉ millénaire av. J.-C., des bronzes d'époque gréco-romaine provenant d'Asie Mineure attestent la longévité du motif sacré de l'aigle juché sur les bois d'un cerf, adopté, encore en pleine ère chrétienne, par Rome toute pénétrée de cultes orientaux [257]. Le fait que dans la glyptique hittite un dieu debout se substitue parfois à l'aigle indique que l'oiseau en est le symbole et que l'animal porteur est un simple attribut sacré.

Il nous faut explorer une ultime direction. Des monnaies de Palmyre et de Damas représentent en effet un enfant allaité par une chèvre [258]. Il s'agit du dieu Malakbêl, un dieu plutôt récent du panthéon de Palmyre, dont le nom signifie sans doute «envoyé de Bêl» [259]. Or, on a découvert dans le temple de Bêl à Palmyre un bas-relief représentant l'alliance d'Aglibol et Malakbêl au-dessus d'un autel où figure un bouc. On relèvera aussi la présence d'un aigle, tenant un serpent dans le bec, et d'un arbre. Le parallèle avec le relief tyrien s'impose-t-il, notamment parce que Melqart, comme Malakbêl, est présenté comme le fils du dieu suprême (Zeus) et d'une déesse de la fertilité (Astarté, en écho à Atargatis) et parce qu'ils exercent tous deux les fonctions de dieux de la végétation et du «salut» ? R. du Mesnil du Buisson apporte en plus, à l'appui de ce rapprochement, une tessère de Palmyre où Malakbêl semble tenir une massue [260]. Il faut admettre cependant que l'aigle au serpent est un motif fort commun [261], que des dieux protecteurs de la végétation existent dans tous les panthéons et que le rôle de Melqart est loin de se limiter à cela.

Nous considérons, en conclusion, qu'il est plus satisfaisant de recourir au mythe héracléen de Télèphe dans la mesure où d'autres documents étudiés auparavant nous ont révélé la force de l'assimilation iconographique entre Melqart et Héraclès. Il semble bien qu'après le passage d'Alexandre par Tyr, qui marque un tournant dans le culte tyrien, la personnalité de Melqart ait été profondément altérée et réduite à celle de son correspondant grec.

---

[256] S. PRZEWORSKI, *Notes d'archéologie syrienne et hittite* IV. *Le culte du cerf en Anatolie*, dans *Syria* 21 (1940), p. 62 ss ; R. DE MÉRODE - N. DAMBLON-WILLEMAERS, *Essai sur l'iconographie des cervidés chez les Hittites*, dans *Mélanges P. Naster*, Leuven 1983, p. 173-186.

[257] P. MERLAT, *Répertoire des inscriptions et monuments figurés du culte de Jupiter Dolichenus*, Paris-Rennes 1951, p. 220-224.

[258] R. DU MESNIL DU BUISSON, *Les tessères et les monnaies de Palmyre*, Paris 1962, p. 222, 261, 737, 767 ; J. WAIS, *Malakbel and Melqart*, dans *Studia Palmyreńskie* 5 (1974), p. 97-101.

[259] J. TEIXIDOR, *The Pantheon of Palmyra*, Leyde 1979, p. 39-42, 46-48, 50-52, 88-90.

[260] R. DU MESNIL DU BUISSON, *op. cit.* (n. 258), p. 222, n°155.

[261] Leur couple traduit l'opposition fondamentale ciel-terre. On notera que l'aigle comme symbole céleste apparaît encore sur un autel tyrien tardif, publié par F. CUMONT, *Deux autels de Phénicie*, dans *Syria* 8 (1927), p. 163-168.

5. Les monnaies

Le monnayage tyrien débute vers 435 av. J.-C.[262] et les types pré-alexandrins soulignent clairement la vocation maritime de la cité. C'est en effet le dauphin qui figure sur les quatre séries de la première émission, associé à la chouette portant les attributs royaux, signe de la dépendance à l'égard de l'art égyptien et du modèle monétaire attique. Entre 410 et 390 av. J.-C., onze séries reproduisent le même droit et le même revers, mais avec deux innovations : une rosette à huit pétales ou une tête de tau-reau au revers des deux dernières séries. À partir de 390 av. J.-C. environ, des sheqels en argent substituent au dauphin la représentation d'un person-nage divin, barbu, chevauchant un hippocampe ailé tenant, dans la main droite, les rênes, dans la gauche, un arc à flèches (fig. 2). Des lignes ondu-lées et un dauphin évoquent la mer[263]. De nombreux modernes reconnais-sent Melqart dans cette figuration[264]. Sa prééminence dans le panthéon tyrien et l'arc, arme traditionnelle d'Héraclès auquel Melqart fut identifié, servent d'arguments aux défenseurs de cette interprétation. Elle ne peut, malheureusement, être étayée par aucun écrit, à moins de retenir l'hypo-thèse de R.S. Hanson selon lequel les revers de ces séries portent les deux lettres *mem* et *beth*, par référence à *b'l mlqrt*, et dans certains cas un *ṣadé*, pour *ṣr*[265]. Or, le peu que nous connaissons de l'iconographie de Melqart ne présente guère d'affinités avec cet archer marin, même si la protection qu'il exerce sur la navigation semble indéniable. On ne peut donc se pro-noncer sur l'identification du dieu en question ; l'argument, trop faible en vérité, sur lequel repose en définitive l'hypothèse Melqart consiste à se demander de qui il pourrait bien s'agir si ce n'est lui, étant donné sa qua-lité de Baal de Tyr. Deux autres grandes séries monétaires ont été frappées à cette effigie, la première à l'époque pré-alexandrine[266], la seconde, entre 332 et 275 av. J.-C.

[262] Les deux recueils les plus utiles sont G.F. HILL, *op. cit.* (n. 111) et J.W. BETLYON, *The Coinage and Mints of Phoenicia. The Pre-Alexandrine Period*, Chico 1980. Les autres recueils seront cités en cours d'exposé.

[263] G.F. HILL, *op. cit.* (n. 111), p. 229, n°s 11-43, pl. XXVIII, 16-17 ; XIX, 2-3, 13-17 ; suppl. pl. XLIV, 2-3. J.W. BETLYON, *op. cit.* (n. 262), p. 46.

[264] Pour l'historique de cette question, M. FANTAR, *Le dieu de la mer chez les Phéniciens et les Puniques*, Rome 1977, p. 105 ; P. NASTER, *art. cit.* (n. 210), p. 91-95. Sur la genèse de ce type et les différentes formes qu'il adopte en Phénicie, E. GUBEL, *La glyptique et la genèse de l'icono-graphie monétaire phénicienne*, à paraître dans *St.Phoen.* IX.

[265] R.S. HANSON, *Tyrian Influence in the Upper Galilee*, Cambridge 1980, p. 19-20 ; pour J.W. BETLYON, *op. cit.* (n. 262), p. 46, le *mem* serait l'abréviation du nom du roi Matton, connu par les sources littéraires et le *beth*, celle du roi sidonien Ba'alšillem II, alors à la tête de la ligue sidonienne.

[266] Cf. A. LEMAIRE, *Le monnayage de Tyr et celui dit d'Akko dans la deuxième moitié du IVe siècle av. J.-C.*, dans *RNum* 18 (1976), p. 9-24, a montré que la série portant un *'ayin* est pré-

Pour retrouver Melqart, il faut attendre 126/5 av. J.-C., date à laquelle Tyr accède à l'autonomie et où des monnaies d'argent sont frappées du buste d'une divinité portant une couronne de laurier et la célèbre léonté autour du cou[267]. Il s'agit de toute évidence d'Héraclès-Melqart, dont l'image est totalement hellénisée. Au revers figure un aigle, la patte posée sur l'éperon d'un navire, une branche de palmier derrière, à droite. À sa gauche, on peut lire des indications chronologiques et reconnaître la massue héracléenne. La légende indique qu'il s'agit du monnayage de «*Tyr, ville sainte et asyle*». Cette série se maintint jusqu'au Ier siècle ap. J.-C.

À partir de 55/4 av. J.-C. et jusqu'en 86/7 ap. J.-C., le même buste héracléen fait pendant à la massue entourée d'une couronne[268]. À dater de 93/4 ap. J.-C. apparaît, en remplacement de la légende précédente, celle de «*Métropole*»[269]. Au IIe siècle ap. J.-C., le buste héracléen est parfois accompagné d'une étoile, dans laquelle G.F. Hill pense voir une confirmation du caractère astral de Melqart que Nonnos exprimera par l'épithète d'*Astrochiton*[270]. En 196 ap. J.-C., Septime-Sévère fit de Tyr la capitale de la nouvelle province de Syro-Phénicie[271]. En bas de la représentation du temple du Koinon de Phénicie, figure la légende *AKT* que G.F. Hill interprète comme une date, celle de 321 de l'ère de Tyr, année de la réorganisation des provinces par Septime-Sévère. Il exclut donc la possibilité d'une allusion aux Jeux Actiaques de Tyr car, s'il s'agissait d'une légende et non d'une date, on aurait affaire à un cas isolé de monnaies non datées et par ce que la légende *AKTIA*, qui désigne les compétitions sportives, est toujours accompagnée d'un déterminant et associée à une représentation évoquant l'événement[272]. Les mêmes lettres *AKT* apparaissent du reste sur le monnayage d'Ascalon[273].

alexandrine et remonte au moins à 345 av. J.-C. Le 'ayin n'est pas l'abréviation du nom de la cité d'Akko ('kw), mais plutôt celle d'un nom de roi, peut-être Azemilkos ('zmlk), qui régnait au moment du siège d'Alexandre.

[267] G.F. HILL, *op. cit.* (n. 111), p. 233 ss, n°s 44-245, pl. XXIX, 18-19 ; pl. XXX, 1-9 ; pl. XXXI, 1-3. On en rencontre aussi une série importante dans les fouilles de la nécropole de Tyr, M.H. CHÉHAB, *op. cit.* (n. 149), *passim*. À partir de cette époque et jusqu'à la fin du monnayage tyrien figurent des monogrammes ou signes, d'interprétation parfois incertaine, cf. G.F. HILL, *op. cit.* (n. 111), p. CXXXI-CXXXII, CXXXV.

[268] G.F. HILL, *op. cit.* (n. 111), p. 257, n°s 268-274, pl. XXXI, 9-10. La massue est prolongée par le monogramme de Tyr.

[269] *Ibid.*, p. 259-260, n°s 288-299, pl. XXXI, 14 ; p. 264-265, n°s 331-337, pl. XXXII, 1. Sur le changement de légende, *ibid.*, p. CXXXIV, mais, d'après les inscriptions, Tyr reste un «asyle».

[270] *Ibid.*, p. 267, n°s 357, 360.

[271] Pour la politique monétaire des Sévères à Tyr, cf. B. SERVAIS-SOYEZ, *Monnaies impériales de Tyr*, dans *St.Phoen.* I-II, Leuven 1983, p. 97-112, en particulier p. 98-100. Pour les monnaies de cette époque, cf. H. HAMBURGER, *A Hoard of Syrian Tetradrachms and Tyrian Bronze Coins from Gush Ḥalav*, dans *IEJ* 4 (1954), p. 201-226.

[272] Pour ces concours, cf. *supra*, p. 57-58. Voir aussi R.S. HANSON, *op. cit.* (n. 265), p. 27.

[273] *Monnaies inédites ou très rares du médaillier de Ste-Anne de Jérusalem*, dans *RB* 57 (1950), p. 117.

À partir de 198 ap. J.-C., Tyr acquiert le statut de colonie avec le *ius italicum* et son monnayage se diversifie considérablement, faisant appel, notamment, à son patrimoine religieux propre ou apporté par l'hellénisme. Ainsi peut-on y reconnaître Astarté, Harpocrate, Dionysos, Niké, Didon, Cadmos, Ousoos et bien sûr Héraclès. En ce qui concerne Cadmos, B. Servais-Soyez a mis en évidence le syncrétisme opéré entre son iconographie et celle d'Héraclès-Melqart[274]. Deux exemplaires tyriens le représentent en effet en train d'attaquer le serpent, armé d'une massue, attribut héracléen par excellence. Or tous deux sont de grands voyageurs et fondateurs de cités et leur rapprochement s'appuie encore sur les similitudes entre le combat qui opposa l'un au serpent thébain, l'autre à l'Hydre de Lerne.

Au IIIᵉ siècle ap. J.-C., plusieurs types monétaires font allusion au sanctuaire tyrien de Melqart[275] (fig. 3). Le premier montre Héraclès-Melqart nu, de face, regardant vers la gauche, tenant la massue et la léonté, et accomplissant une libation avec une coupe sur un autel en feu. Derrière lui, en haut ou en bas, à gauche, on distingue les deux stèles d'où s'échappe une source. Parfois, au lieu d'accomplir une libation, le dieu pose la main sur un trophée[276]. Les roches sacrées sont celles du mythe de fondation[277]. Parfois elles sont représentées seules et sont désignées par une légende en grec, avec certaines variantes orthographiques, comme les *«Pierres Ambrosiennes»*. Il faut distinguer deux séries. Sur la première, les deux stèles se dressent sur une base commune de part et d'autre de l'olivier sacré ; à l'exergue, un chien et un murex, ou un murex, un autel en flamme et une harpé[278]. Sur la deuxième série, la base est distincte, mais une ligne de terre supporte les pierres et l'olivier ; leur forme semble plus élancée. Parfois, les deux stèles sont rapprochées au centre de la monnaie, avec un thymiatérion à gauche et l'olivier à droite, la légende figurant alors à l'exergue.

Outre leur association avec Héraclès-Melqart, les Pierres Ambrosiennes figurent encore sur des monnaies de Valérien et Gallien, en rapport avec Europe[279]. Celle-ci porte un long chiton et se dresse à l'avant-plan, tenant

---

[274] B. SERVAIS-SOYEZ, *En révisant l'iconographie de Cadmos*, dans *AC* 50 (1981), p. 733-743 ; EAD., *Un Cadmos-Héraclès sur des monnaies de Tyr*, dans *ACFP 1*, vol. III, Rome 1983, p. 259-265.

[275] G.F. HILL, *op. cit.* (n. 111), p. 281, nᵒˢ 427, 429, 430, pl. XXXIII, 13-15 ; P. NASTER, *art. cit.* (n. 17), p. 368-369, fig. 9-10.

[276] P. NASTER, *art. cit.* (n. 17), p. 369, fig. 12. Il est parfois couronné par Nikè.

[277] À leur sujet, cf. *supra*, p. 27-33 et leur description par Hérodote, *supra*, p. 47-50 ; P. NASTER, *art. cit.* (n. 17), p. 359-371.

[278] *Ibid.*, p. 365 : certains l'ont prise pour un poisson, mais la harpé est une invention tyrienne selon Philon de Byblos.

[279] *Ibid.*, p. 370, fig. 15-17.

une urne de vie entre les mains[280]. À sa droite, surgissant de l'eau, un taureau s'élance vers elle : il s'agit sûrement de Zeus qui s'apprête à l'enlever. Au dessus de Zeus, les roches sont représentées de part et d'autre de l'olivier. Un autre exemplaire, frappé sous Élagabale ou Valérien, mais découvert à Sidon, montre Europe à gauche, le taureau à droite et les roches à ses pieds. L'intérêt de cet exmplaire réside principalement dans sa légende, car, au lieu d' *ΕΥΡΩΠΗ* de l'exemplaire précédent, on lit ici *ΕΥΡΩΠΗ ΙΕΡΙΑ ΑΜΒΡΟΣΙΩΝ ΠΕΤΡΩΝ*, «*Europe, prêtresse des Roches Ambrosiennes*». R. Mouterde, qui publia ce document, l'interprète judicieusement dans le cadre de la rivalité entre Tyr et Sidon[281]. Tyr tente d'accaparer les personnages mythiques considérés comme typiquement sidoniens, ainsi Europe, qui est rattachée aux *sacra* tyriens par excellence.

D'autres exemplaires encore, du IIIᵉ siècle ap. J.-C., montrent le dieu Océan, couché et drapé, portant des cornes sur la tête[282]. De la main droite, il désigne la source qui sourd des roches ambrosiennes et dont il assure sans doute la protection[283].

Une monnaie unique du médaillier de Sainte-Anne de Jérusalem, frappée sous Valérien dont le buste figure au droit, montre un temple à six colonnes à deux fûts superposés. Au-dessus de la porte, on distingue un cippe portant une boule surmontée de deux petites Victoires[284]. La divinité apparaît debout sous cette entrée et le murex se trouve en exergue. On ignore de qui il s'agit exactement, mais cette composition architecturale complexe et originale doit sûrement abriter un dieu important.

Une monnaie isolée, frappée sous Gallien, met en scène un sacrifice à Héraclès-Melqart[285]. Une figure féminine portant un kalathos, un long chiton et un himation, se tient debout, les deux bras en l'air au-dessus d'un autel en flammes, en adoration devant un temple distyle vu en perspective, auquel conduisent plusieurs marches. À l'intérieur de celui-ci, on voit une massue. Certains recueils numismatiques ont cru pouvoir reconnaître dans la figure féminine Didon, par analogie avec un autre type monétaire montrant la fondation de Carthage par Didon[286]. Mais ici, le thème est tout

---

[280] B. Soyez, *Le bétyle dans le culte de l'Astarté phénicienne*, dans *MUSJ* 47 (1972), p. 149-169.

[281] R. Mouterde, *Europe, prêtresse des roches ambrosiennes (monnaie inédite de Tyr)*, dans *MUSJ* 25 (1942-43), p. 77-79.

[282] G.F. Hill, *op. cit.* (n. 111), p. 269, nᵒ 497, pl. XXXV, 5 ; p. 289, nᵒˢ 464-465 ; P. Naster, *art. cit.* (n. 17), p. 369, fig. 13.

[283] R. du Mesnil du Buisson, *op. cit.* (n. 246), p. 36.

[284] *Monnaies inédites...*, *art. cit.* (n. 273), p. 436-442, nᵒ 14. L'auteur estime que la boule pourrait évoquer une roche ambrosienne ; cependant, elles sont toujours jumelées.

[285] G.F. Hill, *op. cit.* (n. 111), p. 294, nᵒ 490, suppl. pl. XLIV, 12 ; *Monnaies inédites...*, *art. cit.* (n. 273), nᵒ 16.

[286] G.F. Hill, *op. cit.* (n. 111), p. 277, nᵒ 409 (pl. XXXIII, 6) ; p. 284, nᵒ 439 ; p. 286, nᵒ 447 ; p. 290, nᵒ 470.

différent : nous sommes à Tyr et, dans le monnayage tyrien, l'habit porté par ce personnage féminin n'est pas spécifique de Didon. Sur une scène de sacrifice à Astarté, quatre femmes sont vêtues de cette façon et font la même gestuelle [287]. Astarté elle-même porte une couronne tourrelée semblable. L'adoratrice d'Héraclès-Melqart pourrait donc aussi bien être une simple citoyenne, une prêtresse, voire Astarté. L'hypothèse Didon n'est pas tout à fait à exclure si l'on a voulu représenter ici son départ en exil avec les *sacra* d'Héraclès [288].

Il faut encore signaler un autre problème d'interprétation iconographique. Un type monétaire tyrien montre un char portable à l'intérieur duquel on distingue soit le buste d'Astarté, soit son symbole, l'urne de vie. Cette scène est directement empruntée à l'imagerie sidonienne. Or, le numismate D.C. Baramki pense y discerner, tout à droite de la monnaie, un Héraclès [289]. Pour autant que l'on puisse en juger d'après la planche de son ouvrage, rien de tel n'est visible. Dans les monnaies impériales, on doit encore remarquer une figure masculine drapée, tenant dans la main gauche une plante et aux pieds duquel Rouvier croit voir un dieu de rivière [290]. Après un examen attentif de ces spécimens, B. Servais-Soyez a pu établir que nous avions là, en réalité, une représentation des roches ambrosiennes avec l'olivier [291] et l'a rattachée au mythe de la guérison d'Héraclès blessé par l'Hydre de Lerne. Stéphane de Byzance rapporte en effet que, conformément à l'oracle delphien, Héraclès fut guéri grâce à une plante nommée le χολοχάσιον poussant uniquement au bord de la rivière Bélos, à Ptolémaïs-Akko, cité qui fut, en souvenir de l'événement, baptisée Ἄχη [292]. Là aussi, du reste, on frappa des monnaies à l'effigie d'Héraclès arborant la plante miraculeuse [293]. Tyr, la cité voisine où le culte d'Héraclès-Melqart était si important, adopta le motif et y adjoignit sa marque, les stèles et l'olivier.

Les monnaies impériales provinciales frappées à partir de Vespasien présentent presque toutes au revers un aigle, les ailes éployées, dressé sur une massue [294]. Trajan le remplacera par le buste d'Héraclès-Melqart

---

[287] *Ibid.*, p. 282, n° 433, pl. XXXIV, 1 ; p. 284, n° 438.

[288] Cf. *infra*, notre chapitre sur Carthage, p. 165-166.

[289] D.C. BARAMKI, *The Coin Collection of the American University of Beirut Museum*, Beyrouth 1974, n° 310, pl. XXXII, 13.

[290] J. ROUVIER, *Numismatique des villes de Phénicie. Tyr*, dans *JIAN* 7 (1904), p. 90, n° 2450 ; p. 106, n°ˢ 2459-2550, pl. IV, 20 . G.F. HILL, *op. cit.* (n. 111), p. 289, n°ˢ 465-466.

[291] B. SERVAIS-SOYEZ, *op. cit.* (n. 253), p. 292.

[292] STÉPH. BYZ., s.v. Ἄχη.

[293] L. KADMAN, *The Coins of Akko Ptolemais* (Corpus Nummorum Palestinensium IV), Jérusalem 1961, p. 73-74, 136, n° 225.

[294] G.F. HILL, *op. cit.* (n. 111), p. 298-299, pl. XXXV, 10-12.

l'emplacement de l'ancien sérail d'Ibrahim Pacha, près de l'église bâtie par l'évêque Paulin de Tyr. Renan estime toutefois que l'église ne s'est pas superposée au temple parce que, dans les premiers temps de la chrétienté, les lieux de cultes païens n'étaient pas anéantis par les Chrétiens. Dans cette zone, Renan fit creuser la tranchée C où il remarqua une abondance de traces funéraires, mais rien qui autorise à être catégorique quant à la localisation du temple de Melqart.

Après lui, divers explorateurs sont revenus sur le sujet, sans apporter d'éléments vraiment neufs ou déterminants. Il faut dire que tant que les fouilles de Tyr n'auront pas atteint les niveaux anciens, on demeurera dans l'incertitude. Jusqu'en 1969, rien n'avait été exploré au-delà des niveaux gréco-romains, à l'exception de l'exploration sous-marine des ports[305]. Depuis lors, on peut citer les sondages effectués en 1972 par P. Bikai, qui ont atteint les niveaux de l'Âge du Fer[306], ainsi que les fouilles de M. Chéhab qui, dans la zone du cimetière moderne, ont mis au jour quelques vestiges d'époque perse[307]. En ce qui concerne la localisation du temple de Melqart, il faut faire état de quelques indices. En 1962, M. Chéhab découvrit près de l'emplacement de la Basilique des Croisés, une dédicace à Héraclès. Or, dans ce périmètre, apparaissent plusieurs colonnes monolithiques jumelées de granit rose, d'un mètre de diamètre. Elles pourraient avoir appartenu au sanctuaire monumental d'Héraclès-Melqart, en tout cas à son état tardif[308]. Non loin des absides, M. Chéhab a en outre trouvé un gros tambour en marbre décoré de cymbales et de canthares dionysiaques, du trépied apollinien et de la massue héracléenne. La cathédrale des Croisés a donc pu puiser dans les ruines antiques bon nombre de ses matériaux[309]. En 1967, R. Saidah précisa cette hypothèse[310] : *«Ce temple ne doit pas se trouver sous la cathédrale, où une rue romaine est apparue. Mais il ne doit pas être très loin»*. Enfin, en 1975, M. Chéhab estimait que, selon toute vraisemblance, le temple dormait sous le cimetière moderne, près des fouilles qu'il avait alors entreprises et qui avaient révélé un monument phénicien assez vaste[311].

---

[305] N. JIDEJIAN, *Tyre through the Ages*, Beyrouth 1969, souligne justement cette absence de trouvailles phéniciennes, mis à part l'exploration sous-marine des ports par A. POIDEBARD, *Un grand port disparu, Tyr*, Paris 1939.

[306] P.M. BIKAI, *Tyre : Report of an Excavation, 1973-1974*, Ann Arbor 1976.

[307] M. CHÉHAB, *Découvertes phéniciennes au Liban*, dans *ACFP 1*, vol. I, Rome 1983, p. 165-172.

[308] M. CHÉHAB, *art. cit.* (n. 135), p. 11-40.

[309] M. CHÉHAB, *op. cit.* (n. 112), p. 54.

[310] R. SAIDAH, *Chronique*, dans *BMB* 20 (1967), p. 155-180.

[311] M. CHÉHAB, *Trente années de recherche archéologique au Liban, 1975*, dans *Dossiers de l'archéologie* 12 (1975), p. 16. Il est revenu sur le sujet : ID., *art. cit.* (n. 307), p. 165-172, surtout p. 170-171.

Les textes nous sont de peu d'aide pour résoudre notre problème. Le mythe auquel Nonnos fait écho semble localiser le sanctuaire à la jonction des deux rochers qui forment Tyr, mais il s'agit de toute évidence d'une géographie symbolique, sans grand rapport avec la réalité du terrain[312]. Il en va sans doute de même pour Ézéchiel qui place le roi de Tyr sur une montagne sacrée[313], la montagne faisant souvent figure d'*axis mundi*[314]. Plus intéressant est le témoignage d'Eusèbe de Césarée, au IVe siècle ap. J.-C., qui reproduit dans son *Histoire Ecclésiastique* un long discours prononcé à l'occasion de la consécration d'une église[315]. Or, tout semble indiquer qu'il s'agit du panégyrique adressé à Paulin, l'évêque de Tyr. Voici comment il qualifie l'emplacement de la cathédrale tyrienne :

> *«Cet emplacement, dont il est juste de parler avant tout, était encombré, par les mauvais desseins des ennemis, de toute sorte de matériaux impurs. Il ne l'a pas dédaigné et il n'a pas cédé à la méchanceté de ceux qui avaient agi de la sorte, bien qu'il fût possible d'aller ailleurs ; il y avait dans la ville un grand nombre de lieux favorables».*

On peut sans doute y voir une allusion aux rites païens accomplis précédemment dans ce lieu[316]. Le texte précise encore qu'il existait des fontaines en face du temple, fournissant de l'eau en abondance. Le rocher tyrien était au contraire réputé pour son aridité, par opposition au continent où les sources abondaient et alimentaient Tyr insulaire, mais les monnaies tyriennes nous ont appris qu'une source courait très certainement dans le sanctuaire de Melqart, à proximité des stèles sacrées. Il semble donc raisonnable de formuler l'hypothèse que la cathédrale, consacrée vers 317, a occupé, au moins partiellement, le site de l'ancien sanctuaire de Melqart. Une dalle sculptée en bas-relief, de la collection Renan, aujourd'hui au Louvre, qui aurait pu servir d'intervalle de balustrade dans la cathédrale, illustre peut-être un Psaume évoquant deux cerfs qui se désaltèrent à une fontaine[317]. Mais de toute la scène, on n'a conservé qu'une partie d'animal.

Renan avait remarqué les gigantesques colonnes qui encombrent la Basilique des Croisés ; elles comptent, à ses yeux, parmi les morceaux de pierre les plus énormes qu'ait remués l'Antiquité. Bien d'autres voyageurs

---

[312] NONNOS, *Dion.* XL 500. Cf. *supra*, p. 31-33.

[313] *Ézéchiel* 28,14. Cf. *supra*, p. 42-46.

[314] M. ELIADE, *Traité d'histoire des religions*, Paris 1953, p. 203-204.

[315] EUSÈBE, *Histoire ecclésiastique* X 4,26 ss. Cf. J. WILKINSON, *Paulinus' Temple at Tyre*, dans *Jahrbuch der österreichischen Byzantinistik*, 32 (1982), p. 553-561.

[316] E. RENAN, *op. cit.* (n. 85), p. 556, affirme que *«Eusèbe eût trahi par quelque mot la relation des deux édifices s'ils avaient eu un rapport quelconque l'un avec l'autre»*. Cela semble précisément être le cas.

[317] R. DU MESNIL DU BUISSON, *Bas-relief provenant probablement de la cathédrale de Tyr*, dans *Revue du Louvre* 15 (1965), p. 161-164.

les signalent, comme L. Lortet[318] ou, avant lui, R. Pococke, qui les reporte sur son plan de Tyr[319], ou encore W.J. Thomson [320], qui les associe à un pavement de marbre.

Les indices en notre possession semblent donc nous conseiller de situer, à titre d'hypothèse, le temple tyrien de Melqart au centre de l'île, là où le relief est très légèrement accentué. Il se peut que la cathédrale l'ait recouvert au IVe siècle de notre ère. Si les colonnes gigantesques livrées par le sol tyrien lui ont appartenu, il se confirme que ce temple était de grande dimension ; le fait que des traces relatives au culte d'Héraclès-Melqart soient signalées dans un périmètre assez vaste apporte aussi une preuve de l'étendue du sanctuaire. Sans le concours de l'archéologie, ces hypothèses ne peuvent trouver de confirmation valide.

2. Le sanctuaire de Palétyr

On se souvient que les Tyriens conseillèrent à Alexandre le Grand d'accomplir le sacrifice qu'il souhaitait dans le sanctuaire de Melqart prétendument plus ancien et situé à Palétyr[321]. Or, plus tard, lors du siège, Alexandre fit abattre Palétyr afin d'utiliser ses pierres à la construction de la chaussée reliant l'île au continent. Cette Palétyr, *Tyrus Vetus* pour les auteurs latins, correspond sans doute, plus ou moins, à la ville d'*Ushu* des sources assyriennes.

E. Renan proposa de la localiser sur une colline dominant la plaine tyrienne, à 2,5 km à l'est de Tyr, le Néby Maschouq[322]. Ce tell aurait fort bien pu convenir à l'érection d'un temple et il semble que l'eau acheminée des sources de Ras el-Aïn vers Tyr fasse un détour par cette zone, peut-être pour répondre à des besoins cultuels. Malheureusement, Renan estima que les vestiges étaient en trop mauvais état pour qu'on puisse en tirer quoi que ce soit. Pourtant, en 1922, D. Le Lasseur reprit la fouille en cet endroit[323]. En explorant la face est de la colline, celle qui regarde Tyr, elle découvrit un grand dallage appartenant aux marches d'un escalier et réutilisé plus tard comme substruction d'un édifice récent. Cet escalier

---

[318] L. LORTET, *La Syrie aujourd'hui. Voyages dans la Phénicie, le Liban et la Judée, 1875-1880*, Paris 1884, p. 121 ss. Un Pacha voulut les déplacer pour orner la mosquée de Saint Jean d'Acre, mais les ingénieurs turcs ne parvinrent pas à les faire bouger d'un pouce.

[319] R. POCKOKE, *A Description of the East and Some Other Countries* II,1, Londres 1745, p. 81-83 : les piliers sont à droit des ruines de Saint-Thomas ; les Tyriens les prenaient pour des vestiges de l'église Saint-Jean.

[320] W.M. THOMSON, *The Land and the Book*, Londres 1870, p. 178-194.

[321] Pour tous ces rappels, sur les deux Tyr et sur Alexandre, cf. *supra*, p. 28-29, 51-59.

[322] E. RENAN, *op. cit.* (n. 85), p. 576 ss.

[323] D. LE LASSEUR, *Mission archéologique à Tyr*, dans *Syria* 3 (1922), p. 1-26 et 116-133. Déjà en 1900, Th. MACRIDY avait repris l'exploration de ce site, *À travers les nécropoles sidoniennes*, dans *RB* 1 (1904), p. 547-571.

laisse supposer, selon l'archéologue, l'existence d'un édifice d'une certaine ampleur, peut-être le sanctuaire continental de Melqart [324]. Aucune inscription n'est venue au jour, mais divers objets remontent au Ve siècle av. J.-C.

Une autre proposition de localisation pour Palétyr, c'est Ras el-Aïn. R. Dussaud met en évidence le fait qu'elle dispose de sources abondantes, propices à l'installation d'un habitat [325]. Ce site a les faveurs d'A. Poidebard qui englobe sous le vocable Palétyr Ras el-Aïn et Rachidiyé, un peu plus au nord [326] et de N. Jidejian qui le retient en tout cas comme limite méridionale pour la localisation de Palétyr, la limite septentrionale étant le Litani [327].

H.J. Katzenstein considère que Palétyr, qu'il identifie à *Ushu*, doit se situer au nord ou en face de Tyr, mais sûrement pas au sud car, dans le Papyrus Anastasi I, rédigé sous Séthi II, soit à la fin du XIIIe siècle av. J.-C., l'énumération des toponymes phéniciens est la suivante [328] : Byblos, Beyrouth, Sidon, Sarepta, le fleuve *Ntn*, peut-être le Litani, puis une cité *'I-t*, c'est-à-dire *Ushu* d'après les lettres d'Amarna, et enfin *D-r*, Tyr [329]. On semble donc suivre un axe géographique nord-sud. Mais il faut noter que la réalité spatiale que recouvre *Ushu* au IIe millénaire n'est pas nécessairement identique à celle de Palétyr, connue par des sources classiques beaucoup plus tardives.

Le nœud du problème, c'est que les quelques témoignages relatifs à Palétyr datent d'une époque où celle-ci avait déjà été réduite à l'état de ruines. Ceci explique sans doute, comme le relève bien Renan, que les géographes ont utilisé le toponyme Palétyr de manière abusive, peut-être en se fiant aux traces d'habitation qu'ils pensaient détecter, çà et là, sur le continent faisant plus ou moins face à Tyr. Ainsi Strabon, venant du nord, affirme-t-il que Palétyr est située trente stades, soit environ 6 km, après Tyr, ce qui est en contradiction avec les données égyptiennes [330]. Le

---

[324] De Bertou, le premier à ma connaissance, appelle ce temple celui d'Héraclès *Astrochiton*, par référence à l'épithète donnée par Nonnos à l'Héraclès de Tyr. Plusieurs modernes reprirent cette appellation à leur compte. Or, rien n'indique dans le texte de Nonnos qu'il s'adresse plutôt au dieu du sanctuaire continental qu'insulaire. Il s'adresse au grand dieu de Tyr comme tel, sans spécifier le lieu précis de son culte.

[325] R. DUSSAUD, *Topographie historique de la Syrie antique et médiévale*, Paris 1927, p. 18-37.

[326] A. POIDEBARD, *op. cit.* (n. 305), p. 7, n. 1.

[327] N. JIDEJIAN, *op. cit.* (n. 305), p. 1.

[328] H.J. KATZENSTEIN, *op. cit.* (n. 9), p. 15.

[329] Cf. A.H. GARDINER, *Egyptian Hieratic Texts*, Hildesheim 1964 (1e éd., Leipzig 1911), p. 23 ; S. AHITUV, *Canaanite Toponyms in Ancient Egyptian Documents*, Jérusalem 1984. Ces listes résultent davantage d'un travail de compilation livresque de données disparates que d'un état historique des possessions égyptiennes

[330] STRABON XVI 2,24.

fleuve qui la traverserait, au témoignage du pseudo-Scylax[331], pourrait faire songer aux sources de Ras el-Aïn, ce qui, du reste, correspond à la distance donnée par Strabon. Cependant, pour Renan, Ras el-Aïn ne présente aucun autre vestige que ses puits. Alors, le fleuve serait-il le Litani, situé à 8-9 km au nord de Tyr ? On le voit les données sont apparemment contradictoires. Ch. Clermont-Ganneau a même songé que les ruines importantes observées par Strabon pourraient être celles d'Oumm el-'Amed, situées pourtant à plus de trente stades de Tyr[332]. Les autres sources qui mentionnent Palétyr ne permettent guère de trancher, du moins semblent-elles unanimes à la situer au sud de Tyr[333]. Selon Pline l'Ancien, la circonférence de Tyr, île et continent, était de 19 milles, soit environ 30 km[334]. Comme l'île s'étend seulement sur 22 stades, soit 4 km, on peut penser que la superficie de Palétyr était considérable ; mais nous ignorons tout de sa pénétration vers l'intérieur des terres.

Il n'est donc pas possible de trancher et peut-être ne faut-il pas le faire dans la mesure où le «concept» de Palétyr a pu varier d'une époque à l'autre. Le tell Maschouq présente des avantages, Ras el-Aïn n'en est pas dépourvue non plus. Dernièrement, Rachidiyé, situé à 5 km de la digue tyrienne, semble emporter l'adhésion[335]. On y a dégagé plusieurs tombes contenant un important matériel funéraire de la première moitié du Iᵉʳ millénaire av. J.-C.. et le tell a été classé comme site historique protégé, en attendant la reprise des fouilles. En guise de conclusion, nous voudrions attirer l'attention sur le parallèle frappant entre la géographie cultuelle de Tyr et de Sidon. L'inscription d'Eshmounazor II (*KAI* 14), du début du Vᵉ siècle av. J.-C., révèle que la ville de Sidon comptait deux zones sacrées, une située dans Sidon «de la mer», où l'on vénérait le Baal poliade, Eshmoun, et sa parèdre Astarté, une dans Sidon «de la plaine», où Eshmoun était vénéré près de la source Ydal, peut-être davantage pour ses attributions thérapeutiques. Cette structure bipolaire pourrait donc s'avérer caractéristique des cultes phéniciens, partagés, pour reprendre une terminologie grecque, entre la *polis*, où domine le dieu tutélaire, et la *chôra* ou *pérée*.

---

[331] Ps.-Scylax 104 (*GGM* I, p. 79). Pour sa datation, P. Fabre, *La date de rédaction du Périple de Scylax*, dans *LEC* 33 (1965), p. 353-365, qui conclut à une fourchette entre 361 et 357 av. J.-C. ; A. Peretti, *Il periodo di Scilace*, Pise 1979.

[332] Ch. Clermont-Ganneau, *Études d'archéologie orientale* I, Paris 1880, p. 74-77.

[333] Diodore XIX 59 ; Flavius Josèphe, *A.J.* IX 14,2. Il faut aussi relever le témoignage de Stéph. Byz., s.v. Τύρος, qui signale que Tyr s'appelle aussi Palétyr, ce pour montrer le flou qui entoure ce toponyme.

[334] Pline, *H.N.* V 19.

[335] M. Chéhab, *art. cit.* (n. 311), p. 16 et l'autre *art. cit.* (n. 311), p. 165-172 ; pour les fouilles de ce site, Cl. Doumet - P. Bordreuil, *Les tombes IV et V de Rachidieh. Deux épigraphes phéniciennes provenant des fouilles de Tell Rachidieh*, dans *Annales d'histoire et d'archéologie* 11 (1982), p. 89-148.

D. Synthèse partielle

Au terme de l'analyse de l'ensemble du matériel historique concernant la dévotion des Tyriens à l'égard de Melqart, il est impérieux de faire le point sur les données acquises à ce point de l'étude. Il va de soi que ce premier essai de synthèse est partiel et provisoire. Les documents relatifs au culte de Melqart en dehors de Tyr nous apporteront des compléments d'informations parfois décisifs, toujours intéressants. Cependant Tyr étant le berceau du culte, un maximum de clarté est nécessaire, afin de mieux évaluer ensuite les écarts par rapport au modèle d'origine. Cette mise au point nous fournira en outre l'occasion de confronter nos analyses à celles des modernes qui ont précédemment traité ce sujet.

1. La personnalité de Melqart

Tyr n'existait pas encore que déjà, sur l'île rocheuse, les «ingrédients» du sanctuaire de Melqart attendaient qu'on leur donnât leur destination authentique. Ainsi le mythe reconstitue-t-il la genèse de la ville et de son sanctuaire. Par le geste rituel de la fondation de Tyr, le premier habitant insulaire fit de ces éléments, les stèles, le feu, l'arbre, le serpent, l'aigle, les *sacra* de Melqart et les insignes de Tyr. Les deux créations sont donc indissociables. Le rôle d'inspirateur de la fondation, joué par Melqart, montre la place primordiale de son culte pour la cité, comme communauté urbaine. Les appellations du dieu expriment bien cette fonction : il est le *mlk qrt*, le *b'l ṣr*, l' ἀρχηγός, bref le dieu de Tyr.

Ce rôle implique à la fois des prérogatives et des obligations. En tant que Roi mythique de Tyr, il est l'ancêtre et le prototype de toute la lignée royale. Il fonde et légitime les prétentions de ses «successeurs», mais leur propose aussi un modèle de conduite. En effet, en contrepartie de leur dévotion que Strabon trouve excessive, Melqart assure une protection aux Tyriens. Il veille à tout ce qui garantit leur bien-être et leur prospérité ; on l'invoque pour ne manquer de rien de vital ou pour le remercier de tel ou tel bienfait[336]. Cette protection n'est du reste pas que «théorique», puisque son sanctuaire sert de lieu d'asile et que, sous son égide, la ville entière le deviendra.

---

[336] M.G. Guzzo Amadasi, *Le roi fait vivre son peuple dans les inscriptions phéniciennes*, dans *WO* 15 (1984), p. 109-118, a bien montré que «*ce que la divinité est pour le roi, le roi l'est envers son peuple : un bon souverain 'fait vivre' son peuple, c'est-à-dire rend prospère son pays ; de même la divinité montre sa puissance en 'faisant vivre' le roi, c'est-à-dire en lui accordant la prospérité. Dans la pratique, souverain et sujets ont — et c'est cela que sous-entend la formule — des obligations bien établies l'un envers les dieux, les autres envers le roi, pour conserver cette vie qui correspond au bien-être et à la subsistance.*»

Par son ancienneté présumée, par ses richesses et son importance dans la cité, le sanctuaire tyrien de Melqart constituait sûrement un pôle urbain de tout premier rang, tant sur le plan religieux que, sans doute, sur le plan économique et politique. Justin ne nous révèle-t-il pas qu'Acherbas, le mari de Didon, qui était prêtre de Melqart, occupait la seconde place dans la cité, après Pygmalion le roi[337] ? Son prestige portait tellement ombrage au souverain que celui-ci le fit supprimer.

Comme saint patron de la cité, Melqart a été associé aux secteurs vitaux ou particulièrement représentatifs[338]. Sa vocation maritime semble assurée par divers témoignages ; ce trait de physionomie fut sans doute accentué dans le cadre de la diaspora tyrienne. Nous souscrivons donc à l'évaluation portée par A. Caquot sur les attributions de Melqart : *«Je ne suis pas sûr que la fécondité soit la seule obsession des Phéniciens. La position éminente tenue par le Melqart tyrien, son prestige international (...) révèlent bien plus qu'un dieu de la fertilité ou une simple divinité poliade. Melqart a été le patron de la grande aventure maritime et commerciale»*[339].

Dès le Ve siècle, au moins, Melqart est assimilé à Héraclès et, à partir de cette époque, il devient délicat de faire le partage entre ce qui revient à l'un et à l'autre. Il semble que la base de cette identification ait pu être une certaine dimension humaine, historique que le mythe grec met largement en scène pour Héraclès et que nous supposons telle pour Melqart, d'après son nom de «Roi de la Ville» et d'après les indices récemment mis en évidence dans la théologie phénicienne[340]. Dans le processus d'assimilation, Héraclès paraît l'avoir emporté sur Melqart et à cela, il y a plusieurs raisons. Les principales sont l'hellénisation profonde du monde proche-oriental à l'époque hellénistique et, plus spécifiquement pour Tyr, le passage d'Alexandre le Grand qui donna aux cérémonies du culte un cachet nettement grec et promut, un peu partout en Asie, le culte du héros argien. Les sources dont nous disposons ont presque toutes connu cet Héraclès-Melqart hybride et composite, mais, semble-t-il, profondément amalgamé. Plusieurs traits du dieu tyrien pourraient donc être la manifestation d'une recomposition sur le mode grec d'un Melqart contaminé par son équivalent grec, sans que l'on puisse vraiment exclure qu'il s'agisse de traits authentiquement tyriens. Ainsi en va-t-il de sa capacité oraculaire ou de ses fonctions sotériologiques qu'il ne faut pas amplifier au point d'y voir le fondement de sa personnalité.

---

[337] Justin, *Phil.* XVIII 4,5. Il faut toutefois noter qu'Acherbas est l'oncle du roi et de Didon, sa femme. Alors ce lien de parenté pourrait-il intervenir dans le rang qu'il tient dans la cité ?

[338] Cf., déjà au XIXe siècle, la très juste estimation de C.-P. Tiele, *La religion des Phéniciens*, dans *RHR* 3 (1881), p. 167-217.

[339] A. Caquot, dans *RSF* 10 (1982), p. 302-303.

[340] Cf. les deux premiers chapitres de S. Ribichini, *op. cit.* (n. 3) et *infra*, p. 418-434.

Dieu connu par une documentation exclusivement datée du Ier millénaire et, de surcroît, bien souvent tardive et étrangère à la civilisation qui
l'a conçu, Melqart semble s'insérer tant dans un contexte géographique
que dans une tranche chronologique bien délimités. Cependant, il ne faut
pas se laisser aveugler par les aléas de la transmission des sources, ni céder
aux hypothèses faciles qui classifient les dieux dans une taxinomie rigide.
Melqart est-il un dieu tyrien du Ier millénaire, né avec l'expansion phénicienne ou amplifié par elle ? On ne peut nier que celle-ci ait, d'une
manière que la suite de notre étude cherchera à préciser, marqué l'évolution des cultes ; cependant, il faut être attentif au fait qu'un dieu n'est pas
une création *ex novo* et que Melqart se rattache de toute évidence, par son
nom, par ses rites, à toute une tradition de dieux dynastiques bien documentée, ainsi que nous l'illustrerons ultérieurement, dès le IIIe millénaire
au Proche-Orient. Le Baal de Tyr est un avatar récent de cette lignée, intimement lié à la dynastie tyrienne et au cadre de la civilisation urbaine et
maritime de la Phénicie du Ier millénaire. Il faut enfin rappeler le rôle des
rois de Tyr dans la promotion des cultes de Melqart et d'Astarté, par la
célébration de l'*egersis*, qui apparaît donc comme un point culminant des
relations entre Melqart et le roi d'une part, Melqart et Astarté de l'autre.

2. Le sanctuaire tyrien de Melqart

Nous savons que ce sanctuaire était entouré d'une enceinte à l'intérieur
de laquelle se dressaient le temple du dieu, avec d'éventuelles chapelles
annexes pour abriter des divinités associées à Melqart, peut-être son tombeau, si l'on peut considérer le vase de Sidon comme une œuvre «réaliste»,
un autel où l'on brûlait des parfums et où l'on faisait des libations, ainsi
que divers objets sacrés que nous allons examiner de plus près. La surface
ainsi occupée devait être considérable, mais elle n'est pas, à ce jour, repérée
sur le terrain. Le même sanctuaire abritait aussi Astarté, la partenaire par
excellence du Baal de Tyr.

1) *L'olivier, l'aigle, le serpent*

Ces trois éléments, largement diffusés dans diverses religions, sont
associés à Melqart selon une logique que nous avons tenté d'élucider. Mentionné par plusieurs sources, représenté sur le monnayage et un bas-relief,
l'olivier est le siège de deux animaux, ainsi que d'un feu perpétuel qui ne
le consume pas, mais l'entretient. Ce symbolisme témoigne sans doute du
rôle particulier du feu dans les rites du bûcher de Melqart, à la suite
duquel le dieu n'est anéanti que provisoirement pour mieux «revivre».
L'arbre est aussi associé aux stèles, mais les monnaies, répondant au double
souci de l'esthétique et du schématisme, ne permettent pas de se prononcer

sur la situation respective de ces éléments dans l'enceinte sacrée [341]. En ce qui concerne le rôle de l'arbre sacré comme refuge de l'aigle et du serpent, E. Will cite le cas parallèle de l'arbre *ḫuluppu* du sanctuaire d'Inanna à Ourouk où un serpent, un aigle et un démon avaient élu domicile [342]. Seul Gilgamesh parvint à les en déloger. Dans un témoignage classique — il s'agit d'Achille Tatius —, l'arbre et le feu sont interprétés sur un mode grec, par référence à Athéna et Héphaïstos, mais il ne faut sans doute rien en déduire des cultes éventuellement associés à Melqart [343]. L'aigle, symbole de la puissance, de la volonté divine et du monde céleste [344], évoquerait-il Baal Shamim ou son correspondant grec, Zeus Olympien ? Mais on ne voit guère ce que celui-ci ferait dans le sanctuaire de Melqart, en dépit du fait que les généalogies donnent Zeus pour père de l'Héraclès tyrien, alors qu'il disposait d'un sanctuaire propre à Tyr. Il vaut mieux, nous semble-t-il, ne pas dissocier l'aigle du serpent, avec lequel, contre toute logique, il vit en paix. Leur association, celle de l'élément céleste et de l'élément chthonien, exprime sans doute l'étendue des attributions d'un Melqart cosmique, en cette époque tardive où ils sont attestés. Pour cette même raison, nous renoncerons à mettre le serpent en relation avec Asclépios-Eshmoun, même si celui-ci présente certaines affinités avec Melqart [345].

2) *Les roches ambrosiennes*

Le mythe de la fondation reproduit par Nonnos relate de quelle manière les premiers navigateurs tyriens parvinrent à stabiliser les deux

[341] Les différences de disposition des éléments du sanctuaire s'expliqueraient, selon R. DU MESNIL DU BUISSON, *op. cit* (n. 245), p. 33-34, par les points de vue d'où on les observe, mais aussi par des critères esthétiques.

[342] E. WILL, *art. cit.* (n. 30), p. 5.

[343] Pour R. DU MESNIL DU BUISSON, *op. cit.* (n. 246), p. 50 ss, Athéna renverrait à Anat dont elle dériverait suite à une «importation» de la déesse de Tyr en Grèce. L'auteur tire argument aussi de la similitude entre le sanctuaire tyrien et celui de l'Acropole d'Athènes avec son olivier, sa source et son serpent. Ce sont cependant des éléments fort répandus et, avant de se prononcer sur l'origine d'Athéna, il serait nécessaire d'en réexaminer sérieusement les plus anciennes attestations, notamment dans les textes en linéaire B. Sur l'équivalence Héphaïstos-Chousor, connu à Ougarit sous la forme *Ktr w ḫss*, P. XELLA, *art. cit.* (n. 24), p. 111-124 ; M. SMITH, *Kothar wa-Hasis, the Ugaritic Craftsman God*, Ph. D. Diss., Yale University 1985 (*non vidi*).

[344] Sur le symbolisme de l'aigle, R. DUSSAUD, *Notes de mythologie syrienne*, dans *RArch* 4e sér., 1 (1903), p. 134-142 ; J. WENSINCK, *Tree and Bird as Cosmological Symbols in Western Asia*, dans *Verhandelingen der Koninklijke Akademie van Wetenschappen te Amsterdam, Afdeling Letterkunde* 22 (1921), p. 1-56 ; A. ROES, *L'aigle du culte solaire syrien*, dans *RArch* 36 (1950), p. 129-146 ; L. BODSON, Ἱερὰ ζῷα, Liège 1975, p. 95-96.

[345] E. WILLIAMS-FORTE, *The Snake and the Tree in the Iconography and the Texts of Syria during the Bronze Age*, dans L. GORELICK - E. WILLIAMS-FORTE (éd.), *Ancient Seals and the Bible*, Malibu 1983, p. 18-43 ; W.G. LAMBERT, *Trees, Snakes and Gods in Ancient Syria and Anatolia*, dans *BSOAS* 48 (1985), p. 435-451. Le motif d'un serpent gardien d'un sanctuaire est très fréquent, cf. T.H. GASTER, *Myth, Legend and Custom in the Old Testament*, New York 1969, p. 35 ss.

roches errantes, les διϲϲαὶ ἀϲταθέες πέτραι, connues sous le nom d' 'Αμ-
βροϲίαι, les «Divines». Il s'agit donc à l'origine d'éléments naturels. Mais
Hérodote, au Ve siècle av. J.-C., en parle comme d'objets faits de main
d'homme, d'offrandes et Philon de Byblos , comme de deux stèles consacrées au feu et au vent. Le monnayage les représente du reste comme des
objets façonnés, de forme plus ou moins oblongue et reposant parfois sur
une base. Comme l'a montré E. Will, ces témoignages ne sont pas
inconciliables [346]. Les stèles offertes commémorent l'emplacement des pré-
tendues roches naturelles du mythe et la dénomination de «roches ambrosiennes» semble s'appliquer indifféremment aux unes et aux autres [347].

Nous avons insisté précédemment, à plusieurs reprises, sur leur statut
d'offrandes sans la moindre fonction architecturale : ce ne sont pas des
colonnes, mais des stèles. Dès le début de ce siècle, M.J. Lagrange mettait
déjà les érudits en garde contre cette confusion pourtant répandue [348]. Un
parallèle trop strict avec les colonnes du Temple de Jérusalem n'est donc
pas justifié : celles-ci flanquaient l'entrée du bâtiment, celles-là étaient
situées à l'intérieur du sanctuaire qu'elles décorent. Des exemples de l'un
et l'autre type, bien différents, existent au Proche-Orient [349].

Constituant sans doute le centre et la curiosité principale du sanctuaire, ces stèles rappellent les *maṣṣebôt* des «hauts lieux» bibliques, ces
sanctuaires désignés par le terme *bâmâh*, dont la physionomie précise reste
objet de débat [350]. Ils semblent généralement renfermer, sur une hauteur,

---

[346] E. WILL, *art. cit.* (n. 30), p. 6-8. D'un avis contraire P. NASTER, *art. cit.* (n. 17), p.
360-371.

[347] E.D. STOCKTON, *Phoenician Cult Stones*, dans *AJBA* 2/3 (1974-75), p. 10-13, considère
que les auteurs anciens ont confondu plusieurs *sacra* tyriens, comme l'astre d'Astarté, le pilier
d'or de Zeus Olympien et les deux stèles de Melqart. Nous ne voyons aucune raison de formuler
une telle hypothèse.

[348] M.J. LAGRANGE, *Études sur les religions sémitiques*, Paris 1903, p. 208 ss et, plus récemment, R. KUNTZMANN, *op. cit.* (n. 16), p. 155-160, critiquent la tendance ultra-comparatiste de
certains modernes qui englobent dans une même interprétation un matériel hétéroclite, d'époques et de provenances diverses.

[349] Pour les colonnes flanquant un édifice sacré, cf. A. CAUBET, *Les maquettes architecturales
d'Idalion*, dans *Studies P. Dikaios*, Nicosie 1979, p. 94-118, surtout p. 109-110. Pour Yakin et
Boaz, cf. A. VAN DEN BRANDEN, *I bruciaincenso Jakin e Bo'az*, dans *BeO* 4 (1962), p. 47-52. Des
piliers sans fonction portante (*free standing pillars*) sont attestés dès le IIe millénaire au Proche-
Orient, cf. pour le temple du Bronze tardif de Kāmid el-Lōz, R. HACHMANN (éd.), *Frühe Phöniker im Libanon. 20 Jahre deutsche Ausgrabungen in Kāmid el-Lōz*, Mainz am Rhein 1983, p. 72 ss ;
pour Tell Mardikh-Ébla, cf. P. ZANOVELLO, *I due 'betili' di Malta e le Ambrosiai Petrai di Tiro*,
dans *Rivista di Archeologia* 5 (1981), p. 16-29. Plus récemment, le cas d'Héliopolis est intéressant
dans la mesure où, comme à Tyr, les deux monolithes qui sont disposés symétriquement de part
et d'autre de l'autel sont de couleurs différentes, l'un en granit rose, l'autre en granit gris, cf.
E. HAJJAR, *op. cit.* (n. 169), p. 295. Pour l'ensemble de ce matériel, voir l'analyse d'ensemble
(assez réductrice) de K. KARDARA, Ὑπαίθριοι ϲτῦλοι καὶ δένδρα ὡϲ μέϲα ἐπιφανείαϲ τοῦ θεοῦ
κεραυνοῦ, dans Ἀρχαιολογικὴ ἐφημερίϲ 1966 (1968), p. 149-200.

[350] L.H. VINCENT, *La notion biblique de haut lieu*, dans *RB* 55 (1948), p. 245-278 ; R. DE
VAUX, *Les institutions de l'Ancien Testament* II, Paris 1960, p. 107 ss ; K.-D. SCHUNCK, *bāmāh*,

un autel pour les sacrifices et les libations, des brûle-parfums, des pierres dressées et des arbres sacrés [351]. Les stèles y sont en nombre indéterminé et constituent le siège de la puissance divine, la manifestation de sa présence, c'est-à-dire, au sens étymologique, des bétyles [352]. Il faut insister sur le fait que la pierre n'est pas une idole en soi, mais une théophanie [353]. À Tyr, elles sont au nombre de deux et commémorent le rôle joué par Melqart dans la fondation de la cité. C'est sans doute la raison pour laquelle Hérodote souligne leur caractère votif. Dès lors, supposer que les deux stèles du sanctuaire tyrien de Melqart constituent la seule représentation du dieu nous paraît erroné. Ainsi R. du Mesnil du Buisson estime-t-il qu'aucune statue ne figurait Melqart, en raison de la répugnance des Sémites à représenter leur dieu ; il fait en outre appel à un passage de Lucien où il est dit que les plus anciens temples égyptiens ne comportaient pas de statues divines, mais sans que cette affirmation porte le moins du monde sur Tyr dont il est fait mention juste après [354]. Dans le même ordre d'idées, R. Dussaud considère que c'est sous l'influence des Grecs que des représentations divines anthropomorphes furent introduites à Tyr [355]. Or, l'iconographie phénicienne n'est nullement avare de représentations divines anthropomorphisées et l'on a tort de faire porter sur la religion phénicienne une «répugnance» qui concerne spécifiquement la religion yahviste. Nous sommes relativement peu renseignés sur l'iconographie tyrienne de Melqart, mais des documents extra-tyriens nous montreront que celui-ci pouvait parfaitement «s'incarner» sous une autre forme que celle d'une pierre dressée. Il n'empêche que l'hellénisation de son culte, dont Alexandre le Grand fut un promoteur zèlé, eut pour effet d'aligner son iconographie sur celle, plus standardisée, plus universelle, d'Héraclès.

---

dans *ThWAT* I, Stuttgart 1973, col. 662-667 ; P. VAUGHAN, *The Meaning of Bama in the Old Testament*, Cambrige 1974 ; W. BOYD-BARRICK, *The Funerary Character of «High Places» in Ancient Palestine : a Reassessment*, dans *VT* 25 (1975), p. 565-595 ; ID., *What do we Really Know about «High Places»*, dans *Svensk Exegetisk Årsok* 45 (1980), p. 50-57 ; A. BIRAN (éd.), *Temples and High Places in Biblical Times*, Jérusalem 1981 ; M.D. FOWLER, *The Israelite bamâ : a Question of Interpretation*, dans *ZAW* 94 (1982), p. 203-213.

[351] A. LEMAIRE, *art. cit.* (n. 19), p. 605, n. 51, pense que les «stèles et bâtons» auxquels les Phéniciens rendaient des cultes selon Philon de Byblos pourraient bien correspondre aux *maṣṣebôt* et aux *asherim* des hauts lieux. Cf. J. GAMBERONI, *maṣṣebāh*, dans *ThWAT* IV, Stuttgart 1984, col. 1064-1074 ; J. DAY, *Asherah in the Hebrew Bible and Northwest Semitic Literature*, dans *JBL* 105 (1986), p. 385-408.

[352] Sur le culte des pierres, E.D. STOCKTON, *Stones at Worship*, dans *AJBA* 1/3 (1968), p. 58-81 ; ID., *art. cit.* (n. 347), p. 1-27 ; C.F. GRAESSER, *Standing Stones in Ancient Palestine*, dans *BA* 35 (1972), p. 34-63 ; S. RIBICHINI, *op. cit.* (n. 3), p. 115-125. Sur l'étymologie du mot «bétyle», cf. J. LABARBE, *Bétyle*, dans *Dictionnaire des religions*, Paris 1984, p. 160.

[353] M. ELIADE, *Traité d'histoire des religions*, Paris 1953, p. 191-210.

[354] R. DU MESNIL DU BUISSON, *op. cit.* (n. 246), p. 36, en se basant sur LUCIEN, *De Dea Syria* 2.

[355] R. DUSSAUD, *Le panthéon phénicien*, dans *Revue de l'École d'Anthropologie* 14 (1904), p. 101-112.

Si l'on a beaucoup écrit sur le symbolisme des stèles tyriennes de Melqart, on ne s'est en revanche guère interrogé sur les matières précieuses dans lesquelles elles furent réalisées, l'or et l'émeraude, ou du moins une pierre verte. Celle-ci permet d'opérer un rapprochement avec le culte d'Osiris [356]. Ce dieu égyptien était invoqué sous le titre de «Grand Pilier» et sa forme la plus fréquente, dès l'époque thinite, était le *djed*, une sorte de colonne surmontée de quatre chapiteaux, les quatre vertèbres cervicales d'Osiris. Outre sa fonction d'image du dieu, le *djed* servait aussi d'amulette. Son nom est en relation avec la cité de Djedou (Busiris) où, durant la fête du dieu, on l'érigeait solennellement pour symboliser la renaissance du dieu. Avec le temps, le *djed* fut supplanté par une autre amulette, l'*ouadjet*, représentant un faisceau de tiges de papyrus ligaturées et couronnées par un bouquet de feuilles. Son nom indique sa couleur verte et, généralement, elle était réalisée en feldspath ou en faïence verte afin de signifier le rajeunissement perpétuel d'Osiris. Dans un passage du *Livre des Morts* [357], Thot la remet au défunt pour qu'il ressuscite ; c'est une tessère d'immortalité qui symbolise l'admission du mort parmi les bienheureux. Osiris la brandit pour pouvoir accéder au rang divin et elle intervenait dans les Mystères d'Osiris à Abydos où, chaque année, on reconstituait la passion du dieu [358].

Il est donc permis de se demander si la stèle verte du sanctuaire tyrien de Melqart ne procède pas du même symbolisme. Osiris est le prototype même du cycle humain et végétal de mort et résurrection. Il est le dieu funéraire par excellence, mais il est aussi lié à l'eau, à la crue du Nil qui, après le dessèchement de la terre sous l'effet du soleil, rend la vie à la végétation. Osiris a également une dimension dynastique ; c'est lui qui exerce, assisté de sa femme Isis, la royauté sur l'Égypte. En tant que roi, il enseigna les bienfaits de la civilisation à ses sujets, ce qui suscita la jalousie de son frère Seth. Celui-ci le tua et le jeta au Nil, coupé en morceaux. Mais Isis le retrouva, le ramena à la vie et engendra de lui Horus, le vengeur de son père. Les points de convergence entre Osiris et Melqart sont donc assez évidents. Nous possédons en outre un élément indéniable de leur rapprochement : le récit de la mort de Melqart et de sa résurrection par les cailles, auquel nous avons déjà fait allusion, nomme comme meurtrier du dieu de Tyr un certain Typhon, en qui il faut reconnaître le traditionnel

---

[356] D. BONNEAU, *La crue du Nil*, Paris 1964, p. 243-274 ; J.G. GRIFFITHS, *The Origin of Osiris*, Berlin 1966, p. 41, 111-112, 164, 178 ; M.-Th. PICARD-SCHMITTER, *Bétyles hellénistiques*, dans *Monuments Piot* 57 (1971), p. 43-88 ; M. MALAISE, *Les conditions de pénétration et de diffusion des cultes égyptiens en Italie*, Leyde 1972, p. 203-208 ; H. ALTENMÜLLER, *Djed-Pfeiler*, dans *LÄg.* I, 1975, col. 1100-1105 ; S. CAUVILLE, *La théologie d'Osiris à Edfou*, Paris-Le Caire 1983.
[357] Il s'agit du chapitre 160 du Papyrus Brusca.
[358] HÉRODOTE II 171, affirme avoir été initié à ces Mystères qui ont lieu la nuit sur un lac.

correspondant grec de Seth[359]. Nous aurions donc, sur la base de ces indices, un phénomène de syncrétisme entre Melqart et Osiris, un peu comparable à celui d'Adonis et Osiris à Byblos[360], ce qui, indirectement, souligne les affinités entre ces deux divinités phéniciennes. La réalité d'une profonde influence égyptienne en Phénicie n'est plus à démontrer : la politique, l'art et la religion en fournissent maints exemples[361].

Le symbolisme de l'or n'est pas moins intéressant[362]. Dans le mythe ougaritique de la construction du palais de Baal, l'or est un matériau de prédilection. Sa possession apparaît comme une condition *sine qua non* de l'exercice de la royauté, outre le fait que les divinités reçoivent des hommes, mais aussi de leurs congénères, des dons en or. Cette conception provient à nouveau d'Égypte où Hathor, appelée aussi «*l'Or*», exerce une fonction essentielle de régulatrice de l'ordre universel. Le pharaon, le garant de cet ordre sur terre, est régulièrement désigné par un titre qui l'associe à ce métal, tel que «*Horus d'or*» ou «*Montagne d'or*»[363]. À Ougarit, c'est donc en tant que protecteur du monde «post-chaotique» que Baal possède ce métal précieux et à Tyr, Melqart, comme maître des énergies vitales, de l'ordre cosmique.

3. L'egersis de Melqart

Il s'agit là, nous l'avons vu, du rite central du culte de Melqart, celui du moins qui semble mettre en jeu la dévotion de toute une collectivité, et non pas seulement la piété privée. Son interprétation est donc importante pour cerner au mieux la physionomie de Melqart, même si la connaissance que nous en avons demeure insuffisante. Cette célébration annuelle prenait place en février-mars à Tyr. Elle consistait probablement en une succession d'«événements» associés à des gestes rituels appropriés. Le premier jour, à la nuit tombante, le dieu était brûlé sur un bûcher. Le lendemain, en présence du personnel sacerdotal, il était enseveli, tandis que le roi et un personnage féminin, représentant peut-être Astarté, accomplissaient le rituel funéraire. Le matin du troisième jour, avait lieu son *egersis*,

---

[359] Cf. *supra*, p. 20. À ce sujet, C. BONNET, *Baal Ṣaphon et Typhon*, dans *St.Phoen.* V, Leuven 1987, p. 101-143.
[360] Cf. B. SOYEZ, *op. cit.* (n. 184), *passim* ; S. RIBICHINI, *Adonis. Aspetti «orientali» di un mito greco*, Rome 1981, *passim*.
[361] Cf., par exemple, pour architecture, P. WAGNER, *Der ägyptische Einfluss auf die phönizische Architektur*, Bonn 1980 ; pour la religion, G. SCANDONE-MATTHIAE, *Il problema delle influenze egiziane sulla religione fenicia*, dans *RelFen*, Rome 1981, p. 61-80 ; EAD., *Testimonianze egiziane in Fenicia dal XII al IV sec. a.C.*, dans *RSF* 12 (1984), p. 133-163 ; A. LEMAIRE, *Divinités égyptiennes dans l'onomastique phénicienne*, dans *St.Phoen.* IV, Namur 1986, p. 87-98.
[362] G. SCANDONEMATTHIAE - P. XELLA, «*Il possesso dell'oro*». Studi sulla religione della Siria antica-II, dans *SMSR* 50 (1984), p. 221-231.
[363] F. DAUMAS, *La valeur de l'or dans la pensée égyptienne*, dans *RHR* 149 (1956), p. 1-17.

«réveil» ou sa «résurrection». Telles sont les informations, toutefois hypothétiques, que nous fournit pour l'essentiel la «lecture» du vase de Sidon. On peut y ajouter des éléments glanés çà et là. L'importance de cette célébration pour toute la communauté tyrienne se manifeste par le rôle que joue le roi dans cette fête, sans doute en tant que «descendant» de Melqart, le Roi archétypal, et par la présence d'une délégation carthaginoise. Combinée sans doute avec de grandioses sacrifices, cette fête s'hellénisa profondément à dater d'Alexandre le Grand.

En 1848, D. Raoul-Rochette publia son *Mémoire sur l'Hercule assyrien et phénicien considéré dans ses rapports avec l'Hercule grec*. Riche en erreurs, contresens et généralisations abusives, cet ouvrage eut au moins le mérite de fonder une problématique, à une époque où la perception des phénomènes de syncrétisme, en raison de la rareté du matériel, était extrêmement aléatoire. Sur certains points, ce travail est encore fort suggestif. Son interprétation de l'*egersis* de Melqart repose cependant sur une hypothèse désormais dépassée, celle de la place de ce rituel au *Dies Natalis Solis Invicti*, le 25 décembre. Melqart serait un dieu qui s'endort en hiver et se réveille au printemps, le feu étant à la fois l'instrument de sa mort et de sa résurrection.

Influencé par l'école allemande de mythologie naturaliste, J.G. Frazer consacre un chapitre de sa monographie sur Adonis au bûcher de Melqart [364]. Il s'agirait d'un rite ancien par lequel on apaisait la divinité en brûlant en son honneur le roi ou son fils. Si les Sémites pratiquaient l'offrande d'enfants aux dieux, *a fortiori* devaient-ils considérer le roi comme une victime de prédilection. La mention chez Ézéchiel de pierres brillantes ferait alors allusion à un rite de substitution : le passage sur des pierres incandescentes. Mais la substitution porta aussi sur l'objet de l'offrande, le fils du roi remplaça son père, puis ce fut un homme du commun, ensuite un animal et enfin une effigie. Selon un schéma cher à cet historien des religions et que l'on a coutume désormais de qualifier de «frazérien», Melqart serait un *dying god*, mourant et ressuscitant avec la végétation et devant passer par le feu pour renouveler ses énergies créatrices. Frazer accorde toutefois aux cailles un rôle dans la résurrection du dieu, mais il ne précise pas les modalités, ni le moment de leur intervention.

En 1924, Ch. Clermont-Ganneau consacra à l'*egersis* de Melqart une étude remarquable [365]. Pour lui, la date de cette célébration correspondrait à l'inauguration des nouveaux temples par Hiram I de Tyr et à l'installation des dieux dans leurs demeures. Il écarte en tout cas la date du 25 décembre. Cette consécration était renouvelée chaque année solennellement

---

[364] J.G. FRAZER, *Adonis* (traduction française Lady FRAZER), Paris 1921, p. 85-90.
[365] Ch. CLERMONT-GANNEAU, *art. cit.* (n. 46), p. 142-167.

et accompagnée du rite du «réveil» du dieu qui trouve divers parallèles dans le monde égyptien, proche-oriental et classique. Le mérite de ce travail est précisément d'avoir recouru à une démarche comparatiste rigoureuse et documentée.

Chez M. Dunand et R. Dussaud[366], prévaut la physionomie *agraire* de Melqart. Ils le décrivent comme un dieu de la végétation, un dispensateur de la fertilité, dans un pays qui ne comprend qu'une mince bande de terres cultivables et a un besoin vital de la pluie. Pour R. Dussaud, l'*egersis* aurait pour but d'assurer la pérennité des pluies, au moment où l'on craint le plus qu'elles ne cessent : le rituel vise à pallier la défaillance du dieu. On procéderait donc à une sorte de sacrifice du dieu dans l'intention de le ranimer par la vertu du feu.

C'est contre cette idée d'une renaissance par le feu que s'inscrit en faux C.M. Edsman[367]. Il montre que l'on a tort de se baser sur le texte de Nonnos pour soutenir l'hypothèse d'une assimilation de Melqart au Phénix, l'oiseau qui se régénère dans le feu. Il insiste sur la différence qui existe le rite tyrien et le bûcher d'Héraclès sur l'Œta, thème sur lequel nous reviendrons et qui pose en tout cas le problème de la contamination entre les deux «Héraclès».

J. Morgenstern a consacré à ce sujet plusieurs articles qui, en dépit de leurs défauts, sont régulièrement cités[368]. Sans la moindre référence, ni aux sources, ni aux modernes, ces études n'ont aucune valeur scientifique. Elles narrent comment Hiram, à une époque où se développe le commerce tyrien, abolit l'ancienne religion agraire et promut des cultes solaires. Baal Hadad se serait alors métamorphosé en Baal Shamim et Tammuz-Adonis en Melqart. Ces deux dernières entités auraient constitué un seul dieu, le soleil dans sa course annuelle, l'un en tant que père, plus âgé, le soleil qui se couche et s'endort à l'équinoxe d'automne, l'autre, en tant que fils, le soleil qui se lève à l'équinoxe de printemps. La fête tyrienne de l'*egersis* se serait déroulée en 8 jours, en présence du roi qui jouait le rôle du dieu et obtenait de cette façon le titre d'«*Épiphane*», car le dieu s'était manifesté en lui. Or, l'un de ces Épiphanes, Antiochos IV aurait réformé ces célébrations, en fusionnant en une seule les deux fêtes des équinoxes et en plaçant la célébration unique du 18 au 25 décembre. Il est inutile de chercher à

---

[366] M. DUNAND, *Stèle araméenne dédiée à Melqart*, dans *BMB* 3 (1939), p. 65-76 ; R. DUSSAUD, *Melqart*, dans *Syria* 25 (1948), p. 205-230 ; ID., *Melqart d'après de récents travaux*, dans *RHR* 151 (1957), p. 1-21.

[367] C.M. EDSMAN, *op. cit.* (n. 203), p. 11-27.

[368] J. MORGENSTERN, *The King-God among the Western Semites and the Meaning of Epiphanes*, dans *Atti dell'VIII Congresso internazionale di storia delle religioni*, Florence 1956, p. 257-260 ; ID., *The King-God...* (même titre), dans *VT* 10 (1960), p. 183-197 ; ID., *The Son of Man of Daniel, 7,13. A New Interpretation*, dans *JBL* 80 (1961), p. 65-77.

réfuter point par point ces hypothèses. La méthode mise en œuvre, ou plutôt l'absence même de méthode, les rend *de facto* irrecevables.

A. García y Bellido, dans sa monographie sur les cultes orientaux en
Espagne, présente brièvement Melqart[369]. Originellement dieu agraire, il
aurait, avec le développement des navigations tyriennes, acquis une dimension marine. Son contact avec l'Héraclès grec l'aurait enfin doté d'une
physionomie solaire. Dieu sotériologique par son expérience de mort et
résurrection célébrée en février-mars, il se voit qualifié de *«numen en constante palingénésie»*. Une victime humaine lui aurait été offerte à cette occasion, brûlée comme le dieu l'avait été, mais dans des circonstances que
l'auteur ne peut évidemment préciser.

L'argumentation de loin la plus détaillée et la plus fondée sur l'*egersis*
de Melqart a été donnée par E. Lipiński[370]. C'est lui qui s'est attaché à
tirer du vase de Sidon le maximum d'indications sur les étapes de cette
célébration, tout en fournissant pour chacune d'elles des parallèles pro-
bants. Le bûcher, selon lui, est uniquement le moyen de la mort du dieu,
et non de sa résurrection qui s'opérait au contraire par le biais d'une hiérogamie. On livrait donc annuellement au feu tyrien une effigie de Melqart
dont la nature exacte n'est cependant pas perceptible. Sa résurrection mettait en scène essentiellement deux acteurs : le roi de Tyr, ou ailleurs un
personnage de haut rang, en qualité de «ressusciteur de la divinité» et une
«incarnation» d'Astarté, en tant qu'épouse du dieu-roi. Tous les éléments
de cette argumentation ne nous étant pas encore connus, nous reviendrons
ultérieurement sur cette union rituelle[371].

Le panthéon de Tyr a également retenu l'attention de R. du Mesnil
du Buisson[372]. Pour lui, Melqart serait le dieu-fils de la triade locale primitive, promu, sous Hiram I, au premier rang du panthéon comme dieu-
père, avec pour fils Eshmoun-Iolaos. Dieu agraire au départ, il dormait en
hiver et se réveillait en février ; il ne s'agirait donc pas d'une véritable
résurrection. Maître de la foudre et de la pluie, Melqart serait capable de
provoquer des «embrasements miraculeux». Cependant, l'apothéose par le
bûcher serait selon lui une contamination de l'Héraclès grec, en rapport
avec le caractère sotériologique nouvellement acquis par le dieu, et le
mythe original serait celui de la réanimation du dieu par les cailles. Une

---

[369] A. García y Bellido, *Les religions orientales dans l'Espagne romaine*, Leyde 1967, p. 2,
3, 152-166.

[370] E. Lipiński, *art. cit.* (n. 43), p. 30-58.

[371] Il faut cependant relever le fait que l'auteur rapproche l'épisode du bûcher de Melqart
de l'épithète portée par Héraclès dans l'*Hymne Orphique* XII 9 qu'il lit αὐτοθυής, «s'immolant
spontanément», alors que le texte porte αὐτοφυής, «né spontanément». E. Lipiński a donc tort
de reprocher à Morgenstern une lecture pourtant correcte.

[372] R. du Mesnil du Buisson, *op. cit.* (n. 245), *passim*.

conception triadique de la religion phénicienne ne résiste cependant pas à la confrontation avec les sources.

Dans sa thèse partiellement inédite, B. Servais-Soyez a mis en évidence la différence fondamentale qui sépare Adonis de Melqart [373]. Certes tous deux sont en relation avec la végétation, mais les Adonies, célébrées en juillet, ritualisent la mort de celle-ci, son dessèchement total, prélude au reverdissement. L'*egersis*, en revanche, est axée sur la renaissance, et non la mort de la végétation. Elle exclut en outre l'idée d'apothéose de Melqart sur le bûcher, à la façon d'Héraclès, étant donné que le premier est déjà un dieu, tandis que le second est un héros.

Enfin, il y a peu, S. Ribichini a centré son attention sur les figures divines apparentées à Melqart, Eshmoun et Adonis, dans une perspective historico-religieuse toute différente du courant frazérien dépassé [374]. Il a pu de la sorte dégager, dans le polythéisme phénicien, une catégorie de «héros divins», témoignant de la vocation historicisante de la religion phénicienne qui trouve ses racines dans les cultes syriens du IIe millénaire av. J.-C. C'est, à notre sens, cette perspective qui rend le mieux compte de la physionomie de Melqart et de son assimilation à Héraclès, le héros par excellence.

Cette longue mise au point nous aura permis de confronter diverses hypothèses relatives au culte de Melqart. Les conclusions que nous pouvons en tirer, ainsi que de notre première approche des sources sont, par la force des choses, provisoires. Malgré sa condition de dieu, Melqart a fait une expérience de mort et de résurrection : nous évoluons donc dans un univers religieux différent de celui du monde grec où un type d'expérience du même ordre est l'apanage des héros. On montrait bien en Crète le tombeau de Zeus, mais il s'agit là d'un dieu crétois appartenant à une couche minoenne de la religion grecque, donc relevant d'un système de valeurs étranger à celui qui prévalut au Ier millénaire et sur lequel des influences anatoliennes et levantines sont probables. Dans le Proche-Orient, on connaît plusieurs cas de divinités dont le mythe raconte la mort et le retour à la vie. Ils fondent ainsi une réalité existentielle fondamentale, celle de la mort, mais leur nature particulière de divinité les y arrache : la mort est inéluctable pour les seuls humains, mais elle n'échappe pas pour autant à tout «contrôle». La ritualisation de ces mythes réactualise l'expérience primordiale de la mort, tout autant sans doute que le sort privilégié de certaines catégories d'êtres, notamment les rois qui acquièrent le statut d'ancêtres de la communauté. Ainsi en va-t-il de Baal à Ougarit, lui qui fut

---

[373] B. SOYEZ, *Recherches sur les panthéons des principales cités phéniciennes aux périodes hellénistique et romaine* (thèse de doctorat inédite), Liège 1974, p. 276-304 ; EAD., *op. cit.* (n. 184).
[374] S. RIBICHINI, *op. cit.* (n.3), p. 43-73.

anéanti par Mot, la Mort, en triompha et délimita ainsi son champ d'action, en la soustrayant à la pure contingence[375]. C'est sans doute dans ce cadre mental qu'il faut inclure le rite de l'*egersis* de Melqart, le roi mythique qui assure la prospérité, le contrôle du cycle humain et végétal. Célébrée au printemps, cette résurrection de Melqart concorde en effet avec le renouveau de la nature. Plutôt que d'employer l'expression étroite de «culte agraire», nous préférons celle de R. Dussaud qui parle de «dispensateur de la fertilité». Il ne faut pas non plus opposer stérilement dieu solaire et dieu de la pluie ; ce sont là deux aspects d'une même personnalité, celle qui assure, globalement, le bien-être de la communauté sur laquelle il «règne». Sa fête appelait autant l'éclat du soleil que les bienfaits de la pluie. Une conception trop restrictive de ses attributions ne nous semble pas concorder avec les sources à notre disposition. Certes, le polythéisme se définit comme un système de classification organique des puissances et des pouvoirs où chaque divinité se définit, non pas statiquement, mais «*à travers l'ensemble des positions qu'elle peut occuper*»[376]. Chacune reçoit donc des frontières suite à la différenciation des pouvoirs, mais, dans les civilisations urbaines, chaque cité a tendance à devenir un microcosme où la divinité principale restructure le panthéon à son profit et concentre diverses fonctions entre ses mains. C'est en tant que *leader* de la communauté tyrienne que Melqart, son roi mythique, fait l'expérience de la mort et de la résurrection, non pas pour assurer une quelconque sotériologie individuelle, mais au contraire pour garantir la prospérité dans ce monde[377].

Dans son déroulement, l'*egersis* de Melqart présente plus d'un trait commun avec d'autres célébrations proche-orientales, notamment les fêtes de l'An Nouveau au moment du retour du printemps. Lucien de Samosate, au IIᵉ siècle ap. J.-C., nous a décrit celle qui se déroulait à Hiérapolis[378].

> «*De toutes les fêtes que j'ai vues, la plus grande est celle qu'ils célèbrent au début du printemps. Les uns l'appellent le bûcher, les autres, le flambeau. Ils accomplissent, au cours de celle-ci, le sacrifice suivant. Après avoir coupé de grands arbres, ils les dressent dans la cour, ensuite ils amènent des chèvres, des brebis et d'autres bêtes vivantes et ils les suspendent aux arbres. Là, ils offrent aussi des oiseaux, des vêtements et des objets d'or et d'argent. Lorsqu'ils ont bien accompli tout cela, ils promènent les*

---

[375] P. XELLA, *Les mythologies du Proche-Orient d'après les découvertes récentes*, dans *LEC* 53 (1985), p. 311-329 ; pour le monde mésopotamien, cf. E. CASSIN, *La mort des dieux*, dans *Le semblable et le différent*, Paris 1987, p. 226-235 (la mort débouche sur un «recyclage» des divinités).

[376] A. BRELICH, *Il politeismo*, Rome 1958 ; M. DETIENNE, *Du polythéisme en général*, dans *CP* 81 (1986), p. 47-55.

[377] P. XELLA, *Il re, la morte e gli antenati nella Siria antica*, dans U. BIANCHI - M.J. VERMASEREN (éd.), *La soteriologia dei culti orientali nell'impero romano*, Leyde 1982, p. 614-632.

[378] LUCIEN, *De dea Syria* 49. Pour les problèmes de traduction posés par ce passage, cf. C.M. EDSMAN, *op. cit.* (n. 203), p. 17-20.

statues de culte autour des arbres, allument le feu et brûlent toutes les offrandes. Au cours de cette fête, beaucoup de gens viennent de Syrie et de toutes les régions des alentours ; chacun apporte ses propres effigies divines et les insignes faits à leur image.»

Malgré d'intéressantes similitudes, il ne faut pas exagérer la portée de ce rapprochement. Il indique simplement que les pratiques tyriennes s'inscrivent dans un cadre rituel d'ensemble auquel se rattache aussi, par exemple, la fameuse célébration babylonienne de l'*akîtu*, la fête du Nouvel An [379]. Pour rendre à la vie Marduk mort, le roi participait à un long rituel étalé sur plusieurs jours où intervenaient également le feu, l'eau et un mariage sacré. À Tyr, la célébration s'échelonnait peut-être sur trois jours, ainsi que le vase de Sidon nous l'a suggéré. Les Adonies de Byblos, comportaient d'abord une phase de deuil, puis, le lendemain, on sortait Adonis à l'air libre en procession [380]. En Égypte, Osiris était censé mourir le 17 Athyr et était retrouvé le 19 [381]. Ces séquences rituelles mort/deuil et résurrection sont donc fréquentes au Proche-Orient.

La voie de l'*egersis* de Melqart n'est pas aisée à déterminer à ce stade de l'enquête. Le feu crée les conditions de la mort du dieu, mais aussi de sa «résurrection» ; il est ambivalent et favorise le passage d'un état à l'autre [382]. C'est l'élément médiateur du rite de passage [383]. Les rois hittites incinérés ou les victimes du sacrifice *mlk* [384] acquièrent, suite à leur passage par le feu, un statut supérieur ; ils participent du sacré, du divin. On ne peut opposer une symbolique funéraire contrastée d'incinération ou d'inhumation, les deux modes coexistant du reste durant des millénaires [385]. L'inhumation témoigne d'une eschatologie qui veut rendre le mort à la terre dont il est issu, l'incinération vise plutôt à libérer l'«âme» du corps. À Ougarit, il est intéressant de noter que Baal est inhumé par Anat, tandis que Mot, parmi divers traitements d'anéantissement, est brûlé [386]. Melqart était pour sa part soumis au feu afin de devenir un mort sacralisé,

---

[379] F. THUREAU-DANGIN, *Rituels accadiens*, Paris 1921 ; S.A. PALLIS, *The Babylonian Akîtu Festival*, Copenhague 1926 ; R. LABAT, *Le caractère religieux de la royauté assyro-babylonienne*, Paris 1939, p. 161-176, 240-251.

[380] LUCIEN, *De dea Syria* 6. Cf. B. SOYEZ, *op. cit.* (n. 184), *passim.*

[381] PLUTARQUE, *De Iside et Osiride* 39.

[382] J.G. HEINTZ, *Le «feu dévorant», un symbole de triomphe divin dans l'Ancien Testament et les milieux sémitiques ambiants*, dans *Le feu dans le Proche-Orient antique, aspects linguistiques, archéologiques, technologiques, littéraires*, Leyde 1973, p. 63-78.

[383] C.M. EDSMAN, *op. cit.* (n. 203) ; P. XELLA, *art. cit.* (n. 251), p. 17-21.

[384] G. GARBINI, *Elementi «egei» nella cultura siro-palestinese*, dans *Atti e Memorie del 1° Congresso Internazionale di micenologia*, Rome 1968, p. 1118-1129, considère que la crémation était, à l'origine, liée à la sphère des héros et des rois.

[385] A. AUDIN, *Inhumation et incinération*, dans *Latomus* 19 (1960), p. 312-322, 518-532.

[386] *KTU* 1.6 V 5 s. Il semble que le traitement que Baal fait subir à Mot soit un décalque du traitement du grain par les agriculteurs.

puis il était sans doute enseveli. Ainsi étaient créées les conditions de sa
promotion au rang des ancêtres puissants et éternellement agissants.

Son retour à la vie pourrait s'opérer par l'intermédiaire des cailles,
dans l'hypothèse où l'on interprète le mythe exposé précédemment comme
le reflet d'un rituel. La présence d'un oiseau sur le vase de Sidon, sous
l'épiphanie du dieu, en témoignerait. Il existe d'ailleurs des antécédents
probables à ce motif de la résurrection par les oiseaux : ils interviennent
régulièrement dans les recettes de philtres d'amour ou dans des prépara-
tions destinées à guérir les hommes de l'impuissance, dans les textes
mésopotamiens [387]. Dans les mythes ougaritiques, il semble qu'El abatte
un oiseau, le plume et le fasse rôtir pour remédier à une crise d'impuissance [388]. Le recours aux cailles pour ramener Melqart à la vie aurait
donc une coloration sexuelle et l'hypothèse de la célébration d'une hiérogamie s'en trouverait renforcée [389]. On peut même se demander s'il ne s'agit
pas de l'interprétation naturaliste de l'hiérogamie elle-même. En effet,
Astéria-Astarté, la mère de Melqart avait été métamorphosée en caille par
Zeus. C'est à ce moment-là qu'interviendrait le «ressusciteur de la divinité», personnage dont le profil ne nous est pas encore suffisamment clair,
mais qui pourrait être le roi de Tyr en personne, en tant que successeur
ou substitut du dieu.

Le mariage sacré est bien attesté en Mésopotamie, dans la religion
suméro-accadienne du IIIᵉ millénaire av. J.-C. Le plus célèbre est celui
d'Inanna d'Ourouk avec l'ancien roi divinisé Dumuzi, représenté par le roi
en fonction [390]. Ce rite ne sanctionnait pas tant le tournant de l'année, le
renouveau de la vie et de la fécondité, comme on l'a longtemps soutenu,
que la souveraineté du roi. Car le mariage du roi avec la déesse apportait
une sorte de sanction naturelle et divine à l'ordre socio-politique, à l'exercice du pouvoir par le roi, seul apte à dominer l'environnement, donc la
fécondité. Il conférait au roi une *aura* sacrée, car c'est dans l'enceinte
même de son palais que prenait place le mariage sacré. Après l'époque

---

[387] R.D. BIGGS, *SÀ.ZI.GA. Ancient Mesopotamian Potency Incantations*, Louis Valley 1967,
p. 49, 51 ss.

[388] *TOu*, p. 374, l. 36-49 (=*KTU* 1.23) ; sur ce texte, E. LIPIŃSKI, *art. cit.* (n. 182), p.
207-215 ; S. SEGERT, *An Ugaritic Text Related to the Fertility Cult* (KTU *1.23*), dans A. BONANNO
(éd.), *Archaeology and Fertility Cult in the Ancient Mediterranean*, Amsterdam 1986, p. 217-234.

[389] On peut s'interroger sur l'identité de l'Iolaos qui fait brûler des cailles pour Melqart. Certains ont voulu y voir, en tant que dieu guérisseur, un correspondant d'Eshmoun. Cependant,
celui-ci est identifié à Asclépios. Ici, il est plus raisonnable de penser qu'Iolaos
a été incorporé dans le mythe en tant que fidèle compagnon d'Héraclès, et non comme interprétation d'un dieu phénicien.

[390] M. WAKEMAN, *Sacred Marriage*, dans *JSOT* 22 (1982), p. 21-31 ; S.N. KRAMER, *Le
mariage sacré à Sumer et à Babylone* (traduction française de J. BOTTÉRO), Paris 1983 (1ᵉ éd.
1969) ; D.R. FRAYNE, *Notes on the Sacred Marriage*, dans *BiOr* 42 (1985), p. 5-22.

sumérienne, le rituel du mariage de Dumuzi et Inanna disparut, mais d'autres hiérogamies subsistèrent, consommées au crépuscule et suivies d'un banquet, désormais en l'absence du roi[391].

Dans le cas de Melqart, la notion de «réveil», contenue dans le terme d'*egersis* laisse supposer que sa mort était conçue comme un sommeil, moins définitif que la mort. Le sommeil est en effet une voie de passage dynamique entre deux états et, comme le feu, un élément ambigu évoquant à la fois la mort et la survie[392]. Dans le monde grec, Hypnos est un dieu psychopompe qui préside aussi à la résurrection et conduit le ressuscité au séjour des immortels[393]. Endymion, le prototype grec de l'homme prisonnier du sommeil, est assez significativement tiré de cette hibernation par un baiser de Séléné, leur union symbolisant en somme le mariage éternel. La littérature mésopotamienne et l'Ancien Testament, notamment les Psaumes, montrent que le sommeil est une prérogative divine, un symbole de la souveraineté sur les forces chaotiques. Si troubler le sommeil du dieu équivaut à contester son autorité, dans l'*egersis* de Melqart, le réveil réactualise au contraire sa suprématie de dieu poliade[394].

4. La royauté sacrée

Comme son nom l'indique, Melqart est à la fois un roi déifié et un dieu souverain[395]. Il est le premier représentant de la lignée royale et, à ce titre, il fonde les prérogatives et les devoirs royaux. Il s'inscrit donc dans le groupe des «héros divins» dont S. Ribichini a situé les origines dans la Syro-Palestine des IIIᵉ-IIᵉ millénaires av. J.-C.[396] Un lien privilégié unissait logiquement Melqart et le roi de Tyr, le sanctuaire et le palais. Le roi assistait, sinon participait à l'*egersis* de Melqart. Un témoignage de Justin[397] nous apprend que Pygmalion, le roi, et Acherbas, le prêtre de

---

[391] On sait que la découverte de nouveaux textes a permis de savoir que seule la mort de Tammuz était célébrée, accompagnée d'une exhortation à revenir des Enfers : U. BIANCHI, *Initiation, mystères, gnose*, dans C.J. BLEEKER (éd.), *Initiation*, Leyde 1965, p. 154-171 ; E.M. YAMAUCHI, *Tammuz and the Bible*, dans *JBL* 84 (1965), p. 283-290 ; S. RIBICHINI, *Adonis. Aspetti «orientali» di un mito greco*, Rome 1981, p. 181-192.

[392] M.V. CERUTTI, *Sonno e «passaggio»*, dans U. BIANCHI (éd.), *Transition Rites. Cosmic, Social and Individual Order*, Rome 1986, p. 131-141, aussi pour la différence entre le sommeil «grec» et le sommeil «proche-oriental».

[393] F. CUMONT, *Recherches sur le symbolisme funéraire des Romains*, Paris 1942, p. 246 ; ID., *Lux perpetua*, Paris 1949, p. 42, 93, 442, 446 ; P. BOYANCÉ, *Le sommeil et l'immortalité*, dans *Études sur la religion romaine*, Rome 1972, p. 309-315.

[394] T.H. MC ALPINE, *Sleep, Divine and Human in the Old Testament* (JSOT, suppl. 38), Sheffield 1986 ; B.F. BATTO, *The Sleeping God : An Ancient Near Eastern Motif of Sovereignty*, dans *Bibl.* 68 (1987), p. 153-177.

[395] On constate la même tendance dans le culte d'Adonis, cf. S. RIBICHINI, *Adonis : connotati «orientali» e tradizioni classiche*, dans *RelFen*, Rome 1981, p. 91-105.

[396] S. RIBICHINI, *op. cit.* (n. 3), p. 43-73.

[397] JUSTIN XVIII 4,5.

Melqart, étaient, à l'époque présumée de la fondation de Carthage, les deux personnages les plus importantes de la cité. Acherbas est certes aussi l'oncle du roi, mais on peut penser qu'il doit son rang à sa charge sacerdotale. Ce texte nous révèle donc que les fonctions de roi et de prêtre étaient dissociées, ce qui ne paraît pas étonnant dans la mesure où c'est en raison même de sa charge que, *de facto*, le roi est en rapport avec Melqart et son culte. La dimension rituelle de la charge royale est bien attestée à Ougarit[398], mais aussi dans le monde phénicien. Si, comme le remarque J. Elayi[399], le corpus épigraphique tyrien n'autorise guère la connaissance approfondie de cet aspect du pouvoir royal, à Byblos et à Sidon, la situation est un peu plus claire et l'on voit en outre les rois développer une activité de bâtisseurs dans la lignée des souverains assyriens[400]. Tyr ne faisait sans doute pas exception et l'on évoquera ici le cas de Jézabel, la Tyrienne, qui organisa à Samarie le culte de Baal[401].

Ceci n'empêche évidemment pas que le culte d'un dieu aussi important nécessitait pour la liturgie quotidienne un personnel spécialisé, un groupe de prêtres sous la houlette d'un grand prêtre, l'ἀρχιερεύς des sources grecques. Cette dernière fonction apportait à son titulaire un prestige et une autorité dans les domaines religieux, politique et économique tels que le roi pouvait les ressentir comme une menace. Pour preuve, l'assassinat d'Acherbas ou le coup de force d'Abbaros, le grand prêtre qui s'empara du pouvoir à Tyr au VIᵉ siècle av. J.-C.[402]

---

[398] Cf. J. SAPIN, *Quelques systèmes socio-politiques en Syrie au 2ᵉ millénaire avant J.-C. et leur évolution historique d'après des documents religieux (légendes, rituels, sanctuaires)*, dans *UF* 15 (1983), p. 157-190 ; G. DEL OLMO LETE, *Ritual regio ugarítico de evocación/adivinación (KTU 1.112)*, dans *AO* 2 (1984), p. 197-206.

[399] J. ELAYI, *Le roi et la religion dans les cités phéniciennes à l'époque perse*, dans *St.Phoen.* IV, Namur 1986, p. 249-261. Nous ne partageons pas les réserves de J. Elayi (p. 251-252) sur le caractère dynastique de Melqart, dissocié de son caractère poliade. À notre sens, les deux vont de pair. On trouve déjà, dans l'article de Ch. CLERMONT-GANNEAU, *art. cit.* (n. 50), p. 153-155, une réflexion fort intéressante sur le rôle du roi-prêtre à Tyr, mais aussi en Israël et en Égypte.

[400] S. LACKENBACHER, *op. cit.* (n. 41).

[401] *I Rois* 16,31-32. Cf. *infra*, p. 136-144

[402] FLAVIUS JOSÈPHE, *Contre Apion* I 157.

Chapitre II : La Syro-Palestine

Avec ce chapitre, nous entamons le second volet de notre récolte de *testimonia* du culte de Melqart. La matière va naturellement en s'amenuisant, de sorte que le classement typologique adopté pour les témoignages relativement riches en provenance de Tyr ou la concernant n'a plus de raison d'être. Nous adoptons donc un ordre géographique, à l'intérieur de l'entité que, faute de mieux, nous avons appelée la Syro-Palestine, en attendant que le concept de «Phénicie» trouve une définition plus unanime[1].

La civilisation de cette aire étant fondamentalement marquée par l'organisation urbaine, les divinités revêtent un aspect poliade. Tel est bien le cas de Melqart et l'on ne s'étonnera donc pas du peu d'écho que son culte rencontre dans les cités voisines et souvent rivales de la côte syro-palestinienne, en particulier dans les grands centres comme Byblos, Beyrouth ou Sidon. Ceux-ci disposaient d'un panthéon suffisamment riche et diversifié pour ne pas adopter une divinité spécifiquement tyrienne[2].

La forme hellénisée de l'Héraclès à la léonté est extrêmement répandue dans tout le Proche-Orient, par exemple sur le monnayage ou dans la sculpture, depuis Alexandre le Grand. Cette figure syncrétiste résulte de la *koiné* cultuelle promue par le Macédonien, dont le héros grec était un pilier ; au-delà de son apparence standardisée, cet Héraclès conserve logiquement certains traits de ses prédécesseurs locaux, même si l'examen du matériel montre combien il peut être difficile de les dégager : cette vérification sera le principal enjeu du présent chapitre. Dans sa récente étude sur l'iconographie d'Héraclès en Syrie[3], A. Bounni en a relevé divers exem-

---

[1] Cl. Baurain, *Portées chronologique et géographique du terme «phénicien»*, dans *St. Phoen.* IV, Namur 1986, p. 8-28, et notre introduction, *supra*, p. 1-4.

[2] Sur le caractère urbain de la religion phénicienne, cf. P. Xella, *Le polythéisme phénicien*, dans *St. Phoen.* IV, Namur 1986, p. 29-39. On signalera brièvement ici, en attendant sa publication, une inscription dédicatoire inédite *l'dn lmlqrt*, réalisée par le fils d'un Tyrien. La provenance de l'objet (désigné par un nom à ce jour inconnu dans le lexique phénicien) est inconnue ; il serait postérieur à 500 av. J.-C. Tous mes remerciements vont à P. Bordreuil pour ces informations.

[3] A. Bounni, *Iconographie d'Héraclès en Syrie*, dans L. Kahil - Ch. Augé - P. Linant de Bellefonds (éd.), *Iconographie classique et identités régionales* (BCH. suppl. XIV), Paris 1986, p. 377-387. Cf. aussi E. Will, *Les aspects de l'intégration des divinités orientales dans la civilisation gréco-romaine : langage conventionnel et langage clair*, dans *Mythologie gréco-romaine, mythologies périphériques. Études d'iconographie*, Paris 1981, p. 157-161. Les sceaux et scarabées phéniciens présentent plusieurs illustrations de cette iconographie hellénisée, cf., p. ex., A. Lemaire, *Nouveaux sceaux nord-ouest sémitiques*, dans *Syria* 63 (1986), p. 305-306.

plaires. Outre le cas d'Amrith sur lequel nous allons nous étendre un peu, il faut faire mention de fragments de statuaire à Nahr Halaqa, près de Lattaquié, à Ras Ibn Hani, à Rouad (Arados) et à Tell es-Safiyé. Selon lui, une enquête systématique pourrait en accroître le nombre. On signalera, en effet, à Al Mina, la cité située sur la rive droite de l'estuaire de l'Oronte, une statue d'Héraclès mise au jour par Woolley[4] et datée du Ve siècle av. J.-C. au plus tard. Elle se rapproche du type chypriote de l'Héraclès à la léonté et pourrait donc constituer un objet d'importation dont le rapport avec les cultes pratiqués à Al-Mina ne va pas de soi. On notera cependant avec intérêt que le caractère phénicien de cette cité, du moins pour l'époque perse, affirmé déjà par Woolley, a été récemment corroboré par l'analyse de J. Elayi[5].

1. Tell Soukas

Au sud du port méridional de Tell Soukas, un sanctuaire fut bâti au VIe siècle av. J.-C., à proximité du rivage de la mer. Détruit par un tremblement de terre, il fut ensuite pillé au IIe-Ier siècle av. J.-C.[6] On a pu explorer les fondations de ce bâtiment et mettre au jour deux autels ainsi que divers fragments de statuettes. Deux d'entr eux ont retenu notre attention puisqu'il s'agit de représentations d'Héraclès-Bès et d'une tête de félin[7]. Les parallèles stylistiques les plus évidents se trouvent encore dans l'art chypriote des VIe-Ve siècles av. J.-C. On peut considérer, à titre d'hypothèse, que le dieu de ce sanctuaire avait été identifié à Héraclès, donc qu'il pourrait s'agir de Melqart. P.J. Riis a, du reste, fort judicieusement souligné la symbolique de cet espace sacré, situé entre la mer et la nécropole.

2. Arados

L'énigmatique divinité marine au corps hybride, moitié homme, moitié poisson, tenant un dauphin dans chaque main, rappelle certes le dieu des premiers monnayages tyriens contemporains, mais on ne peut aucunement prouver qu'il doive quelque chose à Melqart[8].

---

[4] C.L. WOOLLEY, *Excavations at Al Mina, Sueidia I,* dans *JHS* 38 (1938), p. 19 ss.

[5] *Ibid.*, p. 65, n. 2 ; J. ELAYI, *Al Mina sur l'Oronte à l'époque perse,* dans *St.Phoen.* V, Leuven 1987, p. 249-266.

[6] P.J. RIIS, *L'activité de la mission archéologique danoise sur la côte phénicienne en 1960,* dans *AAAS* 11-12 (1961-62), p. 134-144.

[7] *Ibid.*, fig. 13 et 19 droite.

[8] J.W. BETLYON, *The Coinage and Mints of Phoenicia. The Pre-Alexandrine Period,* Chico 1980, p. 80 ss. Cette représentation apparaît vers 430 av. J.-C., avec une galère au revers. L'auteur exclut Melqart en raison de sa prétendue nature chthonienne.

L'autre document intéressant d'Arados est une bilingue gréco-phénicienne datée de 25/4 av. J.-C.[9] La dédicace grecque est adressée «*à Hermès Héraclès*», les deux noms étant juxtaposés comme s'ils formaient une seule entité. En phénicien, les destinataires de l'inscription sont '*rm w mlqrt*, soit Hermès, en transcription phonétique, et Melqart. Ceci indique bien que le texte phénicien n'est qu'un rendu du grec et que l'interprétation des dieux helléniques n'atteint pas toujours le même degré[10]. Dans le cas présent, Hermès et Héraclès interviennent dans leur fonction typiquement grecque de protecteurs du gymnase d'Arados[11], de sorte que l'on en retiendra simplement le caractère «automatique», profond et réciproque, de l'assimilation Héraclès-Melqart en Phénicie.

3. Amrith

On dispose depuis peu, pour l'étude d'Amrith, la Marathos des sources classiques, de la synthèse de M. Dunand et N. Saliby[12]. L'aire des ruines d'Amrith, dans l'arrière-pays d'Arados, représente un quadrilatère jouxtant la mer sur près de 3 km, dominé par un tell et irrigué par plusieurs sources, ainsi que par le Nahr Amrith. C'est là, sur un socle rocheux, que surgit, au centre d'une grande cour taillée dans le roc, le *Ma'abed*, ce temple fouillé dans les années 50 et qui fut en usage entre la fin du VIe et le milieu du Ve siècle av. J.-C. Suite à son dégagement, il est apparu que ce monument était un *naos* placé au centre d'un bassin alimenté par une source et bordé de portiques (fig. 4). Des canalisations menaient l'eau jusqu'au saint des saints et fournissaient, après ce détour, une eau rituellement pure aux fidèles ; au centre du bassin, deux gros socles soutenaient sans doute deux piliers, selon une typologie fréquente au Proche-Orient ancien[13].

Pour identifier le ou les destinataires de ce prestigieux monument, on dispose de plusieurs indices. D'abord, le dispositif aquatique suggère qu'on y pratiquait le culte d'une divinité liée à la fécondité ou à la guérison. À proximité du *Ma'abed*, on a découvert une *favissa* où l'on dénombre une importante quantité de représentations héracléennes (fig. 5). Le dieu est figuré debout en attitude de vaillance, la jambe gauche en avant, brandissant du bras droit une massue disparue, l'autre bras restant collé au corps

---

[9] *IGLS* VII, n°4001, p. 25-26. Cf. L. Robert, *Études anatoliennes*, Paris 1937, p. 79, n. 8 ; J.-P. Rey-Coquais, *Arados et sa Pérée*, Paris 1974, p. 25.

[10] S. Ribichini, *Poenus advena*, Rome 1985, p. 96-98 ; M.-F. Baslez, *Cultes et dévotions des Phéniciens en Grèce : les divinités marines*, dans *St.Phoen.* IV, Namur 1986, p. 289-305.

[11] J. Delorme, *Gymnasion. Étude sur les monuments consacrés à l'éducation en Grèce*, Paris 1960.

[12] M. Dunand - N. Saliby, *Le temple d'Amrith dans la Pérée d'Aradus*, Paris 1985.

[13] Le parallèle fait par M. Dunand - N. Saliby, *op. cit.* (n. 10), p. 19, avec le temple de Jérusalem et le sanctuaire de Tyr appelle des remarques formulées précédemment, p. 39-40.

pour étouffer un lionceau. Il porte une tunique et une sorte de corset serré par une large ceinture ; la léonté repose sur sa tête et ses épaules, les pattes sont nouées sur la poitrine. Le visage est glabre. On a là de nouveau un type iconographique présentant de grandes affinités avec les représentations chypriotes d'Héraclès-Melqart. Sur la base de ces statues, on peut estimer que Melqart était honoré à Amrith [14]. Melqart apparaît encore à Amrith comme élément théophore du nom *Bdmlqrt* («*dans la main de Melqart*») porté par l'aïeul d'un des dédicants d'une inscription qui porte lui-même un nom théophore formé sur Eshmoun. Le nom du destinataire n'est malheureusement pas lisible et l'on évitera de spéculer inutilement sur son identité [15].

Eshmoun est plus formellement attesté dans une inscription figurant au bas d'une statue fragmentaire découverte dans la *favissa* d'Amrith et qui pourrait appartenir au Vᵉ siècle av. J.-C. [16] P. Bordreuil y lit une dédicace *l 'dny l 'šmn*, «*à l'intention de son Seigneur Eshmoun*». Or, les environs d'Amrith fournissent diverses traces du culte d'Eshmoun, comme à Tell Kazel et à Sidon où il occupe une place prééminente dans le panthéon [17]. Étant donné ses fonctions bienfaisantes, liées peut-être à l'huile qui pourrait lui avoir donné son nom [18], le retrouver dans le sanctuaire thermal d'Amrith n'est pas de nature à nous étonner.

Eshmoun et Melqart figurent déjà côte à côte dans le traité signé entre Asarhaddon et Baal de Tyr, au VIIᵉ siècle av. J.-C. [19] Nous avons alors souligné l'arrière-plan politique qui pourrait sous-tendre ce rapprochement, mais aussi les puissantes analogies fonctionnelles de ces deux divinités, bienfaisantes et poliades [20]. Selon M. Dunand - N. Saliby, le lieu-dit la «source des serpents» a pu constituer une sorte de chapelle annexe au

---

[14] *Ibid.*, p. 41. Nous ne suivons pas les auteurs lorsqu'ils affirment que la dévotion de Melqart à Amrith devait être aussi ancienne qu'à Tyr et que Melqart est un avatar du Rashap giblite du second millénaire. Je remercie C. Jourdain-Annequin de m'avoir indiqué que l'objet manquant était bien une massue.

[15] *Ibid.*, p. 38 et une étude plus détaillée par P. BORDREUIL, *Le dieu Echmoun dans la région d'Amrit*, dans *St.Phoen.* III, Leuven 1985, p. 221-230, fig. 1-2. La dédicace aurait été faite avant le Vᵉ siècle av. J.-C. P. BORDREUIL, a relu l'inscription un peu différemment, cf. *Baalim III*, dans *Syria* 63 (1986), p. 417-418. Une lecture sensiblement différente chez É. PUECH, *Les inscriptions phéniciennes d'Amrit et les dieux guérisseurs du sanctuaire*, dans *Syria* 63 (1986), p. 327-342, qui propose certaines corrections dignes d'intérêt, mais restitue, sans fondement, le nom du destinataire de l'offrande comme étant Rashap.

[16] P. BORDREUIL, *art. cit.* (n. 13), p. 225 ss, fig. 3-6 ; É. PUECH, *art. cit.* (n. 15), p. 327-342.

[17] *Ibid.*, p. 229-230.

[18] E. LIPIŃSKI, *Eshmun «Healer»*, dans *AION* 33 (1973), p. 161-183 ; P. XELLA, *Sulla più antica storia di alcune divinità fenicie*, dans *ACFP 1*, vol. II, Rome 1983, p. 401-407.

[19] Cf. *supra*, p. 40-42.

[20] M. DUNAND - N. SALIBY, *op. cit.* (n. 13), p. 45, affirment qu'Eshmoun est devenu un dieu guérisseur qui écrase le mal suite à son association avec Melqart et que Melqart est l'ancêtre de nos chirurgiens (p. 55) !

milieu d'un bassin d'eau ; la découverte de nombreuses lampes révélerait la pratique de thérapies par incubation, à la manière de l'Asclépios grec.

Un ultime document, traditionnellement attribué à Amrith, mais provenant plutôt des environs, mérite notre attention : la fameuse stèle représentant un dieu monté sur un lion parcourant des montagnes, à la manière hittite, tenant un lionceau par les pattes. Il est coiffé d'une couronne égyptienne avec *uraeus*, tandis qu'un disque solaire ailé et un croissant lunaire surplombent l'ensemble. Une inscription phénicienne, placée entre les jambes du dieu et le dos du lion, l'identifie comme Shadrafa (photo dans *St.Phoen.* IV, p. 134, fig. 4). Son nom signifie «Shed a guéri» et, comme Asclépios, il est, dans l'iconographie palmyrénienne en particulier, un maître des serpents [21]. Il appartient donc à la même catégorie de divinités bienfaisantes ou thérapeutiques qu'Eshmoun et Melqart. Sa posture de maître des animaux manifeste son pouvoir sur les forces néfastes, à travers une iconographie hybride empruntant à diverses civilisations et difficile à dater, sans doute au VIᵉ-Vᵉ siècle av. J.-C.

On constate donc une prolifération de théonymes traduisant des attributions apparentées dans le domaine de la santé ou du bien-être. S'agit-il de cultes distincts, regroupés dans un seul sanctuaire, ou plutôt d'un culte unique, dont le profil nous apparaît assez clairement, mais qui trouve diverses expressions peut-être en fonction de l'origine des dédicants ? [22]

4. Byblos

Le panthéon giblite, dominé par la Baalat Gubal, laissait sans doute peu de place à un dieu étranger de l'envergure de Melqart. Seule une anse d'amphore estampillée a conservé le nom théophore *Gr[m]lqrt*, «*Client de Melqart*» [23]. Mais il faut aussi faire état d'un passage du *De Iside et Osiride* de Plutarque [24]. Relatant le voyage d'Isis à Byblos dans l'intention de retrouver le corps de son époux Osiris, Plutarque cite, comme couple régnant en ces temps mythiques, Malcandros et Astarté. Le nom de Malcandros pourrait être une déformation de Melqart qui apparaît de fait dans un passage d'Eusèbe de Césarée sous la forme assez proche de Melkathros [25]. On aurait alors chez Plutarque le couple divin tyrien par excel-

---

[21] A. CAQUOT, *Chadrafa, à propos de quelques articles récents*, dans *Syria* 29 (1952), p. 74-88 ; J. TEIXIDOR, *The Pantheon of Palmyra*, Leyde 1979, p. 101-106, qui propose une étymologie par l'iranien *ḫštrpty*, «Seigneur» qui aurait été interprété en sémitique par «Shed guérit». Pour l'iconographie, M. YON, *À propos de l'Héraclès de Chypre*, dans *op. cit.* (n. 3-1986), p. 287-297.

[22] É. PUECH, *art. cit.* (n. 15), p. 327-342 : conclusions identiques, mais un Rashap inexistant.

[23] C. VIROLLEAUD, *Les travaux archéologiques en Syrie en 1922-23*, dans *Syria* 5 (1924), p. 113-122, surtout p. 119.

[24] PLUTARQUE, *De Iside et Osiride* 15. Cf. J. HANI, *La religion égyptienne dans la pensée de Plutarque*, Paris 1976, p. 77-78.

[25] EUSÈBE, *PE* I 10, 27, 4.

lence, celui formé de Melqart et Astarté, et le Béotien aurait transféré à Byblos une tradition tyrienne. N'est-il pas significatif que Malcandros soit *roi* et que, pour rendre son fils immortel, Isis le passe au feu ? Ces arguments n'empêchent cependant pas certains de pencher en faveur d'autres interprétations du nom de Malcandros, en le mettant en relation avec une expression sacrificielle [26].

5. Sidon

On relèvera l'existence, dans la grande métropole phénicienne, de monnaies frappées par le roi Ba'ana' dont les figurations pourraient bien renvoyer à Melqart [27]. Ces exemplaires datent de 430 av. J.-C. et montrent au droit ou au revers, selon les types, un Héraclès armé de la massue tenant un petit lion par les pattes ou la queue. Si le style a pu paraître chypriote à certains, le parallèle avec d'autres monnaies de Sidon est bien plus probant que celui avec les monnaies de Kition où Héraclès porte la léonté et l'arc, mais jamais un petit lion. L'attribution à Sidon repose d'abord sur le nom du dynaste, connu désormais comme roi de Sidon à une époque contemporaine de la frappe des monnaies, mais aussi sur l'autre type monétaire qui figure en alternance avec Héraclès sur le monnayage de Ba'ana' On y voit en effet un roi vêtu à la perse en train de poignarder un lion dressé sur ses pattes. Or, ce type est bien attesté à Sidon dans le monnayage d'autres dynastes. Ce rapprochement nous fournit en outre la clé d'une identification possible entre le roi d'une part et Melqart-Héraclès de l'autre, tous deux étant représentés dans des attitudes fort semblables.

On relèvera encore, en provenance de Sidon, un fragment de statuette en terre cuite représentant, selon son éditeur, un Héraclès à la léonté, à nouveau selon un modèle tout à fait hellénisé [28].

---

[26] Cf. J. HANI, *op. cit.* (n. 24), p. 77-78, préfère une étymologie par «malk-addir» ; M. WEINFELD, *The Worship of Molech and the Queen of Heaven and its Background*, dans UF 4 (1972), p. 131-154, surtout p. 138 rapproche Malcandros de *mlk 'dm* qu'il considère comme une épithète divine, «roi des hommes», et non comme un terme sacrificiel. Mais M.G. AMADASI GUZZO, *La documentazione epigrafica dal* tofet *di Mozia e il problema del sacrificio* molk, dans *St.Phoen.* IV, Namur 1986, p. 189-207, a désavoué cette interprétation. Favorable à Melqart, S. RIBICHINI, *op. cit.* (n. 8), p. 65.

[27] G.F. HILL, *BMC. Phoenicia*, Londres 1910, p. CXLIV-CXLV, pl. XLV, 2-4 ; L. MILDENBERG, *Baana. Preliminary Studies of the Local Coinage in the Fifth Persian Satrapy : Part 2*, dans *Eretz-Israel* 19 (M. Avi-Jonah Memorial Volume, 1987), p. 28-35. Sur Ba'ana', roi de Sidon, cf. M. DUNAND, *Nouvelles inscriptions phéniciennes du temple d'Echmoun à Bostan ech-Cheikh, près de Sidon*, dans *BMB* 18 (1965), p. 105-109 ; E. LIPIŃSKI, *Le Ba'ana' d'Idalion*, dans *Syria*, p. 379-382. Pour les images d'Héraclès sur le monnayage sidonien d'Alexandre, cf. E.T. NEWELL, *The Dated Alexander Coinage of Sidon and Ake*, New Haven-Londres-Oxford 1916 (réimpr. 1980).

[28] G. CONTENAU, *Mission archéologique à Sidon (1914)*, dans *Syria* 1 (1920), p. 287-317, surtout p. 311.

6. Sarepta

Sarepta apparaît dès le VIIIᵉ siècle av. J.-C. dans les Annales Assyriennes comme une dépendance de Tyr ; le pseudo-Scylax et Achille Tatius répéteront les liens qui unissent les deux cités [29]. Une inscription grecque de Pouzzoles nous apprend qu'en 79 ap. J.-C., «*le dieu saint de Sarepta s'est embarqué de Tyr vers Pouzzoles ; Abdelim a mené (l'expédition), conformément à l'ordre du dieu*» [30] : κατέπλευσεν ἀ[πὸ] Τύρου εἰς Ποτι[ό]λοις θεὸς [ἅγ]ιος [Σ]αρεπτηνό[ς] ἤγαγεν ['Αβδ]ηλειμ κατ' ἐπιστο[λὴν τοῦ θεοῦ] [31]. Cet événement trouve un écho à Sarepta même dans une dédicace probablement réalisée au départ de l'expédition : θεῷ ἁγίῳ Σαραπτηνῷ Συνέγδημος εὐξάμενος ἀνέθηκεν, «*au dieu saint de Sarepta, Synegdemos a fait cette offrande votive*» [32]. Enfin, au dieu saint de Sarepta est encore adressée une dédicace grecque figurant sur les marches d'un autel découvert à Sarepta [33].

Un dieu saint local accompagna donc les habitants de Sarepta partis de Tyr pour Pouzzoles. Or, les relations entre Tyr et Sarepta, établie sur une colline à proximité de la côte, mais ne possédant pas de port, furent pour des raisons politiques et naturelles fort étroites [34]. Leur céramique presque identique en est l'indice [35]. Se pourrait-il que Sarepta ait adopté certains cultes tyriens ? L'épithète de ἅγιος est parfois accolée à Héraclès-Melqart, notamment à Tyr dans une inscription contemporaine de celles de Sarepta [36]. Pouzzoles, qui accueillit les commerçants phéniciens, en particu-

---

[29] H.J. Katzenstein, *The History of Tyre*, Jérusalem 1973, p. 252, revu par J. Elayi, *Les relations entre les cités phéniciennes et l'empire assyrien sous le règne de Sennachérib*, dans *Semitica* 35 (1985), p. 19-26 ; Ps.-Scylax, 104 (=*GGM* I, p. 78-79) ; Achille Tatius II 17.

[30] C.C. Torrey, *The Exiled God of Sarepta*, dans *Berytus* 9 (1948). p. 45-49. Voir déjà les remarques de Ch. Clermont-Ganneau, *Le Phénicien Theosebios de Sarepta et son voyage à Pouzzoles*, dans *RAO* IV, Paris 1901, p. 226-237 ; Id., *De Tyr à Pouzzoles*, dans *Florilegium M. de Vogüë*, Paris 1909, p. 111-128 ; *OGIS* 594 = *IGRR* 420.

[31] Le mot *elim* qu'on lisait dans ce texte a donné lieu à diverses interprétations. Il faut sans doute adopter la restitution proposée par J.T. Milik, *Les papyrus araméens d'Hermoupolis et les cultes syro-phéniciens*, dans *Biblica* 48 (1967), p. 546-622, surtout p. 576. Il estime en outre que le dieu saint n'est pas celui de Sarepta, mais de Ḥaremtâ/'Aramtâ, à une vingtaine de kilomètres au sud-est de Sidon. Une dédicace à Baal Marqod fut réalisée sur ordre du θεοῦ 'Αρεμθηνοῦ (*IGRR* III 1081). Mais la leçon 'Αρεπτηνό[ς] dans l'inscription de Pouzzoles s'explique par le fait que le mot précédent [ἅγ]ιος se termine par un *sigma*.

[32] J. et L. Robert, *Bull. épigr.*, dans *RÉG* 62 (1949), p. 148, n°196 font de Συνέγδημος un anthroponyme, qui ne peut manquer dans une dédicace, plutôt que «*compagnon d'exil*».

[33] J.B. Pritchard, *Recovering Sarepta*, Princeton 1978, p. 44, fig. 16.

[34] J.B. Pritchard, *Sarepta. A Preliminary Report on the Iron Age*, Philadelphia 1975 ; Id., *op. cit.* (n. 33) p. 43-45 ; Id., *The Tannit Inscription from Sarepta*, dans *Phönizier im Westen*, Mainz 1982, p. 83-92 ; Id., *Sarepta and Phoenician Culture in the West*, dans *ACFP* 1, vol. II, Rome 1983, p. 521-525.

[35] P.M. Bikai, *Tyre, Report on an Excavation, 1973-1974*, Appendice I : *A Preliminary Comparison of the Type Series of Tyre with the Type Series of Sarepta*, Ann Arbor 1976.

[36] Cf. *supra*, p. 62-63.

en Sardaigne[83]. L'homophonie entre Ḥoron, prononcé «Haurôn», et Auronas en grec, ainsi que l'origine syro-palestinienne des dédicants plaident en faveur de l'identité entre ces deux théonymes. Un troisième argument jadis mis en avant doit cependant être écarté. Dans le poème ougaritique de Keret, Ḥoron est suivi du terme *ybn*, dans lequel certains ont cru reconnaître la localité de Jamnia[84]. À cette interprétation, il faut substituer celle qui traduit *ybn* par «*mon fils*».

Dans la seconde dédicace, Héraclès est associé aux ἄνω θεοί, dans lesquels il faut voir soit la désignation traditionnelle des Olympiens, soit l'évocation des dieux du Cynthe voisin. Mais ce qui nous intéresse ici au premier chef, c'est de tenter de savoir si l'Héraclès qu'honorent les citoyens de Jamnia recouvre Melqart car la plaine philistine a subi une forte influence phénicienne[85]. Mais les principales informations sur le panthéon de Jamnia, nous devons les chercher dans la Bible : c'est ce qu'a fait I. Lévy[86]. Le second livre des *Maccabées* nous apprend que pour affronter les périls de la guerre, certains Juifs portaient des amulettes «*des faux dieux de Jamnia*»[87]. Il s'agissait donc de divinités secourables, bénéficiant d'un certain prestige. À l'époque de ce témoignage, soit au IIe siècle av. J.-C., Jamnia fait figure de capitale de la région, alors qu'auparavant, elle dépendait d'Ekron. Or, dans le *Livre des Rois*, apparaît le dieu principal d'Ekron, Baal Zebub, que l'on peut comprendre comme le «Maître des mouches», mais qui est plus certainement une déformation dépréciative de Baal Zebul, «Baal le Prince»[88]. Celui-ci avait le pouvoir de guérir car le roi d'Israël Achazias, grièvement blessé, fit appel à lui, déchaînant les foudres du prophète Élie. Cet exorciseur de démons, ce dieu protecteur et

---

[83] Nous consacrerons un chapitre ultérieur aux cultes d'Antas, cf. *infra*, p. 262-264.

[84] *KTU* 1.16 VI 54 ss : *wy'ny.Krt.ṯ'. / yṯbr.ḥrn.ybn.* Ce qui se rend par : «*Et répond Keret, le noble : 'que brise Ḥoron, mon fils...'*».

[85] Ps.-Scylax 104 (=*GGM* I, p. 79) affirme qu'Ascalon est une cité tyrienne ; cf. aussi la découverte récente dans cette zone d'un comptoir phénicien, E. Oren - N. Fleming - S. Koknberg - R. Feinstein - P. Naḥshoni, *A Phoenician Emporium on the Border of Egypt*, dans *Qadmoniot* 19 (1986), p. 83-91 (en hébreu).

[86] I. Lévy, *Recherches esséniennes et pythagoriciennes*, Genève 1975, p. 65-71.

[87] *II Maccabées* 12,40.

[88] *II Rois* 1,2. Sous la forme Βεελζεβούλ, il est, dans le Nouveau Testament, le prototype du dieu étranger, du rival abhorré d'Israël, puis, comme Belzebuth, il est le démon par excellence dans toute la littérature moderne. Sur ses origines à Ekron, F.C. Fensham, *A Possible Explanation of the Name Baal-Zebub of Ekron*, dans *ZAW* 79 (1967), p. 361-364, qui relève l'épithète ougaritique de Baal : *zbl*, «seigneur», et la rapproche de la qualification de El comme *ḏbb*, «flamme». Baal Zebub, plutôt qu'une déformation de *zbl*, serait une épithète mettant l'accent sur la maîtrise du feu par le Baal d'Ekron. L'auteur rappelle l'épisode du Mont Carmel où le feu est l'instrument par excellence du départage entre le vrai et le faux dieu ; cf. aussi J. Gamberoni, art. *zᵉbul*, dans *ThWAT* II, Stuttgart 1977, col. 531-534 ; Ch. Fontinoy, *Les noms du diable et leur étymologie*, dans *Orientalia J. Duchesne-Guillemin emerito oblata*, Leyde 1984, p. 157-170.

bienfaiteur aurait été, selon I. Lévy, adopté par la cité voisine et dépendante de Jamnia, et c'est lui qui apparaîtrait sous la forme d'Héraclès à Délos. Mais il faut dire que ce que nous savons d'Horon correspond fort bien au profil du Baal d'Ekron, si l'hypothèse d'un panthéon commun est valide. Au terme de cette analyse, nous ne pouvons affirmer que l'Héraclès de Jamnia soit Melqart. Nous devons nous contenter de prendre acte de certaines affinités fonctionnelles entre Horon et Héraclès-Melqart, sans pouvoir dégager avec certitude leurs antécédents éventuels.

11. Ascalon

Une inscription fort mutilée, découverte à Ascalon et datant de 177/8 ap. J.-C., permet de lire le terme ἐγερσ[... suivi du mot προέδρου [89]. À partir de ces bribes de texte, on peut émettre l'hypothèse qu'il existait à Ascalon une fonction de «*ressusciteur*», ἐγερσείτης, assumée par un magistrat de première importance, le président de l'assemblée. Cette reconstitution trouve d'ailleurs des arguments ultérieurs. D'abord le nom d'un Ascalonite de Démétrias en Thessalie [90] : Μεττουνμιχιμ. Le premier élément signifie «don de», mais le second est plus insolite. Il fonctionne de toute évidence ici comme un élément théophore. Selon M. Sznycer, il pourrait s'agir d'une épithète divine inconnue à ce jour ou de l'abréviation du titre *mqm 'lm* attesté à plusieurs reprises dans le monde punique pour désigner le «ressusciteur de la divinité», un officiant religieux sans doute attaché au culte de Melqart.

Il faut enfin signaler, pour clore le dossier ascalonite, une inscription provenant de Canope en Égypte et recelant une dédicace faite par un Ascalonite à Zeus Hélios le Grand Sarapis [91]. Or ce qu'il offre à Sarapis, c'est une image d'Héraclès Baal l'invincible, son dieu ancestral : θεὸν πάτριόν μου Ἡρακλῆ Βῆλον ἀνείκετον. Il semble donc vraisemblable que les Ascalonites aient adopté le culte de Melqart, dont ils célébraient l'*egersis* annuelle, avec la participation d'un «ressusciteur», issu de l'élite sociale. Grâce aux inscriptions de Délos, nous connaissons d'autres divinités ascalonites : Astarté Palaistiné, appelée aussi Aphrodite Ourania, Zeus Ourios, le dieu du vent favorable, et Poséidon [92]. On relèvera la présence d'Astarté, si

---

[89] *IGRR* III 1210, l. 7-8. Rappelons que le Ps.-SCYLAX 104 (= *GGM* I, p. 79), faisait d'Ascalon une cité tyrienne.

[90] M. SZNYCER, *Deux noms de Phéniciens d'Ascalon à Démétrias*, dans *Semitica* 19 (1979), p. 45-52. Nous retrouverons l'élément *mqm* dans l'anthroponymie proche-orientale, cf. *infra*, p. 177.

[91] *IGRR* I 1092. Cf. SEYMOUR DE RICCI, *Bulletin épigraphique de l'Égypte romaine*, dans *Archiv für Papyrusforschung* 2 (1903), p. 450, n°87. Sur Sarapis, J.E. STAMBAUCH, *Sarapis under the Early Ptolemies*, Leyde 1972 ; W. HORNBOSTEL, *Sarapis*, Leyde 1973 ; cf. aussi E. WILL, *Bel*, dans *LIMC* III, 1986, p. 90-92.

[92] *ID* 1719, 1720, 1721, 2305. Cf. P. BRUNEAU, *op. cit.* (n.81), p. 241-242, 245-246, 474.

souvent présente là où Melqart est honoré. C'est du reste sur les monnaies d'Ascalon qu'apparaît Phanébalos, associée à une colombe et à une palme, en habit guerrier, et en qui il faut reconnaître l'Astarté-Aphrodite d'Ascalon, désignée par son épithète de «face de Baal»[93].

Bien rares sont les localités qui nous ont livré un dossier instructif sur le culte de Melqart en Syro-Palestine. Ce que ces attestations, trop souvent tardives et ambiguës, mettent en lumière, c'est bien davantage le profond syncrétisme entre Melqart et Héraclès. On peut en citer une ultime illustration : la toponymie. Il existe dans cette zone toute une série d'Ἡράκλεια, certaines localisées, d'autres non, mais dont on ne sait si elles témoignent de la promotion du culte d'Héraclès par Alexandre et ses successeurs ou de la présence dans le panthéon local d'un dieu «indigène» interprété en Héraclès[94].

La stèle d'Alep

À sept kilomètres environ d'Alep, dans le village de Breidj, petit bastion défensif de Syrie, fut découverte, juste avant la deuxième Guerre Mondiale, une stèle de basalte de plus d'un mètre de hauteur. Le site n'avait jusque là rien révélé d'antérieur à l'époque romaine ; l'objet pourrait provenir d'Alep. Sous la représentation d'un personnage divin, figure une inscription araméenne qui le désigne comme Melqart[95] : il s'agit de sa plus ancienne attestation directe (fig. 6).

Le dieu se présente debout, le corps de face, mais les jambes et la tête de profil. Il porte une coiffe conique ornée d'une frange de petits disques en relief. L'œil et l'oreille sont incisés grossièrement. Il porte une barbe, large à sa base et terminée par une pointe arrondie. Les cheveux tombent dans la nuque et se terminent par un bourrelet recourbé, trait que M. Dunand considère comme typique de l'art hittite. Le torse est nu, mais un vêtement frangé descend, en pointe, des reins le long de la jambe gauche, en dégageant la jambe droite portée en avant. Une ceinture le retient à la taille. Deux *uraei* tombent verticalement sur la face antérieure du vêtement et redressent la tête de manière antithétique. Les pieds sont nus. Le dieu

---

[93] Cf. G. FINKIELSZTEJN, *Phanébal, divinité d'Ascalon*, à paraître dans *St.Phoen.* IX. Sur les rapports avec Tanit, F.O. HVIDBERG-HANSEN, *La déesse TNT*, Copenhague 1979, p. 85.

[94] Cf. B. LOEWE, *Griechische Theophore Ortsnamen*, Tübingen 1936, p. 33-43. STÉPH. BYZ., s.v. Ἡράκλεια, énumère une quantité impressionnante de cités portant le nom d'Héraclès, dont certaines en Syrie et en Phénicie. On en connaît une appelée Héraclée-sur-mer, près de Lattaquié, dont un poids était frappé à l'effigie de Poséidon ; cf. H. SEYRIG, *Poids antiques de la Syrie et de la Phénicie, sous la domination grecque et romaine*, dans *BMB* 8 (1946-48), p. 37-79, surtout p. 69-70. Voir aussi PLINE, *H.N.* V 79 et STRABON XVI 2,8.

[95] M. DUNAND, *Stèle araméenne dédiée à Melqart*, dans *BMB* 3 (1939), p. 65-76 ; ID., *À propos de la stèle de Melqart au Musée d'Alep*, dans *BMB* 6 (1942-43), p. 41-45.

porte dans la main droite un objet que certains interprètent comme un signe *ankh*, d'autres comme une fleur de lotus. Enfin, sur l'épaule gauche, il porte une hache fenestrée, dont le manche, de forme particulière, rappelle à M. Dunand des objets semblables dans les représentations de Sémites sur les monuments égyptiens. L'artiste a fait preuve d'une grande application dans le rendu des détails, sans grand art.

Avant d'approfondir l'analyse iconographique, il est indispensable d'examiner la dédicace à Melqart. L'identité, et partant la chronologie, du dédicant sont en effet fort problématiques. Au bas de la stèle, quatre lignes d'araméen ont été gravées assez négligemment, dont la deuxième est particulièrement endommagée. C'est donc essentiellement le déchiffrement de ce passage qui a suscité nombre d'études[96]. On pourrait prendre comme texte de départ celui-ci :

> «*Stèle qu'a dressée Barha-*
> *dad, fils de [.... ca 10 ....]*
> *roi d'Aram, pour son maître Melqart*
> *à qui il a fait un vœu et (qui) a écouté sa*
> *voix.*»[97]

Qui est ce Barhadad ? M. Dunand le premier a songé à Barhadad II de Damas, tandis que W.F. Albright penchait plutôt en faveur de Barhadad I. Mis à part ces deux rois araméens du IXᵉ siècle av. J.-C., on a pensé à un membre de l'entourage royal : un prince couronné ou un régent selon F.M. Cross, le frère du roi Hazael et oncle de Barhadad II ou encore un dignitaire du royaume, selon E. Lipiński. Une des difficultés posées par ce document réside dans le synchronisme à établir avec les rois araméens mentionnés dans la Bible et liés à l'histoire d'Israël. On diverge aussi sur les

---

[96] R. DE VAUX, dans *BMB* 5 (1941), p. 9 ss ; W.F. ALBRIGHT, *A Votive Stele Erected by Ben-Hadad I of Damascus to the God Melcarth*, dans *BASOR* 87 (1942), p. 23-29 ; G. LEVI DELLA VIDA, *Some Notes on the Stele of Ben-Hadad*, dans *BASOR* 90 (1943), p. 30-32 ; A. HERDNER, *Dédicace araméenne au dieu Melqart*, dans *Syria* 25 (1946-48), p. 329-330 ; A. JEPSEN, *Zur Melqart-Stele Barhadads*, dans *AfO* 16 (1952-53), p. 315-317 ; *KAI* 201 ; E. LIPIŃSKI, *'Attarhapēš, the Forefather of Bar-Hadad II*, dans *AION* 31 (1971), p. 101-114 ; F.M. CROSS, *The Stele Dedicated to Melcarth by Ben-Hadad of Damascus*, dans *BASOR* 205 (1972), p. 36-42 ; E. LIPIŃSKI, *Studies in Aramaic Inscriptions and Onomastics* I, Leuven 1975, p. 18 ; J.C.L. GIBSON, *Textbook of Syrian Semitic Inscriptions* II. *Aramaic Inscriptions*, Oxford 1975, p. 3 ; W.H. SHEA, *The Kings of the Melqart Stela*, dans *Maarav* 1 (1979), p. 159-176 ; É PUECH, *L'ivoire inscrit d'Arslan Tash et les rois de Damas*, dans *RB* 88 (1981), p. 544-562 ; J. ANDREW DEARMAN - J. MAXWELL MILLER, *The Melqart Stele and the Ben Hadads of Damascus : Two Studies*, dans *PEQ* 1983, p. 95-101 ; P. BORDREUIL - J. TEIXIDOR, *Nouvel examen de l'inscription de Bar-Hadad*, dans *AO* 1 (1983), p. 271-276 ; E. LIPIŃSKI, *Inscripties uit Karatepe*, dans *Ex Oriente Lux* 1983, p. 46-54 ; A. LEMAIRE, *La stèle araméenne de Barhadad*, dans *Or.* 52 (1984), p. 337-349 ; E. LIPIŃSKI, *Nordsemitische Texte*, dans W. BEYERLIN (éd.), *Religionsgeschichtliches Textbuch zum Alten Testament*, Göttingen 1985, p. 246-247.

[97] *nṣb'.zy.šm br.h̊ / dd.br [.... ca 10 ....] / mlk 'rm lmr'h lmlqr̊ / t.zy nzr lh̊ wšm' lq̊l̊ / h.*

circonstances historiques qui ont présidé à l'érection de la stèle. Témoignage de l'époque où Barhadad II dominait encore la Syro-Palestine, avant de céder sous la menace d'Adad-Nirari, selon J. Andrew Dearman et J. Maxwell Miller ? Commémoration d'une victoire remportée sur Salmanasar III par le même roi en 853, dans la région d'Alep, conformément à l'hypothèse de W.H. Shea ? Célébration de l'alliance entre les royaumes araméens de Barhadad II et de Bargoush contre Zakkur, roi de Hamat et Lu'ash, vers 800 av. J.-C. ? Il n'est pas possible de trancher.

Le problème proprement paléographique n'est pas plus aisé à résoudre. Les datations proposées le sont généralement en fonction d'une hypothèse «historique». La paléographie araméenne ne fournit en effet que deux parallèles pour cette époque, sans compter que le système d'écriture de la stèle d'Alep ne s'avère pas homogène. Certains défendent donc une datation haute, dans la première moitié du IXe siècle av. J.-C. (Albright : 875-825 ; Shea : 853 ; Cross : 840), d'autres préfèrent au contraire une datation basse, aux alentours de 800 av. J.-C., qui semble de fait s'imposer de préférence à la première (Dunand, Lipiński, Andrew Dearman, Lemaire).

L'enseignement principal de ce document est donc que, vers 800 av. J.-C., le milieu royal araméen avait dédié, dans le nord de la Syrie, un ex-voto à Melqart. Le choix d'Alep, outre les préoccupations politiques qu'il reflète peut-être, mérite notre attention : pourquoi l'a-t-on préférée à Damas, la capitale du royaume araméen ?[98] La Syrie du nord et l'Anatolie ont livré des traces de présence et d'influence phéniciennes, et particulièrement tyriennes[99], qui pourraient rendre compte de la pénétration de Melqart dans cette zone, mais notre stèle est la manifestation isolée d'un acte de dévotion accompli par un roi araméen ou l'un de ses proches. Les alliances politiques étaient souvent scellées par voie matrimoniale, mais

---

[98] Seuls P. BORDREUIL - J. TEIXIDOR, *art. cit.* (n. 96), p. 271-276, estiment qu'il ne s'agit pas du roi damascène, mais du dynaste d'Aram bet-Reḥob. Quant à J. MATTHERS (éd.), *The River Qoueiq, Northern Syria, and its Catchment. Studies Arising from the Tell Rifa'at Survey 1977-1979* (BAR Int. Ser. 98), Oxford 1981, p. 416, il estime qu'il y a à Breidj beaucoup de matériel de réemploi et que la stèle aurait été importée «at any time from any site».

[99] I. WINTER, *On the Problems of Karatepe : the Reliefs and their Context*, dans *An.St.* 29 (1979), p. 115-151 ; G. KESTEMONT, *Les Phéniciens en Syrie du Nord*, dans *St.Phoen.* III, Leuven 1985, p. 135-161 ; E. WARMENBOL, *La statuette égyptisante de Sfiré, en Syrie du Nord : une image d'orant de la première moitié du Ier millénaire av.n.è.*, *ibid.*, p. 163-180 (statuette provenant de Sfiré à 25 km au sud-est d'Alep, avec de possibles influences phéniciennes) ; E. LIPIŃSKI, *Phoenicians in Anatolia and Assyria, 9th-6th Century B.C.*, dans *OLP* 16 (1985), p. 81-90 ; R. LEBRUN, *Les relations entre le monde phénicien et le monde anatolien du XIIIe au Ve siècle av.n.è.*, dans *St. Phoen.* V, Leuven 1987, p. 23-33. On peut signaler, en vrac, des témoignages grecs parlant de colonies phéniciennes en Cilicie, la céramique phénicienne de Tarse, les inscriptions phéniciennes de Zinjirli et de Hassan-Beyli, les bilingues de Karatepe, la référence à la langue tyrienne dans une inscription en hiéroglyphes louvites de Carchémish, des sceaux phéniciens de type louvite, etc.

aussi par l'adoption des cultes marquants de l'allié. Les relations israélo-tyriennes en sont l'illustration. G. Levi Della Vida trouvait d'ailleurs à cette dédicace araméenne une tournure insolite qui aurait pu faire penser à un original phénicien. L'adoption «diplomatique» de Melqart aurait peut-être été favorisée par un rapprochement avec le dieu d'Alep, Hadad, dieu syrien de l'orage et dieu oraculaire ; cependant, la provenance d'Alep n'est pas assurée pour notre document.

L'analyse iconographique, que les affres du déchiffrement ont par trop éclipsée, mérite toute notre attention. Il ne faut perdre de vue que nous avons là l'*unique représentation assurée* de Melqart. Elle présente en outre l'avantage de nous le révéler à une époque où la contamination avec l'hellénisme ne s'est pas encore produite [100]. Mais on est immédiatement frappé par le caractère composite des éléments qui dessinent sa figure : costume assyrien selon M. Dunand ou syrien, tout comme la coiffe, selon W.F. Albright, touche égyptisante avec les *uraei* et le signe *ankh* ou le lotus. Or, le premier est le symbole de vie dans l'écriture hiéroglyphique, tandis que le lotus est un symbole de vie et de mort [101]. Cet attribut traduit donc bien le rapport fondamental qu'entretient Melqart avec le cycle naturel de l'existence.

La hache fenestrée n'est pas spécifique de Melqart. Elle apparaît dès le IIIe millénaire en Mésopotamie et sert d'abord d'arme dans l'aire syro-palestinienne de l'Âge du Bronze moyen [102]. On la retrouve à Byblos au début du IIe millénaire av. J.-C. dans les dépôts d'offrandes du Temple aux Obélisques, dit de Reshef, et, vers la même époque, dans une scène de rite funéraire de la tombe du «Signore dei capridi» à Ébla, où elle semble tenir la place d'insigne de la royauté. Elle servit d'attribut divin à Ougarit, puis à Chypre et dans le monde phénico-punique, notamment sur des sceaux [103]. E. Gubel l'a rencontrée sur un scarabée de 600 av. J.-C environ dans les mains d'une déesse [104] et A.M. Bisi s'y est intéressée à propos de terres cuites puniques représentant assez probablement Baal

---

[100] W.F. ALBRIGHT, *art. cit.* (n. 96), p. 23-29 ; M. BLACK, *The Milqart Stele*, dans D.W. THOMAS (éd.), *Documents from the Old Testament Times*, Londres 1958, p. 239-241, pl. 15 ; W. CULICAN, *Melqart Representations on Phoenician Seals*, dans *Abr-Nahrain* 2 (1960-61), p. 41-54 ; G. GARBINI, art. *Melqart*, dans *EAA*, Rome 1961, p. 995-996 ; G. WALLIS, *Melkart*, dans L. ROST - B. REICKE (éd.), *Biblisch-historisches Handwörterbuch* II, Göttingen 1964, p. 1186-1187.

[101] H. BEN YOUNES, *Contribution à l'eschatologie phénico-punique : la fleur de lotus*, dans *REPPAL* 1 (1985), p. 63-75.

[102] H. SEEDEN, *The Standing Armed Figurines in the Levant* (Prähistorische Bronzefunde 1,1), Munich 1980, p. 138 ; P. MATTHIAE, *Sulle asce fenestrate del 'Signore dei Capridi'*, dans *SEb* 3/3-4 (1980), p. 53-62.

[103] W. CULICAN, *art. cit.* (n. 100), p. 41-54.

[104] E. GUBEL, *An Essay on the Axe-Bearing Astarte and her Role in a Phoenician «Triad»*, dans *RSF* 8 (1980), p. 1-17.

Ḥammon [105]. Suffit-elle à identifier Melqart ? Certes non. Mais la hache
fenestrée portée par un dieu en position verticale pourrait bien être, ainsi
que le propose E. Gubel, un trait distinctif de l'iconographie de Melqart.
Nous examinerons ultérieurement ses occurrences plus tardives. Il convient
toutefois de rester très prudent car le système de représentations divines
des Phéniciens est encore mal connu et l'on n'est pas sûr que cette image
de Melqart soit vraiment «canonique».

G. Garbini note judicieusement à propos de cette représentation que
*«nonostante gli elementi egiziani che si sono rilevati, l'insieme del tipo mostra
una strettissima affinità con le raffigurazioni siro-hittite del dio della tempesta
Teshup-Hadad.»* [106] Pour se convaincre des propos de G. Garbini, il suffit
de comparer la stèle d'Alep aux monuments apparentés découverts notamment à Carchémish, Zinjirli, Arslan Tash, Till Barsip, Tell Aḥmar [107]. La
hache fenestrée, du reste, est à la fois un attribut guerrier, une marque de
souveraineté et le symbole de la foudre manipulée par le dieu de la
tempête [108]. Melqart n'étant pas un dieu guerrier, la hache qu'il arbore
souligne sa maîtrise des forces naturelles, comme le Teshup-Hadad d'Alep,
et son caractère de dieu-roi. L'adoption de Melqart, le Baal de Tyr, par
la dynastie araméenne du IXᵉ siècle av. J.-C. répond à des motivations qui
nous échappent dans leur détail, mais elle témoigne du renom, dès 800 av.
J.-C., du culte de Melqart. Elle s'accompagne peut-être d'un rapprochement entre Melqart et Teshup-Hadad d'Alep. En dépit de cet amalgame,
Melqart nous présente pour la première et la dernière fois son visage
authentifié par une dédicace, celui d'un dieu puissant, souverain, mais
situé «entre la vie et la mort».

13. Israël

Nous avons eu l'occasion dans les chapitres précédents de jeter quelque
lumière sur les relations entre Tyr et Israël. Leur intensité et leur persistance ont eu pour conséquence une contamination de la religion de Yahvé
par celle, ancestrale, de Baal et l'apparition de traits syncrétistes dans la
physionomie du premier [109]. Il semble qu'avant l'avènement de la dynastie

---

[105] A.M. Bisi, *Sull'iconografia di due terrecotte puniche di Ibiza*, dans *SM* 7 (1975), p. 19-40.
[106] G. Garbini, *art. cit.* (n. 100), p. 995-996.
[107] L. Woolley, *Carchémish*, Londres 1921 ; F. Thureau Dangin, dans *Syria* 10 (1929), p. 198 ss.
[108] A. Vanel, *L'iconographie du dieu de l'orage dans le Proche-Orient ancien jusqu'au VIIᵉ siècle av. J.-C.*, Paris 1965.
[109] G.W. Ahlström, *Aspects of Syncretism in Israelite Religion*, Lund 1963 ; N.C. Habel,
Yahweh versus Baal, New York 1964 ; F.E. Eakin, *Yahvism and Baalism before the Exile*, dans
JBL 84 (1965), p. 407-414 ; M. Smith, *Gli uomini del ritorno*, Vérone 1984 (éd. or. 1971), p.

des Omrides, au IXᵉ siècle av. J.-C., cette coexistence entre Yahvé et Baal n'ait pas été conflictuelle. Par la suite cependant, les prophètes en particulier insistèrent sur l'incompatibilité des deux dévotions et sur la nécessité d'extirper Baal d'Israël. On s'attachera ici, pour l'essentiel, à préciser la place éventuelle de Melqart dans ce phénomène.

Dans la première moitié du IXᵉ siècle av. J.-C., Achab, le roi d'Israël et successeur d'Omri, épousa Jézabel, la fille d'Ithobaal. Le *Livre des Rois* qualifie ce dernier de «*roi des Sidoniens*»[110], mais ceci peut simplement, comme dans certaines sources grecques, signifier «*roi des Phéniciens*». Flavius Josèphe lui donne le titre de «*roi des Tyriens et des Sidoniens*»[111] et aussi de «*prêtre d'Astarté*»[112]. On a émis l'hypothèse qu'à cette époque, il existait union politique entre Sidon et Tyr qui expliquerait la double qualité d'Ithobaal[113]. Selon J. Elayi[114], cette réalité est assurée pour la période qui va de la fin du IXᵉ siècle au troisième tiers du VIIIᵉ siècle av. J.-C., grâce aux Annales Assyriennes. Pour les périodes antérieures et postérieures, elle relève de l'hypothèse. Avec elle, Jézabel introduisit en Israël le culte d'un Baal que son mari adopta et en faveur duquel il fit construire un temple à Samarie[115]. Selon Flavius Josèphe, il était situé au cœur d'un ἄλσος, un bois sacré. Y. Yadin, qui s'est interrogé sur son emplacement, estime qu'il aurait pu s'élever à proximité du Carmel, voire sur le Mont lui-même[116]. En ce qui concerne son culte en Judée, le même auteur dégage des indices en faveur de sa localisation à Ramath Raḥel, à 3 km au sud de Jérusalem, où les fouilles ont livré les traces d'un vaste *temenos* du VIIIᵉ, peut-être même du IXᵉ siècle av. J.-C., avec des objets de culte d'inspiration phénicienne ; mais cette hypothèse demande naturellement à être confirmée.

---

33 ss ; G. GARBINI, *Gli Ebrei in Palestina : yahvismo e religione fenicia*, dans *Forme di contatto e processi di trasformazione nelle società antiche*, Pise-Rome 1983, p. 899-910. La synthèse la plus récente sur le sujet est celle de B. PECKHAM, *Phoenicia and the Religion of Israel : the Epigraphic Evidence*, dans P.D. MILLER - P.D. HANSON - S.D. MAC BRIDE (éd.), *Ancient Israelite Religion. Essays in Honor of F.M. Cross*, Philadelphia 1987, p. 79-99.

[110] *I Rois* 16,31.

[111] FLAVIUS JOSÈPHE, *A.J.* VIII 13,1. Sur la figure de cette reine étrangère, J.A. SOGGIN, *Jezabel oder die fremde Frau*, dans *Mélanges Cazelles*, Kevelaer-Neukirchen-Vluyn 1981, p. 453-459. Cf. aussi F.C. FENSHAM, *The Relationship between Phoenicia and Israel during the Reign of Akab*, dans *ACFP 1*, vol. II, Rome 1983, p. 589-594.

[112] FLAVIUS JOSÈPHE, *Contre Apion* I 123.

[113] H.J. KATZENSTEIN, *op. cit.* (n. 28), p. 129-134.

[114] J. ELAYI, *art. cit.* (n. 28), p. 19-26.

[115] *I Rois* 16,33 ; *II Rois* 10,26. Cf. M. DELCOR, *Les cultes étrangers en Israël au moment de la réforme de Josias, d'après 2 Rois 23. Étude de religions sémitiques comparées*, dans *Mélanges Cazelles*, Kevelaer-Neukirchen-Vluyn 1981, p. 91-123.

[116] Y. YADIN, *The 'House of Ba'al' of Ahab and Jezabel in Samaria and that of Athalia in Judah*, dans *Archaeology in the Levant. Essays for K. Kenyon*, Warminster 1978, p. 127-135.

De nombreux prêtres et prophètes installés à la cour de Jézabel avaient en charge le culte de Baal. Le texte biblique parle de 450 prophètes[117]. Cette implantation entraîna la persécution des adversaires du baalisme et trouva un écho particulièrement favorable dans les classes privilégiées de la société. De nombreux tessons, en provenance de Samarie, attestent le foisonnement des noms théophores formés sur Baal[118]. Dans le royaume de Juda, après la mort d'Athalie, fille d'Achab et Jézabel, la maison de Baal fut dévastée par la population, ses autels brisés et son prêtre, portant le nom phénicien de Mattân, mis à mort[119]. Mais le culte de Baal resurgit régulièrement en Israël. Dans le royaume du sud, sous le règne de Manassé, entre 687 et 642, les autels de Baal furent remis à l'honneur[120]. Son fils Amôn, entre 642 et 640, suivit ses traces[121]. C'est seulement sous le règne de Josias, entre 640 et 609, que l'on revint à l'orthodoxie yahviste. C'est précisément à cette époque, pour appuyer l'effort de redressement religieux entrepris par le roi, que Sophonie adressa ses prophéties aux habitants du royaume de Juda[122]. Dieu, annonce-t-il, va supprimer ce qui reste de Baal, ses officiants, ses prêtres et ses fidèles que le prophète désigne ainsi : «*ceux qui jurent par leur dieu* Mlkm»[123]. Le texte hébreu donne *Mlkm*, que le grec de la Septante a rendu par «*leur roi*» et le latin de la Vulgate par «*Melchom*». Il peut s'agir soit de Milkom, le dieu des Ammonites, soit d'un Baal-Roi implanté en Israël[124]. Ce passage attire notre attention sur l'importance du dieu *Mlk*, à partir duquel est précisément formé le nom de Melqart. Un cas semblable est attesté dans un passage d'*Amos* (1,15) ; tous deux posent le problème, récemment réexaminé, du culte de Molek en Israël et de sa parenté avec les dieux syro-palestiniens formés sur la même racine[125].

---

[117] *I Rois* 18,19. La transmission de ce passage pose problème. La mention de quatre cents prophètes d'Ashéra est probablement une interpolation. Origène semble l'indiquer par un signe diacritique apposé près de ce passage, cf. J.A. MONTGOMERY, *A Critical and Exegetical Commentary on the Books of Kings*, Edimbourg 1951, p. 310.

[118] A. LEMAIRE, *Inscriptions hébraïques* I. *Les ostraca* (LAPO 9), Paris 1977.

[119] *II Rois* 11,18 ; *II Chron.* 23,17.

[120] *II Rois* 21,3 ; *II Chron.* 33,3. Sur cette période, cf. M. SMITH, *op. cit.* (n. 109), p. 33-76.

[121] *II Rois* 21,21-22.

[122] *Sophonie* 1,4.

[123] *Sophonie* 1,5. Cf. G. ÖSTBORN, *Yahweh and Baal. Studies in the Book of Hosea and Related Documents*, Lund 1956, p. 55. À ce sujet, J. TREBOLLE BARRERA, *La transcripción* ךלא = μόλοχ, *historia del texto e historia de la lengua*, dans *AO* 5/1 (1987), p. 125-128, qui montre que les versions anciennes, hébraïque et grecque, ne portent jamais *mlk*, mais *mlkm*.

[124] Il existe, dans la littérature biblique, plusieurs attestations de la formule «*Yahweh mālak*» qui semble être l'adaptation de «*Baal mālak*». Déjà dans les textes accadiens et ougaritiques, cette proclamation de la royauté divine existe comme profession de fidélité, cf. E. LIPIŃSKI, *La royauté de Yahvé dans la poésie et le culte de l'ancien Israël*, Bruxelles 1965, p. 389-390.

[125] Cf. M. WEINFELD, *art. cit.* (n. 27), p. 131-154. Pour une possible contamination entre Melqart et Milkom, le dieu des Ammonites, cf. *infra*, notre chapitre sur Amman, p. 145-148. Sur

Ce premier tour d'horizon nous permet de mieux cerner la problématique qui est la nôtre. En raison de la possible origine tyrienne de Jézabel, pouvons-nous considérer que son Baal, voire celui que l'Ancien Testament oppose régulièrement à Yahvé, est Melqart ? Certes Flavius Josèphe, après avoir souligné la perversité du caractère de Jézabel, rappelle qu'elle a fait bâtir un temple «*au dieu tyrien que l'on appelle Bel*» : καὶ ναὸν τῷ Τυρίῳ θεῷ ὃν Βελίαν προσαγορεύουσιν ᾠκοδόμησε[126]. Il paraît dès lors assez probable que le Baal implanté par Jézabel ait été Melqart, mais la figure biblique de Baal ne se réduit pas à lui ; elle est un succédané des Baalim syro-palestiniens, en tant qu'adversaires de Yahvé. Cette perspective va nous apparaître encore davantage avec le texte si débattu du *Livre des Rois* qui relate le défi d'Élie aux prophètes de Baal sur le Mont Carmel[127]. L'ensemble des commentaires insiste à juste titre sur le caractère exemplaire de l'affrontement qui doit départager le vrai du faux dieu et dans lequel la figure «légendaire» d'Élie joue un rôle central[128]. Les données historiques relatives au culte du Baal introduit par Jézabel sont donc remaniées en fonction d'une perspective d'édification yahviste, par une démarche théologique[129].

Par sa politique contraire à l'Alliance, le roi Achab s'est attiré les foudres d'Élie. Or, voici que sévissait en Samarie une sécheresse prolongée. Yahvé inspire alors à Élie le comportement suivant. Il réclame d'Achab que tout le peuple d'Israël et les prophètes impies le rejoignent sur le Mont Carmel[130], un promontoire rocheux situé au sud de Tyr, entre Ptolémaïs et Jamnia. Il est possible que David en ait fait un territoire israélite

Molek, la mise au point de G.C. HEIDER, *The Cult of Molek : A Reassessment*, Sheffield 1985 (pour les passages de Sophonie et Amos, p. 301-310, 332-336).

[126] FLAVIUS JOSÈPHE, *A.J.* VIII 13.

[127] *I Rois* 18,20-40, à mettre en parallèle avec FLAVIUS JOSÈPHE, *A.J.* VIII 8,1-6.

[128] La biliographie relative à ce passage est considérable. On retiendra A. MARMORSTEIN, *The Contest between Elijah and the Prophets of Baal*, dans *SMSR* 9 (1933), p. 29-37 ; R. DE VAUX, *Les prophètes de Baal sur le Mont Carmel*, dans *BMB* 5 (1941), p. 7-20 ; J.A. MONTGOMERY, *op. cit.* (n. 117), p. 298-318 ; J. GRAY, *I-II Kings. A Commentary*, 2e éd., Chatham 1970 (1e éd. 1964), p. 383-405 ; L. BRONNER, *The Stories of Elijah and Elisha as Polemics against Baal Worship*, Leyde 1968 ; A. JEPSEN, *Elia und das Gottesurteil*, dans *Near Eastern Studies in Honor of W.F. Albright*, Baltimore 1971, p. 291-306 ; F.C. FENSHAM, *A Few Observations on the Polarisation between Yahweh and Baal in* I Kings *17-19*, dans *ZAW* 92 (1980), p. 227-236 ; S.J. DE VRIES, *1 Kings* (World Biblical Commentary 12), Waco 1985, p. 211-231.

[129] Les témoignages sur Achab et Jézabel sont deutéronomistes, donc fortement polémiques à l'égard du royaume du Nord, cf. J.A. SOGGIN, *La religione fenicia nei dati della Bibbia*, dans *RelFen*, Rome 1981, p. 81-88. Pour la chronologie du *Livre des Rois*, cf., en dernier lieu, A. LEMAIRE, *Vers l'histoire de la rédaction des Livres des Rois*, dans *ZAW* 98 (1986), p. 221 ss.

[130] Sur l'éventuelle équation Cap sacré = Carmel, E. LIPIŃSKI, *Note de toponymie historique : Ba'ali-ra'ši et ra'šu qudšu*, dans *RB* 78 (1981), p. 84-92. *Contra*, J. ELAYI, *Ba'lira'ši, Resha, Reshba'l, étude de toponymie historique*, dans *Syria* 58 (1981), p. 331-341, songe plutôt au toponyme Reshba'l, à hauteur de Tripoli.

et un lieu de culte de Yahvé. Toujours est-il qu'Élie trouve son autel démoli et son culte supplanté par celui de Baal. Le défi qu'il lance va décider du véritable maître des lieux. Seul celui qui sera capable de provoquer spontanément un holocauste de la victime possède la puissance divine, apte à mettre un terme à la sécheresse par l'arrivée de la pluie [131].

«Achab convoqua tout Israël et rassembla les prophètes sur le mont Carmel. Élie s'approcha de tout le peuple et dit : 'Jusqu'à quand clocherez-vous des deux jarrets ? Si Yahvé est Dieu, suivez-le ; si c'est Baal, suivez-le.' Et le peuple ne put rien lui répondre. Élie poursuivit : 'Moi, je reste seul comme prophète de Yahvé, et les prophètes de Baal sont quatre cent cinquante. Donnez-nous deux jeunes taureaux ; qu'ils en choisissent un pour eux, qu'ils le dépècent et le placent sur le bois, mais qu'ils n'y mettent pas le feu. Moi, je préparerai l'autre taureau et je n'y mettrai pas le feu. Vous invoquerez le nom de votre dieu et moi, j'invoquerai le nom de Yahvé : le dieu qui répondra par le feu, c'est lui qui est Dieu.' Tout le peuple répondit : 'C'est bien.' Élie dit alors aux prophètes de Baal : 'Choisissez-vous un taureau et commencez, car vous êtes les plus nombreux. Invoquez le nom de votre dieu, mais ne mettez pas le feu.' Ils prirent le taureau et le préparèrent, et ils invoquèrent le nom de Baal, depuis le matin jusqu'à midi, en disant : 'O Baal, réponds-nous !' Mais il n'y eut ni voix ni réponse ; et ils dansaient en pliant le genou devant l'autel qu'ils avaient fait. À midi, Élie se moqua d'eux et dit : 'Criez plus fort, car c'est un dieu : il a des soucis ou des affaires, ou bien il est en voyage ; peut-être il dort et il se réveillera !' Ils crièrent plus fort et ils se tailladèrent, selon leur coutume, avec des épées et des lances jusqu'à l'effusion du sang. Quand midi fut passé, ils se mirent à vaticiner jusqu'à l'heure de la présentation de l'offrande, mais il n'y eut aucune voix, ni réponse, ni signe d'attention.

Alors Élie dit à tout le peuple : 'Approchez-vous de moi' ; et tout le peuple s'approcha de lui. Il répara l'autel de Yahvé qui avait été démoli. Élie prit douze pierres, selon le nombre des tribus des fils de Jacob, à qui Dieu s'était adressé en disant : 'Ton nom sera Israël', et il construisit un autel au nom de Yahvé. Il fit un canal d'une contenance de deux boisseaux de semence autour de l'autel. Il disposa le bois, dépeça le taureau et le plaça sur le bois. Puis il dit : 'Emplissez quatre jarres d'eau et versez-les sur l'holocauste et sur le bois', et ils firent ainsi ; il dit : 'Doublez' et ils doublèrent ; il dit : 'Triplez' et ils triplèrent. L'eau se répandit autour de l'autel et même le canal fut rempli d'eau. À l'heure où l'on présente l'offrande, Élie le prophète s'approcha et dit : 'Yahvé, Dieu d'Abraham, d'Isaac et d'Israël, qu'on sache aujourd'hui que tu es Dieu en Isarël, que je suis ton serviteur et que c'est par ton ordre que j'ai accompli toutes ces choses. Réponds-moi, Yahvé, réponds-moi, pour que tout ce peuple sache que c'est toi, Yahvé, qui es Dieu et qui convertis leur cœur !' Et le

---

[131] Traduction Bible de Jérusalem. Sur le rôle de l'eau et du feu, N.J. TROMP, Water and Fire on Mount Carmel, dans Bibl. 56 (1975), p. 480-502.

*feu de Yahvé tomba et dévora l'holocauste et le bois, et il absorba l'eau
qui était dans le canal. Tout le peuple fut saisi de crainte ; les gens tombè-
rent la face contre terre et dirent : 'C'est Yahvé qui est Dieu ! C'est
Yahvé qui est Dieu !' Élie leur dit : 'Saisissez les prophètes de Baal, que
pas un d'eux n'échappe !' et ils les saisirent. Élie les fit descendre près du
torrent de Qishôn, et là il les égorgea.»*

Les prophètes exécutent donc une danse rituelle autour de l'autel. Le
verbe employé, *psḥ*, suggère un mouvement de claudications et de génu-
flexions rythmées. Ainsi sont décrits, chez Héliodore d'Émèse [132], les
dévôts de Melqart, ces marins tyriens qui le célèbrent en dansant. Le verbe
ἐποχλάζω a en effet un sens voisin du verbe hébraïque. Comme les prophètes de Baal, ces navigateurs parviennent à un stade de possession frénétique. Pour certains, le reproche d'Élie selon lequel les Israélites *«clochent
des deux jarrets»*, pour reprendre la traduction très littérale de la Bible de
Jérusalem, pourrait y faire également allusion. Mais pour d'autres, plutôt
qu'à des danses sacrées, cette expression renvoie à la génuflexion rituelle,
à moins qu'elle ne symbolise l'attitude de ceux qui pratiquent les deux cultes à la fois [133]. Un peu plus avant dans le *Livre des Rois*, Yahvé assure
Élie qu'il épargnera *«ceux qui n'ont pas fléchi le genou devant Baal»* [134].
Quoi qu'il en soit, les danses sacrées sont assez fréquentes dans les cultes
proche-orientaux [135]. Quant à l'extase sanglante à laquelle elles aboutis-
sent, on la retrouve dans les cultes d'Attis, par exemple, ou de la Dea
Syria. Ces rites ne sont donc pas spécifiques du culte de Melqart.

Plus intéressante à nos yeux est la manière dont s'exprime l'ironie
d'Élie à l'égard des prophètes de Baal. L'allusion à un dieu voyageur pourrait faire songer à la place occupée par Melqart dans les cultes des colonies
phéniciennes. Protecteur de la navigation et garant des fondations tyriennes, il voyageait à l'instar de ses fidèles. Quant à la dérision du dieu qui
dort et pourrait se réveiller, on ne peut s'empêcher de penser à l'*egersis* de
Melqart, la fête de son réveil, le rite central de son culte tyrien. On a alors,
dans la foulée, l'attention attirée sur le moyen de l'ordalie divine : le feu.
L'absence de feu empêcherait en effet toute célébration de l'*egersis*, au
cours de laquelle intervenait le bûcher sacré, prélude à la résurrection, et
partant toute action régénératrice sur la nature désséchée [136].

---

[132] HÉLIODORE, *Aethiopica* IV 17,1.

[133] Cf. J. GRAY, *op. cit.* (n. 128) et S.J. DE VRIES, *op. cit.* (n. 128). Cf. E. CASSIN, *Le droit et
le tordu I*, dans *Le semblable et le différent*, Paris 1987, p. 50-71, surtout p. 67.

[134] *I Rois* 19,18. La Septante rend ce terme par le grec ὀκλάζειν, verbe dont Héliodore utilise un composé.

[135] Cf. A. CAQUOT, *Les danses sacrées en Israël et à l'entour*, dans *Les danses sacrées*, Paris 1963,
p. 119-143.

[136] Cf. le commentaire de R. DUSSAUD, *Le vrai nom de Baal*, dans *RHR* 113 (1936), p. 5-20.

Ces indices trahissent, à notre sens, l'arrière-plan historique du passage biblique, celui qui se réfère au culte du Baal, implanté par Jézabel, en qui l'on peut sans doute reconnaître Melqart. Certains ont repoussé cette interprétation sur la base des données archéologiques relatives au Mont Carmel. Il faut cependant rappeler d'emblée que, selon les exégètes, la localisation de l'épisode au Mont Carmel n'est sans doute pas originelle. Dans son *Périple* du IVᵉ siècle av. J.-C., le pseudo-Scylax parle du promontoire comme de l'ἱερὸν Διός, le «sanctuaire de Zeus»[137]. Or, en 1952, M. Avi-Yonah découvrit à cet endroit un pied droit monumental portant une dédicace à ΔΙΙ ΗΛΙΟΠΟΛΕΙΤΗΙ ΚΑΡΜΗΛΩΙ, du IIᵉ-IIIᵉ siècle ap. J.-C.[138] Selon son éditeur, ce pied faisait partie d'une sculpture colossale, mais certaines monnaies de la cité voisine de Ptolémaïs-Akko, frappées d'un pied surmonté d'un foudre, symbole du dieu héliopolitain de l'orage, Hadad, prouve qu'il n'en est rien[139]. Tacite et Suétone rapportent une visite de l'empereur Vespasien au Mont Carmel où il consulta l'oracle local[140]. Tacite précise, à cette occasion, que le dieu porte le nom de la montagne, qu'il n'a pas de représentation, ni de temple, mais un simple autel.

Ces données ne nous paraissent cependant pas contradictoires avec l'analyse précédemment donnée du passage biblique[141]. W.F. Albright soulignait déjà le fait qu'il ne faut pas commettre l'erreur de confondre le Baal local du Carmel, identifié tardivement au Zeus héliopolitain et le Baal de Jézabel que défie Élie[142]. Une fois vaincus par Élie, les prophètes de Baal furent massacrés et le culte de leur Baal, du moins pour un temps, fut délaissé. Après avoir connu son heure de gloire dans des circonstances

---

[137] Ps.-Scylax 104. Selon H.J. Katzenstein, *Tyre in the Early Persian Period (539-489 B.C.E.)*, dans *BA* 42 (1979), p. 23-34, la description de la côte phénicienne par cet auteur serait la version grecque d'une liste de sites à l'usage des marins, réalisée à partir de sources locales phéniciennes.

[138] M. Avi-Yonah, *Mount Carmel and the God of Baalbeck*, dans *IEJ* 2 (1952), p. 118-124 ; cf. aussi O. Eissfeldt, *Der Gott Karmel*, dans *Sitzungsberichte der Deutschen Akademie der Wissenschaften zu Berlin, Klasse für Sprachen, Literatur und Kunst*, 1953, p. 1-48 ; B. Lifshitz, *Études sur l'histoire de la province romaine de Syrie. VII,2. Le dieu Carmel, Zeus Héliopolitain et Zeus Akraios*, dans *ANRW* II 8, Berlin-New York 1977, p. 13-16.

[139] Y. Hajjar, *La triade d'Héliopolis-Baalbeck* I, Leyde 1977, p. 191 ; Id., *La triade d'Héliopolis-Baalbek. Iconographie, théologie, cultes et sanctuaires*, Montréal 1985, p. 191. On constate d'ailleurs une forte poussée du culte héliopolitain sous les Sévère.

[140] Tacite, *Hist.* II 78 ; Suétone, *Vespasien* VII 5 ; Orose, *Adv. Pag.* VII 9.

[141] Cf. R. Dussaud, *Les découvertes de Ras Shamra (Ugarit) et l'Ancien Testament*, Paris 1937, p. 99 ; H.H. Rowley, *Elijah on Mount Carmel*, dans *Bull. of the John Rylands Library* 43 (1960-61), p. 190-219, réimpr. dans H.H. Rowley, *Men of God. Studies in Old Testament History and Prophecy*, Londres-Edimbourg 1963, p. 37-65 ; F. Vattioni, *Aspetti del culto del signore dei cieli* II, dans *Augustinianum* 13 (1973), p. 57-73 ; H. Seebass, *Elia und Ahab auf dem Karmel*, dans *Zeitschrift für Theologie und Kirche* 70 (1973), p. 121-136 ; S. Timm, *Die Dynastie Omri*, Göttingen 1982, p. 51-101, avec toute la bibliographie.

[142] W.F. Albright, *Archaeology and the Religion of Israel*, Baltimore 1942, p. 156.

historiques précises — celles de l'accession au pouvoir d'Achab, le mari de Jézabel —, le Baal ainsi implanté au Carmel tomba sans doute en désuétude. Certes les efforts renouvelés des souverains d'Israël n'ont pas abouti à l'effacement complet de Baal, mais du moins ne peut-on considérer la présence d'un dieu de l'orage sur le Carmel, plusieurs siècles plus tard, comme exclusive de celle de toute autre divinité aux époques antérieures.

Un des meilleurs exemples des syncrétismes entre Baal et Yahvé est donné par le livre d'Osée, prophète du VIIIᵉ siècle av. J.-C. [143] Le culte d'un dieu de la végétation, époux d'une déesse de fertilité, d'un dieu-roi témoigne bien, en filigrane, de la contamination de Yahvé par Baal. Osée fait allusion à des rites de deuil et de résurrection, en rapport avec un mariage sacré [144]. *«Au bout de deux jours, il nous rendra à la vie, le troisième jour, il nous relèvera.»* [145] Cette phrase, appliquée à Yahvé, ne renverrait-elle pas à des rites apparentés à l'*egersis* de Melqart à Tyr ? L'utilisation de la racine *qwm, pour désigner, dans ce cas, le retour à la vie, fait penser au titre de *«ressusciteur de la divinité»*, *mqm 'lm*, formé sur la même racine et en relation avec le culte de Melqart [146]. Quant au délai de trois jours, il rappelle le texte de Lucien relatif aux Adonies giblites, le vase de Sidon ou encore les célébrations en l'honneur d'Osiris, ce qui laisse supposer une chronologie identique pour les célébrations tyriennes. Il faut souhaiter ici, en conclusion, une meilleure exploitation du texte biblique dans une perspective historico-religieuse qui mette en relief la dynamique des relations entre yahvisme et baalisme [147]. Que la personnalité de Melqart ait été partie prenante dans ce phénomène semble probable, même si l'élaboration théologique de la figure de Baal a gommé bien des références historiques [148].

---

[143] G. ÖSTBORN, *op. cit.* (n. 123) ; W. KUHNIGK, *Nordwestsemitische Studien zum Hoseabuch*, Rome 1974 ; D. KINET, *Ba'al und Jahwe. Ein Beitrag zur Theologie des Hoseabuches*, Francfort-Berne 1977 ; G.I. EMMERSON, *Hosea. An Israelite Prophet in Judaean Perspective* (JSOT suppl. 20), Sheffield 1984.

[144] H.G. MAY, *The Fertility Cult in Hosea*, dans *JSLL* 48 (1932), p. 73-98.

[145] *Osée* 6,1-2.

[146] Cf. A. VAN DEN BRANDEN, *I titoli mqm 'lm mtrḥ 'štrnj*, dans *BeO* 16 (1974), p. 133-137 ; J.C. GREENFIELD, *Larnax tès Lapethou III Revisited*, dans *St. Phoen.* V, Leuven 1987, p. 391-401, surtout p. 397-398. Cf. *infra*, p. 174-179.

[147] Cf. R. TOURNAY, *Le Psaume 72,16 et le réveil de Melqart*, dans *Mémorial du cinquantenaire, 1914-1964*, Paris 1964, p. 97-104. À la ligne 16 du Psaume 72, on lit l'expression *«comme le Liban faisant surgir ses fruits et ses fleurs»* qui, selon l'auteur, renverrait à la mythologie phénicienne et, plus spécifiquement, tyrienne.

[148] M.J. MULDER, *De naam van de afwezige god op de Karmel. Onderzoek naar de naam van de Baäl van de Karmel in 1. Koningen 18*, Leyde 1979, estime qu'il ne peut s'agir de Melqart. Son approche, tenant compte du genre littéraire du morceau et des traditions bibliques relatives à Élie et Élisée, n'est cependant pas exempte de défaut. Nous nous inscrivons en faux contre l'affirmation selon laquelle Melqart n'aurait jamais servi d'élément théophore dans les anthroponymes tyriens, notamment dans ceux des rois de Tyr et qu'il n'a laissé aucune trace de son

Il faut en outre faire brièvement état d'une série d'études d'O. Margalit visant à souligner la parenté entre le récit biblique relatif à Samson et les mythes grecs touchant à Héraclès [149]. Elles débouchent sur la conclusion qu'Héraclès aurait été transmis par les Mycéniens aux Philistins qui l'auraient à leur tour fait connaître aux Hébreux. Si de tels échanges culturels sont possibles, il nous semble que l'auteur a monté en épingle des points de convergence que Samson et Héraclès partagent en réalité avec une multitude de personnages de type héroïque. Sans porter la moindre attention au contexte historique ou culturel et à la typologie de ses sources, il considère comme spécifiques des traits plus répandus qu'il ne l'affirme, ainsi l'offrande des cheveux, caractéristique des rites de passage et d'initiation, ou le statut du feu comme agent d'une théophanie. Sans rejeter le parralèle établi entre Samson et Héraclès, nous attirerions l'attention sur une parenté phénoménologique, typologique, plutôt que sur un présumé processus historique d'emprunt, sans fondement objectif [150]. En tout état de cause, Melqart n'est pas partie prenante dans ce phénomène qui n'affecte en rien la problématique de son assimilation à Héraclès [151].

culte à Tyr (p. 14). Sur ce dernier point, nous renvoyons à notre chapitre sur Tyr et quant au premier, il faut prendre en considération les éléments théophores *B'l* (comme abréviation de *B'l Ṣr*) et *Mlk* (pour *Mlk qrt*) qui sont extrêmement fréquents à Tyr, notamment parmi les dynastes.

[149] O. MARGALIT, *Samson's Foxes*, dans *VT* 35 (1985), p. 224-229 ; ID., *Samson's Riddle and Samson's Magic Locks*, dans *VT* 36 (1986), p. 225-234 ; *More Samson Legends*, *ibid.*, p. 397-405 ; ID., *The Legends of Samson/Heracles*, dans *VT* 37 (1987), p. 63-70.

[150] C'est ce qu'a fait R. BARTELMUS, *Heroentum in Israel und seiner Umwelt*, Zurich 1979, p. 79-111.

[151] A.-M. DENIS, *Héraclès et ses cousins de Judée. Le syncrétisme d'un historien juif hellénistique*, dans *Hommages M. Delcourt*, Bruxelles 1970, p. 168-178, sur l'intrusion d'Héraclès dans les généalogies bibliques.

Chapitre III : Les confins de la Syro-Palestine

A. Les confins orientaux

1. Le Hauran

Plusieurs localités du Hauran rendaient un culte à Héraclès, du moins à l'époque romaine[1]. Des noms théophores et des dédicaces en sont les témoins. D. Sourdel s'est interrogé sur le rapport éventuel entre cet état de choses et le culte tyrien de Melqart. L'on pourrait effectivement être tenté de considérer le Hauran comme la voie de passage obligée des influences phéniciennes, notamment en matière religieuse, vers la Transjordanie. Cette interprétation n'est certes pas exclue, mais on doit tenir compte aussi des fortes connotations locales du culte d'Héraclès dans le Hauran. A. Bounni a confirmé cette opinion, en soulignant la filiation grecque tant de l'iconographie que de l'attitude et du modelé des représentations hauranaises d'Héraclès[2]. Dès lors, son adoption par les groupements tribaux indigènes ne résulterait pas nécessairement d'un syncrétisme entre Melqart et une divinité régionale. Son aspect classique, celle du héros à la léonté, et ses qualités apotropaïques le rattacheraient, plutôt, directement à son modèle grec.

2. Amman

La Jordanie, comme tant d'autres régions du Proche-Orient, s'inscrit dans la dynamique des influences réciproques que la Phénicie a subies et suscitées ; on ne s'étonnera donc pas qu'elle y ait marqué aussi la vie religieuse[3].

Une plaque de marbre blanc découverte dans les environs immédiats d'Amman a livré une inscription grecque d'époque hellénistique publiée en

---

[1] D. SOURDEL, *Les cultes du Hauran à l'époque romaine*, Paris 1952, p. 33-35.

[2] A. BOUNNI, *Iconographie d'Héraclès en Syrie*, dans L. KAHIL - Ch. AUGÉ - P. LINANT DE BELLEFONDS (éd.), *Iconographie classique et identités régionales* (BCH suppl. XIV), Paris 1986, p. 377-387, surtout p. 380-383.

[3] Cf. D. HOMÈS-FREDERICQ, *Introduction*, dans *St.Phoen.* III, Leuven 1985, p. 5-11 ; J.B. HENNESSY, *Thirteen Century B.C. Temple of Human Sacrifice at Amman*, ibid., p. 85-104 (à confronter cependant, pour l'hypothèse de sacrifices humains dans ce sanctuaire, avec G.C. HEIDER, *The Cult of Molek : A Reassessment*, Sheffield 1985, p. 210-222) ; D. HOMÈS-FREDERICQ, *Phoenician Influences in Jordan in the Iron Age*, à paraître, résumé dans *Akkadica* 48 (1986), p. 38-39.

1905 par Ch. Clermont-Ganneau[4]. Trois ans plus tard, F. Abel en révisa le déchiffrement et proposa la lecture suivante[5] :

Μαφτὰν Διογένους γυμνασίαρχον δι᾽ ἡμερῶν δύο διὰ βίου ἐγερσε[ίτην τοῦ] Ἡρακλέου[ς] βουλευτὴν καὶ πρόεδρον ἡ βουλὴ καὶ ὁ δῆμος τιμῆς χάριν.

«*Maphtan, fils de Diogène, gymnasiarque pour deux jours à vie, réveilleur d'Héraclès, conseiller et président, le conseil et le peuple, en témoignage d'honneur.*»

Récemment, elle a fait l'objet d'une réédition dans le Corpus des inscriptions grecques et latines de Jordanie[6]. Son éditeur doute de la lecture δι᾽ ἡμερῶν δύο et propose surtout de lire ἐγερσε[ίτην τοῦ] Ἡρακλε[ί]ου, qu'il traduit par «*constructeur de l'Héracleion*». La tiulature de Maphtan (ou Martas) mérite en effet toute notre attention. Une inscription découverte à Ramleh, non loin de Jérusalem, a révélé l'existence de la charge d'ἐγερσείτης[7], qui trouve un écho probable à Ascalon. Le gymnasiarque d'Amman exercerait peut-être cette fonction à vie durant deux jours, c'est-à-dire le temps des festivités où il officiait. Il devait être un important notable puisqu'il cumule les fonctions de conseiller et de président. Les gymnasiarques étaient de fait souvent choisis parmi l'élite sociale et économique d'une cité afin de prendre en charge les dépenses occasionnées par l'organisation de la vie sportive, mais aussi culturelle et religieuse, ces divers domaines allant souvent de pair[8]. La récente relecture de cette inscription, perdue il est vrai et revue sur la base de photos ou fac-similés, suppose un tout autre arrière-plan religieux. Pour justifier sa traduction de «constructeur», l'éditeur fait appel à des «parallèles» byzantins. Nul n'ignore cependant les déviations sémantiques que recèle cet état de la langue grecque. Par ailleurs, à y regarder de plus près, on s'aperçoit que la personne honorée énumère les charges qu'il a exercées : gymnasiarque, ἐγερσείτης, bouleute et proèdre. Le rappel d'une marque d'évergétisme, la construction du sanctuaire d'Héraclès, n'aurait donc pas sa place dans une liste cohérente et homogène de magistratures ou charges. Une fonction cultuelle cadre beaucoup mieux avec la logique de l'énumération. Il faut donc plutôt, à notre avis, songer au «ressusciteur d'Héraclès» qui a le mérite de

---

[4] Ch. CLERMONT-GANNEAU, *L'Heracleion de Rabbat-Ammon-Philadelphie et la déesse Astéria*, dans *RArch.* 5 (1905), p. 209-215 ; ID, *L'inscription grecque de 'Amman*, dans *RAO* VIII. Paris 1924, p. 121-125 : il se prononce en faveur de la lecture ἐγερσείτης.

[5] F. ABEL, *Inscriptions de Transjordanie et de Haute-Galilée*, dans *RB* 5 (1908), p. 567-578.

[6] P.-L. GATIER, *IGLS* XXI. *Inscriptions de la Jordanie 2. Région centrale*, Paris 1986, p. 51-54. Le rapprochement avec l'inscription n°43 du même recueil, où figure le verbe ἐγέρθη, est de peu de poids : il s'agit d'une inscription chrétienne du VIe siècle ap. J.-C.

[7] *IGRR* III 1210.

[8] Cl. PRÉAUX, *Le monde hellénistique* II, Paris 1978, p. 448, pour son extension.

s'inscrire au surplus dans une tradition, celle de l'*egersis* de l'Héraclès-Melqart tyrien que l'éditeur semble sous-estimer en écrivant : «*rien ne prouve qu'Héraclès ait pu être un dieu mourant et renaissant*». Cette interprétation ne rencontre aucun obstacle d'ordre paléographique puisque la pierre comporte une lacune qui ne permet pas de trancher entre «Héraclès» ou «Héracleion».

La numismatique d'Amman nous apporte d'autres informations sur les cultes locaux[9]. Le buste lauré d'Héraclès y figure à plusieurs reprises sur les monnaies impériales romaines. D'autres séries figurent un petit temple tétrastyle logé dans un char tiré par deux ou quatre chevaux ; la légende le désigne comme le «*char d'Héraclès*». Les fêtes du dieu comprenaient donc vraisemblablement une procession du char sacré[10]. Sans doute est-ce dans ce cadre qu'intervenait Maphtan, le «ressusciteur». Cette charge donne à penser que l'Héraclès d'Amman recouvre Melqart dont on célébrait annuellement le «réveil». D'ailleurs, sur les monnaies, on voit apparaître une déesse en buste, voilée, une étoile au-dessus de la tête et désignée comme Astéria. Or, Cicéron faisait d'elle la mère de l'Héraclès tyrien et nous y avons reconnu une variante d'Astarté[11]. Stéphane de Byzance prétend du reste qu'Amman, avant de porter le nom de Philadelphia, s'appelait Astarté[12]. On pourrait donc retrouver à Amman le couple tyrien Melqart-Astarté et les rites qui lui sont spécifiques. Il est vrai que Tyr servait probablement de débouché maritime à la Transjordanie avec laquelle elle avait de nombreux contacts. H. Seyrig, fidèle à son schéma triadique, reconstitue à Amman la prétendue triade tyrienne constituée d'Héraclès, Astéria et Zeus. Ce dernier n'est pas attesté, mais «*on peut restituer son culte*

---

[9] F. DE SAULCY, *Numismatique de la Terre Sainte. Description des monnaies autonomes et impériales de la Palestine et de l'Arabie Pétrée*, Paris 1874, p. 389-392, p. XXII, 3-9 ; G.F. HILL, *BMC Arabia, Mesopotamia and Persia*, Londres 1910, p. XXXIX, 39-41 ; *Monnaies inédites ou très rares du médaillier de Sainte-Anne de Jérusalem*, dans *RB* 57 (1950), p. 243-259 ; A. SPIJKERMAN, *The Coins of the Decapolis and Provincia Arabia*, Jérusalem 1978, p. 242-257, n°s 6,9,11-14,17,19-22,24,26-30,32,35,40-47 ; *SNG. The Collection of the American Numismatic Society*, VI *Palestine-South Arabia*, New York 1981. Sur les monnaies quasi autonomes, coloniales et impériales figurent fréquemment Héraclès debout, son buste, son char ou le buste d'Astéria. Héraclès est de fait très souvent représenté sur les monnayages de la Décapole et de la province d'Arabia, cf. A. SPIJKERMAN, *op. cit.*, p. 48-57 (Abila), 58-65 (Adraa), 126-155 (Gadara), p. 210-217 (Pella). Rien cependant ne le distingue du type grec traditionnel.

[10] On a le cas semblable du char d'Astarté à Sidon.

[11] CICÉRON, *De natura deorum* III 42. Cf. *supra*, p. 20-23.

[12] STÉPH. BYZ., s.v. Φιλαδέλφεια ; cf. aussi EUSTATHE, *ad Il.* 332, 19, qui rappelle qu'Astéria n'est pas une cité grecque, mais syrienne. À propos du culte d'Astarté, on relèvera encore l'existence d'un sceau ammonite provenant d'Amman et datant du VIIe siècle av. J.-C. dont la propriétaire vénéra une déesse ʿšt bṣdn, nom abrégé d'Astarté. Cf. F. VATTIONI, *I sigilli fenici*, dans *AION* 41 (1981), p. 190, n°82 ; P. BORDREUIL, *Catalogue des sceaux ouest-sémitiques inscrits de la Bibliothèque Nationale, du Musée du Louvre et du Musée biblique de Bible et Terre Sainte*, Paris 1986, p. 70-71, n°80. Je remercie F. Israel de m'avoir fourni des renseignements sur ce sujet.

sans imprudence dans toute ville syrienne et surtout dans la Décapole où il est abondamment attesté[13]. Des motifs méthodologiques et historiques nous empêchent évidemment de le suivre dans cette voie.

Avant de clore ce dossier, il est bon de se souvenir de l'importance des phénomènes de syncrétisme que traduisent les documents tardifs auxquels nous avons affaire. L'allusion à un «ressusciteur» indique que l'Héraclès d'Amman n'est pas *simplement* le héros grec[14]. Il emprunte très probablement quelque chose à Melqart. Mais ne peut-il y avoir plus que cela ? N'aurions-nous pas un Melqart-Héraclès, conçu comme une *interpretatio* du dieu ammonite par excellence, Milkom[15] ? Nous avons entrevu déjà précédemment la possibilité d'une confusion entre Melqart et Milkom chez Sophonie[16]. Elle aurait pour fondement la racine *mlk* qui entre dans la composition de l'un et l'autre théonymes. Cette hypothèse devait être formulée, mais elle demande à être mise à l'épreuve de documents ultérieurs.

3. Palmyre

Dans un article publié en 1945, H. Seyrig défendit l'hypothèse d'un syncrétisme entre Héraclès et Nergal à Palmyre[17]. Divers monuments palmyréniens attestent en effet le culte d'Héraclès, au Ier siècle av. J.-C. Il y apparaît affublé de la léonté, de la massue et, souvent, dans une nudité qui le distingue nettement des divinités palmyréniennes drapées[18], le tout dans un style qualifié par A. Bounni de parthe ou gréco-oriental[19] (fig. 7). Honoré déjà à onze kilomètres de la ville par une colonne corinthienne, il y emprunte l'apparence du héros grec, gardien de Palmyre, point stratégique tant pour le commerce que pour l'armée[20]. Au revers de deux tessères à thématique héracléenne, on remarque une fois Nergal, une autre fois un dieu armé de la bipenne, accompagné sur d'autres exemplaires d'un

---

[13] H. Seyrig, *Les dieux de Hiérapolis*, dans *Syria* 37 (1960), p. 233-251, surtout p. 248-249. Déjà W. Baudissin, *Adonis und Esmun*, Leipzig 1911, p. 307-308, se référant à une dédicace à Salus et Esculape provenant d'Amman (L. Jalabert, *Inscriptions grecques et latines de Syrie*, dans *MUSJ* 1 [1906], p. 132-188), plaidait en faveur d'une triade Asclépios-Héraclès-Astéria.

[14] Cf. A. Bounni, *art. cit.* (n. 2), p. 380-383.

[15] Cf., dans ce sens, *Monnaies inédites... (art. cit.* [n. 9]), p. 243-259. Sur la religion ammonite, J.J.M. Roberts, *The Earliest Semitic Pantheon*, Baltimore-Londres 1972, p. 42-43 ; S. Horn, *The Crown of the King of the Ammonites*, dans *Andrews University Seminary Studies* 11 (1973), p.170-180.

[16] *Sophonie* 1,5. Cf. *supra*, p. 138.

[17] H. Seyrig, *Héraclès-Nergal*, dans *Syria* 24 (1945), p. 62-80.

[18] E. Will, *Les aspects de l'intégration des divinités orientales dans la civilisation gréco-romaine : langage conventionnel et langage clair*, dans *Mythologie gréco-romaine, mythologies périphériques. Études d'iconographie*, Paris 1981, p. 157-161.

[19] A. Bounni, *art. cit.* (n. 2), p. 384-387.

[20] *Ibid.*, p. 384.

lionceau. Or, l'arme habituelle de Nergal est une massue à double protomé. H. Seyrig déduit de cet ensemble de données qu'Héraclès est assimilé à Nergal, via un syncrétisme Nergal-Melqart. La personnalité du dieu baby-lonien présenterait des analogies avec celle du dieu tyrien[21]. Roi des Enfers, dieu de la guerre et de la peste, il est aussi associé au renouveau des plantes et des animaux. Tels seraient les points de contact, mais à vrai dire le dieu syro-phénicien Rashap en est un correspondant plus approprié par ses attributions. En ce qui concerne l'iconographie, si Nergal est un tueur de fauves, un maître des lions, l'assimilation avec Héraclès s'impose bien davantage qu'avec Melqart dont la représentation est très mal connue et n'est, semble-t-il, associée aux lions que via Héraclès ou Bès[22].

Acceptée dans un premier temps[23], cette interprétation fut ensuite rejetée par R. Dussaud[24], qui insista judicieusement sur la légèreté des arguments d'ordre iconographique. Les deux faces d'une tessère n'entre-tiennent d'ailleurs pas nécessairement de rapport significatif entre elles. R. du Mesnil du Buisson reprit à son compte l'idée d'une contamination entre le dieu à la bipenne et Héraclès, mais rejeta celle d'une véritable assimilation[25]. La tendance était donc plutôt à la méfiance lorsque W. Culican publia deux bulles conservées dans une collection privée et prove-nant d'Akko[26]. On y distingue un personnage portant un long vêtement phénicien et un bonnet phrygien. Au-dessus de la tête, il brandit une bipenne et tient, devant lui, un bouclier rond à protomé léonine. W. Culi-can attribue l'objet au Ve siècle av. J.-C. et propose divers parallèles dans le monde punique, une bague d'or et un rasoir carthaginois, ainsi que deux sceaux de Tharros. Mais il est délicat de se prononcer sur l'identité ou les identités du dieu à la bipenne et au lion[27], car ni l'une, ni l'autre ne peu-vent être considérés comme des attributs de Melqart et sont de fait très

[21] E. VON WEIHER, *Der babylonische Gott Nergal* (AOAT 11), Neukirchen-Vluyn 1971 ; W.G. LAMBERT, *Studies in Nergal*, dans *BiOr* 30 (1973), p. 355-363. Pour son iconographie, cf., en dernier lieu, E. BADALÌ - P. D'AMORE, *Nergal a Yazilikaya*, dans *RSO* 56 (1982 [1985]), p. 1-16.
[22] Cf. A.M. BISI, *Da Bes a Herakles. A proposito di tre scarabei del Metropolitan Museum*, dans *RSF* 8 (1980), p. 19-42. Cf, récemment, G. DONNAY, *Autour de l'Héraclès chypriote*, dans Th. PAPADOPOULLOS - S.A. HADJISTYLLIS, (éd.), Πρακτικά τού Β΄ διεθνούς κυπριολογικού συνεδρίου I. Αρχαίον τμήμα, Nicosie 1985, p. 373-377, qui considère que le nom d'Héraclès serait une défor-mation d'une variante du nom de Nergal, Eragal, et qui fait de Melqart un *«avatar local de Ner-gal»*, ce à quoi on ne peut adhérer.
[23] R. DUSSAUD, *Melqart*, dans *Syria* 25 (1948), p. 205-230.
[24] ID., *Melqart d'après de récents travaux*, dans *RHR* 151 (1957), p. 1-21.
[25] R. DU MESNIL DU BUISSON, *Les tessères et les monnaies de Palmyre*, Paris 1962, p. 291-296.
[26] W. CULICAN, *The Iconography of Some Phoenician Seals and Seal Impressions*, dans *AJBA* 1/1 (1968), p. 50-103, surtout p. 100-103.
[27] Sur les difficultés de percer l'iconographie phénico-punique, cf. A.M. BISI, *Le «Smiting God» dans les milieux phéniciens d'Occident : un réexamen de la question*, dans *St.Phoen.* IV, Namur 1986, p. 169-187.

fréquents [28]. Nergal, à qui l'on a aussi songé, était du reste honoré comme tel par les Phéniciens du Pirée [29].

En conclusion, l'hypothèse d'un syncrétisme entre Melqart et Nergal à Palmyre ne nous semble pas, à ce point de notre enquête, suffisamment étayée ; le rapprochement du dieu babylonien avec l'Héraclès grec a davantage de corps. Le cas des cultes de Hatra va nous permettre de pousser plus avant l'investigation [30].

4. La Mésopotamie et l'Iran

Plus on s'éloigne de Tyr, plus la possibilité d'une composante tyrienne dans le culte si répandu d'Héraclès au Proche-Orient se réduit. À Doura, il endosse le rôle traditionnel du héros apotropaïque d'origine purement grecque [31]. Doura était du reste une fondation macédonienne. Hatra, dans le désert du nord de l'Iraq, au nord-ouest d'Assur, cité vassale des Parthes constitue un cas plus complexe [32]. Hatra possède un temple principal dédié à Shamash, le dieu solaire, ainsi qu'une série de chapelles. C'était donc un important centre religieux, une ville sainte [33]. À l'origine, chaque chapelle était consacrée à un dieu unique, puis elles accueillirent les représentations d'autres divinités. Parmi celles-ci figure Héraclès, le seul dieu «occidental» qui jouissait là d'une grande popularité à en juger d'après le nombre de statues le figurant dans des tenues plus ou moins orthodoxes, souvent d'inspiration parthe [34] (fig. 8). Le petit sanctuaire VII était apparemment réservé à son culte : il y apparaît mis en scène dans des épisodes de son mythe classique. Mais on ignore s'il était invoqué sous son nom d'Héraclès ou sous un vocable local ; l'épithète de *sanctus* accolée à Hercule dans une dédicace indique que cet Hercule recouvre un dieu local [35].

---

[28] P. Merlat, *Jupiter Dolichenus*, Paris 1960, p. 52-98, pour les attestations anatoliennes.

[29] *CIS* I 119.

[30] J. Teixidor, *The Pantheon of Palmyra*, Leyde 1979, p. 112, considère le rapprochement entre Nergal et Héraclès comme une conjecture érudite.

[31] Cf. A. Bounni, *art. cit.* (n. 2), p. 383-384.

[32] F. Vattioni, *Le iscrizioni di Ḥatra* (AION suppl. 28), Naples 1971, p. 1-8.

[33] S. Downey, *Cult Banks from Hatra*, dans *Berytus*, 16 (1966), p. 97-109 ; D. Schlumberger, *L'Orient hellénisé*, Paris 1970, p. 121 ; F. Vattioni, *op. cit.* (n. 32), p. 12-15.

[34] H. Ingolt, *Parthian Sculpture from Hatra*, New Haven 1954 ; D. Homès-Fredericq, *Hatra et ses sculptures parthes*, Leyde 1963 ; S. Downey, *art. cit.* (n. 33), p. 97-109 ; Ead., *The Jewelry of Hercules at Hatra*, dans *AJA* 72 (1968), p. 211-217 ; Ead., *The Heracles Sculpture. The Excavations at Dura Europos. Final Report* III/I,1, New Haven 1969, p. 83-96 ; W. Al-Salihi, *Hatra. Aspects of Hatran Religion*, dans *Sumer* 26 (1970), p. 187-193 ; H.J.W. Drijvers, *Mithra at Hatra ?*, dans *Acta Iranica* 17 (1978), p. 151-186 ; V. Christides, *Heracles-Nergal in Hatra*, dans *Berytus* 30 (1982), p. 105-115 ; M.A.R. Colledge, *The Parthian Period*, dans *Iconography of Religions* XIV/3 : *Iran*, Leyde 1986, pl. XXVb, XXXIa.

[35] F. Vattioni, *op. cit.* (n. 32), p. 109, n°3.

Nergal est bien présent à Hatra. Le sanctuaire X est son domaine. Le fait que l'on y a découvert une statuette représentant Héraclès ne suffit pas pour conclure d'emblée à un syncrétisme car la convivialité sacrée est fréquente à Hatra. Mais on doit relever un fragment de statuette qui représente la partie inférieure d'une massue et dont la base porte une dédicace araméenne à Nergal [36]. Ajoutons-y le fait que le chien apparaît comme l'animal sacré de Nergal. Plusieurs inscriptions le nomment «*Nergal le chien*» [37]. Or, on a exhumé un bas-relief montrant un dieu debout, vêtu à la parthe, tenant dans la main droite une double hache et dans la gauche une épée dans un fourreau. Un aigle repose sur sa chevelure, tandis qu'à sa gauche, une déesse plus petite est assise sur un trône. À ses pieds, on remarque un chien à trois têtes, au cou hérissé de serpents et, dans le champ, en haut et en bas, deux scorpions ainsi qu'un insigne [38]. Certains ont avancé le nom de Hadad, mais on ignore tout de sa relation avec un chien. Ne faut-il pas plutôt penser à Nergal, dieu de l'au-delà et maître des chiens ? Or, ici, il ne s'agit pas de n'importe quel chien, mais bien évidemment de Cerbère, le chien tricéphale gardien de l'Hadès et qu'Héraclès parvint à dompter. On aurait donc là un indice supplémentaire de l'assimilation entre Nergal et Héraclès, tous deux maîtres du domaine infernal [39]. On peut encore verser à ce dossier l'inscription de Sa'diyya, dans l'oued situé à 20 km de Hatra. Elle mentionne divers lieux saints, dont un nommé «*l'étape de Nergôl, le chef des gardiens, qui réside dans la saline*» [40]. Or, les sources classiques fournissent d'intéressants recoupements. Ptolémée mentionne dans cette région des Ἡρακλέους βωμοί [41] et la carte de Peutinger donne pour station la plus proche de Hatra, à XXII m.p., un lieu dit *ad Herculem*. Sur la base de ces documents, on conclurait volontiers à un syncrétisme entre Nergal et Héraclès, le héros grec, implanté dans le sillage de l'expansion macédonienne. L'iconographie est grecque, teintée de références parthes ; les textes parlent d'Hercule. Mais on est en droit de se demander quelle réalité recouvre ce théonyme. Plus précisément, cet Hercule hatréen ne recèlerait-il pas quelque héritage d'un Hercule oriental, et

---

[36] W. AL-SALIHI, *Hercules-Nergal at Hatra*, dans *Iraq* 33 (1971), p. 113-115.

[37] A. CAQUOT, *Nouvelles inscriptions araméennes de Hatra*, dans *Syria* 32 (1955), p. 261-272 ; F. VATTIONI, *op. cit.* (n. 32), n°ˢ 70, 71.

[38] D. SCHLUMBERGER, *op. cit.* (n. 33), p. 136-140.

[39] H.J.W. DRIJVERS, *Hatra, Palmyra und Edessa*, dans *ANRW* II,8, Berlin- New York 1971, p. 801-906, surtout p. 833-834 ; ID., *art. cit.* (n. 34), donne cette assimilation pour assurée. Il évoque aussi la possibilité d'un syncrétisme entre Nergal et Shadrafa. Il faut se méfier de l'interprétation du monument par R. DUSSAUD, *art. cit.* (n. 24), p. 14, qui considère Cerbère comme une divinité accompagnée d'un chien !

[40] F. VATTIONI, *op. cit.* (n. 32), appendice 4 ; B. AGGOULA, *Remarques sur les inscriptions hatréennes*, dans *Semitica* 27 (1977), p. 123-143.

[41] PTOLÉMÉE, V 8,1 ; VI 3,1.

pourquoi pas de l'Hercule tyrien dont le renom à l'époque séleucide est attesté par plusieurs témoignages ? Un seul document semblait aller dans ce sens : une inscription provenant du secteur de la porte nord de la ville et prévoyant des sanctions contre qui commettrait des actes prohibés «lors de la célébration de la mort du dieu». Mais cette lecture et l'interprétation qui pouvait en dériver ont fait l'objet d'une récente révision[42]. Désormais, cette expression est traduite «par la mort de dieu», soit une mort imposée par le dieu, et trouve des parallèles en accadien et en arabe. En dépit du fait qu'il s'agit là d'une loi promulguée au nom de Nergal, on ne peut donc songer à reconnaître Melqart dans ce dieu, mortel selon la première lecture, meurtrier selon la seconde, et donc à vouloir user de ce texte comme d'un argument en faveur d'un rapprochement entre Nergal et Melqart, sans l'intermédiaire d'Héraclès.

Il faut encore mentionner, pour la même zone, une statuette de bronze représentant Héraclès, récemment publiée[43]. Elle est contemporaine des inscriptions de Hatra ; provenant de Messène, elle a été découverte à Séleucie-sur-le-Tigre. Héraclès est nu, la main au côté, le bras gauche appuyé sur la massue et couvert d'une léonté. Sa position se rattache au modèle lysippéen, à peine remodelé suite à son insertion dans le milieu syro-mésopotamien. Sur la cuisse droite, il porte une inscription grecque et sur la gauche, une inscription de langue parthe gravée en caractères araméens. Elles nous éclairent sur les circonstances du déplacement de l'objet : le roi parthe Vologèse IV le Philhellène, fils de Mithridate, à la suite d'une campagne militaire contre le roi de Messène, également nommé Mithridate, s'est emparé de la statue. Il l'a ensuite érigée dans le sanctuaire d'Apollon à Séleucie-sur-le-Tigre, et ce en 150/1 ap. J.-C. Le texte grec parle d'Héraclès, tandis qu'en parthe, il est question de Verethragna, une assimilation déjà bien attestée et qui ne surprend pas. Nous avons affaire ici, tout nous l'indique, à un phénomène de syncrétisme entre le héros grec, modèle d'Alexandre le Grand et «compagnon» de ses expéditions, et une divinité locale. Que certains Héraclès vénérés sous les Séleucides aient conservé quelque trait issu d'un correspondant «indigène» est une idée par-

---

[42] B. AGGOULA, *Remarques sur les inscriptions hatréennes (RIH) VIII*, dans *Syria* 60 (1983), p. 101-110, n°342, ll. 7, 8, 10 ; ID., *RIH XI*, dans *Syria* 64 (1987), p. 91-106. Pour l'intervention des dieux dans les décrets, cf. ID., *RIH VII*, dans *AO* 1 (1983), p. 31-38 ; *RIH XI*, dans *Syria* 64 (1987), p. 91-106 et un parallèle dans F. VATTIONI, *op. cit.* (n. 32), n°336, où le majordome des Hatréens agit «*sur le conseil du dieu 'ṣt*».

[43] *La terra tra i due fiumi. Venti anni di archeologia italiana in Medio Oriente. La Mesopotamia dei tesori*, Rome 1987, p. 340-341, 420-422, n°231 (traduction de F. PENNACCHIETTI). Sur l'Héraclès iranien, cf. G. SCARCIA, *Ricognizione a Shimbar. Note sull'Eracle iranico*, dans *OA* 18 (1979), p. 255-275 ; P.H.L. EGGERMONT, *Heracles-Drosanes and Priyadarśin-Asóka*, dans *OLP* 17 (1986), p. 159-168 ; K. FISHER, *Icons of Heracles and Alexander in the Eastern Parts of the Latter's Empire*, dans G. POLLET (éd.), *India in the Ancient World*, Leuven 1987, p. 59-65, pl. VIII-X.

faitement recevable, mais il faut éviter, en dépit de son importance et de son rayonnement, d'y voir trop rapidement un Héraclès de Tyr. Dans le cas de la bilingue de Séleucie, rien ne trahit un tel arrière-plan.

B. Les confins septentrionaux

1. Tarse

Les cultes de Tarse ont été récemment mis en lumière par une étude de P. Chuvin[44]. Le matériel littéraire classique et numismatique pour l'essentiel ne permet qu'une appréhension assez imparfaite d'un panthéon dont la structure organique nous échappe. Son étude s'avère toutefois nécessaire dans la mesure où, dans cette région du sud de l'Anatolie, les influences phéniciennes sont réelles[45] et où le nom de Melqart a été avancé pour l'un des dieux principaux de la ville.

Sur le monnayage, on reconnaît Apollon, tantôt avec des attributs classiques, tantôt avec un trident[46]. On y voit aussi le Baal de Tarse, représenté assis, tenant un sceptre, une fleur de lotus, une grappe de raisin ou un épi de blé. Il présente des analogies avec le célèbre et gigantesque Tarhundas du relief d'Ivriz, daté du VIIIe siècle av. J.-C. Comme lui, ce devait être un garant de la fertilité et de l'autorité. On relève encore une figure ailée, tantôt sous la forme grecque de Pégase monté par Bellérophon, tantôt, au Ve siècle av. J.-C., sous la forme d'un cavalier montant un animal marin et ailé, apparenté à celui du monnayage de Tyr qui représente peut-être Melqart[47]. Au début de l'époque romaine, Pégase est remplacé par Persée, affublé d'une *harpé* et de sandales ailées ; c'est lui, d'ailleurs, que Dion Chrysostome nomme comme fondateur de Tarse[48]. Mais on note aussi la présence d'Héraclès qualifié par le même auteur d'ἀρχηγός de Tarse[49]. Peut-on en déduire qu'il entretient quelque rapport avec le dieu

---

[44] P. CHUVIN, *Apollon au trident et les dieux de Tarse*, dans *Journal des Savants* 1981, p. 305-326.

[45] Cf. E. LIPIŃSKI, *Phoenicians in Anatolia and Assyria, 9th-6th Centuries B.C.*, dans *OLP* 16 (1985), p. 81-90 ; R. LEBRUN, *L'Anatolie et le monde phénicien du Xe au IVe siècle av. J.-C.*, dans *St.Phoen.* V, Leuven 1987, p. 23-33.

[46] DION CHRYSOSTOME, *Orationes* XXXIII 45,47, énumère les divinités de Tarse, dont cet Apollon au trident.

[47] Cf. P. CHUVIN, *art. cit.* (n. 44), pl. V *d-e* ; C.M. KRAAY, *The Celenderis Hoard*, dans *Numismatic Chronicle* 1962, p. 1-15, surtout p. 9, n°s 5-6.

[48] DION CHRYSOSTOME, *Orationes* XXXIII 47.

[49] Le culte d'Héraclès devait être fort important puisque Athénée raconte qu'un philosophe épicurien du nom de Lysias, qui prit le pouvoir tyrannique à Tarse, était aussi prêtre d'Héraclès : ATHÉNÉE V 54 (215b).

marin à la manière tyrienne ou avec quelque autre divinité locale ? Il est
très difficile d'être catégorique à ce sujet. Héraclès est en tout cas représenté à la manière grecque, avec léonté ou lion, arc et légende KTIC, et
ce depuis l'époque des satrapes jusqu'à l'époque impériale. Il est probablement le correspondant d'un autre dieu archer, debout dans une attitude
hiératique, tenant une bipenne ou un sceptre, parfois monté sur le dos d'un
lion ou en train de poser le pied sur le dos de l'animal [50]. Ces exemplaires
portent des légendes araméennes *NRGL TRZ* ou *L NRGL*. Ceci suggère à
nouveau un syncrétisme Nergal-Héraclès. Mais nous sommes en Cilicie et
le principal dieu local, c'est Sandès ou Sandas, une divinité répandue dans
tout le sud de l'Asie Mineure [51]. Au départ, c'est un dieu maléfique, belliqueux, terroriste, un dieu archer qui répand la peste, d'où ses affinités avec
Nergal, mais il s'est adouci au Ier millénaire. Or, les sources classiques unanimes en font un correspondant d'Héraclès [52]. La question qui se pose est
dès lors de savoir si Melqart entre en ligne de compte dans ce processus
d'assimilation à trois : Nergal-Héraclès-Sandas.

P. Chuvin estime que Melqart ne doit pas être pris en considération,
malgré ses affinités avec diverses divinités de Tarse, en tant que dieu marin
ou poliade. Mais l'argument généralement mis en avant pour le reconnaître
dans l'Héraclès de Tarse, c'est l'intervention d'un rite du bûcher dans son
culte. Dion Chrysostome, dans son adresse aux habitants de Tarse, les
apostrophe en ces termes : «*Que penseriez-vous si (...) votre patron Héraclès
revenait, attiré par un très beau bûcher que vous allumeriez en son honneur*» [53]. J.G. Frazer, en particulier, en a tiré argument pour rapprocher
cette fête de l'*egersis* tyrienne de Melqart [54]. Il a en outre fait appel aux
monnaies du IIe siècle av. J.-C. où le dieu à la bipenne monté sur le lion
apparaît à l'intérieur d'une structure pyramidale qu'il interprète comme un
pyré monumental. Les fouilles américaines de Tarse ont permis de retrouver le même motif sur des plaques en terre cuite d'époque identique [55].
Toutefois, pour certains savants, il ne s'agirait nullement de l'évocation

---

[50] Outre l'article de P. CHUVIN, *art. cit.* (n. 44), on peut citer F. IMHOOF-BLUMER, *Coin-Types of Some Kilikian Cities*, dans *JHS* 18 (1898), p. 161-181, pl. XIII,3 ; G.F. JENKINS, *Two New Tarsos Coins*, dans *RNum* 15 (1973), p. 30-34 ; L. MILDENBERG, *Nergal in Tarsos*, dans *Antike Kunst* 9 (1973 = Fs. Bloesch), p. 78-80.

[51] Cf. E. LAROCHE, *Un syncrétisme gréco-anatolien, Sandas = Héraclès*, dans *Les syncrétismes dans les religions grecque et romaine*, Paris 1973, p. 101-114.

[52] EUSÈBE, *Chron.* p. 161 Karst = p. 43b Helm, affirme qu'en Phénicie Hercule est appelé Desandas ou Desanaus.

[53] DION CHRYSOSTOME, *Orationes* XXXIII 47 : τί ἂν οἴεσθε, εἰ (...) ὁ ἀρχηγὸς ὑμῶν Ἡρακλῆς παραγένοιτο, ἤτοι πυρᾶς οὔσης, ἣν πάνυ καλὴν αὐτῷ ποιεῖτε, σφόδρα γε ἂν αὐτὸν ἡσθῆναι τοιαύτης ἀκούσαντα φωνῆς.

[54] J.G. FRAZER, *Adonis*, Paris 1921, p. 91-131.

[55] H. GOLDMAN, *The Sandon Monument of Tarsus*, dans *JAOS* 60 (1940), p. 544-553 ; EAD., *Sandon and Herakles*, dans *Hesperia* suppl. 8 (1949), p. 164-174.

d'un bûcher, mais plutôt d'une structure cultuelle permanente[56]. H. Goldman aussi suggère un parallèle avec les représentations triangulaires de Jupiter Dolichenus qui évoquent la montagne où siège le dieu. On constate donc qu'il est bien difficile de se prononcer sur la nature et le rôle de cette «pyramide»[57]. Quoi qu'il en soit de cette question, il ne semble pas légitime de remettre en cause l'existence même du bûcher d'Héraclès à Tarse. Dion Chrysostome en parle, ainsi que le dialogue intitulé *Amores* et attribué à Lucien, qui a fort vraisemblablement pour cadre principal la ville de Tarse. On y fait allusion à plusieurs reprises aux *Heracleia* locales, avec le bûcher de l'agora qui rappelle le drame de l'Œta[58]. Ce point est intéressant car il nous indique que, quand bien même ce rite n'est pas douteux, il ne renvoie pas obligatoirement à Melqart et à Tyr. Héraclès, lui aussi, passa par le feu et il se peut fort bien, étant donné la diffusion de son culte à l'époque hellénistique et romaine, qu'il soit le destinataire du bûcher. Établir une connexion entre l'Héraclès de Tarse et Melqart n'est donc pas exclu, mais ne repose sur aucune preuve[59]. Tout nous invite à la réserve, étant donné la connaissance fort imparfaite que nous continuons d'avoir des cultes de Tarse.

2. Sardes

La dynastie au pouvoir en Lydie se nommait les Héraclides car ses membres prétendaient descendre d'Héraclès. Or, la mythologie grecque situe à la cour d'Omphale, la reine lydienne, un épisode curieux du mythe d'Héraclès. Pour expier le crime déloyal d'Iphitos, le héros fut en effet condamné à être le serviteur de cette reine. L'ancienne version du mythe rapporte qu'il conçut alors deux enfants dont serait issue la lignée de Crésus. Mais les auteurs plus récents, relayés par le support iconographique, transformèrent ce séjour en une vile servitude, se plaisant à décrire ou à représenter Héraclès vêtu d'habits féminins, aux pieds de la reine, elle-même revêtue de la léonté[60]. G. Piccaluga a parfaitement mis en lumière l'arrière-plan culturel, voire idéologique qui sous-tend ce mythe[61]. Les

---

[56] A.B. COOK, *Zeus* I, Cambridge 1914, p. 600-602.

[57] R. LEBRUN, *art. cit.* (n. 45), p. 23-33.

[58] Sur cette localisation, C.P. JONES, *Tarsos in the* Amores *ascribed to Lucian*, dans *Greek, Roman and Byzantine Studies* 25 (1984), p. 177-181. Cf. PS. LUCIEN, *Amores* I,4 ; IV 54.

[59] Sur certaines monnaies figurant Tyché, on peut lire la légende ὀρτυγότηρα que Frazer interprète comme la «chasse aux cailles» et met en relation avec le rôle de cet oiseau dans la renaissance de Melqart. Mais la légende est rare et n'apparaît jamais sur les monnaies de Sandas.

[60] HÉRODOTE, I 7 ; S. REINACH, *Candaule et Camblès*, dans *RÉA* 6 (1904), p. 1-6. Sur le travestissement à valeur prophylactique, M. DELCOURT, *Hermaphrodite*, Paris 1958, p. 30.

[61] G. PICCALUGA, *La mitizzazione del Vicino Oriente nelle religioni del mondo classico*, dans H.J. NISSEN - J. RENGER (éd.), *Mesopotamien und seine Nachbarn*, Berlin 1982, p. 573-612 ; cf. aussi G. CAPPOMACCHIA, *Semiramide. Una feminità ribaltata*, Rome 1987.

Grecs ont tenté, par le discours mythique, de se différencier du monde barbare et de rejeter celui-ci hors de la norme. Là, les rôles sociaux des deux sexes sont inversés et l'Asie tout entière est régulièrement associée au féminin, donc, corollairement, à une série de charges négatives, comme la faiblesse, la lascivité, la versatilité... Les femmes s'y masculinisent et assument les responsabilités généralement réservées aux hommes, la guerre, le pouvoir, tandis que, à l'inverse, les hommes se féminisent, comme Héraclès, victime du «mal oriental». Ce récit a en outre la fonction de rendre inéluctable l'offense infligée par les Perses aux Grecs lors des Guerres Médiques, puisque Héraclès lui-même n'y a pas échappé.

Mais l'Héraclès lydien, celui des monnaies par exemple [62], en dépit de son apparence grecque, n'est-il pas l'héritier d'un dieu local ? C'est en tout cas ce qu'affirme Jean le Lydien que nous avons toute raison de croire bien informé et auquel Plutarque fait écho [63] : il s'agirait à nouveau de Sandon. Or, Héraclès aurait offert à Omphale une double hache qu'il avait ravie à Hippolyte, la reine des Amazones [64]. Celle-ci la confia à Candaule qui en fit son emblème dynastique. Lorsque Gygès, le premier des Mermnades, s'empara du pouvoir, il en fit don au sanctuaire très fameux de Zeus Labrandeus en Carie. Le centre de son culte se situait à Labranda, hors de Mylasa, dans un *temenos* aussi vaste que celui de Delphes. Le caractère guerrier du dieu lui valut l'épiclèse de *Stratios* [65]. Son apparence nous est familière par les monnaies et par deux statuettes découvertes sur place : c'est un dieu imberbe, tenant la bipenne et le sceptre, le torse pourvu d'un collier et de plusieurs mamelles [66], image résultant peut-être de l'évolution d'un *xoanon* primitif. Sa polymastie souligne ses attributions dans le domaine de la fécondité [67]. Son culte fut fort populaire dans diverses cités cariennes et on le rencontre même dans une inscription du Pirée. Le mythe de la double hache donnée par Héraclès à Omphale a évidemment une forte connotation étiologique, puisque l'épiclèse Labrandeus pourrait provenir du terme lydien *labrys*, désignant la double hache. On est de nouveau confronté à un syncrétisme entre Héraclès et Sandon de Lydie, lui-même

---

[62] B.V. HEAD, *BMC. Lydia*, Londres 1901.

[63] JEAN LE LYDIEN, *De mag.* III 64 ; PLUTARQUE, *Quaest. gr.* 45. Chez HÉRODOTE I 71, on trouve un personnage du nom de Σάνδανις.

[64] Cf. A.B. COOK, *op. cit.* (n. 56) II, p. 559-599 ; A. LAUMONIER, *Les cultes indigènes en Carie*, Paris 1958, p. 93.

[65] HÉRODOTE V 119 ; STRABON XIV 2,23 ; ÉLIEN, *De nat. animal.* XII 30. Cf. O. FOUCART, *Le Zeus Stratios de Labranda*, dans *Monuments Piot* 18 (1911), p. 143-175 ; A. LAUMONIER, *op. cit.* (n. 64), p. 45-140.

[66] B.V. HEAD, *BMC. Caria, Cos, Rhodes etc.*, Londres 1887.

[67] A. LAUMONIER, *op. cit.* (n. 64), considère qu'il y a peut-être eu superposition d'un dieu et d'une déesse. La polymastie de Zeus Stratios l'apparente à l'Artémis d'Éphèse, ainsi que les attaches qui relient son *xoanon* au sol.

son pays aux étrangers, notamment aux mercenaires, Grecs, Cariens, Libyens, Syriens, Juifs et Phéniciens. Plus tard, suite à la conquête de l'Égypte par Cambyse, les Perses installèrent en Égypte des contingents militaires asiatiques chargés d'assurer la défense des conquêtes perses. Mais cet aspect des relations Égypte-Phénicie ne doit pas oblitérer le fait qu'en spécialistes du commerce qu'ils étaient, les Phéniciens s'étaient établis en Égypte dès le IIe millénaire, quoique les traces de leur présence soient plus nettes au Ier millénaire [93]. Ce sont ces échanges et les expéditions du pharaon au Proche-Orient qui permettent de rendre compte de l'implantation des cultes syro-palestiniens en Égypte. L'introduction de Melqart, puisqu'il s'agit sans doute de lui, suivit l'établissement de Tyriens à Memphis, à une époque qu'il est impossible de préciser.

La localisation de son sanctuaire est fort intéressante. Situé en avant-poste dans le Delta du Nil, il opère là comme protecteur de la navigation, du commerce des Tyriens de Memphis. Servant de refuge, au milieu des Salines [94], il jouissait donc d'une protection spéciale bien appropriée aux échanges promus par le comptoir phénicien de Memphis [95]. Une situation un peu semblable, nous l'avons vu, existait à Tyr [96]. Le pseudo-Aristote rapporte que, lors du transfert des activités portuaires de Canope vers Alexandrie, les prêtres locaux recueillirent des contributions pour tenter d'éviter ce changement sans doute autant dommageable aux commerçants qu'au sanctuaire [97]. On peut donc supposer que le sanctuaire bénéficiait, peut-être sous la forme d'une dîme, du flux des échanges. La présence, non loin de là, d'Astarté, même si celle-ci entretient aussi des relations avec le Baal de Memphis, rappelle la structure cultuelle de Tyr.

---

p. 34-45 ; H.J. KATZENSTEIN, *Some Notes about the «Tyrian Camp» in Memphis, Egypt (HDT, II,112)*, dans *Eretz-Israel* 14 (1974), p. 161-164 ; ID., *Tyre in the Early Persian Period (539-486 B.C.E.)* dans *BA* 42 (1979), p. 24-34 ; G. CASTAGNA, *Il* turion stratopedon *e lo* hiron to...xeinès Aphroditès *a Menfi in Herod. II 112*, dans *Quaderni di lingue e letterature straniere* 6 (1981), p. 195-204.

[93] On a découvert en Espagne plusieurs objets de facture memphitaine datant du début du Ier millénaire, cf. J. VERCOUTTER, *Les objets égyptiens et égyptisants du mobilier funéraire carthaginois*, Paris 1945 ; E. LIPIŃSKI, *art. cit.* (n. 76) ; I. GAMER-WALLERT, *op. cit.* (n. 81).

[94] On a un cas semblable à Lixus, au Maroc, où l'Héracleion était situé dans les salines qui firent la prospérité de la cité. Cf. *infra*, p. 198-200.

[95] R. REBUFFAT, *art. cit.* (n. 74), a retrouvé dans le récit d'Hérodote les traces d'une règle de droit maritime qui accorde aux naufragés un droit d'asile limité.

[96] Cf. *supra*, p. 60-61, pour l'asylie tyrienne. Les archives du grand palais d'Ougarit ont livré une lettre en ougaritique du roi de Tyr, dans laquelle il s'excuse d'une méprise. Un navire d'Ougarit, passant par le port de Tyr, s'était fait malencontreusement confisquer sa cargaison par le *rb tmtt*, le responsable du port. Là aussi, il semble que les navigateurs jouissaient de certains privilèges. Cf. *KTU* 2.38 ; E. LIPIŃSKI, *Recherches ougaritiques*, dans *Syria* 44 (1967), p. 253-287, surtout p. 282-284 ; J. HOFTIJZER, *Une lettre du roi de Tyr*, dans *UF* 11 (1979), p. 383-388.

[97] PS.-ARISTOTE, *Econ.* II 33.

Mis à part Memphis, les Phéniciens ont laissé des traces en d'autres lieux d'Égypte, ainsi à Abydos où sont attestés des anthroponymes théophores formés sur Melqart[98]. Il faut toutefois rejeter, à notre point de vue, la restitution proposée par J.T. Milik d'un papyrus araméen de Saqara, daté du VIIe siècle av. J.-C. La reconstitution d'une triade tyrienne Astarté-Baal Shamim-Melqart n'a pas de fondement, d'autant que l'on ignore sur quel royaume régnait Adon, l'expéditeur de la lettre au pharaon[99].

Il nous incombe encore d'examiner la statue de la Collection Michaelidis du Caire[100]. Il s'agit d'un torse viril en granit qui se signale à l'attention par une léonté et une massue. La pièce, de provenance inconnue puisque achetée sur le marché des antiquités, daterait du IIIe siècle av. J.-C. Elle porte sur la partie postérieure de l'épaule une inscription araméenne du IIIe-IIe siècle av. J.-C., contemporaine de l'objet ou légèrement postérieure. Elle désigne le personnage héracléen comme «*Ršp-Mkl*». E. Bresciani en conclut que cette divinité double était identifiée à Héraclès. Or, des documents phéniciens et grecs de Chypre, particulièrement d'Idalion, attestent l'existence d'un culte à Rashap *(h)mkl*, en un lieu où l'iconographie héracléenne est bien implantée[101]. Si Rashap est bien connu, *Mkl* demeure un théonyme énigmatique, attesté à Beth-Shan au IIe millénaire (sous la forme *M'-k3-r*). À Chypre, en pleine période classique, on a du mal à croire qu'il s'agisse du même nom.

Mais avant de chercher à évaluer la portée historico-religieuse de ce document, il est indispensable de le soumettre à une critique externe élémentaire qui fait apparaître bien des faiblesses. D'abord, la collection Michaelidis du Caire comprend plusieurs faux[102] ; l'emplacement et la forme même de l'inscription suscitent la méfiance ; enfin, le caractère chypriote de Rashap *(h)mkl* détonne dans un cadre aramaïco-égyptien. On sera donc extrêmement prudent quant à l'analyse de ce document et à l'assimilation Rashap-Mkl-Héraclès.

Dans ce dossier, on doit enfin faire état de l'étude récente et approfondie de J. Quaegebeur d'une statue fragmentaire d'El-Hiba, en Moyenne-Égypte, pourvue elle aussi d'une massue et pour laquelle le nom de Melqart avait été avancé. Son analyse iconographique ne laisse plus aucune

---

[98] *KAI* 49, l. 35 (=*CIS* I 102b = *RÉS* 1306).

[99] J.T. MILIK, *Les papyrus araméens d'Hermoupolis et les cultes syro-phéniciens*, dans *Bibl.* 48 (1967), p. 546-622.

[100] E. BRESCIANI, *Rešef-Mkl = Eracle*, dans *OA* 1 (1962), p. 215-217.

[101] Cf. notre chapitre sur Chypre, p. 329-330 et l'étude la plus récente de E. LIPIŃSKI, *Reshef Amyklos*, dans *St.Phoen.* V, Leuven 1987, p. 87-99, surtout p. 97-99, avec photo p. 96, fig. 4.

[102] J. NAVEH, *Aramaica dubiosa*, dans *JNES* 27 (1968), p. 317-325.

place pour une représentation d'Héraclès-Melqart. Il s'agit plutôt d'un
empereur romain, ayant revêtu les attributs héracléens et portant une ceinture caractéristique de la dignité impériale [103].

---

[103] J. QUAEGEBEUR, *Une statue égyptienne représentant Héraclès-Melqart ?*, dans *St. Phoen.* V,
Leuven 1987, p. 157-166.

Chapitre IV : Carthage et la côte africaine

A. Carthage

1. La fondation

Les textes relatant la fondation de Carthage par un groupe de Tyriens sont assez nombreux, mais la littérature moderne les a considérablement amplifiés[1]. La question complexe et délicate de la chronologie et des modalités historiques de cet événement ne nous intéressent pas au premier chef, mais plutôt sa *mise en scène*, sa *mythisation*.

Dans son récit de la fuite d'Elissa, Justin fournit un détail digne d'intérêt. Malgré sa hâte, la sœur du roi Pygmalion ne négligea pas d'emporter *«les biens consacrés à Hercule, dont Acherbas avait été le prêtre»*[2]. Ce n'est pas tellement un souvenir de son oncle et mari défunt qu'elle ravit de la sorte, mais plutôt un gage de réussite, de protection, de légitimation, une précieuse relique qui fera de Carthage une nouvelle Tyr, une *Qart ḥadašt*, une autre *Qart* dont le dieu sera le *Mlk*. Ces *sacra* pouvaient consister en objets de culte, reliques du dieu ou en richesses du trésor sacré, bien utiles par ailleurs pour l'entreprise à mener à bien, mais avant tout garants de la fondation nouvelle[3]. L'importance du culte de Melqart dans la métropole tyrienne est ainsi confirmée de même qu'apparaît au grand jour son

---

[1] Cf. G. Bunnens, *L'expansion phénicienne en Méditerranée*, Bruxelles 1979 ; E. Acquaro, *L'espansione fenicia in Africa*, dans *Fenici e Arabi nel Mediterraneo*, Rome 1983, p. 23-61 ; J. Scheid - J. Svenbro, *Byrsa. La ruse d'Elissa et la fondation de Carthage*, dans *Annales ESC* 40 (1985), p. 328-342 ; W. Huss, *Geschichte der Karthager*, Munich 1985, p. 39-43 ; J. Alvar - C.G. Wagner, *Consideraciones históricas sobre la fundación de Cartago*, dans *Gerión* 3 (1985), p. 75-95 ; Cl. Baurain, *Le rôle de Chypre dans la fondation de Carthage*, à paraître dans *St.Phoen.* VI.

[2] Justin, *Phil.* XVIII 4,15 : «*atque ita sacris Herculis, cujus sacerdos Acherbas fuerat, repetitis, exilio sedes quaerunt.*». Sur le matériel carthaginois du culte de Melqart, voir notre premier tour d'horizon, *Le culte de Melqart à Carthage : un cas de conservatisme religieux*, dans *St.Phoen.* IV, Namur 1986, p. 209-222. On y ajoutera Yu.B. Tsirkin, *Mifologija Melkarta*, dans *Antičnji mir i arheologija*, Saratov 1977, p. 72-89 ; Id., *Karfagen i ego kultura*, Moscou 1986, p. 197-199.

[3] On pense que, chaque année, Melqart était enseveli et Gadès revendiquait la gloire de receler sa dépouille (Pomponius Mela III 46 : *ossa eius*). Les *sacra* pouvaient donc être ces reliques. On peut en tout cas exclure la traduction de *sacris repetitis* par «*les rites ayant été accomplis*», par comparaison avec le récit similaire relatif à Gadès et donné par Justin XLIV 5,2, qui ne comporte aucune ambiguïté. Un tel «enlèvement de reliques» était monnaie courante au Moyen Âge et donnait naissance à d'interminables conflits entre abbayes rivales. Cf. pour le monde punique, S. Ribichini, *Temple et sacerdoce dans l'économie de Carthage*, dans S. Lancel (éd.), *Histoire et archéologie de l'Afrique du Nord, IIᵉ Colloque International* (=*BCAR* 19 [1983], fasc. B), Paris 1985, p. 29-37.

rôle dans l'expansion tyrienne vers l'Occident. Il n'est pas question de masquer le fait que le cadre de ce mythe a été forgé tardivement par les auteurs gréco-romains. C'est précisément qu'à leurs yeux — et de qui auraient-ils reçu cette vision des choses, sinon des Carthaginois eux-mêmes ? — Melqart était le patron des fondations tyriennes en Méditerranée. Nul doute que les contacts, souvent concurrentiels, entre Grecs, Romains et Puniques les aient placés en condition d'identifier leur «adversaire», celui-là même auquel ils vont opposer leur Héraclès national, glorieux explorateur de l'Occident méditerranéen.

Il est, dans cette optique, significatif de relever chez Cicéron la filiation de l'éponyme de Carthage, Carthago, présentée comme la fille de l'Hercule tyrien[4]. Quant à Ampelius, il fait de ce dernier le fils de Cronos et de Carthéré[5]. Comme à Tyr donc, Melqart était l'archégète et son culte était censé s'être implanté en même temps que les premiers habitants de Carthage. Nous verrons ultérieurement ce que les sources nous permettent de percevoir des faits. Mais examinons d'abord en quoi Melqart est demeuré, durant des siècles, le pivot des relations Tyr-Carthage.

2. Les relations Tyr-Carthage

Cinq textes nous renseignent sur la manière dont s'organisaient ces relations[6]. À l'occasion du siège de Tyr par Alexandre, Quinte-Curce mentionne la présence de théores carthaginois venus offrir, conformément à la coutume nationale, le sacrifice annuel à Melqart[7]. Cette mission, nous l'avons vu, devait concorder avec la célébration de l'egersis de Melqart en février-mars.

Les Tyriens participaient aussi aux succès guerriers de Carthage ; plusieurs sources font état de la fameuse statue d'Apollon, originaire de Sicile, offerte aux Tyriens et sans doute placée dans le sanctuaire de Melqart[8]. Melqart bénéficiait aussi de la dîme du butin. Justin relate le voyage à Tyr de Carthalon, le fils du général Malchus victorieux en Sicile, sans doute vers le milieu du VIe siècle av. J.-C.[9] Il semble que ce personnage ait

---

[4] CICÉRON, De natura deorum III 42.

[5] AMPELIUS, Liber memorialis 9. Pour Ch. CLERMONT-GANNEAU, RAO VIII, Paris 1921, p. 164-165, Cronos traduit l'élément mlk du nom de Melqart, tandis que Carthéré rend l'élément qrt. Cette astucieuse interprétation repose cependant sur la prétendue existence du dieu Molek, assimilé à Cronos. Sur l'éponyme de Carthage, cf. R. VOLLKOMER, Carthago, dans LIMC III, 1986, p. 182-184.

[6] G. GARBINI, I Fenici. Storia e religione, Naples 1980, p. 138, n. 7, considère que ces manifestations de respect étaient purement formelles. Cf. J. ELAYI, The Relations between Tyre and Carthage during the Persian Period, dans JANES, 13 (1981), p. 15-29.

[7] QUINTE-CURCE IV 2,10 ; confirmé par ARRIEN II 24,5.

[8] DIODORE XIII 108,4 ; JUSTIN XVIII 7,7. Cf. supra, p. 53-54.

[9] JUSTIN XVIII 7,9.

pris sa charge fort au sérieux, qu'elle était donc prestigieuse, puisqu'il la fit passer avant ses devoirs filiaux. Le voilà, «*étalant aux yeux de tous les bandelettes du sacerdoce dont il était paré*». Peut-être est-ce en tant que prêtre de Melqart à Carthage qu'il se vit confier cette mission. Mais à côté de ces hommages exceptionnels, liés aux contingences de la vie politique carthaginoise, Diodore fait état d'une dîme sur le trésor public versée chaque année, du moins dans les premiers temps [10]. Notre auteur rapporte en effet que, Carthage prenant plus d'autonomie, cette pratique se fit irrégulière, les contributions plus réduites. Mais accablés de malheurs peu après — peut-être au IVe siècle av. J.-C. [11] —, les Carthaginois y décelèrent la manifestation de la colère divine et envoyèrent à Tyr une importante somme d'argent et de somptueuses offrandes. Il semble donc que, si elle tomba en désuétude pendant une certaine période, cette habitude de réactualiser les liens organiques entre la métrople et sa colonie se maintint sous l'égide de Melqart, le dieu national. Dans ce passage, Diodore qualifie Melqart d' Ἡρακλῆς παρὰ τοῖς ἀποίκοις, titre qu'il faut interpréter comme «*Héraclès qui préside aux entreprises coloniales*», confirmant ainsi le patronage qu'il exerçait sur ces activités tyriennes [12]. Polybe apporte un ultime renseignement sur l'hommage rendu au dieu tyrien par les Carthaginois [13]. Transportées sur un bateau spécialement sélectionné à cet effet, les prémices, traditionnellement offertes aux dieux, étaient expédiées à Melqart en qui ils reconnaissaient donc encore, du moins formellement, le garant de leur prospérité.

3. Les marques de dévotion

On a longtemps cru que l'attestation la plus ancienne de Melqart à Carthage consistait en une inscription étrusque sur une plaquette en ivoire du VIIe-VIe siècle av. J.-C., découverte dans une tombe punique de la nécropole de Sainte Monique [14]. On peut y lire : *mi pui melkarθazie*. Ainsi coupée, l'inscription semble renfermer une dédicace à Melqart ou, éventuellement, un nom théophore formé sur Melqart. On l'interprétait comme un hommage provenant d'Italie ou un témoignage de la dévotion d'un marchand étrusque de Carthage. Cependant, le lecture en a été revue par É. Benveniste qui propose plutôt : *mi puinel karθazie* [15]. On y reconnaît alors

---

[10] Diodore XX 14.

[11] Sans doute à l'occasion du débarquement d'Agathocle sur la côte africaine, en 310 av. J.-C.

[12] Cf. G. Bunnens, *Aspects religieux de l'expansion phénicienne*, dans *St.Phoen.* IV, Namur 1986, p. 119-125 et, pour la pérennité des rapports Tyr-Carthage, P. Bordreuil - A. Ferjaoui, *À propos des «fils de Tyr» et des «fils de Carthage»*, à paraître dans *St.Phoen* VI.

[13] Polybe XXXI 12.

[14] M. Bréal, *Inscription étrusque trouvée à Carthage*, dans *Journal des Savants* 1899, p. 63-67.

[15] E. Benvéniste, *Notes étrusques I. La tablette d'ivoire de Carthage*, dans *Studi Etruschi* 8 (1933), p. 245-249.

l'ethnique *Carthaginois*, précédé d'un nom de personne ; Melqart n'a donc plus sa place dans cette inscription et sa première attestation formelle n'est guère si ancienne.

Les inscriptions puniques attestent bien l'existence d'un culte et d'un sanctuaire de Melqart à Carthage. À deux reprises est mentionné le «*temple de Melqart*»[16], sans autre précision quant à sa localisation ou son aspect. Une troisième mention était généralement identifiée dans une dédicace à Tanit et Baal Ḥammon[17], mais M. Sznycer en a remis en cause la lecture traditionnelle[18]. Le dédicant se présenterait, selon l'ancien déchiffrement, comme *'š b'm bt mlqrt*, soit «*qui appartient au personnel du temple de Melqart*». Selon M. Sznycer, la photographie de l'estampage ne laisse aucun doute sur la lecture *'š b'm rš mlqrt*, soit «*qui appartient au peuple de Rš Mlqrt*». Il existe en effet un nom propre attesté à Carthage et en Sicile *Rš Mlqrt*, sur l'identification duquel nous reviendrons. Au bénéfice de cette lecture, il faut ajouter que notre document s'inscrit dans une série de six textes votifs où le dédicant affirme son appartenance à cette cité.

Un autre texte, gravé au IVᵉ-IIIᵉ siècle av. J.-C., sur un cippe offert à Tanit et Baal Ḥammon, est l'hommage d'un personnage qui se proclame «*serviteur de Ṣid-Melqart*», *'bd Ṣd Mlqrt*[19]. Ce théonyme double trouve un intéressant parallèle à Carthage même, outre les cas bien connus d'Eshmoun-Melqart et de l'hypothétique Rashap-Shed à Chypre, ainsi que de Tanit-Astarté à Sarepta, dans le théonyme Ṣid-Tanit connu par des inscriptions puniques contemporaines[20]. La physionomie du dieu Ṣid a récemment fait l'objet de plusieurs études, après les découvertes d'Antas, en Sardaigne, où il était identifié à Sardos-Sardus Pater, l'éponyme local[21]. Il est présent aussi dans l'onomastique : à Sidon, dont il pourrait être un éponyme, en Égypte et en Afrique du Nord, notamment à Carthage, où il est attesté plus de cent fois comme élément théophore. Il est fort intéressant de noter que Pausanias et Martianus Capella en font, sous la forme grecque de Sardos, un fils de Makéris-Héraclès, c'est-à-dire sans

---

[16] *CIS* I,4894 et 5575 : *bt Mlqrt*.

[17] *CIS* I,264 = *KAI* 86. On ne possède de ce document qu'un estampage car, découvert en 1874-1875 parmi plus de 2000 stèles, il ne survécut pas à l'explosion, en rade de Toulon, du bateau qui l'acheminait en France.

[18] M. SZNYCER, *L'«assemblée du peuple» dans les cités puniques d'après les témoignages épigraphiques*, dans *Semitica* 25 (1975), p. 47-68.

[19] *CIS* I,256, l. 3.

[20] *CIS* I,247-249.

[21] Cf., en particulier, C. GROTTANELLI, *Melqart e Sid fra Egitto, Libia e Sardegna*, dans *RSF* 1 (1973), p. 153-164 ; S. RIBICHINI, *Una tradizione sul fenicio Sid*, dans *RSF* 10 (1982), p. 171-175 ; A. ROOBAERT, *Ṣid, Sardus Pater ou Baal Ḥammon ? À propos d'un bronze de Genoni (Sardaigne)*, dans *St.Phoen.* IV, Namur 1986, p. 333-345, avec toute la bibliographie antérieure. Cf. *infra*, p. 262-264.

doute de Melqart[22]. Leur union ou leur simple cohabitation cultuelle à Carthage n'a donc rien d'incongru : elle repose à la fois sur des liens «généalogiques» et fonctionnels, en rapport sans doute avec la colonisation. Il en va de même pour Tanit, protectrice par excellence des Carthaginois, comme Ṣid est le répondant des Puniques de Sardaigne. Les trois protagonistes de cette double association pourraient donc renvoyer à trois composantes fondamentales de l'univers de Carthage : les racines tyriennes avec Melqart, l'implantation africaine avec Tanit et l'expansion dans les zones environnantes avec Ṣid[23].

En 1934, à Salammbô, on a mis au jour la dédicace malheureusement lacunaire d'un monument[24]. J.-G. Février la datait du IIIe-IIe siècle av. J.-C., mais B. Peckham l'a remontée au Ve-IVe siècle av. J.-C.[25] Le début est une invocation à Tanit et Baal Ḥammon pour qu'ils protègent le monument des malfaiteurs et prennent des sanctions contre ceux qui passeraient outre à la mise en garde. Suit alors une adresse à Melqart, avant que le texte ne s'achève par les habituelles indications chronologiques et onomastiques. L'objet offert est un *mtnt*, un «don», une «offrande»[26]. Le passage qui concerne Melqart est interprété différemment par J. Chabot :

> «En invoquant Melqart, que (Melqart) augmente en sa faveur la prospérité et les mois, dans la conservation et la stabilité pour qu'il l'obtienne et la possède.»

et par J.-G. Février :

> «Qui invoque Melqart, que (Melqart) l'avantage en le maintenant prospère et en le mettant à l'aise, dans (ce) lieu où il aura accompli les rites, de façon à le protéger ; et à lui sera la richesse et la paix.»

Quant au *CIS*, il traduit :

> «Si quelqu'un invoque Melqart, que Melqart le rétribue constamment et le favorise de sorte qu'il honore le Créateur ; et que les richesses et la paix lui soient accordées.»

Tant Chabot que Février émettent de très sérieuses réserves sur l'intelligibilité de ce passage ; leurs traductions s'en ressentent. Mais il semble, en dernière analyse, quels que soient les détails sur lesquels il serait heu-

---

[22] Pausanias X 17 ; Martianus Capella VI 645. Nous reviendrons ultérieurement sur cette question.

[23] Pour la religion carthaginoise, voir E. Lipiński, *Syro-Fenicische Wortels van de Karthaagse Religie*, dans *Phoenix* 28 (1982), p. 51-84.

[24] *CIS* I,5510. Cf. J. Chabot, dans *BAC* 1941-42, p. 387-394 ; J.-G. Février, *Remarques à propos d'une inscription punique récemment découverte*, dans *BAC* 1946-49, p. 166-173.

[25] J.B. Peckham, *The Development of the Late Phoenician Scripts*, Cambridge 1968, p. 220, n. 31.

[26] H. Bénichou-Safar, *Les tombes puniques de Carthage*, Paris 1982, p. 202.

reux que les épigraphistes se penchent à nouveau, que Melqart accorde sa protection, favorise la prospérité, la paix, voire la longévité. Il apparaît donc conforme au profil de dieu bienveillant, garant du bien-être de ses dévôts ; ses interventions sont nettement positives et visent à améliorer les conditions concrètes de vie des fidèles.

Plusieurs inscriptions du IIIe siècle av. J.-C., enfin, attestent l'existence à Carthage d'un sanctuaire de Milkashtart[27]. On peut penser que c'est de Phénicie, peut-être d'Oumm el-'Amed, via Tyr, que les Carthaginois ont importé ce culte. Il n'est donc pas exclusif de celui de Melqart, malgré d'évidentes affinités. Nous ne savons pas sur quelles bases ces deux divinités étaient différenciées par les Carthaginois, ni dans quelle mesure elles étaient apparentées à leurs yeux.

4. L'onomastique

Les attestations formelles du culte de Melqart doivent être complétées par les données tirées de l'onomastique, qui corrigent, dans une certaine mesure, l'impression de discrétion laissée par les rares témoignages du culte de Melqart à Carthage. Par rapport aux innombrables dédicaces à Tanit et Baal Ḥammon, on a en effet le sentiment d'un recul de la dévotion portée à Melqart. Le recours fréquent à l'élément théophore *mlqrt* permet toutefois d'opérer une certaine distinction entre la religion officielle de Carthage, centrée sur la dyade citée précédemment, et la religion populaire ou privée, sans doute plus attachée à un dieu bienfaisant du type de Melqart[28]. A. Caquot a insisté sur trois principes méthodologiques à respecter dans l'étude des noms de personnes, qu'il est bon de rappeler[29]. L'onomastique est un domaine conservateur où les noms se transmettent de génération en génération. Il n'empêche que les noms gardaient un sens, une actualité, à la fois pour ceux qui les donnaient et ceux qui les portaient : ils ne sont jamais des reliquats vidés de signification, mais les témoins d'une piété vivante. Enfin, si l'on vise à donner, à la personne qui

---

[27] *CIS* I,250, 2785, 4839, 4850, 5657. Pour la bibliographie relative à Milkashtart, cf. *supra*, p 125-127. On doit encore noter l'existence d'une amphore découverte en 1908 à Bordj Djedid portant une inscription peinte identifiant son propriétaire comme «*Mlk'štrt*, épouse de *Šmrb'l*» (*CIS* I,6011 = *RÉS* 909). Cf. P. BERGER, *Inscriptions puniques peintes sur urnes cinéraires à Carthage*, dans *Florilegum Melchior de Vogüé*, Paris 1909, p. 45-52.

[28] G. HALFF, *L'onomastique punique de Carthage*, dans *Karthago* 12 (1963-64), p. 63-146 ; N.J. KIKUCHI, *Phoenician Personal Names*, thèse inédite, Saint-Andrew University 1963, p. 107-108 ; F.L. BENZ, *Personal Names in the Phoenician and Punic Inscriptions*, Rome 1972 ; K. JONGELING, *Names in Neo-Punic Inscriptions*, Rijksuniversiteit Groningen 1984, p. 46-47, 133.

[29] A. CAQUOT, *Le kathénothéisme des Sémites de l'Ouest d'après leurs noms de personne*, dans J. BLEEKER - G. WIDENGREN - E.J. SHARPE (éd.), *Proceedings of the XIIth International Congress of the International Association for the History of Religions*, Leyde 1975, p. 157-166.

porte son nom, la qualité par excellence du dieu, chacun conçoit la divinité, lui attribue des pouvoirs, selon les exigences contingentes de sa propre existence : c'est le kathénothéisme. Cela dit, on constate à Carthage
que les éléments Tanit et Baal Ḥammon sont plutôt rares dans l'onomastique [30], alors que Melqart est à la base de quelque 25 noms fournissant
près de 1500 occurrences. Parmi celles-ci, 900 expriment la confiance en
Melqart ; les personnes sont ses *«serviteurs»*, ses *«hôtes»* ou encore se mettent *«dans la main de Melqart»*. Les bienfaits qu'on lui attribue sont en
définitive fort variés. Variées aussi les orthographes adoptées pour rendre
son nom : haplographie, dittographie, métathèse ou confusion de lettres ne
sont pas rares. Le matériel épigraphique latin d'Afrique nous renseigne,
pour sa part, sur la vocalisation de son nom, en *i* puis *a*, comme dans
Bodmilcaris [31]. Du lot des noms propres, on retirera l'anthroponyme
Mlqrt [32], qui trouve un écho dans les noms *Micart* et *Milchortis* [33] et qui
indique donc que le théonyme seul pouvait servir d'anthroponyme. Deux
noms, enfin, sont formés sur l'élément *qrt*, puisque le beau-père et l'aïeul
d'une prêtresse se nomment respectivement *Qrtytn* et *Qrtmšl* [34]. Il pourrait s'agir soit de la ville de Carthage personnifiée, soit d'un hypocoristique
de Melqart.

La popularité de Melqart était bien ancrée parmi les Carthaginois qui
appréciaient le côté positif et bienfaisant de ses interventions. Nous allons
tenter, à présent, en faisant appel aux sources classiques de trouver une
nouvelle voie d'approche de son culte.

5. Le point de vue des sources classiques

Pline l'Ancien fournit un renseignement digne d'attention, mais d'interprétation délicate [35].

---

[30] Tanit entre dans la composition de quatre noms seulement, connus par dix inscriptions.
Le cas de Baal Ḥammon est plus délicat. Comme tel, il est totalement absent de l'onomastique,
mais l'élément théophore Baal, par contre, est attesté plus de 2500 fois, dans soixante noms. Sert-
il exclusivement à renvoyer à ce Baal-là ? L'élément *mlk* regroupe 575 occurrences, mais, on ignore
de même à quelle divinité il se réfère exactement ; Melqart est en tout cas un réelle possibilité.
Astarté et Eshmoun présentent un peu les mêmes distorsions que Melqart entre les traces de
culte et les données de l'onomastique.

[31] K. Jongeling, *op. cit.* ; F. Vattioni, *Antroponimi fenicio-punici nell'epigrafia greca e latina
del Nordafrica*, dans *Annali del seminario di studi del mondo classico, sezione di archeologia e storia
antica*, Naples 1979, p. 153-191. Quand le nom de Melqart est rendu par une seule syllabe, elle
est vocalisée en *a* (*Boncar*) ou en *o* (*Bonchor*). On remarque aussi une extrême liberté orthographi-
que puisque le nom Hamilcar est écrit sous près de 20 formes différentes.

[32] *CIS* I,4062.

[33] F. Vattioni, *art. cit.* (n. 31), p. 182, n°179 (= *CIL* VIII,1583 et 9459).

[34] P. Berger, dans *CRAI* 1907, p. 804-805 ; E. Vassel, *L'épitaphe de la prêtresse Hanni-ba'al*,
dans *CRAI* 1909, p. 259-268.

[35] Pline, *HN* XXXVI 39.

«L'Hercule pour lequel les Carthaginois sacrifiaient des victimes humaines chaque année n'est pas honoré et ne se trouve dans aucun temple ; il se dresse à même le sol, devant l'entrée du Portique des Nations.»

Curieuse information, il est vrai, qu'il faut se garder de prendre à la lettre. La statue dont il est question est très certainement une pièce de butin rapportée à Rome par Scipion Émilien en 146 av. J.-C., lorsque Carthage fut anéantie. Déposée sans égards au Portique des Nations, une création augustéenne, elle devait alimenter les légendes macabres sur les sacrifices humains pratiqués par ces barbares de Carthaginois que Rome avait décidément bien fait de supprimer. Les sacrifices humains ont certes été pratiqués à Carthage et dans le monde punique dans des circonstances et selon des modalités précises [36], mais aucun autre témoignage ne les associe à Melqart. On sait au contraire que les destinataires de ces sacrifices *mlk* étaient Tanit et Baal Ḥammon. De quels éléments, du reste, Pline disposait-il pour identifier la statue ? Si elle provient vraiment de Carthage, peut-être a-t-il mal interprété tel ou tel attribut iconographique, par exemple un arc, et, quand bien même elle serait vraiment héracléenne, il l'a sans doute associée automatiquement à la barbarie punique, un *topos* de la littérature romaine, puis chrétienne. Nous savons par ailleurs qu'une statue d'Apollon, probablement Rashap, fut ravie aux Carthaginois, lors du siège final de la ville [37] ; on peut donc prendre en considération l'hypothèse d'une confusion opérée par les Romains entre deux dieux archers, Apollon/Rashap et Héraclès/Melqart.

Si l'on n'offrait pas de victimes humaines à Melqart, comment alors se déroulait son culte ? Sans doute était-il calqué sur les pratiques tyriennes. Tertullien, qui est né à Carthage au IIe siècle ap. J.-C., affirme avoir vu brûler, sur une scène, un substitut d'Hercule [38]. On peut certes envisager l'hypothèse qu'il s'agisse du héros gréco-romain, mais ce pourrait être, à travers lui, Melqart, assimilé à Héraclès-Hercule. Si telle était bien la première phase de son culte, l'*egersis*, le *«réveil»* du dieu était-il célébré ensuite ?

---

[36] P. XELLA, *Un'uccisione rituale punica*, dans *Saggi fenici* I, Rome 1975, p. 23-27 ; L.E. STAGER, *The Rite of the Child Sacrifice at Carthage*, dans *New Light on Ancient Carthage*, Ann Arbor 1980, p. 1-11 (pour la périodisation de cette pratique qui aurait connu son «akmè» lors de l'urbanisation maximale de Carthage, aux IVe-IIIe siècles av. J.-C.) ; G. GARBINI, *Il sacrificio dei bambini nel mondo punico*, dans *Sangue e antropologia biblica* I, Rome 1981, p. 127-134 ; H. BÉNICHOU-SAFAR, *op. cit.* (n.26), p. 278-282 ; A. SIMONETTI, *Sacrifici umani e uccisioni rituali nel mondo fenicio-punico. Il contributo delle fonti letterarie classiche*, dans *RSF* 11 (1983), p. 91-111 ; M.G. AMADASI GUZZO, *La documentazione epigrafica dal tofet di Mozia e il problema del sacrificio* molk, dans *St.Phoen.* IV, Namur 1986, p. 189-207.

[37] PLUTARQUE, *Flam.* I 1 ; VAL. MAX. I 1,18 ; APPIEN, *Lib.* 127, 609; 133, 631.

[38] TERTULLIEN, *Apol.* XV 5 ; *ad Nat.* I 10,47.

Avant d'en rechercher les indices, il faut nous interroger sur le statut du bûcher carthaginois de Melqart comme modèle funéraire [39]. La geste d'Elissa, fondatrice de Carthage, raconte comment, pour échapper à un mariage qu'elle ne désirait pas, elle se précipita dans les flammes. Hamilcar, le général carthaginois, apprenant la nouvelle de sa défaite face aux Siciliens, mit fin à ses jours de la même façon, dans les flammes où se consumaient les victimes que, toute la journée, il n'avait cessé d'offrir aux dieux [40]. La femme d'Hasdrubal, en compagnie de ses enfants, mourut en se jetant dans l'incendie du temple d'Eshmoun, en 146 av. J.-C. [41] Aurions-nous là un rite marquant de la religion nationale, un modèle de mort «héroïque» dont l'origine serait celle de Melqart ? Il est vrai qu'aux dires d'Hérodote, Hamilcar reçut à la suite de ces événements un culte, des sacrifices et des édifices, dont le plus important se trouvait à Carthage.

Certains éditeurs ou commentateurs d'Hérodote ont considéré qu'Hamilcar devait être une méprise de l'historien pour Melqart. La confusion des deux noms, pour un étranger, est en effet tout à fait concevable. Mais il faut être attentif à ne pas conclure trop vite à une erreur d'Hérodote [42]. Celui-ci, nous le savons, a séjourné à Tyr et s'est informé du culte de Melqart. Nous ignorons la manière dont il a recueilli ses informations sur Hamilcar, mais celles-ci témoignent d'une conception de la religion plutôt grecque que punique. On y retrouve en effet le modèle grec de l'héroïsation, qui n'est pas attesté dans le monde phénico-punique. Que l'on songe au cas de Brasidas, le général spartiate, auquel les Amphipolitains rendirent un culte après sa mort lors de la Guerre du Péloponnèse [43]. La même marque grecque pourrait aussi être sensible, à notre sens, dans le rôle dévolu au feu dans les autres épisodes. C. Grottanelli, qui défend au contraire l'hypothèse d'un modèle phénico-punique, a établi un parallèle entre la mort d'Hamilcar et celle de Crésus [44]. La mort du Carthaginois, fortement sacralisée, apparaît en effet comme le «*climax d'une orgie sacrificielle vaine*» ; or, Crésus aussi fit preuve de libéralité envers les dieux qui ne le payèrent pas davantage en retour. Scandalisés par l'indifférence divine, ces deux personnages poseraient alors un ultime défi, dans un

---

[39] C. GROTTANELLI, *I connotati «fenici» della morte di Elissa*, dans *Religioni e civiltà* 1 (1972), p. 319-327.

[40] HÉRODOTE VII 167. Toutefois, DIODORE XI 22,1 et JUSTIN IV 2,7, présentent une version différente des faits.

[41] APPIEN, *Lib.* 130-131.

[42] ATHÉNAGORE, *Libellus pro Christianis* 14, répète l'information. Cf. G.Ch. PICARD, *Les religions de l'Afrique antique*, Paris 1954, p. 37.

[43] THUCYDIDE V 11.

[44] C. GROTTANELLI, *Encore un regard sur les bûchers d'Amilcar et d'Elissa*, dans *ACFP 1*, vol. II, Rome 1983, p. 437-442. Pour une analyse du bûcher de Crésus, cf. G. DUMÉZIL, *L'oubli de l'homme et l'honneur des dieux*, Paris 1985, p. 62.

contexte d'échanges déréglés entre les hommes et les dieux. Le feu donne-rait une coloration rituelle supplémentaire à leur acte. Mais, comme l'a bien montré M. Delcourt[45], les sources grecques font intervenir le feu comme la sanction d'un échec, en rapport avec des personnages dénigrés, marqués négativement. Ainsi en va-t-il de Crésus, vaincu par Cyrus, d'Ha-milcar, défait lui aussi, ainsi de tant d'autres, comme Sardanapale, car la mort par le feu est un véritable *topos* littéraire. En ce qui concerne Didon, l'interprétation de son échec pourrait être en rapport avec la royauté car-thaginoise : en se suicidant par le feu, elle renonce à régner et l'on pourrait avoir affaire à un mythe d'abolition de la royauté féminine ou même de la royauté tout court, dont les traces à Carthage sont en effet probléma-tiques[46]. En conséquence, le prétendu arrière-plan rituel de ces traditions, issu du culte de Melqart, ne nous semble pas s'imposer.

À présent que nous avons entrevu, grâce à Tertullien, la possibilité d'une célébration du bûcher de Melqart à Carthage, nous sommes armée pour revenir aux sources puniques qui nous permettent de poursuivre l'enquête.

6. Le mqm 'lm mtrḥ 'štrny

De la seconde étape du rite de l'*egersis*, nous pensons avoir gardé des traces dans un titre attesté à plusieurs reprises dans les inscriptions puni-ques, celui de *mqm 'lm mtrḥ 'štrny*[47]. Il apparaît environ vingt fois, par-fois complet, parfois sous la forme *mqm 'lm*, une fois sous la forme *mqm 'lm mlt*, c'est-à-dire, selon toute probabilité, «*mqm 'lm* de *Ml(qr)t*»[48].

En dépit des incertitudes et des interrogations qui pèsent encore sur ce titre, il semble acquis que *mqm*, à vocaliser *mīqim*, est l'état construit

---

[45] M. DELCOURT, *Pyrrhos et Pyrrha. Recherches sur les valeurs du feu dans les légendes hellléni-ques*, Paris 1965.

[46] Sur cette question de la royauté carthaginoise, cf. M. SZNYCER, *Le problème de la royauté et le problèmes des suffètes*, dans C. NICOLET (sous la direction de), *Rome et la conquête du monde méditerranéen 2. Genèse d'un empire* (Nouvelle Clio 8 bis), Paris 1978, p. 565-576 ; W. HUSS, *Der karthagische Sufetat*, dans *Historia* 40 (1983), p. 24-43 ; M. SZNYCER, *Le problème de la royauté dans le monde punique*, dans *BAC* 17 (1981 [1984]), p. 291-301 ; W. HUSS, *op. cit.* (n. 1), p. 458-469 ; d'un avis différent, G.Ch. PICARD, *Le pouvoir suprême à Carthage*, communication au colloque de Bruxelles sur Carthage (mai 1986).

[47] La plupart datent du IIIᵉ-IIᵉ siècle av. J.-C. Il s'agit de *CIS* I,227, 260, 261, 262, 377, 3351, 3352, 3788, 4863-4872, 5903, 5950 (=*KAI* 93), 5953, 5979, 5980, 6000bis. Il faut y ajouter *RÉS* I,13, 360 (=*KAI* 70 = *ICO*, App. 4), provenant vraisemblablement de Carthage, mais retrou-vée à Avignon.

[48] *CIS* I,5980 (=*RÉS* 1569). Cf. J.-G. FÉVRIER, *Sur le mot 'lt en phénicien et en punique*, dans *Semitica* 5 (1955), p. 59-62 ; J. FERRON, *L'épitaphe punique CIS 5980*, dans *Cahiers de Tunisie* 19 (1971), p. 225-230. Cf. dans F.L. BENZ, *op. cit.* (n. 28), p. 175, un anthroponyme *'tml[qr]t*. E. LIPIŃSKI, *La fête de l'ensevelissement et de la résurrection de Melqart*, dans *Actes de la XVIIᵉ Ren-contre Assyriologique Internationale*, Ham-sur-Heure 1970, p. 30-58, surtout p. 32, n. 6, rejette l'interprétation de *Mlt* comme Milytta, le nom donné par HÉRODOTE I 131 et 199 à Ishtar.

du participe hifil du verbe *qwm*, «se lever». *'lm* est un pluriel à valeur de singulier, désignant donc «la divinité»[49]. *Mtrḫ* est un participe piel du verbe *trḫ*, «acquérir une femme en payant le don nuptial», «épouser», correspondant à l'accadien *terḫatu*[50]. Quant à la forme *'štrny*, elle a été diversement analysée. P. Berger voyait dans *mtrḫ 'štrny* un composé de Mithra et d'Astronoé[51]. Pour A.M. Honeyman[52], à la suite du *CIS*, le second terme résulterait plutôt de la contraction de Ishtar de Ninive, déesse célèbre pour l'hiérogamie qui l'unissait à son prêtre[53]. Selon J. Ferron, cette forme résulterait du théonyme Astarté-Uni, qui apparaît dans la bilingue phénico-étrusque de Pyrgi[54], mais il s'agit là, comme nous le verrons, d'une alliance de circonstance, qui peut difficilement rendre compte d'un phénomène aussi général. Enfin, un certain nombre d'auteurs modernes rapprochent cette forme du théonyme grec Astronoé qui semble bien être un doublet d'Astarté[55] et qui pourrait coller d'assez près à la forme *'štrny*. Mais il est difficile de croire à une dérivation du grec vers le punique[56], de sorte qu'il reste à expliquer cette forme particulière du nom d'Astarté. Le suffixe *-ny* demeure en effet mystérieux. On connaît certes le *y* final des ethniques en phénico-punique, mais jamais de suffixe *-ny*. Mieux vaut conclure sur une incertitude quant à la formation, donc au sens précis de ce terme. Son rapport avec Astarté-Astronoé paraît cependant assez fondé. L'ensemble de ces éléments nous autorisent donc à considérer le *mqm 'lm mtrḫ 'štrny*, comme le «*ressusciteur de la divinité, époux d'Astarté*». On constate immédiatement qu'une telle traduction est une approximation et qu'elle ne lève pas l'ambiguïté quant à la fonction du deuxième membre du titre. Il n'y a en effet pas d'unanimité sur le point de savoir

---

[49] J. Ferron, *L'inscription bilingue des disques en plomb de Carthage*, dans *Cahiers de Byrsa* 10 (1964-65), p. 63-73, considère que *'lm* pourrait désigner les morts ou un dieu qui meurt.

[50] Sur ces analyses, cf. E. Lipiński, *art. cit.* (n. 49), p. 32 ss.

[51] P. Berger, *Le culte de Mithra à Carthage*, dans *RHR* 65 (1912), p. 1-15.

[52] A.M. Honeyman, *The Phoenician Title* mtrḫ *'štrny*, dans *RHR* 121 (1940), p. 5-17.

[53] On trouve une interprétation divergente chez A. van den Branden, *I titoli* mqm 'lm mtrḫ 'š trnj, dans *BeO* 16 (1974), qui pense que la seconde partie signifie «*celui qui suit en chantant les lamentations*», par référence à Osée qui lie la résurrection de Dieu au rite de pénitence.

[54] J. Ferron, *Un traité d'alliance entre Caere et Carthage contemporain des derniers temps de la royauté étrusque à Rome ou l'événement commémoré par la quasi bilingue de Pyrgi*, dans *ANRW* I, Berlin-New York 1972, p. 189-216.

[55] Cf. E. Lipiński, *art. cit.* (n. 49), p. 33-34, n. 10, proposait un radical *'štr* suivi de l'afformante adjectivale *-an -on*, augmentée du suffixe *-i* d'appartenance : «astartéen». Cette explication ne le satisfait plus, notamment parce que si le *y* est noté, c'est qu'il est consonantique. Les grammaires avouent aussi leur incapacité à expliquer ce nom, qu'elles rapprochent d'Astronoé.

[56] La finale -νόη est évidemment un rendu du phénico-punique en un élément significatif et familier en grec. On a le cas parallèle du théonyme grec Astroarché, qui recourt au même thème -ἀστρο et ajoute un autre élément significatif en grec. M. le Professeur M. Sznycer, dans une étude à paraître sur le sujet, a l'intention d'insister sur les questions qui demeurent sans solution, car les théories développées à ce jour n'emportent pas son adhésion.

si c'est le ressusciteur ou le dieu qui est l'époux d'Astarté[57]. Les tenants de la première interprétation en tirent argument pour défendre l'hypothèse d'un mariage sacré entre l'officiant portant ce titre et la déesse. Quoi qu'il en soit, c'est en tant que substitut de la divinité qu'il agirait.

La mention d'un ressusciteur de *Mlt* plaide en faveur du rattachement de cette fonction au culte de Melqart, et spécialement à la célébration de son «*réveil*». L'existence possible en grec du titre d'ἐγερσείτης τοῦ Ἡρακλέους, en plusieurs endroits du Proche-Orient où le culte d'Héraclès-Melqart a fort bien pu être pratiqué, en est un indice supplémentaire, ainsi que l'existence, dans une liste néo-assyrienne de Ninive, parmi plusieurs noms de femmes ouest-sémitiques, de l'anthroponyme *GAM Mil-qar-te*, renvoyant sans doute à nouveau au verbe *qwm*[58].

La teneur exacte de la fonction de ressusciteur n'est pourtant pas aisée à déterminer, dans l'état actuel de notre documentation. Cette tâche d'«érecteur» de la divinité s'insérait dans un contexte rituel précis, probablement une hiérogamie. On ne peut donc exclure que cette désignation véhicule une connotation sexuelle. À y bien regarder, on constate que la même racine **qwm* servit probablement d'élément théophore dans l'épigraphie proche-orientale avant le Ier millénaire, par exemple à Mari. En outre, sur une stèle du IIIe siècle av. J.-C., découverte à Démétrias en Thessalie, figurait une dédicace faite par deux Ascalonites dont les noms sémitiques étaient transcrits en grec[59]. Le premier d'entre eux s'appelait METTOYN-MIKIM, nom formé de l'élément μεττουν, signifiant «*don de*» et de μιχιμ faisant apparemment fonction d'élément théophore. Il pourrait s'agir, selon son éditeur, de l'abréviation du titre de *mqm 'lm*. À Tharros, il existe un anthroponyme *mqm*[60]. Mais, sur cette lancée, on a pensé que l'attestation la plus ancienne de ce titre se trouverait à Ébla, dans le texte qui permit, en 1968, d'identifier le site[61] et qui était gravée sur la statue de basalte d'Ibbit-Lim. Elle ne fut pas découverte *in situ*, si bien que sa datation est approximative, entre 2000 et 1900 av. J.-C. Les quatre premières lignes sont les suivantes :

---

[57] Pour J.C.L. GIBSON, *A Textbook of Syrian Semitic Inscriptions* III. *Phoenician Inscriptions*, Oxford 1982, n°39, Melqart n'est pas l'époux d'Astarté, mais une sorte d'acolyte, l'autre rôle étant réservé à Baal Shamim. Cette interprétation n'a aucun fondement.

[58] Cf. *supra*, p. 131, 146-148 et F.M. FALES, *A List of Assyrian and West Semitic Women's Names*, dans *Iraq* 41 (1979), p. 55-73, col. III, l. 21, avec commentaire p. 67, sans identification satisfaisante du premier élément auquel on peut donner d'autres valeurs syllabiques. Je dois cette référence à l'amabilité du professeur E. Lipiński.

[59] M. SZNYCER, *Deux noms phéniciens d'Ascalon à Demetrias*, dans *Semitica* 19 (1979), p. 45-52.

[60] *ICO*, Sard. 24, l. 4. On ne peut être assuré qu'il s'agit du même terme que dans le titre.

[61] TM. 68.G.61. Cf. G. PETTINATO, *Ebla. Un impero inciso nell'argilla*, Milan 1979, p. 22-27 ; ID., *Ebla. Nuovi orizzonti della storia*, Milan 1986, p. 36-40, 339-340. Je tiens à remercier le Dr F. Pomponio, de l'Université de Rome, pour les éclaircissements fournis à ce propos.

a-na ^{d}[eš$_4$-tár] ap-sà-am
i-bi-it-li-im
mār ig-ri-iš-ḫe-epa$_x$ šàr
me-ki-im eb-la-i-im

«*Pour la déesse Eshtar, un bassin,*
Ibbit-Lim,
fils de Igrish-Ḥépa, roi
meki(m) d'Ébla.»

G. Pettinato rend *me-ki-im eb-la-i-im* par «*della 'stirpe' eblaita*», tout en reconnaissant que cette appellation apparaît pour la première fois dans les textes d'Ébla[62]. Dans un texte d'Ur III, un *ensi* d'Ébla, un gouverneur, porte le nom de *Mekum*[63]. S'agirait-il dès lors de la même racine, contenant l'idée de «*réveil*», désignant dans le premier cas un titre, «*celui qui soulève, réveille les Éblaïtes*», servant dans le second d'anthroponyme[64] ? Non, car dans l'inscription d'Ibbit-Lim, le -*im* final marque très certainement la mimation, de sorte que le -*m* n'appartient pas à la racine. À ce dossier, il faut ajouter un texte mythique hittite, récemment analysé par H. Otten[65], qui mentionne un personnage du nom de Meki à qui l'on s'adresse en ces termes : «*Pourquoi t'exprimes-tu d'une manière si réservée, ô Meki, étoile d'Ébla*». Il confirme que le titre de *Meki(m)* n'a *rien à voir* avec le *mqm* phénicien, en dépit des apparences. L'élément *mqm* apparaît pourtant dans l'onomastique de Mari, par exemple dans le nom *A-bu-me-qí-im*[66], puis dans l'onomastique phénico-punique, comme en témoignent les transcriptions grecques Μοχιμος ou Μοχειμος[67], nabatéenne et palmyrénienne, avec notamment à Palmyre de très nombreuses attestations du nom *Mqymw*, «*Celui qui réveille*»[68]. Étant donné l'écart chronologique et les disparités culturelles qui rendent ces différentes attestations hétérogènes et difficile-

[62] Cf aussi M. HELTZER, *The Inscription from Tell Mardih and the City Ebla in Northern Syria in the III-II millenium B.C.*, dans *AION* 35 (1975), p. 298-317, surtout p. 292-295. Il traduit «*imposed to the people of Ebla*» et rend de la même façon, en ignorant la bibliographie à ce sujet, notre titre punique par «*imposed to the gods, the bridegroom (?) of Astarte*».

[63] D. OWEN, *Meqûm, Ensi of Ebla*, dans *Ebla 1975-1985*, Naples 1987, sous presse.

[64] D'un autre avis, G. PETTINATO, *op. cit.* (n. 61-1986), p. 40, qui considère que dans l'inscription d'Ibbit-Lim, on aurait affaire au même personnage que dans le texte d'Ur III.

[65] H. OTTEN, *Blick in die altorientalische Geisteswelt : Neufund einer hethitischen Tempelbibliothek*, dans *Jahrbuch der Akademie der Wissenschaften in Göttingen für das Jahr 1984* (1985), p. 50-60, surtout p. 54.

[66] H.B. HUFFMON, *Amorite Personal Names in the Mari Texts. A Structural and Lexical Study*, Baltimore 1965, p. 259 ; I.J. GELB, *Computer-Aided Analysis of Amorite Names*, Chicago 1980, p. 172.

[67] F.L. BENZ, *op. cit.* (n. 28), p. 404 ; F. VATTIONI, *I Fenici in Tessalia (sic)*, dans *AION* 42 (1982), p. 71-81, surtout p. 79.

[68] J.K. STARK, *Personal Names in Palmyrene Inscriptions*, Oxford 1971, p. 35-37, 96, avec les renvois pour le nabatéen, le syriaque, l'hébreu.

ment comparables, on est obligé de s'en tenir à de très prudentes conclusions. La notion de «réveil» semble bien ancrée dans les croyances des
Sémites de l'Ouest dès le IIe millénaire et c'est dans cette «continuité»
toute relative et imparfaite que s'inscrirait le *mqm 'lm* et l'*egersis* de Melqart. L'onomastique n'est toutefois pas une source suffisamment explicite
pour permettre de préciser le contenu exact de ces termes.

Le statut social des officiants carthaginois portant ce titre n'est pas sans
intérêt. Outre le fait qu'on note chez eux une prépondérance de noms formés sur Melqart, six d'entre eux sont suffètes, huit sont *rb*, c'est-à-dire
d'importants dignitaires [69], huit autres ont un ascendant ou un descendant
rb ou suffète. L'un d'eux a épousé une prêtresse et un dernier cumule les
fonctions de suffète, grand-prêtre et ressusciteur. Ceci n'a rien pour nous
étonner ; ainsi se trouve confirmée la tendance que nous avions timidement
entrevue au Proche-Orient : à Tyr, où c'est le roi en personne qui semble
présider aux cérémonies de l'*egersis*, à Philadelphie, où l'*egerseitès* serait
conseiller et président du Conseil, ainsi que gymnasiarque, à Ramleh, où
il était également président. Nous aurons encore la confirmation de ce
recrutement privilégié des ressusciteurs à Lapéthos de Chypre, où il est
qualifié de *'l lpš*, c'est-à-dire de *«maire, gouverneur de Lapéthos»* [70].

Ainsi transparaît le prestige de cette charge, jadis exercée par le roi,
en tant que répondant humain du roi divin, et reprise ensuite par de hauts
magistrats. Outre une indiscutable popularité, le culte de Melqart avait
donc conservé à Carthage une réelle assise institutionnelle. Coupé du cadre
strictement dynastique qui constituait l'origine et le fondement de son
culte, Melqart survécut et fleurit dans la Nouvelle Cité. Sa fonction politique, au sens large, d'ancêtre des rois de Tyr, a sans doute été récupérée,
réaménagée en fonction de la situation institutionnelle nouvelle, c'est-à-
dire, essentiellement, le suffétat, tandis que, parallèlement, sa dimension
bienfaisante lui conservait la faveur des Carthaginois, voire l'amplifiait [71].
Il ne semble en tout cas pas douteux qu'un certain conservatisme marquait
le culte de Melqart à Carthage. Outre les éléments que nous venons de passer en revue, il suffit de penser que Melqart était le symbole des racines

---

[69] Sur la vingtaine de ressusciteurs, quatre portent un nom théophore sur Melqart et sept
sont fils ou pères d'un *Abdi-Melqart*. Sur le rab, cf. M. SZNYCER, *art. cit.* (n. 46), p. 585 ; d'un
avis contraire, A. VAN DEN BRANDEN, *Quelques notes concernant l'inscription* CIS 5510, dans *RSF*
5 (1977), p. 139-145, surtout p. 143-144 (le grec βασιλεύς désignerait le *rab*, à l'époque des Mago-
nides, tandis que les suffètes seraient appelés δικασταί).

[70] Pour Lapéthos, A.M. HONEYMAN, *Larnax tès Lapéthou. A Third Phoenician Inscription*,
dans *Le Muséon* 51 (1938), p. 285-298, surtout p. 286, l. 1 ; J.C. GREENFIELD, *Larnax tès Lapethou III Revisited*, dans *St.Phoen.* V, Leuven 1987, p. 391-401.

[71] Cette évolution vers une dimension plus sotériologique des divinités phéniciennes est naturelle au Ier millénaire av. J.-C., cf. P. XELLA, *Le polythéisme phénicien*, dans *St.Phoen.* IV, Namur
1986, p. 29-39. Sur la royauté à Carthage, cf. *supra*, p. 174, n. 46.

tyriennes de Carthage et aussi le pivot autour duquel s'organisaient les rapports métropole-colonie ; il est donc l'élément ancestral par excellence, la concrétisation du passé de Carthage. La probable célébration annuelle de sa mort par le feu et de sa résurrection, peut-être par une union sacrée, servait donc à garantir, comme à Tyr, la pérennité de l'ordre cosmique et des bienfaits de l'existence.

7. Le traité d'Hannibal

Quand on traite de la religion punique, on ne peut éviter la *crux* que constitue le fameux serment d'Hannibal. Si nous l'abordons *in fine*, ce n'est pas pour mieux sauter l'obstacle, mais simplement parce que son étude, pour le culte de Melqart, est fort peu enrichissante. Polybe donne donc ce qui paraît bien être la traduction grecque d'un original punique renfermant le texte du traité passé en 215 av. J.-C. entre Philippe V de Macédoine et Hannibal[72]. Les divinités prises à témoin par les Carthaginois sont principalement :

> «*Zeus, Héra et Apollon,*
> *le δαίμων des Carthaginois, Héraclès et Iolaos,*
> *Arès, Triton, Poséidon*».

L'interprétation grecque des divinités puniques telle que Polybe s'en fait le porte-parole a donné lieu à de très nombreux commentaires[73]. La plus récente étude sur le sujet, celle de M.L. Barré, présente l'originalité de chercher à insérer le document dans la série homogène des traités proche-orientaux, bref de mettre en œuvre une véritable analyse relevant de la diplomatique. Par contre, pour ce qui regarde les identifications, les méthodes et les résultats emportent beaucoup moins l'adhésion. Heureusement pour nous, l'identification la plus obvie est précisément celle d'Héraclès à Melqart car, en dépit de son attestation à Carthage, Milkashtart semble moins approprié dans ce contexte officiel[74].

En Zeus, nous reconnaîtrions volontiers Baal Ḥammon, en tant que divinité masculine principale du panthéon carthaginois[75]. Héra pourrait

---

[72] POLYBE VII 9,2-3.

[73] Il faut relire les réflexions pénétrantes de S. GSELL, *HAAN* IV, Paris 1920, p. 222-224, 265-266. L'ouvrage le plus récent, reprenant toutes les études antérieures, est celui de M.L. BARRÉ, *The God-List in the Treaty between Hannibal and Philip V of Macedonia : a Study in Light of the Ancient Near Eastern Treaty Tradition*, Baltimore-Londres 1983, auquel il faut ajouter depuis F. BARRECA, *Il giuramento di Annibale (considerazioni storico-religiose)*, dans G. SOTGIU (éd.), *Studi in onore di Giovanni Lilliu per il suo settantesimo compleanno*, Cagliari 1985, p. 71-81.

[74] Pour la bibliographie relative à Milkashtart, cf. *supra*, p. 125-127.

[75] P. XELLA, *A proposito del giuramento annibalico*, dans *OA* 10 (1971), p. 189-193. Contra, W. HUSS, *Hannibal und die Religion*, dans *St.Phoen.* IV, Namur 1986, p. 223-238, surtout p. 229, qui songe à Baal Shamim.

bien être Astarté, sa correspondante traditionnelle, à moins qu'il ne s'agisse de Tanit, formant un couple avec Baal Ḥammon, comme Zeus avec Héra. Quant à Apollon, il représente régulièrement, du moins en Orient, le dieu Rashap[76]. La seconde «triade» comprend, outre Melqart, une divinité tutélaire locale, le «génie» des Carthaginois. De sérieux indices plaident en faveur de Tanit[77]. Quant à Iolaos, celui qui soigna Héraclès blessé et le ramena à la vie, il a sans doute été choisi en raison des liens qui l'unissaient à Héraclès dans la mythologie grecque. Il est donc très difficile de trancher entre Ṣid et Eshmoun qui tous deux entretenaient un rapport assez étroit avec Melqart[78]. En faveur du premier, on évoquera les deux théonymes doubles Ṣid-Melqart et Ṣid-Tanit qui pourraient être regroupés ici, tandis qu'à l'appui de l'hypothèse Eshmoun, dieu guérisseur, on avancera le fait que les sources classiques parlent de son temple carthaginois comme du plus grand de la cité et que son absence dans le traité serait par conséquent aberrante. Les trois dernières divinités citées, avant une foule de dieux naturalistes, sont Poséidon, peut-être Baal Ṣaphon, Arès, que M.L. Barré assimile à Baal Hadad, puisque Rashap correspond plutôt à Apollon et, enfin, Triton, une autre divinité marine, peut-être Baal Malagê qui figure dans le traité de Baal de Tyr et Asarhaddon[79]. Il n'est d'ailleurs pas impossible que cette troisième «triade» corresponde à la première du traité tyrien : Baal Shamim, Baal Malagê, Baal Ṣaphon.

On est frappé par le conservatisme de cette énumération, car, quelles que soient les options interprétatives, la plupart des divinités du traité tyrien du VIIe siècle av. J.-C. réapparaissent ici quatre siècles plus tard. Faut-il dès lors considérer cette liste comme une sorte de «fossile» ? Elle reflète certainement le panthéon officiel de Carthage, celui qui pouvait représenter la cité dans un acte public, plutôt que, selon l'opinion de G.Ch. Picard, le panthéon dynastique des Barcides. La place qu'y occupe Melqart semble assez conforme à la carte religieuse punique que nous

---

[76] Néanmoins, Rashap n'est pas attesté épigraphiquement à Carthage, mais les sources classiques mentionnent, près de l'agora, un temple d'Apollon. Cf. W. Huss, *op. cit.* (n. 1), p. 517. Sur l'assimilation Rashap-Apollon, cf. J. Teixidor, *L'interprétation phénicienne d'Héraclès et d'Apollon*, dans *RHR* 200 (1983), p. 233-245.

[77] Le grec δαίμων trouve un écho dans le phénicien *gd*, appliqué à Tanit, tant en Espagne qu'en Sardaigne, cf., dernièrement, C. Grottanelli, *Astarte-Matuta e Tinnit Fortuna*, dans *VO* 5 (1982), p. 103-116. Dans une inscription latine de Dacie, apparaît un *Genio Carthaginis* (*CIL* III 993). Cependant, pour E. Vassel, *Le panthéon d'Hannibal*, dans *Revue Tunisienne* 20 (1913), p. 308, la mention dans cette même dédicace de *Caelestis* exclurait la possibilité qu'il s'agisse de Tanit.

[78] Eshmoun est cependant toujours interprété en Asclépios.

[79] M.L. Barré interprète Baal Malagê comme le «*Baal de Malaga*». Mais alors qu'aurait-il été faire dans le traité assyro-tyrien du VIIe siècle av. J.-C ? Cf., plutôt, F.O. Hvidberg-Hansen, *Ba'al-malagê dans le traité entre Asarhaddon et le roi de Tyr*, dans *Acta Orientalia* 35 (1973), p. 57-81.

avons tracée jusqu'ici. S'il s'était agi d'un document fortement marqué de l'influence barcide, Melqart y aurait sans doute occupé un meilleur rang.

Le cas d'Hannibal est justement révélateur de cette tendance[80]. Contrairement au portrait vitriolé qu'en dresse Tite-Live, Hannibal était un homme pieux[81], qui manifesta sa dévotion à Melqart, notamment en venant à Gadès, dans son fameux sanctuaire, déclarer le début de la IIe Guerre Punique[82]. On peut même songer qu'Hannibal ambitionna de s'assimiler à Héraclès-Melqart. Partant d'Espagne, il franchit les Alpes et envahit l'Italie, marchant sur les pas du héros[83]. Pour des raisons idéologiques, Hannibal cultiva certainement cette ambiguïté qui faisait de lui, tout à fait à la manière des monarques hellénistiques et plus spécialement d'Alexandre le Grand, un être d'exception. Les monnaies hispano-carthaginoises, qui représentent les généraux barcides sous le masque héracléen, sont, comme nous le verrons, l'expression la plus achevée de cette politique.

Ainsi, parallèlement à la religion civile carthaginoise, peut-on mettre en évidence pour cette période une certaine personnalisation des cultes. Hannibal exerça les fonctions de suffète et fut, à ce titre, peut-être amené à exercer quelque responsabilité dans le culte de Melqart. W. Huß a émis l'hypothèse qu'en 214 av. J.-C., lorsque le général carthaginois accomplit une cérémonie religieuse au lac Avernus, il agissait en qualité de ressusciteur de Melqart auquel il avait identifié le *numen* local[84]. Celui-ci, lié à une Junon Averna, était un dieu chthonien puisque c'est au lac Avernus que la tradition localisait l'entrée des Enfers. L'hypothèse de W. Huß est certes intéressante, mais elle repose implicitement sur la conception chthonienne de Melqart héritée de W.F. Albright et est, à notre sens, trop peu étayée. Il semble par contre acquis que l'importance attribuée par les Barcides à Melqart s'inscrit dans un contexte bien spécifique de politique carthaginoise. D'une part, il s'agit de manifester le statut de domaine punique qu'avait l'Espagne, avec son célèbre sanctuaire gaditain dédié à Melqart,

---

[80] Cf. R. DION, *La voie héracléenne et l'itinéraire transalpin d'Hannibal*, dans *Hommages Grenier*, Bruxelles 1962, p. 527 ss ; E.L. BASSETT, *Hercules and the Hero of Punica*, dans *The Classical Tradition. Studies in Honour of H. Caplan*, Ithaca 1966, p. 259-273 et surtout l'étude de W. HUSS, *art. cit.* (n. 75), p. 223-238.

[81] TITE-LIVE XXI 4,9.

[82] TITE-LIVE XXI 21,9 ; SILIUS ITALICUS III 14-61.

[83] On racontait qu'un guide surhumain, dieu ou héros, lui avait montré le chemin dans son voyage en Europe, cf. TITE-LIVE XXI 21,9 (*Hannibal sit aemulus itinerum Herculis, ut ipse fert*) ; XXI 41,7 ; CORNELIUS NEPOS, *Hannibal* III 4 ; SILENOS de Kaléakté 175 F 2 J (= CICÉRON, *De div.* I 48-49) ; POLYBE III 47,9 et 48,7. Cf. J. GAGÉ, *Hercule-Melqart, Alexandre et les Romains à Gadès*, dans *RÉA* 42 (1940), p. 425-438 ; F. LANDUCCI GATTINONI, *Annibale sulle Alpi*, dans *Aevum* 58 (1984), p. 38-44.

[84] TITE-LIVE XXIV 12,4 ; SILENOS de Kaléakté 175 F 2 J. Cf. W. THUSS, *art. cit.* (n. 75), p. 224-227. Cf. *infra*, p. 307-308.

et le fait que cette province jouait un rôle primordial dans l'équilibre politique et économique de Carthage. D'autre part, à travers Melqart, on fait référence au temps fondateur de la colonisation afin de resserrer les liens avec l'empire occidental ; on mettait sous le patronage de Melqart la sauvegarde des colonies, lui qui en avait déjà assuré la création. La mémoire de son rôle d'archégète demeurait donc fort vivace.

8. Les représentations

a) *Les rasoirs*

La numismatique punique nous retiendra plus tard, dans le cadre de l'étude des hispano- et des siculo-puniques[85], mais, pour l'heure, nous analyserons l'iconographie de quelques rasoirs, ces objets qui servaient de talismans funéraires. Sur l'un d'eux, en forme d'oiseau, taillé dans un métal doré et découvert dans la nécropole de Sainte-Monique, on voit un Héraclès debout, nu sous sa léonté, appuyé sur sa massue, le tout d'excellente facture[86] (fig. 9). Au revers, figure un héros coiffé d'une tiare à plumes, empoignant la tête d'un guerrier cuirassé et agenouillé, qu'il s'apprête à transpercer de sa lance. Le style de la gravure indique qu'il s'agit d'une œuvre du IIIe siècle av. J.-C., l'époque où Hannibal fréquentait le sud de l'Italie. De fait, ce type d'Héraclès trouve son inspiration dans le monnayage italiote, comme le note E. Acquaro. On n'est pas assuré, en revanche, de l'identité du personnage à la coiffe de plumes. On songe souvent à Şid-Sardus Pater, l'éponyme des Sardes, que certaines monnaies représentent affublé de cette coiffe. Le geste qu'il accomplit pourrait alors être une évocation de la révolte des Sardes face aux Romains. Mais A. Roobaert a récemment montré que cette coiffe est également portée par Baal Ḥammon[87].

Un second rasoir, contemporain du premier et de même origine, présente Héraclès assis sur un rocher, les jambes croisées, nu et imberbe, por-

---

[85] Pour le monnayage carthaginois, cf. G.K. JENKINS - R.B. LEWIS, *Carthaginian Gold and Electrum Coins*, Londres 1963.

[86] R. DELATTRE, *Nécropole punique de Carthage*, dans *CRAI* 1905, p. 325-327 ; C. et G.Ch. PICARD, *Hercule et Melqart*, dans *Hommages à J. Bayet* (=*Latomus* 70 [1964]), p. 569-578 ; C. PICARD, *Sacra punica. Étude sur les masques et les rasoirs de Carthage*, dans *Karthago* 13 (1965-66), p. 3-115, surtout p. 71, n°37, fig. 65 ; E. ACQUARO, *I rasoi punici*, Rome 1971, n°82, fig. 39 ; C. GROTTANELLI, *art. cit.* (n. 21), p. 163-164.

[87] A. ROOBAERT, *art. cit.* (n. 21), p. 333-345. La lance qu'arbore ce personnage pourrait être un autre indice intéressant dans la mesure où on la retrouve sur la fresque d'une tombe punique de Cagliari du IVe siècle av. J.-C., dans les mains d'un guerrier nu. Cf. F. BARRECA, *Nuove scoperte sulla colonizzazione fenicio-punica in Sardegna*, dans *Phönizier im Westen*, Mainz am Rhein 1982, p. 181-184, surtout p. 182.

tant le mufle léonin et armé de la massue[88] (fig. 10). À ses pieds, un chien tend la patte, tandis qu'à gauche de la tête d'Héraclès, apparaissent un croissant et un disque. Il s'agit encore d'un type iconographique originaire de Grande Grèce, celui du repos héroïque, lié à l'œciste local[89]. Au revers, figure un jeune homme assis sur une chaise, tenant d'une main une plante sinueuse et, de l'autre, un oiseau. On songe immédiatement à Iolaos, brandissant le *kolokasion*, la plante bienfaisante d'Akko avec laquelle il soigna Héraclès, et la caille, instrument de la résurrection de Melqart. On obtiendrait ainsi confirmation du caractère «authentique» de ce mythe.

On constate donc que l'époque barcide, férue du culte de Melqart, a profondément hellénisé et italicisé son image. La finesse de la technique mise en œuvre suggère que l'on pourrait avoir affaire à des artistes grecs établis à Carthage. Mais, sous ce vernis grec, transparaissent certains traits d'origine du dieu phénico-punique qui meurt et revient à la vie[90]. D'une inspiration semblable, on relèvera encore un brûle-parfum de Sainte-Monique, montrant Héraclès jeune et imberbe[91], des empreintes d'argile, avec des motifs héracléens empruntés à la Grande Grèce[92] ou simplement traditionnels, comme son combat contre le lion, sans doute rapproché de l'iconographie du dieu Bès[93], enfin, un fragment de gourde illustrant un épisode amoureux de son cycle mythique[94].

Mais si l'influence gréco-italiote est puissante à Carthage, les racines proche-orientales demeurent sensibles dans certaines pièces d'art. Ainsi en va-t-il d'un troisième rasoir, d'inspiration toute différente[95] (fig. 11). De même époque et de même provenance, il montre un dieu debout sur un podium, vêtu d'une longue tunique fendue, coiffé d'une tiare et portant sur l'épaule une hache fenestrée. Sous l'estrade, figure une fleur de lotus,

[88] R. Delattre, *Rapport sur les fouilles de Carthage*, dans *CRAI* 1899, p. 552-564, surtout p. 557 ; J. Vercoutter, *Les objets égyptiens et égyptisants du mobilier funéraire carthaginois*, Paris 1954, p. 306, pl. XXVII, n°913 ; C. et G.Ch. Picard, *art. cit.* (n. 86), p. 574-575 ; C. Picard, *art. cit.* (n. 86), p. 71-72, n°38, fig. 66 ; E. Acquaro, *op. cit.* (n. 86), n°81, fig. 38.

[89] Cf. E. Acquaro, *op. cit.* (n. 86), p. 101.

[90] Cf., sur le «double langage» gréco-punique, J. Debergh, *Image grecque, interprétation carthaginoise*, dans *Homenaje A. García y Bellido (=Revista de la Universidad Complutense* 125 [1976]), p. 91-112 ; C. Picard, *Les sources de l'iconographie hellénistique à Carthage*, dans *ACFP 1*, vol. III, Rome 1983, p. 725-729.

[91] S. Gsell, *Chronique archéologique africaine, sixième campagne*, dans *MÉFRA* 21 (1901), p. 196-197.

[92] J. Vercoutter, *op. cit.* (n.88), p. 259, 261.

[93] *Ibid.*, p. 88, 174, 230.

[94] M.O. Jentel, *En marge des fouilles canadiennes à Carthage : quelques scènes des légendes d'Achille et d'Héraclès*, dans *Racar* 4 (1977), p. 55-70.

[95] J. Vercoutter, *op. cit.* (n. 88), pl. XXVIII, 907 et 907 *a* ; W. Culican, *Melqart Representations on Phoenician Seals*, dans *Abr-Nahrain*, 2 (1960-61), p. 41-54 ; E. Acquaro, *op. cit.* (n. 86), n°83, fig. 40 et p. 107 ; S. Moscati, *I Fenici e Cartagine*, Turin 1972, p. 524 ; A. Parrot - M. Chéhab - S. Moscati, *Les Phéniciens*, Paris 1975, p. 184, fig. 200.

symbole de vie et de renaissance. Tous ces éléments rappellent de manière frappante la plus ancienne iconographie de Melqart, celle que révèle la stèle d'Alep de 800 av. J.-C. environ. Même si certains éléments de cette composition ne sont pas exclusivement l'apanage de Melqart et si l'image d'Alep semble partiellement contaminée par le voisinage du culte de Te-shup, le rapprochement des deux représentations est indéniable. On reconnaîtra donc Melqart sur ce rasoir et l'on soulignera l'étonnante continuité de son iconographie, dont la station debout, le long vêtement, la tiare, la hache fenestrée et le lotus semblent constituer des éléments marquants. Entre la stèle d'Alep de 800 av. J.-C. et ce rasoir carthaginois d'époque hellénistique, les jalons manquent pour suivre la diffusion de l'iconographie de Melqart. Mais un scarabée chypriote, de datation toutefois incertaine, fournit sans doute un relais intéressant[96]. Cette pièce permet en outre de revoir l'opinion émise par certains modernes selon laquelle l'Héraclès des rasoirs puniques était le héros chthonien d'Italie. Le processus est probablement plus complexe : il s'agit d'un phénomène d'*interpretatio*, qui s'exprime par le langage imagé[97].

b) *Les terres cuites*

Sur une série de terres cuites carthaginoises, on reconnaît un dieu assis arborant sur l'épaule une hache fenestrée[98]. W. Culican le rattache aux figurations de Melqart et considère même ces offrandes comme des miniatures de sa statue de culte[99]. Mais A.M. Bisi, après une étude d'ensemble de ces pièces, a montré la multiplicité des types, donc la complexité de l'identification du ou des dieux[100]. Ce type de terre cuite apparaît en effet aussi à Ibiza, en Sardaigne et sur la côte africaine ; il possède des antécédents figuratifs dans l'art égyptien et syrien du IIe millénaire av. J.-C. À Carthage, cinq exemplaires ont été exhumés de la colline de Byrsa et se rattachent à deux catégories : d'une part, un dieu imberbe, assis sur un trône de style gréco-hellénistique, d'autre part, un dieu plus âgé, barbu, sur un trône flanqué de sphinx. Tous deux ont pour attribut la hache fenestrée et leur datation s'échelonne du IIIe siècle à 146 av. J.-C. En certains points de la côte africaine où elles ont été retrouvées, comme à Sousse, le maître des lieux est sans conteste Baal Hammon. Sans vouloir exclure la possibi-

---

[96] E. ACQUARO, *op. cit.* (n. 86), p. 107, fig. 75,1.

[97] C'est aussi l'avis de M. FANTAR, *Recherches puniques en Tunisie*, dans *Ricerche puniche nel Mediterraneo centrale*, Rome 1970, p. 82, à propos de l'adoption d'images grecques au tophet de Carthage : «*un texte de langue punique écrit en alphabet grec*».

[98] P. BOULANGER, *Catalogue du Musée Lavigerie*, Paris 1913, p. 112-116 ; A. MERLIN, *Statuettes et reliefs en terre cuite découverts à Carthage*, dans *BAC* 1919, p. 180-182.

[99] W. CULICAN, *art. cit.* (n.95), p. 52 et fig. 1 *g-h*.

[100] A.M. BISI, *Sull'iconografia di due terrecotte puniche di Ibiza*, dans *SM* 7 (1975), p. 19-40.

lité que certaines de ces statues aient représenté Melqart, en raison notamment du port de la hache fenestrée, il faut plutôt conclure à la «polysémie» du langage iconographique phénico-punique. Il n'existe pas une image, un attribut, qui soit spécifique de telle ou telle divinité, mais au contraire une série de signes, qui matérialisent l'une ou l'autre composante de la physionomie de chaque divinité. Ainsi en va-t-il de cette hache, tout comme de la présence ou de l'absence de barbe, de la position assise ou debout... Le problème est que, si nous percevons ces signes, nous ne parvenons pas encore à nous les rendre pleinement intelligibles. Les terres cuites représentent donc un Baal, tantôt Baal Ḥammon, qui semble en effet souvent représenté assis[101], tantôt sans doute un autre Baal, peut-être Melqart.

On relèvera encore, parmi le lot de terres cuites découvertes par P. Cintas au Cap Kamart, peu au nord de Carthage, un fragment de léonté héracléenne[102]. L'ensemble des ex-voto, daté de la première moitié du IIIe siècle ap. J.-C., illustre une réelle variété de cultes : Saturne, Jupiter, Pluton, Esculape, Mercure ..., bref un panthéon romano-punique dans lequel Hercule-Melqart a logiquement sa place. On a aussi associé au culte carthaginois de Melqart le chaton d'une bague de la nécropole de Bordj Djedid et datant du VIe-Ve siècle av. J.-C.[103] (fig. 12). Un personnage vêtu d'une courte tunique, portant un bonnet phrygien et tenant un arc pose un pied sur le dos d'un lion, tout en brandissant au-dessus de la tête une bipenne ; derrière lui, on distingue un bouclier avec protomé léonine et, devant lui, un disque et un croissant. Cette représentation rappelle celles de Ptolémaïs-Akko et de Palmyre examinées précédemment[104] ; nous la rencontrerons encore à Ibiza. Nous avons déjà émis des doutes sur l'identification de ce personnage à Melqart car elle repose en fait sur l'idée que, comme Héraclès, il était régulièrement associé au lion. Or, rien n'est moins sûr et nous pencherions plutôt pour une représentation de Rashap ou éventuellement de Nergal, peut-être contaminé par l'iconographie d'Héraclès : la question demeure ouverte.

---

[101] J. VERCOUTTER, op. cit. (n. 88), nos 671, 685-686 ; W. CULICAN, art. cit. (n. 95), p. 46-47.

[102] H. ZEHNACKER, Les statues du sanctuaire de Kamart (Tunisie) (Coll. Latomus 77), Bruxelles 1965, n° 92 ; J. FERRON - Ch. SAUMAGNE, Adon-Baal, Esculape, Cybèle à Carthage, dans Africa 2 (1967-68), p. 75-137, signalent la découverte dans le même secteur de diverses autres antiquités carthaginoises, réunies peut-être en ce lieu par un notable tunisien du XIXe siècle qui y habitait et faisait commerce d'objets anciens. Parmi ceux-ci, un buste viril en marbre représentant probablement Hercule.

[103] P. GAUCKLER, Nécropoles puniques de Carthage II, Paris 1915, p. 157 ; W. CULICAN, The Iconography of Some Phoenician Seals and Seal Impressions, dans AJBA 1/1 (1968), p. 100-103, pl. 14 A ; De Carthage à Kairouan. 2000 ans d'art et d'histoire en Tunisie, Paris 1983, p. 86, n° 123. La forme ovale du chaton dénote son ancienneté, mais les tombes dont il provient remontent au Ve-IVe siècle av. J.-C.

[104] Cf. supra, p. 128, 149.

9. Conclusions

En définitive, les traces de Melqart à Carthage permettent de se faire une idée approximative de son culte, mais révèlent surtout des tendances, une évolution par rapport à la métropole tyrienne. Melqart s'est bien enraciné dans la Cité Nouvelle, sa dévotion s'y est maintenue. Mais, privé du rapport organique qu'il entretenait avec la royauté, son culte se structure autour de deux axes. D'une part, il est le symbole des racines tyriennes de Carthage, le garant de sa fondation et, sans doute aussi, de son empire colonial ; c'est par référence à son culte que s'organisent certains rapports entre la métropole et la colonie. D'autre part, Melqart est un dieu bienfaisant, dont on apprécie la protection, dont on recherche les faveurs. Le peuple carthaginois aimait à porter son nom et ses dirigeants appréciaient certainement de se voir confier l'honneur de célébrer son *egersis*. Car, si l'iconographie traduit partiellement l'altération de sa physionomie, au contact de l'art gréco-romain, les rites de son culte témoignent au contraire d'un réel conservatisme. Nous ne voudrions pas clore ce chapitre sans souligner une dernière fois la part de conjecture que comporte cette reconstitution, en dépit du fait que la civilisation de Carthage est abordée à la fois par les sources classiques et les documents puniques.

B. La côte africaine

1. Les aventures d'Héraclès en Afrique

Salluste, dans un passage très célèbre, relate comment s'est opéré le peuplement de l'Afrique [105] ; il dit tenir ses informations de livres puniques, attribués au roi numide Hiempsal et qui s'accordent aux traditions locales circulant sur le sujet. Il est vrai, comme le rappelle S. Gsell, dont l'analyse de ce passage demeure fondamentale [106], que le punique était la langue officielle en Numidie et que ses rois, à l'instar de l'écrivain Juba II, se targuaient d'être cultivés. Lors de la destruction de Carthage en 146 av. J.-C., les bibliothèques ne furent pas anéanties, mais leurs trésors furent au contraire répartis entre les dynastes africains [107]. Hiempsal, au Ier siècle av. J.-C., put donc en profiter. Pour Salluste, les premiers habi-

---

[105] SALLUSTE, *Jug.* 17-18. Cf. G.M. PAUL, *A Historical Commentary on Sallust's* Bellum Jugurthinum, Liverpool 1984, p. 77.
[106] S. GSELL, *HAAN* I, Paris 1913, p. 330 ss ; cf aussi F. DECRET - M. FANTAR, *L'Afrique du Nord dans l'Antiquité*, Paris 1981, p. 29-31 ; M. BOUCHENAKI, *Contribution à la connaissance de la Numidie avant la conquête romaine*, dans *ACFP 1*, vol. II, Rome 1983, p. 527-541.
[107] PLINE, *HN* XVIII 22.

tants de l'Afrique, les Gétules et les Libyens, furent «contaminés» par l'armée d'Hercule, composée de Mèdes, de Perses, d'Arméniens, de «nomades», qui, après la mort de leur chef en Espagne, errèrent en Afrique. Leur origine asiatique pourrait être un indice que l'Hercule dont il est question n'est pas le héros gréco-romain, mais plutôt son correspondant proche-oriental, à savoir Melqart dont on situait de fait le tombeau à Gadès [108]. Quelles que soient les étymologies populaires ou les représentations de la genèse des peuples qui se dissimulent derrière cette tradition sur le peuplement de l'Afrique, on peut songer à y trouver un écho lointain et déformé de l'expansion phénicienne en Occident [109].

Mais il faut être attentif à ne pas voir Melqart partout. La mythologie grecque localise en Occident nombre d'épisodes héracléens : extermination d'animaux féroces en Afrique, lutte contre Antée, rencontre d'Atlas, visite des Hespérides, enlèvement du troupeau de Géryon, consécration des Colonnes d'Héraclès, sans parler d'une série de fondations de cités. On a sans doute là, réunies en une strate, différentes couches culturelles : des éléments indigènes, mêlés aux apports phénico-puniques, touchés aussi par l'influence de la religion grecque et romaine [110]. Les processus d'élaboration et de fixation de ces épisodes occidentaux du cycle d'Héraclès ont été, pour certains d'entre eux, étudiés de près [111]. Dès Hésiode, le jardin des Hespérides est situé au-dela de l'Océan, dans un Ouest merveilleux et brumeux, un pays de rêve et de prodige, où brillent les feux de l'or et de l'argent. La diffusion du culte et du mythe d'Héraclès dans ces régions est sans aucun doute liée à la colonisation grecque vers l'Occident. Mais parallèlement à ce phénomène de diffusion, il en est un autre, qui consiste à remodeler le mythe, à retoucher le sens premier des exploits d'Héraclès, afin d'en faire le champion de l'hellénisme, de l'acculturation. Dans ce sens, le mythe occidental d'Héraclès est tributaire de l'histoire, c'est-à-dire de la confrontation ou de la coexistence des Grecs et des Phéniciens dans ces régions. En fonction de cette nécessité de produire des antécédents pseudo-historiques, la géographie héracléenne a été fixée, voire remaniée.

---

[108] POMPONIUS MELA, *De chorographia* III 46.

[109] PROCOPE, *Bell. vand.* II 10,13 ss, reprend la même tradition, mais lui donne un tout autre habillage.

[110] S. GSELL, *op. cit.* (n. 106), p. 333.

[111] F. BENOÎT, *La légende d'Héraclès et la colonisation grecque dans le delta du Rhône*, dans *Lettres d'Humanité* 8 (1949), p. 104-148 ; R. DION, *Mythes au service de la patrie : la promotion d'Hercule*, dans *Antiquités nationales et internationales*, 3 (1962), p. 13-30 ; C. JOURDAIN-ANNEQUIN, *Héraclès en Occident. Mythe et histoire*, dans *DHA* 8 (1982), p. 227-282. Le même auteur a, sous le même titre, défendu une thèse d'État, à l'Université de Besançon, en avril 1987, dont on attend la publication dans les Annales de Besançon. Cf. aussi F. BALLABRIGA, *Le Soleil et le Tartare*, Paris 1986, *passim*, pour la dimension paradigmatique des voyages d'Héraclès qui correspondent à une exploration, à une initiation cosmique.

Rien n'interdit de penser que cette face de la personnalité d'Héraclès, la brute insatiable transformée en héros civilisateur, reflète, indirectement, le rôle similaire attribué par les Phéniciens et les Puniques à leur Héraclès archégète, à savoir Melqart. Pour mieux le concurrencer, il est vraisemblable qu'Héraclès devait parfois l'affronter sur son propre terrain, donc que certaines localisations sont significatives aussi de la géographie des établissements phénico-puniques. Ce phénomène traduit donc l'assimilation des deux Héraclès qui s'est produite un peu partout en Méditerranée. Cela dit, dans le cas du mythe d'Héraclès, l'Occident a des connotations bien particulières qui n'ont rien à voir avec les contingences historiques. Il s'agit d'un univers chthonien, lié à l'au-delà, puisque situé aux confins du monde, où Héraclès remporte, tel un initié, son combat sur la mort. Son voyage n'est donc pas une pure et simple fondation «coloniale».

Avant d'examiner les documents systématiquement, il faut rappeler le mythe de la mise à mort d'un Héraclès tyrien, fils de Zeus et d'Astéria, en Libye. Sa généalogie nous permet de l'identifier comme Melqart[112]. Son meurtrier, appelé Typhon par les sources classiques, est l'*interpretatio graeca* du dieu égyptien Seth, qui tua Osiris. Nous avons en effet souligné précédemment les affinités qui existent entre Melqart et Osiris[113]. Le meurtre de Melqart par Typhon, l'incarnation de la sécheresse, du désert, signifie également la disparition de la végétation. Pour ramener Melqart à la vie, son fidèle ami Iolaos lui fit humer le fumet de cailles rôties. Nous savons déjà que l'oiseau est un reconstituant sexuel, mais il est bon d'insister sur le fait que la caille se dit en grec ὀρτυγία et que tel est le second nom d'Astéria, la mère de Melqart, dans la mythologie grecque. En effet, Zeus, épris de cette Astéria et se voyant repoussé, la métamorphosa en caille et la précipita dans la mer[114]; de là, différentes régions du monde qui portent son nom : Rhodes, Délos et la Libye[115]. Étant donné la célébration probable d'une hiérogamie entre Melqart et Astarté lors de l'*egersis*, ce mythe de la résurrection par la caille pourrait bien n'être qu'une version «naturaliste» du rite en question, visant à assurer la pérennité de la vie naturelle et aussi des bienfaits de la «culture».

---

[112] ATHÉNÉE IX 392D, en fait un fils de Zeus et d'Asteria comme CICÉRON, *De natura deorum* III 42, de l'Héraclès tyrien : cf. *supra*, p. 20-23.

[113] Cf. *supra*, p. 103-104, pour les affinités entre Melqart et Osiris. Cf. aussi Ch. CLERMONT-GANNEAU, *RAO* VII, Paris 1924, p. 147-155, qui fait un rapprochement entre la caille de Melqart et le bennou, l'oiseau sacré d'Osiris, symbole de sa résurrection. Sur le rapprochement Typhon-Seth, cf. C. BONNET, *Baal Ṣaphon et Typhon*, dans *St.Phoen.* V, Leuven 1987, p. 101-143.

[114] STEPH. BYZ. s.v. Φιλαδέλφεια ; EUSTATHE, *ad Il.* 332,19. Sur les amours de Zeus et Astéria, cf. HYGIN, *Fab.* LIII ; LACTANCE, *ad. Stat.* IV 795. Selon Ch. CLERMONT-GANNEAU, *op. cit.* (n. 113), p. 147-155, une variété de cailles porte le nom d'ὀρτυγομήτρα, ce qui aurait pu favoriser la formation d'une caille-mère.

[115] PLINE, *HN* V 132 ; *Myth. Vat.* I 37 ; STEPH. BYZ. s.v. Λιβύη.

2. Leptis Magna

Les fouilles de Leptis Magna ont mis en évidence le passé phénicien de cet établissement ; dès le VIIe siècle av. J.-C., la ville a pu être organisée comme une véritable «colonie» phénicienne [116]. Les sources font plus explicitement référence à une origine tyrienne ou sidonienne [117]. À nous d'en déceler les éventuelles traces dans les cultes, grâce au matériel épigraphique [118].

Une première inscription, gravée sur un bloc de calcaire découvert en 1955 dans un mur byzantin de la zone du Forum Vetus et de la Curie, à peu de distance de deux temples dont les proportions sont similaires, est généralement attribuée à la fin du IIe ou au début du Ier siècle av. J.-C. [119] Il s'agit d'une longue dédicace, adressée *l'dn lšdrp' wlmlk'štrt rbt 'lpqy*, «*au(x) Seigneur(s), à Shadrafa et à Milkashtart, les Seigneurs de Leptis*».

Les premiers éditeurs ou commentateurs estimaient que Milkashtart était une déesse et rendait *rbt 'lpqy*, par «*Dame de Leptis*». Mais les études récentes sur Milkashtart ont dénié tout fondement à cette conception [120].

---

[116] La forme néo-punique du nom de Leptis est *(')lpqy*, correspondant à Lepcis. Mais par contamination avec la ville de Byzacène, Lepcis se transforma en Leptis. Sur son histoire, T.H. CARTER, *Western Phoenicians at Lepcis Magna*, dans *AJA* 69 (1965), p. 123-132 ; M. FLORIANI-SQUARCIAPINO, *Leptis Magna*, Bâle 1966 ; A. DI VITA, *Le date di fondazione di Leptis e di Sabratha sulla base dell'indagine archeologica e l'eparchia cartaginese d'Africa*, dans *Mélanges Renard* (=*Latomus* 103 [1969]) III, p. 196-202.

[117] SALLUSTE, *Jug.* 78 4, parle de Sidoniens et ajoute que «*les lois et les mœurs sont demeurés pour la plupart ceux de Sidon*». Le traducteur de la Collection des Universités de France traduit à deux reprises par «*tyrien*», ce qui est une interprétation, et non une traduction du texte. Cf. G.M. PAUL, *op. cit.* (n. 105), p. 197. SILIUS ITALICUS III 256, qualifie Leptis de «*sarranienne*», adjectif formé sur le nom de Tyr, *Ṣr*.

[118] G. LEVI DELLA VIDA, *Tracce di credenze e culti fenici nelle iscrizioni neopuniche della Tripolitania*, dans *Festschrift Friedrich*, Heidelberg 1959, p. 299-314.

[119] *KAI* 119 ; G. LEVI DELLA VIDA, *Iscrizione punica di Lepcis*, dans *ANLR* 10 (1955), p. 550-561 ; J.-G. FÉVRIER, *L'inscription punique «Tripolitaine 37»*, dans *RA* 50 (1956), p. 185-190 ; A. DI VITA, *Shadrapa e Milk'ashtart dei patri di Leptis Magna e i templi del lato nord-ovest del Foro vecchio leptitano*, dans *Or.* 37 (1968), p. 201-211 ; R. DUSSAUD, *Les Dii Patrii de Lepcis*, dans *Hommages à Waldemar Deonna* (=*Latomus* 28 [1957]), p. 203-208 ; A. VAN DEN BRANDEN, *Quelques notes concernant l'inscription Trip. 37* = *KAI* 119, dans *BiOr* 31 (1974), p. 223-226 ; A. DI VITA, *Gli Emporia di Tripolitania dall'età di Massinissa a Diocleziano : un profilo storico-istituzionale*, dans *ANRW* II 10,2, Berlin-New York 1982, p. 515-565 ; M.G. AMADASI GUZZO, *Osservazioni su alcune iscrizioni di Lepcis*, dans *ACFP 1*, vol. III, Rome 1983, p. 789-796 ; EAD., *Les divinités dans les inscriptions puniques de Tripolitaine : essai de mise au point*, dans *BAC* n.s. 17 (1981 [1984]), p. 189-196. Enfin, je remercie infiniment M.G. Amadasi Guzzo d'avoir eu l'obligeance de me faire parvenir les épreuves de son recueil des inscriptions de Tripolitaine, qu'elle publie sous son nom et celui de son grand-père G. Levi Della Vida (Rome 1987). L'inscription y porte le numéro 31. Je profite de l'occasion pour exprimer à M.G. Amadasi Guzzo toute ma gratitude non seulement pour les renseignements fournis, mais aussi pour ses marques d'amitié et ses encouragements.

[120] Cf. *supra*, p. 125-127. Pour *rbt* comme masculin, cf. J. FRIEDRICH - W. RÖLLIG, *Phönizisch-punische Grammatik*, 2e éd., Rome 1970, § 240, n°16.

Par ailleurs, si une bilingue néo-punique/latine identifie Shadrafa à Liber Pater [121], une série d'inscriptions latines font de Liber Pater et Hercule les *dii patrii* de Leptis [122]. Ceux-ci pourraient du reste bien être les «propriétaires» des temples jumelés dont il a été question plus haut. La numismatique locale associe fréquemment, à partir du Ier siècle av. J.-C., les têtes et les attributs (thyrse et massue) de ces deux divinités [123].

Nous avons déjà rencontré Shadrafa dans l'entourage de Melqart à Amrith [124]. Théonyme composé à partir de Shed, dieu d'origine sémitique bien attesté en Égypte où il fut identifié à Horus, son nom le désigne comme un «génie guérisseur» [125]. Son iconographie, notamment palmyrénienne [126], indique qu'il neutralisait divers animaux malfaisants, par son pouvoir magique. L'Hercule de Leptis Magna, c'est-à-dire Milkashtart, est, à plusieurs reprises, qualifié de *Genius Coloniae Lepcitani* et de *deus*, afin sans doute de le différencier de son homologue gréco-romain [127]. En compagnie de Liber Pater, il connaîtra une promotion considérable sous l'impulsion de Septime-Sévère, l'empereur originaire de Leptis qui, après sa victoire sur les Parthes, leur fit élever, à Rome, un temple gigantesque [128]. En 204, leur nom fut introduit dans les jeux séculaires et, par ce canal, leur culte se répandit dans tout l'Empire, de Philippes de Macédoine à Cologne [129]. L'empereur lui-même se fera représenter sous les traits d'Hercule dans le théâtre de Leptis [130] et Liber Pater, dont l'aspect dionysiaque

---

[121] G. LEVI DELLA VIDA, *The Phoenician God Satrapes*, dans *BASOR* 87 (1942), p. 29-32 ; *KAI* 127.

[122] J.M. REYNOLDS - J.B. WARDS PERKINS, *Inscriptions of Roman Tripolitania*, Rome 1952, p. 286-289 (désormais *IRT*).

[123] L. MULLER, *Numismatique de l'ancienne Afrique* II, Copenhague 1860-74, p. 3, 5 ; *SNG. Afrique du Nord*, Copenhague 1969, n°s 1-4, 6-7, 12-14.

[124] A. CAQUOT, *Chadrapha, à propos de quelques articles récents*, dans *Syria* 29 (1952), p. 74-88 ; cf. *supra*, p. 117-119.

[125] P. XELLA, *Sulla più antica storia di alcune divinità fenicie*, dans *ACFP 1*, vol. II, Rome 1983, p. 401-407.

[126] Cf. J. TEIXIDOR, *The Pantheon of Palmyra*, Leyde 1979, p. 101-106. Shadrafa est également connu à Sarepta et près de Byblos.

[127] *IRT* 1, 3-9, 275, 280. Cf. M.F. SQUARCIAPINO, *Fortuna o Astarte-Genius Coloniae*, dans *Quaderni di archeologia della Libia* 5 (1967), p. 78-87, considère qu'Astarté aussi jouait un rôle de protectrice de Leptis. Une statue découverte sur place la représenterait sous les traits d'une Tyché, à laquelle ferait référence le titre de *rbt 'lpqy* des inscriptions. Cette interprétation semble cependant insuffisamment étayée. Pour Hercule *deus*, P. CORBIER, *Hercule africain, divinité indigène*, dans *DHA* 1 (1974), p. 95-109.

[128] DION CASSIUS LXXVI 16,3 ; cf. A. BRUHL, *Liber Pater. Origine et expansion du culte dionysiaque à Rome et dans le monde romain*, Paris 1953, p. 191 ; G.Ch. PICARD, *Les religions de l'Afrique antique*, Paris 1954, p. 127-128, estime que l'empereur avait pris soin de gommer toute réminiscence punique.

[129] A. BRUHL, *op. cit.* (n. 128), p. 199, 214, 244 ; P. COLLART, *Philippes, ville de Macédoine*, Paris 1937, p. 414 : sur cinq dédicaces à Liber et Libera, trois leur associent Hercule.

[130] M. LE GLAY, *Les dieux de l'Afrique romaine*, dans *Archéologia* 40 (1971), p. 60-69.

s'accentua avec le temps, garda quelque réminiscence de son association à Hercule [131].

Une autre inscription bilingue a donné lieu à plusieurs interprétations, dont une en rapport avec le culte de Melqart [132]. Elle mentionne un *hmqm 'l m[*. Tablant sur une confusion entre *aleph* et *'ayin*, certains modernes ont affirmé l'existence à Leptis d'un *mqm 'lm*, d'un «*ressusciteur de la divinité*», fonction en rapport avec le rite du «réveil» de Melqart [133]. L'état très délabré du texte latin ne permet pas de l'utiliser pour éclairer le punique. Il mentionne un suffète, flamine d'Auguste, ce qui pourrait confirmer le recrutement élitiste de ces officiants [134]. Cependant, dès 1967, G. Levi Della Vida proposa de couper entre *'l* et *m*, avec le sens de «*le lieu (sacré ?) au-dessus de...*», avec une vocalisation *maqom* et non *mīqim* [135]. F. Vattioni retient la même signification de «*lieu*», mais considère que *'lm* désigne «*l'éternité*». Ce «*lieu d'éternité*» serait alors une sépulture. Il s'agit cependant d'un texte dédicatoire, et non d'une inscription funéraire, comme le confirme la partie latine [136]. Il ne semble en tout cas plus possible de retenir cette pièce dans le dossier du culte lepcitain de Melqart.

Un mot, pour terminer, du culte du dieu *El qôné ars*, qui apparaît dans une inscription néo-punique [137]. Le terme *El* est parfois employé avec le sens générique de «*dieu*», mais l'usage le plus répandu en fait un théonyme autonome, qui porterait ici l'épiclèse de «*seigneur de la terre*», «*créateur*». C'est ainsi en effet qu'El est qualifié dans un texte de Bogazköy [138], à Karatepe [139], dans la Genèse [140] et à Palmyre [141]. Malgré ce lien avec la

---

[131] *Ibid.*, 39 (1971), p. 48-55. L'arc quadrifons de Leptis le montre affublé de la massue, de la peau de faon et du tympanon.

[132] *Trip.* 1 = *CIL* VIII 7 ; J.M. Reynolds, *Some Inscriptions from Lepcis Magna*, dans *Papers of the British School at Rome* 19 (1951), p. 118-121 ; F. Vattioni, *Tripolitana 1 et Tobie III,6*, dans *RB* 78 (1971), p. 242-246 ; G. Garbini, *Dieci anni di epigrafia punica nel Magreb (1965-74)*, dans *SM* 6 (1974), p. 1-36 ; dans le recueil de G. Levi Della Vida - M.G. Amadasi Guzzo, Rome 1987, l'inscription porte le numéro 9.

[133] Cf. *supra*, p. 174-179.

[134] Au début de notre ère, Leptis conservait encore des institutions puniques, avec deux suffètes élus annuellement, cf. A. Di Vita, *art. cit.* (n. 119), p. 515-565.

[135] G. Levi Della Vida, *Su una bilingue latino-neopunica da Leptis Magna*, dans *Atti dell'Accademia delle Scienze di Torino* 1967, p. 395-409.

[136] G. Levi Della Vida - M.G. Amadasi Guzzo, Rome 1987, dans le nouveau recueil des inscriptions de Tripolitaine.

[137] *KAI* 129. Cf. J.C. De Moor, *El, the Creator*, dans *The Bible World. Essays in Honor of C.H. Gordon*, New York 1980, p. 171-187.

[138] H. Otten, *Ein kanaanäischer Mythus aus Bogazköy*, dans *MIO* 1 (1953), p. 125-150.

[139] *KAI* 26 A II 18.

[140] *Genèse* 14,19. Cf. G. Levi Della Vida, *El 'Elyon in Genesis 14,18-20*, dans *JBL* 63 (1944), p. 1-9, surtout p. 8, n. 36. Cf. aussi N. Avigad, *Excavations in the Jewish Quarter of the Old City of Jerusalem, 1971*, dans *IEJ* 22 (1972), p. 195-196 : inscription du VIIᵉ siècle av. J.-C. portant peut-être ['l] *qn 'rs*.

[141] R. du Mesnil du Buisson, *Les tessères de Palmyre*, Paris 1962, p. 247-251.

terre, et tout comme le Poséidon grec dont le nom traduit la maîtrise de la terre et qui porte l'épiclèse de γαιήοχος, El est aussi un dieu des eaux. À Karatepe, il correspond à Ea, le dieu des eaux et, à Palmyre, il est Poséidon. Il s'agit sans doute, à l'origine, des eaux primordiales, celles qui jouent un rôle fondamental dans la cosmogonie. Mais, plus tard, on songea plus naturellement à l'élément marin et l'on ne s'étonne donc pas de rencontrer à Leptis un culte de Neptune [142]. Cependant, sa qualification de «*maître de la terre*» l'apparente aussi au *Genius Coloniae*, c'est-à-dire à Milkashtart-Hercule. G. Levi Della Vida et M. Fantar prennent dès lors en considération l'hypothèse selon laquelle Milkashtart, tout comme Melqart, au contact du monde colonial, aurait développé des prérogatives marines [143]. Reste à signaler l'hypothèse, peut-être plus recevable, d'une divinité indigène de l'eau des sources, interprétée en El [144].

Les cultes de Leptis Magna nous confirment l'aire de dispersion de Milkashtart et son équivalence, tout comme Melqart, à Héraclès-Hercule. Cependant, rien ne nous permet de savoir ce qui a orienté le choix des Lepcitains en sa faveur et s'il en fut toujours ainsi, même à haute époque.

3. Sabratha

La qualité de colonie tyrienne est implicitement reconnue à Sabratha par plusieurs sources [145]. Or, diverses inscriptions latines font état d'un culte d'Hercule, qualifié, dans l'une d'elles, de *deus* [146]. Il ne s'agit donc pas simplement du héros gréco-romain, mais d'un Hercule assimilé à un répondant indigène ou étranger [147]. Sur deux métopes du mausolée de Sabratha, construit à la fin du IIIe ou au début du IIe siècle av. J.-C., dans un style bien grec, figurent Bès dompteur de lion et Hercule, dans la même posture ; ainsi est concrétisé leur rapprochement auquel le monde phénicien, principalement par l'intermédiaire de Chypre, n'est pas étranger [148].

---

[142] *IRT* 306. Cf. M. FANTAR, *Le dieu de la mer chez les Phéniciens et les Puniques*, Rome 1977, p. 97-103.

[143] G. LEVI DELLA VIDA, *art. cit.* (n. 140), p. 1-9 ; M. FANTAR, *op. cit.* (n. 142), p. 97-103. Pour Melqart marin, cf. *infra*, p. 335-336.

[144] M.G. AMADASI GUZZO, *Les divinités...*, *art. cit.* (n.119), p. 189-196.

[145] SILIUS ITALICUS III 256 ; ÉPHORE *apud* STEPH. BYZ. s.v. 'Αβρότονον, en parle comme d'une ville des Libyphéniciens, cf. S.F. BONDÌ, *I Libifenici nell'ordinamento cartaginese*, dans *ANLR* 26 (1971), p. 653-662. Cf. aussi A. DI VITA, *art. cit.* (n.119), p. 196-202.

[146] *IRT* 104 (flamine perpétuel, prêtre du dieu Hercule-IVe siècle ap. J.-C.) ; *IRT* 7 («*Hercule*», au théâtre). Cf. A. DI VITA, *Archaeological News*, dans *Libya antica* 1 (1964), p. 133-142 (statue d'Hercule à Gasr Laussagia) ; *IRT* 848 (dédicace à Hercule à Marsa Dila, près de Sabratha).

[147] P. CORBIER, *art. cit.* (n. 127), p. 101.

[148] Cf. A. DI VITA, *Influences grecques et tradition orientale dans l'art punique de Tripolitaine*, dans *MÉFRA* 80 (1968), p. 7-83 ; C. PICARD, *La conception du mausolée chez les Puniques et les Numides*, dans *RSF* 1 (1973), p. 31-35.

La tête d'Hercule, barbu et lauré, accompagné d'un astre, figure à plusieurs reprises sur le monnayage de Sabratha, avec la légende punique ṢBRT'N[149]. Le récent rapport de fouilles de l'Héracleion de Sabratha n'apporte guère d'éclairage nouveau[150]. Bâti au IIe siècle ap. J.-C., son attribution à Hercule repose sur la découverte d'une statue de marbre d'un Héraclès Epitrapezios. On sait que l'époque de Commode était particulièrement friande du culte d'Hercule auquel l'empereur s'était complètement identifié. Aussi n'est-il pas indifférent de relever, dans le temple, une représentation de l'apothéose impériale, calquée sur celle d'Hercule. Pour les responsables de l'exploration du sanctuaire, il ne fait pas de doute que les racines phénico-puniques de la cité et l'importance du milieu marin plaident en faveur de l'existence à Sabratha d'un culte de Melqart, antérieur à ces traces[151]. À quelques kilomètres de Sabratha, à Gasr el-Gezira, on a exhumé un petit temple, près des vestiges d'un village romain[152]. Une dédicace assez grossière du milieu du IIe siècle ap. J.-C. fait mention du *simulacrum dei Herculis*. Or, le dédicant porte le nom manifestement punique de *M. Pacatus Amil[...*, que l'on peut sans doute restituer comme *Amilitis*, attesté notamment à Leptis Magna, ou *Amilcar*.

Avec Sabratha, nous sommes donc confrontée à un schéma d'altération profonde du culte de Melqart, si tant est qu'il s'agit bien de lui. Tout à fait fondu dans l'Hercule romain, il ne se révèle pâlement à nous que par des indices indirects et incertains qui n'enrichissent donc pas notre connaissance de son culte, mais témoignent de sa diffusion sous l'impulsion des Phéniciens[153].

4. Localités diverses

Dans l'île de **Meninx**, l'actuelle Djerba, l'auteur anonyme du *Stadiasmus Maris Magni* signale l'existence d'un autel à «*Héraclès le très grand*»[154], mais on n'en sait pas plus sur son identité. Dans l'emporion de **Gigthis**, mentionné pour la première fois au IVe siècle av. J.-C. par le

---

[149] L. MULLER, *op. cit.* (n.123), II, p. 26-27, n°48 ; *SNG. Afrique du Nord*, Copenhague 1969, p. 35-38.

[150] G. CAPUTO - F. GHEDINI, *Il tempio di Ercole a Sabratha* (Monografie di archeologia libica 19), Rome 1984.

[151] *Ibid.*, p. 15-18.

[152] O. BROGAN - D. OATES, *Gasr el-Gezira, a Shrine in the Gebel Nefusa of Tripolitania*, dans *Papers of the British School at Rome* 21 (1953), p. 74-80.

[153] M. LE GLAY, *Les syncrétismes dans l'Afrique ancienne*, dans *Les syncrétismes dans les religions de l'Antiquité*, Leyde 1975, p. 123-151, surtout p. 131.

[154] *Stadiasmus Maris Magni* 103 (=*GGM* I, p. 465). Cf. J.-W. AKKARI, *Un témoignage spectaculaire sur la présence libyco-punique dans l'île de Jerba : le mausolée de Henchir Bourgou*, dans *REPPAL* 1 (1985), p. 188-196.

pseudo-Scylax[155] et qui pourrait avoir un passé punique[156], le temple principal est consacré à Zeus Sarapis et à Isis, mais deux sanctuaires voisins abritent Liber Pater et Hercule, probablement les dieux tutélaires de Leptis Magna[157]. À la cité de **Capsa**, est attachée une tradition selon laquelle Hercule avait fondé la ville[158]. Or, Salluste le qualifie de «*Libyen*» et Orose, de «*Phénicien*». À l'époque de Trajan, il subsistait encore des suffètes à Capsa, trace de son passé punique qui pourrait expliquer l'existence d'un Melqart archégète[159]. **Hadrumète**, dont le nom pourrait avoir une étymologie sémitique[160], est mentionnée pour la première fois au IVe siècle av. J.-C., mais son site est habité depuis le IIe millénaire[161]. Salluste en parle comme d'une fondation phénicienne[162] et Solin fait de Tyr sa métropole[163]. La fouille de son *tophet* n'ayant rien livré d'antérieur aux VIe-Ve siècles av. J.-C., a montré l'implantation des cultes de Tanit et Baal Ḥammon. À côté de cela, deux maigres témoignages tardifs du culte d'Hercule : un groupe fort mutilé, du IIe siècle ap. J.-C., qui le figure avec Antée et une mosaïque sur laquelle il apparaît, violentant Augé[164], rien donc qui suggère le moindre antécédent oriental. Une stèle d'Hadrumète a en outre révélé l'existence d'un *B'l rš*, un «*Baal du Cap*», qui doit son nom à l'emplacement de son sanctuaire[165]. Ce dieu, aux attributions probablement marines, pourrait être le Neptune des inscriptions tardives ou le dieu qui apparaît, sur les monnaies, pourvu de rayons solaires, d'épi, de trident ou de caducée, signes de la complexité de sa physionomie, qui emprunte certainement à plusieurs figures divines, dont un Baal phénico-punique.

À **Kerkouane**, au cap Bon, une plaquette de terre grise nous a conservé l'image d'un cavalier marin, dans une attitude hiératique, monté sur un hippocampe. Barbu, il porte une coiffure cylindrique réservée aux rois,

---

[155] Ps.-Scylax 110 (=*GGM* I, p. 87).

[156] L.A. Constans, *Rapport sur une mission archéologique à Bou-Ghara (Gigthis) (1914 et 1915)*, dans *Nouvelles archives des missions scientifiques et littéraires* 21, fasc. 14 (1916), p. 1-113 ; S. Gsell, *HAAN* II, Paris 1920, p. 123. Le toponyme pourrait avoir une origine sémitique. On y a découvert deux inscriptions bilingues néo-puniques/latines.

[157] La tête d'Hercule qui y a été découverte est couronnée de pampres dionysiaques.

[158] Salluste, *Jug.* 89,4 ; Orose, V 15,8.

[159] S. Gsell, *HAAN* II, Paris 1920, p. 123.

[160] Sur son étymologie, cf. S. Segert, *Some Phoenician Etymologies of North African Toponyms*, dans *OA* 5 (1966), p. 19-25 ; Mh.H. Fantar, *À propos du toponyme «Hadrumetum»*, dans *REPPAL* 2 (1986), p. 267-275.

[161] Ps.-Scylax 110 (=*GGM* I, p. 89) ; L. Foucher, *Hadrumetum*, Tunis 1964.

[162] Salluste, *Jug.* 19,1.

[163] Solin 27,9.

[164] Non loin de là, à Acholla, une autre mosaïque, exécutée sous Commode, représente les travaux d'Hercule. À Themetra, Dionysos assiste au viol d'Augé par Hercule.

[165] M. Fantar, *op. cit.* (n. 142), p. 120. Il pense, comme Foucher, à Baal Ḥammon.

aux prêtres, aux héros et aux dieux, tout comme le sceptre (?) qu'il arbore sur l'épaule gauche [166]. Cette iconographie n'est pas fort éloignée de celle du monnayage de Tyr, mais son sens, autant que l'identité du personnage demeurent incertains. Faut-il penser à une connotation funéraire, en relation avec le voyage dans l'au-delà ou à la représentation d'un Baal marin ? On ne peut en tout état de cause rien prouver de son éventuel rapport avec Melqart, tant que l'on ne saura pas si c'est bien lui qui figure sur les monnaies tyriennes. Dans le sanctuaire punique d'**El-Hofra**, à Constantine, l'antique Cirta, en activité depuis au moins le IIIᵉ siècle av. J.-C., ont été exhumées de nombreuses stèles inscrites [167]. L'une d'elles porte, outre le signe de Tanit, la dédicace traditionnelle à Baal Ḥammon de la part de *'bd'šmn*, le prêtre de Melqart [168]. L'onomastique atteste d'ailleurs sa popularité parmi la population punique de Cirta [169].

Dans la cité voisine d'**Hippo Regius**, des monnaies, avec légende punique *'PWN*, frappées au IIᵉ siècle av. J.-C., portent l'effigie d'un dieu barbu et lauré, portant le sceptre ou la massue, tandis qu'au revers figure une déesse voilée et un croissant lunaire, ou la tête de Chousor-Ptaḥ [170]. Certains ont proposé d'y reconnaître Melqart et Astarté. D'**Utique**, dont les sources soulignent l'ancienneté comme établissement phénicien [171], nous ne connaissons qu'un rasoir du Vᵉ-IVᵉ siècle av. J.-C., représentant Hercule en lutte contre un taureau, comme sur les monnaies de Sélinonte et de Solonte [172]. On constate donc la même italicisation et hellénisation de l'iconographie qu'à Carthage, sans pouvoir percevoir ce qui se cache derrière ces conventions figurées. Le culte principal d'Utique était, selon Pline, celui d'Apollon [173]. Le toponyme *Calceus Herculis*, aujourd'hui El-

---

[166] *Ibid.*, p. 43-94 ; ID, *Kerkouane, cité punique du Cap Bon* III, Tunis 1986.

[167] A. BERTHIER - R. CHARLIER, *Le sanctuaire punique d'El-Hofra à Constantine*, Paris 1952-55 ; F. BERTRANDY - M. SZNYCER, *Les stèles puniques de Constantine*, Paris 1987.

[168] A. BERTHIER - R. CHARLIER, *op. cit.* (n. 167), n° 68.

[169] F. BERTRANDY, *La communauté gréco-latine de Cirta (Constantine), capitale du royaume de Numidie, pendant le IIᵉ siècle et la première moitié du Iᵉʳ siècle avant J.-C.*, dans *Latomus* 44 (1985), p. 488-502, fait état d'un anthroponyme grec Basileidès, qu'il explique par les relations commerciales existant avec Cos et Rhodes où ce nom est attesté. Ne faudrait-il pas plutôt songer à la traduction d'un nom formé sur Melqart ou *Mlk* ? Cf. aussi *RÉS* 1552, un prêtre du nom de *'bdmlqrt* à El-Hofra.

[170] *SNG. Afrique du Nord*, Copenhague 1969, nᵒˢ 672-674 : leur attribution à Hippo Regius demeure cependant incertaine, cf. M. BOUCHENAKI, *Recherches puniques en Algérie*, dans *Ricerche puniche nel Mediterraneo centrale*, Rome 1970, p. 70-71.

[171] Cf. P. CINTAS, *Manuel d'archéologie punique* I, Paris 1970, p. 283-308 ; G. BUNNENS, *op. cit.* (n.1), p. 209, 367. Les plus anciennes tombes datent du VIIᵉ siècle av. J.-C., mais plusieurs objets semblent bien antérieurs.

[172] P. CINTAS, dans *Karthago* 2 (1951), p. 49-51 ; E. ACQUARO, *op. cit.* (n. 86), p. 54-55, fig. 28,1.

[173] PLINE, *HN* XVI 216. Son temple aurait encore renfermé les poutres de cèdre de Numidie posées lors de sa construction, en 1101 av. J.-C.

Kantara, la mention d'un prêtre du *dieu* Hercule à Aïn-Beïda[174] et la représentation d'Hercule terrassant le lion de Némée sur une stèle hellénisante de la plaine de Ghorfa, datée du IIIe siècle ap. J.-C.[175], ne témoignent sans doute de rien d'autre que de la diffusion du culte d'Hercule en Afrique, peut-être greffé sur un culte local.

Mieux vaut nous arrêter un instant à **Icosium**, Alger, où nous ont précédée vingt (εἴκοσι) compagnons d'Hercule[176]. Ce mythe étiologique a peut-être conservé le souvenir d'une tradition punique liant la fondation de la cité à Melqart[177]. Or, un trésor de 154 pièces de plomb et quatre de bronze, toutes du même type et datées du IIe siècle av. J.-C., a été exhumé à Alger[178]. La légende punique, 'KSYM, confirme le passé non grec de la cité[179]. Une autre série monétaire, attribuée de manière conjecturale par Mazard à Alger[180], plus récente et stylistiquement fort différente, montre un dieu barbu, surmonté d'un astre et flanqué d'un massue. Sur un autre exemplaire, on remarque la panthère bondissante, animal fétiche de Dionysos-Liber Pater. Peut-être la dyade lepcitaine se serait-elle implantée là-bas.

C'est à **Iol-Césarée**, l'actuelle Cherchel, que fut découverte la célèbre inscription funéraire de Micipsa, le roi des Massyles, fils de Massinissa, qui régna entre 148 et 118 av. J.-C. En langue punique, elle figurait sur le mausolée du roi dont aucune trace n'a été repérée à ce jour[181]. Car, comme tant d'autres cités de la région, Iol semble devoir son existence aux Phénico-Puniques[182]. Mentionnée pour la première fois au IVe siècle av. J.-C., elle connut son heure de gloire sous Juba II qui la rebaptisa Césarée. L'inscription, de peu postérieure à la mort de Micipsa, a suscité diverses interprétations, en raison des difficultés de lecture. Nous nous contenterons de relever que Y'zm qui offre une statue de Micipsa pour son mausolée

---

[174] *CIL* VIII 2295.

[175] C. PICARD, *Catalogue du Musée Alaoui* nouvelle série, Collections puniques I, Tunis s.d., Cb 971, p. 270 ; G.Ch. PICARD, *Les religions de l'Afrique antique*, Paris 1954, p. 128.

[176] SOLIN XXV 17.

[177] M. LE GLAY, *À la recherche d'Icosium*, dans *AntAfr* 2 (1968), p. 7-52.

[178] M. CANTINEAU, *Monnaies puniques d'Alger*, dans *CRAI* 1941, p. 263-272 ; J. MAZARD, *Corpus Nummorum Numidiae Mauritaniaeque*, Paris 1955, p. 163-165.

[179] A. BLANCHET, dans *CRAI* 1941, p. 272-277. Au droit, figure une déesse voilée et couronnée par Nikè ; au revers, un personnage masculin sur un socle.

[180] J. MAZARD, *op. cit.* (n. 178), p. 165, nos 543-544. Une incertitude sur la légende rend leur attribution incertaine.

[181] P. BERGER, *Inscription néopunique de Cherchell en l'honneur de Micipsa*, dans *RA* 2 (1888), p. 35-46 ; J. HALÉVY, dans *CRAI* 1888, p. 309-310 ; J.-G. FÉVRIER, *L'inscription funéraire de Micipsa*, dans *RA* 45 (1951), p. 139-150 ; *KAI* 161.

[182] P. LEVEAU, *Caesarea de Maurétanie*, dans *ANRW* II 10,2, Berlin-New York 1982, p. 684-738. Sur l'îlot du phare, on a détecté un habitat antique, remontant au moins au Ve siècle av. J.-C. et correspondant vraisemblablement au site du comptoir punique (p. 700).

se déclare *mqm 'lm*. Le monde numide, fortement imprégné de culture punique, aurait donc pu conserver cette fonction religieuse de «*ressusciteur de la divinité*». Cependant, nous savons que les institutions s'altèrent, se fossilisent. Comment savoir en quoi consistait encore cette charge, si elle était toujours en rapport avec le culte de Melqart et si elle n'était pas devenue une sorte de titre honorifique ? Sa mention dans une inscription aussi prestigieuse semble suggérer que le *mqm 'lm* n'avait rien perdu de son *aura*, mais il est délicat d'en dire davantage, en l'absence d'indices ultérieurs d'un culte de Melqart à Iol.

Tipasa possède aussi un passé punique [183]. Cependant, il faut se garder de mal interpréter une dédicace latine à la Victoire Reine et à Hercule Auguste, qui concerne exclusivement la religion romaine [184] et dont l'auteur, un certain *Ulpius Namphamo*, est d'origine manifestement indigène [185]. C'est à **Tanger** que le mythe localise la victoire d'Hercule sur le géant Antée, ainsi que le tombeau de celui-ci [186]. Après sa disparition, l'éponyme Tingé, sa veuve, donna un fils à Hercule, Sophax, l'ancêtre des Maurétaniens. Même si Tanger semble avoir été fondée lors du Périple d'Hannon [187], on n'a aucune assurance que cette tradition trouve quelque écho dans un culte phénico-punique. Reconnaître Melqart, comme le propose Mazard [188], sur des monnaies à légendes latino-puniques, frappées à l'effigie d'un dieu barbu avec un sceptre, nous paraît fort hasardeux.

De même, il est difficile d'évaluer la portée de la découverte, sur près de dix sites des environs de Tanger, de statuettes héracléennes ou d'autres traces de vénération du héros [189], évoquant notamment ses Travaux. Ce repérage, opéré par R. Rebuffat, ne permet pas de se prononcer sur l'origine de ce culte qui semble jalonner une bonne partie des côtes africaines.

---

[183] M. BOUCHENAKI, *art. cit.* (n.170), p. 64-67. Le premier établissement punique remonterait au VIe siècle av. J.-C., cf. S. LANCEL, *Tipasa de Maurétanie, histoire et archéologie* I, *État des questions et origines préromaines à la fin du IIIe siècle*, dans *ANRW* II 10,2, Berlin-New York 1982, p. 739-786.

[184] S. GSELL, *Inscriptions latines d'Algérie*, Paris 1922, n° 1984. Sur l'épiclèse, cf. P. CORBIER, *art. cit.* (n. 127), p. 95-109.

[185] Il se vante d'avoir vécu 123 ans, sans boire de vin, tout le temps de son sacerdoce.

[186] PLUTARQUE, *Sertorius* 9, rapporte que la fouille du tombeau par Sertorius permit de découvrir un corps de 60 coudées (*ca* 30 mètres). Cf. M. PONSICH, *Tanger antique*, dans *ANRW* II 10,2, Berlin-New York 1982, p. 787-816. Sur l'insertion d'Héraclès dans les généalogies numides : A.-M. DENIS, *Héraclès et ses cousins de Judée. Le syncrétisme d'un historien juif hellénistique*, dans *Hommages M. Delcourt*, Bruxelles 1970, p. 168-178.

[187] M. PONSICH, *Territoires utiles du Maroc punique*, dans *Phönizier im Westen*, Mainz am Rhein 1982, p. 429-444, surtout p. 434.

[188] J. MAZARD, *op. cit.* (n.178), p. 180-188. Remarques critiques similaires par J. ALEXANDROPOULOS, *Contribution à la définition des domaines monétaires numides et maurétaniens*, à paraître dans *St.Phoen.* IX.

[189] R. REBUFFAT, *Bronzes antiques d'Hercule à Tanger et à Arzila*, dans *AntAfr* 5 (1971), p. 179-191.

Dans le lot, on s'arrêtera un instant sur la **Grotte d'Hercule** du **Cap Spartel**, mentionnée par Pomponius Mela[190]. Il s'agit en réalité de carrières de pierres meulières creusées par l'homme, mais non loin de là, dans la partie méridionale du même plateau bordant une falaise rocheuse, se trouve une grotte d'accès difficile, baptisée la «caverne des idoles». Une partie seulement en a été explorée et a livré des outils de silex et d'os, de la céramique et diverses idoles[191]. Selon F. Decret et M. Fantar[192], il s'agirait d'un lieu de culte fort ancien, bien antérieur en tout cas à l'arrivée des Phéniciens et peut-être rattaché ultérieurement à Melqart ou directement à Hercule.

5. Lixus

Cette cité s'étire sur la rive droite de l'estuaire du Loukkos, à un peu plus d'un kilomètre du rivage de la mer, au-delà des «Colonnes d'Hercule». Son emplacement, abrité et légèrement surélevé, en fait un établissement typique des Phéniciens. À en croire Pline, le sanctuaire d'Hercule à Lixus est plus ancien encore que celui de Gadès : il aurait donc été bâti au XIIe siècle av. J.-C.[193] Le pseudo-Scylax, dès le IVe siècle av. J.-C., qualifie Lixus de *«ville des Phéniciens»*[194]. Tout semble donc favorable à une identification de cet Hercule comme Melqart. On ne s'étonnera dès lors pas d'apprendre que certains auteurs localisent à Lixus le Jardin des Hespérides ou le palais d'Antée et la lutte qui opposa celui-ci à Hercule[195]. Le héros gréco-romain venait ainsi concurrencer le dieu phénicien sur son propre terrain et s'assimiler à lui. Outre le sanctuaire urbain d'Hercule, Pline et Strabon ont aussi connaissance d'un autel, situé au centre de l'estuaire, sur une élévation que la marée n'inonde jamais. Il semble jouer le rôle d'un avant-poste sur la route des navigateurs qui faisaient cap sur Lixus. Peut-être exerçait-il même une certaine fonction dans le commerce maritime, comme le sanctuaire d'Héraclès de Canope : terrain neutre pour les trans-

---

[190] POMPONIUS MELA I 5.

[191] S. BIARNAY - Ed. MICHAUX-BELLAIRE, *Recherches archéologiques au Maroc*, dans *Archives marocaines* 18 (1912), p. 394-400.

[192] F. DECRET - M. FANTAR, *op. cit.* (n.106), p. 269.

[193] PLINE, *HN* XIX 63. Cf. C. GROTTANELLI, *Santuari e divinità delle colonie d'Occidente*, dans *RelFen*, Rome 1981, p. 109-133. Selon P. CINTAS, *op. cit.* (n. 171), p. 246-248, Lixus pourrait avoir une étymologie phénicienne. Sur l'histoire de Lixus, voir aussi J. CARCOPINO, *Le Maroc antique*, 14e éd., Paris 1943, p. 65-72. Sur les imprécisions relatives à la topographie de Lixus, cf. A. BALLABRIGA, *op. cit.* (n. 111), p. 197-200.

[194] Ps.-SCYLAX 112 (= *GGM* I, p. 92).

[195] PLINE, *HN* V 3 ; STRABON XVII 3,2-3. Les méandres du Loukkos auraient été, selon Pline, identifiés au dragon qui gardait l'entrée du Jardin des Hespérides (cf. C. JOURDAIN-ANNEQUIN, *op. cit.* [n. 111]). L'îlot de l'estuaire pourrait être la butte de Tchemich. Strabon, pour sa part, a pu faire une confusion avec la grotte du Cap Spartel.

actions ou lieu de perception de la taxe sur les marchandises ? Ceci n'est pas impossible, mais n'est pas établi par les textes.

L'exploration archéologique de Lixus a commencé en 1951 et a fait depuis lors l'objet de divers rapports et d'une récente monographie[196]. La stratigraphie du site s'est avérée fort confuse et la chronologie des objets découverts n'est pas parfaitement tirée au clair, même s'il semble acquis que l'occupation phénicienne, celle du moins qui a laissé des traces tangibles, remonte au VIIIᵉ-VIIᵉ siècle av. J.-C. Ensuite, Lixus connut une solide et durable prospérité comme relais commercial entre la Méditerranée et l'Atlantique. M. Ponsich n'hésite pas à la qualifier de «*lieu de culte rayonnant et tout-puissant*». En effet, d'imposants sanctuaires y ont été explorés (fig. 13). Le temple H, le plus ancien connu à ce jour et le plus vaste, orienté nord-sud, occupe la plus grande partie de l'esplanade de la cité. Il n'en demeure qu'une abside semi-circulaire, ressemblant à une enceinte sacrée réservée à des initiés, et les restes d'un support d'autel. Ses dimensions et son plan sont peu communs, ses murs sont réalisés en assemblage cyclopéen[197]. Élevé au VIIᵉ-VIᵉ siècle av. J.-C., il fut plus tard partiellement recouvert par les temples F et G. Le premier, dans le même style proche-oriental, occupait une place privilégiée sur l'acropole, le rendant visible de partout. Le complexe cultuel monumental dont il faisait partie et qui semble être une réplique en réduction du sanctuaire H, dominait la vallée du Loukkos et son estuaire. On estime que ses 3000 m² renfermaient un temple, un péristyle, une abside, un autel sur un podium au centre d'une cour et des annexes, le tout remontant au règne de Juba II et de Ptolémée (Iᵉʳ siècle av./ap. J.-C.). Le temple G, en communication avec le temple F et fort semblable à lui, a livré dans une couche de remblai plusieurs monnaies lixitaines, dont certaines à l'effigie de Melqart. L'architecture religieuse semble donc révéler la prépondérance d'une divinité pré-romaine en qui l'on reconnaît Melqart, sur la base des témoignages romains relatifs à Hercule. Les dimensions imposantes et la situation de son sanctuaire traduisent l'importance de son culte pour la cité, peut-être dès son origine. La restauration du complexe cultuel à l'époque punico-maurétanienne montre le regain de faveur dont il bénéficia à cette époque.

---

[196] M. TARRADELL, *Lixus*, Tétouan 1959 ; N. KHATIB, *L'archéologie marocaine de 1966-67*, dans *Bulletin d'archéologie marocaine* 5 (1964), p. 367-376 ; M. PONSICH, *Lixus, cité légendaire entre dans l'histoire*, dans *Archaeologia* 4 (1965), p. 23-27 ; M. BEKKARI, *L'archéologie marocaine de 1966-67*, dans *Bulletin d'archéologie marocaine* 7 (1967), p. 655-656 ; M. PONSICH, *Lixus : le quartier des temples*, Rabat 1981 ; ID., *Lixus. Information archéologique*, dans *ANRW* II 10,2, Berlin-New York 1982, p. 817-849 ; ID., *art. cit.* (n. 187), p. 429-444 ; R. REBUFFAT, *À propos du quartier des temples de Lixus*, dans *RArch* 1985/1, p. 123-128.

[197] Peut-être ce type de construction est-il pour quelque chose dans la haute antiquité que les sources accordaient à Lixus.

Sur les monnaies locales, on lit la légende *LKŠ* ou *MQM ŠMŠ*, «*lieu, ville du soleil*»[198]. Au droit, on reconnaît le célèbre autel mentionné par Pline et Strabon, orné, dans sa partie supérieure, d'un globe ailé ; au revers, figure soit le buste de Chousor-Ptaḥ, soit des grappes de raisin. Sur une autre série, on voit un dieu barbu au droit et un astre à six branches, un épi et une grappe de raisin au revers[199]. L'identifier comme Melqart, en raison de sa prééminence supposée dans les cultes de Lixus et de ses attributions dans le domaine de la fécondité, n'est pas impossible, mais on pourrait tout aussi bien songer à Baal Ḥammon, souvent représenté avec un épi en main. Pour terminer, rappelons que le monnayage des rois numides ne porte pas, comme on l'a parfois pensé, de représentation d'Hercule, mais des effigies royales ou princières. Il n'empêche qu'Hercule bénéficiait en Numidie d'une réelle popularité[200]. Quant à la numismatique maurétanienne, elle abonde en symboles héracléens sous Juba II et Ptolémée I, son fils, au Ier siècle av./ap. J.-C.[201] Ceux-ci évoquent sans doute la tradition qui voulait que la dynastie maurétanienne descende directement du héros. Peut-être la place de Melqart dans le panthéon carthaginois et son «charisme» dynastique ont-ils pris une part dans ce phénomène, parallèlement à l'image puissante d'Héraclès-Hercule, chef de lignée.

6. Conclusions

L'importance du culte d'Hercule en Afrique est indéniable. L'éponyme du continent, Afrus ou Afras, ne passait-il pas pour son fils ou son compagnon ?[202] Mais, déceler dans cet éventail varié de témoignages toponymiques, épigraphiques, numismatiques, archéologiques et mythologiques, majoritairement gréco-romains, les réminiscences d'un culte de Melqart n'est pas chose facile. S'il est certain que les Phéniciens l'implantèrent en Afrique, à Carthage ou ailleurs, et y pratiquèrent son culte, il ne faut pas perdre de vue que la fonction commerciale des comptoirs phénicopuniques les mettait nécessairement en contact avec les populations indigènes d'une part et les milieux hellénisés et romanisés d'autre part. Les côtes étaient donc à la fois des centres de diffusion vers l'hinterland, avec pour

---

[198] J. MAZARD, *op. cit.* (n. 178), p. 191-192, n°s 639-640. E. Lipiński interpréterait volontiers cette légende comme «*nécropole du soleil (couchant)*».

[199] *Ibid.*, p. 193-194, n°s 645-648.

[200] P. CORBIER, *art. cit.* (n. 127), répertorie, sur 16 inscriptions d'Afrique, 10 qui proviennent de Numidie.

[201] J. MAZARD, *op. cit.* (n. 178), p. 79, n°s 175, p. 80, n°s 149-152, p. 84, n°s 169-175, p. 85, n°s 176-178, p. 86-87, n°s 179-188, p. 91, n°s 211-212, p. 94, n°s 226, p. 95, n°s 231-235, p. 96, n°s 236, p. 99, n°s 253-256, p. 100, n°s 260-262, p. 133-134, n°s 430-439.

[202] SOLIN XXIV 2 ; EUSTATHE, *ad Dion. Per.* 175 (=*GGM* II, p. 248).

conséquence des assimilations à des divinités locales souvent mal connues, et des réceptacles d'influences diverses venues des autres régions méditerranéennes dont il résultait d'autres syncrétismes, en particulier avec Héraclès et Hercule.

Cette complexité, les sources, presque toujours tardives, la reflètent, mais ne nous fournissent que très rarement l'occasion de la décoder. Débusquer, par une approche à plusieurs niveaux, un culte à la physionomie et à l'histoire clairement dessinée demeure une gageure. Au royaume des syncrétismes, on peut, malgré tout, se risquer à souligner quelques traits. D'abord la faculté qu'a eue Melqart de s'identifier profondément à ses homologues gréco-romains ; ensuite, la permanence de ses attributions de dieu poliade, dieu ancestral, fondateur de cités, lié aux activités maritimes de ses fidèles ; enfin, la présence, comme en Phénicie, de Milkashtart, parallèlement à celle de Melqart, si apparenté à ce dernier qu'il prend le même visage héracléen, et cependant distinct, sur des bases qui nous échappent. Seule Carthage fournit un échantillon de documents tel que l'image du culte de Melqart acquiert quelque relief. Le cas de l'Espagne, que nous allons à présent aborder, est assez comparable.

Chapitre V : La Péninsule Ibérique et Ibiza[*]

A. Gadès

1. La fondation

La tradition littéraire gréco-romaine relative à cet événement souligne quatre données :
— c'est une fondation des Tyriens;
— elle remonte à une très haute antiquité;
— elle est en rapport avec l'érection d'un temple d'Héraclès;
— Gadès est un terme phénicien qui signifie *«lieu fortifié»*.

Le récit de sa fondation est généralement inclus dans l'exposé sur les premières navigations commerciales des Tyriens[1]. C'est donc bien aux Phéniciens, et pas aux Puniques, qu'on en attribue l'initiative. Mais, ainsi que le souligne Silius Italicus[2], Carthage n'ignorait pas le lien de parenté qui l'unissait à Gadès, l'une des plus importantes colonies phéniciennes d'Occident[3]. Pour Diodore, la fondation de Gadès se situe dans les παλαιά χρόνια[4], tout comme celle d'Utique, mais Pomponius Mela et Velleius Paterculus sont plus précis à ce sujet. L'événement aurait pris place 80 ans après la Guerre de Troie et 120 ans après l'ascension d'Hercule chez les dieux, au moment du retour des Héraclides en Grèce. Pour G. Bunnens, ce synchronisme s'explique par la volonté des sources grecques

---

[*] Mes plus vifs remerciements vont à Carlos Alonso Villalobos, de l'Université de Cádiz, qui m'a, à maintes reprises, procuré des articles introuvables en Belgique.
[1] DIODORE V 20,1-4 ; SALLUSTE, *Hist.* fr. 5 Maurenbrecher ; STRABON III 5,5 ; PLINE, *HN* IV 22 ; V 19 ; AVIENUS, *Descriptio* 610-619 ; POMPONIUS MELA III 46 ; VELLEIUS PATERCULUS I 2,3 ; QUINTE-CURCE IV 4,19-20 ; JUSTIN XLIV 5,2 ; PS.-SCYMNOS 159-162 (= *GGM* I, p. 200-201) ; ISIDORE de Séville, *Étymol.* XIV 6,7. Cf. G. BUNNENS, *L'expansion phénicienne en Méditerranée*, Bruxelles 1979, p. 153-155, 158, 165, 186-187, 193-194, 199-202, 206, 208-209, 221-222, 224-227, 244, 261, 264 ; ID., *Le rôle de Gadès dans l'implantation phénicienne en Espagne*, dans *Los Fenicios* II, Barcelone 1986, p. 197-192. Pour le témoignage de Strabon en particulier, cf. J.M. BLÁZQUEZ, *La Iberia de Estrabón*, dans *Hispania antiqua* 1 (1971), p. 11-94. Au contraire de Pline, qui fut procurateur d'Espagne citérieure, Strabon ne connaît pas le pays *de visu*.
[2] SILIUS ITALICUS III 3,4.
[3] Cf. A.M. BISI, *L'espansione fenicia in Spagna*, dans *Fenici e Arabi nel Mediterraneo*, Rome 1983, p. 97-151 ; S.F. BONDÌ, *Per una caratterizzazione dei centri occidentali nella più antica espansione fenicia*, dans *EVO* 7 (1984), p. 75-92.
[4] DIODORE V 20,1.

de confronter les premières navigations phéniciennes en Occident et l'expédition d'Héraclès dans ces mêmes régions, afin de donner la préséance au second et de légitimer les ambitions grecques en Espagne[5]. La date proposée est-elle pour autant dénuée de tout fondement ? Pour Thucydide, puis Ératosthène et Apollodore, le retour des Héraclides se situe 80 ans après Troie. Or, la chute de Troie est datée par les chronographes grecs de 1184/3 av. J.-C., ce qui place la fondation de Gadès en 1104/3 av. J.-C. Un certain nombre de modernes lui préfèrent la date de 1101 av. J.-C., obtenue par un comput interne à l'œuvre de Velleius Paterculus. Mais G. Bunnens a bien mis en évidence les contradictions qui découlent d'un tel décompte qui peut déboucher sur deux datations différentes de la prise de Troie, en 1191/0 av. J.-C. ou en 1209/8 av. J.-C.[6] Le bricolage chronologique que font apparaître ces sources fait peser un sérieux doute sur la portée historique de l'information relative à la fondation de Gadès au XIIe siècle av. J.-C.[7] Pour S. Gsell[8], auquel fait écho P. Bosch-Gimpera[9], cette date à l'extrême fin du XIIe siècle av. J.-C. marquerait la restauration à Tyr du temple de Melqart détruit par les invasions des Peuples de la Mer et elle aurait été adoptée par les prêtres gaditains pour leur sanctuaire, puis étendue à leur ville. On sait toutefois fort peu de choses du raid des Peuples de la Mer à Tyr[10], moins encore d'un hypothétique culte de Melqart au IIe millénaire : l'idée d'un transfert d'ère de Tyr à Gadès ne repose sur aucune source.

À vrai dire, ce qui embarrasse surtout dans cette chronologie de la fondation de Gadès, c'est qu'elle n'a pas encore trouvé de confirmation par l'archéologie. L'on sait combien, méthodologiquement, les historiens aiment à valoriser les textes par les données du sol, mais peut-être faut-il se demander si, en l'absence de celles-ci, les sources écrites sont pour autant caduques : n'y aurait-il pas là une forme d'impérialisme de l'objet au détriment de l'analyse approfondie des textes ? Peut-on négliger l'insistance des sources à renvoyer dans un passé si lointain la fréquentation de l'Espagne par Les Phéniciens ? Ce qui attira ces navigateurs en Espagne,

---

[5] G. BUNNENS, op. cit. (n. 1), p. 193-194.

[6] Ibid., p. 199-202.

[7] Cf. l'excellente mise au point méthodologique et historique de H.G. NIEMEYER, Anno octogesimo post Troiam captam ... Tyria classis Gadis condidit ? Polemische Gedanken zum Gründungsdatum von Gades (Cadiz), dans Hamburger Beiträge zur Archäologie 8 (1981), p. 9-33.

[8] S. GSELL, HAAN I, Paris 1913, p. 365.

[9] P. BOSCH-GIMPERA, Phéniciens et Grecs dans l'Extrême Occident, dans La Nouvelle Clio 3 (1951), p. 269-296 ; ID., Les Phéniciens, leurs prédécesseurs et les étapes de leur colonisation en Occident, dans CRAI 1972, p. 464-475.

[10] G. BUNNENS, op. cit. (n. 1), p. 297-298, 316-317 ; H.J. KATZENSTEIN, A History of Tyre, Jérusalem 1973, p. 58-63. Cf. aussi R. DE VAUX, La Phénicie et les Peuples de la Mer, dans MUSJ 45 (1969), p. 479-498.

à Tartessos, ce furent les ressources du sous-sol[11]. Leur rôle était donc de commercialiser la production minière et l'on comprend aisément que ce type d'activités ne requiert que des contacts réguliers, et pas nécessairement une fixation de population sur place. Il ressort en tout cas des récentes prospections archéologiques dans le sud de la Péninsule ibérique que les traces indubitables de présence phénicienne remontent au VIIIe siècle av. J.-C.[12] Nous reviendrons plus en avant sur le cas spécifique de Gadès[13]. Les Grecs semblent se manifester à la même époque, au VIIIe-VIIe siècle av. J.-C.[14], mais on considère aujourd'hui que les premiers kotyles protocorinthiens et les premières amphores attiques ont pu être drainées par le commerce phénicien. Vers 700, les côtes méridionales de l'Espagne commencent donc à être parsemées de factoreries phéniciennes qui, pour certaines d'entre elles, ne tardent pas à se répandre vers l'hinterland métallifère[15].

---

[11] G. BUNNENS, op. cit. (n. 1), p. 330-348, fait le point sur Tartessos-Tarshish avec toute la bibliographie antérieure ; cf. depuis lors, le volume fondamental de M. KOCH, Tarschisch und Hispanien (Madrider Forschungen XVI), Berlin 1984 ; Ju.B. TSIRKIN, The Hebrew Bible and the Origin of Tartessian Power, dans Los Fenicios II, Barcelone 1986, p. 179-185.

[12] Cf., en particulier, J.Mª. BLÁZQUEZ, Tartessos y los orígenes de la colonización fenicia en Occidente, 2e éd., Salamanque 1975 ; G. LÓPEZ MONTEAGUDO, Panorama actual de la colonización semita en la Península Ibérica, dans RSF 5 (1977), p. 195-204 ; M.G. AMADASI GUZZO, Remarques sur la présence phénico-punique en Espagne d'après la documentation épigraphique, dans Actes du IIe Congrès International d'études des cultures de la Méditerranée occidentale, Alger 1978, p. 33-42 ; M. PELLICER - L. MENANTEAU - P. ROUILLARD, Para una metodología de localización de colonias fenicias en las costas ibéricas : el Cerró de Prado, dans Habis 8 (1978), p. 217-252 ; P. ROUILLARD, Phéniciens, Grecs et Puniques. Histoire et archéologie de la Péninsule ibérique antique, dans RÉA 81 (1979), p. 116-123 ; M.E. AUBET SEMMLER, Zur Problematik des orientalisierenden Horizontes auf der Iberischer Halbinsel, dans Phönizier im Westen, Mainz am Rhein 1982, p. 309-335 ; H. SCHUBART, Phönizische Niederlassungen an der Iberischen Südküste, ibid., p. 207-234 ; J.Mª. BLÁZQUEZ, Panorama general de la presencia fenicia y púnica en España, dans ACFP 1, vol. II, Rome 1983, p. 311-374 ; H.G. NIEMEYER, La cronología de Toscanos y de los yacimientos fenicios en las costas del sur de la Península Ibérica, ibid., vol. III, p. 633-636 ; M.E. AUBET, Aspectos de la colonización fenicia en Andalucía durante el siglo VIII a.C., ibid., vol. III, p. 815-824 ; J.Mª. BLÁZQUEZ, Los Fenicios en la Península Ibérica (1100-final siglo VI a.C.), Madrid 1983 ; E.C. GONZALEZ WAGNER, Fenicios y Cartagineses en la Península Ibérica, Madrid 1983 ; M.G. AMADASI GUZZO - P. GUZZO, Di Nora, di Eracle gaditano e della più antica navigazione fenicia, dans Los Fenicios II, Barcelone 1986, p. 59-71 ; M.E. AUBET, Los Fenicios en España : estado de la cuestión y perspectivas, ibid. I, Barcelone 1986, p. 9-38, ainsi que diverses autres contributions de ces deux volumes de synthèse sur les Phéniciens en Espagne.

[13] Cf., en particulier, J.Mª. BLÁZQUEZ, Las colonizaciones semitas en Huelva, Cádiz y la baja Andalucía, dans Papeles del laboratorio de arqueología de Valencia 11 (1975), p. 207-250, surtout p. 209-212 ; R. CORZO, Cádiz y la arqueología fenicia, dans Annales de la Real Academia de Bellas Artes de Cádiz 1 (1983), p. 5 ss ; J.L. ESCACENA, Gadir, dans Los Fenicios I, Barcelone 1986, p. 39-58, avec toute la bibliographie récente sur le sujet. Cf. infra, p. 228-229.

[14] B.B. SHEFTON, Greeks and Greek Imports in the South of the Iberian Peninsula. The Archaeological Evidence, dans Phönizier im Westen, Mainz am Rhein 1982, p. 337-370 ; P. ROUILLARD, Les Grecs et la Péninsule ibérique : les acquis de la recherche récente, dans RArch 1986, p. 206-211.

[15] Cf. G. BUNNENS, art. cit. (n. 1), pour les modalités de pénétration vers l'intérieur.

La chronologie des sources classiques pourrait être, outre le résultat d'un comput *a posteriori*, le souvenir d'une phase primitive d'explorations commerciales plus ou moins intenses de la part des Phéniciens, bref d'une *pré-colonisation*[16], telle qu'on a tendance à en accepter pour diverses régions de la Méditerranée touchée par les Phéniciens[17]. On pourrait alors, dans le cas de Gadès, distinguer trois phases : la *pré-colonisation*, de la fin du IIe millénaire au VIIIe siècle av. J.-C. ; la *colonisation*, à partir du VIIIe siècle av. J.-C. ; l'*essor urbain*, sous l'impulsion de Carthage, aux alentours du VIe siècle av. J.-C.

Si nous laissons de côté cette question de chronologie, la fondation de Gadès nous intéresse surtout dans la mesure où Strabon et Justin parlent d'un oracle qui incita les Tyriens à s'y rendre[18]. Pour le premier, il stipulait de fonder une ville aux Colonnes d'Hercule, ce que les Tyriens réussirent après deux tentatives infructueuses ; pour le second, il ordonna, par voie onirique, de transférer de Tyr en Espagne les *sacra* d'Hercule. Il est intéressant de voir combien la marque grecque est nette dans ces récits; la géographie est celle des Grecs, avec les Colonnes d'Héraclès ; la fonction colonisatrice de l'oracle tyrien rappelle curieusement celle, du même ordre, jouée par l'oracle de Delphes dans les fondations coloniales grecques. Ceci n'empêche pas Strabon, d'après Posidonios d'Apamée, de les qualifier de ψεῦσμα φοινικικόν. Il est vrai que la similarité de ce récit de fondation avec celui de Carthage, où les *sacra* d'Hercule-Melqart servent aussi de première pierre à la fondation nouvelle ou avec celui de Tyr, où Melqart intervient par un oracle, selon la version donnée par Nonnos, donne à penser que Melqart avait bel et bien une vocation d'œciste. C'est sans doute lui qu'il faut reconnaître dans le personnage d'Archaleus, déformation du nom d'Héraclès, que Claudios Iolaos nomme comme fondateur de Gadès, fils du roi de Tyr et éponyme des Phéniciens, Phoinix[19].

Enfin, il est bon de rappeler à ce sujet les réflexions de D. van Berchem sur la qualité du site de Gadès, ce groupe d'îles parallèles au continent, offrant sécurité et facilité de commerce, sans parler de l'attrait minier[20]. Le sanctuaire de Melqart établi dès la fondation fournissait le

---

[16] C'est la thèse défendue par J.Mª. BLÁZQUEZ, *op. cit.* (n. 12-1975), *passim*. Pour des positions plus en retrait, cf. S. CECCHINI, dans sa recension du volume de Blázquez, dans *OA* 9 (1970), p. 273-275 ; M.E. AUBET, *art. cit.* (n. 12-1986), p. 13-15.

[17] H.G. NIEMEYER, *art. cit.* (n. 7), p. 9-33 ; A.M. BISI, *art. cit.* (n. 3), p. 104. Sur le concept de pré-colonisation, cf. S. MOSCATI, *Precolonizzazione greca e precolonizzazione fenicia*, dans *RSF* 11 (1983), p. 1-7.

[18] STRABON III 5,5 ; JUSTIN XLIV 5,2.

[19] Pour le parallèle avec Carthage et le sens à donner au terme *sacra*, cf. *supra*, p. 165-166 ; CLAUDIOS IOLAOS 788 F 3 J (= *Etym. Magn.* s.v. Γάδειρα). Cf. C. BONNET, *La légende de Phoinix à Tyr*, dans *St.Phoen.* I-II, Leuven 1983, p. 113-123.

[20] D. VAN BERCHEM, *Sanctuaires d'Hercule-Melqart*, dans *Syria* 44 (1967), p. 73-109, 307-338.

cadre idéal pour les premières transactions entre les populations indigènes et celles nouvellement installées. «*En ces temps d'insécurité où les titres de souveraineté étaient encore mal déterminés, la présence de leur dieu faisait de ce coin de terre qu'ils s'étaient approprié, île ou promontoire, un prolongement de patrie. Elle légitimait leur établissement, et créait en même temps les conditions nécessaires à des rapports pacifiques avec les indigènes.*»[21] Les auteurs gréco-romains livrent, à propos de ce sanctuaire réputé, maints renseignements qu'il est indispensable de sérier, comme l'a remarquablement fait avant nous A. García y Bellido[22].

2. La situation du sanctuaire

Le site antique de Gadès occupait un groupe d'îles séparées du continent par un étroit chenal[23]. Selon Strabon, qui s'inspire d'un témoin oculaire, Posidonios d'Apamée, «*la ville occupe la partie occidentale de l'île de Gadeira, à l'extrémité de laquelle s'élève le sanctuaire de Cronos, attenant à la ville (...). Le sanctuaire d'Héraclès est situé de l'autre côté et regarde l'orient, à l'endroit précis où l'île paraît toucher le continent dont elle n'est séparée que par un détroit d'environ un stade. De la ville à ce sanctuaire, il y aurait 12 miles selon certains auteurs (...), la distance est en réalité plus grande : elle atteint presque la longueur totale de l'île.*»[24] Cette topographie est confirmée par Pomponius Mela. L'île est une langue de terre terminée par deux *cornua*, dont une abrite la ville et l'autre, le temple d'Hercule[25]. Pline, d'après Polybe, en donne les dimensions précises : 12 miles de long, 3 miles de large[26]. Les itinéraires romains accréditent la distance SO-NE, ville-temple, de 12 miles. L'itinéraire antonin situe le lieu-dit *ad Herculem*

---

[21] *Ibid.*, p. 76.

[22] A. García y Bellido, *Hercules Gaditanus*, dans AEA 36 (1963), p. 70-153.

[23] Cf. outre l'article de la note 22, A. Schulten, *Der Heraklestempel von Gades*, dans *Festgabe der Philosophischen Fakultät der Friedrich-Alexander-Universität Erlangen zur 55. Versammlung deutscher Philologen und Schulmänner*, Erlangen 1925, p. 66-76 ; J.Mª. Blázquez-Martínez, *El Herakleion Gaditano, un templo semita en Occidente*, dans *Actas del I Congreso Arqueológico del Marruecos español*, Tetouan 1954, p. 309-318 ; A. García y Bellido, *Deidades semitas en la España antigua*, dans *Sefarad* 24 (1964), p. 12-40 et 153-275 (Melqart : p. 14-31) ; Id., *Les religions orientales dans l'Espagne romaine*, Leyde 1967, p. 152-166 ; J.Mª. Blázquez, *Imagen y Mito. Estudio sobre religiones mediterraneas e ibéricas*, Madrid 1977 ; Id., *Primitivas religiones ibéricas II. Religiones prerromanas*, Madrid 1983 ; J.A. Fierro Cubiella, *Puntualizaciones sobre el «templo gaditano» descrito por los autores árabes*, Cadix 1983 ; M.C. Marín Ceballos, *La religión fenicia en Cádiz*, dans *Cádiz en su historia. II Jornadas de historia de Cádiz*, Cadix 1984, p. 5-41 ; M. Bendala Galán, *Die orientalischen Religionen Hispaniens in vorrömischer und römischer Zeit*, dans *ANRW* II/18,1, Berlin-New York 1986, p. 346-407, surtout p. 349-352, 368-369, pour Melqart-Héraclès de Gadès.

[24] Strabon III 5,5 (traduction Fr. Lasserre, Collection des Universités de France, Paris 1967).

[25] Pomponius Mela III 46.

[26] Pline, *HN* IV 119.

à cette distance de Gadès[27]. Une voie romaine, dont les traces sont encore apparentes, reliait les deux pôles de la vie gaditaine. Philostrate, au IIe siècle ap. J.-C., atteste une évolution ultérieure de la topographie, car l'érosion des eaux provoqua la scission de l'île principale en deux, dont une abritait le seul sanctuaire d'Héraclès. C'est pourquoi Philostrate prétend que le sanctuaire et l'île qui le porte sont de mêmes dimensions[28]. À la fin de l'époque impériale, le site avait bien perdu de son éclat. «*C'était jadis une grande et riche cité ; maintenant elle est pauvre, humble, dépouillée. C'est un monceau de ruines.*»[29] Ainsi s'exprime Avienus qui ajoute : «*Excepté le culte d'Hercule, nous n'avons rien vu de remarquable à cet endroit.*» Mais, en réalité, le témoignage de Strabon lui-même correspond déjà à une deuxième phase topographique et historique de Gadès. En effet, à l'origine, comme le prouvent les recherches récentes, il existait trois îlots au large de l'estuaire du Guadalete : Antipolis au sud, Kotinousa, l'île principale de forme oblongue, et Erytheia, séparée de la seconde par un étroit bras de mer.

À cette époque, l'île principale de Kotinousa abritait au sud l'Héracleion et, au nord, une vaste nécropole, ainsi que le sanctuaire de Cronos, c'est-à-dire Baal Ḥammon, à l'emplacement de l'actuel Castillo de San Sebastián. L'établissement humain se situait sur l'îlot d'Erytheia, celui-là même que les sources classiques appellent *Insula Iunonis* ou *Aphrodisias*, parce que s'y élevait un sanctuaire d'Astarté. Il s'agit de la zone moderne de Torre Tavira où l'on a de fait découvert des objets fort anciens. L'Héracleion, pour sa part, est localisé sur l'îlot moderne de Sancti Petri, qui a livré récemment plusieurs statuettes de bronze de type «Smiting God», mais les bâtiments sacrés, eux, sont désormais sous eau[30]. La deuxième phase d'urbanisation, celle que l'on retrouve dans la description de Strabon, est postérieure à la création par Cornelius Balbus, au Ier siècle av. J.-C., d'un nouveau noyau urbain sur l'île de Kotinousa, à l'emplacement de l'ancienne nécropole.

Le temple de Melqart était donc originellement situé à l'endroit le plus proche pour qui venait du continent, sur une île apparemment réservée aux cultes et aux sépultures. La mer apporte en outre un cachet particulier au sanctuaire. Strabon raconte que, d'après les observations de Posidonios qui séjourna sur place au Ier siècle av. J.-C. pour étudier les marées océaniques, près de 4,5 mètres d'eau pouvaient couvrir le soubassement du temple, au

---

[27] *Itinéraire antonin* 408 3-4.
[28] Philostrate, *Apoll. Tyan.* V 5.
[29] Avienus, *Ora maritima* 267-270.
[30] P. Quintero, *Las ruinas del templo de Hércules en Santipetri*, dans *Revista de Archivos, Bibliotecas y Museos* 10 (1906), p. 19 ss ; J.L. Escacena, *art. cit.* (n. 13), p. 39-58, avec toute la bibliographie.

solstice d'été, quand le flux et le reflux atteignaient leur amplitude maximale[31]. Le temple était donc régulièrement inondé et l'on se remémore alors l'image pathétique d'Hannibal à Gadès, scrutant la mer qui se jette sur les terres gaditaines et engloutit les rivages, formant dans son esprit de noirs projets à l'encontre des Romains[32]. Une des particularités du sanctuaire était d'ailleurs une source, dont le régime variait *a contrario* des marées[33]. Strabon rapporte à son propos diverses opinions d'anciens. Pline, pour sa part, parle de deux sources, l'une proche du temple et au rythme inverse du flux marin, l'autre, en revanche, à l'unisson des marées[34]. Plusieurs auteurs des XVIe et XVIIe siècles, de passage à Gadès, confirment l'existence de sources et une exploration archéologique sous-marine, menée en 1960, a repéré plusieurs puits, vitaux, il est vrai, pour le fonctionnement d'un sanctuaire d'une telle ampleur. L'aménagement des points d'eau — Polybe relate que l'on y descendait par quelques marches — laisse supposer aussi une utilisation rituelle de l'eau, comme on en trouve des parallèles, pour le culte de Melqart, à Tyr, Amrith ou Kition. L'eau fécondante est d'ailleurs particulièrement présente dans le culte de divers dieux phéniciens comme Eshmoun ou Adonis[35].

3. Le maître des lieux

Ce qui frappe d'emblée les esprits, c'est la somptuosité, la grandeur et la richesse des lieux, alliées à une ferveur religieuse hors du commun[36]. On souligne aussi, en relation avec l'ancienneté du lieu, le conservatisme des pratiques cultuelles. Plusieurs auteurs se contentent d'en désigner le destinataire du nom d'Héraclès ou Hercule, mais plusieurs cherchent à en préciser l'origine. Arrien, d'après la nationalité des fondateurs de la ville, estime qu'il s'agit de l'Héraclès tyrien[37] et Appien abonde dans son sens[38]. L'un et l'autre soulignent de surcroît le caractère phénicien du

---

[31] STRABON III 5,9.

[32] SILIUS ITALICUS III 46-48.

[33] STRABON III 7-8.

[34] PLINE, *HN* II 219.

[35] A. GARCÍA Y BELLIDO, *art. cit.* (n. 22), p. 108-109. Sur l'eau fécondante et son rapport avec certains cultes phéniciens, cf. S. RIBICHINI, *Poenus advena*, Rome 1985, p. 58.

[36] DIODORE V 20,1-4 . PHILOSTRATE, *Apoll. Tyan.* V 4 ; AVIENUS, *Descriptio* 610-619 ; POMPONIUS MELA III 46 ; PORPHYRE, *De abst.* I 25.

[37] ARRIEN, *Anabase* II 16,4 : «*Il me semble que l'Héraclès honoré à Tartessos par les Ibères, là où certaines stèles ont été baptisées d'après Héraclès, est l'Héraclès tyrien, parce que Tartessos est une fondation des Phéniciens et que, là, c'est selon l'usage phénicien qu'a été bâti le temple et que sont offerts les sacrifices.*» Ὡς τόν γε ἐν Ταρτησσῷ πρὸς Ἰβήρων τιμώμενον Ἡρακλέα, ἵνα καὶ στῆλαί τινες Ἡρακλέους ὠνομασμέναι εἰσί, δοκῶ ἐγὼ τὸν Τύριον εἶναι Ἡρακλέα, ὅτι Φοινίκων κτίσμα ἡ Ταρτησσὸς καὶ τῷ Φοινίκων νόμῳ ὅ τε νεὼς πεποίηται τῷ Ἡρακλεῖ τῷ ἐκεῖ καὶ αἱ θυσίαι θύονται.

[38] APPIEN, *Hisp.* I 2 : «*Il me semble que ce sont les Phéniciens qui ont fondé le sanctuaire d'Héraclès qui se trouve à l'emplacement des Colonnes. On y honore encore aujourd'hui, à la manière phé-*

rituel. Pomponius Mela et Philostrate qualifient plutôt le dieu d'égyptien, par opposition à son homonyme thébain [39]. Ils veulent sans doute indiquer que ce n'est pas l'Héraclès grec, mais l'étranger, considéré tour à tour comme libyen, égyptien ou phénicien. Enfin, Eustathe, au XIIe siècle ap. J.-C., hésite entre le label thébain, phénicien ou tyrien (sic) [40]. Il ne fait en tout cas de doute pour personne qu'il est le dieu principal de la cité ; Silius Italicus qualifie Gadès de «cité d'Hercule» et les Priapea évoquent «Gadès (consacrée) à Hercule» [41]. Nous verrons cependant que l'examen du seul témoignage épigraphique phénico-punique provenant de Gadès nous fait connaître un dieu appelé Milkashtart et non Melqart [42]. L'origine tyrienne de l'Héraclès gaditain, soulignée comme elle l'est par les sources classiques, prêche naturellement en faveur de Melqart, mais on doit tenir compte de l'écoulement de plusieurs siècles entre la fondation de Gadès par les Tyriens et les premiers témoignages relatifs à ce culte, donc prendre en considération l'hypothèse d'une évolution interne du polythéisme phénicien qui aurait pu privilégier Milkashtart au détriment de Melqart.

4. Les monuments du culte

Arrien met en avant le caractère phénicien de l'architecture du sanctuaire [43] : «C'est suivant l'usage des Phéniciens que le temple a été fait pour Héraclès». On ne sait guère ce qu'il entend par là, mais on imagine que le domaine sacré devait comprendre un temple, à l'intérieur d'une enceinte [44] et divers bâtiments annexes, pour former finalement ce vaste et impressionnant complexe cultuel que décrivent les sources [45]. Silius Italicus rapporte qu'au Ier siècle ap. J.-C., les poutres posées lors de la fondation du temple étaient encore en place, préservées des injures du temps [46]. Le seul moyen de visualiser le temple, dans un état tardif cependant, est

---

nicienne, un dieu qui n'est pas le thébain, mais le tyrien.» Τό τε τοῦ Ἡρακλέους ἱερὸν τὸ ἐν στήλαις Φοίνικές μοι δοκοῦσιν ἱδρύσασθαι· καὶ θρησκεύεται νῦν ἔτι φοινικικῶς, ὅ τε θεὸς αὐτοῖς οὐχ ὁ Θηβαῖός ἐστιν ἀλλ' ὁ Τυρίων.

[39] POMPONIUS MELA III 46 ; PHILOSTRATE, Imagines II 33; Apoll. Tyan. V 4,4-5. Cf. M. ALMAGRO GORBEA, Sobre la dedicación de los altares del templo de Hércules Gaditanus, dans La religión romana en Hispania, Madrid 1982, p. 304 ss, pour un prétendu syncrétisme entre Melqart et Rashap ; M.P. GARCÍA BELLIDO, Altares y oráculos semitas en Occidente : Melkart y Tanit, dans RSF 15 (1987), p. 135-158, avec nombre d'interprétations et de rapprochements que nous ne partageons pas.

[40] EUSTATHE, ad. Dion. Per. 451 (=GGM II, p. 301-302).

[41] SILIUS ITALICUS XVI 194 ; Priapea 75 9.

[42] Cf. infra, p. 226-228.

[43] ARRIEN II 16,4 (cf. note 37).

[44] STRABON III 5,9.

[45] AVIENUS, Descriptio 610-619.

[46] SILIUS ITALICUS III 17-19. Une tradition semblable existait pour le temple d'Apollon à Utique, cf. PLINE, HN XVI 40.

de recourir aux monnaies. Des exemplaires de l'extrême fin du Ier siècle av. J.-C. montrent effectivement un temple gréco-romain tétrastyle ; on croit parfois pouvoir deviner une porte à double battant, peut-être ciselée à la manière dont Silius Italicus la décrit[47]. Pour A. García y Bellido[48], il s'agirait soit du frontispice du temple hellénistico-romain, soit des propylées qui y donnaient accès. Mais il est possible, comme le suppose A.M. De Guadan[49], que l'on ait affaire à un édifice standard de l'époque augustéenne, tel que l'on en voit aussi sur les monnaies de Carthagène. La légende «*Auguste*», qui se lit sur l'architrave du temple, indiquerait que le bâtiment commémorait l'œuvre pacificatrice d'Auguste. Les deux séries, de Carthagène et de Gadès, auraient alors été frappées entre 8 av. et 4 ap. J.-C. Cependant, d'autres savants, même s'ils doutent du réalisme de la représentation, continuent d'y reconnaître l'Héracleion[50]. Par ailleurs, sur les monnaies impériales de Trajan et d'Hadrien, comme nous le verrons ultérieurement plus en détail, *Hercules Gaditanus* est représenté à l'intérieur d'un *naïskos* ou d'un portique distyle, voire tétrastyle[51], évoquant peut-être, de manière stylisée, le temple, ses propylées ou une structure architecturale légère qui abritait la statue de culte.

Selon Justin, les *sacra*, les «reliques», du culte gaditain de Melqart provenaient de Tyr même[52]. Sans doute est-ce la raison pour laquelle les Gaditains prétendaient abriter, dans leur sanctuaire, la dépouille du dieu, ses «os» (*ossa eius*)[53]. Arnobe fait d'ailleurs allusion à la croyance selon laquelle l'Hercule tyrien était enseveli aux confins de l'Espagne[54]. Le vase de Sidon permet de supposer qu'un monument analogue existait à Tyr, ce qui nous renforce dans la conviction que le sanctuaire de Gadès est une authentique succursale de celui de Tyr[55]. Outre cette sépulture, le *temenos* comprenait plusieurs autels. Pour Silius Italicus, un feu perpétuel brûlait sur l'un d'eux, ce qui évoque l'autel incandescent de Tyr, mais n'est pas sans parallèle dans le monde grec[56]. Or, A. Beltrán a fait état

---

[47] SILIUS ITALICUS III 32 ss.

[48] A. GARCÍA Y BELLIDO, *art. cit.* (n. 22), p. 102.

[49] A.M. DE GUADAN, *Gades come hereda de Tartessos en sus amonedaciones commemorativas del praefectus classis*, dans *AEA* 34 (1961), p. 53-89.

[50] A. BELTRÁN, *Los monumentos en las monedas hispano-romanas*, dans *AEA* 26 (1953), p. 39-66.

[51] Selon A. GARCÍA Y BELLIDO, *art. cit.* (n. 22), p. 143, la différence pourrait provenir d'une perspective changeante. Pour les références, cf. notre partie sur le monnayage de Gadès.

[52] JUSTIN XLIV 5,2.

[53] POMPONIUS MELA III 46.

[54] ARNOBE, *Adv. nat.* I 36 ; aussi dans SALLUSTE, *Jug.* 17.

[55] Cf. *supra*, p. 78-80.

[56] SILIUS ITALICUS III 30-31. Pour Tyr, cf. *supra*, p. 87-90. Pour Delphes, M. DELCOURT, *L'oracle de Delphes*, Paris 1981 (1re éd. 1955), p. 150-152.

d'une monnaie gaditaine, conservée dans une collection privée, avec une légende bilingue latino-punique (*COL-A-GAD / a-gadir*), la représentation, au droit, de la tête héracléenne, et, au revers, d'un autel en feu[57]. Selon Porphyre[58], un autel du même sanctuaire devait être quotidiennement arrosé de libations sanglantes. Lors d'un siège de Gadès, pour que soit respectée la *lex sacra*, un oiseau vint s'offrir à l'immolation sur l'autel, conformément à ce qu'avait rêvé un prêtre gaditain. On possède à nouveau un antécédent tyrien, avec l'aigle qui, lors de la fondation de la cité insulaire, s'offrit au sacrifice qui devait servir à immobiliser les roches errantes. Cet autel était, aux dires de Porphyre, situé très exactement sur l'emplacement des Colonnes d'Hercule.

D'autres autels étaient dédiés à des entités sacrées plus insolites : l'Année, le Mois, le Temps le plus long, le Temps le plus court, la Pauvreté et l'Art[59]. Eustathe y ajoute la Sagesse et la Mort[60], tandis que Philostrate mentionne des hymnes chantés à Gadès en l'honneur de la Mort[61]. Il est difficile de percevoir le rapport qui unissait éventuellement ses personnifications et le dieu principal du sanctuaire. L'ensemble des témoignages qui en font état sont d'époque impériale et pourraient faire écho à une certaine influence des mouvements philosophiques sur les cultes. Le sanctuaire abritait encore le ceinturon d'or de Teucer, le héros homérique, fils de Télamon[62], le plus fameux archer grec de la Guerre de Troie, demi-frère d'Ajax. De retour d'Asie Mineure, il s'établit à Salamine de Chypre, mais d'autres sources l'associent à la fondation de Carthagène, en Espagne. Son passage par Gadès se rapporte donc logiquement à cet épisode et indique à nouveau la volonté des Grecs de créer des précédents, de revendiquer pour eux la possession de tel ou tel territoire conquis par leurs illustres ancêtres. Une autre relique participait au prestige du sanctuaire gaditain : un olivier d'or aux fruits recouverts d'émeraude[63], offert par Pygmalion. On connaît un roi tyrien de ce nom, celui qui fit assassiner Acherbas, le prêtre de Melqart, et provoqua la fuite d'Elissa, sa sœur, ainsi que la fondation de Carthage. Mais ce n'est pas seulement par son dédicant que cet arbre fabuleux se rattachait à la métropole tyrienne. On se souviendra en effet que le sanctuaire tyrien de Melqart abritait deux célèbres stèles, dont l'une était faite en or pur et l'autre en émeraude[64]. Par ailleurs, s'il n'est

---

[57] A. BELTRÁN, *art. cit.* (n.50), p. 39-66 : il s'agirait d'une monnaie postérieure à 27 av. J.-C.
[58] PORPHYRE, *De abst.* I 25.
[59] PHILOSTRATE, *Apoll. Tyan.* V 4.
[60] EUSTATHE, *ad. Dion. Per.* 453 (=GGM II, p. 302).
[61] PHILOSTRATE, *Apoll. Tyan.* V 4 ; EUSTATHE, *De capta Thess.* p. 504,6.
[62] PHILOSTRATE, *Apoll. Tyan.* V 5.
[63] *Ibid.*
[64] Cf. *supra*, p. 100-104. STRABON III 5,10 ; PAUSANIAS I 35 ; SERVIUS, *ad. En.* VII 662 ; ISIDORE, *Etymol.* XIV 6,7, parlent d'un arbre magique, polymorphe, à la sève vermeille ou couleur

pas rare de voir en des lieux mythiques des arbres de ce type, comme l'arbre d'Eridu qui donnait des fruits en lapis-lazuli[65], ou des pierres précieuses, comme chez Ézéchiel dans l'Éden occupé par le roi de Tyr[66], on peut se demander si ce motif n'est pas à mettre en parallèle ou en concurrence avec les pommes d'or du Jardin des Hespérides, localisé dans la même région et dont Héraclès se rendit maître.

5. L'iconographie du sanctuaire

a) *La statue de culte*

Arrien et Philostrate affirment qu'il n'existe pas la moindre statue du dieu de Gadès ; les seules représentations seraient l'illustration des douze travaux d'Hercule sur un autel de pierre[67]. «*Aucune image, aucune statue de dieux ne confère majesté et crainte religieuse*», conclut Silius Italicus[68]. Selon D. van Berchem, cet aniconisme confirmerait la persistance du rite et des interdits «sémitiques»[69]. Toutefois, à ce sujet, nous avons déjà rappelé que l'interdit qui frappe les représentations divines est propre au yahvisme et que les Phéniciens n'ont jamais éprouvé de répugnance à élever des statues à leurs divinités. Il faut se souvenir, du reste, qu'une iconographie de Melqart, bien qu'imprécise et peu documentée, existe bel et bien. Quant aux images héracléennes figurant sur l'autel et les portes du sanctuaire gaditain, elles résultent de l'assimilation traditionnelle entre Melqart et Héraclès[70]. Par ailleurs, nous savons, grâce aux monnaies impériales de Trajan et d'Hadrien, qu'il existait au moins à cette époque une statue de culte puisqu'on y distingue un Hercule debout sur une base de statue, nu, de face, tenant une massue dans la main droite et une pomme du Jardin des Hespérides dans la gauche, le mufle léonin sur le sommet de la tête. Si le dieu n'est pas formellement identifié comme gaditain sur les exemplaires de Trajan, à partir d'Hadrien en revanche, la légende *Hercules Gaditanus* ne laisse aucun doute à ce sujet[71]. Là, le dieu est barbu, la massue,

---

de l'éclair, dont les feuilles ressemblent à des glaives. Il aurait poussé sur la tombe de Géryon. Pour les naturalistes, cette description correspond au dragonnier.

[65] Cf. A.J. WENSINCK, *Tree and Bird as Cosmological Symbols in Western Asia*, dans *Verhandelingen der koninklijke Akademie van Wetenschappen te Amsterdam, Afdeling Letterkunde*, 22 (1921), p. 1-56, surtout p. 19.

[66] Cf. *supra*, p. 43-46. Cf. T.H. GASTER, *Myth, Legend and Custom in the Old Testament*, New York 1969, p. 28.

[67] ARRIEN II 16,4 ; PHILOSTRATE, *Apoll. Tyan.* V 5.

[68] SILIUS ITALICUS III 30-31 : *sed nulla effigies simulacraue nota deorum maiestate locum et sacro impleuere timore*.

[69] D. VAN BERCHEM, *art. cit.* (n. 20), p. 84.

[70] D'où la différenciation chez certains auteurs entre un Héraclès thébain figuré et un Héraclès égyptien non représenté.

[71] Cf. *infra*, p. 229-230 pour le monnayage gaditain.

appuyée sur le sol, et le socle a disparu. Il est tantôt flanqué du dieu Océan et d'une proue de navire, tantôt situé à l'intérieur d'un *naïskos* et entouré de deux figures féminines, pouvant symboliser, pour A. García y Bellido [72], les deux noyaux urbains de Gadès. Quant aux attributs marins accolés à Héraclès dès le premier monnayage gaditain, vers 300 av. J.-C., ils évoquent les activités maritimes de la cité, mais sans doute aussi la protection exercée par le dieu poliade sur celles-ci. On notera d'ailleurs l'existence à Tyr de monnaies sur lesquelles le dieu Océan côtoie Héraclès ou les *sacra* de son culte [73].

Les figurations de type héracléen ne manquent donc pas et ce que les auteurs ont relevé, à une époque déjà avancée, peut-être est-ce l'absence de statue cultuelle de l'Héraclès tyrien. À ce propos, M.C. Marín Ceballos souligne l'absence de représentations de Melqart dans l'aire «tartessienne», alors que celles d'Astarté sont assez fréquentes [74]. L'auteur reprend alors l'hypothèse de M. Almagro selon laquelle une identification se serait opérée, en milieu ibérique, entre Melqart et Rashap, accompagnée d'un transfert de l'iconographie du «Smiting God» du second au premier. On ne peut souscrire à cette argumentation pour plusieurs raisons. D'abord, nous l'avons souligné à plusieurs reprises, nous ne sommes pas en mesure de mettre des noms sur la plupart des représentations de divinités phéniciennes et c'est particulièrement le cas des «Smiting Gods», dont on ne peut dire qu'ils représentent exclusivement Rashap [75], comme ce semble être le cas en Égypte, car un coup d'œil dans la documentation ougaritique montre que Baal aussi avait adopté cette posture. Par ailleurs, l'idée d'une assimilation entre Melqart et Rashap repose sur l'ancienne lecture de l'inscription d'Es Cuyeram, à Ibiza, où l'on avait cru identifier une divinité double Rashap-Melqart. On doit cependant aujourd'hui tenir compte d'un autre déchiffrement qui élimine Rashap-Melqart [76]. La découverte récente près de l'îlot de Sancti Petri, celui qui abrite les vestiges de l'Héracleion, de plusieurs statuettes en bronze du type «Smiting God», datées approximativement entre le VIIIe et le Ve siècle av. J.-C. [77], n'autorise pas davantage

---

[72] A. García y Bellido, *art. cit.* (n. 22), p. 113.

[73] G.F. Hill, *BMC. Phoenicia*, Londres 1910, p. 296, n°497.

[74] M.C. Marín Ceballos, *Documentos para el estudio de la religión fenico-púnica en la Península Ibérica II. Deidades masculinas*, dans *Habis* 10-11 (1979-80), p. 217-231. L'identification du sceau de La Aliseda, de la fin du VIIe siècle av. J.-C., montrant deux divinités assises sur des trônes, avec un sceptre, de part et d'autre d'un arbre de vie, comme Baal Shamim et Melqart, est hypothétique. La présence de Baal Ḥammon, souvent représenté assis, serait très naturelle.

[75] A.M. Bisi, *Le «Smiting God» dans les milieux phéniciens d'Occident*, dans *St.Phoen.* IV, Namur 1986, p. 169-187.

[76] Cf. *infra* notre chapitre sur Ibiza, p. 236-238.

[77] Une demande d'information adressée, à ce sujet, à Monsieur R. Corzo, Conservateur du Musée de Cádiz qui est chargé de leur étude approfondie, est malheureusement demeurée sans

à soutenir cette hypothèse. On peut penser qu'il s'agit d'offrandes faites au sanctuaire de Melqart et déversées à un moment donné dans une *favissa*. Quoi qu'il en soit, la diversité de leur apparence rend difficile leur identification à un seul dieu.

Le sanctuaire gaditain accueillait également d'autres statues, comme celle d'Alexandre[78]. J. Gagé s'est attaché à clarifier les circonstances possibles de son érection[79]. Il exclut d'emblée les Gaditains ou les Puniques car Alexandre avait mis Tyr à feu et à sang et projetait de conquérir l'Occident. Prétendu descendant d'Héraclès, le Macédonien s'était progressivement identifié au héros conquérant et civilisateur et nous savons qu'Hannibal s'inspira de son modèle, ainsi que de nombreux Romains, surtout après la victoire romaine de Pydna, à un moment où se développait à Rome le culte d'Hercule Victor. Diverses occasions pourraient donc avoir vu l'érection de la statue. En 145 av. J.-C., Fabius Maximus, le fils du vainqueur de Pydna, Paul-Émile, offrit un sacrifice à Hercule gaditain avant d'entreprendre une campagne contre les Lusitaniens[80]. Pompée, lui aussi fervent admirateur d'Alexandre et d'Hercule, aurait pu passer par Gadès en 72/1 av. J.-C., après sa victoire sur Sertorius. Si l'on ignore les détails de l'événement, la symbolique ne nous en échappe pas : Hercule et Alexandre sont l'un et l'autre l'incarnation de l'esprit de conquête universelle auquel les Romains se rattachaient volontiers.

Philostrate, pour sa part, atteste l'existence d'une statue de bronze de Thémistocle, le représentant pensif, comme méditant un oracle[81]. Philostrate ne dit pas formellement que la statue se dressait dans le sanctuaire, mais il est amené à en parler à propos de la piété excessive des Gaditains, qui ont multiplié les marques de dévotion[82]. Le cas parallèle de la statue d'Alexandre et l'allusion à un oracle font en outre pencher la balance en faveur d'une localisation dans le *temenos*. Selon Philostrate, la raison de la présence de ce monument serait l'admiration des Gaditains pour la sagesse et la bravoure du chef de la flotte athénienne. D'autre part, Gadès était la

réponse. Une première publication est due à A. Blanco Freijeiro, *Los nuevos bronces de Sancti Petri*, dans *Boletin de la Real Academia de la Historia* 182 (1985), p. 207-216. Je remercie P. Rouillard qui m'a informée de cette publication et A.M. Bisi qui m'a donné son sentiment sur ces découvertes. Elles ont fait l'objet d'une communication au Congrès de Rome (à paraître dans *ACFP 2*).

[78] Suétone, *César* 7 ; Dion Cassius XXXVII 52. Par contre Plutarque, *César* 11 3, associe cet événement à une lecture de César. En voyant cette statue, César se lamenta de la lenteur de sa carrière au regard de celle du Macédonien.

[79] J. Gagé, *Hercule-Melqart, Alexandre et les Romains à Gadès*, dans *Mélanges Radet (=RÉA* 42 [1940]), p. 425-438.

[80] Appien, *Hisp.* 65.

[81] Philostrate, *Apoll. Tyan.* V 5.

[82] Cf. C. Bonnet, *Une statue de Thémistocle chez les Phéniciens de Gadès*, dans *Mélanges J. Labarbe*, Liège-Louvain-la-Neuve 1987, p. 259-266.

plaque tournante du commerce maritime vers l'Occident méditerranéen et les confins de l'Atlantique. Elle vivait donc de cette *«stratégie exclusivement maritime»* prônée à Athènes par Thémistocle[83]. L'homme de Salamine était donc en quelque sorte un Gaditain d'adoption. Sa posture de méditation suite à la révélation d'un oracle nous rappelle que c'est grâce au fameux oracle de la *«muraille de bois»*, rendu par la Pythie aux Athéniens menacés par les Perses, que Thémistocle parvint à mener ses concitoyens à la victoire[84]. Or, nous le verrons plus en détail, Gadès était aussi célèbre et fréquentée pour son oracle.

On possède dans le monde grec diverses représentations de Thémistocle : à Athènes, en quatre lieux différents, à Magnésie où Thémistocle finit sa vie sous la protection du roi de Perse, sans compter le fameux buste d'Ostie, mais aucune de ces œuvres ne semble s'apparenter à la statue gaditaine évoquée par Philostrate. La description qui nous en est fournie fait songer à une œuvre expressive, comme en a produit l'époque hellénistique. Si des traces grecques en Espagne sont signalées dès les VIIIe-VIIe siècles av. J.-C., la forte présence phocéenne, puis l'enrôlement de mercenaires espagnols dans les armées grecques ne cesseront de renforcer cette communauté culturelle dont les Gaditains étaient apparemment si fiers, comme le souligne Philostrate. Rien n'a été retrouvé ni de la statue d'Alexandre, ni de celle de Thémistocle. Par contre, la zone submergée de l'Héracleion a livré divers fragments de statuaire, sans grand intérêt pour l'étude des cultes[85].

b) *Les portes du temple*

Dans sa description du temple, Silius Italicus énumère les Travaux d'Hercule ciselés sur les portes[86]. A. García y Bellido, le premier, a attiré notre attention sur le parti que l'on peut tirer de ce catalogue[87] et, plus récemment, J.B. Tsirkin en a proposé une autre interprétation[88]. Les Travaux illustrés sont au nombre de dix : l'hydre de Lerne, le lion de Némée, la capture de Cerbère, les chevaux de Diomède, le sanglier d'Érymanthe, la biche de Cérynie, la lutte contre Antée, celle contre le Centaure Nessos, contre Acheloos et l'apothéose sur le Mont Œta. Seuls six épisodes appartiennent au cycle canonique des douze Travaux, les quatre autres font

---

[83] J. LABARBE, *La Loi Navale de Thémistocle*, Paris 1957, p. 118.
[84] HÉRODOTE VII 141-143 ; PLUTARQUE, *Thém.* 10 3.
[85] A. GARCÍA Y BELLIDO, *art. cit.* (n. 22), p. 82-93.
[86] SILIUS ITALICUS III 32-44. Cf. F. SPALTENSTEIN, *Commentaire des* Punica de Silius Italicus *(livres 1 à 8)*, Genève 1986, p. 182.
[87] A. GARCÍA Y BELLIDO, *art. cit.* (n. 22), p. 104-108.
[88] J.B. TSIRKIN, *The Labours, Death and Resurrection of Melqart as Depicted on the Gates of the Gades' Herakleion*, dans *RSF* 9 (1981), p. 21-27.

partie des *parerga*. Mais le *Dodekathlos* ne s'est véritablement constitué qu'à l'époque hellénistique[89]. Ses premiers balbutiements sont les métopes du temple de Zeus à Olympie, construit entre 468 et 456 av. J.-C., qui se sont peut-être imposées davantage que les autres combinaisons en raison du caractère panhellénique d'Olympie. Cependant, vers la même époque et même plus tard, des versions concurrentes continuèrent de circuler, dans l'art et la littérature, même à l'époque hellénistique. Étant donné le foisonnement des *erga*, des *parerga* et des *praxeis* attribués à Héraclès, on constate une grande fluidité dans la représentation de son mythe. C'est ainsi que l'Héphaisteion athénien, de la seconde moitié du Ve siècle av. J.-C., ne compte que neuf Travaux, alors qu'Athènes semble un centre privilégié d'organisation du cycle héracléen, sur le modèle du cycle théséen. En plein IVe siècle av. J.-C., à Thèbes, la patrie du héros, l'Héracleion, décrit par Pausanias plusieurs siècles plus tard, ne représente que onze Travaux[90]. Or, il y manque, comme à Gadès, l'épisode du lac Stymphale et des écuries d'Augias, alors qu'y figure également la lutte contre Antée, écartée ensuite de la liste canonique. Pour A. García y Bellido, le monument thébain et les portes gaditaines se rattacheraient donc à une tradition antérieure, peut-être élaborée à Thèbes même au Ve siècle av. J.-C., voire plus tôt. Dans cette hypothèse, les portes seraient aussi anciennes, antérieures en tout cas à la fixation du *Dodekathlos* à Olympie. Dès lors, l'identification opérée par cette voie, à Gadès, entre Melqart et Héraclès pourrait remonter au Ve ou au VIe siècle av. J.-C., soit une période antérieure au témoignage d'Hérodote que l'on considère généralement comme le premier témoin de cette assimilation.

Cependant, cette hypothèse a plusieurs points faibles. D'abord, elle accorde une valeur trop contraignante au *Dodekathlos* d'Olympie. Celui-ci ne s'imposa pas de manière impérieuse et fulgurante, en éliminant toutes les variantes. F. Brommer précise au contraire que le processus fut lent et inégal et que bien des combinaisons subsistèrent pendant longtemps, dans l'art comme dans la littérature. Donc les métopes thébaines de Praxitèle, non conformes au *Dodekathlos*, ne reposent pas nécessairement sur une tradition ancienne. Imaginer que l'artiste gaditain a puisé à une source thébaine est une hypothèse, mais le succès de l'imagerie héracléenne dans toute la Méditerranée permet d'imaginer sans doute bien d'autres dérivations possibles. Tirer de ce témoignage des conclusions sur la chronologie de l'assimilation de Melqart à Héraclès nous paraît donc imprudent.

---

[89] F. BROMMER, *Herakles. Die zwölf Taten des Helden in antiker Kunst und Literatur*, 2e éd., Darmstadt 1972 ; ID., *Herakles II. Die unkanonischen Taten des Helden*, Darmstadt 1984 ; J. DÖRIG, *The Olympia Master and his Collaborators*, Leyde 1987.
[90] PAUSANIAS IX 11,6.

Plutôt qu'à la genèse de ces représentations, J.B. Tsirkin s'est intéressé à leur signification, à leur arrière-plan mythologique. Selon cet auteur, le choix des épisodes s'est opéré avec la volonté de transposer dans un langage figuratif grec l'épopée perdue de Melqart. Ce cycle épique serait d'ailleurs à la base de l'assimilation entre le dieu phénicien et le héros grec, tous deux acteurs d'un mythe élaboré à partir de leurs exploits. Pareille conception de l'assimilation de Melqart à Héraclès présuppose une forte ressemblance entre la religion phénicienne et la religion ougaritique dont nous connaissons la production mythique. Or, entre le IIe et le Ier millénaire, il semble que l'activité mythopoétique vivante se soit affaiblie et que, en contrepartie, le rite ait pris davantage d'importance. La religion phénicienne ne nous a livré que quelques bribes de mythologie, mais en revanche de nombreux témoignages sur le rituel, sur la dévotion à telle ou telle divinité[91].

Mais dans l'argumentation de J.B. Tsirkin, certains éléments méritent notre attention. Il s'étonne à juste titre de l'absence des épisodes héracléens traditionnellement localisés dans le «Far West» : les Hespérides, Atlas, Géryon. Peut-être les artistes chargés de l'exécution des portes du sanctuaire avaient-ils reçu des instructions de la part des responsables gaditains afin d'éviter une confusion trop achevée entre le héros grec et le dieu de Gadès. Par ailleurs, l'accent mis par Silius Italicus sur le bûcher «*dont les flammes emportent jusqu'aux astres la grande âme du héros*» et le fait qu'il soit représenté au centre des portes amènent J.B. Tsirkin à y voir une allusion à la célébration du bûcher de Melqart, prélude à son *egersis* annuelle. On ne peut toutefois nier le fait que pour Héraclès aussi, le bûcher, synonyme d'apothéose, constitue le couronnement de sa carrière terrestre, le point final d'une existence par là-même transcendée.

L'auteur entreprend ensuite de trouver systématiquement à chaque Travail représenté sur les portes un antécédent proche-oriental. Mais si le combat contre le lion de Némée ou contre l'Hydre de Lerne trouvent leurs racines au Levant, il s'agit là, plutôt que d'un emprunt cohérent et massif à une prétendue mythologie de Melqart, d'un héritage bien connu et largement répandu que la mythologie grecque a reçu du Proche-Orient tout entier[92]. Il faut enfin veiller à ne pas donner trop de sens à un document isolé ; nous savons que le même sanctuaire de Gadès abritait aussi un autel de pierre sur lequel figuraient les *douze* Travaux, mais nous en ignorons

---

[91] P. XELLA, *Le polythéisme phénicien*, dans *St.Phoen.*, Namur 1986, p. 29-39 ; S. RIBICHINI, *op. cit.* (n. 35), Rome 1986, p. 28 ss.

[92] J.B. Tsirkin estime qu'en définitive tous les épisodes se résument à trois luttes : contre les éléments chthoniens, terrestres et aquatiques. La manière dont il privilégie l'aspect solaire de Melqart ne nous semble pas justifiée par les sources.

malheureusement le détail[93]. Enfin, il faut se rappeler que l'œuvre de Silius Italicus abonde en *topoi* et que, de l'avis même de son plus récent commentateur, le morceau qui nous intéresse pourrait s'inspirer de la description par Virgile du temple de Cumes. Le souci de conformité historique passe donc après le respect des conventions du genre[94].

6. Les stèles

Strabon décrit deux piliers d'airain, de huit coudées de haut, soit plus de 3 mètres, sur lesquels était gravée la comptabilité du sanctuaire. Au terme de leur traversée, les marins venaient y offrir des sacrifices ; pour Philostrate, elles sont comparables à des enclumes, de forme carrée, coiffées d'un chapiteau ; elles mesureraient plus d'une coudée et seraient coulées dans un alliage d'or et d'argent[95]. Les caractères qu'elles portent n'ont pu être identifiés par Philostrate qui prête à Apollonios de Tyane une interprétation mystique de ces inscriptions : Héraclès en personne aurait gravé ces lignes pour garantir la pérennité de l'union des éléments cosmiques, la Terre et l'Océan, que symboliseraient les piliers. On est confronté à deux traditions apparemment inconciliables ; s'agit-il en définitive de très hautes colonnes ou de stèles trapues ? Il faut d'abord souligner la fragilité de la tradition textuelle en matière de données chiffrées. Par ailleurs, l'omniprésence du modèle tyrien dans le sanctuaire gaditain nous incite à considérer ces deux stèles comme les répliques des roches ambrosiennes que le monnayage de Tyr représente comme des ombilics de petite dimension. De ce mimétisme tyrien, il semble que l'on ait un indice supplémentaire dans un étrange témoignage de Jean Malalas qui, en pleine époque byzantine, précise que ces stèles étaient en or et en porphyre, des matières précieuses presque semblables à celles des stèles tyriennes[96], mais il estime qu'elles furent érigées là par un roi d'Italie, descendant d'Héraclès.

Pour ce qui regarde le sens des inscriptions, les signes cabalistiques s'expliquent sans doute par l'impossibilité dans laquelle se trouvaient les visiteurs de déchiffrer une inscription phénicienne. L'idée de signes comptables, avancée par Strabon, résulte peut-être du même principe. Il pourrait s'agir tout simplement d'un texte votif, en rapport éventuellement avec le rituel dont parle Strabon, celui d'un dieu que l'on vient remercier de sa protection durant une traversée. L'inscription bilingue des cippes jumeaux de Malte fournit en tout cas un parallèle intéressant. On pourrait songer

---

[93] PHILOSTRATE, *Apoll. Tyan.* V 5.
[94] F. SPALTENSTEIN, *op. cit.* (n. 86), p. 182. Cf VIRGILE, *Én.* VI,20.
[95] STRABON III 5,5 : PHILOSTRATE, *Apoll. Tyan.* V 5. Silius Italicus n'en dit étonnament rien.
[96] JEAN MALALAS VI, p. 161, éd. Berlin. Cf. *supra*, p. 100-104, pour les stèles de Tyr.

aussi, en écho à l'idée d'un texte comptable, à un tarif sacrificiel. La localisation précise de ces stèles dans le sanctuaire nous est révélée par un passage de Porphyre[97]. Faisant face à l'autel du dieu, un prêtre se trouvait exactement entre les *stèles héracléennes*. Or, on sait que l'autel prend souvent place devant l'entreé du temple, sans doute flanqué des deux objets. Leur appellation en rapport avec Héraclès pose naturellement la question des Colonnes d'Héraclès/Hercule que nous nous proposons de traiter plus loin, car elle implique une vision grecque de l'Occident.

7. Le trésor

La réputation du trésor de l'Héracleion gaditain est telle que l'on doit penser que, d'une manière ou d'une autre, le sanctuaire bénéficiait de l'important commerce maritime qui transitait par ce point névralgique de la Méditerranée et de l'Atlantique. Peut-être le dieu percevait-il une dîme ou un droit de passage sur la cargaison. Pomponius Mela se contente d'affirmer que les richesses du sanctuaire sont le produit du temps[98]. D'autres auteurs détaillent, quant à eux, non les circonstances de leur accumulation, mais celles dans lesquelles elles ont été convoitées ou ravies, par Magon, le général carthaginois, en 206 av. J.-C.[99], par Varron en 49 av. J.-C.[100], par César, un peu plus tard[101] et après la victoire de Munda[102]. En 38 av. J.-C., à en croire Porphyre[103], les ressources du sanctuaire ne furent pas pour peu dans la décision de Bocchus, le roi de Maurétanie, d'assiéger l'Héracleion. Sous l'Empire, la renommée du sanctuaire ne cessa de s'accroître et les offrandes d'affluer. Au IIIe siècle de notre ère, le juriste Ulpien le cite au nombre des rares sanctuaires bénéficiant du privilège de recevoir des héritages[104].

8. L'oracle

La fondation de Gadès est liée, selon Strabon et Justin, à un oracle tyrien. Philostrate, en écho à Posidonios qui avait séjourné à Gadès, souli-

---

[97] PORPHYRE, *De abst.* I 25.

[98] POMPONIUS MELA III 46.

[99] TITE-LIVE XXVIII 36,2.

[100] CÉSAR, *B.C.* II 18,2 : il s'agissait, dans cette circonstance de guerre civile, de protéger le trésor des exactions.

[101] CÉSAR, *B.C.* II 21,4 : César fit replacer les biens sacrés à leur endroit initial.

[102] DION CASSIUS XLIII 39,4. A. GARCÍA Y BELLIDO, *art. cit.* (n. 22), p. 126, estime que cette tradition pourrait provenir soit d'une confusion avec Varron, soit d'une calomnie répandue par Asinius Pollon, l'ennemi de César, à moins que la spoliation n'ait visé exclusivement les offrandes «pompéiennes».

[103] PORPHYRE, *De abst.* I 25.

[104] ULPIEN XXII 6.

gne le caractère phénicien de cette tradition [105]. Nous y avons vu une autre similitude entre les sanctuaires de la métropole tyrienne et de la colonie gaditaine, où fondations de la ville et du sanctuaire vont de pair. Plusieurs célébrités vinrent interroger l'oracle de Gadès. César y rêva qu'il avait des rapports incestueux avec sa mère et consulta les devins locaux qui lui prédirent l'hégémonie sur le monde [106]. Il existait donc un personnel spécialisé attaché à l'interprétation des messages divins reçus par voie onirique. Porphyre, qui est originaire de Tyr, relate comment, lors du siège de Bocchus en 38 av. J.-C., le manque de victimes pour le sacrifice quotidien suscita un rêve prémonitoire chez un prêtre gaditain [107]. En 215 ap. J.-C., l'empereur Caracalla prit ombrage d'un gouverneur de Bétique qui avait consulté l'oracle de Gadès, vraisemblablement sur le sort de l'empereur et le fit exécuter [108]. Mais la consultation la plus célèbre est sans conteste celle d'Hannibal qui, après la prise de Sagonte en 219/8 av. J.-C., vint interroger le dieu sur sa destinée et sur le succès de sa campagne italienne [109]. Il se lia alors au dieu par des promesses formelles et lui offrit les dépouilles de Sagonte.

9. Le rituel

Les sources affirment que le rituel a conservé, jusqu'en pleine époque impériale, la marque des origines phéniciennes du sanctuaire. Nous avons déjà, à plusieurs reprises, souligné la ressemblance entre le sanctuaire de Tyr et celui de Gadès. Mais quelle perception pouvaient avoir Diodore, Arrien ou Appien de la nature du rituel ? N'affirment-ils pas son caractère phénicien simplement en raison de l'origine de l'établissement ? Ceci est d'autant plus important que D. van Berchem a tiré argument de ce rituel «phénicien» pour justifier, sur la base de comparaisons, l'attribution d'une origine semblable à divers sanctuaires d'Héraclès/Hercule, en particulier ceux de Rome ou de Thasos [110].

L'egersis de Melqart n'est pas formellement attestée à Gadès, mais il existait un tombeau du dieu dans le sanctuaire, ce qui permet de supposer que l'ensevelissement rituel était suivi du retour à la vie. L'implantation à Gadès du culte d'Astarté, comme nous le verrons, n'est bien sûr pas sans

---

[105] STRABON III 5,5 ; JUSTIN XLIV 5,2. Cf. M.P. GARCÍA BELLIDO, art. cit. (n. 39), p. 135-158 qui établit des parallèles, à nos yeux trop superficiels, avec Ostie, Tibur et Rome.

[106] SUÉTONE, César 7 ; DION CASSIUS XXXVII 52.

[107] PORPHYRE, De abst. I 25. Cf. supra, p. 31-33, 99-100, pour le parallèle avec l'aigle qui s'était offert au sacrifice lors de la fondation de Tyr.

[108] DION CASSIUS LXXVIII 19.

[109] SILIUS ITALICUS III 1 ss ; TITE-LIVE XXI 21,9.

[110] DIODORE V 20,2 ; ARRIEN, Anab. II 16,4 ; APPIEN, Hisp. I 2. Cf. D. VAN BERCHEM, art. cit. (n. 20), p. 73-109, 307-338.

même interdit vaut certes pour le culte d'Héraclès à Thasos dont Hérodote et Pausanias affirment l'origine phénicienne, mais il est préférable de souscrire aux remarques d'Angelo Brelich sur ce genre d'exclusions rituelles [121]. L'historien des religions a en effet montré que les exclusions rituelles sont en réalité des outils de différenciation ou de regroupement des divinités d'un panthéon polythéiste. L'exclusion des femmes du culte d'Héraclès sert très certainement à souligner son irréductible opposition à Héra et, à travers elle, à la gent féminine. Les exclusions gaditaines pourraient donc concerner davantage Héraclès que Melqart, en raison de l'origine des auteurs qui font état de ces interdits. Du reste, on se souvient du rôle de Didon dans la fuite de Tyr : c'est elle qui emporte les *sacra Herculis*. En Grande-Bretagne, nous aurons l'occasion de mentionner une dédicace à Melqart par une certaine Diodora, grande prêtresse [122]. À Érythrées, enfin, où la figure d'Héraclès pourrait être originaire de Tyr, des femmes thraces jouent un rôle particulier dans l'établissement de son culte [123]. On le voit : ces exclusions ne sont ni spécifiques de Melqart, ni constantes dans son culte. L'interdiction de sacrifier le porc trouve certes un écho à Thasos et à l'Ara Maxima de Rome, mais si elle est connue dans la religion hébraïque et phénicienne, elle ne concerne cependant pas tous les cultes et elle est également attestée dans le monde égyptien [124].

Les prêtres gaditains ont, selon Silius Italicus, la tête rasée et les pieds nus ; ils portent une longue tunique de lin et une bandelette sur le front. Pour accomplir les sacrifices, ils se ceignent d'un *latus clavus*, un pectoral, sans doute de couleur rouge [125]. Cette description semble assez conforme aux représentations de prêtres phénico-puniques que nous possédons par exemple à Carthage, Oumm el-'Amed et peut-être Motyé [126]. Ceux-ci sont chargés de faire brûler de l'encens, d'entretenir une flamme perpétuelle, d'accomplir les offrandes quotidiennes. Parmi eux, se distingue le grand prêtre [127]. Aux dires de Diodore, les sacrifices étaient grandioses et exécutés selon les coutumes phéniciennes, expression dont la portée exacte nous échappe, mais qui témoigne sans doute d'un certain conservatisme dans la pratique cultuelle [128]. Hannibal en 219/8 av. J.-C. [129] et Fabius Maximus

---

[121] A. Brelich, *Osservazioni sulle esclusioni rituali*, dans *SMSR* 22 (1950), p. 1-21.

[122] Cf. *infra*, notre chapitre sur la Grande-Bretagne, p. 311-312.

[123] Cf. *infra*, p. 383-386.

[124] R. de Vaux, *Les sacrifices de porcs en Palestine et dans l'ancien Orient*, dans *Bible et Orient*, Paris 1967, p. 499-516.

[125] Silius Italicus III 21-28 ; D. van Berchem, *art. cit.* (n. 20), p. 86-87.

[126] S. Moscati, *I Fenici e Cartagine*, Turin 1972, p. 36-37. Pour Mozia, cf. *infra*, p. 275-276.

[127] Porphyre, *De abst.* I 25. M.P. García Bellido, *art. cit.* (n. 39), p. 137, voit dans le feu perpétuel un trait sémitique, ce qui est inexact. Il est bien attesté en Grèce, par exemple à Delphes.

[128] Diodore V 20.

[129] Tite-Live XXI 21,9.

en 145 av. J.-C. [130] y accomplirent eux-mêmes des sacrifices au dieu de Gadès ; Néron, après sa troisième victoire olympique [131], prescrivit des sacrifices et des hymnes en son honneur à Gadès. Quant à César, durant sa préture en 62 av. J.-C., et Balbus, pendant sa questure en 43 av. J.-C., ils organisèrent à Gadès des jeux et des représentations théâtrales [132]. Les actes moins officiels du culte rendu à Melqart/Héraclès restent davantage dans l'ombre. Sans doute adorait-on avant tout le dieu protecteur de la navigation en ce lieu dont l'existence se justifiait d'abord par l'activité maritime. Au IVᵉ siècle ap. J.-C., Avienus, en se basant sur le témoignage d'Euctémon, un Athénien du milieu du Vᵉ siècle av. J.-C., relate de manière fort confuse et décousue les rites accomplis aux Colonnes d'Hercule [133]. Il mentionne l'existence dans le Détroit de Gibraltar de deux îles, distantes de trente stades, qu'il identifie comme les Colonnes. Pour A. García y Bellido, il ne fait pas de doute qu'il s'agit des deux îlots gaditains [134]. Avienus les décrit, avec une pointe de merveilleux, hérissés de forêts, inhospitaliers, renfermant temples et autels dédiés à Hercule. Or, l'île qui porte l'Héracleion est en effet d'accès difficile en raison des dangereux bas-fonds qui l'encerclent. Sur ces îles, selon Euctémon, les étrangers abordent en canot, sacrifient au dieu puis s'éloignent rapidement car il est sacrilège de s'y arrêter. Ces informations se recoupent assez bien avec celles fournies par Pausanias, d'après Cléon de Magnésie et celle de Strabon pour qui *«les navigateurs viennent y sacrifier à Héraclès au terme de leur traversée pour s'assurer son aide»* [135]. Il n'est pas déraisonnable de penser qu'en contrepartie de cette protection, les marins laissaient une partie de leur cargaison au dieu ou une dîme monnayée [136].

10. Le culte d'Astarté

Son association à Melqart apparaît comme une constante des cultes tyriens ; on ne s'étonnera donc pas d'en trouver des traces à Gadès [137].

[130] APPIEN, *Hisp.* 65.
[131] PHILOSTRATE, *Apoll. Tyan.* V 5.
[132] CICÉRON, *Ad famil.* XI 32,2-3.
[133] AVIENUS, *Ora Maritima* 350 ss.
[134] A. GARCÍA Y BELLIDO, *art. cit.* (n. 22), p. 131.
[135] STRABON III 5,5.
[136] Cf. C. GROTTANELLI, *Santuari e divinità delle colonie d'Occidente*, dans *RelFen*, Rome 1981, p. 103-133.
[137] Sur Astarté en Espagne, cf. J.Mª. BLÁZQUEZ, *Diccionario de las religiones prerromanas de Hispania*, Madrid 1975, p. 30-39 ; M.C. MARÍN CEBALLOS, *Documents pour l'étude de la religion phénico-punique dans la Péninsule ibérique : Astarté*, dans *Actes du IIᵉ Congrès International d'Étude des Cultures de la Méditerranée occidentale*, Alger 1978, p. 21-32 ; J.Mª. BLÁZQUEZ, *op. cit.* (n. 23-1983), p. 37-48 ; E. LIPIŃSKI, *Vestiges phéniciens d'Andalousie*, dans *OLP* 15 (1984), p. 81-132, surtout p. 100-117 ; M. BENDALA GALÁN, *art. cit.* (n. 23), p. 352-357.

Pline fait état des diverses dénominations d'un des îlots de Gadès : Ery-
thea, Aphrodisias, Île de Junon [138]. Avienus affirme pour sa part que les
Gaditains vénéraient une divinité nourricière qu'il appelle dans ses *Ora
maritima* Vénus marine et dont il situe le lieu de culte et l'oracle dans un
penetrale cavum [139]. M. Delcor interpréta cette expression comme la désignation d'une grotte et rapprocha ce passage de l'inscription du trône de
Séville dédié à *'štrt ḥr*, rendue par «*Astarté de la grotte*» [140]. Mais E.
Lipiński a attiré l'attention sur le fait que la traduction la plus adéquate
de *penetrale cavum* est «*saint des saints*», «*adyton*» du sanctuaire [141]. Nous
avons exposé précédemment les différentes hypothèses interprétatives sur
le sens de l'épiclèse *ḥr* appliquée à Astarté, «*hourrite*» ou «*de la cavité*»,
peut-être par référence à une fenêtre ou une sépulture [142]. On n'a donc
aucun mal à reconnaître dans cette Aphrodite-Vénus-Junon une Astarté
phénicienne dont le culte se pratiquait dans l'îlot d'Erytheia, situé au nord
de l'île de Kotinousa qui abritait l'Héracleion. Dans la mer, à proximité
de l'emplacement présumé de cet îlot, on a découvert un chapiteau proto-
éolique du VIIIᵉ-VIIᵉ siècle av. J.-C., dont le sommet bombé indique la
fonction décorative et non architectonique, peut-être à l'entrée du sanctuaire d'Astarté [143]. Il s'agit là de la plus ancienne trace de présence phénicienne à Gadès. L'implantation du culte d'Astarté remonterait donc à
une phase ancienne de la colonisation du site par les Phéniciens [144]. Il
paraît raisonnable de penser que Melqart y fut également associé.

11. Le culte de Milkashtart

Le culte de Milkashtart à Gadès est attesté par l'inscription du chaton
d'une bague en or, conservé au Musée de Madrid [145]. Elle est unanime-
ment datée du IIᵉ siècle av. J.-C. ; en voici le texte :

---

[138] PLINE, *HN* IV 120.

[139] AVIENUS, *Descriptio* 610-619 ; ID., *Ora maritima* 314-317.

[140] M. DELCOR, *L'inscription phénicienne de la statuette d'Astarté conservée à Séville*, dans *MUSJ*
45 (1969), p. 319-341 ; I. GAMER-WALLERT, *Ägyptische und ägyptisierende Funde von der iberischen Halbinsel*, Wiesbaden 1978, p. 90-92.

[141] Cf. E. LIPIŃSKI, *art. cit.* (n. 137), p. 110-117.

[142] Cf. *supra*, p. 159.

[143] E. LIPIŃSKI, *art. cit.* (n. 137), p. 84-85.

[144] Pour d'autres traces du culte d'Astarté, cf. un bronze publié par C. FERNÁNDEZ CHICAR-
ROS Y DE DIOS, *Bronce gaditano de tipologia de los del Berrueco, en el Museo arqueológico de Sevilla*,
dans *Symposium de arqueología romana (Segovia 1970)*, Barcelone 1977, p. 185-186. Cf. aussi A.
GARCÍA Y BELLIDO, *art. cit.* (n. 22), p. 145-146. Dans une inscription funéraire latine de Grenade,
deux personnes d'une même famille exercent l'une la prêtrise d'Hercule, l'autre, celle de Junon,
cf. A. D'ORS PÉREZ-PEIX, *Contribución a la epigrafía romana da Granada*, dans *Boletín de la Universidad da Granada* 75 (1944), p. 145-152.

[145] *KAI* 71 ; *ICO* Espagne 12. Cf. J.M. SOLÁ-SOLÉ, *La inscripcion púnica Hispania 10*, dans
Sefarad 21 (1961), p. 251-256 ; M. SZNYCER, *L'«Assemblée du peuple» dans les cités puniques d'après*

l'dn l'zz mlk'štrt w l'bdm l'm 'gdr

«*Au Seigneur, au Fort (de) Milkashtart et à (ses) serviteurs, au peuple de Gadès*»

L'objet aurait donc été à la fois propriété du sanctuaire et de la cité. Pour M. Sznycer en effet, ce n'est pas un véritable texte votif, mais plutôt une estampille officielle apposée sur l'objet pour permettre aux desservants du culte d'en disposer. Quoi qu'il en soit, l'intérêt majeur du document est la mention de Milkashtart, qualifié de «fort» ou, plus probablement, du Fort de Milkashtart. Pour des raisons grammaticales et historico-religieuses, il semble en effet que *'zz* ne soit pas une simple épithète de Milkashtart, mais une véritable hypostase, comme l'était à Oumm el-'Amed l'Ange de Milkashtart[146]. *'zz* est en effet un élément théophore connu dans l'onomastique phénico-punique[147]. Dans la Bible, *'zwz* est une épithète de Yahvé et aussi une de ses multiples hypostases, la personnalisation de sa puissance divine. Le *'zz 'l*, le «*Fort d'El*» est le chef des anges[148]. À Ougarit, déjà, *'z* est une appellation de Mot[149], une épithète ou une manifestation de Baal[150]. Dans la prière *KTU* 1.119, adressée à Baal par les habitants d'Ougarit aux abois, *Le Fort* pourrait apparaître comme une entité surhumaine autonome[151]. Le Fort de Milkashtart serait alors une manifestation hypostasiée de la puissance de Milkashtart, comme le *ml'k mlk'štrt* d'Oumm el-'Amed était son messager, son «homme à tout faire». E. Lipiński a du reste mis en évidence les similitudes de structure et de formulation entre l'inscription de Gadès et celle d'Oumm el-'Amed. Il est bien possible que cette dénomination de «*Fort de Milkashtart*» ait servi à désigner la statue de culte de Milkashtart, car c'est en elle que s'incarnait la force du dieu, que se manifestait sa puissance. Étant donné que, tant à

---

les témoignages épigraphiques, dans *Semitica* 25 (1975), p. 47-68 ; J.M. SOLÁ-SOLÉ, *A propósito de nuevas y viejas inscripciones fenopúnicas de la Península ibérica*, dans *Homenaje García y Bellido* I, Madrid 1976, p. 175-198 ; M.C. MARÍN CEBALLOS, *art. cit.* (n. 74), p. 217-231 ; E. LIPIŃSKI, *art. cit.* (n. 137), p. 93-100 ; M.J. FUENTES ESTAÑOL, *Corpus de las inscripciones fenicias de España*, dans *Los Fenicios* II, Barcelone 1986, p. 5-30, surtout p. 9. Une incertitude demeure sur le sens de la fin de l'inscription : «*au peuple de Gadès*» ou «*du peuple de Gadès*», ou encore «*selon (la loi) du peuple de Gadès*».

[146] Pour Milkashtart et son Ange à Oumm el-'Amed, cf. *supra*, p. 125-127.

[147] F.L. BENZ, *Personal Names in the Phoenician and Punic Inscriptions*, Rome 1972, p. 374-375. On notera que l'élément théophore *'z* ou *'zz* est notamment représenté en composition avec Melqart ou Milk, cf. Azemilkos, le roi de Tyr sous Alexandre le Grand, *'zmlqrt*. Cf. aussi Azizos à Édesse : P. LINANT DE BELLEFONDS, *Azizos*, dans *LIMC* III, 1986, p. 69-71.

[148] *Lév.* 16,8.10.26. Cf. Ch. FONTINOY, *Les noms du diable et leur étymologie*, dans *Orientalia J. Duchesne-Guillemin emerito oblata*, Leyde 1984, p. 157-170, surtout p. 163-164.

[149] F. SARACINO, *Ger. 9,20, un polmone ugaritico e la forza di Môt*, dans *AION* 44 (1984), p. 539-553 (=*KTU* 1.127 = *TRU*, p. 178-179).

[150] *KTU* 1.102:27 = *TRU*, p. 328.

[151] *KTU* 1.119:26 ss = *TRU*, p. 25-34.

Oumm el-'Amed qu'à Leptis Magna où nous l'avons rencontré, Milkashtart adopte l'apparence héracléenne, il se peut que la statue d'Héraclès que
montrent les monnaies soit le Fort de Milkashtart.

Cependant, une telle hypothèse nous renvoie à la question délicate des
rapports entre Melqart et Milkashtart. On notera évidemment qu'à Gadès,
les cultes de Melqart et d'Astarté semblent se côtoyer à nouveau, si du
moins Melqart, qu'aucun document ne nomme explicitement, a bien été
vénéré, parallèlement ou antérieurement à Milkashtart. Ce dernier ne
pourrait-il constituer, à l'époque où il est attesté, au IIe siècle av. J.-C.,
l'expression théocrasique de la constante association de Melqart et Astarté,
à un moment où la genèse du Milk d'Ashtarot échappait aux dévôts de
Gadès ? Le caractère officiel du document qui nous occupe est assez trou-
blant ; il montre que les prêtres eux-mêmes et la population phénico-
punique de Gadès comptaient Milkashtart au nombre de leurs dieux, peut-
être même le considéraient-ils comme leur dieu tutélaire, le fameux Héraclès gaditain, du moins au IIe siècle av. J.-C. Nous avons montré précédemment qu'une césure entre Milkashtart et Melqart sur la base d'un critère
tyrien-non tyrien ne résiste pas à l'examen. Peut-être faut-il songer à faire
davantage intervenir un élément diachronique et considérer qu'en raison de
l'évolution interne du panthéon phénicien, de ses tendances théocrasiques
à l'époque hellénistique, comme en témoigne l'existence de théonymes
doubles, s'est trouvé favorisé le remplacement de Melqart par Milkashtart.
Il est bon, en tout état de cause, de demeurer prudent sur l'identité du
grand dieu de Gadès. On serait curieux de pouvoir vérifier, par des documents nouveaux, l'ancienneté du culte de Milkashtart dans les milieux
phénico-puniques. N'oublions toutefois pas que la tradition classique faisait
venir les *sacra* gaditains du sanctuaire tyrien de Melqart.

12. Les données archéologiques

A. García y Bellido s'est très efficacement employé à démontrer que
l'Héracleion de Gadès s'élevait sur l'îlot actuel de Sancti Petri[152]. Divers
érudits avant lui l'avaient pressenti, notamment sur la base de découvertes
fortuites dans ces parages à la fin du XVIe siècle, alors que le temple était
déjà submergé. Aucune de ces trouvailles ne peut être rapportée avec certitude au culte de Melqart. On peut simplement signaler un lot de figurines
de bronze, conservées à Barcelone et provenant probablement, selon son
éditeur, de Gadès[153]. Plusieurs sont de type héracléen et l'homogénéité de
l'ensemble l'induit à penser qu'il s'agirait d'un lot d'ex-voto évacués dans

---

[152] A. García y Bellido, *art. cit.* (n. 22), p. 80 ss ; J.L. Escacena, *art. cit.* (n. 13).
[153] J. de C. Serra-Rafols, *Posibles bronces votivos del Herakleion de Cádiz*, dans *Actas del I
Congreso arqueológico del Marruecos español*, Tetouan 1954, p. 323-328.

une décharge. La tête héracléenne archaïque de l'île de Saltès (Huelva), au sud de Séville, ne se rattache pas plus à un sanctuaire précis[154].

Bref, l'archéologie gaditaine, qui a fait récemment des progrès importants dans le domaine de la topographie de la cité et de sa répartition sur les divers îlots, demeure largement tributaire des conditions de conservation très particulières de l'Héracleion[155]. Seule une exploration archéologique sous-marine systématique de la zone de Sancti Petri pourrait nous apprendre réellement ce que fut le sanctuaire, quand il fut bâti et selon quels modèles. Les découvertes récentes, depuis décembre 1984, de plusieurs statuettes sont très intéressantes[156]. Il s'agit de divinités du type «Smiting God», appartenant probablement à la première moitié du Ier millénaire av. J.-C., issues d'une décharge du sanctuaire sous-eau de Melqart. Certaines d'entre elles figurent peut-être le dieu lui-même et pourraient faire progresser notre connaissance de son iconographie.

13. La numismatique gaditaine

Vers 300 av. J.-C., Gadès inaugura un monnayage de bronze, influencé par la ligne artistique grecque, où figure, au droit, la tête d'Héraclès-Melqart de profil gauche avec la léonté[157] (fig. 14). Il est associé, au revers, à un ou deux poissons qui évoquent la fonction maritime de la cité. À travers les diverses séries du monnayage gaditain, jusqu'à l'époque impériale, le même type héracléen est reproduit, tantôt de profil, tantôt de face, avec le même revers ou un dauphin, voire parfois un trident. L'autre représentation attestée dans ce monnayage est celle du dieu Hélios. Il est intéressant de noter que le type monétaire héracléen inauguré par Gadès va ensuite être adopté par de multiples cités d'Espagne et du Portugal. Tout en témoignant de la diffusion du culte de Melqart-Héraclès, ces monnaies relèvent aussi, et peut-être davantage, d'un processus de mimétisme moné-

---

[154] J. GARRIDO - P.O. ORTA, *Hércules de la Isla Saltès (Huelva)*, dans *IX Congreso Nacional de Arqueología nacional*, Saragosse 1966, p. 255-256.

[155] C. PEMÁN, *El problema actual de la arqueología gaditana*, dans *AEA* 42 (1969), p. 20-25.

[156] Cf. *supra*, p. 214-215 et n. 77.

[157] A. VIVES Y ESCUDERO, *La moneda hispánica*, Madrid 1926 ; P. NASTER, *Fenicische en Punische munten*, dans *Phoenix* 21 (1975), p. 65-76 ; J. JUAN GRAU, *Las monedas de Gades del monetario de la Universidad de Valencia*, dans *Numisma* 28 (1978), p. 141-146 ; C. ALFARO ASINS, *Sistematización del antiguo numerario gaditano*, dans *Los Fenicios* II, Barcelone 1986, p. 121-138 ; L.I. MANFREDI, *Melqart e il tonno*, dans *Studi di egittologia e di antichità puniche* 1 (1987), p. 67-82, pour qui la présence de Melqart sur le monnayage gaditain suppose une «collusion» entre sanctuaire et cité pour les émissions monétaires, ce qui nous semble très hypothétique. On rétablira en outre (p. 67) Archaleus et non Archelaos, qui est fils de Phoinix et non d'Héraclès, dont il pourrait être au contraire une déformation. Réserves aussi sur le dauphin comme symbole de Melqart, sur l'appellation Reshef-Arshuf (p. 71) et sur une assimilation de Liber Pater et Héraclès (p. 79), deux dieux qui sont simplement associés à Leptis Magna.

taire. Certains types associent Héraclès à un symbolisme végétal ou astral qui pourrait révéler certaines facettes de la personnalité du dieu tyrien [158].

À l'époque impériale, Auguste le premier fit frapper des monnaies avec la façade du temple gaditain [159]. Tibère, dès avant son adoption, fut associé sur le monnayage gaditain à Hercule [160]. Né à Italica, non loin de Gadès, Trajan fut le grand promoteur du dieu de Gadès. Dès 98, il frappa des monnaies à l'effigie du buste d'Hercule, puis il y fit figurer la statue de culte d'un Hercule que l'on peut supposer gaditain [161]. À cette époque, Hercule faisait figure de bienfaiteur universel, de modèle de conduite pour l'empereur qui commença à s'identifier au héros, garant de la paix et de l'ordre cosmique [162].

Hadrien, de même origine, véhicula le même bagage culturel. Hercule figure logiquement sur ses monnaies, identifié par la légende *HERC GADIT* [163] et représenté dans son temple de Gadès, parfois tenant en main les pommes du Jardin des Hespérides, signe de la profonde assimilation entre le dieu phénicien et le héros gréco-romain. Après lui, Antonin le Pieux et Postumus conservèrent le type monétaire de l'Hercule gaditain [164].

B. La diffusion dans la Péninsule ibérique

1. Quelques témoignages isolés

Nous avons fait état précédemment de la diffusion du type monétaire d'Héraclès au IIe-Ier siècle av. J.-C. dans de multiples cités d'Espagne et des incertitudes quant à la portée cultuelle de ce phénomène. Pour A. García y Bellido, il n'est pas exclu que des syncrétismes se soient produits,

---

[158] L. VILLARONGA, *Sistematización del numerario ibérico II. Grupo centro catalán*, dans *Acta numismatica* 4 (1974), p. 15-63. Pour l'interprétation de cette symbolique associée à Melqart, M.-P. GARCÍA Y BELLIDO, *Iconographie sémitique sur des monnaies de la Bétique*, et F. CHAVES-TRISTAN - M.C. MARÍN CEBALLOS, *L'influence phénico-punique sur l'iconographie des frappes locales de la Péninsule ibérique*, à paraître dans *St.Phoen.* IX.

[159] A. VIVES Y ESCUDERO, *op. cit.* (n. 157), pl. 77, n°s 4-5.

[160] P.L. STRACK, *Untersuchungen zur römischen Reichsprägung des zweiten Jahrhunderts* I, Stuttgart 1931, p. 95, 217.

[161] *Ibid.*

[162] Une statue du Musée des Thermes montre Trajan avec le masque léonin. Cf. J. BEAUJEU, *La religion romaine à l'apogée de l'Empire* I, Paris 1955, p. 80-87 ; R. ETIENNE, *Le culte impérial dans la Péninsule ibérique, d'Auguste à Dioclétien*, Paris 1958, *passim* ; G.M. BOWERSOCK, *Greek Intellectuals and the Imperial Cult in the Second Century A.D.*, dans *Le culte des souverains dans l'Empire romain* (Entretiens sur l'Antiquité classique XIX), Genève 1972, p. 177-212.

[163] A. MAGNAGUTI, *Hadrianus in nummis*, dans *Numismatic Circular* 40 (1932), p. 162-168.

[164] A. GARCÍA Y BELLIDO, *art. cit.* (n. 22), p. 146.

entre le dieu de Gadès et un *numen* local. À **Sexi** (Almuñécar), où l'on trouve ce type monétaire, une inscription du VIIe siècle av. J.-C., peinte à l'encre noire sur une urne d'albâtre de la nécropole Laurita, atteste l'existence d'un anthroponyme théophore Ḥanni-Melqart[165]. Selon Timosthène, repris par Strabon, l'œciste de **Carteia** fut Héraclès, en souvenir de quoi la cité se nomma Héracléia[166]. Or l'étymologie phénicienne du toponyme semble probable, à tel point que l'on s'est demandé si l'élément *qrt* ne serait pas une abréviation du nom de *Mlqrt*, rendu en grec par Héracléia[167]. Deux inscriptions latines de Carteia mentionnent Hercule, dont une fait référence à un *sacerdos Herculis*[168].

Il existait aussi une île du nom d'**Héraclée**, en face de Carthagène[169] et, à hauteur du **Cap Sacré**, le point le plus occidental de l'Europe, trois îlots abritaient, selon Éphore, un sanctuaire d'Héraclès[170]. Artémidore, qui visita les lieux, prétend qu'en plusieurs endroits de ces îlots on rend un culte aux pierres, dans une atmosphère de crainte qui rappelle un peu le passage d'Avienus sur Gadès[171]. Dans son récit de la fondation de Gadès, Strabon donne comme terme de la deuxième expédition, car les Tyriens durent s'y reprendre à trois fois avant de trouver l'emplacement conforme à la volonté de l'oracle, une île située 1500 stades au delà du Détroit de Gibraltar, à hauteur de la ville d'Onoba, et consacrée à Héraclès[172]. Il pourrait s'agir de l'île de **Saltès** où fut exhumée une tête héracléenne de style archaïque[173].

Évidemment, l'épigraphie latine d'Espagne livre une multitude de mentions d'Hercule dont il est difficile de déterminer la nature exacte, en l'absence d'épiclèse, sauf dans un cas, à Carthagène, où il s'agit explicitement de l'Hercule gaditain[174]. Nous terminerons sur une statuette de

---

[165] E. LIPIŃSKI, *art. cit.* (n. 137), p. 126-129. Sur Sexi, cf. F. MOLINA FAJARDO, *Almuñécar, arqeologia e historia* I-III, Grenade 1983-1986 ; M. PELLICER CATALÁN, *Sexi fenicia y púnica*, dans *Los Fenicios* I, Barcelone 1986, p. 85-107. Pour les monnaies, L.I. MANFREDI, *art. cit.* (n. 157), p. 67-82.

[166] STRABON III 1,7. Sur les fouilles de Carteia, cf. M. PELLICER - L. MENANTEAU - P. ROUILLARD, *art. cit.* (n. 12), p. 217-252.

[167] A. DIETRICH, *Phönizische Ortsnamen in Spanien*, dans *Abhandlungen für die Kunde des Morgenlandes* 21 (1936), p. 16 ss ; J.M. MILLAS VALLICROSA, *Toponimía púnico-española*, dans *Sefarad* 1 (1941), p. 313-326. L'élément *Cart-* apparaît toutefois aussi dans des toponymes ibériques.

[168] *CIL* II 1927, 1929.

[169] STRABON III 4,6.

[170] STRABON III 1,4.

[171] AVIENUS, *Ora Maritima* 350 ss. On ne peut accomplir de sacrifices en cet endroit, ni s'y rendre de nuit. Cf. *supra*, p. 225.

[172] STRABON III 5,5.

[173] A. GARCÍA Y BELLIDO, *art. cit.* (n. 22), p. 136 ; J.P. GARRIDO - P.O. ORTA, *art. cit.* (n. 154), p. 255-256.

[174] *CIL* II 1303, 1304, 1436, 1568, 1660, 2058, 2814-2816, 3009, 3096, 3728, 4064, 5950, 6309. Carthagène : *CIL* II 3409.

bronze conservée au Musée de Séville et que F. Fernández Gómez identifie comme Melqart[175]. Elle représente un dieu debout, le bras gauche en avant, le droit levé à hauteur de la tête, la main un peu ouverte pour tenir une arme. Sur la tête, d'une grandeur disproportionnée par rapport au tronc, est posée une peau de lion qui couvre tout le corps et dont les oreilles se dressent au sommet de la tête, les pattes étant nouées sur le torse. Sa provenance est inconnue et sa datation problématique. F. Fernández Gómez propose le VIe siècle av. J.-C. et justifie son identification à Melqart par le port de la léonté et le prétendu syncrétisme entre Rashap et Melqart, car cette statuette emprunte une posture de «Smiting God» que l'auteur considère comme caractéristique de Rashap. Elle l'est certes en Égypte, mais pas au Proche-Orient où Baal emprunte également cette image. D'après A.M. Bisi, qui a eu l'amabilité de nous donner son avis sur cette pièce, il pourrait bien s'agir d'une pièce d'art indigène, ibérique, d'époque hellénistique, influencée, plutôt que par les lointains «Smiting Gods» syro-palestiniens du IIe millénaire, par la statuaire gréco-romaine. À l'iconographie d'Héraclès, elle aurait emprunté la léonté, mais sans que Melqart soit impliqué.

2. Le monnayage hispano-punique

La conquête de l'Espagne par les Barcides à partir de 237 av. J.-C. donna naissance à diverses séries monétaires frappées durant les deux décades qui ont précédé la deuxième Guerre Punique[176] (fig. 15). E.G.S. Robinson, puis L. Villaronga en ont proposé une typologie et une chronologie assez différentes. Or, plusieurs de ces séries présentent des portraits héracléens dont l'identification précise a opposé ces deux numismates. La question n'est pas sans implication pour notre thème.

Robinson pour sa part reconnaît dans les portraits figurant sur ces séries ceux des généraux barcides qui se paraient parfois des attributs héracléens, par référence à la dévotion particulière des Barcides à l'égard de Melqart. Villaronga quant à lui y voit plutôt Héraclès-Melqart lui-même. Selon le numismate, les variantes constatées dans la représentation d'Héra-

---

[175] F. FERNÁNDEZ GÓMEZ, *Un Melkart de bronce en el Museo arqueológico de Sevilla*, dans *Homenaje al Prof. M. Almagro Basch* II, Madrid 1983, p. 369-375.

[176] E.G.S. ROBINSON, *Punic Coins of Spain and their Bearing on the Roman Republic Series*, dans *Essays in Roman Coinage Presented to H. Mattingly*, Oxford 1956, p. 34-53 ; L. VILLARONGA, *Las monedas hispano-cartaginesas*, Barcelone 1973 ; P. MARCHETTI, *Histoire économique et monétaire de la deuxième Guerre Punique*, Bruxelles 1978 ; L. VILLARONGA, *Diez años de novedades en la numismática hispano-cartaginesa, 1973-1983*, dans *Studi di numismatica punica* (suppl. *RSF* 11 [1983]), p. 57-73 ; J.D. BRECKENRIDGE, *Hannibal as Alexander*, dans *Ancient World* 7 (1983), p. 111-128 ; E. ACQUARO, *Sui «ritratti barcidi» delle monete puniche*, dans *Rivista storica dell'antichità* 13-14 (1983-84), p. 83-86.

clès-Melqart seraient un reflet de la personnalité polymorphe du dieu de Gadès. Il est sans doute superflu de préciser qu'aucune marque épigraphique, aucune légende n'authentifie ces portraits comme étant ceux de tel ou tel dirigeant carthaginois [177]. Les comparaisons avec l'iconographie présumée d'Hannibal n'ont pas donné non plus de résultat tout à fait probant. En faveur de l'hypothèse des portraits jouent toutefois les traits sémitiques ou africains que l'on a cru percevoir dans ces portraits, ainsi que la fascination exercée sur Hannibal par le modèle alexandrin. La tendance actuelle est à souligner le réalisme, la différenciation des effigies et le parallèle avec les monnaies siculo-puniques qui plaident en faveur de l'interprétation de Robinson. Dans cette hypothèse, les monnaies hispano-puniques témoigneraient à la fois du rayonnement du culte gaditain de Melqart en Espagne et de son rôle de dieu «dynastique» à Carthage [178].

3. Les Colonnes d'Hercule

On a pu le constater jusqu'à présent : au départ de Gadès, le culte de Melqart connaît une remarquable diffusion dans toute la Péninsule Ibérique. Or, pour des raisons géographiques évidentes, il s'agit d'une zone commerciale de toute première importance. Rapidement, Grecs et Phéniciens s'y fréquentèrent, se concurrencèrent et cherchèrent vraisemblablement à asseoir leurs revendications territoriales. C'est très certainement dans cette logique-là qu'il faut comprendre, du moins en bonne partie [179], la localisation en Espagne de certains épisodes du cycle mythique d'Héraclès [180]. La notion de Colonnes d'Hercule y est rattachée. Pour s'emparer du troupeau de Géryon, Héraclès se rendit à Erytheia, une île fréquemment identifiée à Gadès, après avoir accompli en Afrique divers exploits [181]. À l'occasion de son passage par le sud de l'Espagne, il érigea deux stèles ou colonnes marquant le terme du monde [182]. En filigrane de ce récit, apparaît une certaine image de l'Espagne, univers fabuleux, aux marges du monde, habité de puissances chthoniennes et maléfiques dont il faut la purger : tel est le cadre dans lequel s'inscrit l'œuvre de colonisation

---

[177] À ce sujet, J.D. BRECKENRIDGE, art. cit. (n. 176), p. 116, n. 8.

[178] Sur le sens de «dynastique» et la royauté à Carthage, cf. supra, p. 174 n. 46.

[179] Il ne faut pas négliger les connotations solaires de l'Occident, très sensibles dans le parcours initiatique d'Héraclès cf. F. BADER, De la préhistoire à l'idéologie tripartie, dans R. BLOCH et alii, D'Héraklès à Poséidon. Mythologie et protohistoire, Genève 1985, p. 84 s.

[180] Cf. la thèse à paraître de C. JOURDAIN-ANNEQUIN, Héraclès en Occident. Mythe et histoire.

[181] PLINE, HN IV 120 ; DIODORE IV 17 ss ; STRABON III 5,4 ; APOLLODORE II 5,10.

[182] DIODORE III 55, 74 ; IV 17 ss ; STRABON III 5,5 ; PHILOSTRATE, Imagines II 33 ; APOLLODORE II 5,10. Cf. U. TÄCKHOLM, Tarsis, Tartessos und die Säulen des Herakles, dans Opuscula Romana 5 (1965), p. 143-200, surtout p. 180-200. D'autres piliers onté été, sans doute par extension du mythe, posés par Héraclès, cf. SERVIUS, ad Aen. IX 262 (dans le Pont) ; STRABON TIII 5,6 (en Inde) ; TACITE, Germanie 34 (au bord du Rhin).

et d'acculturation des Grecs [183]. Géryon fait figure de géant redoutable, lié à la terre, représentant du chaos face à Héraclès, garant de l'ordre cosmique des Olympiens et, de ce fait, pourvu de tous les droits. Les sources parlent d'ailleurs régulièrement d'une *expédition*, d'une *campagne* d'Héraclès en Espagne [184]. Les acteurs de ces événements sont fortement chargés : d'une part, les indigènes sauvages, à l'état de nature, de l'autre, les Grecs, nobles et désintéressés, vecteurs de civilisation.

L'image d'un Héraclès civilisateur, colonisateur, explorateur n'allait pourtant pas de soi, dans un monde grec nourri d'Homère pour qui le héros était avant tout un intrépide archer, un personnage à l'agressivité mal dominée. Nous reviendrons en détail sur l'œuvre de valorisation, de réhabilitation d'Héraclès au service de la colonisation grecque, dans laquelle Pindare, notamment, prit une part primordiale [185]. On ne s'étonnera en tout cas guère du fait que Géryon est quasi inexistant dans l'iconographie ibérique ou phénicienne, et jusque sur les portes du sanctuaire de Gadès [186]. Le rôle tenu par Melqart dans l'expansion phénicienne est probablement pour quelque chose dans le nouvel habit endossé par Héraclès. Si celui-ci a entrepris de concurrencer Melqart sur son propre terrain, à Gadès, où il ravit le bétail de Géryon, il a aussi tenté de s'approprier certains traits spécifiques de son culte et nous en venons aux stèles. Chez Pindare, les Colonnes d'Héraclès apparaissent pour la première fois, mais ne sont pas associées à l'accomplissement d'un Travail [187]. Il s'agit plutôt d'un voyage

---

[183] Fr. SBORDONE, *Il ciclo italico di Eracle*, dans *Athenaeum* 19 (1941), p. 72-96 ; J.H. CROON, *The Herdsman of the Dead*, Utrecht 1952, p. 13-66 ; G. PICCALUGA, *Herakles, Melqart, Hercules e la Penisola iberica*, dans *Minutal. Saggi di storia delle religioni*, Rome 1974, p. 111-131 ; W. BURKERT, *Le mythe de Géryon : perspectives préhistoriques et tradition rituelle*, dans *Il mito greco*, Rome 1977, p. 273-284 ; P. FABRE, *Les Grecs et la connaissance de l'Occident*, Lille 1981, p. 274-295 (pour une interprétation de la Géryonide comme la geste des colonisateurs grecs) ; J. REMESAL-RODRIGUEZ, *Imagen y función de Iberia en el Mediterraneo antiguo*, dans *ACFP 1*, vol. III, Rome 1983, p. 835-845 ; M. AMALGRO-GORBEA, *Colonizzazione e acculturazione nella Penisola Iberica*, dans *Modes de contacts et processus de transformations dans les sociétés antiques*, Pise-Rome 1983, p. 429-461 ; J.Mª. BLÁZQUEZ MARTÍNEZ, *Gerión y otros mitos griegos en Occidente*, dans *Gerión* 1 (1983), p. 21-38 ; A. BALLABRIGA, *op. cit.* (n. 111), *passim*.

[184] DIODORE IV 17 ss ; STRABON III 5,5. L'influence de la geste d'Alexandre est évidente dans la mutation du héros en stratège.

[185] R. DION, *Tartessos, l'Océan homérique et les travaux d'Hercule*, dans *Revue historique* 224 (1960), p. 27-44 ; ID., *Mythes au service de la Patrie : la promotion d'Hercule*, dans *Antiquités nationales et internationales* 3 (1962), p. 13-30 ; ID., *Aspects politiques de la géographie antique*, Paris 1977. Sur ce «bricolage» sur le mythe, cf. C. JOURDAIN-ANNEQUIN, *Héraclès en Occident. Mythe et histoire*, dans *DHA* 8 (1982), p. 227-282 et notre chapitre sur l'assimilation Melqart-Héraclès, *infra*, p. 399-416.

[186] J.Mª. BLÁZQUEZ MARTÍNEZ, *art. cit.* (n. 183), p. 21-38. L'hypothèse de R. RONSENSTINGL - E. SOLÁ, *El décimo trabajo de Hércules : un paleoperiplo por tierras hispánicas*, dans *Ampurias* 38-40 (1976-78), p. 543-543, selon laquelle le voyage d'Héraclès en Espagne serait le souvenir d'un itinéraire astronomique, lié à Melqart, n'a pas de fondement.

[187] *III Néméenne* 36 ; *IV Isthmique* 20.

de reconnaissance, d'une prise de possession des lieux. Sans doute est-ce dans un second temps que cette exploration fut rattachée au cycle des *erga*, via la localisation du troupeau de Géryon à Erytheia-Gadès. L'idée de marquer le terme d'une expédition par une ou plusieurs stèles n'est pas spécifiquement grecque. Les pharaons ou les dynastes orientaux, lors de campagnes militaires, recouraient au même procédé. Chez les Grecs, Dionysos aussi aurait dressé plusieurs stèles (στήλας δ' οὐκ ὀλίγας) [188]. Mais au delà d'une symbolique obvie, ce geste d'Héraclès s'inscrit dans une réalité bien précise, celle des deux stèles du sanctuaire gaditain de Melqart. Comme à Tyr, elles constituaient la marque distinctive du sanctuaire. Les Colonnes d'Héraclès sont donc leurs jumelles, leurs concurrentes grecques. Plusieurs auteurs classiques les situent significativement à Gadès même [189]. Strabon ajoute que c'est ce que croient les Ibères et les Libyens, certains même n'hésitant pas à les identifier aux stèles gaditaines [190].

En fait, la littérature gréco-latine est traversée d'hésitations et d'interrogations quant à la nature exacte et à la localisation de ces Colonnes d'Héraclès [191]. Pour les uns, il s'agit des deux montagnes qui encadrent le Détroit de Gibraltar [192] ; pour les autres, ce sont des îles situées dans la même zone [193] ; certains songent aux stèles de Gadès. Il est clair que les Monts Calpé et Abyla, selon l'orthographe la plus répandue, dominaient le relief du Détroit de Gibraltar et s'imposaient comme bornes symboliques du monde [194]. Cette interprétation a donc connu beaucoup de succès dans l'Antiquité, certains allant jusqu'à dire qu'Héraclès avait séparé en deux massifs une montagne qui n'en formait qu'une à l'origine [195].

---

[188] DIODORE III 74 ; LUCIEN, *Hist. vraie* I 7.

[189] ARRIEN II 16,4 ; APPIEN, *Hisp.* I 2 ; PHILOSTRATE, *Imag.* II 33 ; MARTIANUS CAPELLA VI 611 ; ISIDORE de Séville, *Étymol.* XIV 6,7.

[190] STRABON III 5,5.

[191] J. GAGÉ, *Gadès, l'Inde et les navigations atlantiques dans l'Antiquité*, dans *Revue historique* 205 (1951), p. 189-216 ; A. BALLABRIGA, *op. cit.* (n. 111), p. 75-95.

[192] POMPONIUS MELA I 27 ; CHARAX de Pergame 16 (=*FHG* III, p. 640).

[193] PS.-SCYMNOS 143-145.

[194] Cf. J.M. MILLAS VILLACROSA, *art. cit.* (n. 167), p. 313-326 ; C. PEMÁN, *Los topónimos antiguos del extremo sur de España*, dans *AEA* 26 (1953), p. 101-112. Ces noms semblent avoir une origine ibérique. Seuls AVIENUS, *Ora Maritima* 345-347 et STÉPH. BYZ. s.v. 'Αβίλη rattachent Abyla à une racine phénico-punique. Cf. S. RIBICHINI, *op. cit.*(n. 91), p. 117, n. 7, pour une étymologie possible par *'b(n)'l*, «pierre d'El». DENYS le Périégète, *Orbis descriptio* 336 (=*GGM* II, p. 122), appelle la borne européenne 'Αλύβη. Or, G. CAMASSA, *«Dov'è la fonte dell'argento». Strabone, Ilybe e Chalybes*, dans F. PRONTERA (éd.), *Strabone. Contributi allo studio della personalità e dell'opera*, Pérouse 1984, p. 157-186, a montré que l'aire de distribution de ce toponyme, en Anatolie, Espagne et Thrace, correspond aux principales sources d'approvisionnement métallurgique et l'on connaît l'attrait des Phéniciens pour les métaux. Quant à F. BENET, *La columna de Hercules en Libia*, dans *Bulletin d'archéologie marocaine* 16 (1985-86), p. 409-419, il suppose que les traces de culte musulman sur le Mont Abyla pourraient recouvrir un culte chrétien, lui-même postérieur à un sanctuaire païen, peut-être de Melqart !

[195] POMPONIUS MELA I 27.

Il est par ailleurs vraisemblable qu'à Gadès même, en raison de la position de la cité, au terme ou au début des grandes navigations méditerranéennes et atlantiques, les stèles de Melqart aient fini par baliser les itinéraires maritimes [196]. Comme Calpé et Abyla, Lixus et Gadès formaient deux points de repère naturels du culte de Melqart. La géographie de la présence phénicienne en Occident avait donc dessiné, sans intention préconçue, des «Colonnes de Melqart» que les Grecs tentèrent, à leur façon, de renverser [197].

C. Ibiza

1. Les Phéniciens à Ibiza

On admet généralement qu'Ibiza est une colonie des Phéniciens d'Occident. Diodore fait remonter sa fondation par les Carthaginois à 654/3 av. J.-C., soit 160 ans après la fondation de Carthage [198]. Il est malaisé d'évaluer le crédit à accorder à un tel renseignement [199]. Les études récentes sur le sujet tendent à montrer que la chronologie de Diodore trouve confirmation par l'archéologie, mais les opinions divergent sur l'origine ibérique ou carthaginoise des colons [200]. Tite-Live fait en outre écho à une tradition selon laquelle les Baléares tiraient leur nom d'un certain Babius, compagnon d'Hercule demeuré dans l'archipel tandis que le héros poursuivait sa route vers le royaume de Géryon [201].

2. La grotte d'Es Cuyeram

Au nord-est de l'île, dans une zone d'accès difficile, près du sommet d'une colline, fut découverte en 1907 une grotte qui livra, au cours d'explorations successives, un important matériel votif et une double inscrip-

---

[196] PLINE, *HN* II 167 présente en effet Gadès de cette façon. Que l'on songe aussi au fait qu'Hannibal entame là sa campagne contre l'Italie, décalque du périple d'Héraclès dans ces régions.

[197] Cette hypothèse est défendue par G.M. TURNQUIST, *The Pillars of Hercules Revisited*, dans *BASOR* 216 (1974), p. 13-15.

[198] DIODORE V 16 ; G. BUNNENS, *op. cit.* (n. 1), p. 304, juge suspect ce chiffre rond, mais le considère comme acceptable en tant qu'approximation.

[199] A.M. BISI, *art. cit.* (n. 3), p. 105.

[200] J. RAMÓN, *Sobre els orígens de la colonia fenicia d'Eivissa*, dans *Eivissa* 12 (1981), p. 24-31. STRABON II 5,1 et 30, ainsi que SILIUS ITALICUS III 362, qualifie Ibiza de phénicienne, mais les sources classiques emploient parfois «phénicien» et «carthaginois» indistinctement. Cf. H. SCHUBART, *Phönizische Niederlassungen an der Iberischen Südküste*, dans *Phönizier im Westen*, Mainz am Rhein 1982, p. 207-234, surtout la discussion p. 233 ; M. CAMPO, *Las relaciones de Ebusus con el exterior a través de los hallazgos monetarios (siglos III-I A.C.)*, dans *ACFP 1*, vol. I, Rome 1983, p. 145-146 ; C. GOMEZ BELLARD, *L'île d'Ibiza dans le commerce en Méditerranée occidentale à l'époque archaïque : quelques données nouvelles*, à paraître dans *St.Phoen.* IX.

[201] TITE-LIVE, *Epit. Libri* LX.

tion punique[202]. La représentation qui domine est celle d'une divinité féminine, portant le kalathos[203], que l'on aurait honoré dans ce sanctuaire, particulièrement aux IIIᵉ et IIᵉ siècles av. J.-C., comme l'indique la céramique. Quelques objets permettent cependant d'étendre la période d'utilisation de cette grotte du IVᵉ siècle av. J.-C. au IIIᵉ siècle ap. J.-C. Seul un fragment de vase, aujourd'hui perdu, portait une figuration masculine dont l'identification à Héraclès est, à notre sens, fort dépendante du contenu des inscriptions[204].

On découvrit en effet, en 1923, à l'entrée de la grotte, une plaquette de bronze percée de deux trous et gravée au recto comme au verso[205]. Le texte punique le plus ancien date de la fin du Vᵉ ou du début du IVᵉ siècle av. J.-C. On y lisait traditionnellement une dédicace à 'ršp mlqrt, un théonyme double formé de Rashap et de Melqart. Nous avons précédemment exclu l'existence de ce théonyme double sur un sceau de Tyr. Or, il semble bien qu'il faille à nouveau, dans ce cas-ci, le rejeter. E. Lipiński, qui a réexaminé le document[206], est catégorique à ce sujet : l'inscription ne porte pas 'ršp mlqrt, mais 'rš bny qrt, c'est-à-dire une adresse à «Eresh, bâtisseur de la cité». Eresh est attesté, comme théonyme ou comme élément théophore dans l'onomastique, dès les documents d'Alalakh au XVIIᵉ siècle av. J.-C., puis à Ougarit. On le retrouve ensuite dans l'onomastique carthaginoise, dans plus de 30 noms, d'où il aurait pu parvenir à Ibiza. Or, il existe à Ibiza une cité du nom d'Eresos[207], dont Diodore fait une colonie des Carthaginois. Eresh en serait donc l'éponyme, le fondateur mythique.

---

[202] M.E. AUBET, *La Cueva d'Es Cuyram (Ibiza)*, dans *Pyrenae* 4 (1969), p. 1-66 ; EAD., *El santuario de Es Cuieram*, Eivissa 1982 ; J. RAMÓN, *Es Cuyeram 1907-1982 : 75 años de investigación*, Ibiza 1982.

[203] M.E. Aubet a identifié 26 types différents de déesse au kalathos à Es Cuyeram. Pour un complément, cf. M. PILAR SAN NICOLÁS PEDRAZ, *Nota sobre la tipología del santuario de Es Cuieram (Ibiza)*, dans *AEA* 56 (1983), p. 239-241.

[204] Nous allons voir en effet que l'on a longtemps cru que Melqart figurait dans une inscription.

[205] *KAI* 72 = *ICO*, Espagne 10. Cf. J.M. SOLÁ-SOLÉ, *La plaquette en bronze d'Ibiza*, dans *Semitica* 4 (1951-52), p. 25-31 ; ID., *Miscelánea púnico-hispana I*, dans *Sefarad* 16 (1956), p. 325-355 ; J. FERRON, *Las inscripciones votivas de la plaqueta de «Es Cuyram» (Ibiza)*, dans *Trabajos de Prehistoria* 26 (1969), p. 295-304 ; J. TEIXIDOR, *BÉS*, dans *Syria* 50 (1973), p. 427, n°138 ; J.M. SOLÁ-SOLÉ, *art. cit.* (n. 145), p. 175-198 ; M. DELCOR, *La Grotte d'Es Cuyram à Ibiza et le problème de ses inscriptions votives en punique*, dans *Semitica* 28 (1978), p. 27-51 ; M.C. MARÍN CEBALLOS, *Ibiza, encrucijada mediterranea. El panteón cartaginés*, dans *Actes du 3ᵉ Congrès International d'Étude des Cultures de la Méditerranée occidentale* II, Djerba 1981, p. 103-121 ; E. LIPIŃSKI, *Notes d'épigraphie phénicienne et punique 9. La plaquette de la grotte d'Es Cuyram*, dans *OLP* 14 (1983), p. 154-159 ; M. FUENTES ESTAÑOL, *art. cit.* (n. 145), p. 12 ; EAD., *Corpus de las inscripciones fenicias, punicas y neopunicas de España*, Barcelone 1986, n°7.15, avec une bonne photo.

[206] Cf. E. LIPIŃSKI, *art. cit.* (n. 205), p. 154-159.

[207] DIODORE V 16,2.

Cette première inscription n'aurait alors aucun rapport avec le sanctuaire rupestre d'Es Cuyeram. Elle proviendrait originellement d'Eresos, mais aurait fait l'objet d'un remploi au IIᵉ siècle av. J.-C. à Es Cuyeram.

La seconde inscription consiste en effet en une autre dédicace *lrbbtn ltnt 'drt whgd*, soit «*à Notre Dame, à Tanit puissante et Bonne Fortune*». La déesse d'Es Cuyeram est donc Tanit, ce qui s'accorde parfaitement avec l'iconographie conservée [208]. Outre sa qualification de «*puissante*», le texte lui accole le titre de *gd*, qu'il faut très probablement comprendre comme une apposition à Tanit et non comme une entité divine autonome [209]. Ceci renforce l'hypothèse de l'identification du δαίμων Καρχηδονίων dans le serment d'Hannibal à Tanit. Diverses hypothèses ont été émises sur le lien qui aurait pu exister entre les deux faces de la lamelle, donc, indirectement, entre Rashap-Melqart et Tanit. De même, on a cherché divers moyens pour rendre compte de l'association cultuelle de Rashap et Melqart, sans vraiment parvenir à une explication satisfaisante [210]. Le nouveau déchiffrement de la première inscription pose naturellement le problème en des termes radicalement différents, dans lesquels Melqart n'a plus de place. Seule Tanit Bonne Fortune était l'objet de la dévotion des habitants de l'île.

3. L'onomastique

Quelques lignes seulement pour signaler la découverte récente, dans la nécropole de Can Berri den Sergent, à Ibiza, d'un hypogée contenant plusieurs objets, dont un askos zoomorphe représentant un oiseau [211], portant sur le flanc droit, à l'intérieur d'une cartouche ovale, une inscription peinte en rouge, répartie sur deux lignes, qui désigne le possesseur de l'objet, accompagné du début de son patronyme ou d'un titre, comme *'bdmlqr/t gr[..* L'inscription et le reste du matériel funéraire plaident en faveur d'une datation aux Vᵉ-IVᵉ siècles av. J.-C.

---

[208] Selon M.E. Aubet, *op. cit.* (n. 202), les images de Déméter, découvertes au même endroit, ne seraient pas la preuve d'un syncrétisme avec Tanit, mais s'expliqueraient par le succès des modèles de coroplasthie grecque et siciliote.

[209] F.O. Hvidberg-Hansen, *La déesse TNT*, Copenhague 1979, p. 52-54 ; Sur le *gd*, cf. G. Garbini, *Note di epigrafia punica*, dans *RSO* 40 (1965), p. 212-213 ; M.L. Barré, *The God-List in the Treaty between Hannibal and Philip V of Macedonia*, Baltimore 1983, p. 65-66.

[210] Cf. D. Conrad, *Der Gott Reschef*, dans *ZAW* 83 (1971), p. 157-183 ; W. Fulco, *The Canaanite God Rešef*, New Haven 1976 ; M. Fernández Miranda, *Rešef en Ibiza*, dans *Homenaje Almagro Basch* II, Madrid 1983, p. 359-368.

[211] J.M. Fernández Gómez - M.J. Fuentes Estañol, *Una sepultura conteniendo un askos con inscripción púnica*, dans *AO* 1 (1983), p. 179-192 ; J.H. Fernández, *Askos zoomorphe*, dans *Les Phéniciens et le monde méditerranéen. Catalogue de l'exposition de Bruxelles*, Bruxelles 1986, p. 188, n°184 ; M.J. Fuentes Estañol, *art. cit.* (n. 145), p. 14, pour une liste des noms propres à Ibiza au IIᵉ siècle av. J.-C.

4. Les terres cuites

L'art punique d'Ibiza est particulièrement fameux pour ses terres cuites[212]. Nous avons fait état précédemment de figurines de terre cuite représentant un dieu assis sur un trône et arborant une hache fenestrée ; on en trouve à Ibiza, à Carthage et en divers points de la côte africaine[213]. Les moules, dans lesquels les pièces ibicènes ont été exécutées, sont identiques à ceux de Carthage. Leur identification à Melqart, ainsi que l'a proposé W. Culican, s'appuie pour l'essentiel sur un parallèle avec la stèle d'Alep où Melqart porte une hache fenestrée. Mais la position assise et la différenciation des types (barbu ou imberbe, dans un trône phénicien ou hellénisant) sont des indices qui nous invitent à la prudence. Baal Hammon est en effet souvent représenté assis et il se pourrait bien que ces figurines servent à figurer plus d'une divinité. Il faut dire que W. Culican faisait également valoir l'existence de scarabées avec des figurations comparables provenant notamment des fouilles d'Ibiza.

5. Les scarabées (fig. 16)

Relevons pour commencer un scarabée représentant un «Smiting God» brandissant une hache fenestrée au-dessus de son ennemi, que son vêtement permet d'identifier comme un Sémite, à moins qu'il ne s'agisse, selon une récente interprétation d'E. Gubel, d'un ennemi ichtymorphe[214]. De toute évidence, le gestuel est emprunté au motif égyptien du pharaon conquérant. W. Culican y avait, dans un premier temps, reconnu Melqart, mais il s'est avéré ensuite que le dieu avait une tête de taureau et donc se rattachait à toute une tradition de «Baal bull», bien documentée sur les sceaux de Sardaigne et dont les origines sont à rechercher dans la Syrie de l'Âge du Bronze[215]. Un second scarabée est beaucoup plus proche de l'image de Melqart sur la stèle d'Alep et sur le rasoir carthaginois examinés précédemment : station debout, même coiffe, hache fenestrée sur l'épaule gauche, longue tunique fendue[216]. Cette fois, il fait face à un autel à encens, un disque solaire ailé surplombant la scène. L'objet est daté de

---

[212] M. TARADELL, *Terracotas púnicas de Ibiza*, Barcelone 1974 ; M.J. ALMAGRO, *Corpus de las terracotas de Ibiza*, Madrid 1980 ; A.M. BISI, *La coroplastica fenicia d'Occidente (con particolare riguardo a quella ibicena)*, dans *Los Fenicios* I, Barcelone 1986, p. 285-294.

[213] W. CULICAN, *Melqart Representations on Phoenician Seals*, dans *Abr Nahrain* 2 (1960-61), p. 41-54 ; A.M. BISI, *Sull'iconografia di due terrecotte puniche di Ibiza*, dans *SM* 7 (1975), p. 19-40. Cf. *supra*, p. 184-185.

[214] E. GUBEL, *The Iconography of the Ibiza Gem MAI 3650 reconsidered*, dans *Los Fenicios* II, Barcelone 1986, p. 111-118.

[215] W. CULICAN, *Baal on an Ibiza Gem*, dans *RSF* 4 (1976), p. 57-68.

[216] W. CULICAN, *art. cit.* (n. 213), fig 1 *b* ; J.H. FERNÁNDEZ - J. PADRÓ, *Escarabeos del Museo arqueológico de Ibiza*, Madrid 1982, p. 118, n°42.

550-450 av. J.-C. On ne peut assurer qu'il représente bel et bien le dieu de Tyr, mais il faut constater ses indéniables affinités avec la stèle d'Alep, où le dieu est formellement identifié comme Melqart.

À côté de cela, et tout comme à Carthage, nous sommes confrontée à une iconographie héracléenne traditionnelle [217]. La position d'archer d'Héraclès, connue certes dès Homère, mais attestée à Kition et Thasos, ou la présence, dans les mains du héros, de lions tenus par la queue renvoient à des prototypes proche-orientaux, donc, au-delà d'Héraclès, peut-être à Melqart. On trouve du reste diverses léontomachies où intervient tantôt Héraclès, tantôt Bès avec sa couronne à plumes, comme sur le monnayage d'Ibiza [218], tantôt un personnage vêtu à l'assyrienne, portant la coiffe du monarque perse [219]. Sur un autre scarabée, du Ve-IVe siècle av. J.-C., on voit un dieu portant une courte tunique et une tiare conique, tenant une lance et un bouclier à protomé léonine dans la main droite, une double hache dans la gauche [220]. Il rappelle nettement le personnage figuré sur le sceau d'Akko et sur une bague carthaginoise. Certains spécialistes ont suggéré le nom de Melqart, assimilé à Nergal, mais nous avons vu que l'hypothèse d'un tel syncrétisme reste fragile. Le dieu ainsi représenté demeure donc énigmatique : peut-être s'agit-il en effet de Nergal comme tel, adopté par les Phéniciens [221]. La même incertitude demeure sur l'identité du dieu marin, affublé d'un trident, en compagnie d'un dauphin, et qui trouve des parallèles en Espagne, en Sardaigne et à Utique [222]. Les fonctions de Melqart dans le domaine de la navigation ne font pas de doute, mais on ignore jusqu'à quel point elles ont pu remodeler son iconographie.

6. Un chaton de bague

Conservé à Madrid, ce chaton de bague proviendrait sans doute d'Ibiza, selon J. Ferron [223]. Il présente le portrait d'un homme de profil dont la chevelure et la barbe sont formées par le corps et l'aile d'un cygne, tandis que dans son cou est logé un dauphin. On y lit une inscription du IIIe-IIe siècle av. J.-C. : *l'dnb'l* ou *l'dlb'l*. J. Ferron considère qu'il s'agit là

---

[217] J.H. FERNÁNDEZ - J. PADRÓ, *op. cit.* (n. 216), p. 149-154, n°s 53-54.

[218] M. CAMPO, *Las monedas de Ebusus*, Barcelone 1976.

[219] J.Mª. BLÁZQUEZ, *Escarabeos de Ibiza (Baleares)*, dans *Hommages à Fernand Benoît*, Bordighera 1972, p. 326-344 ; cf. A.M. BISI, *Da Bes a Herakles*, dans *RSF* 8 (1980), p. 19-42.

[220] J.H. FERNÁNDEZ - J. PADRÓ, *op. cit.* (n. 216), p. 127, n°44.

[221] Cf. *supra*, p. 128, 148-149.

[222] J.H. FERNÁNDEZ - J. PADRÓ, *op. cit.* (n. 216), p. 146-149, n°52, p. 207, n°80. Le dieu anguipède, identifié ici comme Yam (?), devait exercer des fonctions similaires (*ibid.*, p. 160, n°59).

[223] J. FERRON, *Chaton de bague punique*, dans *Le Muséon* 84 (1971), p. 537-552. Nous nous démarquons en tout cas de l'auteur lorsqu'il affirme qu'à Carthage Baal Ḥammon était identifié à Melqart (p. 552) : cela n'a aucun fondement. Pour l'inscription, cf. *ICO*, Espagne 7.

du nom de la divinité représentée, le «*Seigneur Baal*», en l'occurrence Baal Ḥammon ou Melqart. En faveur du second, il cite un parallèle avec une empreinte de sceau en argile découverte à Sélinonte dans les fouilles du temple C, sans doute dédié à Héraclès. Ainsi que nous le verrons, on y a en effet découvert plusieurs centaines de sceaux de cette sorte, dont une majorité comporte des motifs héracléens. Il pourrait s'agir du sceau officiel des archives sacrées, à l'effigie du dieu, ou du sceau de la cité qui frappait en effet ses monnaies à l'effigie d'Héraclès. Cependant, il n'est pas assuré que le dieu de Sélinonte ait été assimilé à Melqart [224]. On notera surtout qu'ici l'inscription est sans aucun doute la marque de possession de l'objet, «*qui appartient à* 'dnb'l» et non un théonyme.

---

[224] Cf. *infra*, notre chapitre sur la Sicile, p. 277-278.

Chapitre VI :
La péninsule italique et les îles environnantes

A. Malte

1. Les Phéniciens à Malte

Si nous entamons ce sixième chapitre par les îles, Malte dans un premier temps, puis la Sardaigne et la Sicile, c'est que la présence phénicienne y est plus évidente que dans la Péninsule italique. Nous laissons donc pour plus tard les cas problématiques de Pyrgi et de Rome. La situation très favorable de Malte en Méditerranée a naturellement attiré les Phéniciens dans ces parages[1]. Diodore fait référence à leur présence, tandis que le pseudo-Scylax et Stéphane de Byzance qualifient plutôt l'île de «*carthaginoise*», commettant probablement une confusion de termes assez fréquente[2]. Le nom grec de Malte, Μελίτη, a été rattaché à une racine sémitique *Mlṭ*, désignant un «*refuge*», qui trouve un écho dans la qualification de χαταφυγή attribuée à l'île par Diodore. De même, l'îlot voisin de Γαῦλος, Gozo, pourrait tirer son nom du sémitique *Gwl*, qui désigne un bateau marchand phénicien[3].

L'archéologie permet, dans une bonne mesure, de préciser la chronologie et la géographie des établissements phéniciens de Malte, une région qui présente la particularité de connaître des traditions préhistoriques fort vivaces. Les premières traces de Phéniciens correspondent aux VIIIe-VIIe siècles av. J.-C. Géographiquement, elles touchent en premier lieu, non pas

---

[1] A. CIASCA, *Ricerche puniche a Malta*, dans *Ricerche puniche nel Mediterraneo centrale*, Rome 1970, p. 91-109 ; EAD., *Malta*, dans *L'espansione fenicia nel Mediterraneo*, Rome 1971, p. 63-75 ; M. SZNYCER, *Antiquités et épigraphie nord-sémitiques*, dans *AEPHE* 1973, p. 145-161 ; 1974, p. 131-153 ; 1975, p. 191-208 ; G. BUNNENS, *L'expansion phénicienne en Méditerranée*, Bruxelles 1979, *passim* ; A. CIASCA, *Insediamenti e cultura dei Fenici a Malta*, dans *Phönizier im Westen*, Mainz am Rhein 1982, p. 133-154 ; S.F. BONDÌ, *L'espansione fenicia in Italia*, dans *Fenici e Arabi nel Mediterraneo*, Rome 1983, p. 84-92 ; S. MOSCATI, *Italia punica*, Milan 1986, p. 329-339.

[2] DIODORE V 12,3-4. Pour Malte «carthaginoise», PS. SCYLAX 111 (=*GGM* I, p. 89-91) ; STEPH. BYZ. s.v. Μελίτη. Sur la confusion entre Phéniciens et Puniques dans les sources classiques, cf. G. BUNNENS, *La distinction entre Phéniciens et Puniques chez les auteurs classiques*, dans *ACFP 1*, vol. I, Rome 1983, p. 233-238.

[3] M. SZNYCER, *art. cit.* (n. 2-1973), p. 145-161. Il existe sur certaines monnaies d'attribution maltaise incertaine, une légende 'NN. C. GROTTANELLI, *Astarte-Matuta e Tinnit-Fortuna*, dans *VO* 5 (1982), p. 103-116, estime que *'nn* pourrait être une épithète ethnique d'Astarté, «*la Maltaise*».

la côte maltaise, comme on aurait pu s'y attendre, mais au contraire l'intérieur des terres, à savoir la région de Rabat, Mtarfa et Dingli, les points les plus élevés de Malte. À Gozo, on observe le même phénomène. Ce noyau primitif continental fut complété par la zone portuaire de Marsaxlokk et l'aire sacrée voisine de Tas-Silġ où les Phéniciens s'approprièrent un important centre religieux bâti à l'époque néolithique. Dans le même temps, les Phéniciens ont sans doute créé des établissements nouveaux, mais on est mal renseigné à leur sujet.

Le caractère insolite du premier peuplement phénicien de Malte et la spécificité du *facies* maltais, peu ouvert sur l'extérieur, restant à l'écart des courants commerciaux bien présents en revanche à Carthage et Mozia (Sicile), posent naturellement la question de la fonction de Malte dans l'«empire colonial» phénico-punique. La vocation maritime, pourtant inscrite dans la géographie, ne s'impose pas dans les faits, de sorte que l'on a songé à privilégier le rôle de Malte comme centre religieux [4]. Il sera dès lors intéressant de vérifier la place que pouvait y occuper Melqart.

2. Les cippes bilingues

La principale trace du culte de Melqart est la double inscription bilingue phénicienne et grecque qui fut à l'origine du déchiffrement du phénicien par l'abbé J.-J. Barthélemy [5] (fig. 17). La tradition situe sa découverte en 1694 à Marsaxlokk, mais M. Sznycer a récemment démontré qu'elle était connue dès 1647-1655 et que l'on ignore sa provenance exacte [6]. Il semble que ce soit un passage de Ptolémée qui ait incité le *CIG* à proposer Marsaxlokk, indication reprise par le *CIS*. Le géographe mentionne en effet dans sa description de Malte un sanctuaire d'Héra et un autre d'Héraclès [7]. Or, le premier est certainement le sanctuaire de Tas-Silġ, sur lequel nous reviendrons ; la localisation du second est incertaine. On possède à ce sujet un autre témoignage, celui d'un moine français, Jean Quintin qui séjourna à Malte de 1530 à 1536 et publia à Lyon une *Insulae Melitae Descriptio* [8]. Il y évoque les ruines des deux temples et situe celles du

---

[4] S. MOSCATI, *Sicilia e Malta nell'età fenicio-punica*, dans *Kokalos* 22-23 (1976-77), p. 147-161 ; G. BUNNENS, *op. cit.* (n.1), p. 378-380 ; W. CULICAN, intervention à la communication d'A. CIASCA, *art. cit.* (n. 1-1982). La prééminence d'Astarté et non de Tanit pourrait être une marque de différenciation par rapport au monde punique.

[5] *CIS* I 122 et 122 *bis* ; *KAI* 47 ; *ICO*, Malte 1-1 *bis*. Pour le grec, *IG* XIV 600.

[6] M. SZNYCER, *art. cit.* (n. 2-1975), p. 191-208, a longuement étudié ce document et son histoire. Pour les différences de disposition des textes sur les deux cippes, cf. *ICO*, Malte 1-1 *bis*.

[7] PTOLÉMÉE IV 3,13.

[8] H.C.R. VELLA, *Quintinus (1536) and the Temples of Juno and Hercules in Malta*, dans *Athenaeum* 60 (1982), p. 272-276 ; A. BONANNO, *Quintinus and the Location of the Temple of Hercules at Marsaxlokk*, dans *Melita historica* 8/3 (1982), p. 190-204.

temple de Junon à Vittoriosa (Fort Sant'Angelo), dans l'est de l'île, et non
à Tas-Silġ, tandis qu'il localise celles du temple d'Hercule précisément à
cet endroit. Il n'est donc pas impossible que Quintin ait commis une erreur
sur la situation du temple de Junon seul, et que, dès lors, Hercule et Junon
aient été honorés ensemble à Tas-Silġ, à moins qu'il n'ait inversé les lieux
de culte, auquel cas Hercule aurait été vénéré à Vittoriosa.

La double inscription figure sur deux cippes de marbre, au premier
coup d'œil pareils, hauts d'un bon mètre et conservés, l'un à La Valette,
l'autre au Louvre. La paléographie grecque et phénicienne — car il ne
s'agit pas d'une inscription punique — s'accordent pour dater ces dédicaces
du IIᵉ siècle av. J.-C. En voici le texte :

> l'dnn lmlqrt bʿl ṣr 'š ndr
> ʿbdk ʿbd'sr w'ḥy 'sršmr
> šn bn 'sršmr bn ʿbd'sr k šmʿ
> qlm ybrkm

> «À notre Seigneur, à Melqart, Baal de Tyr : (c'est ce) qu'ont voué
> Ton serviteur ʿbd'sr et son frère 'sršmr
> Les deux fils de 'sršmr, fils de ʿbd'sr parce qu'il a entendu
> Leur voix. Qu'il les bénisse !»

> Διονύσιος καὶ Σαραπίων οἱ
> Σαραπίωνος Τύριοι
> Ἡρακλεῖ Ἀρχηγέτει

> «Dionysios et Sérapion, les (fils)
> de Sérapion, Tyriens ;
> à Héraclès Archégète.»

De prime abord, on est frappé par la différence de formulation entre
les deux dédicaces. Or, à y bien regarder, il en va de même pour la gravure, réalisée sans doute sur l'un, puis quelques années plus tard sur l'autre cippe, pour les supports : la décoration, certains détails d'exécution et
les différences dans la gravure des textes indiquent que les deux cippes
sont l'œuvre de deux artisans différents et le texte, de deux scribes. Le destinataire de la dédicace est Melqart-Héraclès, selon une assimilation désormais tout à fait consommée en ce IIᵉ siècle av. J.-C. Dans le texte phénicien, il est «Baal de Tyr», ce qui est rendu en grec par «Archégète». Or,
dans une inscription de Délos datant de 153/2 av. J.-C. et émanant de la
corporation des Héracléistes de Tyr, leur dieu national porte la même
épiclèse[9]. Il s'agit d'une appellation réservée aux héros fondateurs ou
éponymes, liés à l'institution royale, protecteurs de la cité ou ancêtres

---

[9] ID 1519. On peut noter que Dion Chrysostome, Orationes XXXIII 47 désigne l'Héraclès
de Tarse comme l'ἀρχηγός. Cf. infra, pour Délos, p. 371-375 et supra, pour Tarse, p. 153-155.

présumés [10]. Ce terme reflète donc fidèlement ce que nous savons de la physionomie de Melqart à Tyr.

Les dédicants sont deux frères, identifiés dans l'inscription phénicienne par leur nom, leur patronyme et leur paponyme, alors que dans la dédicace grecque seul le patronyme est mentionné, assorti de l'ethnique *«Tyriens»*. Les anthroponymes en question sont tous formés sur Osiris, interprété de fait en grec tantôt comme Dionysos, tantôt comme Sérapis [11]. Peut-être la dévotion dont témoignent ces personnes à l'égard de Melqart n'est-elle pas étrangère à leur relation avec Osiris, étant donné les affinités qui existent entre les deux divinités [12]. La nécessité d'expliciter, dans le texte grec, l'origine tyrienne des dédicants, se justifie par le fait que l'épithète de Melqart, Baal de Tyr, est rendue en grec par une épiclèse fonctionnelle, très adaptée, mais dépourvue de référence ethnique. M. Sznycer a cependant contesté la valeur de cette information ; à ses yeux, le terme *«Tyriens»* aurait le sens de *«Phéniciens»*, pour des habitants de Malte qui, en cette époque tardive, se souvenaient approximativement de leurs racines levantines. Mais une telle interprétation ne nous semble pas aller de soi. Melqart est en effet le dieu tyrien par excellence et c'est comme tel que les deux frères l'honorent. Même le terme grec d'*archégète* n'a de sens que pour des gens conscients de partager avec le dieu une communauté d'origine. Que l'origine tyrienne des dédicants soit lointaine, remonte à plusieurs générations est fort possible, mais elle ne peut être gommée ou réinterprétée. Par ailleurs, la symbolique des deux cippes nous renvoie à nouveau vers Tyr. On a en effet très rapidement pensé à rapprocher les deux cippes inscrits des stèles du sanctuaire tyrien de Melqart, auxquelles nous avons déjà trouvé un écho à Gadès. M. Sznycer a pourtant rejeté ce parallèle en invoquant le fait que les stèles tyriennes sont anépigraphes. C'est vrai, mais leurs répliques gaditaines, elles, portent des signes d'écriture. Ici, les deux frères Tyriens ont sans doute intentionnellement choisi, pour mieux célébrer Melqart, de lui faire une offrande qui rappelle ces *sacra* tyriens. Il ne s'agit donc pas de véritables monuments du culte, mais de dédicaces qui les imitent. N'a-t-on pas un cas un peu semblable à Kition où l'on offrait,

---

[10] Cf. M.-F. BASLEZ, *Cultes et dévotions des Phéniciens en Grèce : les divinités marines*, dans *St.Phoen.* IV, Namur 1986, p. 295-296. À Cyrène, dans le fameux pacte de l'œciste, le fondateur Battos est qualifié d'«*archégète et roi*». Cf. L. JEFFERY, *The Pact of the First Settlers at Cyrene*, dans *Historia* 10 (1961), p. 139-147.

[11] Sur une possible représentation d'Osiris dans le monnayage maltais, cf. T.C. GOUDER, *Baal Hammon in the Iconography of the Ancient Bronze Coinage of Malta*, dans *Scientia. A Quarterly Scientific Review* 36 (1973), p. 1-16.

[12] On possède déjà un cas similaire à Chypre, souligné par S. RIBICHINI, *Divinità egiziane nelle iscrizioni fenicie d'Oriente*, dans *Saggi fenici*-I, Rome 1975, p. 12 ; cf. aussi A. LEMAIRE, *Divinités égyptiennes dans l'onomastique phénicienne*, dans *St.Phoen.* IV, Namur 1986, p. 87-98. Pour les affinités entre Melqart et Osiris, cf. *supra*, p. 103-104.

au sanctuaire de Bamboula, des stèles hathoriques miniatures reproduisant les stèles monumentales du sanctuaire ?[13] Rien n'interdit de penser qu'une pratique similaire avait cours à Tyr même, où Hérodote souligne le statut d'offrande des stèles[14]. Expliquer la dualité du support par référence à la dualité des dédicants ne semble pas entièrement satisfaisant, car chaque cippe porte les deux dédicaces complètes. Les anomalies de décoration et de gravure s'expliquent sans doute partiellement par les nécessités matérielles d'une double dédicace, mais elles ne constituent pas un obstacle à l'interprétation symbolique des deux stèles car, à Tyr aussi, les stèles sont taillées dans deux matériaux différents, l'or et l'émeraude[15] : ce sont de fausses jumelles. En conclusion, si elle n'est pas tout à fait assurée, la référence au modèle spécifiquement tyrien, comme le souligne la dédicace, est, à notre sens, fort probable. En plein IIe siècle av. J.-C., Melqart avait donc conservé sa physionomie de Baal de Tyr, même dans la lointaine île de Malte.

3. Le culte de Milkashtart à Tas-Silġ

«Non loin de cette ville (=celle qui porte le même nom que l'île), *sur un promontoire, est un antique sanctuaire de Junon qui fut toujours si vénéré que non seulement pendant les Guerres Puniques où les forces navales se sont déployées et exercées à peu près en ces lieux, mais même avec la multitude actuelle des corsaires, il fut toujours préservé des outrages par son caractère sacré.»*[16] Telle est la description donnée par Cicéron et confirmée par Valère Maxime du sanctuaire de Junon-Héra-Astarté de Tas-Silg[17]. Le site est un centre religieux extra-urbain à proximité de la baie de Marsaxlokk qui a fait l'objet de fouilles systématiques ; elles ont révélé un sanctuaire d'Astarté intégré dans un complexe religieux indigène remontant à l'époque néolithique. Les plans successifs des édifices religieux bâtis par les Phéniciens à partir du VIIIe-VIIe siècle av. J.-C. sont du reste tributaires du noyau primitif enserré dans des murailles mégalithiques[18].

---

[13] Cf. A. CAUBET - M. PIC, *Un culte hathorique à Kition-Bamboula*, dans *Archéologie au Levant. Recueil R. Saïdah*, Lyon 1982, p. 237-249.

[14] HÉRODOTE II 44.

[15] P. ZANOVELLO, *I due «betili» di Malta e le Ambrosiai Petrai di Tiro*, dans *Rivista di Archeologia* 5 (1981), p. 16-29, considère la présence d'acanthe sur les cippes comme un symbole de résurrection, à la manière du lotus de la stèle d'Alep.

[16] CICÉRON, *Verr. II* IV 103, V 184 (traduction de IV 103 par G. RABAUD, Collection des Universités de France, Paris 1927).

[17] VALÈRE MAXIME I 1 Ext. 2. Cf. H.C.R. VELLA, *Juno and Fertility at the Sanctuary of Tas-Silg, Malta*, dans A. BONANNO (éd.), *Archaeology and Fertility Cult in the Ancient Mediterranean*, Amsterdam 1986, p. 315-322.

[18] A. CIASCA, *Il tempio di Tas-Silg. Una proposta di ricostruzione*, dans *Kokalos* 22-23 (1976-77), p. 162-172 ; M. SZNYCER, *art. cit.* (n.2-1974), p. 131-153.

Différentes inscriptions, surtout du IVe-IIIe siècle av. J.-C., témoignent de l'importance du culte d'Astarté à Tas-Silġ, culte qui avait franchi les frontières de Malte et dont la richesse avait frappé bien des Anciens. Il n'est pas impossible, mais pas assuré, que Tanit ait pris place à côté d'Astarté [19]. Or, en 1970, dans la zone sud du sanctuaire, fut exhumé un fragment de céramique du IVe siècle av. J.-C. inscrit avant la cuisson [20]. On peut y lire : *ʃmlk ʿštrt ..ḥ . ʿ .ʃ*. Il est assez difficile de déterminer si l'inscription est une dédicace au dieu Milkashtart ou s'il est mentionné par exemple dans la titulature d'un dédicant, qui pourrait, par exemple, être prêtre de Milkashtart. L'hypothèse d'un nom théophore semble la moins probante. Quoi qu'il en soit, Milkashtart était implanté à Tas-Silġ, ce qui est intéressant dans la mesure où Melqart a peut-être été aussi vénéré en cet endroit. La provenance de Marsaxlokk attribuée aux deux cippes, rapprochée des témoignages de Ptolémée et de Jean Quintin, pourraient faire pencher la balance en faveur de cette hypothèse. Nous serions alors confrontée à un nouveau cas de «superposition» du culte de Melqart et de Milkashtart, attesté cependant, cette fois, antérieurement à Melqart. Le fait que Milkashtart apparaisse dans l'entourage d'Astarté ne fait que renforcer notre perception de ses affinités avec Melqart et l'interprétation, ou plutôt la réinterprétation de son nom comme un succédané de Melqart et d'Astarté.

4. Conclusions

Peut-on, sur la base de ces documents, faire de Melqart le grand dieu de Malte ? [21] Si l'archéologie confirme le maintien de relations étroites entre Malte et le Proche-Orient, notre dossier documentaire est évidem-

---

[19] C. GROTTANELLI, *Santuari e divinità delle colonie d'Occidente*, dans *RelFen*, Rome 1981, p. 119, 120, 123-124, 126, 133 ; ID., *art. cit.* (n. 3), p. 103-116. On possède par contre plusieurs tessons portant le nom grec d'Héra.

[20] M.G. AMADASI GUZZO, *Le iscrizioni puniche*, dans *Missione archeologica italiana a Malta. Rapporto preliminare della campagna 1970* (Serie archeologica 20), Rome 1973, p. 87-94, surtout, n° 37, p. 92-94. Sur Milkashtart, cf. *supra*, p. 125-127, avec la bibliographie afférente. H.C.R. VELLA, *art. cit.* (n. 17), p. 315, fait état dans ce lieu d'un bétyle d'époque néolithique associé à un bassin sacré et considère que Phéniciens et Romains y voyaient un dieu, parèdre de la déesse du sanctuaire.

[21] En raison des dédicaces à Melqart-Héraclès, on pensait jadis que Melqart figurait sur le monnayage de Malte, au droit des plus anciens exemplaires du monnayage autonome de bronze, sous l'aspect d'un dieu barbu, de profil, avec un symbole caduciforme. Mais il semble qu'il s'agisse plutôt de Baal Ḥammon. Cf. T.C. GOUDER, *art. cit.* (n. 11), p. 1-16. Dans l'îlot de Gozo, on connaît l'existence d'un culte de Ṣdmbʿl et d'Astarté (*CIS* I 113 et 132 ; *ICO*, Malte 6), peut-être aussi de Tanit (signe de Tanit dans la grotte de Ras el-Wardija : P. MINGAZZINI, *Sulla natura e sullo scopo del santuario punico di Ras el-Wardija sull'isola di Gozo presso Malta*, dans *RSF* 4 [1976], p. 159-166), mais rien n'y atteste Melqart (la longue inscription *CIS* I 132 = *ICO*, Malte 6, ne comprend pas non plus de nom théophore formé sur Melqart).

ment trop pauvre pour tirer une conclusion aussi péremptoire. Astarté, avec son sanctuaire renommé de Tas-Silġ, jouait certainement dans le panthéon phénicien de Malte un rôle privilégié. Qu'on lui ait associé Melqart et/ou Milkashtart relève de l'ordre du vraisemblable, mais on ne peut être tout à fait affirmatif. Par contre, on doit souligner, comme à Carthage, le conservatisme du culte de Melqart, Baal de Tyr, associé aux deux stèles, qui confirme l'impression selon laquelle Melqart représente, dans l'expansion phénicienne en Méditerranée, les racines tyriennes, l'élément ancestral. L'examen du cas de la Sardaigne va nous en apporter une preuve supplémentaire.

B. Sardaigne

1. Les Phéniciens en Sardaigne

On distingue généralement, sur la base des données archéologiques, deux phases dans la pénétration phénicienne en Sardaigne[22]. Avant 550 av. J.-C., intervient une première phase où l'apport oriental constitue le principal agent de la colonisation et, après cette date, une seconde phase au cours de laquelle les Carthaginois prirent le relais, à la fois sur les anciens sites et en de nouveaux centres d'habitation, comme à Olbia. Cette seconde étape s'accompagna, davantage que la première, d'une véritable conquête territoriale.

Les débuts de la présence phénicienne en Sardaigne sont à dater du IXe-VIIIe siècle av. J.-C. Les plus anciens témoignages sont actuellement les inscriptions de Nora, datée du IXe-VIIIe siècle av. J.-C., mais il est vrai qu'elles n'impliquent pas nécessairement la présence dans l'île de noyaux de peuplement permanents[23]. La stèle de Nora, malgré de profondes et

[22] S. MOSCATI, *Considerazioni sulla cultura fenicio-punica in Sardegna*, dans *ANLR* 22 (1967), p. 129-152 ; ID., *Fenici e Cartaginesi in Sardegna*, Milan 1968 ; M. FANTAR, *Phéniciens et Carthaginois en Sardaigne*, dans *RSO* 44 (1969), p. 7-21 (recension du précédent) ; F. BARRECA, *Ricerche puniche in Sardegna*, dans *Ricerche puniche nel Mediterraneo centrale*, Rome 1970, p. 21-37 ; ID., *Sardegna*, dans *L'espansione fenicia nel Mediterraneo*, Rome 1971, p. 7-27 ; S. MOSCATI, *L'épopée des Phéniciens*, Paris 1971, p. 279 ss ; F. BARRECA, *La Sardegna fenicia e punica*, 2e éd., Cagliari 1979 ; G. BUNNENS, *op. cit.* (n. 1), *passim* ; F. BARRECA, *Nuove scoperte sulla colonizzazione fenicio-punica in Sardegna*, dans *Phönizier im Westen*, Mainz am Rhein 1982, p. 181-184 ; ID., *L'archeologia fenicio-punica in Sardegna. Un decennio di attività*, dans *ACFP 1*, vol. II, Rome 1983, p. 291-310 ; S. MOSCATI, *op. cit.* (n. 1), p. 141-325 ; P. BERNARDINI, *Precolonizzazione e colonizzazione fenicia in Sardegna*, dans *EVO* 9 (1986), p. 101-116.

[23] S.F. BONDÌ, *I Fenici in Occidente*, dans *Modes de contacts et processus de transformation dans les sociétés antiques*, Pise-Rome 1983, p. 379-407 ; ID., *L'espansione fenicia in Italia*, dans *Fenici e Arabi nel Mediterraneo*, Rome 1983, p. 84-92 ; W. RÖLLIG, *Paläographische Beobachtungen zum ersten Auftreten der Phönizier in Sardinien*, dans *Antidoron. Festschrift für Jurgen Thimme*,

persistantes divergences sur son interprétation, semble faire écho à une
composante chypriote dans les émigrants de Sardaigne. Les mythes relatifs
au peuplement de l'île, que nous allons examiner de près, apportent des
compléments d'information sur le sujet. Le mouvement de prise de possession de l'île se fit, au contraire de Malte, des côtes vers l'intérieur des
terres [24]. Les Carthaginois visaient, pour leur part, une conquête durable
de l'île ; dans le traité signé en 508 av. J.-C. avec Rome, la Sardaigne apparaît comme une chasse gardée punique. Mais les populations locales, spécialement dans l'intérieur des terres, ne se soumirent jamais complètement,
témoignant pourtant d'une hostilité encore accrue à l'égard des Romains
qui en firent, au IIIe siècle av. J.-C., la première province romaine d'outre-
mer, avec la Corse.

2. Les mythes de colonisation

La colonisation de la Sardaigne est rattachée par toute une série d'auteurs, dont seul le pseudo-Aristote est antérieur au Ier siècle av. J.-C., à
Iolaos qui avait reçu l'ordre de son oncle Héraclès, lui-même inspiré par
un oracle après l'accomplissement de ses Travaux, d'emmener avec lui
dans l'île d'Ichnoussa les Thespiades [25]. Le mouvement se serait donc
amorcé de Béotie. Diodore y joint des Barbares, Pausanias, des Athéniens
et Eustathe, des Locriens. Leur fixation en Sardaigne, alors peuplée d'indigènes que Strabon qualifie de «Tyrrhéniens», se serait faite soit par la
force, soit par un synœcisme.

Cependant, la plupart des auteurs s'accordent pour faire précéder cette
vague grecque par des contingents d'immigrants venus d'autres horizons.
Pausanias, qui systématise le mieux les diverses étapes du peuplement de
la Sardaigne, appelle les premiers venus des «Libyens», avec à leur tête
l'éponyme «*Sardos, fils de Makeris, rebaptisé Héraclès par les Égyptiens et les
Libyens*». Eustathe, tout en le nommant Sardon, confirme la filiation par
Héraclès et Solin, sa «nationalité» libyenne. Les Grecs sont à leur tour

---

Karlsruhe 1983, p. 125-130 ; M.G. Amadasi Guzzo - P.G. Guzzo, *Di Nora, di Eracle Gaditano
e della più antica navigazione fenicia*, dans *Los Fenicios* II, Barcelone 1986, p. 59-71.

[24] Pour S. Moscati, *op. cit.* (n. 22-1971), p. 285, la faiblesse de l'influence grecque en Sardaigne, à la différence de ce que l'on observe en Sicile, fut pour quelque chose dans l'isolement
de l'île.

[25] Cf. S.F. Bondì, *Osservazioni sulle fonti classiche per la colonizzazione della Sardegna*, dans
Saggi fenici-I, Rome 1975, p. 49-66 ; L. Breglia Pulci Doria, *La Sardegna arcaica tra tradi-
zioni euboiche ed attiche*, dans *Nouvelles contributions à l'étude de la société et de la colonisation eubéennes*,
Naples 1981, p. 61-95. Les sources relatives à cet événement sont Ps. Aristote, *Mir. ausc.* 100 ;
Diodore IV 29-30, 82 ; V 15,1-2 ; Pausanias VII 2,2 ; X 17,2-5 ; Silius Italicus XII 359-360 ;
Salluste, *Histoires* II 6-7 ; Strabon V 2,7 ; Solin I 60-61 ; IV 1 ; Isidore de Séville, *Étymol.*
XIV 6,39 ; Eustathe, *ad Dion. Per.* 458 ; *Parekbolai* 560. Une seule tradition divergente asso-
cie Aristée, le fils d'Apollon, à la colonisation de Céos, de la Sardaigne et de la Sicile.

généralement suivis d'une vague d'Ibères, ou associés à eux, sous le commandement de Norax, fils d'Erytheia, originaire de Tartessos, et éponyme de Nora, la plus ancienne cité de l'île.

Au delà du propos banalement étiologique, cette tradition rend compte des liens, bien documentés par la civilisation matérielle, entre la Sardaigne, le monde nord-africain, ibérique et grec. Mais les études de S.F. Bondì et de L. Breglia Pulci Doria ont permis d'affiner l'analyse de ces récits. Il faut discerner deux noyaux mythiques : l'un faisant état de la colonisation jumelée des Libyens et des Ibères [26], qui se rattachent à la même sphère culturelle, celle du monde phénico-punique ; l'autre, qui résulte sans doute d'une élaboration mythique grecque plus récente, forgée dans les milieux athéniens et utilisant Héraclès et Iolaos comme porte-drapeaux de l'hellénisme. L'adjonction, dans la version grecque, d'Héraclès, l'oncle d'Iolaos, semble faire pendant au Makéris-Héraclès du récit «punique». Une telle logique de compétition à coup d'arguments d'ordre mythologique nous est désormais familière. Les Grecs, tout comme en Espagne, présentent d'eux-mêmes une image édulcorée, celle d'un peuple civilisateur, mettant les terres en valeur, créant des cultes en Sardaigne. Le creuset de cette version grecque pourrait bien être l'Athènes du Ve siècle av. J.-C. qui voulait répondre à la conquête de l'île, vers 550 av. J.-C., par les Carthaginois. L. Breglia Pulci Doria a par ailleurs bien mis en évidence le contexte historique des relations entre l'Attique et Thespies qui transparaît dans cette tradition. Iolaos, vénéré à Thespies et parent d'Héraclès, comme Sardos de Makéris, fut assimilé à Sardus Pater-Ṣid, dont le culte fournit aux Grecs une pseudo-preuve de leur implantation en Sardaigne, car il faut bien reconnaître que les traces de leur présence sont particulièrement évanescentes.

La manière dont Pausanias présente Makéris est assez maladroite, car que signifie le fait qu'il fut «rebaptisé» Héraclès ? De toute évidence, il veut dire par là que les Égyptiens et les Libyens (faut-il comprendre les Carthaginois ?) y reconnurent un Héraclès [27]. Il est le père de Sardos, l'équivalent grec de Sardus Pater, l'éponyme de l'île auquel les Puniques identifièrent, afin de favoriser l'intégration des communautés, leur dieu Ṣid : c'est ce que prouvent les inscriptions d'Antas que nous allons examiner ultérieurement. Or, nous avons rencontré à Carthage les théonymes doubles Ṣid-Melqart et Ṣid-Tanit [28], qui indiquent une certaine commu-

---

[26] G. BUNNENS, op. cit. (n. 1), p. 313-316, considère que ces composantes ethniques pourraient correspondre à des troupes ayant assisté Carthage dans sa conquête de l'île.

[27] PAUSANIAS X 17,2. Cf. C. GROTTANELLI, Melqart e Sid fra Egitto, Libia e Sardegna, dans RSF 1 (1973), p. 153-164.

[28] Cf. supra, p. 168, 180.

nauté entre ces divinités. Peut-être d'ailleurs le serment d'Hannibal les groupe-t-il dans la deuxième triade, composée des divinités suivantes : «*le Génie des Carthaginois, Héraclès et Iolaos*», les trois divinités tutélaires, de Carthage, de sa métropole et de ses colonies. N'oublions pas qu'à l'époque de ce document, les Sardes étaient en rébellion ouverte contre les Romains et avaient appelé Carthage au secours.

Peut-on donner l'identification Makéris-Melqart pour sûre ? C. Grottanelli souligne que la chute du *l* et du *t* final de Melqart peut s'expliquer ; l'onomastique fournit, notamment en Sardaigne, des cas d'anthroponymes *Bmqr*. Mais la vocalisation, et il faut en tenir compte, est tout à fait problématique. Le passage de *Milqart* à *Makéris* est phonétiquement impossible. Aucun anthroponyme phénico-punique, à notre connaissance, transcrit en grec ou en latin, ne fournit d'exemple de dérivation de ce genre. La seule explication possible serait que les Grecs aient procédé à une véritable recomposition du nom afin de lui donner une apparence grecque, avec une racine μακαρ- et une finale en -ις. Il n'est pas impossible que l'anthroponyme latin *Macer* ait aussi influencé la vocalisation du nom. On a des cas similaires d'hellénisation avec les théonymes Astronoé ou Astroarché, dans lesquels les Grecs ont rendu par des éléments significatifs en grec des composés phéniciens que nous avons parfois du mal à identifier. Il ne faut pas non plus négliger le fait que la tradition littéraire unanime voit dans ce Makéris un Héraclès égypto-lybien et que Pausanias lui attribue un voyage à Delphes, comme l'Héraclès de Canope en qui nous avons proposé de reconnaître Melqart. Deux hypothèses alternatives doivent être mentionnées : d'une part celle d'E. Lipiński [29] qui rattache Makéris à une racine *mkr*, signifiant «*marchand*», qui ferait de lui le dieu des marchands ; d'autre part, l'hypothèse d'une racine indigène libyco-berbère, faisant alors de Makéris un Héraclès libyen au sens propre, et non carthaginois. O. Masson signale l'existence, parmi les Libyens de Cyrénaïque, d'un anthroponyme Μαχχυρ, attesté à deux reprises, d'un autre, *[M]accurasan* ou d'un nom «maure» *Macurasen* [30]. Leur origine serait dans la racine libyco-berbère **MKR* ou *MGR* attestée en kabyle sous la forme *maqqur*, avec le sens : «*il est grand*».

---

[29] E. LIPIŃSKI, *mkr*, dans *ThWAT* IV/6-7, Stuttgart 1984, col. 874.

[30] O. MASSON, *Grecs et Libyens en Cyrénaïque d'après les témoignages de l'épigraphie*, dans *AntAfr* 10 (1976), p. 49-62, surtout p, 59-60 ; K. JONGELING, *Names in Neo-Punic Inscriptions*, Groningen 1984, p. 52, 62, 94, 184-187, répertorie une série de noms de personnes qu'il rattache, pour certains d'entre eux, à une racine berbère *mkr*, pour d'autres, au latin *Macer*. Par souci d'exhaustivité, on relèvera l'existence, dans une inscription grecque de Sicile, du Ve siècle av. J.-C., du nom Μάχερις (h)ο Πεισάνδρο, lu précédemment [Δα]ματερις. Cf. M. GUARDUCCI, *Gli alfabeti della Sicilia arcaica*, dans *Kokalos* 10-11 (1964-1965), p. 481-484, pl. XXX, fig. 3. Enfin, signalons un fleuve africain du nom de Magradas ou Makaras que M. FANTAR, dans *LIMC* III (1986), p. 1085-1086, rapproche de l'anthroponyme *Magerius* et de la tribu des *Mager*.

Nous continuons personnellement à préférer un rapprochement avec Melqart, en raison des affinités de Makéris avec un Héraclès non-grec, probablement phénicien. Si tel est bien le cas, on notera qu'il ne joue plus directement le rôle d'œciste, endossé en revanche par son fils : on a affaire à des migrants de la «deuxième génération», pour utiliser une terminologie moderne. Ceci signifie que le souvenir du rôle de Melqart dans la première colonisation, partie de Tyr, demeurait suffisamment vivace pour qu'il apparaisse encore dans ce récit comme garant, comme référence. Il est donc le modèle du dieu protecteur de la colonisation, l'archégète, l'ancêtre qui a donné naissance à une nouvelle génération de migrants qui se réclament encore de lui.

3. Melqart à Tharros

Le panthéon phénico-punique de Sardaigne nous est connu par un certain nombre d'inscriptions ou de figurations. On y note la présence de Tanit, Baal Ḥammon, Baal Shamim, Astarté, Eshmoun, Ḥoron, Shadrafa, Bès, Ṣid et Melqart[31]. L'onomastique permet de différencier dans une certaine mesure le culte officiel et la piété privée, qui témoigne d'un attachement persistant à un patrimoine religieux traditionnel plongeant parfois ses racines dans le IIe millénaire av. J.-C.[32] Tanit et Baal Ḥammon font figure de *leaders*, notamment dans les *tephatim* où leur iconographie est omniprésente.

Tharros, par son ancienneté et sa taille, fut un centre phénico-punique de toute première importance[33]. Campée sur la péninsule du Sinis, cette cité fut peuplée par des Phéniciens sans doute à partir du VIIIe-VIIe siècle av. J.-C., comme l'ont montré les fouilles de nos collègues italiens[34].

a) *Une dédicace à Melqart*

Connue depuis 1901, cette inscription, datée du IIIe-IIe siècle av. J.-C., présente une lacune dans le coin supérieur gauche et est fort endom-

---

[31] S. MOSCATI, *op. cit.* (n. 22-1968) ; F. BARRECA, *op. cit.* (n. 22) ; E. ACQUARO, *Arte e cultura punica in Sardegna*, Sassari 1984. Cf. aussi G. GARBINI, *Tharros XI. L'ostracon iscritto*, dans *RSF*, 13 (1985), p. 27-31, qui y lit une dédicace à Attis au Ve siècle av. J.-C., ce qui est bien douteux, indépendamment du point de vue paléographique, pour de sérieux motifs d'ordre historico-religieux.

[32] P. XELLA, *Remarques sur le panthéon phénico-punique de la Sardaigne sur la base des données onomastiques*, dans *Actes du IIe Congrès International d'Étude des Cultures de la Méditerranée occidentale* II, Alger 1978, p. 71-77.

[33] S. MOSCATI, *Tharros I. Introduzione a Tharros*, dans *RSF* 3 (1975), p. 89-99 ; F. BARRECA, *Tharros III. Le fortificazioni settentrionali*, dans *RSF* 4 (1976), p. 215-223 ; S. MOSCATI - M. NAPOLI, *Phéniciens et Grecs en Méditerranée*, Paris 1978, p. 57. Voir aussi les rapports de fouilles successifs dans la *RSF*.

[34] Cf, en dernier lieu, S. MOSCATI - M.L. UBERTI, *Scavi al tofet di Tharros. I monumenti lapidei*, Rome 1985.

magée[35]. Elle est adressée *l'dn l'lm hqdš mlq[r]t*, soit «*au Seigneur, au dieu saint Melqa[r]t*». L'objet de la dédicace semble être une construction monumentale, puisqu'il est question de portique, de toit, de colonnes et de pierres, mais l'importance des lacunes nous empêche d'en savoir davantage. À partir de la ligne 6, sont énumérés les magistrats responsables de l'édification du bâtiment et les maîtres d'œuvre de la construction. On y relève la mention d'un suffète, assorti de sa généalogie où abondent les suffètes. Puis viennent les indications chronologiques : la consécration a été faite «*à l'époque de (?)* 'bdḫ..., *le suffète, fils de* T..., *[suf]fètes à* Qrtḫdšt, 'dnb'l *et* ḥmlkt *et ... fils de* 'dnb'l».

Au IIIe-IIe siècle av. J.-C., Melqart faisait donc l'objet d'un culte à Tharros, suffisamment vivace pour susciter les soins de la population et des magistrats. Les travaux qui ont été exécutés en sa faveur sont sans doute des travaux de réfection, de sorte que son culte y est plus ancien que notre inscription. La volonté d'immortaliser l'exécution de ces travaux montre que c'est une communauté tout entière, représentée par ses premiers citoyens, qui veillait à la bonne tenue de son culte. On relèvera encore l'épithète de *qdš* qui est appliquée à Melqart. Elle nous était déjà connue par des documents phéniciens de Sarepta et Pouzzoles, ainsi que par une inscription grecque de Tyr, sous la forme ἅγιος. Après le nom de Melqart, on peut lire les lettres *'lhṣ[..]*, dont on ignore si elles appartiennent encore à la titulature de Melqart ou si elles entament l'énumération des travaux accomplis. M.G. Amadasi Guzzo rejette en tout cas la restitution de P. Berger : *(b)'l hṣ(r)*, «*Baal à Tyr*»[36]. La ville de Carthage qui apparaît dans la chronologie finale est peut-être la cité africaine ou une homonyme sarde qui réapparaîtrait dans une inscription punique d'Olbia[37]. Or, au sud de Tharros, il existe une localité appelée Santa Maria di Nabui, dont le nom pourrait perpétuer le souvenir d'une *Neapolis* sarde, attestée en outre par Ptolémée et les Itinéraires romains[38]. Cependant, aucun vestige phénico-punique n'y a été exhumé et son caractère de bourgade agricole contraste avec l'appellation de Carthage, appliquée en Afrique et à Chypre à d'importants établissements urbains. La cité de

---

[35] *ICO*, Sard. 32. Photo dans S. Moscati, *I Fenici e Cartagine*, Turin 1972, p. 655. On trouvera également quelques précieuses indications sur son état de conservation et sur un travail de relecture en cours d'exécution depuis peu dans M. Sznycer, *Antiquités et épigraphie nord-sémitiques. Rapport 1979-1980*, dans *Livret de la IVe Section de l'EPHE* I. 1978-79 à 1980-81, Paris 1982, p. 40.

[36] *ICO*, p. 110.

[37] *KAI* 68 = *ICO*, Sard. 34, l. 2. Cf. G. Chiera, *Osservazioni su un testo punico da Olbia*, dans *RSF* 11 (1983), p. 177-181.

[38] M.G. Amadasi Guzzo, *Neapolis* = qrtḫdšt, dans *RSO* 43 (1968), p. 19-21 ; M. Sznycer, *Recherches sur les toponymes phéniciens en Méditerranée occidentale*, dans *La toponymie antique*, Leyde 1977, p. 171-172.

Tharros, d'une ampleur toute différente, conviendrait à l'évidence beaucoup mieux pour porter un tel nom[39].

b) *Un temple de Melqart ?*

Si Tharros est la Carthage de l'inscription, tout nous invite à y chercher les traces des structures monumentales auxquelles le texte fait allusion. P. Berger, qui fit connaître cette dédicace en 1901, affirme : *«on dit que ce marbre provient de la partie la plus ancienne de la nécropole de Tharros»*[40]. Or, deux sanctuaires principaux ont été dégagés à Tharros[41] : le temple archaïque de l'extrémité du cap San Marco, du VIIe-VIe siècle av. J.-C., et le temple monumental situé à proximité de la ville[42]. N'étant au Ve siècle av. J.-C. qu'un rocher à peine aménagé, ce second lieu de culte fut valorisé au IVe-IIIe siècle av. J.-C., par une architecture d'inspiration grecque partiellement intégrée à la structure rocheuse primitive. À l'époque néo-punique, il fut détruit et reconstruit. Attribuer ces édifices à des divinités précises est très aléatoire en l'état actuel de nos connaissances. Mais on constatera un certain synchronisme entre l'histoire du second sanctuaire et la chronologie de notre inscription.

c) *Le cippe de la danse*

Un petit monument de 41 cm de hauteur (fig. 18), daté du IIIe-IIe siècle av. J.-C., représente, sculptés dans le grès, quatre personnages dansant autour d'un cippe : trois femmes nues et un homme vêtu d'une sorte de pagne, la tête couverte d'un masque en forme de bovin[43]. Peut-être est-ce une allusion à l'aspect zoomorphe d'une divinité de Tharros en l'honneur de laquelle on accomplissait une danse rituelle, à moins qu'il ne s'agisse de son prêtre masqué. Certains ont cru reconnaître dans le cippe un phallus et ont fait de la danse un rite destiné à promouvoir la fertilité, d'autres y ont vu un bétyle. P. Cintas songe, pour sa part, au dieu phénicien Baal Marqod, traditionnellement considéré comme le Baal de la danse et notamment attesté à Deir el-Qal'a[44], mais nous avons vu précédemment que le

---

[39] G. CHIERA, *Qarthadašt = Tharros ?*, dans *RSF* 10 (1982), p. 197-202. Il ne nous semble toutefois pas possible de supposer que Tharros et Olbia, comme le propose l'auteur, portaient toutes deux le nom de Carthage. De même, sur quoi se fonde-t-elle pour dire que Melqart est ignoré en Sardaigne et *«così pure nell'intero mondo fenicio-punico d'Occidente»*, sauf à Malte !

[40] P. BERGER, dans *CRAI* 1901, p. 576-579.

[41] S.M. CECCHINI, *Due templi fenicio-punici di Sardegna e il loro connessioni vicino-orientali*, dans *Studi orientali e linguistici* 2 (1984-85), p. 55-65.

[42] G. PESCE, *Il tempio punico monumentale di Tharros*, dans *Monumenti antichi dei Lincei* 45 (1961), col. 333-440.

[43] G. PESCE, *Sardegna punica*, Cagliari 1961, p. 82, fig. 70-72 ; P. CINTAS, *Sur une danse d'époque punique*, dans *Revue africaine* 100 (1956), p. 275-283 ; S. MOSCATI, *art. cit.* (n. 33), p. 96.

[44] Cf, à son sujet, B. SERVAIS-SOYEZ, *La «triade» phénicienne aux époques hellénistique et romaine*, dans *St.Phoen.* IV, Namur 1986, p. 352-353.

culte de Melqart était aussi le théâtre de danses frénétiques[45]. Il existe d'intéressants parallèles à notre monument en Grèce et à Chypre, où divers objets reproduisent la même structure. Il pourrait du reste fort bien s'agir d'une production indigène punicisée. Y rechercher une symbolique spécifiquement phénicienne serait donc erroné, de même qu'il serait bien illusoire de vouloir identifier son destinataire.

d) *La stèle du héros*

Cette stèle triangulaire, taillée dans le même grès que le cippe, représente une scène de chasse : un héros ou un dieu y terrasse un monstre ailé[46]. L'objet pourrait dater, selon G. Pesce, du VIe siècle av. J.-C., tandis que F. Barreca et S. Moscati optent pour la période hellénistique[47]. Est-il l'illustration d'un mythe phénico-punique ? S. Moscati a fait remarquer que la physionomie et la position du monstre sont assez éloignées des canons orientaux et que des composantes grecque et indigène sont sensibles dans cette œuvre comme dans la précédente. Il doute par conséquent du caractère phénicien du chasseur, apparenté à Bellérophon, vainqueur de la Chimère ou identifié comme Ṣid, le «chasseur» de monstres[48].

e) *Héraclès à Tharros*

Les tombes de Tharros ont livré un petit vase à huile en terre cuite vitrifiée, en forme de tête héracléenne couverte de la léonté[49] ; il est daté des années 600-575 av. J.-C. Une amphore attique à figures noires, de même provenance et datée de 520-510 av. J.-C., montre le combat d'Héraclès contre Antée[50]. La portée cultuelle de ces objets est extrêmement délicate à évaluer. Tharros fut, par l'intermédiaire des Étrusques, touchée par les produits grecs. Les représentations d'Héraclès dans l'art grec archaïque sont légions. Dès lors, il nous reste à nous interroger sur la signification éventuelle de la fonction funéraire de ces objets à thématique héracléenne. Mais il y a peu de chance que l'on puisse affirmer à partir de tels documents que Melqart a été, dès le début du VIe siècle av. J.-C., identifié à Héraclès en Sardaigne.

---

[45] Cf. *supra*, p. 67-68. A. Caquot, *Les danses sacrées en Israël et à l'entour*, dans *Les danses sacrées*, Paris 1963, p. 119-143 et, pour les danses dans d'autres cultes, R. Macmullen, *Le paganisme dans l'empire romain*, Paris 1987, p. 42-47.

[46] G. Pesce, *op. cit.* (n. 43), p. 84, fig. 73.

[47] F. Barreca, *Il tempio di Antas e il culto di Sardus Pater*, Iglesias 1975, estime que l'objet provient non de Tharros, mais de la localité voisine de Sinis di Cabras ; S. Moscati, *art. cit.* (n. 33), p. 89-99.

[48] On peut noter que l'hypothèse d'une identification à Ṣid, le «chasseur», ne va pas de soi, car son nom peut tout aussi bien désigner le «pêcheur».

[49] G. Pesce, *op. cit.* (n. 43), p. 106, fig. 123.

[50] *Ibid.*, p. 111, fig. 120.

f) *Un hieros gamos ?*

Dans le même ordre d'idée, on peut au moins s'interroger sur le sens et la portée d'une étrange représentation figurant sur une amphore attique à figures noires, attribuée au peintre Timiadès, de 570-560 av. J.-C.[51] (fig. 19). Plusieurs registres représentent des scènes où interviennent hommes et bêtes. Sur la panse, la séquence centrale montre une série d'hommes et de femmes accouplés. Tous sont nus, sauf le couple central qu'une couverture ou plutôt un manteau étoilé dissimule partiellement[52]. G. Pesce faisait déjà remarquer que l'on ne peut y voir une simple scène d'orgie car les personnages couverts sont divins : ils accomplissent une hiérogamie.

Nous nous sommes alors posé la question de savoir s'il pouvait exister un rapport entre cette scène et l'hypothétique hiérogamie entre Melqart et Astarté qui préludait à l'*egersis*. Chez Nonnos, l'Héraclès de Tyr n'est-il pas qualifié d'Astrochiton ? On ne peut masquer le fait que plus d'un millénaire sépare ces deux témoignages et que nous avons préféré interpréter cette épiclèse comme le reflet des préoccupations du temps, celles du Bas-Empire où toute divinité est cosmique, donc astrale. À nouveau, le contexte funéraire suscite toutefois des interrogations sur le rapport entre l'image et le lieu où elle était enfouie. Il importe surtout de se demander si une réalité cultuelle phénicienne a pu être représentée sur un vase grec, par un peintre attique. La récente thèse de J.-Y. Perreault a fait apparaître les rapports étroits qui unissent, dans le commerce de la céramique, l'artisan, le transporteur et le distributeur[53]. Certains vases attiques sont manifestement fabriqués pour l'exportation et décorés en conséquence. Ainsi, ceux destinés à l'Orient imitent des formes chypriotes et présentent des scènes de combat entre Grecs et Perses où ceux-ci l'emportent. Une tendance analogue existe dans le commerce avec l'Étrurie. J.-Y. Perreault relève aussi le cas d'un vase comportant une dédicace à Aphrodite, peinte avant la cuisson, et retrouvé dans le sanctuaire d'Aphrodite à Naucratis. Certains peintres, certains ateliers même, travaillaient en priorité, voire

[51] *Ibid.*, p. 111, fig. 119. Ce vase est décrit par F. von Duhn, *Sardinische Reiseerinnerungen, namentlich aus Tharros*, dans *Strena Helbigiana*, Leipzig 1900, p. 62-64 ; D. von Bothmer, *The Painters of Tyrrenian Vases*, dans *AJA* 48 (1944), p. 164-167. Cette appellation de «tyrrhénien» s'explique par le fait que ces vases étaient presque exclusivement destinés au marché étrusque. Cf. aussi J.D. Beazley, *Attic Black-Figure Vase Painters*, Oxford 1956, p. 102, n°96 ; M. Gras, *Les importations du VIe siècle av. J.-C. à Tharros (Sardaigne)*, dans *MÉFRA* 86 (1974), p. 79 ss.

[52] Ce genre de scènes érotiques n'est pas rare dans la céramique grecque, cf. H. Light, *Sittengeschichte Griechenlands*, Zurich 1928, p. 157, qui en présente une, sur un vase à figures noires du Musée de Munich, très comparable à la nôtre, mais le couple central, couvert d'un manteau, n'y apparaît pas.

[53] J.-Y. Perreault, *La céramique attique au Levant : étude des échanges entre la Grèce et le Proche-Orient aux VIe-Ve siècles av. J.-C.*, Paris 1984. Je remercie vivement J.-Y. Perreault pour m'avoir donné son sentiment à ce sujet.

exclusivement pour un certain public. L'importance de la demande locale dans le traitement de l'iconographie a encore été récemment soulignée dans les actes d'un Colloque [54].

Dans le cas qui nous occupe, nous avons affaire à une amphore : son exportation pourrait résulter davantage de son contenu que de sa valeur artistique. On a par ailleurs déjà noté que les amphores dites tyrrhéniennes, comme la nôtre, se signalent par des représentations insolites [55]. J.-Y. Perreault considère par conséquent que l'on peut sans doute éliminer l'hypothèse d'une commande faite par un habitant de Tharros, mais qu'il n'est pas impossible qu'un marchand, un intermédiaire, familier de Tharros, de sa civilisation, de ses cultes, ait fait réaliser cet objet, non pour servir de récipient, mais de cadeau personnalisé à un notable phénicien de Tharros. Il aurait alors logiquement adopté une iconographie en relation avec les cultes locaux. Nous en resterons là pour cette pièce, consciente du caractère très hypothétique d'une interprétation qui, à nos yeux, valait malgré tout la peine d'être exposée.

g) *La sculpture aniconique de Monte Prama*

À quelques kilomètres de Tharros, fut exhumée fortuitement une sculpture. Les fragments architecturaux trouvés à proximité appartenaient probablement à un complexe sacré ou à une nécropole [56]. La pierre en question, jaune et tendre, a la forme d'un parallélipipède d'où émergent neuf protubérances équidistantes et réparties en trois rangées. Sur le socle, de petits piliers postiches prolongent, sur deux niveaux, les excroissances. L'ensemble pourrait dater d'une période entre le Ve et le IIIe siècle av. J.-C. Il ne s'agit ni d'un autel, ni d'une table à offrande, ni d'un élément porteur, mais d'une stèle en relief, rappelant les bétyles sémitiques.

F. Barreca en a proposé une interprétation «cabalistique». Les neuf bétyles seraient les symboles des trois premières triades du serment d'Hannibal. Il imagine ensuite de fusionner les deux dernières triades, pour arriver à douze divinités, le nombre de pilastres sur le socle. À l'intérieur de chaque triade, il considère que deux qualités complémentaires s'unissent pour donner naissance à la troisième entité. Ainsi, Tanit, la providence, et Melqart, l'autorité royale et la justice, engendrent-ils Ṣid, le principe salutifère. Enfin, selon l'auteur, ces triades se réduiraient en définitive à des monades car les composantes en sont équivalentes et interchangeables.

---

[54] *ΕΙΔΩΛΟΠΟΙΙΑ. Actes du Colloque sur les problèmes de l'image dans le monde méditerranéen classique*, Rome 1985.

[55] T.H. CARPENTER, dans *Oxford Journal of Archaeology* 3 (1984), p. 45-56 (*non vidi*, d'après la référence que m'a donnée J.-Y. Perreault dans sa lettre du 9/10/1985).

[56] F. BARRECA, *A proposito di una scultura aniconica rinvenuta nel Sinis di Cabras*, dans *RSF* 5 (1977), p. 165-179. Certains n'excluent pas la possibilité qu'il pourrait s'agir d'un objet nourage.

Ainsi s'exprimerait la conception mystique de l'unité et de la pluralité en cours chez les Phéniciens. Quant à la superposition de deux niveaux dans la stèle, elle aurait pour but de traduire la manière dont le monde céleste s'appuie sur l'ordre terrestre. Pour terminer, F. Barreca fait appel, afin d'assigner à chaque divinité un bétyle précis, à un système cabalistique juif élaboré vers 1300 de notre ère. Même s'il la présente comme *una semplice ipotesi di lavoro*, l'interprétation de F. Barreca est entachée de graves erreurs de méthode et de contenu. Que le monument traduise une symbolique sacrée va de soi, y rechercher la traduction minutieuse du panthéon carthaginois du IIIe siècle av. J.-C., tel que nous le fait connaître le serment d'Hannibal, n'a aucun sens.

h) *La glyptique*

À Carthage et dans l'ensemble du monde punique, les scarabées de jaspe vert fabriqués à Tharros révèlent une iconographie religieuse fort intéressante [57]. Entre le VIe et le IVe siècle av. J.-C., les techniques et les thèmes proche-orientaux, égyptisants, puis étrusques se sont relayés, parmi lesquels nous retiendrons l'iconographie d'un Baal terrassant un ennemi et celle d'un personnage en lutte contre un lion. La posture de Baal brandissant des armes pour abattre son ennemi est un héritage de l'imagerie égyptienne du pharaon conquérant. Les illustrations de ce thème à Tharros, Cagliari et Monte Sirai ne se distinguent par aucune spécificité. Le port, parmi la masse d'armes, d'une hache fenestrée, semblable à celle que Melqart porte sur la stèle d'Alep, ne suffit pas à nos yeux pour identifier à coup sûr le Baal représenté comme celui de Tyr. Les mêmes réserves valent pour l'image d'un dieu barbu assis dans un trône face à un autel à encens, pourvu parfois de la même hache fenestrée. La position assise, nous l'avons dit à plusieurs reprises, semble plutôt caractéristique de Baal Ḥammon [58].

Lorsque les scarabées représentent un personnage en lutte avec un lion, ils empruntent plutôt à l'iconographie asiatique du maître des animaux qui, en domptant le fauve, acquiert sa force et repousse les puissan-

---

[57] A. FURTWÄNGLER, *Die antiken Gemmen*, Leipzig-Berlin 1900 ; J. VERCOUTTER, *Les objets égyptiens et égyptisants du mobilier funéraire carthaginois*, Paris 1945 ; W. CULICAN, *Melqart Representations on Phoenician Seals*, dans *Abr-Nahrain* 2 (1960-61), p. 41-54 ; ID., *The Iconography of Some Phoenician Seals and Seal Impressions*, dans *AJBA* 1 (1968), p. 50-103 ; E. ACQUARO, *I sigilli*, dans *Anecdota tharrica*, Rome 1975, p. 51-69 ; S.F. BONDÌ, *Gli scarabei di Monte Sirai*, dans *Saggi fenici* I, Rome 1975, p. 73-98 ; W. CULICAN, *Baal on an Ibiza Gem*, dans *RSF* 4 (1976), p. 57-68 ; G. QUATTROCCHI PISANO, *Dieci scarabei da Tharros*, dans *RSF* 6 (1978), p. 37-56 ; A.M. BISI, *Da Bes a Herakles. A proposito di tre scarabei del Metropolitan Museum*, dans *RSF* 8 (1980), p. 19-42 ; G. HÖLBL, *Ägyptisches Kulturgut im phönikischen und punischen Sardinien*, Leyde 1986.

[58] Cf. *supra*, p. 184-185. A.M. BISI, *Sull'iconografia di due terrecotte puniche di Ibiza*, dans *SM* 7 (1975), p. 32-33.

ces maléfiques. En Phénicie, le dieu égyptien Bès a adopté une telle iconographie de maître des animaux et il l'a vraisemblablement transmise à
Héraclès, dans l'île de Chypre [59]. On possède d'ailleurs à Tharros et en
d'autres cités de Sardaigne des traces du culte de Bès [60] ; il est figuré
combattant le lion, le tenant par les pattes ou le portant sur ses épaules.
La même iconographie est fort bien représentée à Ibiza. On peut dès lors
se demander s'il faut accorder un sens précis à la hache fenestrée ou à la
bipenne que le dompteur de lion arbore sur certains sceaux. Doit-on considérer que l'on a affaire à une iconographie composite ou, au contraire, à
une réalité cultuelle bien précise, à savoir un syncrétisme entre Melqart,
Bès et Héraclès ? Les deux premiers exercent des attributions apparentées :
ce sont des dieux prophylactiques, bienfaisants. Melqart et Héraclès ont été
identifiés en raison d'un profil «héroïque» commun que nous expliciterons
ultérieurement. De là, aurait pu résulter une contamination iconographique
entre Bès et Héraclès. Quant à la hache fenestrée portée une fois au moins
par Melqart, elle serait un rappel des fondements de cette contamination
dans laquelle Melqart pourrait en fait avoir servi d'intermédiaire. Une iconographie léonine ne semble attribuée à Melqart que suite au syncrétisme
avec Bès ou Héraclès. W. Culican a d'ailleurs bien remarqué que le dompteur de lion est parfois une figure juvénile, parfois un personnage barbu
et plus âgé : une explication univoque n'est donc pas justifiée.

i) *L'onomastique*

Melqart est l'élément théophore le mieux attesté (16 fois), après Baal
(35 fois), dans l'onomastique phénico-punique de Sardaigne [61]. Il faut
noter en outre que l'on ignore à quel dieu précis fait référence l'élément
Baal. On songerait volontiers à Baal Ḥammon, mais d'autres dieux ne sont
pas exclus. On relève encore, dans une inscription découverte près de
Tharros et datant du IVe siècle av. J.-C., un anthroponyme *mqm* [62]. On
peut sans doute le rattacher au titre *mqm 'lm*, «ressusciteur du dieu», appliqué aux desservants du culte de Melqart [63]. Étant donné que, selon A.

---

[59] Nous reviendrons en détail sur ces phénomènes dans notre chapitre consacré aux bases sur
lesquelles s'est opérée l'assimilation entre Melqart et Héraclès, p. 399-417.

[60] Pour Bès à Bithia, P. AGUS, *Il Bes di Bitia*, dans *RSF* 11 (1983), p. 41-47. Pour les sceaux
représentant Bès, cf. A. DELLA MARMORA, *Sopra alcune antichità sarde*, dans *Reale Accademia
delle scienze di Torino, Memorie*, ser. II, 14 (1853), p. 101-252, table B ; A. FURTWÄNGLER, *op.
cit.* (n. 57), pl. XV,10.

[61] P. XELLA, *art. cit.* (n. 32), p. 72. Voir aussi p. 73, pour l'hypothèse rattachant le nom *Lb'*,
«Lion», attesté une fois en Sardaigne, à Melqart.

[62] *ICO*, Sard. 24, l. 4 ; G. COACCI POLSELLI, *Elementi arcaici nell'onomastica fenicio-punica
della Sardegna*, dans *Saggi fenici-I*, Rome 1975, p. 67-72.

[63] Cf. *supra*, p. 174-179.

Caquot[64], les éléments issus de l'onomastique témoignent de croyances vivaces, en dépit du conservatisme qui règne dans ce domaine, on peut y voir une trace supplémentaire de la persistance à Tharros du culte de Melqart et probablement de la célébration de son «réveil».

L'examen de l'ensemble de ces données concernant Melqart à Tharros fait apparaître la réalité d'un culte rendu au Baal tyrien dans la métropole phénicienne de Sardaigne, culte officiel et privé, qui se manifeste à la fois dans la dévotion d'une cité tout entière à un dieu qu'elle veille à abriter dans un sanctuaire digne de lui et dans l'attachement des familles au dieu ancestral, au symbole de leurs racines tyriennes[65].

4. Sulcis

Mis à part Tharros, on possède quelques toponymes intéressants, comme *Herculis Insula*, pour l'îlot d'Asinara, ou *Herculis Portus*, pour Porto Malfatano, dans une zone où une prospection archéologique a révélé de nombreux vestiges d'époque phénico-punique[66]. Mais pour retrouver un document plus parlant, il faut se tourner vers Sulcis. On y a découvert, près de l'acropole, un petit monument cubique en marbre, daté du IVe siècle av. J.-C.[67] (fig. 20). La cité de Sulcis, l'actuelle S. Antioco, située sur un îlot relié à la côte de la Sardaigne par un isthme dessinant deux ports, abritait, sur un très vaste territoire, d'importantes nécropoles, plusieurs sanctuaires et un *tophet* remontant au IXe-VIIIe siècle av. J.-C. Notre monument porte sur le bord supérieur de sa base une inscription punique qui ne mentionne toutefois aucun théonyme. Trois divinités sont représentées assises, sur trois faces du monument, dans un style grec. Sur la face principale figure Héraclès et, sur les faces latérales, Aphrodite et un dieu barbu tenant un épi de blé. Puisque l'objet a été dédié par un habitant punique de l'île, on peut raisonnablement y chercher des divinités puniques travesties, à savoir Melqart, Astarté ou Tanit et Baal Ḥammon, en Saturne frugifère[68]. Notre base est en outre un démenti à la conception

---

[64] A. CAQUOT, *Le kathénothéisme des Sémites de l'Ouest d'après leurs noms de personne*, dans J. BLEEKER - G. WIDENGREN - E.J. SHARPE (éd.), *Proceedings of the XIIth Int. Congress of the Int. Assoc. for the History of Religions*, Leyde 1975, p. 157-166.

[65] G. PESCE, *op. cit.* (n. 43), p. 39 affirme que Melqart «*può essere considerato quasi come personificazione del genio fenicio*».

[66] *Ibid.*, p. 39 ; S.M. CECCHINI, *I ritrovamenti fenici e punici in Sardegna*, Rome 1969, p. 78-79, 115. Cf. PTOLÉMÉE III 3,3 et 8 ; PLINE, *HN* III 84 ; STEPH. BYZ. s.v. Ἡράκλεια Σαρδοῦς.

[67] G. PESCE, *op. cit.* (n. 43), fig. 74 *a-c*.

[68] C. GROTTANELLI, *art. cit.* (n. 27), p. 163-164, par comparaison avec un rasoir carthaginois associant Héraclès-Melqart et Iolaos-Ṣid et avec le traité d'Hannibal, propose de reconnaître Iolaos-Ṣid dans le personnage à l'épi. Cette plante est toutefois un attribut spécifique de Saturne comme équivalent de Baal Ḥammon.

triadique orthodoxe de la religion phénicienne. Il n'existe pas, pour chaque panthéon, qu'il soit tyrien, carthaginois ou sulcitain, d'organisation rigide, mais au contraire des associations privilégiées, comme celle de Melqart et Astarté, ou de Baal Ḥammon et Tanit, qui n'excluent pas des regroupements de circonstances, en fonction d'affinités fonctionnelles ou de préoccupations contingentes et personnelles des dédicants. On relèvera qu'ici, Héraclès-Melqart occupe le centre de l'image et qu'on lui a associé deux grandes divinités. Ainsi cherchait-on peut-être à ménager à la fois la préséance des dieux principaux et la dévotion à Melqart.

Il faut encore signaler, dans l'onomastique de Sulcis, un anthroponyme *Mqr'*, dont la racine est peut-être à rapprocher du nom Makéris, un équivalent possible de Melqart[69], tout comme pour le nom *Bmqr*, attesté dans une inscription du IIIᵉ siècle av. J.-C., provenant de Cagliari[70] et aussi à El-Hofra[71]. Ils indiquent qu'une forme *Mlqrt* peut de fait évoluer en *Mqr*, donc en Makéris, avec les réserves que nous avons émises précédemment sur la vocalisation.

5. Antas

Jusqu'aux récentes découvertes d'Antas, Ṣid ne nous était connu que par l'onomastique[72] et par sa possible association à Melqart et Tanit, sous la forme d'Iolaos, dans le serment d'Hannibal[73]. À cela, il faut ajouter une tradition littéraire classique certes tardive, mais néanmoins significative et valorisée par S. Ribichini[74]. Indépendamment de cela, des auteurs grecs nous parlaient de Sardos, le fils de Makéris, un des *leaders* de la colonisation en Sardaigne. Vinrent alors les fouilles d'Antas, en 1968, qui livrèrent diverses inscriptions puniques et latines, établissant indubitablement l'assimilation entre Ṣid et Sardus Pater[75].

---

[69] *ICO*, Sard. Npun. 2, l. 3. Cf. *supra*, p. 250-253.

[70] *Ibid.*, Sard. 36, l. 3.

[71] G. COACCI POLSELLI, *art. cit.* (n. 62), p. 70-71.

[72] M.G. AMADASI GUZZO, *Note sul dio Sid*, dans *Ricerche puniche ad Antas*, Rome 1969, p. 95-104 (en Phénicie, en Égypte et dans l'aire punique).

[73] Cf. C. GROTTANELLI, *art. cit.* (n. 27), p. 153-164 et *supra*, p. 179-182.

[74] S. RIBICHINI, *Una tradizione sul fenicio Sid*, dans *RSF* 10 (1982), p. 171-175.

[75] U. BIANCHI, *Sardus Pater*, dans *ANLR* 8 (1963), p. 97-112 ; G. SOTGIU, *Le iscrizioni latine del tempio del Sardus Pater ad Antas*, dans *Studi sardi* 21 (1968), p. 720 ss ; M. FANTAR, *Les inscriptions*, dans *Ricerche puniche ad Antas*, Rome 1969, p. 47-93 ; M.G. AMADASI GUZZO, *art. cit.* (n. 72), p. 95-104 ; G. GARBINI, *Le iscrizioni puniche di Antas*, dans *AION* 19 (1969), p. 317-331 ; M. SZNYCER, *Note sur le dieu Ṣid et le dieu Ḥoron d'après les nouvelles inscriptions puniques d'Antas (Sardaigne)*, dans *Karthago* 15 (1969), p. 67-74 ; J. FERRON, *Le dieu des inscriptions d'Antas (Sardaigne)*, dans *Studi sardi* 22 (1971-72), p. 269-289 ; ID., *La nature du dieu Ṣid d'après les découvertes récentes d'Antas*, dans *Études sémitiques. Actes du XXIXᵉ Congrès International des Orientalistes*, Paris 1975, p. 9-16 ; F. BARRECA, *Il tempio di Antas e il culto di Sardus Pater*, Igle-

La présence phénico-punique à Antas remonte au moins au VIIe siècle av. J.-C., mais un village nouragique s'élevait à proximité du site. Vers 500 av. J.-C., un temple fut édifié, puis restauré au IIIe siècle av. J.-C. et recouvert, au IIe-IIIe siècle ap. J.-C., par un monument romain dont les ruines sont encore visibles. Les inscriptions, puniques et latines, qui consacrent le bâtiment, les premières au IVe siècle av. J.-C., les secondes au IIe siècle ap. J.-C., présentent des similitudes frappantes dans la titulature des maîtres des lieux : Ṣd 'dr b'by, d'une part, Sardi Patris Bab[..., d'autre part. Laissons de côté les longues discussions sur l'interprétation de 'dr et b'by, épithète locative ou désignation de l'«ancêtre», pour nous intéresser au syncrétisme Ṣid-Sardus Pater[76].

Sardus Pater, le Sardos des sources grecques, est l'éponyme de l'île, l'ancêtre de sa population, comme l'indiquent ses épithètes de Pater ou de b'by. Il est représenté sur le monnayage de l'île, coiffé d'une couronne de plumes ou de palmes. A. Roobaert, prenant en considération la chronologie des témoignages à son sujet, tous de l'ère chrétienne, incline à considérer Sardus Pater comme une création de la propagande romaine désireuse de se concilier les populations locales[77]. Mais même dans l'état tardif où elle nous est parvenue, la tradition relative à Sardos en fait un fils de Makéris, ce qui ne peut renvoyer aux Romains, mais au contraire au passé punique des populations de l'île. D'Antas provient du reste une statuette acéphale d'Héraclès à la léonté, datée du IIIe siècle av. J.-C.[78] Ce serait donc plutôt pour favoriser l'intégration de la composante phénico-punique que ce mythe circulait et que l'on avait procédé au rapprochement entre Sardos et Ṣid. La présence à proximité du site d'Antas d'un peuplement nouragique laisse supposer que, en adoptant le visage du leader des colons phéniciens de Sardaigne, Ṣid s'est approprié un trait du dieu paléosarde.

Les éléments à notre disposition sur la physionomie de Ṣid avant les découvertes d'Antas laissaient entrevoir une dimension bienfaisante, secourable ; or, deux statuettes de dieux guérisseurs lui sont dédiées dans son sanctuaire d'Antas, l'une d'Horon, l'autre de Shadrafa[79]. Mais, d'après l'étymologie de son nom, Ṣid serait un dieu «chasseur» ou «pêcheur», à

sias 1975 ; J. Ferron, Ṣid : état actuel des connaissances, dans Le Muséon 89 (1976), p. 425-450 ; M.L. Uberti - A.M. Costa, Una dedica a Ṣid, dans Epigraphica 42 (1980), p. 195-199.

[76] Cf. G. Garbini, art. cit. (n. 75), p. 317-331. Dans une dernière phase, le dieu fut assimilé au numen de Caracalla.

[77] A. Roobaert, Ṣid, Sardus Pater ou Baal Ḥammon ? À propos d'un bronze de Genoni (Sardaigne), dans St.Phoen. IV, Namur 1986, p. 333-345.

[78] S. Moscati, op. cit. (n. 1-1986), p. 286 et pl. XLVIIIa.

[79] Le sanctuaire était fréquenté par des personnes venues d'autres cités, peut-être s'agissait-il donc d'un important sanctuaire thérapeutique, cf. C. Grottanelli, Santuari e divinità delle colonie d'Occidente, dans RelFen, Rome 1981, p. 111.

moins que l'on ne mette en avant son rôle probable d'éponyme de Sidon, qui aurait favorisé son assimilation à un autre dieu éponyme[80]. D'après les chronographes grecs du VIe siècle ap. J.-C., Sidos est l'ancêtre ou le père du roi Melchisedek, le contemporain d'Abraham. Lui-même est fils d'Aigyptos, le roi de Libye, et s'est établi en Canaan où une cité et un royaume, ceux de Sidon, portent son nom. La Genèse connaît d'ailleurs un éponyme de Sidon, fils de Canaan, tandis que Philon de Byblos en fait une déesse[81]. La figure de Ṣid se trouve ainsi un peu éclaircie et sa physionomie dans le mythe de la colonisation de la Sardaigne mieux dessinée. Sa promotion d'œciste colonial, après avoir été éponyme à Sidon, se fit à la fois par l'intermédiaire de sa parenté avec Melqart et de son syncrétisme avec Sardus Pater. Carthage a dû jouer dans ce processus un rôle fondamental, de sorte que les références sidoniennes passaient au second plan. Ses attributions thérapeutiques ou bienfaisantes sont vraisemblablement le résultat d'une évolution générale des panthéons phéniciens à l'époque hellénistique. Elles sont par ailleurs assez régulièrement assumées par des divinités éponymes ou poliades[82].

C. La Sicile

1. Les Phéniciens en Sicile

À l'occasion de la campagne athénienne en Sicile, qui relança la Guerre du Péloponnèse, Thucydide propose à ses lecteurs une véritable «archéologie» de l'île[83]. Parmi ses composantes ethniques, l'historien mentionne les Phéniciens qui se seraient établis sur les côtes, occupant îlots et promontoires, pratiquant le commerce. «*Mais lorsque les Grecs commencèrent à débarquer dans l'île en grand nombre, ils* (=les Phéniciens) *évacuèrent la plupart de leurs établissements et se regroupèrent à Motyé, Solonte et Panorme*», soit

---

[80] F. BARRECA, *op. cit.* (n. 22), p. 140 ; M. FANTAR, *Le dieu de la mer chez les Phéniciens et les Puniques*, Rome 1977, p. 15 ss. Sardus Pater semble parfois associé à une lance ; or, le sanctuaire d'Antas a livré des petits javelots et des flèches en fer ; G. GARBINI, *Continuità e innovazioni nella religione fenicia*, dans *RelFen*, Rome 1981, p. 33.

[81] *Genèse*, 10,15 ; PHILON de Byblos *apud* EUSÈBE de Césarée, *PE* I 10 27,2.

[82] Le culte de Ṣid est attesté à Sulcis à l'époque romaine, cf. G. SOTGIU, *Un devoto di Sid nella Sulci romana imperiale ? (Rilettura di un'iscrizione :* IL Sard 3*)*, dans *Epigraphica* 44 (1982), p. 17-28. Il pourrait encore se manifester à Cagliari et à Sinis di Cabras, cf. M.L. UBERTI, *Dati di epigrafia fenicio-punica in Sardegna*, dans *ACFP 1*, vol. III, Rome 1983, p. 797-804 ; F. BARRECA, *op. cit.* (n.75) ; ID., *art. cit.* (n. 22), p. 182, pour son hypothétique représentation comme guerrier nu armé d'une lance dans une tombe de Cagliari du IVe siècle av. J.-C. D'un avis différent, A. ROOBAERT, *art. cit.* (n. 77), qui plaide en faveur d'un mort héroïsé.

[83] THUCYDIDE VI 1-6.

dans la portion occidentale de la Sicile, celle d'où la traversée de Carthage en Sicile est la plus courte. La chronologie et les modalités précises de la présence phénicienne en Sicile continuent naturellement d'être débattues [84]. L. Bernabò Brea [85] et S.F. Bondì [86] ont mis en évidence l'existence, avant l'époque des premières attestations archéologiques indéniables de Phéniciens, soit au VIIIe siècle av. J.-C., de traits culturels sensibles en Sicile et résultant probablement d'une *koiné* méditerranéenne, véhiculée par des navigateurs venus du Proche-Orient [87]. Leur apparition notamment dans la zone orientale de la Sicile semble corroborer la géographie thucydidéenne. Lorsque les Grecs mirent massivement le pied en Sicile, les Phéniciens concentrèrent leurs points d'attache dans l'ouest de l'île, vers le VIIIe siècle av. J.-C., sans doute sans violence [88]. À partir de ce moment, les positions phéniciennes furent stables, leurs établissements s'urbanisèrent [89] Les traces de la civilisation matérielle de cette époque induisent à penser qu'une composante syro-palestinienne et chypriote a dominé ces premiers noyaux urbains [90].

Ensuite, à partir du milieu du VIIe siècle av. J.-C., l'intervention en Sicile de l'élément carthaginois devient sensible. Déjà Thucydide soulignait le rapport privilégié qui unissait les deux régions, projetant dans le plus lointain passé une situation qui prévalait sans doute à son époque [91].

---

[84] Pour toute la bibliographie jusqu'en 1974, voir G. BUNNENS, *op. cit.* (n. 1), p. 124-127, 305, 381-382. On y ajoutera les titres suivants S. MOSCATI, *Sicilia e Malta nell'età fenicio-punica*, dans *Kokalos* 22-23 (1976-77), p. 147-161 ; V. TUSA, *La presenza fenicio-punica in Sicilia*, dans *Phönizier im Westen*, Mainz am Rhein 1981, p. 95-112 ; S. MOSCATI, *Precolonizzazione greca e precolonizzazione fenicia*, dans *RSF* 11 (1983), p. 1-7 ; V. TUSA, *La Sicilia fenicio-punica : stato attuale delle ricerche e degli studi e prospettive per il futuro*, dans *ACFP 1*, vol. I, Rome 1983, p. 187-197 ; S.F. BONDÌ, *art. cit.* (n. 1), p. 75-84 ; G. VOZA, *I contatti precoloniali col mondo greco*, dans G. PUGLIESE CARRATELLI et alii, *Sikanie. Storia e civiltà della Sicilia greca*, Milan 1985, p. 543-562 ; V. TUSA, *I Fenici e i Cartaginesi, ibid.*, p. 577-631 ; S. MOSCATI, *Italia punica*, Milan 1986, p. 21-138.

[85] L. BERNABÒ BREA, *Leggenda e archeologia nella protostoria siciliana*, dans *Kokalos* 10-11 (1964-65), p. 1-33.

[86] S.F. BONDÌ, *La Sicilia punica*, dans E. GABBA - G. VALLET (éd.), *La Sicilia antica* I,1, Naples-Palerme 1980, p. 163-225.

[87] Cette phase pourrait être contemporaine de la fréquentation mycénienne et submycénienne de la Sicile, cf. L. VAGNETTI, *I Micenei in Occidente. Dati acquisiti e prospettive future*, dans *Formes de contact et processus de transformation dans les sociétés anciennes*, Pise-Rome 1983, p. 165-185.

[88] V. TUSA, *Greci e non Greci in Sicilia, ibid.*, p. 299-314, souligne l'usage par Thucydide du participe ἐκλίποντες pour le retrait des Phéniciens.

[89] Cf. la mise au point de V. TUSA, *I centri punici della Sicilia*, dans *Kokalos* 18-19 (1972-73), p. 32-47. On notera par ailleurs qu'aucun témoignage *épigraphique* n'est antérieur au VIe siècle av. J.-C.

[90] A.M. BISI, *L'irradiazione semitica in Sicilia in base ai dati ceramici dei centri fenicio-punici dell'isola*, dans *Kokalos* 13 (1967), p. 30-60.

[91] DIODORE XIV 47,4 et PAUSANIAS V 25,6, en attribuant la fondation de Motyé à Carthage, font preuve de la même «logique».

L'étude de la Sicile du point de vue historico-religieux pourrait donc s'avérer particulièrement instructive dans la mesure où cette île fut le théâtre de contacts précoces et durables avec le monde grec. Cependant, V. Tusa estime qu'il ne faut pas en surestimer la portée, car ils auraient eu un caractère assez épidermique[92].

2. La statue de Sciacca (fig. 21)

En 1955, une statuette de bronze fut découverte dans la mer, à proximité de Sélinonte[93]. Sa taille — elle mesure 36 cm — et sa provenance en font un objet unique, comparable cependant, du point de vue typologique, à la statuaire syrienne du Bronze récent. Elle représente un dieu masculin barbu, avec une coiffe osirienne conique ; le bras droit levé tenait un objet, tandis que le gauche est tendu vers l'avant. Sur la base de critères stylistiques, elle est généralement datée entre le XIVe et le XIIe siècle av. J.-C.

Elle pose essentiellement deux problèmes : celui de l'identité du personnage représenté et celui du transport de l'objet sur les côtes de Sicile. Le nom de Melqart a été attribué à cette statue, mais il s'avère inadéquat pour plusieurs raisons. D'abord, nous n'avons pas d'attestation formelle de Melqart au-delà du Ier millénaire av. J.-C.[94]. Ensuite, il ne semble pas qu'à cette époque le type du «Smiting God» syro-palestinien, qui s'est largement répandu en Occident, ait représenté *une seule* divinité précise[95]. Dans l'art du IIe millénaire, cette attitude est certes caractéristique de Rashap, particulièrement en Égypte, mais elle l'est aussi, en Syrie, de Baal/Haddad, accompagné d'un élément végétal ou de la foudre. Dans d'autres cas, l'absence d'attribut rend l'identification du personnage impossible. Avec la diversification des panthéons poliades des cités phéniciennes du Ier millénaire et, *a fortiori* dans les milieux hétérogènes des colonies, cette iconographie fut reproduite, mais on ignore si on lui attribuait encore un sens aussi précis et personnalisé. Dans le cas qui nous occupe, la disparition des attributs rend toute apellation hautement hypothétique.

---

[92] V. Tusa, *art. cit.* (n. 84-1982), p. 95-112 ; S.F. Bondì, *I Fenici in Occidente*, dans *Formes de contact et modes de transformation dans les sociétés anciennes*, Pise-Rome 1983, p. 379-407.

[93] S. Chiappisi, *Il Melqart di Sciacca e la questione fenicia in Sicilia*, Rome 1961 ; A.M. Bisi, *Fenici o Micenei in Sicilia nella seconda metà del II millenio ? (in margine al cosiddetto Melqart di Sciacca)*, dans *Atti e Memorie del I Congresso Internazionale di Micenologia* III, Rome 1968, p. 1156-1168 ; V. Tusa, *La statuetta fenicia nel Museo nazionale di Palermo*, Rome 1975, p. 14, n°19, fig. V ; G. Purpura, *Sulle vicende ed il luogo di rinvenimento del cosiddetto Melqart di Selinunte*, dans *Sicilia archeologica* 14 (1981), p. 87-93.

[94] Pour les plus anciennes attestations de Melqart à Tyr (Xe s. av. J.-C.) et Alep (IXe s. av. J.-C.), cf. *supra*, p. 33-40, 132-136.

[95] A.M. Bisi, *Le «Smiting God» dans les milieux phéniciens d'Occident : un réexamen de la question*, dans *St.Phoen.* IV, Namur 1986, p. 169-187 ; H. Gallet de Santerre, *Les statuettes de bronze mycéniennes au type dit «du dieu Reshef» dans leur contexte égéen*, dans *BCH* 111 (1987), p. 7-29.

Quant à la portée historique d'une telle pièce, elle est malaisée à évaluer. L'adage *«testis unus, testis nullus»*, rappelé par S. Moscati[96], met l'accent sur les difficultés de reconstruire des courants commerciaux au départ d'un document isolé. Deux hypothèses sont envisageables. Soit la statue faisait partie du chargement d'un navire en provenance du Levant[97], soit elle a été véhiculée par les Mycéniens. Il n'est pas exclu qu'elle se rattache à une phase de «précolonisation». Quoi qu'il en soit, force nous est d'exclure cette pièce du dossier «Melqart», dont les attestations explicites en Sicile sont du reste fort ténues.

3. Melqart en Sicile

On relèvera d'abord sa présence dans l'onomastique. Sur un skyphos découvert à Motyé, on peut lire quatre lettres phéniciennes : *lqrt*, formant sans doute la fin d'un nom théophore formé sur Melqart, celui du propriétaire de l'objet, ayant vécu au Ve-IVe siècle av. J.-C.[98] Si elle ne peut être exclue, l'hypothèse selon laquelle il s'agirait d'une dédicace à Melqart a moins les faveurs des épigraphistes. On remarque par ailleurs une certaine fréquence de l'anthroponyme *'bdmlqrt* en Sicile, par exemple sur les stèles du VIe-Ve siècle av. J.-C. du tophet de Motyé, indice d'une dévotion vivante et répandue au dieu de Tyr[99].

Le nom de Melqart apparaît encore dans *Rš Mlqrt*, une légende monétaire apparaissant dans la deuxième moitié du IVe siècle av. J.-C.[100] Étant donné qu'aucune de ces pièces d'argent n'est inférieure à la tétradrachme, comme c'est le cas pour les siculo-puniques à légende *'mmḥnt*, *mḥšbm*, *b'ršt* et *qrtḥdšt*, on peut en déduire qu'il ne s'agissait pas d'un moyen de paiement local, pour lequel on recourait aux oboles ou litrae, ainsi qu'aux monnaies de bronze. C'est la raison pour laquelle L. Mildenberg propose de considérer *Rsmlqrt*, non comme un toponyme, mais comme une institution

---

[96] S. MOSCATI, *Sulla più antica storia dei Fenici in Sicilia*, dans *OA* 7 (1968), p. 187-199, surtout p. 187-188.

[97] G. PURPURA, *art. cit.* (n. 94), estime qu'en raison de sa taille — les exemplaires apparentés oscillent entre 14 et 22 cm —, la statue aurait pu servir de proue à un bateau.

[98] M.G. AMADASI, *Le iscrizioni*, dans A. CIASCA et alii, *Mozia V. Rapporto preliminare*, Rome 1969, p. 115-116 ; EAD., *Epigrafia punica in Sicilia*, dans *Kokalos* 18-19 (1972), p. 278-289, surtout p. 283.

[99] EAD., *art. cit.* (n. 98-1972), p. 282. Pour Motyé, EAD., *Le iscrizioni puniche*, dans A. CIASCA et alii, *Mozia VI. Rapporto preliminare*, Rome 1970, p. 104, n°9, p. 105, n°10, p. 108, n°14 ; EAD., *Scavi a Mozia. Le iscrizioni*, Rome 1986, n^{os}23,3; 24,2; 28,2. Cf. aussi G. COACCI POLSELLI, *L'onomastica fenicia di Mozia*, dans *RSF* 3 (1975), p. 75-79. Pour Grotta Regina, EAD. - M.G. AMADASI GUZZO - V. TUSA, *Grotta Regina II. Le iscrizioni puniche*, Rome 1979, n^{os}20,2; 45,4.

[100] G.K. JENKINS, *Coins of Punic Sicily*, dans *Revue suisse de numismatique* 50 (1971), p. 25-78, surtout p. 53-55 ; A. CUTRONI TUSA, *I Cartaginesi in Sicilia nell'epoca dei due Dionisii. La documentazione numismatica*, dans *Kokalos* 28-29 (1983-83), p. 213-236, surtout p. 219-220.

responsable de l'émission[101]. Depuis le XIXe siècle en effet, *Rsmlqrt* a été identifiée à diverses localités de Sicile, la dissémination des trouvailles monétaires ne permettant pas de privilégier un endroit. On songea donc à Heraclea Minoa, en raison de l'identification de Melqart à Héraclès et l'on argua du fait que la ville avait livré quelques graffiti phéniciens[102]. Héraclide ne lui attribuait-il d'ailleurs pas le nom de *Makara*[103] ? Mais à vrai dire, Heraclea Minoa est plutôt située dans la zone grecque de la Sicile, même si elle confine au territoire punique. On lui préféra parfois Sélinonte, en raison de l'importance du culte qu'elle rendait à Héraclès. Enfin, Kephaloidion, la moderne Cefalù, aurait, selon certains, gardé dans son nom, qui renvoie à sa position géographique, le souvenir du cap (*rs*) consacré à Melqart. Son monnayage du IVe siècle av. J.-C. porte d'ailleurs une iconographie et une légende héracléennes[104].

Ršmlqrt peut de fait signifier *Cap de Melqart* : *rš/r'š* est un élément fréquemment attesté dans la toponymie punique, particulièrement en Afrique[105]. Son sens initial est cependant celui de «*tête*», d'où dériverait celui de «*chef*». Par ce biais, L. Mildenberg explique le nom de l'institution carthaginoise, comparable à celles que désignent les autres légendes puniques citées précédemment. De manière peut-être significative, elle frappait des monnaies à l'effigie d'Héraclès-Melqart[106]. Il est évidemment impossible de préciser davantage la réalité de cet atelier et son rapport avec Melqart, mais on relèvera l'existence de deux inscriptions carthaginoises contenant l'expression *'m r(')šmlqrt*, marquant l'appartenance à la communauté

---

[101] L. MILDENBERG, *Zu einigen sikulo-punischen Münzlegenden*, à paraître en 1988 dans les *Festschrift Clain-Stefanelli*. Mes plus vifs remerciements vont au professeur L. Mildenberg qui m'a donné à connaître son étude avant sa parution et m'a en plus fourni maintes explications sur le sujet.

[102] E. DE MIRO, *Heraclea Minoa. Scavi eseguiti negli anni 1955-57*, dans *Notizie degli scavi* 1958, p. 284-285.

[103] HÉRACLIDE, Περὶ πολιτείων 29.

[104] S. CONSOLO LANGER, *Gli ΗΡΑΚΛΕΙΩΤΑΙ ΕΚ ΚΕΦΑΛΟΙΔΙΟΥ*, dans *Kokalos* 7 (1961), p. 166-198.

[105] *DISO*, p. 269-270 ; M. SZNYCER, *Recherches sur les toponymes phéniciens en Méditerranée occidentale*, dans *La toponymie antique*, Leyde 1977, p. 173-174 ; W. HUSS, *Geschichte der Karthager*, Munich 1985, p. 72.

[106] L.I. MANFREDI, *Ršmlqrt, R'šmlqrt : nota sulla numismatica punica di Sicilia*, dans *Rivista italiana di numismatica e scienze affini* 87 (1985), p. 3-8, propose de faire de *Ršmlqrt* une désignation des «*élus de Melqart*», responsables de l'émission. L'hypothèse est difficile à accepter car on ignore tout de «*'funzionari' appartenenti a quelle che si può definire una congregazione*», notion moderne délicate à appliquer à la religion phénicienne. L. Mildenberg note d'ailleurs qu'il ne s'agit pas de frappes locales et qu'on ne possède aucun parallèle d'émission liée à un temple ou à une institution religieuse. On notera enfin que la traduction de *r(')š* par «*élus*» est argumentée sur la base d'un dictionnaire de l'hébreu renseigné en note comme paru en 1979 sous le nom de Robinson. Il s'agit en réalité de la réédition d'un dictionnaire publié en 1907, à partir de la traduction anglaise faite par Robinson, en 1836, du Dictionnaire de Gesenius de 1833.

de *Ršmlqrt*, quelle que soit sa nature exacte, ville de Sicile ou groupe institutionnalisé [107].

4. Héraclès en Sicile

Par contraste avec l'extrême pauvreté des témoignages sur Melqart, ceux qui concernent Héraclès sont précis, détaillés, éloquents. Si Melqart semble si effacé, est-ce parce que, avec ses dévôts, il a dû se replier dans quelques positions sûres, se faisant supplanter ailleurs par son correspondant grec ? Cela n'est pas impossible, mais avant de suivre Héraclès en Sicile, avec Diodore [108], rappelons que la sévère sélection documentaire phénico-punique peut générer bien des perspectives trompeuses.

Héraclès, et son inséparable bétail ravi à Géryon, traversa le détroit de Messine, à la pointe nord-orientale de la Sicile. Désireux d'en faire le tour, il prit la direction d'Éryx, vers l'Ouest et, sur le chemin, se signala à Himère et Égeste. Parvenu à Éryx, il affronta victorieusement l'éponyme local qu'il déposséda de sa terre au profit des indigènes. À leur tour, ceux-ci la restituèrent, bien des siècles plus tard, au lacédémonien Dorieus, prétendu descendant d'Héraclès et fondateur, en Sicile, de la cité d'Héraclée, anéantie par les Carthaginois. L'étape suivante du périple héracléen fut Syracuse, presque à l'opposé d'Éryx. Là, il instaura des cultes en l'honneur de Coré et Déméter, puis il revint vers l'intérieur des terres où il défit les *leaders* des indigènes sicanes. Dans la plaine de Leontinoi, un peu plus au nord, il laissa des ἀθάνατα μνημεῖα de son passage et se rendit à Agyrion, la cité natale de Diodore, où il institua son propre culte en tant qu'immortel. Il quitta finalement la Sicile pour la péninsule italique.

On est immédiatement frappé par l'incohérence de la géographie ainsi esquissée : le circuit héracléen a tous les aspects d'un labyrinthe. Sans doute Diodore a-t-il compilé, comme il en a l'habitude, diverses traditions locales, dont Timée, qu'il connaissait d'autant mieux qu'il était originaire de Sicile. La perspective d'une interprétation d'ensemble, univoque, de ce récit nous paraît donc *a priori* fallacieuse. Certains modernes s'y sont pourtant essayés. E. Manni et E. Sjöquist ont interprété le cycle sicéliote d'Héraclès comme le souvenir du passage des Mycéniens par la Sicile, au même titre que les mythes de Kokalos, Dédale ou Minos, mis pareillement en rapport avec l'île [109]. La victoire sur les chefs sicanes, que Thucydide pré-

---

[107] *CIS* I,264 et 3707. Cf. M. Sznycer, *L'«assemblée du peuple» dans les cités puniques d'après les témoignages épigraphiques*, dans *Semitica* 25 (1975), p. 47-68, surtout p. 60-61. On pourrait rapprocher ces mentions de la légende monétaire '*mmḥnt*, *«du peuple du camp»*.

[108] Diodore IV 22,6-24,6.

[109] E. Manni, *Minosse e Eracle nella Sicilia dell'età del bronzo*, dans *Kokalos* 8 (1962), p.6-29. Il développe des thèses d'E. Ciaceri, *Culti e miti nella storia dell'antica Sicilia*, Catane 1911, p. 90-96, 275-285 ; E. Sjöquist, *Heracles in Sicily*, dans *Opuscula romana* 4 (1962), p. 117-123.

sente en effet comme une population fort ancienne[110], indiquerait que le passé dont il est question est fort reculé. Le caractère éphémère du passage du héros en bien des lieux plaiderait en outre en faveur d'un phénomène superficiel comparable à la fréquentation mycénienne de la Sicile.

L'interprétation d'ensemble de R. Martin est toute différente[111]. Elle vise à souligner la complexité de la fonction, du rituel et des origines de l'Héraclès de Sicile, honoré à la fois comme héros et comme dieu, faisant figure de conquérant violent, mais aussi de pacificateur et de créateur de cultes. Compagnon des colons grecs, il se rattacherait également, par sa qualité divine, à une tradition «orientale», dans laquelle Melqart jouerait un rôle fondamental. Typique de cet Héraclès-dieu, d'origine étrangère, serait son association à une déesse de fécondité, Aphrodite ou Déméter, en écho au couple phénicien Melqart-Astarté. Malgré son pouvoir suggestif, cet exposé de R. Martin procède à des rapprochements hâtifs, donc peu valides. Il faut plutôt se rallier à l'excellente analyse de M. Giangiulio sur ce sujet[112]. L'originalité de son approche réside dans le fait qu'il insiste sur la fonction mythique, et non historique, des traditions relatives à Héraclès en Sicile. C'est seulement après avoir éclairé les articulations et la logique de ce mythe que l'on pourra tenter d'en dégager l'arrière-plan historique, en rapport avec la cohabitation, propre à la Sicile, entre Grecs et non-Grecs. Nous nous proposons donc d'examiner successivement les différents épisodes qui forment ce mythe d'Héraclès en Sicile, afin d'analyser sa logique. On notera, avant cela, que les traditions relatives à l'Héraclès de Sicile ont le mérite d'apporter un correctif à la vision quelque peu dichotomique, héritée d'Hérodote, de la fiure d'Héraclès. On constatera en effet qu'il n'y a pas d'opposition nette entre Héraclès dieu-étranger et Héraclès héros-grec, les Grecs lui ayant eux-mêmes parfois conféré une dimension divine.

a) Éryx

Thucydide fait d'Éryx un territoire élyme, terme par lequel il désigne une fusion des Troyens et des Sicanes[113]. Lorsqu'ils se replièrent dans l'ouest de l'île, les Phéniciens devinrent leurs voisins et alliés. Hérodote connaît déjà le mythe de la conquête d'Éryx et de sa région par Héraclès, mais seul Diodore le met en scène[114]. Le souverain éponyme, Éryx, défia Héraclès avec, pour enjeu de l'affrontement, le royaume d'Éryx d'un côté,

---

[110] THUCYDIDE VI 2,1-5.

[111] R. MARTIN, *Introduction à l'étude d'Héraclès en Sicile*, dans *Recherches sur les cultes grecs et l'Occident* I, Naples 1979, p. 11-17.

[112] M. GIANGIULIO, *Greci e non-Greci in Sicilia alla luce dei culti e delle leggende di Eracle*, dans *Modes de contact et processus de transformation dans les sociétés anciennes*, Pise-Rome 1983, p. 785-845.

[113] THUCYDIDE VI 2.

[114] HÉRODOTE V 43 ; DIODORE IV 23,2-3.

le troupeau de Géryon, gage d'immortalité, de l'autre. Héraclès en sortit vainqueur, mais il restitua l'usufruit de la terre à ses habitants à condition qu'ils la remettent à leur tour à ses propres descendants, lorsqu'ils se présenteraient en Sicile. Éryx est donné par Diodore comme un fils d'Aphrodite [115]. Or, Éryx fut le centre d'un important sanctuaire élyme où les Phéniciens implantèrent le culte d'Astarté, ainsi qu'en témoigne une inscription phénicienne aujourd'hui perdue [116]. On y pratiquait la prostitution sacrée [117]. Assimilée à Aphrodite Erycine, cette divinité se répandit dans tout le bassin méditerranéen [118]. Archéologiquement parlant, on peut faire état de quelques graffiti, objets ou fragments d'architecture d'inspiration punique [119]. L'étude du matériel issu de découvertes fortuites et conservé au Musée local a révélé «*une présence constante de motifs phénico-puniques*» [120]. Dès lors, l'Héraclès qu'affronte Éryx, l'éponyme né de cette Aphrodite, le brigand agressif et xénophobe, selon un schéma mythique fréquent, et qui met en jeu son immortalité ne serait-il pas le concurrent grec, c'est-à-dire civilisé, d'un dieu honoré dans le sanctuaire indigène et phénico-punique d'Éryx ? L'association Melqart-Astarté est d'ailleurs extrêmement fréquente.

On s'est aussi demandé si le détour fait par Éryx n'avait pas une fonction purement étiologique au regard de l'expédition de Dorieus au VIe siècle av. J.-C. [121] Selon Hérodote, ce fils légitime d'Anaxandride, le roi de

---

[115] J. BÉRARD, *La colonisation grecque de l'Italie méridionale et de la Sicile dans l'Antiquité. L'histoire et la légende*, 2e éd., Paris 1957, p. 411 ss ; L. LACROIX, *Monnaies et colonisation dans l'Occident grec*, Bruxelles 1965, p. 69 ss ; P. FABRE, *Les Grecs et la connaissance de l'Occident*, Lille 1981, p. 73-75, 289-290.

[116] *ICO*, Sicile 1, fig. 6. Il s'agit d'une dédicace *lrbt l'štrt 'rk*, connue depuis le XVIIe siècle par une copie. Elle pourrait dater du IIIe-IIe siècle av. J.-C. Cf. aussi l'inscription *ICO*, Sard. 19, renfermant une autre dédicace à Astarté d'Éryx, du IIIe siècle av. J.-C. et *CIS* I,3776, de Carthage, dédiée à Tanit et Baal Hammon par Arishutbaal, fille de 'Amotmelqart, fille de Abdimilk, servante d'Astarté d'Éryx. Il s'agit donc d'une hiérodule dont l'aïeule se nommait «Désirée de Baal», la grand-mère «Servante de Melqart» et la mère «Milk est père».

[117] E. CIACERI, *op. cit.* (n. 107), p. 45-50, 76-90 ; R. SCHILLING, *La religion romaine de Vénus*, Paris 1954, p. 233-266 ; K. GALINSKI, *Aeneas, Sicily and Rome*, Princeton 1969, p. 71 ss ; C. GROTTANELLI, *Santuari e divinità delle colonie d'Occidente*, dans *RelFen*, Rome 1981, p. 109-133.

[118] S. MOSCATI, *Sulla diffusione del culto di Astarte Ericina*, dans *OA* 7 (1968), p. 91-94. Il pourrait y avoir une parenté entre le culte d'Éryx et celui d'Aphrodite à Paphos, la composante chypriote dans l'immigration phénicienne en Sicile ayant été soulignée par A.M. BISI, *La religione punica in Sicilia alla luce delle nuove scoperte archeologiche*, dans *SMSR* 39 (1968), p. 31-59. La fille d'Éryx, Psophis, eut aussi affaire à Héraclès. Cf. DIODORE IV 83 ; PAUSANIAS III 16,4-5 et VIII 24.

[119] V. TUSA, *art. cit.* (n. 89), p. 45-76 ; *ICO*, Sicile 1 et 6, timbre d'amphore D.

[120] V. TUSA, *art. cit.* (n. 89), p. 46. Cf. aussi ID., *art. cit.* (n 84-1982), p. 106.

[121] E. SJÖQUIST, *art. cit.* (n. 108), p. 117-123, exclut cette hypothèse parce que la source de Diodore serait antérieure à ces événements. Si tel est le cas (mais Diodore ne disposerait-il pas plutôt de *plusieurs* sources ?), il ne faut pas écarter l'idée que la tradition plus ancienne ait été remaniée en fonction de nouvelles données historiques.

Sparte, et frère de Léonidas et Cléombrotos, fut victime d'une sorte de bigamie de son père. Cléomène, en effet, bien que né d'un second mariage, l'évinça de la succession à la royauté [122]. Dorieus choisit alors de s'exiler, vers 510 av. J.-C. [123] Après une première tentative infructueuse sur les côtes africaines, il fonda en Sicile, sur les conseils de l'oracle de Delphes, une Héraclée, près d'Éryx. La maison royale spartiate prétendait de fait se rattacher aux Héraclides établis dans le Péloponnèse après leur célèbre retour [124]. Ses habitants furent exterminés par les Phéniciens et les Ségestins [125], à l'exception d'Euryléon, qui se fixa à Minoa, une colonie des Sélinontins, rebaptisée pour l'occasion Heraclea Minoa. Diodore, quant à lui, souligne la jalousie et la crainte que suscita, chez les Carthaginois, le succès de la prospère Héraclée [126]. En filigrane, apparaissent évidemment les conflits qui opposèrent Grecs et Puniques, aux VIe et Ve siècles av. J.-C., pour l'hégémonie sur la Sicile et qui ne prirent pas vraiment fin avec la bataille d'Himère en 480 av. J.-C. [127] L'Héraclès d'Éryx et d'Héraclée est donc fortement chargé de références «polémiques» et se pose en champion des intérêts grecs, peut-être pour faire contrepoids à un Héraclès non grec.

Il existe une tradition similaire au sujet de Solonte ou, plus précisément, de son éponyme Solous [128]. Or, Thucydide compte cette ville au nombre des établissements phéniciens [129]. Si le site de Solonte n'a livré aucun matériel antérieur au IVe siècle av. J.-C., les sites proches de Pizzo Cannita et de Monte Porcara pourraient bien correspondre à l'établissement phénicien de Thucydide ; le matériel y remonte, à l'heure actuelle, au VIe siècle av. J.-C. [130] Dès le Ve-IVe siècle av. J.-C., Héraclès figure sur le monnayage de la cité [131] et il n'est pas impossible que l'on ait gardé quelque trace de cultes non grecs [132]. Il pourrait s'agir au fond d'un cas typique de communauté biethnique. Situer Héraclès aux origines de la cité

---

[122] HÉRODOTE V 41-43. Sur ce sujet, cf. S. CONSOLO LANGER, art. cit. (n. 104), p. 166-198.

[123] Éd. WILL, Miltiade et Dorieus, dans La Nouvelle Clio 7-9 (1955-57), p. 127-132 ; P. PARENT, Ἡ εὐνομωτάτη πόλις. La lutte pour le pouvoir à Sparte (thèse de doctorat inédite), Liège 1985, p. 509-514.

[124] Ibid., p. 234-247.

[125] HÉRODOTE V 46.

[126] DIODORE IV 23 ; PAUSANIAS III 16,4-5.

[127] Cf. Éd. WILL, Le monde grec et l'Orient I. Le Ve siècle, Paris 1972, p. 230-236 ; W. HUSS, Geschichte der Karthager, Munich 1985, p. 94-96.

[128] HÉCATÉE 1 F 77 J = STEPH. BYZ. s.v. Σολοῦς.

[129] THUCYDIDE VI 2,6.

[130] V. TUSA, art. cit. (n. 89), p. 37-39.

[131] R.S. POOLE, BMC. Sicily, Londres 1876, p. 141-142.

[132] ICO, Sicile 12, pour une bilingue gréco-punique ; V. TUSA, art. cit. (n. 88), p. 310 ss, pour l'existence de trois pierres dressées dans l'aire sacrée de Solonte ; F.O. HVIDBERG-HANSEN, Due arule fittili di Solunto, dans Analecta romana 13 (1984), p. 25-48, surtout p. 30.

de Solonte, comme on le fait pour Éryx, est donc une manière d'affirmer
hautement l'élément grec implanté dans ces régions, d'en sanctionner la
légitimité[133]. Même si on est tenté de le supposer, aucun élément ne permet cependant d'être sûr que cette tradition héracléenne ait été forgée en
écho à une implantation du culte de Melqart.

b) *Syracuse*

Ici, le passage d'Héraclès s'inscrit dans un tout autre contexte. Le
héros parvient sur le site de la future Syracuse et apprend que le lieu est
associé au mythe de Coré. En conséquence, il lui offre des sacrifices et ins-
titue son culte, associé à celui de Déméter. Chez Thucydide, Syracuse
passe pour une fondation d'Archias le Corinthien, un descendant des Héraclides et est située au milieu du VIIIe siècle av. J.-C., puisqu'il la place
juste après la fondation de Naxos par les Chalcidiens[134]. Archias expulsa
d'un îlot les Sikeloi : il doit s'agir de l'îlot d'Ortygia. Nous avons à plusieurs reprises évoqué le rôle de la caille, ὄρτυξ, dans le rituel de Melqart,
mais ce toponyme est assez répandu en Méditerranée. Il n'empêche que,
pour V. Tusa, l'îlot aurait pu être partiellement occupé par les Phéniciens
avant l'arrivée des Grecs[135], même si les traces sicules et mycéniennes, en
Sicile orientale, sont beaucoup plus nettes[136]. Le fait que Diodore atteste,
pour une période postérieure, la présence de Carthaginois à Syracuse n'est
en aucune manière une preuve, sinon de l'existence de contacts entre les
communautés de l'île[137]. R. Martin a tiré argument de l'association syra-
cusaine entre Héraclès et une déesse de fertilité pour reconnaître en eux
un couple de divinités d'origine proche-orientale[138]. Cependant, outre le
fait qu'une telle association n'est pas l'apanage de Melqart, on retiendra
plus volontiers l'interprétation donnée par M. Giangiulio[139]. D'abord, le
rapport entre Héraclès, qui figure d'ailleurs sur le monnayage syracusain,
et Déméter aurait plutôt été importé des métropoles grecques[140]. Les dirigeants syracusains, les Dinoménides, et en particulier Gélon, auraient joué
la carte de l'ancêtre-œciste héraclide, afin de cautionner leurs entreprises
dans l'arrière-pays car l'épisode syracusain d'Héraclès ne peut être dissocié
de son aventure dans l'hinterland. La fonction de Déméter et Coré, dans

[133] M. GIANGIULIO, *art. cit.* (n. 111), p. 795, 809-810.
[134] THUCYDIDE VI 3.
[135] V. TUSA, *art. cit.* (n. 84-1983), p. 196.
[136] M.P. LOICQ-BERGER, *Syracuse. Histoire culturelle d'une cité grecque*, Bruxelles 1967, p. 21-28.
[137] DIODORE XIV 46.
[138] R. MARTIN, *art. cit.* (n. 110), p. 11-17.
[139] M. GIANGIULIO, *art. cit.* (n. 111), p. 811 ss.
[140] On peut songer au cas de Mycalessos, Thespies, Érétrie. Cf., en dernier lieu, G. SFAMENI GASPARRO, *Misteri e culti mistici di Demetra*, Rome 1986.

ces zones fondamentalement agraires, était d'intégrer, avec l'aide d'Héraclès, les populations rurales au territoire syracusain. Les non-Grecs concer-
nés par ce volet de la tradition héracléenne ne sont donc pas les
Phéniciens [141].

c) *Agyrion*

Le propos de Diodore se fait long, et pour cause : il évoque sa patrie.
Les traits marquants du culte d'Héraclès dans sa cité natale sont son caractère divin, ainsi que son association à Géryon et Iolaos. Or, Agyrion n'est
pas la seule cité grecque à revendiquer l'initiative d'avoir honoré Héraclès
comme un dieu ; ce trait de culte ne suffit donc pas à se prononcer sur
le caractère non-grec de celui-ci [142]. Tout au plus peut-on y déceler une
éventuelle volonté d'insister sur ce trait de physionomie en écho à un concurrent qui le possédait bel et bien. Par ailleurs, les paradigmes des associations cultuelles attestées à Agyrion, celles d'Héraclès avec Géryon et Iolaos,
se trouvent dans la sphère eubéenne et béotienne dont on connaît l'importance pour le mouvement colonial grec vers l'Occident. Ces traits soulignent la dimension initiatique des cultes d'Agyrion.

5. Motyé

Il semble que la fondation de Motyé, l'actuelle Mozia, sur un îlot au
large de la côte orientale de la Sicile, remonte au VIIIᵉ siècle av. J.-C. [143]
En 397 av. J.-C., l'établissement phénicien connut un revers grave dont il
ne se releva pas vraiment ; quelques traces d'occupation subsistent, mais
d'une ampleur bien moindre. L'intérêt majeur des fouilles de Motyé réside
dans le *tophet*, dont la phase la plus ancienne remonte à 700 av. J.-C.
environ [144]. Mais il ne faut pas négliger l'aire sacrée de Cappiddazzu,
même si aucun indice ne permet à ce jour d'identifier les divinités qui y
faisaient l'objet d'un culte [145].

---

[141] M. GIANGIULIO, *art. cit.* (n. 111), p. 822-823.

[142] E. CIACERI, *op. cit.* (n. 107), p. 285-289 ; J.H. CROON, *The Herdsman of the Dead*, Utrecht
1952, p. 41-46. Cf. C. JOURDAIN-ANNEQUIN, *Héraclès Parastatès*, dans *Les grandes figures religieuses. Fonctionnement pratique et symbolique dans l'Antiquité*, Paris 1986, p. 283-331, surtout p.
295-297. Pour un parallèle de culte divin à Héraclès, par exemple à Marathon, PAUSANIAS I 15,3
et 32,4.

[143] Cf. les divers rapports de fouilles dans la collection *Studi semitici* et dans la *RSF*. Mises
au point récentes dans V. TUSA, *art. cit.* (n. 89), p. 33-37 ; B.S.J. ISSERLIN, *Motya : Urban Fea-
tures*, dans *Phönizier im Westen*, Mainz 1982, p. 113-131.

[144] A. CIASCA, *Note moziesi*, dans *ACFP 1*, vol. III, Rome 1983, p. 617-622 ; M.G. AMADASI
GUZZO, *La documentazione epigrafica dal* tofet *di Mozia e il problema del sacrificio* molk, dans
St.Phoen. IV, Namur 1986, p. 189-207 ; EAD., *op. cit.* (n. 99).

[145] B.S.J. ISSERLIN, *art. cit.* (n. 143), p. 124.

Au VIᵉ siècle av. J.-C., Hécatée de Milet relatait déjà la manière dont Motyé, l'éponyme locale, avait dénoncé à Héraclès ceux qui lui avaient volé ses bœufs[146]. Faut-il y voir une tentative d'implanter l'Héraclès grec sur un terrain hypothétiquement occupé par Melqart ? Celui-ci se manifeste, nous le savons, dans l'anthroponymie de Motyé[147] et l'on notera avec intérêt que la présence d'Astarté s'avère probable[148]. Les dernières années ont livré deux documents intéressants pour notre propos. À tout seigneur, tout honneur : la statue de Motyé (fig. 22). Découverte en octobre 1979 par G. Falsone[149], à quelques mètres au nord-ouest du sanctuaire de Cappiddazzu, elle fait partie d'un contexte archéologique postérieur à la destruction de 397 av. J.-C. Stylistiquement, cette grande œuvre appartient toutefois au Vᵉ siècle av. J.-C., ou peut-être au début du IVᵉ siècle av. J.-C. Plus grande que nature, elle mesure 1,80m et est taillée dans un marbre blanc. Les pieds et les bras manquent, mais on peut penser que le bras droit brandissait un attribut, tandis que le gauche reposait sur le flanc. Elle est d'une facture exceptionnelle et a suscité, depuis sa découverte, bien des débats[150]. L'intérêt s'est notamment porté sur son vêtement ; il s'agit en effet d'une longue tunique finement plissée et moulante, qui souligne la virilité du personnage. Un large pectoral, portant encore des traces de couleur rouge, lui ceint la poitrine. Il nous est impossible, ici, de rendre compte des détails de l'interprétation stylistique, mais il faut nous pencher sur l'hypothèse, défendue par G. Falsone, d'une identification à Melqart ou à un personnage attaché à son culte. Il s'agirait alors du dieu en tenue sacrificielle, portant peut-être, sur le bras manquant, un attribut héracléen servant à l'identifier comme tel. Silius Italicus, dans son évocation de Gadès et du sanctuaire d'Héraclès, décrit le vêtement des prêtres du dieu comme une longue tunique de lin retenue par un pectoral[151]. Il existe en outre toute une tradition sur l'Héraclès travesti qui, vêtu de robes féminines, souligne les potentialités du dieu dans le domaine de la fécondité. Or, Melqart possède aussi des qualifications de ce type. Le rapprochement est donc séduisant. Cependant, nous pourrons voir ultérieurement que l'Héraclès travesti de Rome, Tivoli ou Cos n'a, à nos yeux, véritablement aucun

[146] Hécatée 1 F 76 J = Steph. Byz., s.v. Μοτύη.
[147] Cf. *supra*, l'étude des attestations de Melqart en Sicile, p. 267-268.
[148] M.G. Amadasi Guzzo, *Culti femminili a Mozia*, dans suppl. *RSF* 9 (1981), p. 7-11.
[149] G. Falsone, *La statue de Motyé. Aurige ou prêtre de Melqart*, dans *Mélanges J. Labarbe*, Liège-Louvain-la-Neuve 1987, p. 407-427 ; Id., *Nouvelles données sur Melqart dans le monde punique*, à paraître dans *St.Phoen.* VI. Je remercie G. Falsone pour les échanges amicaux sur ce sujet.
[150] Cf. aussi V. Tusa, *La statua di Mozia*, dans *PdP* 223 (1983), p. 445-456 ; A. Spanò Giammellaro, *Ein Marmorstatue aus Mozia (Sizilien)*, dans *Antike Welt* 16/4 (1985), p. 16-22 ; E. La Rocca, *Il giovane di Mozia come auriga : una testimonianza a favore*, dans *Pdp* 225 (1985), p. 452-463 ; V. Tusa, *Il giovane di Mozia*, dans *RSF* 14 (1986), p. 143-152.
[151] Silius Italicus III 24-26.

lien avec Melqart. Il s'agit donc, selon toute vraisemblance, de traditions distinctes recourant au même symbolisme. On a aussi songé à Hamilcar, le général carthaginois qui s'est jeté dans le feu de l'holocauste offert aux dieux et fut, selon Hérodote, l'objet d'un culte de la part des Carthaginois [152]. Mais nous avons dit précédemment ce qu'il fallait penser d'une confusion, chez Hérodote, entre le général et Melqart, ainsi que du rapport entre son suicide par le feu et le culte de Melqart [153].

D'autres savants ont mis en avant le caractère fortement grec de cette statue et rappelé le texte de Diodore qui affirme qu'il existait à Motyé des temples révérés par les Grecs [154], donc une composante ethnique hellénique à qui l'on doit peut-être l'initiative de cette représentation. Enfin, l'hypothèse d'un aurige a été défendue par certains, mais elle ne semble pas obtenir tous les suffrages. On conclura donc sur un point d'interrogation, dans l'espoir que les analyses stylistiques et iconographiques s'affinent, à moins qu'une prochaine campagne de fouilles ne nous livre la base de la statue.

La seconde pièce récemment découverte est un petit moule de terre cuite du VIe-Ve siècle av. J.-C., fabriqué sur place, qui représente le combat d'Héraclès contre l'Hydre de Lerne [155]. Il se rattache à une longue série de représentations similaires dans l'art grec et, étant donné l'importance de l'élément phénico-punique à Motyé, pourrait témoigner, dès cette époque, d'une assimilation consommée entre Melqart et Héraclès. Le choix de cet épisode ne serait pas insignifiant dans la mesure où il trouve des répondants dans diverses thériomachies des mythologies levantines [156]. Le milieu mixte de Motyé aurait donc pu favoriser un rapprochement précoce entre Melqart et Héraclès, mais on attend toujours, il faut le rappeler, la première attestation explicite du dieu tyrien à Motyé. Un culte à Héraclès, le héros grec, n'est pas à écarter à priori, suivi de la pénétration de son iconographie traditionnelle.

6. Sélinonte

Voilà une cité située aux confins de la zone grecque, où la culture punique est nécessairement assez sensible [157]. Lors de la bataille d'Himère,

---

[152] HÉRODOTE VII 167.

[153] Cf. supra, p. 173.

[154] DIODORE XIV 53,2 ; 53,5.

[155] G. FALSONE, art. cit. (n. 149), à paraître.

[156] A.M. BISI, L'Idra. Antecedenti figurativi orientali di un mito greco, dans Cahiers de Byrsa 10 (1964-65), p. 21-42 ; G. AHLBERG-CORNELL, Herakles and the Sea-Monster in Attic Black-Figure Vase-Painting, Stockholm 1984.

[157] A. DI VITA, L'elemento punico di Selinunte, dans Archeologia classica 5 (1953), p. 39-47 ; V. TUSA, Selinute punica, dans Rivista dell'Istituto nazionale d'archeologia e storia dell'arte 18

les Sélinontains ne furent-ils pas les premiers à se ranger du côté des Carthaginois, selon Diodore [158] ? Sur l'Acropole, on a dégagé, dans l'enceinte du sanctuaire de la Malophoros, une zone cultuelle punique [159]. Après 409 av. J.-C., en effet, Sélinonte connut une domination carthaginoise, les populations grecques se réfugiant sur l'Acropole. Près du temple C, on a découvert plusieurs inscriptions phénico-puniques [160]. Nous sommes donc bien confrontée à une cité mixte où Héraclès est bien attesté. Les fameuses métopes archaïques de Sélinonte représentent ses exploits [161] et l'inscription du temple G le classe parmi les protecteurs attitrés de la cité, avec Zeus, Héra et la Malophoros [162]. Voilà pourquoi il figure sur le monnayage sélinontain du Ve siècle av. J.-C. [163] et est mentionné dans l'inscription de Poggioreale, dans la *chora* de Sélinonte [164]. La position-clé de Poggioreale, à la limite du territoire, fait d'Héraclès le protecteur d'un avant-poste stratégique qui met la cité en relation avec la mer Tyrrhénienne, dans une zone limitrophe par rapport aux Puniques. Une assimilation entre cet Héraclès-là et Melqart n'est peut-être pas à rejeter, étant donné l'influence punique à Sélinonte, mais elle n'est pas assurée. Si elle trouvait une confirmation ultérieurement, on pourrait penser que Melqart était honoré dans le temple C, celui qui a livré plusieurs centaines de fragments de terre cuite imprimée ayant servi de sceaux, peut-être pour les archives sacrées ou civiles, et portant des symboles héracléens [165]. Mais pour comprendre cette réelle popularité d'Héraclès à Sélinonte, il faut aussi tenir compte des cultes de sa métropole, Mégare, et, au delà, de ceux d'Argos [166].

Si donc, comme le note A.M. Bisi [167], Baal Ḥammon, Tanit et Astarté sont assez bien documentés dans la religion punique de Sicile, en revanche, d'autres divinités de l'importance de Melqart, Eshmoun ou Rashap, sont

(1971), p. 47-68 ; R. MARTIN, *Histoire de Sélinonte d'après les fouilles récentes*, dans *CRAI* 1977, p. 48-63 ; S. MOSCATI, *op. cit.* (n. 84-1986), p. 123—129.

[158] DIODORE XIII 55,1.

[159] V. TUSA, *Aree sacrificali a Selinunte e a Solunto*, dans *Mozia II. Rapporto preliminare*, Rome 1966, p. 143 ss ; M.Th. LE DINAHET, *Sanctuaires chthoniens de Sicile de l'époque archaïque à l'époque classique*, dans G. ROUX (éd.), *Temples et sanctuaires*, Lyon 1984, p. 137-152.

[160] *ICO*, Sicile 7, 8, 11, timbre d'amphore A.

[161] R. MARTIN, *art. cit.* (n. 157), p. 11-12 ; V. TUSA, *art. cit.* (n. 88), p. 299-314, trouve à certaines une composante syro-palestinienne. N'est-ce pas fréquent dans l'art archaïque grec ?

[162] R. MARTIN, *art. cit.* (n. 110), p. 11 ; M. GIANGIULIO, *art. cit.* (n. 111), p. 796-806.

[163] L. LACROIX, *op. cit.* (n. 115), p. 26, 34 ss.

[164] M. GIANGIULIO, *art. cit.* (n. 111), p. 796-806.

[165] A. SALINAS, *Dei sigilli di creta rinvenuti a Selinunte e ora conservati nel Museo nazionale di Palermo*, dans *Notizie degli scavi* 1883, p. 287-314.

[166] L. LACROIX, *op. cit.* (n. 115), p. 35-39 ; D. ASHERI, *La colonizzazione greca*, dans *op. cit.* (n. 87), p. 130, pense que l'Héraclès de Sélinonte est Melqart.

[167] A.M. BISI, *art. cit.* (n. 118), p. 31-59.

apparemment, dans l'état actuel de nos connaissances, fort discrets. Certes, la région est fortement hellénisée, mais il est difficile de savoir si cet état de chose, si ce bilan cultuel est le reflet de quelque tendance historico-religieuse, dont il n'est pas possible de percevoir clairement la logique d'ensemble, ou le résultat des hasards de la sélection documentaire. Peu d'inscriptions, moins encore d'iconographie, en regard d'une tradition gréco-romaine plus solide : tel est le bilan de notre enquête. Nous en retiendrons aussi que la valorisation de cette documentation mythique grecque, plutôt tardive, passe par le respect de sa perspective *sui generis*, celle d'une tradition «coloniale» destinée à asseoir et à régir les rapports entre communautés grecques et non-grecques. C'est la raison pour laquelle Héraclès y occupe, en tant que héros hellénique par excellence, une place de choix, au point qu'il semble occulter presque totalement Melqart. On peut rappeler, pour conclure, que le type héracléen connut au surplus une grande vogue dans la numismatique grecque de Sicile, outre à Sélinonte et Solonte, à Géla, Éryx, Syracuse...[168] Celui qui figure sur le monnayage punique de Sicile, si remarquablement étudié par G.K. Jenkins[169], est très naturellement à mettre en rapport avec Melqart. Mais sa profonde hellénisation fait songer à un modèle grec, sans doute le monnayage d'Alexandre, de sorte qu'il ne faudrait pas en tirer trop rapidement de conclusions sur les cultes pratiqués là où ces monnaies étaient frappées et circulaient.

D. Pyrgi et l'Étrurie

1. Introduction

Les traces d'échanges entre Carthage et l'Étrurie ne manquent pas[170]. Il semble que les richesses minières étrusques et l'intensité des activités

---

[168] R.S. POOLE, *op. cit.* (n. 131), p. 64, 73, 143. Pour une étude d'ensemble, cf. S. CONSOLO LANGER, *art. cit.* (n. 104) ; L. LACROIX, *op. cit.* (n. 115).

[169] G.K. JENKINS, *Coins of Punic Sicily*, dans *Revue suisse de numismatique* 50 (1971), p. 25-78 ; 53 (1974), p. 23-41 ; 56 (1977), p. 5-65 ; 57 (1978), p. 5-68. Cf. aussi A. CUTRONI TUSA, *Ricerche sulla monetazione punica in Sicilia*, dans *Kokalos* 13 (1967), p. 73-87 ; EAD., *Rapporti tra Greci e Punici in Sicilia attraverso l'evidenza numismatica*, dans *ACFP 1*, vol. 1, Rome 1983, p. 135-143 ; EAD., *Recenti soluzioni e nuovi problemi sulla monetazione punica della Sicilia*, dans *Studi di numismatica punica* (= suppl. *RSF* 11 [1983]), p. 37-42.

[170] M. PALLOTTINO, *Les relations entre les Étrusques et Carthage du VIIe au IIIe siècle avant J.-C.*, dans *Cahiers de Tunisie* 44 (1963), p. 25 ss ; J. FERRON, *Les relations de Carthage avec l'Étrurie*, dans *Latomus* 25 (1966), p. 689-709 ; G. GARBINI, *I Fenici in Occidente*, dans *SE* 34 (1966), p. 111-147 ; É. COLOZIER, *Les Étrusques et Carthage*, dans *MÉFRA* 65 (1973), p. 63-98 ; R. ROSS HOLLOWAY, *Italy and the Aegeans 3000-700 B.C.*, Louvain-la-Neuve 1981, p. 137-139 ; W. HUSS, *Geschichte der Karthager*, Munich 1985, p. 23, 65-66 ; J. MACINTOSH TURFA, *International Contact : Commerce, Trade and Foreign Affairs*, dans L. BONFANTE (éd.), *Etruscan Life and Afterlife*,

commerciales dans cette région aient attiré les marchands puniques et peut-être aussi les négociants phéniciens[171]. Mais, entre Étrusques et Carthaginois, sévissait dans le même temps une dure concurrence dont le pseudo-Aristote se fait l'écho[172]. Dans le domaine politique, les rapports furent également fort étroits. Au VIe siècle av. J.-C., les deux peuples affrontèrent ensemble la menace phocéenne[173]. En 508 av. J.-C., cependant, à l'aube de la république romaine, les Carthaginois diversifièrent leurs alliances et signèrent avec Rome un important traité[174]. En 480 et 474 av. J.-C., Étrusques et Carthaginois subirent deux défaites consécutives face aux Grecs, mais ce n'est en somme qu'avec les Guerres Puniques que les Étrusques finirent par se conformer à la politique hostile de Rome à l'égard de Carthage.

Les inscriptions de Pyrgi, dont nous allons traiter, témoignent bien de l'emprise réelle des Carthaginois sur les circuits commerciaux tyrrhéniens, voire sur la vie politique de ces régions[175]. La bibliographie qui se rapporte à cette fameuse inscription bilingue étrusco-punique a atteint des proportions colossales : son caractère redondant nous a incitée à être réellement sélective et à ne retenir que les études s'étant avérées fondamentales[176].

2. Les lamelles de Pyrgi (fig. 23)

La campagne de fouilles menée par M. Pallottino en 1964 à Santa Severa, site moderne de l'antique Pyrgi, le port de Caere, a révélé trois lamelles d'or inscrites, aujourd'hui conservées au Musée de la Villa Giulia. Deux d'entre elles portent un texte étrusque, la troisième, un texte phénico-punique. En voici la transcription.

Warminster 1986, p. 66-91 ; S. MOSCATI, *Italia punica*, Milan 1986, p. 347-351. Cf. aussi *supra*, p. 167-168, pour une inscription étrusque trouvée à Carthage et datée du VIIe-VIe siècle av. J.-C.

[171] A.M. BISI, *La presenza fenicia in Italia nei primi tempi della colonizzazione greca*, dans *Magna Grecia* 13/5-6 (1978), p. 12-19 ; A. RATHJE, *Oriental Imports in Etruria*, dans *Italy before the Romans*, Londres 1979, p. 145-183 ; M. GRAS, *A proposito delle anfore cosiddette «fenicie» del Lazio*, dans *PdP* 36 (1981), p. 21-23 ; S.F. BONDÌ, *art. cit.* (n. 1), p. 92-95.

[172] Ps. ARISTOTE, Περὶ θαυμασίων ἀκουσμάτων 84.

[173] HÉRODOTE I 165-166.

[174] POLYBE III 22.

[175] S.F. BONDÌ, *art. cit.* (n. 1), p. 93.

[176] *Editio princeps* par M. PALLOTTINO - G. COLONNA et alii, *Scavi nel santuario etrusco di Pyrgi*, dans *Archeologia classica* 16 (1964), p. 49-117, pl. XXV-XXXIX ; *ICO*, Italia 2 ; *KAI* 277 ; AA.VV., *Le lamine di Pyrgi*, Rome 1970 (avec une bibliographie exhaustive jusqu'à la tenue de cette table ronde) ; G. GARBINI, *I Fenici. Storia e religione*, Naples 1980, p. 205-234 ; AA.VV., *Die Göttin von Pyrgi*, Florence 1981 ; E. LIPIŃSKI, *Nordsemitische Texte 7. Die Inschriften aus Pyrgi*, dans W. BEYERLIN(éd.), *Religionsgeschichtliches Textbuch zum Alten Testament*, 2e éd., Göttingen 1985, p. 260-261 ; K.-W. WEEBER, *Die Inschriften von Pyrgi*, dans *Antike Welt* 16/3 (1985), p. 29-37.

a) Texte étrusque [177]

1. *ita tmia icac heramaśva*
2. *vatieχe unialastres θemiasa*
3. *meχ θuta θefariei velianas*
4. *sal cluvenias*
5. *turuce munistas θuvas tameresca*
6. *ilacve tulerase nac ci avil χurvar teśiameitale*
7. *ilacve alśase nac atranes zilacal seleitala*
8. *acnaśvers*
9. *itanim heramve avil eniaca pulumχva.*

b) Texte phénico-punique

1. *lrbt l'štrt 'šr qdš*
2. *'z 'š p'l w'š ytn*
3. *tbry' wlnš mlk 'l*
4. *kyšry' byrḥ zbḥ*
5. *šmš bmtn 'bbt wbn*
6. *tw k 'štrt 'rš bdy*
7. *lmlky šnt šlš 3 by*
8. *rḥ krr bym qbr*
9. *'lm wšnt lm'š 'lm*
10. *bbty šnt km hkkbm*
11. *'l*

Un accord n'a pas encore pu se faire sur la traduction de la partie phénico-punique de ce texte, l'étrusque n'étant intelligible que très partiellement. L'équivoque principale de la version phénico-punique porte sur la ligne 6 où est explicitée la raison de la dédicace. Nous ferons donc état des deux principales thèses en présence à ce sujet et reviendrons ultérieurement sur les interprétations qui en découlent.

1. «*À la Dame, à Astarté. Ceci (est) le lieu saint*
2. *qu'a fait et qu'a donné*
3. Tbry' wlnš, *roi sur*
4. Kyšry', *au mois du sacrifice*
5. *du/au soleil, comme don dans le temple et il a construit*
6. *cette niche/chambre (?) parce que Astarté le lui a demandé / a été épousée par son intermédiaire*
7. *dans l'année III de son règne, au mois*
8. *de krr, le jour de l'ensevelissement*
9. *de la divinité ; et puissent les années de la statue de la divinité*
10. *dans son temple être (autant) d'années que ces*
11. *étoiles».*

[177] *TLE* 874 ; A.J. Pfiffig, *Uni-Hera-Astarte. Studien zu den Goldblechen von S. Severa/Pyrgi mit etruskischer und punischer Inschrift*, Vienne 1965 ; G. Garbini, *op. cit.* (n. 176), p. 223-234 ; H. Rix, *Pyrgi-Texte und etruskische Grammatik*, dans *Die Göttin* ...(n. 176), p. 83-102 ; A. Tovar, *Einige Bemerkungen zu den Pyrgi Inschriften, ibid.*, p. 103-113.

En ce qui concerne la chronologie des documents, sans présumer du contexte archéologique de leur découverte que nous allons étudier, l'examen paléographique des deux textes plaide en faveur d'une datation à la charnière entre le VIᵉ et le Vᵉ siècle av. J.-C., vers 500 av. J.-C., proposition d'autant plus défendable qu'elle s'inscrit dans un contexte historique cohérent : celui des relations diplomatiques entre mondes étrusque et punique[178]. Il s'agit à présent de se demander si l'abondant matériel figuré issu des sanctuaires de Pyrgi peut contribuer à éclairer la portée surtout cultuelle des textes. Deux points méritent d'emblée d'être soulignés : d'une part, la complexité du langage figuré qu'Étrusques, Grecs, Puniques et Romains interprétaient à leur façon, d'autre part, l'incertitude dans laquelle nous nous trouvons quant aux relations précises unissant l'iconographie d'un sanctuaire et les divinités qu'il abrite.

3. Le sanctuaire et ses temples

a) *Description*

Pyrgi est certes un sanctuaire maritime, mais il présente aussi la particularité d'être un sanctuaire suburbain par rapport d'abord à l'habitat céranite, mais même par rapport à la zone portuaire de Pyrgi. Strabon attribue à Pyrgi un passé pélasgique et souligne ainsi ce qui la rattache à la sphère hellénique[179]. Les fouilles ont permis de mettre au jour un petit lot de céramique de l'époque néolithique et de l'Âge du Bronze. Après une longue solution de continuité, l'habitat lié au port réapparaît à la fin du VIIIᵉ siècle av. J.-C. et son tracé régulier permet de penser qu'il s'agit d'une fondation *ex novo* dans laquelle Caere pourrait avoir joué un rôle de premier plan. Le nom probablement grec de Pyrgi — à moins qu'il ne soit préhellénique[180] — suggère que le port servait d'escale aux marchands grecs et, à partir du VIᵉ siècle av. J.-C. au moins, aux commerçants puniques, ce dont pourrait témoigner l'existence, sur la Table de Peutinger, d'un toponyme *Punicum*, localisé dans les parages[181].

---

[178] Seuls quelques savants ont défendu une chronologie basse, fin du Vᵉ-début du IVᵉ siècle av. J.-C., comme R. WERNER, *Die phoinikisch-etruskischen Inschriften von Pyrgi und die römische Geschichte im 4. Jhr. v. Chr.*, dans *Grazer Beiträge* 1 (1973), p. 241-271 ; 2 (1974), p. 263-294 ; E. LIPIŃSKI, *art. cit.* (n. 176), p. 260-261, se réfère à cette hypothèse, mais penche plutôt aujourd'hui pour la datation haute, traditionnelle.

[179] STRABON V 225-226. Cf. D. BRIQUEL, *Les Pélasges en Italie. Recherches sur l'histoire et la légende* (BEFAR 252), Rome 1984, p. 169-224. Le passé pélasgique de Caere constitue en fait un argument polémique contre Denys de Syracuse qui s'attaquait aux cités grecques d'Italie, reniant ainsi la solidarité hellénique qui les liait. Les Agylléens menacés auraient alors cherché, en réponse à l'agression, à resserrer les liens culturels avec la Grèce.

[180] *Ibid.*, p. 212, n. 199.

[181] G. BUNNENS, *op. cit.* (n. 1), p. 307, n. 103.

L'aire sacrée de Pyrgi commença à fonctionner modestement au début du VIᵉ siècle av. J.-C. [182] Elle comprenait trois zones (fig. 24) : celle du temple B, le plus ancien dispositif monumental, de plan hellénisant, mais décoré à l'étrusque ; celle de l'aire C, située entre le temple B et le temple A, accueillant un culte «chthonien» avec autel et bothros ; celle, enfin, du temple A qui ne fut érigé que vers la moitié du Vᵉ siècle av. J.-C., à une époque où l'ensemble du domaine cultuel fut réaménagé. La décoration de ce temple A fut remaniée au IVᵉ siècle av. J.-C. : il semble avoir alors attiré à lui le centre des cultes jusque là monopolisé par le temple B. Les lamelles ont été retrouvées dans l'aire C, au milieu de traces de destruction, dont des éléments de décoration du temple B. Mais il apparaît qu'elles avaient revêtu, avec le temps, un caractère de «reliques», puisqu'une vasque avait été spécialement aménagée au IVᵉ siècle av. J.-C. pour les conserver. De la destruction d'un sanctuaire de Pyrgi, attribué à Leucothéa ou à Eileithuia, diverses sources classiques font état, qui situent l'événement en 384/3 av. J.-C. [183] Mais le terrain n'en a pas livré les traces. À la fin du IIIᵉ siècle av. J.-C., on perçoit par contre une destruction et un démantèlement progressif du sanctuaire, malgré la survivance des cultes jusqu'à l'époque romaine avancée. L'état de ruines de l'ensemble des bâtiments ne facilite pas l'identification des divinités honorées à Pyrgi. Seuls peuvent être pris en compte les éléments de décoration conservés.

b) *Éléments de décoration*

Divers fragments représentant un homme d'un certain âge et un autre plus jeune, ainsi que la figuration d'une hydre polycéphale permettent de supposer que le *columen* et les *mutuli* du **temple B** étaient décorés d'une scène mythique, probablement celle de la victoire d'Héraclès, aidé d'Iolaos, sur l'Hydre de Lerne (fig. 25). Des acrotères, jadis interprétés comme des bustes féminins, pourraient être les représentations des auriges des deux héros. Les petits côtés du temple étaient, en outre, de l'avis de G. Colonna [184], ornés des Travaux d'Héraclès. Par ailleurs, une iconographie féminine est elle aussi bien présente : une tête diadémée, peut-être celle d'Héra, et une image d'Athéna nous renvoient éventuellement au même cycle mythique héracléen. Les antéfixes du temple B, tout particulièrement étudiés, ont suscité jusqu'à ce jour diverses interprétations (fig. 26). On

---

[182] AA.VV., *Pyrgi. Scavi nel santuario etrusco (1959-1967)*, dans *Notizie degli scavi* 24 (1970), suppl. II,1 et 2 ; M. PALLOTTINO, *Riflessioni preliminari sulle scoperte di Pyrgi*, dans *Die Göttin ...* (n. 176), p. 7-11 ; G. COLONNA, *La dea di Pyrgi : bilancio aggiornato dei dati archeologici (1978)*, *ibid.*, p. 13-38.

[183] Ps. ARISTOTE, *Econ.* II 1439 b, 33-35 ; DIODORE XV 14,3-4 ; STRABON V 225-226 ; ÉLIEN, *Var. hist.* I 20 ; POLYEN, *Strat.* V 2,21.

[184] G. COLONNA, *art. cit.* (n. 182), p. 25.

compte en effet deux types principaux et quatre secondaires. Parmi les premiers, on reconnaît généralement une déesse *potnia hippôn* et Héraclès coiffé de la léonté. La déesse aux chevaux a fait l'objet de plusieurs interprétations : Héra avec les chevaux de Diomède, Venus *equestris* ou Éos-Thesan, à moins qu'il ne s'agisse d'Astarté figurée, dans le monde égyptien, en maîtresse des chevaux[185]. Sur les seconds, apparaissent un personnage masculin, la tête entourée de rayons, un autre à tête d'oiseau, une femme tenant deux coupes et une autre ailée. M. Verzàr a consacré de longs développements à ces types, afin de mettre en évidence la cohérence de l'iconographie par rapport aux rites, notamment celui du mariage sacré. Ainsi le personnage à la tête rayonnante serait un roi dont le feu révèle la qualité royale. Il est vrai qu'un texte, relatif à Servius Tullius, marqué de références étrusques, que nous examinerons sous peu, atteste ce mode de désignation du souverain. Pour d'autres, en revanche, on a affaire à une image d'Usil, le Soleil.

Quant aux antéfixes à protomés, ils présentent une alternance de têtes de ménades, de silènes et de nègres, remplacés, au IVe siècle av. J.-C., par un couple formé d'un jeune homme et d'une jeune femme nus. Les archéologues ont proposé, sur la base de ce matériel, d'attribuer le temple B à Héraclès, assisté d'une déesse en relation avec son cycle mythique. Mais on entrevoit aussi la possibilité d'une allusion , à travers eux, à leurs correspondants phénico-puniques.

L'iconographie du **temple A** ne semble pas étrangère à la sphère mythique rencontrée dans la décoration du temple B. On y relève en effet des fragments d'Amazonomachie et d'une composition à quatre figures : un homme nu couronné de feuilles, en qui l'on pourrait encore reconnaître à nouveau Héraclès, un personnage féminin, un éphèbe, dont on a conservé le torse et un personnage en toge. Cette composition, de la seconde moitié du IVe siècle av. J.-C., remplaça un état antérieur dont il ne subsiste que quelques fragments de léonté. Tous appartenaient à la face principale du temple A, la face postérieure étant décorée de l'épisode des Sept contre Thèbes[186].

---

[185] M. Verzàr, *Pyrgi e l'Afrodite di Cipro, considerazioni sul programma decorativo del tempio B*, dans *MÉFRA* 92 (1980), p. 35-84 ; O.W. von Vacano, *Gibt es Beziehungen zwischen dem Bauschmuck des Tempels B und der Kultgöttin von Pyrgi ?*, dans *Die Göttin ...* (n. 176), p. 153-162 ; A.W.J. Holleman, *Astarté à Pyrgi*, dans *CEDAC Carthage* 6 (1985), p. 40-42 ; pour Astarté équestre, cf. J. Leclant, *Astarté à cheval d'après les représentations égyptiennes*, dans *Syria* 37 (1960), p. 1-67.

[186] G. Ronzitti Orsolini, *Il mito dei Sette a Tebe nelle urne volterrane*, Florence 1971, p. 59. L'auteur souligne la popularité de ce motif et note que la plus ancienne représentation en milieu étrusque du mythe des Sept contre Thèbes date de la fin du VIIe-début du VIe siècle av. J.-C.

4. L'apport des sources écrites

Divers textes grecs, évoquant le pillage du sanctuaire par Denys de Syracuse en 384/3 av. J.-C., nomment la maîtresse des lieux Leucothéa. Seul Strabon l'appelle Eileithuia[187]. À ses côtés, Élien mentionne Apollon. Or, il doit s'agir du dieu de Caere/Agyla en l'honneur duquel, selon Hérodote[188], on célébrait des concours gymniques et équestres. Il se rattachait de toute évidence au dieu de Delphes. L'identification de la déesse de Pyrgi par les sources grecques a suscité d'amples débats en raison principalement de la position assez secondaire de Leucothéa et d'Eileithuia dans les panthéons des cités grecques et dans la mythologie. À Caere même, on possède certes quelques dédicaces grecques à Héra[189], mais il n'est pas aisé de savoir dans quelle mesure cela vaut pour le sanctuaire périphérique de Pyrgi. Les inscriptions de Caere nous font encore connaître l'existence de cultes à Asclepios, à Sol Iuvans et à un certain *Pater Pyrgensis*[190], qui trouve peut-être un répondant dans un récent document étrusque du temple A de Pyrgi. On y lit effectivement le nom *farθans*, de sens équivalent au latin *Pater* ou *Genius*[191].

L'épigraphie étrusque nous éclaire encore, relativement, sur l'identité des divinités de Pyrgi. Des fragments d'un récipient en bronze de la fin du VIe - début du Ve siècle av. J.-C. portent le nom *Unial*, c'est-à-dire Uni au génitif[192]. Or, on sait qu'Uni est la correspondante étrusque d'Héra-Junon. Une lamelle de bronze fragmentaire, découverte dans la même vasque que les lamelles d'or, a livré une autre inscription légèrement antérieure où apparaît à nouveau le nom d'Uni, sous la forme *Uneial*[193]. Dans le même texte figure le mot *tinas*, génitif de *Tin*, le nom étrusque du Zeus étrusque, mais aussi le substantif désignant le *«jour»*, qui pourrait être utilisé ici dans un calendrier rituel[194]. On possède enfin une dernière lamelle de bronze du Ve siècle av. J.-C. mentionnant une dédicace faite *Uniiaθi*, erreur probable pour *Unialθi*, c'est-à-dire *«dans le temple d'Uni»*, par un

---

[187] Cf. *supra*, note 183. Cf. aussi F. PRAYON, *Historische Daten zur Geschichte von Caere und Pyrgi*, dans *Die Göttin* ... (n. 176), p. 39-53 ; R. BLOCH, *Le culte étrusco-punique de Pyrgi vers 500 av. J.-C.*, *ibid.*, p. 123-135.

[188] HÉRODOTE I 166-167 ; cf. G. COLONNA, *art. cit.* (n. 182), p. 52-53.

[189] *Ibid.*, p. 31 : il s'agit d'inscriptions peintes sur des vases avant la cuisson, datant de la fin du IVe-début du IIIe siècle av. J.-C. et faisant partie d'une production artisanale en rapport avec le sanctuaire principal de la cité.

[190] *CIL* XI 3710-3714 ; *Notizie degli scavi* II,2 (n. 182), p. 737 ss.

[191] G. COLONNA, *art. cit.* (n. 182), p. 28-29.

[192] *Notizie degli scavi* II,2 (n. 182), p. 730 ss ; C. DE SIMONE, *Die Göttin von Pyrgi. Linguistische Probleme*, dans *Die Göttin* ... (n. 176), p. 63-81, surtout p. 63.

[193] *Ibid.*, p. 66-67.

[194] *Ibid.*, p. 67.

certain *Θαναχvil Caθarnai*[195]. Tout serait relativement uniforme donc, du côté étrusque, si ne figurait pas, au début de ce même texte, la mention *eta Θesan*, «*cette Θesan*», nom de la déesse étrusque de l'Aurore, accompagnant souvent le Soleil et qui pourrait avoir été vénérée conjointement à Uni ou en constituer une sorte d'épiclèse locale[196].

5. La déesse de Pyrgi

L'inscription punique désigne la destinataire de l'offrande comme Astarté. Les textes étrusques renvoient régulièrement à Uni, peut-être aussi à Thesan. Quant aux sources grecques, songent-elles au culte principal de Pyrgi lorsqu'elles citent Leucothéa et Eileithuia ou à une divinité secondaire ? L'Héra de Caere est-elle la manifestation de la profonde hellénisation de la ville, en réaction à l'influence punique, donc à la présence d'Astarté, comme on l'a proposé ?[197] La prolifération des théonymes nécessite une organisation des données.

L'interprétation qu'a défendue R. Bloch dans diverses études est celle d'une *interpretatio* à deux étapes : déesse étrusque = déesses romaines ; déesses romaines = déesses grecques[198]. Uni, assimilée à Astarté par les Puniques, aurait été interprétée par les Romains soit en Mater Matuta, soit en Junon Lucina, l'une et l'autre liées à la lumière, mais selon des modalités un peu différentes. Ensuite, les auteurs grecs auraient rendu la première équivalence, comme de coutume, par Leucothéa[199] et la seconde par Eileithuia, associée à la naissance et régulièrement assimilée à diverses divinités liées à cette sphère, comme Junon Lucina[200]. Contre cette hypothèse, G. Colonna a fait valoir l'hellénisation de Pyrgi et de Caere qui rend peu vraisemblable la nécessité d'une médiation romaine. Il n'empêche que l'on s'explique mal, à première vue, le recours à des divinités mineures pour rendre Uni-Astarté, quand il aurait été si simple de songer à Héra[201]

---

[195] *Ibid.*, p. 67.

[196] R. BLOCH, *art. cit.* (n. 187), p.134 ; ID., *Thesan*, dans *LIMC* III, 1986, p. 789-797.

[197] D. BRIQUEL, *op. cit.* (n. 179), p. 213.

[198] R. BLOCH, *art. cit.* (n. 187), p. 123-135 ; avec toute la bibliographie antérieure et, pour le *status quaestionis*, F.O. HVIDBERG-HANSEN, *Uni-Ashtarte and Tanit-Iuno Caelestis, two Phoenician Goddesses of Fertility Reconsidered from Recent Archaeological Discoveries*, dans A. BONANNO (éd.), *Archaeology and Fertility Cult in the Ancient Mediterranean*, Amsterdam 1986, p. 170-195.

[199] I. KRAUSKOPF, *Leukothea nach den antiken Quellen*, dans *Die Göttin* ... (n. 176), p. 137-151 ; C. BONNET, *Le culte de Leucothéa et Mélicerte en Grèce, au Proche-Orient et en Italie*, dans *SMSR* 52 (1986), p. 53-71.

[200] P.V.C. BAUR, *Eileithuya*, Univ. of Missouri 1902 ; G. DUMÉZIL, *Mythe et épopée* II, Paris 1973, p. 166 ss ; S. PINGIATOGLOU, *Eileithuyia*, Würzburg 1981 ; R. OLMOS, *Eileithuyia*, dans *LIMC* III, 1986, p. 685-689.

[201] Pour Hésychios s.v. Εἰλειθυίας, Eileithuia est une épiclèse d'Héra à Argos, la patrie d'Héraclès et des Sept contre Thèbes.

ou à Aphrodite. Eileithuia, qui n'apparaît que chez Strabon, peut évoquer la sphère de la naissance et de la fécondité ; elle possède au surplus une dimension marine. Leucothéa, quant à elle, semble s'inscrire dans un cadre mythique plus cohérent encore. Ovide rapporte en effet comment, fuyant son époux infanticide, elle parvint, en compagnie de son fils Mélicerte/Palémon, aux bouches du Tibre où, attaquée par les Ménades, elle fut secourue par Héraclès qui la confia aux Pénates de Carmente[202]. Par ailleurs, Leucothéa est une déesse marine, particulièrement vénérée dans les ports de la Méditerranée. Elle fut, à l'époque romaine, assimilée à Astarté sous son aspect de divinité marine[203] et, par ce biais, objet d'un culte au Proche-Orient. Par rapport donc à une équivalence fort générale à Héra ou Aphrodite, dont les sphères propres sont assez vastes, l'assimilation à Eileithuia et, plus encore, à Leucothéa, loin de renvoyer à des divinités mineures, chercherait plutôt, à notre sens, à affiner l'interprétation de la déesse de Pyrgi[204].

L'*interpretatio* d'Uni en Astarté, attestée par la bilingue, est, quant à elle, sans surprise. Il convient cependant de s'interroger un instant sur la forme étrusque *Unialastres* figurant dans le texte étrusque de la bilingue. On l'a longtemps interprétée comme la forme théocrasique d'Uni et Astarté. Mais l'analyse approfondie de H. Rix semble infirmer cette lecture[205]. On aurait plutôt affaire à une forme à l'ablatif d'Uni, *Unialas*, complétée par l'enclitique *tres*, attesté à plusieurs reprises en étrusque. Quoi qu'il en soit, l'équivalence de la déesse étrusque et de la déesse phénicienne demeure. M. Verzàr[206] a mis en évidence des affinités entre l'Astarté de Pyrgi et l'Aphrodite de Chypre. Certains philologues ont aussi cru déceler dans l'inscription phénicienne une marque chypriote, mais cette hypothèse ne fait pas l'unanimité[207]. Lucilius, pour sa part, fait état de

---

[202] OVIDE, *Fastes* VI 500-530. Pour éclairer cette œuvre, cf. le beau livre de D. PORTE, *L'étiologie religieuse dans les* Fastes *d'Ovide*, Paris 1985.

[203] Cf. notre étude, *art. cit.* (n. 199).

[204] Leucothéa devait être ressentie comme assez proche d'Eileithuia : PLINE, *HN* V 60, rend par Ville de Leucothéa le grec Εἰλειθυίας πόλις d'AMOMETOS 645 F 1 J (=ANTIGONE, *Hist.mir.* 19) ; STRABON XVII 1,47 ; PTOLÉMÉE IV 5,32 ; EUSÈBE, *PE* III 3,6 et 12,3. On a cru lire le nom d'Eileithuia dans l'étrusque *iliθiial*, mais cette interprétation a été revue par C. DE SIMONE, *art. cit.* (n. 192), p. 63-81. À relever aussi le nom théophore Thesanthei, attesté à Caere au milieu du VIIe siècle av. J.-C., cf. C. GROTTANELLI, *Astarte-Matuta e Tinnit Fortuna*, dans *VO* 5 (1982), p. 103-116.

[205] H. RIX, *art. cit.* (n. 177), p. 72-75 ; C. DE SIMONE, *art. cit.* (n. 192), p. 72 ss ; A. TOVAR, *art. cit.* (n. 177), p. 109, 114-115. Il semble que l'on ait des parallèles dans les formes *spurestres* et *sacnicstres*, mais le sens de l'enclitique -*tres* demeure incertain.

[206] M. VERZÀR, *art. cit.* (n. 185), p. 35-86, à confronter avec G. COLONNA, *art. cit.* (n. 176) ; O.W. VON VACANO, *art. cit.* (n. 185).

[207] A. DUPONT-SOMMER, *L'inscription punique récemment découverte à Pyrgi*, dans *JA* 252 (1964), p. 289-302, mais nuances dans *ICO*, Italie 2. G. GARBINI, *op. cit.* (n. 176), p. 119-122, 208, parle plutôt de *«punicità»*, p. 212.

scorta Pyrgensia[208], qui pourrait évoquer la pratique de la prostitution sacrée, bien attestée pour l'Aphrodite de Paphos et pour Astarté, en rapport peut-être avec une hiérogamie.

6. Le dieu de Pyrgi

L'inscription phénicienne fait allusion à *«l'ensevelissement de la divinité»*[209]. Deux hypothèses ont été principalement défendues : Adonis et Melqart[210]. En faveur du dieu de Tyr, on peut mettre en avant la forte implantation iconographique d'Héraclès dans les temples de Pyrgi[211], qui ferait songer à un phénomène d'*interpretatio* comparable à celui évoqué précédemment pour la déesse de Pyrgi. Le complexe sacré Héraclès-Melqart est aussi, la présente étude l'a montré, caractéristique des foyers religieux mixtes où il s'implante facilement, fleurit en rapport avec les échanges et se modifie en fonction des évolutions historiques. Les éléments qui transparaissent de l'inscription pourraient être conformes au scénario rituel de l'*egersis* de Melqart : ensevelissement et retour à la vie, par le moyen d'une union sacrée mettant en scène une déesse et le roi ou un personnage de haut rang. Le terme *tw* qui désigne l'objet de la dédicace évoquerait d'ailleurs une *«chambre»*. Ce ne serait du reste pas la première fois que Melqart et Astarté seraient vénérés conjointement.

Adonis, dans la ville de Byblos et ailleurs, faisait aussi l'objet d'un rituel de mort et rappel à la vie[212]. On relèvera dès lors un témoignage de Tite-Live qui fait écho à la panique qui s'empara de Rome à l'approche d'Hannibal[213]. Au nombre des prodiges néfastes, l'historien mentionne

---

[208] LUCILIUS, apud SERVIUS, *ad Aen.* X 184.

[209] G. GARBINI, *op. cit.* (n. 176), p. 220, a pensé à une déesse, en l'occurrence Astarté-Uni ; cependant, cette interprétation va à l'encontre de toute une tradition religieuse proche-orientale de dieux morts et «ressuscités», cf. M. DELCOR, *Le hieros gamos d'Astarté*, dans *RSF* 2 (1974), p. 63-76, surtout p. 65-66 ; P. XELLA, *Sul nome punico* ʿbdkrr, dans *RSF* 12 (1984), p. 21-30.

[210] Bibliographie dans E. LIPIŃSKI, *La fête de l'ensevelissement et de la résurrection de Melqart*, dans *Actes de la XVIIᵉ RAI*, Ham-sur-Heure 1970, p. 30-58, surtout p. 34-36, 47-48. On peut y ajouter J.A. SOGGIN, *«La sepoltura della divinità» nell'iscrizione di Pyrgi (linee 8-9) e motivi paralleli nell'A.T.*, dans *RSO* 45 (1970), p. 245-252 ; J. FERRON, *Un traité d'alliance entre Caere et Carthage contemporain des derniers temps de la royauté étrusque à Rome ou l'événement commémoré par la quasi bilingue de Pyrgi*, dans *ANRW* I/1, Berlin-New York 1972, p. 189-216 ; M. DELCOR, *art. cit.* (n. 209), p. 63-76.

[211] Cf. S. RIBICHINI, *Melqart nell'iscrizione di Pyrgi ?*, dans *Saggi fenici-I*, Rome 1975, p. 41-47. On rappellera aussi le rôle d'Hercule dans le mythe de l'arrivée de Leucothéa en Italie et la toponymie locale, avec un *portus Herculis* et une *fons Herculis* (cf. TITE-LIVE XXII,1 et G. COLONNA, *art. cit.* [n. 182], p. 31).

[212] Cf. B. SOYEZ, *Byblos et la fête des Adonies*, Leyde 1977 ; S. RIBICHINI, *Adonis. Aspetti «orientali» di un mito greco*, Rome 1981. Favorable d'abord à l'hypothèse Adonis, G. GARBINI, *Scavi nel santuario etrusco di Pyrgi*, dans *Archeologia classica* 16 (1964), p. 72-73.

[213] TITE-LIVE XXII 1.

l'ensanglantement des eaux de Caere qui colora même la source d'Hercule. Faut-il rapprocher ce phénomène isolé, exceptionnel, du processus analogue qui marquait, chaque année, à Byblos le début de la célébration du deuil d'Adonis ? Nous ne le croyons pas en raison du contexte fondamentalement différent des deux événements. L'hypothèse Melqart semble en définitive mieux fondée.

Il n'est pas impossible que les cultes de Pyrgi soient marqués par une association entre une déesse, Uni, Astarté, Leucothéa, et un dieu, Tin, Melqart, Héraclès. Mais cette reconstitution ne peut être, dans l'état de notre documentation, qu'hypothétique. Si elle s'avérait exacte, il faudrait souligner le recours à Tin, du côté étrusque, et non à Herclé, pourtant attesté à Caere, un «actif foyer de syncrétisme légendaire et religieux»[214]. Mais Herclé entretient avec Uni des rapports de filiation et le dieu de Pyrgi est plutôt un parèdre. Pour les Romains, qui avaient établi avec Caere des relations privilégiées, notamment au IVe siècle av. J.-C., lorsque les Vestales de Rome menacées par les Gaulois s'y réfugièrent, la structure cultuelle de Pyrgi ne devait pas sembler trop étrangère : à l'Ara Maxima, Hercule y côtoyait en effet Mater Matuta, la correspondante romaine de Leucothéa.

7. Les circonstances et la portée des inscriptions

Tibérie Velianas, le dédicant, est «roi sur Caere»[215]. Son offrande apparaît évidemment comme une démonstration ostentatoire de loyauté à l'égard de Carthage, mais elle ne suffit pas à faire de lui un τύραννος — on ignore la portée exacte du terme étrusque zilaθ — mis en place par les Puniques[216]. De même, est-on autorisé à considérer l'implantation du culte d'Astarté en terre étrusque comme le fruit d'un diktat carthaginois[217] ? Certains ont pensé plus volontiers à un revirement de politique après une phase philo-hellénique[218]. Les exégèses historiques sont en réalité multiples en raison du mutisme de l'inscription sur les motivations de

---

[214] J. BAYET, Les origines de l'Hercule romain, Paris 1926, p. 79 ss.

[215] Sur l'expression mlk 'l, cf. G. GARBINI, op. cit. (n. 176), p. 212-213, qui pense à une magistrature exceptionnelle. Contra, G. PUGLIESE CARRATELLI, Intorno alle lamine di Pyrgi, dans SE 33 (1965), p. 221-235, surtout p. 223-225. De fait, cette tournure est parfaitement régulière et fréquente, par exemple dans la Bible, pour désigner le royaume sur lequel un souverain exerce son pouvoir.

[216] Ibid., p. 221-235. À ce sujet, A. VERGER, Zilaθ = Mlk in due iscrizioni recentemente scoperte a Pyrgi, dans Rivista italiana per le scienze giuridiche 12 (1968), p. 327-331. Il serait un magistrat unique doté de la totalité de l'imperium.

[217] J. HEURGON, The Inscriptions of Pyrgi, dans JRS 56 (1966), p. 1-15. Cf. aussi S.F. BONDÌ, art. cit. (n. 1), p. 93 : «evidente inferiorità».

[218] AA.VV., dans Notizie degli scavi 24 (1970) suppl. II,1, p. 737 ss.

l'acte commémoré solennellement[219]. Le sanctuaire avait en tout cas acquis une certaine renommée : témoins, la richesse qui attira les rapines et le soin mis à conserver les anciennes dédicaces. Le débat demeure vif aussi sur la raison invoquée par le dédicant à la ligne 6. Au mois du sacrifice du ou au soleil[220], il offre en effet à Astarté un lieu saint. Le verbe de cette causale est *'rš*, accompagné d'un complément *bdy*. Pour les uns, il signifie «*demander*», pour les autres, «*épouser*»[221]. L'option retenue est importante car elle conditionne en partie l'interprétation cultuelle du document. La seconde signification permet en effet de supposer le déroulement d'un mariage sacré entre le roi et la déesse, au profit sans doute du dieu enseveli et ramené à la vie. La cérémonie en question prenait place au mois de *krr*. Ce nom de mois est attesté à deux reprises à Chypre, ainsi qu'à Constantine et Altiburos[222]. Mais il apparaît déjà à Alalakh, dans des textes du niveau VII, à Nuzi et à Ougarit, dans des noms de personnes[223]. Le sens de la racine *krr* renvoie à un mouvement ondulatoire et circulaire, peut-être une danse. Il pourrait donc s'agir du mois de la danse. Cependant, un grand éventail de cultes comprenait des danses, et pas seulement celui de Melqart[224]. Seul M. Delcor a plaidé en faveur d'une autre étymologie par l'accadien *kararû*, désignant la «*chaleur du midi*», comme dans le titre *B'l kr*, «*Baal de la fournaise*» probablement appliqué à Melqart sur le vase de Sidon[225]. L'auteur situe ce mois en juin-juillet, comme le mois babylonien de Tammuz, à moins que la chaleur en question soit seulement rituelle, en rapport avec le bûcher de Melqart au mois de Peritios, en février-mars.

En ce qui concerne la situation de ce mois dans l'année, il faut souscrire aux remarques critiques de P. Xella qui a souligné l'hétérogénéité du matériel concerné. Étant donné la diversité et les décalages des divers systè-

---

[219] J. FERRON, *art. cit.* (n. 210) ; R. WERNER, *art. cit.* (n. 178) ; R. BLOCH, *L'alliance étrusco-punique de Pyrgi et la politique religieuse de la République romaine à l'égard de l'Étrurie et de Carthage*, dans *ACFP 1*, vol. II, Rome 1983, p. 397-400.

[220] Cf. à Chypre, *CIS* I 13,1 et *KAI* 43. Cf. E. KOFFMAHN, *Sind die altisraelitischen Monatsbezeichnungen mit den kanaanäisch-phönikischen identisch ?*, dans *BZ* 10 (1966), p. 197-219, surtout p. 202-204 ; G. GARBINI, *Considerazioni sull'iscrizione punica di Pyrgi*, dans *OA* 4 (1965), p. 35-52, surtout p. 40-41 ; J. FERRON, *art. cit.* (n. 210), p. 202, propose d'y voir une allusion à la crémation de Melqart, surnommé pour l'occasion *šmš*. Cela ne repose en vérité sur aucun fondement.

[221] Cf. E. LIPIŃSKI, *art. cit.* (n. 210), p. 35, n. 2 ; G. GARBINI, *op. cit.* (n. 176), p. 213-219.

[222] Cf. E. LIPIŃSKI, *art. cit.* (n. 210), p. 54-55 ; E. KOFFMAHN, *art. cit.* (n. 220), p. 204 ss ; R. DEGEN, *Zum «phönizisch-punischen» Monatsnamen KRR*, dans *RSO* 43 (1968), p. 239-242 ; P. XELLA, *art. cit.* (n. 209), p. 21-30.

[223] P. XELLA, *art. cit.* (n. 209), p. 22 et n. 9.

[224] Cf. *supra*, p. 67-68, 141, 255-256 ; A. CAQUOT, *Les danses sacrées en Israël et à l'entour*, dans *Les danses sacrées*, Paris 1963, p. 113-143.

[225] Cf. *supra*, p. 80 ; M. DELCOR, *art. cit.* (n. 209), p. 68-74.

mes chronologiques en vigueur, lunaires ou solaires, avec des mois interca-
laires, un même nom antique de mois peut fort bien recouvrir des réalités
temporelles fort différentes pour nous. À Alalakh, il semble que ce mois
ait pris place entre octobre et février. À Lapethos, il sert à dater une
offrande à Osiris, mais rien n'indique que ce soit dans le cadre d'une
mort/résurrection rituelle[226]. À Pyrgi, on ne dispose malheureusement
d'aucun élément pour le localiser dans l'année et l'on se gardera bien de
le faire en fonction de la personnalité du dieu enseveli, car celle-ci demeure
hypothétique.

L'inscription prend fin avec une formule assez énigmatique : *«puissent
les années de la statue de la divinité dans son temple être (autant) d'années que
ces étoiles»*. Il s'agit de la seconde *crux interpretum* de l'inscription phénico-
punique[227]. Les étoiles semblent se référer à un système de datation dont
l'arrière-plan précis nous échappe. On a songé aux *clavi annales*, dont Tite-
Live décrit le fonctionnement[228] ou encore aux *stellae* ou *cruces* utilisées
dans les rites d'*inauguratio*[229]. Peut-être s'agit-il d'une allusion poétique
au caractère astral des cultes de Pyrgi. L'article *h*, à valeur démonstrative,
induit à penser que les étoiles étaient visibles dans le sanctuaire même. S.
Ribichini a proposé un rapprochement avec l'épithète d'Astrochiton donnée par Nonnos au dieu de Tyr[230]. Cependant, les neuf siècles qui sépa-
rent ces deux attestations, les remarques énoncées précédemment sur
l'arrière-plan philosophique de cette épiclèse, laissent peu de place pour cet
argument. Il n'empêche que l'idée d'associer les étoiles à un vœu d'abondance n'est pas insolite. En *Genèse* 15,5, l'alliance entre Dieu et Abraham
est scellée par le souhait que la descendance du peuple de Yahvé soit aussi
prolifique que les étoiles et l'on possède, à Ougarit notamment, des parallèles parlants[231]. Peut-être aurions-nous affaire alors à une formule traditionnelle destinée à sacraliser une alliance et à lui assurer par là-même une
longévité optimale. G. Garbini exclut cette hypothèse parce que notre ins-

---

[226] L'hypothèse était émise par E. Lipiński, *art. cit.* (n. 210), p. 55, mais elle s'appuyait sur
le parallèle avec Pyrgi ! On risque en effet d'être la proie de l'argumentation circulaire : c'est
tel mois parce que c'est tel dieu et vice versa.

[227] G. Garbini, *op. cit.* (n. 176), p. 220 ss.

[228] Tite-Live VII 3 et VIII 18.

[229] M. Pallottino, *art. cit.* (n. 176), p. 97 ; G. Pugliese Carratelli, *Le stelle di Pyrgi*, dans
PdP 103 (1965), p. 303-305.

[230] S. Ribichini, *art. cit.* (n. 211), p. 41-47 ; Id., *Poenus advena*, Rome 1985, p. 77-92 (sur
le caractère astral de certaines divinités phéniciennes, particulièrement d'Astarté).

[231] Cf. à Ougarit : *TRU*, p. 272 (=*KTU* 1.84:9 et 25 ; 1.43:3) ; E. Lipiński, *From Karatepe
to Pyrgi : Middle Phoenician Miscellanea*, dans *RSF* 2 (1974), p. 59-61, pour divers parallèles bibliques. Dans cette étude, l'auteur propose de rattacher le terme *šnt* à la racine *šnw*, «briller», et
de le traduire, plutôt que par années, par *«shiny things»*. Mais le terme étrusque correspondant,
avil, signifie bien «année».

cription est votive, mais c'est faire bien peu de cas du cadre politique qui l'entoure[232].

Il faut conclure. Les cultes de Pyrgi pourraient confirmer la connexion essentielle entre Melqart et Astarté, mais on n'est pas assuré de la présence du premier. L'importante iconographie héracléenne, peu mise en évidence à ce jour, révélerait une fois de plus son exceptionnelle capacité d'adaptation à divers systèmes culturels, ceux qui se rencontraient à Pyrgi. Si tel est bien le cas, on doit imaginer que, vers 500 av. J.-C., les Carthaginois ont implanté, plus ou moins autoritairement, les cultes de Melqart et d'Astarté chez leurs alliés étrusques. C'est donc qu'alors les cultes de ces deux divinités, les divinités tutélaires tyriennes, étaient ressentis comme «représentatives» de la religion punique. Les rites évoqués par l'inscription pourraient n'être pas très différents de ceux célébrés à Tyr. L'hypothèse du *hieros gamos* a l'avantage de trouver des échos dans la tradition phénicopunique évidemment, mais aussi, semble-t-il, étrusque. Selon A.W.J. Holleman, le récit du viol de Lucrèce serait en effet la déformation romaine d'un rite étrusque célébré au tournant de l'année. Or, Jean le Lydien fait du roi Tarquin le Superbe l'auteur de ce viol[233]. On lirait alors en filigrane un rite de «fixation» de la royauté et de promotion de la fécondité via un mariage sacré où le roi intervient. Les découvertes de Santa Severa ont en tout cas jeté une lumière soudaine sur les cultes phénico-puniques, mais une lumière insuffisante encore.

8. Herclé

Avant d'abandonner l'Étrurie pour Rome, on peut tenter d'élargir quelque peu le champ d'investigation afin de voir si, dans la figure d'Herclé, certains traits pourraient trahir une influence de Melqart. Herclé apparaît pour la première fois sur des vases étrusques de la deuxième moitié du VIe siècle av. J.-C.[234] Bien qu'étranger, il est rapidement adopté et son cycle mythique devient très familier aux Étrusques. Selon J. Bayet, qui le connaît mieux que quiconque, Herclé aurait pu subir l'influence de Melqart : elle serait sensible dans les représentations d'un Herclé navigateur, image qui a transité par les scarabées, donc peut-être par le monde punique, principalement de Sardaigne[235]. Il est vrai qu'à Tyr, et dans le milieu colonial plus encore, Melqart possède des attributions marines.

---

[232] G. GARBINI, *op. cit.* (n. 176), p. 221.

[233] A.W.J. HOLLEMAN, *Lucretia und die Inschriften von Pyrgi*, dans *Latomus* 40 (1981), p. 37-47 ; ID., *art. cit.* (n. 185), p. 40-42.

[234] J. BAYET, *Herclé. Étude critique des principaux monuments relatifs à l'Hercule étrusque*, Paris 1926.

[235] *Ibid.*, p. 186-192.

Cependant, l'existence d'une iconographie d'Héraclès navigateur, explorateur des terres et des mers, que nous examinerons bientôt, affaiblit cette interprétation. À juste titre, J. Bayet repousse le rapprochement opéré par J. de Witte entre Herclé et Mélicerte sur la base d'un miroir étrusque représentant Herclé sur un cheval appelé *Pacste*, Pégase, dans un environnement marin[236]. Cette hypothèse reposait du reste sur le présupposé d'une identité entre Melqart et Mélicerte, le héros corinthien, protecteur des marins, dont nous contesterons le bien-fondé. J. Bayet songe encore à Melqart pour le type de l'Herclé astral, par référence à l'Héraclès tyrien Astrochiton. Nous ne pouvons que réitérer les réserves émises précédemment[237].

Enfin, Herclé est représenté à plusieurs reprises en compagnie d'une déesse. Il pourrait s'agir d'Uni, avec laquelle il entretient un rapport filial[238], mais plus probablement d'une parèdre, une femme qu'il est en train d'enlever et qui est désignée par la légende *Mlaχ* ou *Mlacuχ*[239]. Plusieurs étymologies en ont été proposées, dont une par le grec μαλακία, faisant de cette déesse l'allégorie de la Mollesse, et une par le sémitique *mlk* ou *mlkt*, désignant une «reine». Sous les traits d'Herclé s'unissant à elle, on reconnaîtrait alors Melqart, la scène évoquant une hiérogamie rituelle. Les incertitudes qui entourent encore l'étrusque rendent tout choix fort aléatoire. De même, on ne sait trop si l'on peut rattacher à la même veine les représentations d'Herclé enlaçant une femme torse nu ou en compagnie de Turcan, l'Aphrodite étrusque[240]. Il n'est peut-être pas inutile, quoi qu'il en soit, de rappeler que le mariage sacré n'est pas l'apanage des religions proche-orientales et que l'Héraclès grec fait aussi figure de séducteur, de parèdre dans bien des épisodes de son mythe. Mais il existe d'autres pistes encore à explorer. Nous les signalons ici rapidement car leur étude n'a guère de retentissement pour la connaissance de Melqart et nécessiterait, pour être approfondie, la mise en œuvre d'une méthode comparatiste à plus grande échelle afin de déterminer le degré de spécificité des phénomènes religieux en question. C'est le cas du mythe d'Acca Larentia, dont la fête,

---

[236] J. DE WITTE, *Mélicerte*, dans *Gazette archéologique* 5 (1879), p. 217-221 ; J. BAYET, *op. cit.* (n. 234), p. 192-194.

[237] *Ibid.*, p. 195 ; cf. *supra*, p. 74.

[238] *Ibid.*, p. 146-149 ; M. RENARD, *Hercule allaité par Junon*, dans *Hommages à Jean Bayet*, Bruxelles 1964, p. 611-618.

[239] J. BAYET, *op. cit.* (n. 234), p. 189 ss ; A. DELATTE, *Un nouveau monument de la série Herclé-Mlacukh*, dans *AIPHOS* 3 (1935), p. 113-132 ; F. DE RUYT, *À propos de l'interprétation du groupe étrusque Herclé-Mlacukh*, dans *Mélanges F. Cumont* II (*AIPHOS* 4), Bruxelles 1936, p. 665-673 ; D. REBUFFAT-EMMANUEL, *Le miroir étrusque d'après la collection du Cabinet des Médailles*, Rome 1973, p. 513 ss ; A. PFIFFIG, *Religio etrusca*, Graz 1975, p. 341.

[240] J. BAYET, *op. cit.* (n. 234), p. 219 ss et pl. IX.

les Larentalia, était célébrée le 23 décembre à Rome, non loin de l'Ara Maxima d'Hercule[241]. Sous le règne d'Ancus Marcius, un jour de fête, le gardien du temple romain d'Hercule perdit une partie de dés contre le dieu en personne. Pour sa victoire, celui-ci reçut un bon repas et une jolie fille, Acca Larentia. Une flamme dévora les mets et le dieu jouit de sa compagne d'un soir. Le lendemain, cette dernière rencontra un riche étrusque qu'elle épousa. Après sa mort, elle fut honorée, à Rome, comme une véritable bienfaitrice.

Si certains aspects de ce récit ont une évidente fonction étiologique au regard des cultes romains, nous avons aussi affaire à un mythe de fécondité, lié à la troisième fonction, selon le schéma triparti de G. Dumézil, où intervient une hiérogamie[242]. On pourrait donc s'en remettre au point de vue de J. Bayet pour qui cet épisode «n'est peut-être pas aussi superficiel qu'on l'a dit»[243]. Le riche étrusque qu'épouse Acca Larentia serait en somme le substitut humain du dieu, un dieu qui se manifeste par le feu. Une médiation de l'Hercule étrusque ne serait donc pas impossible et, au delà de lui, le renvoi à un modèle plus lointain, ce que semble confirmer un récit relatif à un roi étrusque de Rome : Servius Tullius. Enfant, il fut couronné d'une flamme qui révéla son destin royal, ce qui n'est pas sans rappeler le personnage des acrotères de Pyrgi[244]. Certains auteurs en font le fils de Vulcain qui, lors d'un incendie du sanctuaire de Fortuna, situé près de l'Ara Maxima encore, sauva des flammes la statue de Servius Tullius qui s'y dressait[245]. Or, le même Servius Tullius était né dans la maison de l'étrusque Tanaquil, après qu'un phallus, surgi des flammes, avait fécondé une esclave parée pour la circonstance et enfermée dans la pièce, comme le fut Acca Larentia[246]. Il pourrait s'avérer intéressant de rechercher la signification et les éventuels antécédents de cette conception du feu générateur, associé à la fécondité et à la souveraineté. Certains n'ont pas hésité à évoquer Melqart, alors que G. Dumézil a souligné l'arrière-plan

---

[241] PLUT, *Romulus* 5. Cf. E. PAIS, *Ancient Legends of Roman History*, Londres 1906, p. 185-203 ; J. BAYET, *Les origines de l'Hercule romain*, Paris 1926, p. 348-349 ; D. SABBATUCCI, *Il mito di Acca Larentia*, dans *SMSR* 29 (1958), p. 41-76 ; G. RADKE, *Acca Larentia und die fratres Arvales. Ein Stück römisch-sabinischer Frühgeschichte*, dans *ANRW* I,2, Berlin-New York 1972, p. 421-441 ; A.W.J. HOLLEMAN, *art. cit.* (n. 233), p. 37-47.

[242] B. LIOU-GILLE, *Cultes «héroïques» romains. Les fondateurs*, Paris 1980, p. 60-62.

[243] J. BAYET, *op. cit.* (n. 241), p. 349.

[244] *Ibid.*, p. 363-364 ; M. VERZÀR, *art. cit.* (n. 185), p. 62 ss ; B. LIOU-GILLE, *op. cit.* (n. 242), p. 209-245.

[245] OVIDE, *Fastes* VI 625.

[246] Une tradition similaire avait cours pour le roi d'Albe, Tarchetius, et aussi pour Caeculus, le fondateur de Préneste (J. BAYET, *op. cit.* [n. 241], p. 363-364). Le cas des Vestales, «épouses» du dieu du feu, est encore plus délicat. Cf. M. DELCOURT, *Héphaïstos ou la légende du magicien*, Paris 1957, p. 213-222 ; F. COARELLI, *Sull'area sacra di S. Omobono*, dans *PdP* 36 (1981), p. 35-38.

indo-européen de la désignation par le feu dans sa monographie sur Servius [247].

E. Rome

1. Introduction

Si l'on considère habituellement que tous les chemins mènent à Rome, on concèdera néanmoins que sans D. van Berchem, celui de Melqart ne nous y aurait sans doute jamais conduite. En 1959-1960, le savant suisse publia un article intitulé «*Hercule Melqart à l'Ara Maxima*», dont les thèses furent reprises et amplifiées quelques années plus tard dans son étude d'ensemble sur les sanctuaires d'Hercule-Melqart [248]. Toute son argumentation consiste à rechercher dans le rituel d'Hercule à l'Ara Maxima des traits caractéristiques, ou considérés comme tels, du culte de Melqart, bref des «survivances» rituelles phéniciennes. L'exposé est en outre intégré dans une judicieuse réflexion d'ensemble sur le rôle des sanctuaires de Melqart dans l'expansion phénicienne et sur le cadre historique et géographique de celle-ci. Les idées de D. van Berchem suscitèrent d'autant plus de curiosité qu'elles allaient à l'encontre de la remarquable étude de Jean Bayet sur les origines de l'Hercule romain qui concluait à une filiation grecque, tant sur la base du mythe que du rite [249]. L'écho rencontré dans certaines publications récentes par l'hypothèse phénicienne nous a incitée à reprendre le problème de manière approfondie, avant que la vulgate ne soit définitivement fixée dans les esprits. Il ne nous est cependant pas possible de décrypter tous les aspects du culte d'Hercule à l'Ara Maxima : seule sa genèse retiendra vraiment notre attention.

2. Le mythe

G. Dumézil a consacré quelques belles pages au culte romain de «*l'illustre marcheur de la fable grecque*» [250]. Il souligne l'importance historique du site de l'Ara Maxima, sur le Forum Boarium. Situé au croisement des deux principales voies de communication, le Tibre et la route terrestre qui relie l'Italie centrale et la Sabine à l'Étrurie, ce site devint naturellement

---

[247] G. DUMÉZIL, *Servius et la Fortune*, Paris 1943.
[248] D. VAN BERCHEM, *Hercule Melqart à l'Ara Maxima*, dans *Rendiconti della Pontificia Accademia romana di archeologia*, 32 (1959-60), p. 61-68 ; ID., *Sanctuaires d'Hercule-Melqart*, dans *Syria* 44 (1967), p. 73-109, 307-338.
[249] J. BAYET, *op. cit.* (n. 241).
[250] G. DUMÉZIL, *La religion romaine archaïque*, Paris 1974, p. 433-439.

la plaque tournante de l'activité commerciale exercée par les négociants étrangers, Grecs sans aucun doute, Phéniciens peut-être, si l'on en croit D. van Berchem [251]. L'Hercule que ces gens vénéraient n'était pas tant le dieu du commerce que celui de la réussite acharnée, de l'énergie, le symbole du *self made man*, de l'*homo novus* [252]. C'est logiquement dans cette faune de marchands qu'il faut rechercher les vecteurs du culte d'Hercule. De nombreux éléments plaident en faveur des Grecs, à commencer par le mythe [253].

Venant d'Espagne avec le troupeau de Géryon, Hercule fait une halte sur la rive gauche du Tibre, au pied du Palatin, sur lequel règne l'Arcadien Évandre. Profitant du sommeil du héros, Cacus, un être malfaisant réfugié sur l'Aventin, lui ravit ses plus belles bêtes. S'apercevant du rapt, Hercule retrouve le voleur et le tue. Pour remercier Jupiter Inventor de sa protection, il lui consacre alors un autel au pied de l'Aventin et inaugure son propre culte à l'Ara Maxima. Dans ce récit aux multiples variantes, J. Poucet distingue judicieusement deux lignes directrices : la volonté des sources grecques de rattacher à leur héros «national» le maximum de fondations, voire même de documenter la thèse d'une origine hellénique des Romains [254], ensuite, le désir des Romains d'expliquer les rites particuliers de l'Ara Maxima. Idéologie et étiologie guideraient donc substantiellement ce récit.

On se rend compte en effet que celui-ci est conforme à bien d'autres traditions relatives aux voyages d'Héraclès. Tant en Sicile qu'en Grande Grèce, le héros affronte régulièrement un «champion» local, éponyme ou non, qui se pose en adversaire inhospitalier et symbolise la barbarie

---

[251] Sur la topographie du culte d'Hercule au Forum Boarium et ailleurs, cf. H. LYNGBY, *Beiträge zur Topographie des Forum Boarium-Gebietes in Rom*, Lund 1954. Pour un aperçu plus sommaire, cf. E. NASH, *Bildlexicon zur Topographie des antiken Roms* I, Tübingen 1961, p. 411 ss et 472 ss.

[252] G. DUMÉZIL, *op. cit.* (n. 250), p. 439 ; ID., *Mariages indo-européens, suivi de quinze questions romaines*, Paris 1979, p. 322-323. Cf. le cas exemplaire d'Hersennus, le «parvenu», dévôt d'Hercule dans MACROBE, *Sat.* III 6,11.

[253] Les sources principales sont VIRGILE, *Én.* VIII 185-272 et SERVIUS, *ad loc.* ; TITE-LIVE I 7 ; OVIDE, *Fastes* I 443-482 ; DIODORE IV 21 ; STRABON V 3,3 ; DENYS HALIC. I 4 ; SOLIN I 7-11 ; AURELIUS VICTOR, *Origo gentis romanae* VI 6 ; MACROBE, *Sat.* III 6-12. Pour une heuristique exhaustive, on se reportera à la synthèse fondamentale de J. BAYET, *op. cit.* (n. 241). Les autres études principales sur le sujet sont celles de J.G. WINTER, *The Myth of Hercules at Rome*, dans *Univ. of Michigan Studies, Hum. Ser.* 4 (1912), p. 171-274 ; F. SBORDONE, *Il ciclo italico di Eracle*, dans *Athenaeum* 19 (1941), p. 72-96 et 149-180 ; J. CARCOPINO, *Aspects mystiques de la Rome païenne*, Paris 1943, p. 173-206 ; B. LIOU-GILLE, *op. cit.* (n. 242), p. 15-83 ; P. FABRE, *Les Grecs et la connaissance de l'Occident*, Lille 1980, p. 276 ss ; J. POUCET, *Les origines de Rome, tradition et histoire*, Bruxelles 1985, p. 287-289.

[254] P. MARTIN, *Héraklès en Italie d'après Denys d'Halicarnasse (A.R. I 34-44)*, dans *Athenaeum* 50 (1972), p. 253-275, met en évidence la propagande augustéenne en direction du monde grec.

impie[255]. Le renvoi au cycle arcadien, sans doute inséré à une période assez récente, manifeste également la volonté de rattacher l'Hercule romain à des racines grecques[256]. En dépit de la touche grecque, on perçoit bien l'utilisation qu'ont faite les Romains d'Hercule. Comme le note G. Dumézil, *«Rome n'existait pas que déjà Hercule en avait consacré le site»*[257]. B. Liou-Gille a encore récemment souligné cet écart entre l'implantation prétendument fort ancienne du héros, considéré ensuite comme un véritable héros national romain, et sa forte coloration de héros étranger[258]. Les Romains se sont de fait fort bien appropriés le dieu de l'Ara Maxima : en 399 av. J.-C., ils l'accueillirent dans le lectisterne et en 312 av. J.-C., le culte fut étatisé. Le mythe d'Hercule à Rome prend donc place dans un passé révolu où les Grecs avaient encore droit de cité à Rome, mais un passé fondateur où les mêmes Grecs ont apporté les bienfaits de la civilisation, comme en témoigne le rôle d'Hercule dans la suppression des sacrifices humains ou le nom de son hôte, Évandre, *«l'homme de bien»*[259].

3. Le rite

Corollairement, le rite pratiqué à l'Ara Maxima s'éclaire via le mythe et s'ancre à nouveau dans un contexte grec. Tite-Live, notamment, en s'inspirant du livre VIII de l'*Énéide*, souligne à gros traits la grécité du rituel[260]. Conformément à la morale augustéenne, Rome sortait grandie de cette propagande, comme si l'*Urbs* était providentiellement issue de la civilisation grecque. Ces remarques doivent donc nous inciter à ne pas exagérer la portée historique de la non-romanité du culte d'Hercule à l'Ara Maxima, mise en évidence par les sources aussi pour servir des desseins

---

[255] Cf. Lakinos à Crotone, où l'éponyme local, Crotôn, périt par méprise à sa place ou le cas de Locres Épizéphyrienne, J. BAYET, *op. cit.* (n. 241), p. 156-164. À Rome, l'adversaire d'Hercule est Faunus pour certains, Cacus pour d'autres, voire Garanus, possible déformation de Géryon, cf. J. BAYET, *op. cit.* (n. 241), p. 146. Malgré la probable étymologie grecque de son nom (Κακός), Cacus serait une figure ancienne et romaine. Sa sœur, Caca, est une sorte de Vestale primitive (cf. J. BAYET, *op. cit.* [n. 241], p. 214). Cf. J. NAGORE - E. PÉREZ, *El episodio de Hércules y Caco en cuatro autores latinos*, dans *Argos* 5 (1981), p. 35-51 ; J. ARCE, *Cacus*, dans *LIMC* III, 1986, p. 177-178 : le thème iconographique connut une faveur particulière à l'époque augustéenne.

[256] P. FABRE, *op. cit.* (n. 253), p. 42 ss ; J. POUCET, *op. cit.* (n. 253), p. 187-188.

[257] G. DUMÉZIL, *op. cit.* (n. 250), p. 433. Cf. aussi A. BRELICH, *Tre variazioni romane sul tema delle origini*, Rome 1955, p. 36-43.

[258] B. LIOU-GILLE, *op. cit.* (n. 242), p. 17-18.

[259] Hercule fut adopté comme héros national, associé au triomphe, à qui on versait la dîme du butin, à qui chaque grand homme en vue offrait un lieu de culte. Cf. E. PARATORE, *Hercule et Cacus chez Virgile et Tite-Live*, dans H. BARDON - R. VERDIÈRE (éd.), *Vergiliana. Recherches sur Virgile*, Leyde 1971, p. 260-282. Pour Évandre civilisateur, cf. G. PUGLIESE CARRATELLI, *Lazio arcaico e mondo greco*, dans *PdP* 36 (1981), p. 15. Sur l'abolition des sacrifices humains par Hercule, cf. *infra*, p. 302, n. 295.

[260] TITE-LIVE I 7. Cf. E. PARATORE, *art. cit.* (n. 259), p. 260-282.

idéologiques. J. Bayet, et après lui bien d'autres, ont justement insisté sur les composantes proprement latines de ce culte et sur les influences étrusques ou sabines qu'il a pu subir. Il n'est donc nullement question de croire à une genèse monolithique de l'Hercule romain[261]. Le mythe de l'origine grecque avait une fonction culturelle et politique que le rite réactualisait. Mais simultanément, le mythe s'ancre dans une certaine réalité.

Reste-t-il quelque latitude pour faire intervenir les Phéniciens dans ce processus ? Le mythe n'en dit rien et jamais le rite n'est mis en rapport, comme c'est le cas par exemple pour Gadès, Lixus ou Thasos, avec le dieu phénicien. Même si l'argument a silentio est d'un maniement délicat, on notera que, dans l'hypothèse de D. van Berchem, les anciens avaient en tout cas complètement perdu le souvenir d'un culte phénicien. Selon le savant suisse, le caractère grec du rituel, affirmé par certains auteurs, ne porterait que sur la seule tenue du sacrificateur qui opère capite aperto, «la tête découverte» et couronnée de lauriers. Le parallèle opéré avec des statuettes découvertes à Kition de Chypre, siège d'un sanctuaire de Melqart, qui montrent un prêtre couronné de feuillage, ne nous semble pas très pertinent[262]. Il vaut mieux établir un parallèle avec le culte romain de Saturne, également d'origine grecque, où les prêtres opéraient tête nue. Dans les religions orientales, il n'y a en tout cas aucune uniformité en la matière[263]. Quant à la couronne de laurier, elle résulte probablement du voisinage avec Apollon[264].

L'identité des desservants du culte fournit à D. van Berchem un autre argument. À l'occasion de la nationalisation du culte en 312 av. J.-C.[265], nous apprenons que les Potitii et les Pinarii exerçaient le ministère herculéen. Il s'agissait donc d'une institution privée, gentilice. Les Potitii prétendaient descendre d'Évandre et avoir reçu de lui, voire même d'Hercule, le quasi monopole du rituel où ils jouaient en effet un rôle prépondérant par rapport à leur acolytes, les Pinarii[266]. Ceux-ci étaient des sortes d'auxiliai-

---

[261] J. TOUTAIN, Observations sur le culte d'Hercule à Rome, dans RÉL 6 (1928), p. 200-212, pour les traits italiques ; G. DUMÉZIL, op. cit. (n. 250), p. 434 considère que l'«on ne peut rien dire de l'origine des sanctuaires herculéens».

[262] D. VAN BERCHEM, art. cit. (n. 248), p. 307-308 ; H. CASSIMATIS, À propos des couronnes sur les têtes masculines en calcaire de Chypre, dans RDAC 1982, p. 156-163, montre que ces statuettes ne sont pas typiques de Kition.

[263] F. CUMONT, Les religions orientales dans le paganisme romain, 4e éd., Paris 1929, p. 219, n. 46.

[264] H. LYNGBY, op. cit. (n. 251), p. 61, remarque qu'à Crotone les deux cultes se côtoyaient également et que la dimension purificatrice et apotropaïque d'Hercule pourrait en être la conséquence.

[265] Nous ne reviendrons pas sur la portée juridique de cet acte qui a fait l'objet de longs débats, cf. J. BAYET, op. cit (n. 241), p. 267-274 ; R.E.A. PALMER, The Censors of 312 B.C. and the State Religion, dans Historia 14 (1965), p. 293-324.

[266] À Éleusis aussi les Eumolpides primaient sur les Céryces.

res, des gardiens du sanctuaire. Lors des événements de 312 av. J.-C., le censeur Appius Claudius mit en vente le sacerdoce d'Hercule, dont l'État s'empara pour le confier à des esclaves ; le censeur fut, en représailles, frappé de cécité[267]. Mais l'historicité même de cette *gens* des *Potitii* fait problème. Tite-Live les présente certes comme une des grandes familles de Rome[268], mais jamais ils n'apparaissent dans les fastes consulaires. Les *Pinarii*, eux, sont bien attestés[269]. Cette constatation a incité les modernes à considérer le nom de *Potitii* comme un pseudo-gentilice[270]. Pour J. Carcopino, il dériverait du grec ποτίζω, «*dispenser la nourriture sacrée*»[271], par référence à leur charge cultuelle. Pour R.E.A. Palmer et D. van Berchem, *Potitii* serait le participe passif de *potire*, régulier à l'époque archaïque, signifiant les «*possédés*». Il existe de fait, en Orient notamment, des communautés de personnes consacrées à un dieu et appelées les κάτοχοι[272]. Pour D. van Berchem, cette pratique serait spécifiquement phénicienne et connue par le sanctuaire d'Aphrodite-Astarté à Éryx, en Sicile : «*il s'agit là à coup sûr d'une vieille institution cananéenne que connurent aussi les Israélites*» et que le conservatisme romain aurait préservée. Cependant, il semble que cette catégorie de personnes soit plus fréquemment attestée dans le culte de Sarapis, en Égypte et en d'autres endroits où son culte fut implanté, comme à Priène en Anatolie[273]. Le terme grec κάτοχοι rendrait alors approximativement une réalité cultuelle étrangère. Au Bas-Empire, comme l'a montré P. Debord, cette appellation s'applique en outre à une vaste catégorie de personnes, les paysans attachés au domaine terrien du sanctuaire ou ayant bénéficié du droit d'asile. Le caractère «cananéen» des *Potitii* n'est d'ailleurs pas retenu par R.E.A. Palmer qui y reconnaît plus volontiers des esclaves de guerre consacrés à Hercule avec la dîme du butin[274].

---

[267] D. van Berchem, *art. cit.* (n. 248), p. 311, souligne le courant polémique à l'égard de la *gens Claudia* qui traverse l'annalistique romaine.

[268] Tite-Live I 7,12 ; IX 34,18-19.

[269] P.C. Ranouil, *Recherches sur le patriciat (509-366 av. J.-C.)*, Paris 1975, p. 156, 228-229.

[270] J. Carcopino, *op. cit.* (n. 253), p. 197 ss ; R.E.A. Palmer, *art. cit.* (n. 266), p. 293-324 ; D. van Berchem, *art. cit.* (n. 247 et 248).

[271] Les *Pinarii* seraient alors les πεινῶντες, «*ceux qui ont faim*» en attendant le dieu.

[272] D. van Berchem, *art. cit.* (n. 248), p. 314. Cf. H. Seyrig, *Antiquités syriennes 48. Aradus et Baetocaecé*, dans *Syria* 28 (1951), p. 191-206 ; L. Delekat, *Katoche, Hierodulie und Adoptionsfreilassung*, Munich 1964. On se souviendra que, dans le récit des prophètes de Baal au Mont Carmel (*I Rois* 18), l'accomplissement de danses sacrées amènent les prophètes dans un état de possession frénétique ; il en va de même des Tyriens décrits par Héliodore d'Émèse, *Aethiopica* IV 16-17, en train de danser en l'honneur d'Héraclès-Melqart. Mais nous avons souligné combien ce phénomène n'est pas spécifique de Melqart. Par ailleurs, ici, le terme devrait avoir une portée institutionnelle bien différente.

[273] P. Debord, *Aspects sociaux et économiques de la vie religieuse dans l'Anatolie gréco-romaine*, Leyde 1982, p. 92-94.

[274] R.E.A. Palmer, *art. cit.* (n. 266), p. 301, n. 53 et p. 313.

Le calendrier rituel est-il plus éclairant ? Les fêtes d'Hercule ont lieu les 12 et 13 août, afin de commémorer la consécration du temple *ad Circum Maximum* et *ad Portam Trigeminam*[275]. Un cippe dédié à Hercule par le préteur urbain M. Iunius Caesonius Nicomachus indique qu'en 320 av. J.-C., il a accompli un rite particulier à l'Ara Maxima le 20 septembre[276]. La proximité de l'équinoxe d'automne suggère à D. van Berchem l'hypothèse qu'il s'agissait de la célébration du déclin du soleil. Une autre fête lui aurait fait pendant, au printemps, avec offrandes des prémices de la récolte. Pure hypothèse qui repose en outre sur le présupposé que Melqart est un dieu solaire et s'appuie sur deux textes isolés, l'inscription d'une part, un passage de Jean le Lydien qui mentionne une fête d'Hercule le 3 avril, d'autre part[277]. Pourquoi considérer certaines dates comme le *dies natalis* de la commémoration d'un temple et donner à d'autres une valeur saisonnière ? L'*egersis* de Melqart a bien lieu au printemps, en relation avec la reprise du cycle naturel, mais on ignore tout d'une deuxième fête et l'on ne peut considérer cette connexion entre le rite et le cycle saisonnier comme spécifique de son culte. Enfin, la pratique de la dîme, bien attestée à l'Ara Maxima, ne semble avoir aucun rapport avec l'agriculture, mais être liée au commerce et à la guerre.

Jean le Lydien, il est vrai, précise que les participants à la cérémonie du 3 avril portaient des vêtements féminins : est-ce un trait phénicien ?[278] Des documents phéniciens, stèles d'Oumm el-'Amed ou de Carthage, représentent bien des prêtres vêtus de longue tunique ; à Gadès, les officiants du culte de Melqart sont décrits de manière semblable par Silius Italicus[279]. Mais ceci n'est pas l'apanage de Melqart, ni de la Phénicie : pas plus que pour la chevelure, il n'y a de règle en matière de port vestimentaire[280]. Par ailleurs, il n'est peut-être pas faux de penser que porter une tunique sacrificielle et s'habiller en femme sont deux choses différentes. Le travestissement rituel est en effet un phénomène particulier, attesté notamment dans le culte d'Héraclès en Grèce et qui souligne tantôt les potentialités du dieu dans le domaine de la fécondité, tantôt son rapport ambigu à la féminité[281]. Dans un rite collectif, les fidèles masculins cher-

---

[275] Sur la distinction entre ces deux lieux de culte, cf. J. BAYET, *op. cit.* (n. 241), *passim* ; H. LYNGBY, *op. cit.* (n. 251), *passim*.

[276] *CIL* VI 315.

[277] JEAN le Lydien, *De Mens.* IV 46.

[278] *Ibid.* ; cf. D. VAN BERCHEM, *art. cit.* (n. 248), p. 317-318.

[279] SILIUS ITALICUS III 24-26.

[280] F. CUMONT, *op. cit.* (n. 264), p. 219, n. 45.

[281] À Cos, PLUTARQUE, *Quaest. gr.* 58 ; en Lydie, chez Omphale, JEAN le Lydien, *De Mens.* III 64 ; cf. M. DELCOURT, *Hermaphrodite. Rites de bisexualité dans le monde antique*, Paris 1958 ; M. ELIADE, *Méphistophélès et l'androgyne*, Paris 1962. Pour Héraclès, N. LORAUX, *Héraklès : le surmâle et le féminin*, dans *Revue française de psychanalyse* 4 (1982), p. 697-729.

chent à accaparer les valeurs positives liées à l'autre sexe ; c'est la *coinciden-tia oppositorum* qui est d'autant plus intéressante dans ce cas que, comme nous le verrons, les femmes ne pouvaient participer au culte d'Hercule à Rome.

Cette exclusion des femmes, que D. van Berchem rapproche de celle pratiquée à Gadès et aussi à Thasos dans le culte de Melqart-Héraclès, est à nouveau un trait fort répandu. Aux parallèles favorables à la thèse phéni-cienne de D. van Berchem, on peut opposer, notamment, celui opéré avec le culte d'Héraclès à Crotone qui présente d'étonnantes similarités avec Rome et renvoie naturellement à la veine grecque [282]. Rappelons aussi que Melqart ne semble avoir aucune répulsion pour les femmes quand on songe notamment à l'histoire d'Elissa qui véhicula ses *sacra* de Tyr à Carthage. Nous avons affirmé précédemment, à propos de Gadès, que nous préférons aborder le problème des interdits rituels dans la perspective indiquée par A. Brelich [283]. Ils sont avant tout des outils de différenciation du poly-théisme qui manifestent des affinités ou des antagonismes entre les compo-santes d'un panthéon. Ainsi l'exclusion des femmes met-elle en évidence la rivalité d'Hercule et Junon, la déesse féminine par excellence et la rela-tion ambivalente du héros avec l'autre sexe ; celle des chiens et des escla-ves, que mentionnent les sources, sert à différencier Hercule de Faunus ou Silvanus qui les acceptaient. D. van Berchem conclut de la lecture des tex-tes que le porc était exclu des sacrifices à Hercule, car seule une génisse et des taureaux y sont mentionnés [284]. Indépendamment du bien-fondé de cette déduction, on rappellera, comme à Gadès, que l'interdiction des sacri-fices porcins est attestée dans les religions ouest-sémitiques, mais aussi dans le monde grec [285].

Aux dires de Varron, repris par Plutarque, l'Hercule de l'Ara Maxima était invoqué seul et le lectisterne, d'après Macrobe, n'était pas autorisé au Forum Boarium [286]. Est-ce une raison suffisante pour voir en lui «*un dieu jaloux à l'égal de celui de Tyr ou d'Israël*» ? [287] D'abord, l'amalgame des deux n'est vraiment pas pertinent : comment mettre dans le même sac un dieu unique et un autre, intégré dans un panthéon polythéiste ? Par ail-

---

[282] J. BAYET, *op. cit.* (n. 241), p. 316.

[283] A. BRELICH, *Osservazioni sulle esclusioni rituali*, dans *SMSR* 22 (1950), p. 1-21.

[284] J. BAYET, *op. cit.* (n. 241), p. 429-431.

[285] D. VAN BERCHEM, *art. cit.* (n. 248), p. 320. Sur les sacrifices porcins, cf. R. DE VAUX, *Les sacrifices de porcs en Palestine et dans l'ancien Orient*, dans *ZAW* 77 (1958), p. 250-268 (réimpr. dans *Bible et Orient*, Paris 1967, p. 499-516) ; F. VATTIONI, *Appunti africani*, dans *SM* 10 (1978), p. 13-31.

[286] PLUTARQUE, *Quaest. rom.* 90 ; MACROBE, *Sat.* III 6,16.

[287] D. VAN BERCHEM, *art. cit.* (n. 248), p. 320, repris par B. LIOU-GILLE, *op. cit.* (n. 242), p. 60.

leurs, l'examen du culte de Melqart nous a montré, à l'inverse, qu'il est presque systématiquement uni à Astarté et qu'il ne répugne pas à s'associer au Baal de Sidon, Eshmoun, ou à accueillir, dans ses sanctuaires, des *sunnaoi theoi*.

Les épithètes d'Hercule sont-elles révélatrices de son origine ?[288] Les termes de *deus* et de *sanctus* soulignent son origine étrangère, mais n'en déterminent pas la nature, même si son correspondant grec fut, nous le savons, appliqué à Melqart[289]. J. Bayet a en outre montré que *sanctus* est régulièrement appliqué à Hercule et Silvanus. Le fait qu'Hercule et Junon soient qualifiés de *di sancti* dans une inscription découverte au bord du lac de Garde montre assez qu'on n'est pas autorisé à associer la présence de cette épithète à une nécessaire origine orientale des divinités concernées[290]. Quant au titre d'*Invictus* ou de *Victor*, il fait songer au Καλλίνικος ou à l'Ἀνίκητος grecs et nous ramène à nouveau dans la même direction[291].

Aucun élément ne peut donc être formellement considéré comme typique du culte de Melqart. Le déroulement du sacrifice lui-même en trois temps (mise à mort des victimes et premier repas le matin, pause à midi puis banquet et holocauste le soir), plutôt que de faire songer au sacrifice offert à Baal sur le Mont Carmel[292], rappelle les sacrifices héroïques, à caractère chthonien[293]. La veine grecque est décidément bien plus tangible que la filiation phénicienne. Le principe qui a guidé la recherche de D. van Berchem consiste à accumuler une série de traits érigés en indices afin de former un ensemble significatif par sa cohérence et son homogénéité. Mais il a précisément le tort de concevoir un culte comme une addition de pratiques isolées ou isolables, donc comparables à l'envi, alors que l'on a affaire à un tout organique, inséré dans un panthéon polythéiste différencié, avec sa logique interne[294]. Cette enquête a aussi tendance à com-

---

[288] D. van Berchem, *art. cit.* (n. 248), p. 320.

[289] J. Bayet, *op. cit.* (n. 241), p. 384-388 et *supra*, p. 63, 121-122, 254.

[290] *CIL* V 4854.

[291] G. Dumézil, *op. cit.* (n. 250), p. 436.

[292] *I Rois* 18, 25-29. Cf. D. van Berchem, *art. cit.* (n. 248), p. 320.

[293] Cf. J. Bayet, *op. cit.* (n. 241), p. 434-440 ; B. Liou-Gille, *op. cit.* (n. 242), p. 73-74.

[294] Il en va de même de l'interdiction des chiens ou des mouches qui ne traduisent pas «*l'effroi sacré qu'inspirait un local qui, tel le saint des saints des sanctuaires orientaux, pouvait en même temps être visité par le dieu*» (D. van Berchem, *art. cit.* [n. 248], p. 321), mais reproduit à nouveau un trait attesté ailleurs pour Héraclès, notamment à Crotone. Cf. *Souda*, s.v. χρότων, désignation d'une mouche à chien ; J. Bayet, *op. cit.* (n. 241), p. 23 ; J. Carcopino, *op. cit.* (n. 253), p. 194-196. Quant à la dîme, liée à la fonction commerciale du Forum Boarium où Hercule sanctionnait les contrats (Denys Halic. I 40,6) et contrôlait les poids et mesures (*CIL* VI 336), elle est aussi connue du monde gréco-romain que proche-oriental. Celle que recevait Melqart des Carthaginois était une marque de déférence de la colonie à l'égard de sa métropole. Cf. J. Bayet, *op. cit.* (n. 241), p. 459-461 ; D. van Berchem, *art. cit.* (n. 248), p. 323-325.

primer la dimension historique du culte qui connaît des développements plus ou moins autonomes par rapport à ses origines et s'adapte aux données du temps. À nos yeux donc, ni le mythe, ni le rite n'autorisent la conclusion que l'Hercule de Rome serait un «*Melqart à peine déguisé*» [295]. Nous nous rallions au point de vue de G. Dumézil pour qui «*les analogies sémitiques ne sont pas convaincantes*» [296].

4. Des Phéniciens à Rome ?

Historiquement parlant, une implantation phénicienne à Rome n'est pas inconcevable, car les traces de commerce entre l'Étrurie, le Latium et le Proche-Orient, ainsi que Carthage, ne manquent pas [297]. R. Rebuffat a tenté, dans un article dense, de donner davantage de consistance à ce scénario [298]. Il insiste d'abord sur la navigabilité du Tibre, sur la topographie assez similaire de Lixus et Memphis, où Melqart est attesté, et Rome, enfin sur la proximité de Pyrgi. Il s'arrête ensuite à un passage de l'*Énéide*

---

[295] D. van Berchem, *art. cit.* (n. 248), p. 325-326. On s'étonne de ne trouver dans cette étude aucune allusion aux sacrifices humains pratiqués au Forum Boarium. Tite-Live XXII 57, rapporte qu'en 216 av. J.-C., pendant les Guerres Puniques, un couple de Grecs et un autre de Gaulois furent enterrés vivants. R. Bloch, *Hannibal et les dieux de Rome*, dans *Recherches sur les religions de l'Italie antique*, Genève 1976, p. 32-42, y voit une réminiscence des sacrifices humains offerts aux dieux sémitiques. Cf. F. Schwenn, *Die Menschenopfer bei den Griechen und Römern*, Giessen 1915, p. 148 ss, qui compare cette pratique à celle des φαρμακοί, les boucs émissaires grecs. C. Bémont, *Les enterrés vivants du Forum Boarium, essai d'interprétation*, dans *MÉFRA* 72 (1960), p. 133-146, rappelle que, déjà en 228 av. J.-C. et encore en 114 av. J.-C., on eut recours aux mêmes cérémonies pour punir des Vestales. Cf. D. Briquel, *Des propositions nouvelles sur le rituel d'ensevelissement de Grecs et de Gaulois au Forum Boarium*, dans *RÉL* 59 (1981), p. 30-37 ; A. Fraschetti, *Le sepolture rituali del foro Boario*, dans *Le délit religieux dans la cité antique* (Coll. ÉFR 48), Rome 1981, p. 51-115 ; Id., *La sepoltura delle Vestali e la città*, dans *Du châtiment dans la cité. Supplices corporels et peine de mort dans le monde antique* (Coll. ÉFR 79), Rome 1984, p. 97-129. On s'est beaucoup interrogé sur l'origine de ce rituel dont les sources soulignent la barbarie et le caractère étranger. À leur suite, les modernes y ont vu un emprunt aux Grecs, aux Étrusques ou aux Puniques. Mais les études récentes d'A. Fraschetti et de D. Briquel en ont souligné le caractère romain. Les sources ont taxé d'étrangère une pratique qu'on ne comprenait plus et qui faisait horreur. Il faut ajouter aussi le rôle d'Hercule dans les Argées. Le 14 mai, 24 mannequins faits de jonc étaient jetés du Pont Sublicius dans le Tibre (Ovide, *Fastes* V 620-633 ; Varron, *De lingua latina* V 45 ; Denys Halic. I 38). Plusieurs auteurs considèrent ces mannequins comme des substituts d'êtres humains et attribuent à Hercule le mérite d'avoir le premier recouru à cette substitution, comme il le fit dans le culte de Cronos. Cf. F. Schwenn, *op. cit.*, p. 152 ss. ; J. Bayet, *op. cit.* (n. 241), p. 349-350 ; J. Le Gall, *Le Tibre, fleuve de Rome dans l'Antiquité*, Paris 1953, p. 83 ss ; G. Dumézil, *op. cit.* (n. 250), p. 448. Sur la confusion fréquente entre les Argées et les Saturnales, D. Porte, *L'étiologie dans les* Fastes *d'Ovide*, Paris 1985, p. 179-187. Ainsi apparaît un Hercule civilisateur, comparable à celui qui intervient dans le mythe grec de Busiris. Quoi qu'il en soit, rien ne nous permet d'établir une connexion avec Melqart à qui l'on n'offrait pas de sacrifices humains.

[296] G. Dumézil, *op. cit.* (n. 250), p. 434, n. 1.

[297] D. van Berchem, *art. cit.* (n. 248), p. 326-329.

[298] R. Rebuffat, *Les Phéniciens à Rome*, dans *MÉFRA* 78 (1966), p. 7-48.

où Énée offre, aux bouches du Tibre, un sacrifice à Junon, qualifiée de *maxima*[299]. Ailleurs chez Virgile, cette épithète est réservée à Didon[300]. R. Rebuffat propose alors de reconnaître dans la Junon du Tibre une Tanit implantée par les Phéniciens et «nationalisée» par l'acte d'Énée. Mais la qualification de *maxima* est bien banale ; à l'Ara Maxima, elle ne suggère rien d'autre que la grandeur du monument et relève donc d'un registre sémantique tout différent. Le rapprochement avec le μέγιστον appliqué par Hérodote au sanctuaire carthaginois d'Hamilcar, outre le fait qu'il présuppose une confusion non assurée entre Hamilcar et Melqart, est extrêmement contestable[301]. En définitive, la qualité des arguments mis en avant par R. Rebuffat n'ont pas renforcé l'hypothèse d'une présence phénicienne à Rome. L'essai d'A. Piganiol sur les origines d'Hercule constitue une autre tentative pour asseoir l'hypothèse d'un Hercule-Melqart[302]. Partant de la date du 12 août, la fête d'Hercule *ad Circum Maximum*, il la rapproche du 12 Hekatombeion, date de la célébration des *Cronia* grecques. Cronos et Hercule auraient dès lors une origine préhellénique commune en la personne de Caranos ou Recaranos, l'un des noms donnés à l'adversaire d'Hercule, plus souvent appelé Cacus. Son nom dériverait du grec κάρανος/κοίρανος, signifiant le «*chef*», le «*maître*»[303]. Melqart en serait le synonyme phénicien et, par ce biais, Hercule se rattacherait à Baal. «*C'est donc un fait acquis,* conclut Piganiol, *que la plus ancienne image d'Hercule à Rome lui prête les traits de Melqart*»[304]. On ne peut y souscrire[305].

Avant de quitter Rome, un mot de l'entourage d'Hercule à l'Ara Maxima. Parmi les très nombreux cultes qui se sont pratiqués au Forum Boarium, on relèvera celui de Fortuna et de Mater Matuta, dont les temples jumelés, situés sous l'église moderne de Sant'Omobono, appartiennent à l'époque archaïque[306]. À Pyrgi et dans le mythe de la naissance de Servius Tullius, nous avons rencontré ces deux déesses, mais il ne nous semble pas possible d'en faire des arguments pertinents quant à la nationalité

---

[299] VIRGILE, *Én.* VIII 84-85.

[300] VIRGILE, *Én.* IV 371.

[301] HÉRODOTE VII 167. Cf. *supra*, p. 173.

[302] A. PIGANIOL, *Les origines d'Hercule*, dans *Hommages Grenier*, Bruxelles 1962, p. 1261-1264.

[303] Sur ce terme, Th. PETIT, *Étude d'une fonction militaire sous la dynastie perse achéménide* (Κάρανος : *Xénophon, Helléniques I, 4, 3*), dans *LÉC* 51 (1983), p. 35-45 ; C. HAEBLER, *Κάρανος. Eine sprachwissenschaftliche Betrachtung zu Xen. Hell. I 4,3*, dans J. TISCHLER (éd.), *Serta Indogermanica. Festschrift G. Neumann zum 60. Geburtstag*, Innsbruck 1982, p. 81-90.

[304] A. PIGANIOL, *art. cit.* (n. 302), p. 1263.

[305] G. PUGLIESE CARRATELLI, *art. cit.* (n. 259), p. 9-20, surtout p. 11.

[306] H. LYNGBY, *op. cit.* (n. 251), p. 74 ss ; AA.VV., *L'area sacra di Sant'Omobono*, dans *PdP* 32 (1977), p. 9-128 ; F. SBORDONE, *Il culto di Eracle e il tempio arcaico di S. Omobono*, dans *PdP* 36 (1981), p. 28-31 ; M. CRISTOFANI, *Sulle terrecotte di S. Omobono, ibid.*, p. 31-32 ; C. AMPOLO, *Il gruppo acroteriale di S. Omobono, ibid.*, p. 32-35 ; F. COARELLI, *Sull'area sacra di S. Omobono, ibid.*, p. 35-38 ; A. SOMMELLA MURA, *Il gruppo di Eracle e Athena, ibid.*, p. 59-64.

de l'Hercule qui les côtoie à Rome. Dans l'enceinte du temple romain de Fortuna, on a découvert une statue acéphale d'Hercule avec la léonté, ainsi qu'une tête d'Athéna, du VIe siècle av. J.-C. [307]; elles servaient sans doute d'acrotères et faisaient partie d'une représentation de l'apothéose d'Hercule. Par ailleurs, Hercule et Fortuna partagent l'épithète de *Primigenius/a* [308], qui manifeste leurs affinités [309]. Pour J. Champeaux, elle souligne la puissance fécondante des deux personnages, Hercule étant un dieu phallophore, bénéfique et viril, tout comme Fortuna est une déesse de la vitalité. Leur association, à Rome comme en Étrurie, résulterait donc de ce phénomène dont les racines historiques restent incertaines et reproduirait le modèle, fréquemment attesté en Méditerranée, d'un couple divin [310].

F. Le monde romain

1. Tivoli

Située aux confins du Latium, Tibur, que les Sabins revendiquaient comme leur, présente des similitudes cultuelles frappantes avec Rome [311]. Hercule y porte les mêmes titres de *Victor* ou *Invictus* ; il y reçoit la dîme ; il y aurait dédié un autel à Jupiter ; il y est représenté en vêtements féminins et ses fidèles se déguisaient de la même façon [312]. Comme Rome d'ailleurs, Tibur se veut une fondation grecque et Hercule y côtoie une déesse, Albunea, la sibylle de Tibur, qui, avec son fils Albula, forme une paire comparable à celle de Mater Matuta/Leucothéa et Mélicerte/Portunus [313]. Un tel mimétisme induit à penser que l'Hercule sabin de Tibur

---

[307] AA.VV., *op. cit.* (n. 306), p. 19 ss, fig. 24-25.

[308] J. CHAMPEAUX, *Primigenius ou de l'Originaire*, dans *Latomus* 34 (1975), p. 909-985 ; G. DUMÉZIL, *op. cit.* (n. 252-1979), p. 325 ; J. CHAMPEAUX, *Fortuna. Recherches sur le culte de la Fortune à Rome et dans le monde romain* I. *Des origines à Auguste*, Rome 1982 ; M. LE GLAY, *Archéologie et cultes de fertilité dans la religion romaine (des origines à la fin de la République)*, dans A. BONANNO (éd.), *Archaeology and Fertility Cult in the Ancient Mediterranean*, Amsterdam 1986, p. 273-292.

[309] Sur le parallèle entre les cultes de Rome et de Préneste où ils apparaissent, ici et là, liés, cf. A. BRELICH, *op. cit.* (n. 257), p. 9-47.

[310] Pour le témoignage de PLINE, *HN* XXXVI 19, relatif à une statue d'Hercule des Carthaginois exposée à Rome et à qui l'on offrait, dans son pays d'origine, des sacrifices humains, voir notre interprétation *supra*, p. 171-172.

[311] J. BAYET, *op. cit.* (n. 241), p. 312-319 ; D. VAN BERCHEM, *art. cit.* (n. 248), p. 331-333.

[312] L. BORSARI, dans *Notizie degli scavi* 1902, p. 117 ; D. VAN BERCHEM, *art. cit.* (n. 248), p. 318, pl. XV,1.

[313] H. LYNGBY, *Zwei Tempelpaare (Piazza Bocca della Verità und Tivoli) im Lichte des römischen Leukothea Mythus*, dans *Eranos* 63 (1965), p. 77-98.

a été importé de Rome, à moins que le mouvement ne se soit fait en sens inverse. La fonction oraculaire de l'Hercule de Tivoli est connue de Stace [314], mais pas plus qu'à Rome, il n'existe d'indice probant que cet Hercule soit Melqart.

2. Ostie

La puissance divinatoire d'Hercule à Ostie est attestée par un relief découvert dans les ruines d'un temple dédié à Hercule *Invictus* ou *Victor* [315]. Le temple fut construit à la fin du IIe / début du Ier siècle av. J.-C. Hercule est représenté, vêtu d'une cuirasse, à droite d'un autel, tenant la massue et tendant à un enfant un objet qu'il a extrait d'une boîte portant la mention *[s]ort(es) H(erculis)*. Le dédicant est d'ailleurs un haruspice. À droite du dieu, on distingue une scène de «pêche miraculeuse». Une statue d'Hercule, brandissant la massue au-dessus de la tête et tendant le bras gauche verticalement en avant, est halée de la mer par deux groupes de pêcheurs. Sans doute s'agit-il de la statue cultuelle locale.

Le parallèle effectué par D. van Berchem avec Érythrées est intéressant. Là, selon Pausanias, la statue d'Héraclès avait dérivé sur un radeau depuis Tyr [316]. La posture du dieu, sur les monnaies d'Asie Mineure, s'apparente assez bien à celle du relief d'Ostie [317]. Faut-il y reconnaître la position du «Smiting God», comme le propose le savant suisse ? L. Lacroix fait observer au contraire que cette pose est typique de la statuaire grecque archaïque et qu'elle apparaît sur des miroirs étrusques. En outre, le cas d'Érythrées est moins simple qu'il n'y paraît et nous tenterons ultérieurement d'évaluer la portée de la relation faite par Pausanias entre le dieu d'Érythrées et celui de Tyr. Mais pour l'heure, il faut faire état d'un parallèle beaucoup plus proche. R. Meiggs a en effet rappelé que la déesse de Tibur, Albunea, avait vu sa statue retrouvée dans l'Anio, tandis qu'elle serrait contre sa poitrine le livre prophétique qui lui servirait à rendre des

---

[314] STACE, *Silv.* I 3,79. Cf. A. BOUCHÉ-LECLERCQ, *Histoire de la divination dans l'Antiquité* III, Paris 1880, p. 308-313.

[315] Sur les cultes orientaux à Ostie, cf. M. FLORIANI SQUARCIAPINO, *I culti orientali ad Ostia*, Leyde 1962, p. 60-61 ; sur Hercule, G. BECATTI, *Il culto di Eracle ad Ostia ed un nuovo rilievo votivo*, dans *Bollettino della commissione archeologica comunale in Roma* 67 (1939), p. 39-60 ; 68 (1940), p. 144 ; ID., *Nuovo documento del culto di Ercole ad Ostia*, ibid. 70 (1942), p. 115-125 ; D. VAN BERCHEM, *art. cit.* (n. 248), p. 331-333 ; R. CHEVALLIER, *Ostie antique. Ville et port*, Paris 1986, p. 225-226, pl. XXXI. ; M.P. GARCÍA BELLIDO, *Altares y oráculos semitas en Occidente : Melkart y Tanit*, dans *RSF* 15 (1987), p. 135-158, qui établit un lien historique, peù crédible selon nous, entre l'oracle d'Ostie et celui de Gadès. J. POUCET, *op. cit.* (n. 253), p. 152-155 : la fondation d'Ostie est attribuée à Ancus Marcius, le dernier roi préétrusque, mais l'archéologie en revanche est quasi muette pour les époques antérieures au IVe siècle av. J.-C.

[316] PAUSANIAS VII 5,5. Cf. *infra*, p. 383-386.

[317] L. LACROIX, *Les reproductions de statues sur les monnaies grecques*, Liège 1949, p. 66-68.

oracles[318]. C'est donc décidément à Tibur qu'il faut rechercher le modèle de la tradition attestée à Ostie. Pas de Melqart donc, ni à Rome, ni à Tivoli, ni à Ostie.

3. Pouzzoles

Il y a près de 80 ans que Ch. Dubois a mis en évidence, dans sa monographie sur Pouzzoles, l'importance commerciale de cette cité portuaire de Campanie[319]. Colonie samienne du VIe siècle av. J.-C., Dicéarchia-Pouzzoles fut longtemps le trait d'union entre la Sicile, l'Italie et la Grèce, la plaque tournante aussi des échanges entre l'Égypte et Carthage. Son essor, comme port de Rome, plutôt qu'Ostie ou Naples, est contemporain des Guerres Puniques, de l'époque où Rome multipliait les contacts avec l'Orient. Très logiquement, elle attira les négociants étrangers, notamment déliens, égyptiens et levantins, qui introduisirent en Campanie leurs cultes d'origine[320]. Là fut construit le plus ancien Sérapéum d'Italie ; dans notre cas, c'est plus particulièrement la guilde des marchands tyriens qui pourrait nous fournir d'intéressantes informations[321].

Ils possédaient à Pouzzoles une *statio*, c'est-à-dire un ensemble d'édifices en location destinés au commerce, comme des entrepôts, et aux cultes. Or, le 23 juillet 174 ap. J.-C., les Tyriens de Pouzzoles expédièrent une lettre à Tyr, la *«métropole sacrée, inviolable, autonome de Phénicie et des autres villes et la première sur la mer»*[322]. Ils l'adressèrent *«aux magistrats, au Conseil, à l'Assemblée du peuple»*. Il en ressort que la station des Tyriens, la plus vaste de Pouzzoles, est menacée car son entretien et la prise en charge des cultes des dieux nationaux, τῶν πατρίων ἡμῶν θεῶν, notamment de leur fête annuelle et de leur temple, sont devenus trop lourds à supporter. On peut raisonnablement compter Melqart au nombre de ces dieux ancestraux des Tyriens. La réponse de la métropole est datée du 8 décembre de la même année. Elle manifeste la volonté tyrienne de conserver les cultes, notamment par une subvention de 100.000 deniers et une aide

---

[318] R. MEIGGS, *Roman Ostia*, 2e éd., Oxford 1973 (1e éd. 1960), p. 347-349. La présence d'une statue archaïque à Ostie est étonnante. Pour l'auteur, il pourrait s'agir d'une statue attachée précédemment à un culte en un autre lieu et fortuitement repêchée à Ostie pour être ensuite érigée à l'endroit où le bas-relief était exposé. Sur Albunea, cf. LACTANCE I 6,12 ; TIBULLE, *Élégies* II 5,69-70.

[319] Ch. DUBOIS, *Pouzzoles antique (histoire et topographie)*, Paris 1907.

[320] Pour un panorama de ces cultes, V. TRAN TAM TINH, *Le culte des divinités orientales en Campanie* (EPRO 27), Leyde 1972.

[321] Ch. DUBOIS, *op. cit.* (n. 319), p. 87, 157-161 ; G. LA PIANA, *Foreign Groups in Rom during the First Centuries of the Empire*, dans *HThR* 20 (1927), p. 183-403, surtout p. 256-260 ; V. TRAN TAM TINH, *op. cit.* (n. 320), p. 136-137.

[322] *OGIS* 595 = *IGRR* I 421 ; V. TRAN TAM TINH, *op. cit.* (n. 320), p. 153-156.

financière de la *statio* de Rome devenue plus prospère, à une époque où Ostie a désormais supplanté Pouzzoles[323].

L'hypothèse de l'implantation de Melqart à Pouzzoles est étayée par une inscription antérieure aux lettres, puisque datée du Ier siècle ap. J.-C. ; il s'agit d'une dédicace bilingue latino-grecque[324].

[S]acerdos Siliginius[325] ... / Tyros m[etropolis ...] / foede[rata ...]

Τύρος ἱερὰ καὶ ἄσυλος κ[αὶ αὐτόνομος μετρό] / πολις Φοινείχης [καὶ τῶν κατὰ Κοίλην Συρίαν] / πόλεων / [θ]εῷ ἁγίῳ σ[...]

Le dieu saint honoré par Tyr, la métropole sainte et fédérée, l'asyle, la métropole autonome de la Phénicie et des villes de la Coilé-Syrie, pourrait bien être Melqart que nous avons, à plusieurs reprises, rencontré avec l'épithète de «*saint*»[326]. Par ailleurs, on se souvient que L. Robert proposait de considérer le σ final comme l'initiale de l'adjectif σαρεπτηνῷ.

Il faut donc rappeler le cas du dieu saint de Sarepta, évoqué précédemment[327]. Une stèle commémorative grecque révèle qu'en 79 ap. J.-C., le θεὸς [ἅγ]ιος [Σ]αρεπτηνό[ς] est parti de Tyr pour Pouzzoles. Nous avons vu que l'événement a également laissé des traces en Phénicie. Nous savons en outre que des liens étroits, économiques et politiques, unissaient Tyr et Sarepta. Dès lors, une équivalence entre le dieu saint de Sarepta et celui honoré par les Tyriens est assez probable, de même que le regroupement des Tyriens et des commerçants de Sarepta au sein d'une même corporation à Pouzzoles. Melqart aurait donc pu être l'objet de leur commune dévotion.

4. La Grande Grèce

Melqart n'apparaît pas comme tel dans cette région, mais ceci n'exclut pas complètement la possibilité d'une influence plus diffuse, dans une zone fréquentée par les navigateurs grecs, mais aussi par leurs concurrents puniques. La région de Crotone connaît, par exemple, un culte d'Héraclès intimement associé à la déesse poliade, Héra Lacinienne[328]. Il aurait mérité

---

[323] *Ibid.*

[324] *IGRR* I 419 (=*IG* XIV 831), cf. V. TRAN TAM TINH, *op. cit.* (n. 320), p. 152-153, fig. 76. L'inscription a été retrouvée près de la *Porta Ercolea*. Sur la restitution de la fin proposée par L. Robert et faisant intervenir le dieu saint de Sarepta, cf. *supra*, p. 121-122.

[325] *Siligo* désigne la farine blanche ; il pourrait dès lors s'agir d'un prêtre recevant les offrandes de farine pour les consacrer au dieu, à moins que ce ne soit un anthroponyme.

[326] Cf. *supra*, p. 63, 121-122, 254, 301. Il pourrait s'agir d'une traduction du phénicien qdš, cf. P. XELLA, *QDŠ. Semantica del «sacro» ad Ugarit*, dans *MLE* 1 (1982), p. 9-17.

[327] *IGRR* I 420. Cf. *supra*, p. 121-122 et V. TRAN TAM TINH, *op. cit.* (n. 320), p. 156-158, fig. 77.

[328] J. BAYET, *op. cit.* (n. 241), p. 16 ss. Milon, l'olympionice crotoniate, était à la fois prêtre d'Héra et dévôt d'Héraclès. Cf. M. GIANGIULIO, *Per la storia dei culti di Crotone antica. Il san-*

cette place après avoir vaincu l'éponyme local, Croton, selon un schéma mythique désormais familier. Or, Tite-Live rapporte qu'Hannibal manifesta une vénération particulière à l'égard de la déesse de Crotone en 214 av. J.-C. [329] Par ailleurs, à un moment critique dans le déroulement de ses opérations en Italie, le Carthaginois se rendit au lac Averne et y accomplit un rituel en l'honneur du dieu local Avernus [330]. Sur la base de ces témoignages, W. Huss a émis l'hypothèse qu'Hannibal se serait adressé, à travers Avernus, à Melqart et, à travers Junon Averna, sa parèdre, à Astarté [331]. La tradition faisait en effet du lac Averne la «bouche» de l'au-delà, l'accès aux Enfers, sur lequel régnait ce dieu chthonien [332]. L'idée selon laquelle le rituel accompli par Hannibal serait un substitut de l'*egersis* de Melqart, au cours duquel le général aurait agi en «*ressusciteur du dieu*», en *mqm 'lm*, repose en bonne partie sur la conception de W.F. Albright d'un Melqart roi des enfers. Cependant, celle-ci s'avère contestable [333], même si l'on ne peut nier une certaine connexion entre Melqart et le domaine funéraire. L'interprétation donnée par W. Huss est donc suggestive, mais elle est insuffisamment étayée à nos yeux.

En conclusion de son chapitre sur le culte d'Héraclès en Italie, J. Bayet écrit : «*il est donc peu de villes grecques d'Italie qui ne puissent se réclamer d'Héraclès, à un titre quelconque*» [334]. Il est vrai que le héros grec bénéficia d'une implantation large en Italie. Mais pourquoi particulièrement dans les ports, pourquoi avec un caractère marin assez fréquent, comme à Sorrente ? Il ne nous semble pas impossible que la concurrence d'un autre Héraclès ait été un incitant à multiplier et à diversifier les points d'ancrage du héros grec et à l'associer fréquemment à une parèdre, trait plus marqué en Occident qu'en Grèce même.

5. Hercule et le culte impérial

Même s'il n'apporte aucun élément nouveau sur la physionomie de Melqart, l'importance accordée par certains empereurs au modèle hercu-

---

tuario di Hera Lacinia. Strutture e funzioni cultuali, origini storiche e mitiche, dans *Archivio storico per la Calabria e la Lucania* 49 (1982), p. 5-69. Pour les rapports entre Héraclès et Héra dans le monde italique, N. VALENZA MELE, *Eracle euboico a Cuma. La Gigantomachia e la Via Heraclea*, dans *RCGO* I, Naples 1979, p. 19-51.

[329] TITE-LIVE XXX 20,6 ; XLII 3,6, cf. aussi POLYBE III 33,18 ; CICÉRON, *De div.* I 48-49.

[330] TITE-LIVE XXIV 12,4 et 13,6. Cf. *supra*, p. 181.

[331] W. HUSS, *Hannibal und die Religion*, dans *St.Phoen.* IV, Namur 1986, p. 223-238.

[332] *Ibid.* ; C. HARDIE, *The Crater of Avernus as Cult-Site*, dans R.G. AUSTIN, *P. Vergili Maronis Aeneidos Liber Sextus*, Oxford 1977, p. 279-286 ; B. ZANNINI QUIRINI, *L'aldilà nelle religioni del mondo classico*, dans P. XELLA (éd.), *Archeologia dell'Inferno*, Vérone 1987, p. 263-307.

[333] Pour cette question du sens de *qrt* dans le nom de Melqart, cf. *infra*, p. 431-432.

[334] J. BAYET, *op. cit.* (n. 241), p. 46-47.

léen nécessite quelques mots d'explication. Deux préalables historiques constituent la toile de fond de ces développements impériaux. D'une part, la référence à Alexandre, le premier à avoir mis en place, en Grèce, un support idéologique personnel de type religieux et le premier aussi à avoir conquis un empire universel. La numismatique qui le représente sous les traits d'Héraclès fut le vecteur, dans tout le monde méditerranéen, de cette idéologie d'assimilation entre les exploits du Macédonien et ceux du héros grec. D'autre part, il faut invoquer aussi Hannibal qui, à l'instar d'Alexandre, suivit les traces d'Héraclès-Melqart lors de son expédition en Italie[335]. Après eux, les politiciens romains, Scipion, Sylla[336], Pompée, Marc-Antoine, s'inspirèrent de ces modèles et se posèrent à leur tour en émules d'Hercule[337]. Cette attitude avait été en outre encouragée par l'évolution de la physionomie de l'Hercule de l'Ara Maxima. De dieu des marchands, il était devenu le dieu soldat, le Vainqueur, qui, lors des triomphes, était revêtu du costume du triomphateur[338] et qui recevait la dîme du butin[339]. Cette dévotion des élites politiques était aussi relayée par les écoles philosophiques qui appréciaient particulièrement Hercule et l'avaient érigé en modèle moral[340]. En raison de sa descente aux Enfers, il était le symbole de l'immortalité heureuse et figurait fréquemment sur les sarcophages. Ses péchés, sa vie de peines et d'infortunes en faisaient par ailleurs un héros très humain, apprécié de tous. Pour les empereurs, il présentait le grand

---

[335] Cf. *supra*, p. 180-181. J. GAGÉ, *Hercule-Melqart, Alexandre et les Romains à Gadès*, dans *RÉA* 42 (1940), p. 425-438 ; E.L. BASSETT, *Hercules and the Hero Punica*, dans *The Classical Tradition. Studies in Honour of H. Caplan*, Ithaca 1966, p. 259-273 ; J.D. BRECKENRIDGE, *Hannibal as Alexander*, dans *The Ancient World* 7 (1983), p. 111-128 ; W. HUSS, *art. cit.* (n. 331), p. 223-238.

[336] L.H. LENAGHAN, *Hercules-Melqart on a Coin of Faustus Sulla*, dans *The American Numismatic Society Museum Notes* 11 (1964), p. 131-149, pour une série monétaire frappée en 62 av. J.-C. par le fils de Sylla et portant au droit la tête d'un homme jeune, sans attribut. Certains ont pensé à Jugurtha ou à Bocchus dont Sylla avait triomphé, mais un parallèle avec une série tyrienne où Héraclès-Melqart porte une léonté nouée autour du cou, parfois à peine visible, suggère qu'il pourrait s'agir d'une évocation de la même divinité et de la dévotion de Sylla pour Hercule. Par l'intermédiaire de son gouverneur Scaurus, Sylla pratiqua d'ailleurs une politique bienfaisante et bénéfique à l'égard de Tyr.

[337] J. BEAUJEU, *La religion romaine à l'apogée de l'Empire* I, Paris 1955, p. 80-87.

[338] PLINE, *HN* XXXIV 33.

[339] Sur cette évolution, cf. M. JACZYNOWSKA, *Le culte d'Hercule romain au temps du Haut Empire*, dans *ANRW* 17,2, Berlin-New York 1981, p. 631-661.

[340] Cf. PLINE, *HN* XXXIV 57 ; PLUT., *P. Em.* XVII 11-12 ; *Crassus* II 3 et XII 3 ; *Sylla* XXXV 1 ; VITRUVE III 3,5. Cf. D. VAN BERCHEM, *art. cit.* (n. 248), p. 333 ; G.W. BOWERSOCK, *Greek Intellectuals and the Imperial Cult in the Second Century A.D.*, dans *Le culte des souverains dans l'Empire romain*, Genève 1972, p. 177-212. Au niveau populaire, cf. J. BAYET, *Hercule funéraire*, dans *MÉFRA* 39-40 (1921-22), p. 219-266 ; ID., *Un nouvel Hercule funéraire et l'héroïsation gréco-romaine en Thrace*, dans *MÉFRA* 46 (1929), p. 1-42 ; G.K. GALINSKY, *The Herakles Theme. The Adaptations of the Hero in Literature from Homer to the 20th Century*, Londres-Southampton 1972, p. 126-152.

avantage d'avoir été immortalisé : son apothéose devint le modèle de l'apothéose impériale.

S'il connut plutôt un recul de popularité sous Auguste, le culte d'Hercule fut promu par Caligula, Néron et Domitien qui adoptèrent dans leurs
représentations des attributs héracléens. L'aura morale du héros-dieu, son
profil de personnage salutaire et pacificateur, son profond ancrage dans la
religion romaine, à une époque où les cultes orientaux déferlaient sur
Rome, jouèrent en sa faveur. L'Ara Maxima fut incendiée en l'an 64 ap.
J.-C. [341], mais avec le règne de Trajan s'amorça une période de restauration et même de réelle promotion d'Hercule. Originaire d'Italica, en Espagne, non loin de Gadès, Trajan devait sans aucun doute connaître le culte
de l'Hercule gaditain, originellement Melqart [342]. Déjà à la fin de l'époque
républicaine, les leaders romains avaient ménagé ce dieu ou avaient profité
des richesses de son sanctuaire [343]. Dans le processus de promotion d'Hercule, Trajan se garda pourtant bien de mettre en évidence les antécédents
d'Hercule, Melqart s'effaçant totalement devant son homologue romain.
Dans ses ateliers monétaires de Rome, d'Alexandrie et de Tyr, il fit frapper
des monnaies à l'image d'Hercule, à partir de 100 ap. J.-C., et nous avons
précédemment montré comment il renvoie ainsi, discrètement, à l'Hercule
gaditain [344]. Un seul torse semble indiquer qu'une véritable identification
s'opéra entre l'empereur et son dieu. Trajan, il est vrai, s'entoura d'intel-
lectuels favorables à l'idéologie herculéenne, comme Pline le Jeune et Dion
de Pruse, ce dernier ayant adressé à l'empereur son premier discours où
il relate un ἱερὸν καὶ ὑγιῆ λόγον centré sur Héraclès, le héros bienfaisant
qui purifia le monde des tyrans [345].

Hadrien, originaire de la même région que Trajan, continua de faire
figurer l'Hercule de Gadès sur son monnayage, mais on y trouve simultanément des scènes mythiques plus conventionnelles [346]. Antonin le Pieux
manifesta aussi une sollicitude particulière à Hercule [347], mais le paroxysme de cette tendance fut atteint avec Commode [348]. Il s'identifia tota-

---

[341] TACITE, *Annales* XV 41.

[342] Cf. *supra*, p. 229-230.

[343] APPIEN, *Hisp.* 65 ; J. GAGÉ, *art. cit.* (n. 335), p. 430-431 et *supra*, p. 220.

[344] P.L. STRACK, *Untersuchungen zur römischen Reichsprägung* I, Stuttgart 1931, p. 95 ss ; H.
MATTINGLY, *Coins of the Roman Empire in the British Museum* III, Londres 1936, p. 38, 42-43,
49, 51, 213, 225-227.

[345] DION de Pruse, *Or.* I 49 ; cf. G. BOWERSOCK, *art. cit.* (n. 340), p. 191-194.

[346] A. MAGNAGUTI, *Hadrianus in nummis*, dans *Numismatic Circular* 40 (1932), p. 162-168 ;
H. MATTINGLY, *op. cit.* (n. 344), p. 253, 254, 273 ss ; J. BEAUJEU, *op. cit.* (n. 337), p. 215.

[347] J. BEAUJEU, *op. cit.* (n. 337), p. 293, 304-306.

[348] *Ibid.*, p. 348 ss ; M. ROSTOVTZEFF, *Commodus-Hercules in Britain*, dans *JRS* 13 (1923),
p. 91-105, avec un appendice de H. MATTINGLY, *The Evidence of the Coins*, p. 105-109 ; J. GAGÉ,
La mystique impériale et l'épreuve des «jeux». Commode-Hercule et l'«anthropologie héracléenne»,

lement à Hercule qu'il finit par considérer comme son *comes*, son *alter ego*, sous la forme d'un Hercule *Comodianus*. Les sources soulignent les facéties de l'empereur qui débaptisa les mois de l'année et les nomma en fonction du cycle héracléen, qui revêtit des peaux de bête et tua des fauves. En même temps qu'il soulignait la puissance du héros, y compris sexuelle, en se faisant accompagner d'un esclave priapique [349], Commode en manifestait aussi l'ambiguïté, en portant des habits féminins [350]. On ne s'étonnera nullement de rencontrer çà et là des statues de Commode-Hercule [351], mais, dans son hystérie héroïque, l'empereur écarta soigneusement toute référence aux Hercule étrangers, exaspérant au contraire sa «romanité», puisque le destin de Rome, celui de son prince et celui d'Hercule ne faisaient plus qu'un [352]. Rappelons enfin le cas de Septime-Sévère, l'empereur africain originaire de Leptis Magna, colonie phénicienne où l'on pratiquait le culte de Milkashtart et de Shadrafa. Il en perpétua le souvenir sous la forme d'Hercule et Liber Pater qu'il fit figurer sur son monnayage et à qui il consacra un temple gigantesque à Rome [353].

6. La Grande-Bretagne

À Corstopitum, Corbridge, un *oppidum* situé juste au sud du mur d'Hadrien, on relève l'existence d'une double dédicace grecque figurant sur deux autels [354]. Le premier d'entre eux, réutilisé dans l'église médiévale, fut découvert légèrement endommagé au début du 18e siècle. Il est dédié «*à Héraclès de Tyr*» par la grande prêtresse Diodora. Le second, retrouvé une cinquantaine d'années plus tard dans un meilleur état de conservation, est consacré à Astarté par un certain Pulcher. La date et la provenance exacte de ces deux objets demeurent incertaines, mais, en dépit des légères disparités formelles, nous avons affaire à deux autels jumelés.

Le symbolisme des autels jumelés fait immédiatement songer aux deux stèles du sanctuaire tyrien de Melqart, à leur réplique dans le sanctuaire de Gadès et aux deux cippes dédiés, dans l'île de Malte, au Baal de Tyr. Ici, Astarté lui est associée, conformément à une union cultuelle qui n'a

---

dans *ANRW* 17,2, Berlin-New York 1981, p. 662-683 ; M.A. LEVI, *Commodo ed Ercole*, dans *Omaggio a P. Treves*, Padoue 1984, p. 195 ss.

[349] HÉRODIEN I 14,8-9 ; *Histoire Auguste, Commode* 8-11.

[350] M. DELCOURT, *op. cit.* (n. 280), p. 33-39.

[351] E. BICKERMAN, *Consecratio*, dans *Le culte des souverains...*, Genève 1972, p. 6.

[352] J. BAYET, *art. cit.* (n. 340-1929), p. 35.

[353] Cf. *supra*, p. 190. H. MATTINGLY, *op. cit.* (n. 344) V, Londres 1950, p. 29, 30, 125-128. Pour le temple, DION CASSIUS LXXVII 16.

[354] *CIL* VII, p. 197 = *IG* XIV 2253-2254. Cf. E. - J.R. HARRIS, *The Oriental Cults in Roman Britain*, Leyde 1965, p. 106-108 ; S. FRERE, *Britannia. A History of Romain Britain*, Londres 1967, p. 141-142.

cessé de s'imposer à nous comme fondamentale et que l'éloignement ne brise pas. Même coupée des références culturelles et religieuses qui en rendent compte, l'association Melqart-Astarté s'impose probablement comme contraignante. Les cultes orientaux ont été véhiculés dans ces lointaines contrées par les soldats de l'Empire originaires de pays très divers. À Corbridge, on rencontre aussi des traces de dévotion à Sol Invictus, à Jupiter Dolichenus, à Magna Mater, associée à Attis [355]. Des marchands ont aussi pu implanter leurs cultes. On connaît l'existence, à Corbridge toujours, d'un Palmyrénien qui avait épousé une indigène. Nos dédicants, Diodora et Pulcher, appartenaient sans doute à l'une ou l'autre catégorie d'étrangers. Mais on ne comprend qu'imparfaitement la portée du titre de grande prêtresse porté par Diodora et le cadre dans lequel elle exerçait ce sacerdoce. Elle montre enfin combien il est faux de penser que Melqart refusait systématiquement l'accès de ses rites aux femmes.

7. La Pannonie

Selon J. Fitz, le culte d'Héraclès aurait bénéficié en Pannonie d'une implantation plus large que dans les provinces voisines [356]. La plupart des monuments se rattachent à l'activité religieuse officielle des empereurs, ce qui n'exclut pas, par ailleurs, une dévotion populaire, par la voie d'un syncrétisme avec une divinité du terroir. Comme à Rome, certains empereurs se manifestent davantage : Hadrien et Septime-Sévère notamment, qui ont véhiculé un Hercule teinté de références étrangères, phénico-puniques en particulier. Le type iconographique d'Hercule répandu en Pannonie n'est d'ailleurs pas l'Hercule romain des premiers temps de l'Empire, mais une variante bien représentée en Afrique et sous les traits duquel J. Fitz croit reconnaître Melqart. Il faut toutefois souligner le fait que, si référence à Melqart il y a, elle est lointaine et indirecte, ayant transité par Hercule, à tel point que rien dans son apparence ne détonne par rapport au schéma classique du héros à la léonté et à la massue. La différence ne devait sans doute pas être perçue par les habitants de Pannonie : nous avons en fait une illustration provinciale de la dévotion impériale à Hercule, avec tout l'arrière-plan historique qu'elle suppose et que nous avons explicité précédemment.

[355] E. - J.R. HARRIS, *op. cit.* (n. 354), p. 50, 55-60.
[356] E.B. THOMAS, *Ein Heiligtum des Hercules aus Pannonien*, dans *Archeologiai Ertesitö* 79 (1952), p. 111-112 ; J. FITZ, *Bas-reliefs d'Hercule inédits dans le comitat de Fejér*, dans *István Király Múzeum Közleményei* 1957, p. 12-15 ; ID., *Le culte d'Hercule dans les régions éravisques, ibid.*, p. 17-29 ; ID., *La représentation d'Hercule-Melkart sur des médailles et statues*, dans *Numizmatikai Közlöny* 56-57 (1957-58), p. 10-16 (en hongrois, avec résumé en français p. 71-72) ; ID., *Sanctuaires d'Hercule en Pannonie*, dans *Hommages Grenier*, Bruxelles 1962, p. 623-638.

Chapitre VII : Chypre

On s'accorde généralement pour dater du IXe siècle av. J.-C. l'arrivée des Phéniciens dans l'île de Chypre, que ses richesses minières et sa position en Méditerranée rendaient précieuse[1]. Mais l'ambiguïté de cette interprétation traditionnelle ne peut échapper : en quoi en effet cette fréquentation dite «phénicienne» différait-elle des intenses courants commerciaux et politiques qui unissaient Chypre au Proche-Orient durant le IIe millénaire[2] ? Les découvertes récentes d'inscriptions phéniciennes en Méditerranée, datant de la charnière entre le IIe et le Ier millénaire av. J.-C., ont du reste relancé le débat sur la «pré-colonisation»[3]. Ce qui paraît en tout cas acquis, c'est la place privilégiée de Chypre dans le système «colonial» phénicien et le rôle de Tyr dans ce mouvement. Par ailleurs, l'importante composante indigène et les éléments grecs bien présents dans l'île rendent l'étude des cultes de Chypre extrêmement difficile, car démêler l'écheveau des divinités et des attributions qui se manifestent dans de nombreux sanctuaires[4] n'est pas toujours possible. À bien des égards pourtant, le matériel chypriote pourrait s'avérer essentiel : ce n'est pas par hasard que l'idée d'y voir le berceau du syncrétisme entre Melqart et Héraclès a été énoncée à plusieurs reprises.

1. Kition

a) *Les fouilles*

Le site de Kition est formé par une baie bien protégée, sur le plateau de Bamboula, à quelque distance au nord du lac salé de Larnaca où a été dégagé le célèbre site du Bronze Récent de Hala Sultan Tekke. Mentionnée par divers voyageurs ou curieux, Kition se signala en 1845 par la découverte de la stèle de Sargon II, élevée à la fin du VIIIe siècle av. J.-C. pour

---

[1] O. Masson - M. Sznycer, *Recherches sur les Phéniciens à Chypre*, Genève-Paris 1972 ; E. Gjerstad, *The Phoenician Colonization and Expansion in Cyprus*, dans *RDAC* 1979, p. 230-254 ; G. Bunnens, *L'expansion phénicienne en Méditerranée*, Bruxelles-Rome 1979, *passim* ; G. Garbini, *I Fenici. Storia e religione*, Naples 1980, p. 117-123 ; I. Michaelidou-Nicolaou, *Repercussions of the Phoenician Presence in Cyprus*, dans *St.Phoen.* V, Leuven 1987, p. 331-338.

[2] Cl. Baurain, *Chypre et la Méditerranée orientale au Bronze Récent. Synthèse historique* (Études chypriotes VI), Paris 1984.

[3] S. Moscati, *Precolonizzazione greca e precolonizzazione fenicia*, dans *RSF* 11 (1983), p. 1-7.

[4] S.M.S. Al-Radi, *Phlamoudi Vounari : a Sanctuary Site in Cyprus* (SIMA 65), Göteborg 1982, pour une liste des sanctuaires chypriotes.

commémorer la soumission de l'île à l'Assyrie. En 1879, alors qu'ils occupaient Chypre depuis un an seulement, les Britanniques entreprirent de combler le port antique insalubre et utilisèrent dans ce but les terres de ce que l'on a longtemps considéré comme une acropole, la colline de Bamboula[5]. Cette opération causa d'importants bouleversements stratigraphiques. Le lieutenant Sinclair, qui s'en chargea et dont le rapport de mission est conservé au British Museum, s'intéressa à la topographie et aux antiquités du site, épaulé qu'il était par un jeune archéologue, M. Ohnefalsch-Richter[6]. On connaît donc le détail de ce qui fut exhumé et expédié à Londres[7].

Mais les antiquités de Kition déplacées par les Anglais sont bien peu de choses au regard de ce qui avait été détourné par les activités, de peu antérieures, des frères Palma di Cesnola. Le premier, Luigi, sévit dans la région comme consul des États-Unis à Larnaca et fit entreprendre entre 1865 et 1870 diverses fouilles, notamment de tombes, dans des contextes qui nous échappent presque toujours. De nombreux objets et beaucoup d'inscriptions nous sont ainsi connues, coupées de leur niveau archéologique[8]. Son frère Alessandro fit de même, avec tout autant de succès et d'anarchie, en 1875 et 1876[9].

En 1894, J.L. Myres fouilla la colline de Batsalos, au sud de Larnaca, sur la rive occidentale du lac salé, zone déjà explorée par L. Palma di Cesnola. Elle abritait un lieu de culte phénicien, comme en témoignent diverses inscriptions que nous étudierons[10]. Le même Myres étudia brièvement, en 1913, le site de Bamboula, sans grand résultat[11]. Vinrent alors les premières fouilles scientifiques, celles de la mission suédoise en 1929-1930, dirigée par E. Gjerstad à Bamboula[12]. Elles ont été reprises depuis 1976 par une mission française menée par M. Yon[13]. Les résultats

---

[5] V. KARAGEORGHIS, *Mycenaean and Phoenician Discoveries at Kition*, New York 1976 ; K. NICOLAOU, *The Historical Topography of Kition* (SIMA 63), Göteborg 1976 ; O. MASSON - M. SZNYCER, *op. cit.* (n. 1), p. 21-23.

[6] M. OHNEFALSCH-RICHTER, *Neue Funde aus Cypern. Die Akropolis von Kition und ein Sanctuarium der syrischen Astarte*, dans *Ausland* 1878, p. 970-971 ; D.M. BAILEY, *The Village Priest's Tomb at Aradippou in Cyprus*, dans *The British Museum Quarterly* 34 (1969), p. 37-38, pl. XV.

[7] D.M. BAILEY, *art. cit.* (n. 6), p. 37-38 : objets en calcaire, en terre cuite et en albâtre, ainsi que deux inscriptions (*CIS* I,86 A-B et 87).

[8] L. PALMA DI CESNOLA, *Cyprus, its Ancient Cities, Tombs and Temples*, Londres 1877.

[9] A. PALMA DI CESNOLA, *Salaminia*, Londres 1882.

[10] J.L. MYRES, *Excavations at Cyprus in 1894*, dans *JHS* 17 (1897), p. 149.

[11] ID., *Excavations in Cyprus 1913*, dans *BSA* 41 (1940-45), p. 85-98.

[12] E. GJERSTAD, *SCE* III, Stockholm 1937, p. 1-75.

[13] *Fouilles de Kition-Bamboula*, dans *BCH* 101 (1977), p. 761-763 ; 102 (1978), p. 916-920 ; 103 (1979), p. 704-706 ; 105 (1981), p. 993-996 ; 108 (1982), p. 723-727 ; 110 (1986), p. 851-855 ; M. YON, *Fouilles françaises à Kition-Bamboula (Chypre), 1976-1982*, dans *CRAI* 1984, p. 80-99 ; EAD., *Mission archéologique française de Kition-Bamboula 1976-1984*, dans V. KARAGEORGHIS (éd.),

de ces explorations nous intéresseront au premier chef puisque nous pourrions bien avoir là un des rares sanctuaires de Melqart fouillés. Pour comprendre le fonctionnement de Kition, et en particulier de ses cultes, on doit bien sûr tenir compte également des fouilles menées entre 1963 et 1981 par V. Karageorghis sur le site de Kathari, dont seuls les niveaux pré-phéniciens viennent de faire l'objet d'un volumineux et remarquable rapport de fouilles [14].

b) *Les Phéniciens à Kition*

Le site de Hala Sultan Tekke fut florissant du XVᵉ-XIVᵉ au XIIᵉ siècle av. J.-C. Les mines de cuivre de Kalavassos et le commerce maritime firent sa richesse. L'habitat de Kition n'a pas à proprement parler remplacé l'établissement antérieur, mais peut-être y a-t-il eu un transfert progressif de populations. Au XIIIᵉ siècle, Kition est, comme Enkomi, une cité fortifiée, industrielle et religieuse, fixée au nord d'un site primitif. Sa fondation pourrait remonter à 1300 av. J.-C. environ ; les premières tombes appartiennent en tout cas à cette période. Vers 1000 av. J.-C., le site septentrional, la zone de Kathari essentiellement, est à son tour abandonné, mais réinvesti, près de 150 ans plus tard, par les Phéniciens. Simultanément et peut-être à leur initiative, un nouveau port est aménagé plus près de la mer, dans le quartier de Bamboula, pour remplacer l'ancien, ensablé [15]. Vers 850 av. J.-C., on possède en effet les premières traces de Phéniciens à Chypre [16].

Les fouilles de Kathari (Area II) et celles de la zone située près de l'église de la Chrysopolitissa (Area I), dont les rapports viennent à peine d'être publiés, permettent d'affiner notre compréhension de la période pré-phénicienne. La reconstruction historique qui s'en dégage est délicate et continue d'être débattue. Pour V. Karageorghis, l'Area I a fait l'objet d'une occupation intermittente depuis le Bronze Récent, mais l'Area II, elle, a été occupée sans discontinuer. Mises à part quelques tombes antérieures, ces deux zones, la première «résidentielle» et artisanale, la seconde religieuse et industrielle, remontent, dans leur état le plus ancien, à la charnière du XIIIᵉ et du XIIᵉ siècle av. J.-C. Vers 1190 av. J.-C., sans trace

Archaeology in Cyprus 1960-1985, Nicosie 1985, p. 219-225. Tous mes remerciements vont à M. Yon et A. Caubet pour les avis et les renseignements fournis afin de faciliter ce travail.

[14] V. KARAGEORGHIS - M. DEMAS, *Excavations at Kition V. The Pre-Phoenician Levels, Area I and Area II*, 2 vol., Nicosie 1985.

[15] V. KARAGEORGHIS, *The Late Bronze Age*, dans *Footprints in Cyprus. An Illustrated History*, Londres 1984, p. 37 ss ; J.A. GIFFORD, *Post-Bronze Age Coastal Change in the Vicinity of Kition*, dans *op. cit.* (n. 14), p. 375-387.

[16] A. DUPONT-SOMMER, *Les Phéniciens à Chypre*, dans *RDAC* 1974, p. 75-94, signale toutefois une influence phénicienne sur la céramique chypriote dès le XIᵉ siècle av. J.-C.

apparente de violence, ni de destruction, l'ensemble architectural de Kathari est réorganisé sur des bases qui doivent beaucoup au sol précédent, mais s'en distinguent par le caractère monumental des bâtiments. Pour comprendre cette prospérité nouvelle de Kition et pour expliquer le fait que ce changement correspond en outre à l'apparition sur le site de la céramique Mycénienne III C, V. Karageorghis a défendu l'hypothèse de l'arrivée de nouvelles populations, en clair d'Achéens. Cependant, on ne peut nier le fait que les «innovations» dont on les dit porteurs, céramique et architecture en pierre de taille [17], sont attestées dans l'île antérieurement au Chypriote Récent III A, en fait dès le Chypriote Récent II C. Plutôt que d'innovation en la matière, il faut parler de changement quantitatif. On ignore en outre si la chronologie des destructions/reconstructions observées alors à Chypre est antérieure ou postérieure aux phénomènes similaires qui marquent, en Grèce, la fin du monde palatial. Relier les deux événements est donc une hypothèse. L'arrivée du Mycénien III C au Levant est, habituellement, plutôt mise en relation avec les bouleversements consécutifs au mouvement des Peuples de la Mer et l'on ne manquera pas de s'étonner de la disparité des effets de l'arrivée de ces «Grecs» à Chypre : destruction à Maa et Pyla, renouveau à Kition [18]. L'idée d'une colonisation massive et d'une domination achéenne à Chypre à partir du Chypriote Récent III A doit donc être abandonnée : on a affaire, quels que soient les acteurs de ce changement, à un processus lent et différencié. Les niveaux qui se succèdent ensuite, entre 1190 et 1000 av. J.-C., font preuve d'une remarquable continuité en dépit d'aménagements mineurs, seul le niveau I (ca 1050-1000 av. J.-C.) est consécutif à une destruction partielle peut-être attribuable à un tremblement de terre. À la fin du Chypro-Géométrique I, le site est abandonné, sans signe de violence, et recouvert par du sable et des alluvions jusqu'à l'arrivée des Phéniciens.

Les Phéniciens qui s'établirent à Kition étaient sans doute Tyriens. Flavius Josèphe relate l'expédition punitive d'Hiram Ier, roi de Tyr, contre une colonie nommée, selon les manuscrits, Ἰτυχαίοις, Τιτυοῖς, Τιτυαίοις, Ἰυχέοις [19], soit Utique ou plus probablement Kition. La fondation de Kition remonterait, dans cette hypothèse, au moins au Xe siècle av. J.-C. Le même auteur rapporte qu'Elulaios, le roi de Tyr, rétablit à Kition l'autorité tyrienne peu avant 700 av. J.-C. [20] Il faut aussi faire état d'un sar-

---

[17] O. CALLOT, *Remarque sur l'architecture des temples 1 et 2 à Kition*, dans *op. cit.* (n. 14), p. 165-239, insiste sur le fait que la pierre de taille a en réalité un rôle décoratif et que ce que l'on appelle l'*ashlar masonry* repose sur une utilisation essentielle du bois comme soutien des murs.

[18] Cl. BAURAIN, *op. cit.* (n. 2), p. 330 ss.

[19] FLAVIUS JOSÈPHE, *A.J.* VIII 146 ; *C.A.* I 119.

[20] FLAVIUS JOSÈPHE, *A.J.* IX 14. Cf. M. YON, *Le royaume de Kition. Époque archaïque*, dans *St.Phoen.* V, Leuven 1987, p. 357-374.

cophage, aujourd'hui disparu : réalisé dans un gypse provenant sans doute de Kition et datant du IVᵉ siècle av. J.-C., il comportait une inscription phénicienne mentionnant un personnage du nom d'Eshmounadon, *skn ṣr*, «gouverneur de *Tyr*» [21].

Entre le VIIᵉ siècle av. J.-C. et 569 av. J.-C., Kition connut un siècle d'indépendance, développant son commerce et son urbanisme. De 569 à 545 av. J.-C., elle vécut sous la domination égyptienne, puis vinrent les Perses, jusqu'en 323 av. J.-C. Pour punir Kition de s'être jointe à la révolte d'Ionie et d'avoir mis peu de zèle dans les Guerres Médiques, les Perses aidèrent les Phéniciens à mettre en place une dynastie persophile, inaugurée par Baalmilk en 479 av. J.-C. Son successeur étendit ses possessions à Idalion au milieu du Vᵉ siècle av. J.-C., puis Tamassos fut annexée, dans la seconde moitié du IVᵉ siècle av. J.-C. [22]

On notera encore qu'en 411 av. J.-C., le Grec Évagoras prit le pouvoir à Salamine où le trône était occupé par un usurpateur phénicien qui avait l'appui de Kition. En 391 av. J.-C., Évagoras avait conquis toute l'île, à l'exception de Kition, Amathonte et Soloi, qui furent soumises en 388/7 av. J.-C. Le roi phénicien de Kition, Milkyaton, céda sa place à l'Athénien Demonikos, mais fut restauré un an plus tard. En 312 av. J.-C., Ptolémée Sôter renversa Pumayyaton, le roi de Kition, mettant un terme à la dynastie phénicienne de Kition. Aux époques postérieures, Kition partagea les vicissitudes de tout le monde hellénistique, puis elle déclina à la fin de l'époque romaine, après avoir connu une grande prospérité reposant sur l'excellence de son port.

Le nom phénicien de Kition est *Kt(y)*, si l'on en croit les inscriptions et la numismatique [23]. L'identité de la Carthage de Chypre, que certains identifient à Kition, d'autres à Amathonte [24] demeure controversée, même si Kition recueille davantage de suffrages. Attestée dans la fameuse dédi-

---

[21] *IK* F 6 ; O. Masson - M. Sznycer, *op. cit.* (n. 1), p. 69-75 et pl. VI ; cf. aussi E. Lipiński, Skn *et* sgn *dans le sémitique occidental du Nord*, dans *UF* 5 (1973), p. 191-207. Le *skn* y est défini comme «*un fonctionnaire qui représentait le roi et en exerçait les pouvoirs*». Cf. aussi M. Sznycer, *Les noms de métier et de fonction chez les Phéniciens de Kition d'après les témoignages épigraphiques*, dans *Chypre. La vie quotidienne de l'Antiquité à nos jours*, Paris 1985, p. 81. On laissera de côté l'interprétation de la stèle de Nora, du IXᵉ siècle av. J.-C., donnée par A. Dupont-Sommer, *art. cit.* (n. 16), p. 82-84, qui y lit «*Tyr, mère de Kition*». Cette lecture est très contestable, cf. G. Bunnens, *op. cit.* (n. 1), p. 30-41.

[22] Tamassos fut vendue à Kition, cf. Athénée IV 167 c, citant Douris de Samos.

[23] Cf. E. Lipiński, *La Carthage de Chypre*, dans *St.Phoen.* I-II, Leuven 1983, p. 209-234, surtout p. 218-219.

[24] Pour toute la bibliographie relative à ce sujet, *ibid.*, p. 209-234. Pour l'analyse de ces documents, on se reportera aussi à Cl. Baurain, *Un autre nom pour Amathonte de Chypre*, dans *BCH* 105 (1981), p. 361-372, qui défend une interprétation différente, et, pour l'illustration de l'équation Carthage=Amathonte, A. Hermary, *Amathonte de Chypre et les Phéniciens*, dans *St.Phoen.* V, Leuven 1987, p. 375-398.

cace au Baal du Liban datée du milieu du VIIIe siècle av. J.-C. [25] et dans des listes de tributs payés au VIIe siècle av. J.-C. aux Assyriens par les royaumes chypriotes, elle ne signifie rien quant au culte de Melqart. Cela dit, Kition était certainement la principale métropole phénicienne de Chypre. On s'attendra donc à y trouver un éventail représentatif de cultes phéniciens.

c) *Le sanctuaire de Bamboula* (fig. 27)

La mission d'E. Gjerstad avait proposé, en son temps, une chronologie du site [26], mais la mission française a si profondément révisé ces données et la compréhension de l'ensemble architectural que nous nous y réfererons sans plus tarder [27]. La prétendue «acropole» de Kition, qui s'élève, en son point le plus haut, à 9,51 m au-dessus du niveau de la mer et surplombe le port, est en vérité une élévation presque totalement artificielle. Une terrasse de plus de 5 m de haut fut en effet mise en place au plus tôt au IVe-Ve siècle ap. J.-C. Elle perturba profondément les niveaux hellénistiques et romains.

La première occupation de Bamboula remonte au Chypro-Géométrique I, soit au XIe-Xe siècle av. J.-C., mais on ignore la destination de ces premières constructions. Au IXe siècle av. J.-C., est bâti le sanctuaire primitif [28], soit à une époque où apparaissent les premières traces de Phéniciens à Chypre. Un autel monolithique d'environ un mètre de haut et des figurines certifient le caractère sacré de l'édifice. Au VIIe siècle av. J.-C., le sanctuaire est réorganisé autour d'un grand autel de brique crue : les rites s'y déroulaient sans doute en plein air. Une rue reliant le port à la ville, en passant par le sanctuaire, l'unissait aux deux pôles de la cité. Dans le remblai de destruction de cette phase, on a découvert une figurine fragmentaire de déesse aux bras levés. Au VIe siècle av. J.-C., l'ensemble cultuel s'avère plus élaboré : deux zones sacrées se partagent l'espace, l'une, à l'est, où ont été retrouvés plusieurs fragments de statuettes féminines et des traces d'aménagement en vue de l'accomplissement de rites aquatiques, l'autre, à l'ouest, fort érodée par les remblais, où fut dégagé le *bothros* contenant des statues héracléennes, dont les plus anciennes remontent à 500 av. J.-C. environ (fig. 28).

---

[25] *CIS* I,5. Pour l'épineuse question de sa provenance exacte, cf. O. MASSON, *La dédicace à Ba'al du Liban (CIS I,5) et sa provenance probable de la région de Limassol*, dans *Semitica* 35 (1985), p. 33-46.

[26] Cf. *supra*, n. 12.

[27] Cf. *supra*, n. 13.

[28] Le site de Bamboula n'a donc pas connu d'occupation mycénienne. Le sanctuaire jouxtait le rempart mycénien, cf. M. YON - A. CAUBET, *Le sondage L-N 13 (Bronze récent et Géométrique)*, Paris 1985.

Ce niveau archaïque a livré divers fragments de céramique dite «de Samarie», des importations phéniciennes et un ostrakon portant une inscription phénicienne du VIIᵉ siècle av. J.-C. À la fin du VIᵉ siècle av. J.-C., vers 500, l'ensemble est complètement réaménagé, après nivellement du terrain. Un grand espace nu remplace les petites constructions d'époque archaïque et, au centre, deux autels foyers circulaires servaient au culte ; ils étaient, au moment de leur dégagement, entourés de cendres sur plusieurs mètres. Parmi ces débris carbonisés, on a découvert des plaquettes de terre cuite estampées représentant des stèles hathoriques miniatures, rappelant probablement les deux chapiteaux hathoriques monumentaux de Kition, conservés au Louvre et à Berlin. À ce niveau-là aussi, on note la présence de céramique levantine. Un fragment de figurine du type «déesse aux bras levés» indique que le culte d'une déesse continuait d'être pratiqué à Bamboula, à côté de celui d'un dieu, représenté sous les traits d'Héraclès [29]. En raison du caractère phénicien du sanctuaire, on a suggéré d'y reconnaître Astarté et Melqart. Vers 400 av. J.-C., les constructions sont à nouveau recouvertes. La cour, comprenant plusieurs autels, s'étend alors sur l'aire jadis occupée par les sanctuaires géométrique et archaïque et la rue qui les longeait. Le mur septentrional de cette cour s'étend sur plus de 30 mètres et ses limites exactes demeurent imprécises, en raison de l'érosion du terrain et des travaux accomplis au XIXᵉ siècle. Au sud de la cour, un vaste espace rectangulaire de plus de 30 mètres de long comprenait une succession de pièces, partiellement couvertes, abritant des puits et des installations hydrauliques : peut-être s'agit-il d'une salle à banquets. Au nord de cet édifice, s'élevait un autre bâtiment dont la destination ne nous est pas connue.

Ce qui semble le plus frappant, c'est la répartition de l'espace sacré en deux zones, séparées depuis l'époque archaïque par un mur. L'une d'elle, probablement celle située au sud, où l'eau semble revêtir une importance particulière, est connue par une série de textes postérieurs à 400 av. J.-C., dont les célèbres comptes du sanctuaire d'Astarté, précisément découverts à Bamboula. La quinzaine de graffites mis au jour par les fouilles françaises, dont on attend la publication par M. Sznycer, n'a malheureusement pas fourni de précisions notables sur le sujet. Le système d'alimentation en eau, avec ses canalisations latérales et un égoût central provenant de l'ouest de la ville et aboutissant à la mer, a pu répondre simultanément aux besoins du sanctuaire et aux nécessités de l'urbanisme. De très nombreux vases à boire et des lampes ont été précipités dans les puits et les égoûts.

---

[29] A. Caubet, *Les sanctuaires de Kition à l'époque de la dynastie phénicienne*, dans *St. Phoen.* IV, Namur 1986, p. 153-168, surtout p. 157 ; S. Sophocleous, *Atlas des représentations chypro-archaïques des divinités*, Göteborg 1985, p. 28-43.

Peut-être a-t-on donc affaire à des rites liés à la fécondité. La seconde zone
du sanctuaire de Bamboula, située au nord, celle où le feu est mieux
implanté, serait réservée à Héraclès-Melqart. Si l'on ne peut contester que
le terrain porte la marque de cette division, on fera remarquer que les rites
d'eau et de feu peuvent difficilement être attribués exclusivement à l'une
ou à l'autre divinité [30]. Melqart est plus d'une fois mis en relation avec
l'eau et Astarté apparaissait sans doute dans l'*egersis* de Melqart où le feu
tenait une place particulière.

Au début du IIIe siècle av. J.-C., la terrasse est agrandie vers le nord
et le sanctuaire réorganisé. Or, en 312 av. J.-C., Ptolémée s'empare de
Chypre et tue le dernier roi phénicien de Kition. C'est alors qu'est constituée la décharge que dégagea la mission suédoise et qui contenait les statues héracléennes. Des autels subsistent après cette date, mais on ignore
s'ils servirent aux mêmes cultes. Puis les pratiques religieuses s'éteignent
et le site est abandonné, pour être occupé, à la fin du IIe siècle av. J.-C.,
par des activités artisanales et domestiques.

L'importance de ce sanctuaire, sa place privilégiée en arrière du port,
la permanence des structures architecturales régulièrement agrandies, montrent bien la place des divinités vénérées dans le sanctuaire de Bamboula,
c'est-à-dire, en première hypothèse, de Melqart et d'Astarté. L'identification à Astarté de la déesse aux bras levés, figurée comme Hathor, s'impose.
Elle a en outre le grand mérite d'être confirmée par diverses inscriptions
de Kition mentionnant un sanctuaire d'Astarté. Il est intéressant de noter
le caractère exclusivement grec des statues héracléennes découvertes dans
le *bothros*, dès 500 av. J.-C. S'il s'agit de Melqart, on aurait là l'attestation
la plus ancienne de son assimilation à Héraclès, dans un milieu mixte qui
cherchait à favoriser l'intégration des divers cultes pratiqués par chaque
communauté. En ce qui concerne Héraclès, M. Yon a montré qu'il n'existe
guère, à Chypre, d'orthodoxie en matière iconographique [31] : il n'est pas
sûr que l'iconographie héracléenne corresponde partout et toujours à une
seule divinité, en l'occurrence Melqart. La découverte sur le site de Bamboula d'une statue du VIe siècle av. J.-C. représentant un «Zeus», en position combattante et armé d'un foudre, pourrait indiquer, à l'inverse, que,
le Baal de Kition, correspondant à un Grand Dieu local, est tantôt représenté en Héraclès, tantôt en Zeus. En tout état de cause, dans le cas de
Kition, il nous semble que des arguments sérieux autorisent à reconnaî-

---

[30] A. CAUBET - M. PIC, *Un culte hathorique à Kition-Bamboula*, dans *Archéologie au Levant.
Recueil R. Saidah*, Lyon 1982, p. 237-249 ; M. YON, *«Le Maître de l'Eau» à Kition, ibid.*, p.
251-263.
[31] M. YON, *Cultes phéniciens à Chypre : l'interprétation chypriote*, dans *St.Phoen.* IV, Namur
1986, p. 127-152.

tre Melqart dans ce Baal : son attestation à Batsalos, dans l'entité kitienne, son caractère poliade, sa connexion avec des rites de feu et d'eau ; son association à Astarté, attestée un peu partout en Méditerranée et qui reproduit le modèle cultuel tyrien où, selon Flavius Josèphe, ils étaient abrités, comme à Bamboula, dans un sanctuaire commun[32].

d) *Les sanctuaires de Kathari*

Nous avons évoqué précédemment les problèmes de chronologie et surtout d'interprétation historique que posent les fouilles de Kathari (fig. 29). Nous voudrions ici nous interroger sur la fonction de cette zone dans les cultes[33]. L'occupation du site, comme zone sacrée, commence au cours du premier quart du XIIe siècle av. J.-C. Le site est alors utilisé constamment jusqu'en 1000 av. J.-C. environ et repris vers 850 av. J.-C. par les Phéniciens. Une question fondamentale se pose dès lors : quelles divinités étaient honorées à Kathari avant et après l'établissement des Phéniciens ? Au niveau le plus ancien, Kathari comprend deux temples et une ébauche de quartier artisanal ou industriel : le temple 3, le plus petit, accolé à la muraille, et le temple 2, trois fois plus grand. Ils sont séparés par un bassin et par une importante quantité de trous (116) servant probablement à planter les arbres d'un jardin sacré, irrigué par tout un réseau de canalisations. Dès ce niveau, et dans tous les autres, on trouve diverses ancres en pierre.

Au niveau suivant (sol III A), la zone est complètement réorganisée sur une tout autre échelle, avec une large utilisation de la pierre de taille et la présence de céramique Mycénienne III C[34]. Le temple 1, de tous le plus grand, est construit au sud du temple 3 et recouvre le bassin et le jardin, dont l'existence aura été beaucoup plus limitée que ne le croyait initialement V. Karageorghis. Cet édifice est en communication directe avec les ateliers du quartier industriel, désormais plus développé, et avec le *temenos* B, constitué d'une cour avec un portique et fonctionnant comme une entrée monumentale du temple 1. Le temple 2 est reconstruit au même endroit et est séparé du temple 3, plus au nord, par le *temenos* B et le *teme-*

---

[32] J.-F. SALLES, *Un cratère à figures rouges à Kition-Bamboula*, dans Th. PAPADOPOULLOS - S.A. HADJISTYLLIS (éd.), Πρακτικά τοῦ Β' κυπριολογικοῦ συνεδρίου I, Nicosie 1985, p. 295-299, fait état d'un cratère athénien du IVe siècle av. J.-C., avec une scène dionysiaque où l'on reconnaît une ménade offrant un gateau. Or, cette pratique prenait place lors des Antesthéries athéniennes qui marquaient l'hiérogamie de Dionysos et au cours desquelles l'eau jouait un rôle important.

[33] V. KARAGEORGHIS, *Kition : Mycenean and Phoenician*, Londres 1973 ; ID., *op. cit.* (n. 5) ; ID., *The Sacred Area of Kition*, dans A. BIRAN (éd.), *Temples and High Places in Biblical Times*, Jérusalem 1981, p. 82-90 ; I. IONAS, *L'architecture religieuse au chypriote récent (Kition et Enkomi)*, dans G. ROUX (éd.), *Temples et sanctuaires*, Lyon 1984 ; V. KARAGEORGHIS - M. DEMAS, *op. cit.* (n. 14). Pour les problèmes historiques posés par ces fouilles, cf. *supra*, p. 315-316.

[34] Pour l'importance de l'introduction de la céramique Mycénienne III C, cf. *supra*, p. 315-316.

nos A, qui communique également avec les ateliers, mais semble moins important. On a trouvé, dans ce dernier, de nombreuses traces de feu. Séparés des temples 1, 2, 3 et des *temenè* A et B par une rue et une sorte de place, les temples 4 et 5 sont des «jumeaux». O. Callot a souligné la grande maîtrise des techniques de construction qui se manifeste dans cet ensemble [35] : nous avons affaire à un programme architectural ambitieux. Entre le niveau IV et le niveau III A, il n'y a pas de coupure, mais un évident et net développement, reflet de la prospérité grandissante de Kition. Le niveau III est en parfaite continuité avec le niveau III A : quelques modifications mineures dans les temples et un développement des ateliers. Pas de bouleversement non plus au niveau II, mais certains changements structurels. On ignore en outre si le temple 2 continue d'être le siège d'un culte. Le niveau I est précédé d'une destruction partielle et peut-être d'un court hiatus dans l'occupation. Mais l'abandon se dessine : le temple 2 reste en veilleuse, les ateliers sont négligés et coupés du temple 1. Vers 1000 av. J.-C., le site est livré au sable et aux alluvions, sans trace de destruction.

L'interprétation de ces niveaux, en terme de cultes, est très difficile [36]. Les fouilles ont mis au jour divers objets à fonction cultuelle : calices, rhytons, ancres, figurines... V. Karageorghis relève la présence fréquente de déesses aux bras levés, mais aussi de représentations d'animaux (taureaux, bucrane, cheval) et de masques zoomorphes ou anthropomorphes. Or, ces objets apparaissent dans plusieurs bâtiments, de sorte qu'il est quasi impossible de proposer une attribution de ceux-ci. On doit par ailleurs être attentif à la connexion entre les cultes et la métallurgie, phénomène déjà connu à Enkomi par exemple. De même, se prononcer sur la «nationalité» des sanctuaires est rendu difficile par la variété des objets : mycéniens, minoens, égéens, proche-orientaux. À propos du temple 5, V. Karageorghis parle de «Baal de la fertilité» [37] qui aurait pu être simultanément un dieu des voyageurs ou des marins, comme en témoignent les nombreuses ancres, de toutes dimensions, retrouvées un peu partout. Le temple 4 a, pour sa part, livré une plaque d'ivoire représentant un Bès [38], sans parler des divers fragments de déesses aux bras levés. On pourrait donc avoir affaire à un couple de divinités liées à la fertilité, trouvant un écho dans les cultes chypriotes, mais aussi étrangers, grecs et orientaux. Cette

---

[35] Pour la restitution de l'ensemble, cf. O. CALLOT, *art. cit.* (n. 17), p. 165-239.

[36] La contribution de V. KARAGEORGHIS, *Religious Aspects*, dans *op. cit.* (n. 14), p. 240-262, témoigne bien de la difficulté à fournir un cadre interprétatif d'ensemble des cultes de Kathari et à proposer des noms pour les divinités honorées en ces lieux.

[37] *Ibid.*, p. 260.

[38] E. MASSON, *Inscriptions et marques chypro-minoennes à Kition*, dans *op. cit.* (n. 14), p. 280-284.

dernière influence est très manifeste et les parallèles architecturaux les plus proches sont en effet à chercher en Palestine.

Les Phéniciens réutilisèrent les fondations existantes et certains éléments architecturaux. Un grand temple fut bâti à l'emplacement du temple 1, celui que V. Karageorghis a baptisé «Temple d'Astarté». Deux piliers en flanquaient l'entrée. Vers 800 av. J.-C., il fut incendié et reconstruit. Le temple 2 fut remplacé par une vaste cour avec un autel ; le temple 4 fut rebâti de manière assez semblable et le temple 5 fut considérablement réduit. Pour en savoir davantage sur ces constructions, il faudra attendre le rapport de fouilles des niveaux phéniciens de Kathari. L'attribution du temple 1 à Astarté ne va en tout cas pas de soi[39]. Dans un *bothros* situé à l'extérieur de la cour du temple 1, on a dégagé une petite cruche du VIᵉ siècle av. J.-C. portant une inscription phénicienne gravée à la pointe après la cuisson : *lmlqrtm[..*[40]. Il est extrêmement probable qu'il s'agisse d'un nom théophore formé sur Melqart et désignant le propriétaire de l'objet. Mais la même décharge a livré une dédicace phénicienne adressée «*au Baal de Kition*» : *b'l kty*[41], sur une cruche du Vᵉ-IVᵉ siècle av. J.-C., Baal qui pourrait être Melqart, dont le caractère poliade est fortement accentué : les monnaies de Kition portent l'effigie d'Héraclès, indiquant l'importance de son culte pour la cité. On a relevé, au même endroit, une inscription fragmentaire *l'šmn[*, dont l'interprétation pose les mêmes problèmes que la première où apparaît Melqart[42]. Le caractère probablement masculin de la divinité honorée dans le temple 1 serait confirmée, selon A. Caubet, par les découvertes qui y ont été faites : représentations de Bès, bucrânes, masques et ancres.

Par ailleurs, il faut faire état de la découverte dans ce sanctuaire, en 1966, dans un contexte stratigraphique de 600-450 av. J.-C., d'un scarabée de lapis-lazuli[43]. Sous un disque supporté par un croissant, un personnage masculin en marche, portant un long pagne plissé obliquement et ouvert à l'avant, arbore sur l'épaule une hache fenestrée grossièrement représentée. Il appartient donc à une série de figurations dont le prototype est la stèle d'Alep représentant Melqart[44]. Nous avons dit précédemment

---

[39] A. Caubet, *art. cit.* (n. 29), p. 153-168.

[40] *IK* D 34. Cf. M.G. Guzzo-Amadasi, *Excavations at Kition (Cyprus), 1972*, dans *RSF* 1 (1973), p. 93-94. On pourrait songer à la restitution du nom propre *lmlqrtm[šl]*, déjà attesté dans l'inscription *CIS* I,2015.

[41] *IK* D 37.

[42] *IK* D 36. Pour les rapports entre Eshmoun et Melqart à Kition, cf. *infra*, p. 325-326.

[43] G. Clerc - V. Karageorghis - F. Lagarce - J. Leclant, *Fouilles de Kition* II. *Objets égyptiens et égyptisants*, Nicosie 1976, p. 53-54, n°505 ; E. Gubel, *An Essay on the Axe-Bearing Astarte and her Role in a Phoenician «Triad»*, dans *RSF* 8 (1980), p. 1-17.

[44] W. Culican, *Melqart Representations on Phoenician Seals*, dans *Abr-Nahrain* 2 (1960-61), p. 41-54. Cf. *supra*, p. 132-136.

que la hache fenestrée n'est nullement un attribut réservé à Melqart : Astarté, Isis, Baal, Rashap la tiennent aussi et, comme l'a montré E. Gubel, elle pourrait prendre un sens un peu différent selon les personnalités divines qu'elle accompagne : fécondité pour Astarté, souveraineté pour Melqart, maîtrise des agents atmosphériques pour Baal, force belliqueuse pour Rashap. Le scarabée de Kition apporte en tout cas un argument dans le débat sur l'attribution du grand sanctuaire phénicien de Kathari et pourrait constituer une étape dans la transmission de l'iconographie du dieu en marche portant la hache fenestrée, entre Alep et Carthage. De ce premier panorama des cultes de Kathari, par la force des choses partiel, il ressort l'image d'un double culte, d'un dieu bienfaisant, lié à la navigation et d'une déesse, comparable au couple Melqart-Astarté des époques phéniciennes. Pour A. Caubet, le temple 4, qui a livré des figurines aux bras levés, pourrait fort bien convenir à la déesse. Tels sont les noms que l'on peut avancer pour la période phénicienne ; extrapoler, à partir de cela, pour les niveaux antérieurs n'est guère imaginable, car on ne peut sous-estimer le vide d'un siècle et demi qui sépare les deux occupations du site.

On comprend donc que les problèmes d'interprétation des fouilles demeurent nombreux et, parmi eux, celui de la relative continuité entre les cultes pré-phéniciens et phéniciens. Des structures ont été réutilisées, mais surtout des objets cultuels, comme les ancres votives[45], dont les exemples les plus connus proviennent malgré tout de Byblos et Ougarit. Les graffiti représentent des bateaux gravés sur les temples 1 et 4 trouvent aussi des parallèles à Tell Akko[46] et le système pondéral de Kition se rapproche de celui d'Ougarit[47]. L'hypothèse selon laquelle Melqart aurait pris le relais d'un Baal du second millénaire, honoré comme Baal Ṣaphon par des offrandes d'ancres[48], n'est donc peut-être pas complètement privée de fondement.

e) *Les inscriptions*

Un certain nombre d'inscriptions proviennent de la colline de **Batsalos**, au sud du lac salé. Selon Myres, qui y mena une petite fouille en 1894, puis en 1913, l'endroit abritait un petit sanctuaire d'Eshmoun-Melqart dont les fondations ont été retrouvées[49]. La plupart des inscrip-

---

[45] H. FROST, *The Kition Anchors*, dans *op. cit.* (n. 14) II, p. 280-321.

[46] L. BASCH-MARTZY, *Ship Graffiti at Kition*, *ibid.*, p. 323 ss.

[47] J.-Cl. COURTOIS, *La documentation pondérale de Kition 'Area I' et 'Area II'. Étude métrologique*, *ibid.*, p. 285-293.

[48] Pour les offrandes d'ancres au Baal Ṣaphon d'Ougarit, cf. C. BONNET, *Typhon et Baal Ṣaphon*, dans *St.Phoen.* V, Leuven 1987, p. 101-143.

[49] Cf. *supra*, note 10.

tions ont été découvertes entre 1865 et 1871 par L. Palma di Cesnola et sont actuellement conservées au Metropolitan Museum de New York[50]. Les dédicaces, du IVe siècle av. J.-C., sont adressées à *'šmnmlqrt*, mais dans bien des cas, une importante partie du théonyme est restituée[51] : ainsi plusieurs exemplaires portent la formule *]mlqrt ybrk*, qui, par comparaison avec l'ensemble, peut être restituée *['šmn]mlqrt ybrk*[52]. Cela dit, tant Eshmoun que Melqart font l'objet d'un culte autonome à Kition. Outre une inscription attestant Eshmoun seul[53], on notera aussi qu'une base de statue de Dromolaxia (près de Kition) porte une inscription phénicienne du IVe siècle av. J.-C., sans mention de théonyme, et une inscription grecque, du Ier siècle av./ap. J.-C., recelant une dédicace de la cité et du peuple en l'honneur de la femme d'Asclépiodoros, le «*second fondateur et grand-prêtre du temple d'Asclépios et d'Hygie*»[54]. La première fondation pourrait être, à titre d'hypothèse, rapportée à Eshmoun. En ce qui concerne Melqart seul, Batsalos a livré une inscription du IVe-IIIe siècle av. J.-C. où l'on peut lire *mlqrt*, suivi de la formule de bénédiction[55]. M.G. Guzzo Amadasi y reconnaît le théonyme, de préférence à un élément théophore, en suivant l'opinion d'O. Masson et M. Sznycer et de A.M. Honeyman, dès 1939[56]. Cette hypothèse est en effet accréditée par la photographie qui permet de vérifier qu'aucune lacune ne précède le nom de Melqart[57]. Mais il semble qu'en dépit de ces données, il faille rejeter la lecture de l'inscription A 10 de Batsalos proposée par J. Teixidor qui y voyait une dédicace *l'dny l'šmn*

---

[50] Cf. *IK*, Nicosie 1977, *passim*, et le réexamen critique de ces inscriptions par J. Teixidor, *The Phoenician Inscriptions of the Cesnola Collection*, dans *Metropolitan Museum Journal* 11 (1976), p. 55-70.

[51] Le cas limite est celui de l'inscription *CIS* I,14 = *RÉS* 1529 = *IK* A 3, qui, selon J. Teixidor, *BÉS*, dans *Syria* 51 (1974), p. 323, n° 118, ne porte aucun théonyme lisible.

[52] Seules *CIS* I,16 a-b, 23 et 24 portent lisiblement Eshmoun-Melqart.

[53] *IK* A 30 ; cf. V. Karageorghis - M.G. Guzzo Amadasi, *Excavations at Kition (Cyprus), 1972*, dans *RSF* 1 (1973), p. 129-134.

[54] T.B. Mitford, *Further Contributions to the Epigraphy of Cyprus*, dans *AJA* 65 (1961), p. 113-115.

[55] *IK* D 10.

[56] Cf. A.M. Honeyman, *The Phoenician Inscriptions of the Cyprus Museum*, dans *Iraq* 6 (1939), p. 104-108, n° 10 ; O. Masson - M. Sznycer, *op. cit.* (n. 1), p. 117-118. Devant Melqart, Honeyman restitue un simple *lamed* de destination, mais Masson-Sznycer proposent une restitution plus longue : «*vœu que X, fils de Y, a voué à Melqart...*», car selon eux une dédicace sans mention du dédicant est inconcevable.

[57] É. Puech, *Remarques sur quelques inscriptions phéniciennes de Chypre*, dans *Semitica* 29 (1979), p. 19-43, surtout p. 35, considère qu'il s'agit là d'une mention supplémentaire du dieu Eshmoun-Melqart. On notera enfin, pour clore ce dossier, l'inscription mise au jour à Batsalos et qui semble renfermer un anthroponyme formé sur Melqart (*IK* A 28 = *RÉS* 1516) : *'dny bnmlqrt bn mkl'[....* Plutôt que de séparer *bn mlqrt*, faisant du théonyme comme tel un anthroponyme, il vaut mieux opter pour un nom *bnmlqrt*, sur le modèle de *bnšmš* ou *bnb'l*. Cf. A. Caquot - O. Masson, *Deux inscriptions phéniciennes de Chypre*, dans *Syria* 45 (1968), p. 295-321.

wl[mlqrt] ybrk, «*à son Seigneur, à Eshmoun et à Melqart, pour qu'ils bénissent*», avec une juxtaposition des deux noms divins[58]. On a plutôt affaire à une adresse à l'habituel Eshmoun-Melqart.

Ce n'est pas la première fois que nous trouvons Eshmoun et Melqart associés, ni que nous soulignons leurs affinités[59]. Le premier est la divinité poliade de Sidon, comme le second l'est de Tyr. Peut-être leur présence conjointe à Kition témoignerait-elle du *background* politique de la colonisation phénicienne de Kition[60]. Mais il ne s'agit pas là d'un cas unique de divinité double et les affinités fonctionnelles de Melqart et Eshmoun comme dieux poliades, bienfaisants, voire guérisseurs, sont indéniables et ont favorisé leur rapprochement à l'époque hellénistique, lorsque les divinités doubles se multiplièrent. L'un et l'autre appartiennent à cette catégorie de dieux humanisés, acteurs d'une aventure de mort et de retour à la vie qui en fait les protecteurs attitrés du bien-être des populations qui les vénèrent[61]. La localisation de leur sanctuaire commun *extra muros* et près du lac salé est probablement significative de leurs attributions[62]. L'ordre dans lequel ils sont invariablement cités, Eshmoun-Melqart, laisse supposer que leur rapport s'était structuré d'une manière précise, mais on ne peut savoir si le premier nommé exerçait une sorte de prééminence.

Il faut enfin faire état d'une inscription jadis attribuée à Idalion, mais dont la provenance kitienne semble désormais assurée[63]. Sur une base rectangulaire en marbre, légèrement incurvée pour recevoir une statue, figurent sept lignes de texte. Grâce à la titulature initiale, on peut la dater de 387/6 av. J.-C. Elle commémore l'offrande d'une statue à Melqart (ligne 3 : *l'dny lmlqrt*) par *Ytn*, fils de *'zrtb'l*, qualifié de *mlṣ hkrsym*, titre qu'E. Lipiński a proposé de traduire par «*interprète des Crétois*»[64]. Parmi les personnes mentionnées dans cette inscription, une seule porte un nom théophore formé sur Melqart (ligne 6 : *'bdmlqrt*). La dédicace se termine par la traditionnelle formule de bénédiction : «*parce que Melqart a écouté*

---

[58] J. TEIXIDOR, *art. cit.* (n. 50), p. 61, n°11, contre *IK* A 10, lit : *]l'dny l'šmnml[qrt*.

[59] Pour les affinités entre Eshmoun et Melqart, cf. *supra*, p. 41-42, 117-118.

[60] Cf. G. GARBINI, *I Fenici. Storia e religione*, Naples 1980, p. 117-123, pour la présence d'éléments tyriens, sidoniens et aradiens à Chypre.

[61] S. RIBICHINI, *Poenus advena*, Rome 1985, p. 43-73.

[62] A. CAUBET, *art. cit.* (n. 29), p. 153-168. On notera du reste que, dans leur cité d'origine, Eshmoun et Melqart possédaient deux sanctuaires, l'un urbain, l'autre extra-urbain. Cf. *supra*, p. 41-41.

[63] M. DE VOGÜÉ, *Mélanges d'archéologie orientale*, Paris 1868, p. 2-13 ; *CIS* I,88 ; *IK* F 1 ; A. CAQUOT - O. MASSON, *art. cit.* (n. 57), p. 295-321 ; A. CAUBET, *Aux origines de la collection chypriote du Louvre : le fonds Guillaume-Rey (1860-1865)*, dans *RDAC* 1984, p. 221-229, surtout p. 227-228 et pl. XLVII,4, estime que l'inscription pourrait provenir de Bamboula.

[64] E. LIPIŃSKI, *Notes d'épigraphie phénicienne et punique 7. L'interprète des Crétois*, dans *OLP* 14 (1983), p. 146-152. On le rencontre à cinq reprises dans trois inscriptions kitiennes du début du IVe siècle av. J.-C. émanant de la même famille. Cf. M. SZNYCER, *art. cit.* (n. 21), p. 79-86.

(leur) voix ; puisse-t-il (les) bénir» (*k šm' mlqr[t ql] ybrk*). Ce texte nous apprend donc peu de choses sur le culte de Melqart à Kition et ses attributions, sinon que des fonctionnaires, sans doute d'une certaine importance, chargés peut-être des rapports avec la communauté crétoise de Kition, avaient pris la peine de l'honorer au IVᵉ siècle av. J.-C. On regrettera vivement que la statue ne nous soit pas parvenue, car on aurait été curieux de savoir si elle était du type héracléen, comme dans le *bothros* de Bamboula[65], ou plus conforme à la tradition iconographique phénicienne.

Le panthéon de Kition semble donc réserver une place de choix à Melqart et Astarté, les grands dieux de Tyr, peut-être honorés conjointement tant à Bamboula qu'à Kathari. Mis à part Eshmoun, dont nous avons parlé précédemment, les inscriptions attestent encore le culte de Rashap[66], peut-être interprété en Zeus Keraunios à l'époque hellénistique et romaine[67]. L'influence égyptienne se manifeste par un culte à Osiris, peut-être en rapport avec Melqart[68], sans compter une série de cultes grecs (Artémis, Hygie...).

f) *La numismatique*

Kition est au nombre des cités phéniciennes de Chypre qui bénéficièrent du privilège de battre monnaie. La plus ancienne série, anépigraphe, remonte à 500 av. J.-C. environ ; le lion y figure comme emblème[69]. En 479 av. J.-C., Baalmilk inaugure le monnayage à coup sûr phénicien de la ville[70]. Son système pondéral s'inspire des usages en vigueur dans les satrapies perses. Au droit, figure Héraclès debout portant la léonté, la massue et l'arc ou, sur certains exemplaires, en buste imberbe, tandis qu'au

---

[65] Cf. *supra*, p. 318.

[66] *CIS* I,10 = *KAI* 32. Il est qualifié de *ḥṣ*, que l'on peut comprendre comme «*de la flèche*», puisque à Ougarit des flèches lui étaient offertes. Pour l'hypothétique Rashap-Sh[ed], cf. A. HERMARY, *Deux ex-voto chypriotes reconstitués*, dans *La Revue du Louvre* 1984, p. 238-240.

[67] K. NICOLAOU, *Zeus Keraunios of Kition*, dans *Opuscula Atheniensia* 5 (1965), p. 37-45.

[68] Cf. S. RIBICHINI, *Divinità egiziane nelle iscrizioni fenicie d'Oriente*, dans *Saggi fenici*-I, Rome 1975, p. 6-14 ; A. LEMAIRE, *Divinités égyptiennes dans l'onomastique phénicienne*, dans *St.Phoen.* IV, Namur 1986, p. 87-98. Cf. *supra*, p. 103. On notera que, dans les inscriptions de Larnaka (cf. *infra*, p. 333-334), Osiris est bien distinct de Melqart.

[69] M. DE VOGÜÉ, *Monnaies des rois phéniciens de Kition*, dans *RNum* 12 (1869), p. 3-20 ; E. BABELON, *La chronologie des rois de Citium*, dans *Mélanges numismatiques* 2 (1893), p. 49-84 ; G.F. HILL, *BMC. Cyprus*, Londres 1904, p. 8-23, pl. II-IV ; K. NICOLAOU, *op. cit.* (n. 5), p. 268-281 ; L.I. MANFREDI, *Monete di Kition nel Museo civico di Bologna*, dans *RSF* 11 (1983), p. 149-157 ; A. DESTROOPER-GEORGIADÈS, *La Phénicie et Chypre à l'époque achéménide : témoignages numismatiques*, dans *St.Phoen.* V, Leuven 1987, p. 339-355, surtout p. 347. Pour la présence du signe *ankh* sur ces monnaies, cf. R.R. STIEGLITZ, *Egypto-Phoenician Motifs on Early Cypriote Coins*, dans *op. cit.* (n. 32), p. 273-277.

[70] P. BERGER, *Une nouvelle inscription royale de l'île de Chypre*, dans *CRAI* 15 (1887), p. 203-210, étudie un texte qui fournit la généalogie et la titulature des trois premiers dynastes phéniciens de Kition.

revers est représenté un lion assis. Le nom du roi est gravé au droit. Lorsque Ozbaal succède à Baalmilk, en 449 av. J.-C., il ajoute à sa titulature la royauté sur Idalion et introduit un nouveau revers : le lion attaquant le cerf. Les mêmes représentations se maintiennent, malgré le changement de dynastie en 391 av. J.-C., et se propagent à Idalion où le roi local, Baalrôm, profitant de difficultés politiques passagères à Kition, aurait légitimé sa relative indépendance en apposant son nom sur les types monétaires traditionnels[71].

La seule innovation du règne de Milkyaton est la représentation de la tête d'Aphrodite à la place du lion, sur les revers d'une série en bronze. Détrôné par l'Athénien Démonikos, qui frappa des monnaies à l'effigie d'Athéna au droit et d'Héraclès au revers, il retrouva sa fonction dès 387/6 av. J.-C. (fig. 30). Son successeur, Pumayyaton, modifia le système pondéral du monnayage d'or et ajouta l'année de règne dans la légende. Avec l'arrivée de Ptolémée, les monnaies portèrent l'effigie du dynaste, l'aigle figurant au revers. À l'époque romaine, seule Paphos, la capitale, émettait des monnaies.

Sur la base de cette documentation numismatique ou autre, on peut conclure à une évidente préséance du culte d'Héraclès à Kition ; or, le caractère phénicien des dynastes et de bien des habitants de la ville nous autorise, en dépit de l'hellénisation du dieu, à y reconnaître Melqart, le Baal de la cité. Dès le Ve siècle av. J.-C., son image est totalement hellénisée, comme dans le *bothros* de Bamboula. On peut donc penser que toutes les communautés de l'île l'honoraient. La conjonction de l'arc et de la massue n'est pas très fréquente, mais il n'y a aucune raison d'y voir un trait spécifiquement phénicien, puisque, dès Homère, Héraclès est un archer redoutable.

2. Idalion

Idalion est mentionnée pour la première fois sous Asarhaddon en 672 av. J.-C. et la présence phénicienne y est assurée à partir de 470 av. J.-C., lorsque Kition l'annexa[72]. Mais des traces phéniciennes plus anciennes méritent d'être relevées : quelques lettres sur les murs de fondation de l'enceinte[73], une inscription sur un vase du début du VIIe siècle av. J.-C.[74] et deux œillères de cheval, en bronze, portant le nom de Ba-'ana', du VIIIe siècle av. J.-C., dédiées dans le sanctuaire d'Athéna-Anat du

---

[71] *KAI* 38-39 mentionnent deux Baalrôm, l'un est le père de Milkyaton, l'autre est l'usurpateur idalien, portant le titre de *'dn* en phénicien et de *wanax* en grec.

[72] O. MASSON - M. SZNYCER, *op. cit.* (n. 1), p. 108-113.

[73] *Ibid.*, p. 108, n. 2.

[74] *RÉS* 1522 = *CIS* I,67. Cf. É. PUECH, *art. cit.* (n. 57), p. 19-43.

sommet de l'acropole[75]. Un lot d'inscriptions phéniciennes, grecques, en syllabaire chypriote, ainsi qu'une bilingue phénico-chypriote, ont permis, avec l'apport du matériel figuré, de discerner deux cultes fondamentaux à Idalion : celui d'Anat, rendue en grec par Athéna[76], et celui de Rashap *h(mkl)*, attesté à partir du IVe siècle av. J.-C. et interprété en Apollon Amyklaios[77]. La plupart de ces textes proviennent des fouilles qu'H. Lang mena en 1868 et 1869 dans la dépression au sud du village moderne de Dhali, avant la montée vers l'acropole est[78]. Outre le matériel épigraphique, ces fouilles permirent la découverte d'une centaine de statues et de statuettes dont les plus anciennes remontent au VIe siècle av. J.-C. et les plus récentes à l'époque hellénistique. Or, les plus caractéristiques sont des effigies d'Héraclès à la léonté[79] (photo dans *St.Phoen.* IV, p. 148, fig. 22).

L'intérêt de ce site est donc de montrer comment une iconographie héracléenne a pu s'implanter dans un sanctuaire consacré, selon toute vraisemblance, à Rashap *(h)mkl*. La genèse de ce nom et ses rapports, d'une part avec le dieu Mekal (ou Mekar, car le signe égyptien peut avoir ces deux valeurs) de Beth Shan, du IIe millénaire[80], d'autre part avec l'Apollon d'Amyclées, en Laconie[81], ont donné naissance à toute une littérature, sans que le problème trouve une solution à ce jour satisfaisante pour tous. Il faut simplement rappeler, dans le cadre de ce travail, que *Mkl* apparaît à Kition dans la fameuse inscription du sanctuaire d'Astarté, mais on n'est pas sûr qu'il s'agisse vraiment d'un théonyme. On ne voit en tout cas aucun rapport avec Melqart[82]. Quant à la statue de la collection Michaé-

---

[75] O. Masson - M. Sznycer, *op. cit.* (n. 1), p. 108-110. Pour les œillères, cf. E. Lipiński, dans E. Gubel (éd.), *Les Phéniciens et le monde méditerranéen*, Catalogue de l'exposition de Bruxelles, Bruxelles 1986, p. 158 ; Id., *Le Ba'ana' d'Idalion*, dans *Syria* 63 (1986), p. 379-362.

[76] *RÉS* 453 ; A.M. Honeyman, *The Phoenician Inscriptions*, dans *Iraq* 6 (1939), p. 104-108, n° 3 ; *SCE* IV/2, Stockholm 1948, p. 479.

[77] À ce sujet, cf. E. Lipiński, *Reshef Amyklos*, dans *St.Phoen.* V, Leuven 1987, p. 87-99, avec toute la bibliographie antérieure. Pour l'Apollon d'Amyclées, cf. W. Burkert, *Rešep-Figuren, Apollon von Amyklai und die «Erfindung» des Opfers auf Cypern. Zur Religionsgeschichte der «Dunklen Jahrhunderte»*, dans *Grazer Beiträge* 4 (1975), p. 51-79.

[78] O. Masson, *Kypriaka VII. Le sanctuaire d'Apollon à Idalion (fouilles de 1868-69)*, dans *BCH* 92 (1968), p. 375-409, surtout p. 386-402.

[79] A. Caubet, *Antiquités chypriotes*, dans *La Revue du Louvre* 18 (1968), p. 332-334, fig. 1-3 ; S. Sophocleous, *op. cit.* (n. 29), p. 33-35. Tous mes remerciements vont à Antoine Hermary qui m'a fourni des renseignements complémentaires sur ces statues.

[80] H.O. Thompson, *Mekal. The God of Beth Shan*, Leyde 1970.

[81] Cf. O. Masson, *Cultes indigènes, cultes grecs et cultes orientaux à Chypre dans la religion grecque ancienne*, dans *Éléments orientaux dans la religion grecque ancienne*, Paris 1960, p. 129-142 ; E. Lipiński, *art. cit.* (n. 77), p. 87-99.

[82] *CIS* I,86 A-B. Cf. B. Peckham, *Notes on a Fifth Century Phoenician Inscription from Kition, Cyprus (CIS, 86)*, dans *Or.* 37 (1968), p. 304-324 ; O. Masson - M. Sznycer, *op. cit.* (n. 1), p. 61 ; M. Delcor, *Le personnel du temple d'Astarté à Kition d'après une tablette phénicienne (CIS 86 A et B)*, dans *UF* 11 (1979), p. 161-163 ; É. Puech, *art. cit.* (n. 57), p. 31 ss relit l'inscription sans *Mkl*, ce qui paraît injustifié ; E. Lipiński, *art. cit.* (n. 77), p. 87-99.

lidis, du IIIe siècle av. J.-C., représentant Héraclès et portant une inscription araméenne le désignant comme Rashap *Mkl*, nous l'avons précédemment examinée et conclu que cette pièce doit être prise avec réserve[83]. Comme l'a récemment proposé M. Yon[84], l'iconographie de l'Héraclès chypriote pourrait avoir acquis le statut de *koinè* figurative valable pour plus d'une divinité : elle ne constituerait dès lors pas, en soi, un indice suffisant d'un culte d'Héraclès-Melqart. Ainsi, à Idalion, tant que cette divinité n'est pas attesté épigraphiquement, on restera prudent et réservé sur la réalité de sa présence, éventuellement aux côtés du dieu local Rashap-Apollon.

Le site d'Idalion a également livré trois exemplaires de ces fameuses coupes en métal chypriotes[85]. Sur l'une d'elles, de style chypro-phénicien, figure, debout dans un char, un personnage partant à la chasse. Sa coiffe conique, son long habit fendu et la hache fenestrée qu'il tient sur l'épaule en font une réplique assez frappante de Melqart, tel qu'il apparaît sur la stèle d'Alep, mais aussi sur des scarabées à Kition et Carthage[86]. Il semble toutefois difficile, en l'absence de textes mythologiques, d'interpréter ces images comme l'illustration d'un cycle mythique dont Melqart serait le héros, à la manière d'Héraclès en Grèce ; le Baal de Tyr ne semble du reste pas entretenir de relation particulière avec la chasse. Il pourrait tout aussi bien s'agir, puisque l'arme et l'apparence qu'il adopte sont loin d'être son apanage, d'un épisode rappelant les exploits d'un roi ou d'un personnage «épique». Sur cette même coupe, comme sur d'autres, sont représentés des combats singuliers opposant un homme ou un personnage surhumain et un animal fantastique ou un lion ; la léonté que porte le premier permet sans doute de l'identifier comme Héraclès ou le prototype qui servit à l'élaboration de son iconographie[87] (fig. 31). De l'avis des spécialistes, ces œuvres pourraient avoir été réalisées au VIIIe-VIIe siècle av. J.-C. par des artistes phéniciens. Elles témoigneraient donc peut-être d'un phénomène d'assimilation entre Héraclès et Melqart dès cette époque, à moins qu'il ne s'agisse de l'adoption par les artistes phéniciens de Chypre de l'iconographie d'Héraclès ou de ses antécédents figuratifs proche-orientaux.

---

[83] E. BRESCIANI, *Rešef-Mkl = Eracle*, dans *OA* 1 (1962), p. 215-217. Cf. *supra*, p. 162.

[84] M. YON, *art. cit.* (n. 31), p. 127-152.

[85] E. GJERSTAD, *Decorated Metal Bowls from Cyprus*, dans *Opuscula Atheniensia* 4 (1946), p. 1-18, pl. I, IX et X ; R.D. BARNETT, *The Nimrud Bowls in the British Museum*, dans *RSF* 2 (1974), p. 11-33 ; A.M. BISI, *Da Bes a Herakles. A proposito di tre scarabei del Metropolitan Museum*, dans *RSF* 8 (1980), p. 19-42 ; G. MARKOE, *Phoenician Bronze and Silver Bowls from Cyprus and the Mediterranean* (Classical Studies 26), Berkeley-Los Angeles-Londres 1985, p. 169-172, 242-247.

[86] Cf. *supra*, p. 132-136, 184-185, 323-324.

[87] J. NIZETTE-GODFROID, *Quelques figurations du maître des lions à Chypre*, dans *RDAC* 1975, p. 96-104.

3. Golgoi-Athienou

La présence phénicienne à Golgoi n'a laissé qu'une empreinte bien ténue : un fragment inscrit, de provenance douteuse[88], auquel s'est récemment ajoutée une amphore phénicienne portant le nom théophore šbʿl, du VIe siècle av. J.-C.[89] Une si mince documentation ne peut témoigner que de contacts sporadiques avec les Phéniciens. Or, près de Golgoi, à Ayias Photios, L. Palma di Cesnola a dégagé plusieurs statues d'Héraclès (photo dans *St.Phoen.* IV, p. 138, fig. 9) et, dans la même tranchée, un bas-relief daté de la deuxième moitié du VIe siècle av. J.-C., ayant pu servir de base à une statue colossale[90]. On y reconnaît Héraclès, massivement découpé dans la pierre, avançant vers la droite, tandis que, dans le champ inférieur, un personnage plus petit semble s'enfuir avec le bétail de Géryon. Détaché de tout contexte architectural, ce monument ne peut guère faire l'objet d'une interprétation. Le culte d'Apollon semble dominant à Golgoi, mais rien n'interdit de penser que les Grecs y honoraient aussi Héraclès.

4. Salamine

Salamine passe souvent pour un bastion de l'hellénisme à Chypre ; pourtant les Phéniciens y ont laissé quelques traces[91]. Ils pourraient même s'y manifester dès le XIe siècle av. J.-C., lors du transfert progressif d'Enkomi à Salamine[92]. Les textes relatifs à Salamine sont également intéressants dans la mesure où Virgile fait de Teucer, le fondateur mythique de la ville, un ami du roi de Sidon, Bélos[93].

Du IXe siècle av. J.-C., on connaît un tesson portant quatre lettres phéniciennes peintes à l'encre :]tšmʿ. Il s'agit probablement d'un nom théophore, peut-être Mlqr]tšmʿ ou ʿštr]tšmʿ, le second n'étant toutefois pas attesté à ce jour[94]. Vers 430-425, Hérodote signale l'existence à Salamine d'un roi Σίρωμος, transcription grecque de Hirôm, un nom bien phéni-

---

[88] *CIS* I,96.

[89] O. Masson - M. Sznycer, *op. cit.* (n. 1), p. 113-114 ; O. Masson, *Kypriaka IX. Recherches sur les antiquités de Golgoi*, dans *BCH* 95 (1971), p. 304-334, surtout p. 326.

[90] O. Masson, *art. cit.* (n. 89), p. 318, fig. 10. Sur le même sujet on consultera également, Id., *Les inscriptions chypriotes syllabiques*, Paris 1961, p. 275-281 ; S. Sophocleous, *op. cit.* (n. 29), p. 30-33, 37, 40, 42.

[91] M. Sznycer, *Salamine de Chypre et les Phéniciens*, dans *Salamine de Chypre, histoire et archéologie. État des recherches*, Paris 1980, p. 123-129.

[92] Cl. Baurain, *Réflexions sur les origines de la ville d'après les sources littéraires*, dans *Amathonte* I. *Testimonia 1*, Paris 1984, p. 109-117, surtout p. 114, n. 49 ; Cl. Baurain, *op. cit.* (n. 2), p. 319-331 ; M. Yon, *Mission archéologique française de Salamine : la ville. Bilan 1964-1984*, dans *op. cit.* (n. 27), p. 202-218, surtout p. 203-204.

[93] Virgile, *Én.* I 619-622.

[94] M. Sznycer, *art. cit.* (n. 91), p. 123-129.

cien[95]. Dans la seconde moitié du Ve siècle av. J.-C., les Teucrides furent en effet évincés par un exilé tyrien anonyme[96] et, en 415 av. J.-C., un certain Abdémon, Tyrien ou Kitien, y établit une nouvelle tyrannie[97]. En 411 av. J.-C., Évagoras restaura la dynastie grecque de Salamine et frappa des statères à l'image d'Héraclès[98]. C'est aussi dans ce cadre qu'apparaît une iconographie hybride. M. Yon fait état d'une statue d'Héraclès barbu, vêtu d'un pagne court à la syrienne et de la léonté, tenant deux petits lions par la queue, un vers le bas, l'autre vers son épaule[99]. La tête du dieu est marquée par l'influence ionienne de la seconde moitié du VIe siècle av. J.-C., mais la posture est clairement empruntée au prototype oriental du maître des lions.

5. Kakopetria

On notera l'existence, à Kakopetria, au nord-ouest de Salamine, de fragments de statues héracléennes, comparables à ceux de Kition ou d'Idalion. Ils ont été exhumés en 1913 par J.L. Myres qui, suite à des découvertes fortuites, explora le site[100]. Il y dégagea les ruines d'un sanctuaire s'échelonnant du VIIe siècle av. J.-C. au IVe siècle ap. J.-C. Outre «Héraclès», on y a aussi trouvé la trace de Zeus Ammon, le dieu cornu assis, mais il est impossible de se prononcer sur la destination du sanctuaire.

En 1938, une découverte accidentelle suscita une campagne de fouilles au sud du village de Kakopetria, au lieu-dit Ayialadhes, campagne menée par J. du Plat Taylor qui en retarda tant la publication que l'on en perdit jusqu'au souvenir[101]. Près de quarante ans plus tard, V. Karageorghis a pu fournir un catalogue détaillé des découvertes, mais le détail de la fouille est irrémédiablement perdu. Le site correspond en fait à la *favissa* d'un sanctuaire voisin. Elle comprenait des objets s'échelonnant de 500 av. J.-C. au dernier quart du Ve siècle av. J.-C. La déesse la mieux représentée est Athéna, avec son bouclier et sa lance, bien implantée du reste dans la région[102]. Mais il faut relever la présence de quatre représentations héra-

---

[95] HÉRODOTE V 104.
[96] ISOCRATE, *Évagoras* 19-20.
[97] THÉOPOMPE 115 F 103 J (PHOTIOS, *Bibl.* 176, p. 120 a 14) ; DIODORE XIV 98. Cf. O. MASSON - M. SZNYCER, *op. cit.* (n. 1), p. 124, pour les monnaies et inscriptions de cet intermède phénicien.
[98] *Ibid.*
[99] M. YON, *Lions archaïques*, dans *Salamine de Chypre* IV. *Anthologie salaminienne*, Paris 1973, p. 23-26 ; S. SOPHOCLEOUS, *op. cit.* (n. 29), p. 41.
[100] J.L. MYRES, *Ecavations in Cyprus 1913*, dans *BSA* 41 (1940-45), p. 53-96, n°s 181-186, 406-410, pl. 14, 2-4 ; S. SOPHOCLEOUS, *op. cit.* (n. 29), p. 32, 35, 36,
[101] V. KARAGEORGHIS, *A «Favissa» at Kakopetria*, dans *RDAC* 1977, p. 178-201.
[102] Ainsi à Vouni, le temple d'Athéna contenait-il une statue du type Promachos.

cléennes à la léonté[103]. Héraclès est régulièrement associé à Athéna dans divers épisodes de la mythologie grecque et, au cours du Ve siècle, l'influence athénienne sur Chypre s'est fait plus sensible. Cependant, non loin de Kakopetria, à Larnaka-tès-Lapéthou, on rencontre un couple divin formé d'Athéna-Anat et de Melqart-Héraclès, comme nous allons le voir immédiatement. On est par conséquent en droit de se demander s'il n'existe pas un rapport d'analogie ou, au contraire, d'antagonisme entre les deux sanctuaires.

6. Larnaka-tès-Lapethou

La côte septentrionale de Chypre abritait le royaume de Lapéthos dont la capitale, située au nord-est de l'actuelle ville de Lapithos, n'a livré à ce jour que des inscriptions grecques. Par contre, au-delà de la chaîne montagneuse, en direction du sud-ouest, le site plus modeste de Larnaka-tès-Lapéthou, anciennement Narnaka, a livré deux inscriptions phéniciennes, une bilingue phénico-grecque et une inscription grecque alphabétique, tous ces textes étant relatifs aux cultes[104]. En cet endroit s'élevait un petit village entourant sans doute un ou plusieurs temples et dépendant, comme son nom le manifeste, de la ville de Lapéthos. Un chemin reliait du reste les deux localités à travers la montagne, qu'empruntaient peut-être des processions sacrées.

La plus ancienne inscription est datée par son éditeur des années 345-315 av. J.-C.[105] Il s'agit de neuf lignes gravées, en phénicien, sur un socle rectangulaire découvert dans l'école du village et conservé au Musée de Nicosie. La partie inférieure est fort abîmée et le coin supérieur droit est cassé. En donner une traduction est chose très difficile, en raison de l'importance des lacunes. Par ailleurs, M. Sznycer a entrepris, depuis plusieurs années, un travail systématique de relecture des inscriptions de Lapéthos et Larnaka dont on attendra les résultats pour proposer une nouvelle traduction. Il s'agit sans équivoque d'une dédicace faite par *Prm*, fils de *Gr'štrt*, qui se qualifie de *mqm 'lm*, «ressusciteur de la divinité», titre religieux probablement en rapport avec la célébration du réveil de Melqart[106]. Ce personnage est *'š 'l lpš*, soit «'préposé' à Lapéthos», magis-

---

[103] V. Karageorghis, *art. cit.* (n. 101), n°s 11, 53-55.

[104] Ps.-Scylax 103 (= *GGM* I, p. 77-78) qualifie Lapéthos, au IVe siècle av. J.-C., de «*ville des Phéniciens*». Cf. O. Masson, *Kypriaka X-XII*, dans *BCH* 101 (1977), p. 313-328, surtout p. 323-328.

[105] En attendant la publication de M. Sznycer, on utilisera A.M. Honeyman, *Larnax tès Lapéthou, a Third Phoenician Inscription*, dans *Le Muséon* 51 (1938), p. 285-298 ; P. Magnanini, *Le iscrizioni fenicie d'Oriente*, Rome 1973, p. 125-127 ; J.C. Greenfield, Larnax tès Lapethou III *Revisited*, dans *St.Phoen.* V, Leuven 1987, p. 391-401, avec photo p. 392, fig. 1.

[106] Sur ce titre, cf. *supra*, p. 174-179.

trat principal[107]. Il a offert une statue en bronze en présence de Melqart de Narnaka (*'t pn 'dny 't pn mlqrt bnrnk*). Il lui demande de bénir sa descendance (*mlqrt šrš ybrk*). Il rappelle ensuite une autre offrande qu'il a adressée à Melqart : des coupes en argent. La même année, au mois de *krr*, il a offert à Osiris de Lapéthos, dans son temple, une lampe d'or. Il mentionne ensuite une statue de son père qu'il a dédiée dans le temple d'Astarté de Lapéthos, ainsi que d'autres offrandes à la même déesse. La dernière ligne fait encore état de dons aux dieux de Byblos qui sont à Lapéthos (*'l gbl š [bl]pš*). Telle est la teneur du texte.

Les divinités auxquelles le dédicant s'adresse successivement sont Melqart, Osiris, Astarté et les dieux de Byblos. Seul le premier est localisé à Larnaka (*bnrnk*), tandis que les autres le sont à Lapéthos (*blpš*). Si les liens entre Melqart et Osiris d'une part[108], Melqart et Astarté de l'autre nous sont bien connus, la présence des dieux de Byblos, attestés comme tels à Byblos[109], est plus inattendue ; peut-être fait-elle écho à une composante giblite dans les Phéniciens de Chypre. Le dédicant, qui semble un important dignitaire de la ville, un riche notable, à voir le nombre et l'importance de ses offrandes, a peut-être cherché à ménager les susceptibilités religieuses des différentes communautés de la cité. On accordera un intérêt particulier à son statut de *mqm 'lm*, qui établit entre lui et Melqart une relation privilégiée et confirme le recrutement élitiste de ces personnages. Les modalités traditionnelles du culte de Melqart ont donc fort bien pu se maintenir à Chypre jusqu'au IVe siècle av. J.-C.

La seconde inscription phénicienne est légèrement postérieure : on la date généralement de 273/2 av. J.-C., soit de la deuxième année du règne de Ptolémée II Philadelphe[110]. Il s'agit encore d'un socle de statue,

---

[107] On lit généralement le terme *ṣw'* après le nom du dédicant, qu'on met en rapport avec un terme sacrificiel (cf. *DISO*, p. 144), mais M. Sznycer a bien voulu m'indiquer qu'il faut abandonner cette lecture.

[108] Pour Osiris, cf. A. LEMAIRE, *art. cit.* (n. 68), p. 94-97 et *supra*, p. 103. La mention du mois de *krr*, au cours duquel l'offrande a été adressée à Osiris et qui est, à Pyrgi, celui de l'offrande à Astarté et de l'ensevelissement d'un dieu peut-être identifiable à Melqart (cf. *supra*, p. 289-290), ne suffit pas à conclure à une identification, à Lapéthos, entre Osiris et Melqart et à la célébration du deuil de celui-ci en ce mois de *krr*, à Chypre.

[109] *KAI* 4, l. 4. Cf. J. ELAYI, *Le roi et la religion dans les cités phéniciennes à l'époque perse*, dans *St.Phoen.* IV, Namur 1986, p. 249-261.

[110] G.A. COOKE, *A Textbook of North-Semitic Inscriptions*, Oxford 1903, p. 82-88 ; P. BERGER, *Mémoire sur une inscription phénicienne de Narnaka dans l'île de Chypre*, dans *RA* 3 (1894), p. 69-88 ; *RÉS* 1211 ; A.M. HONEYMAN, *Observations on a Phoenician Inscription of Ptolemaic Date*, dans *Journal of Egyptian Archaeology* 26 (1940), p. 57-67 ; A. VAN DEN BRANDEN, *Notes phéniciennes*, dans *BMB* 13 (1956), p. 93 ; ID., *L'inscription phénicienne de Larnax Lapethou II*, dans *OA* 3 (1964), p. 245-261 ; *KAI* 43 ; A. VAN DEN BRANDEN, *Lapithos après la conquête de Ptolémée I*, dans *BeO* 24 (1982), p. 113-122 ; E. LIPIŃSKI, *Nordsemitische Texte 3. Votivinschrift eines Melqartverehrers auf Zypern*, dans F. BEYERLIN (éd.), *Religionsgeschichtliches Textbuch zum Alten Testament*, 2e éd., Göttingen 1985, p. 250-251.

découvert en 1893 et conservé au Louvre, comprenant 16 lignes d'écriture. L'état lacunaire du document en rend de nouveau la compréhension aléatoire[111]. Le dédicant, *Ytnbʿl*, porte le titre de *rb ʾrṣ*, de même que son père. La charge semble donc héréditaire, mais son interprétation est problématique[112]. On ignore aussi le sens de l'expression *prkrml*, portant sur l'aïeul du dédicant et que l'on a rendu par «*fruit du Carmel*, en pensant qu'il s'agissait d'une allusion à l'origine phénicienne de sa famille. Mais à nouveau, la lecture et la traduction sont encore débattues. La statue que *Ytnbʿl* a dédiée dans le sanctuaire de Melqart ne nous est malheureusement pas parvenue. Elle visait à s'attirer les faveurs du dieu, pour *Ytnbʿl* et sa famille, à lui assurer autorité et descendance. De fait, le même personnage a offert au sanctuaire de Melqart une statue de son père, des animaux, des holocaustes et des objets en argent. Il fait aussi allusion, dans le même texte, à des gestes accomplis chaque mois, à la pleine et à la nouvelle lune, conformément aux tables de bronze affichées dans le sanctuaire qui en perpétuaient le souvenir. Il est intéressant de voir que, du vivant des personnes, car le texte le spécifie, des statues étaient placées dans le temple de Melqart, afin que le dieu protège ces hommes et leur assure la paix, la prospérité et l'autorité. Melqart est donc un dieu bienveillant et souverain, qui veille sur les *vivants* et reçoit d'eux, pour l'y inciter, diverses offrandes. Le texte n'apporte aucune indication sur la localisation du temple de Melqart.

Du même endroit provient encore une inscription grecque contemporaine, en l'honneur d'un bienfaiteur local, Noumenios. Avec zèle, il s'est acquitté de ses fonctions civiles, ce qui lui vaut l'atélie, accordée par Praxidémos, le grand prêtre, et les prêtres de Poséidon Narnakios[113]. L'anthroponyme Noumenios trahit l'origine phénicienne du bénéficiaire ; il rend le nom sémitique *Bnḥds*. On a émis l'hypothèse d'une identification entre Poséidon Narnakios, que cette inscription semble faire intervenir comme une des divinités principales de Larnaka, et Melqart de Larnaka, tel qu'il est nommé dans la dédicace de *Prm*. Le lien de Melqart avec la navigation, plusieurs fois illustré, serait effectivement favorable à cette identification. L'intérêt de cette hypothèse est de proposer un cas d'*interpretatio* alternative de Melqart, jusqu'à présent toujours assimilé à Héraclès. Or, l'*interpretatio* n'est pas un processus rigide, même si, dans ce cas, on manque d'ar-

---

[111] Cf. le profond travail de relecture entrepris par M. SZNYCER et annoncé dans *Livret de l'EPHE (IVᵉ section)* 2 (1981-82 et 1982-83), Paris 1984, p. 45-46.
[112] Cf. A. PARMENTIER, *Phoenicians in the Administration of Ptolemaic Cyprus*, dans *St.Phoen.* V, Leuven 1987, p. 403-412, qui a tenté de rapprocher cette terminologie de celle des magistrats grecs de Chypre ; sur le *rb*, L.B. KUTLER, *Social Terminology in Phoenician, Biblical Hebrew and Ugaritic*, Ph.D., Ann Arbor 1984, p. 277-307.
[113] P. BERGER, *art. cit.* (n. 110), p. 69-88.

guments textuels pour appuyer l'hypothèse en question. Noumenios a bien, selon l'inscription, exercé diverses charges sacerdotales, mais aucune n'est expressément mentionnée. L'intervention d'un grand-prêtre et des prêtres de Poséidon pour le récompenser n'établit pas, avec certitude, un rapport entre Melqart et Poséidon. On conclura donc prudemment sur la vraisemblance d'un rapprochement entre Melqart *bnrnk* et Poséidon Narnakios, en raison des attributions marines du premier et de leur commune localisation à Larnaka.

Enfin, une dédicace bilingue phénico-grecque, gravée sur un rocher le long de la route menant au village de Larnaka, est adressée à Anat-Athéna par Baalshillem-Praxidémos, fils de Sesmas [114]. Sur le monnayage de Lapéthos, figurent les noms des dynastes depuis 500 av. J.-C. environ jusqu'à la fin de l'époque classique. Seuls deux d'entre eux portent des noms phéniciens, les autres étant indubitablement grecs ; la légende est pourtant toujours phénicienne [115]. Il pourrait s'agir d'une dynastie persophile mise en place après la révolte d'Ionie en 499 av. J.-C. Les effigies monétaires sont celles d'Héraclès, d'Athéna et d'Aphrodite, dans un style grec ; mais les documents mentionnés ci-avant nous autorisent à penser qu'ils avaient été assimilés à leurs correspondants phéniciens [116].

7. Amathonte

Après l'exploration anarchique de L. Palma di Cesnola en 1874-1875, les fouilles d'Amathonte ont été reprises par une équipe anglaise en 1893-1894, puis suédoise en 1930, avant d'être amplifiées, ces dernières années, par une mission française [117].

Les traditions littéraires relatives à Amathonte traduisent l'importance et le rayonnement historiques du royaume, ainsi que la prégnance de l'élément étéochypriote, attesté notamment par diverses inscriptions en syllabaire chypriote [118]. Le pseudo-Scylax fait des habitants d'Amathonte des autochtones [119], tandis que Stéphane de Byzance qualifie cette ville de

---

[114] *KAI* 42. Sur cette inscription et les anthroponymes, cf. E. GJERSTAD, *art. cit.* (n. 1), p. 246-247 ; M. SZNYCER, *Livret de l'EPHE (IVᵉ section)* 1 (1978-79 et 1980-81), Paris 1982, p. 40.

[115] E. GJERSTAD, *art. cit.* (n. 1), p. 247 ss, considère qu'il peut s'agir de Phéniciens cachés sous des noms grecs ; cf. aussi O. MASSON - M. SZNYCER, *op. cit.* (n. 1), p. 97-100.

[116] Par exemple, V. KARAGEORGHIS, *The Meniko Hoard of Silver Coins*, dans *Opuscula Atheniensia* 5 (1965), p. 9-36.

[117] G.F. HILL, *Amathus*, dans *Mélanges Boisacq*, Bruxelles 1937, p. 485-491 ; *SCE* II, p. 1-141. Pour l'historique des fouilles, cf. M.C. HELLMANN - C. TYTGAT, *Historique des fouilles*, dans *op. cit.* (n. 92), p. 101-107 ; A. HERMARY, *art. cit.* (n. 24), p. 375-388 ; P. AUPERT, *Amathonte, le Proche-Orient et l'Égypte*, dans *Acts of the Int. Arch. Symposium «Cyprus Between the Orient and the Occident»*, Nicosie 1986, p. 369-382.

[118] Cl. BAURAIN, *art. cit.* (n. 92), p. 109-117 ; ID., *op. cit.* (n. 2), p. 77-78, 342.

[119] PS. SCYLAX 103 (= *GGM* I, p. 77-78).

πόλις ἀρχαιοτάτη[120]. Le même auteur et Pline l'Ancien rapportent que l'île de Chypre tout entière portait le nom d'Amathousia[121] ; c'est donc probablement aux Antiquités de Chypre que se rapportaient les neuf livres d'Ératosthène portant ce titre[122]. Amathonte joue donc un rôle non négligeable dans les légendes chypriotes. Pour Théopompe[123], ses habitants sont les survivants des compagnons de Kinyras qui avaient échappé aux Grecs de l'entourage d'Agamemnon, sans doute après Troie[124]. La mère du héros se nommait d'ailleurs Amathousa, selon Stéphane de Byzance[125].

Cl. Baurain a proposé d'identifier la cité de Kinyreia avec Amathonte et a attiré l'attention sur l'existence à Amathonte d'un culte d'Adonis, que plusieurs sources tiennent pour un fils de Kinyras[126]. Récemment, A. Hermary a défendu l'hypothèse qu'Amathonte serait la Carthage de Chypre[127]. Dans les listes de tributs payés à l'Assyrie au VIIe siècle av. J.-C. où apparaît ce toponyme, seules Kition et Amathonte font défaut. Or, le roi de Carthage porte le nom de Dumusi, ce qui pourrait renvoyer au culte d'Adonis, assimilé à Tammuz. C'est aussi de la région d'Amathonte que provient la dédicace au Baal du Liban, du VIIIe siècle av. J.-C.[128] Or, si Kition a livré une importante quantité d'inscriptions phéniciennes, le sol d'Amathonte en recelait aussi quelques exemplaires, sans compter le matériel archéologique portant la marque des Phéniciens[129]. La thèse de G.F. Hill, énoncée en 1937, qui soulignait la faiblesse des indices de présence phénicienne, mérite en tout cas d'être révisée, même si Kition convient mieux pour la Carthage de Chypre[130]. Amathonte apparaît comme une cité riche et développée, qui bénéficiait d'un accès aisé aux mines de cuivre de la région. Peut-être faut-il mettre ce développement

---

[120] Steph. Byz. s.v. Ἀμαθοῦς.

[121] Pline, *HN* V 129 ; Steph. Byz. s.v. Κύπρος.

[122] Hesychios s.v. Ῥοίχου κριθοπομπία ; *Souda* s.v. Ῥύχου κριθοπομπία.

[123] Théopompe 115 F 103 J (= Photios, *Bibl.* 176).

[124] Sur Kinyras, Cl. Baurain, *Kinyras. La fin de l'Âge du Bronze à Chypre et la tradition antique*, dans *BCH* 104 (1980), p. 277-308.

[125] Steph. Byz. s.v. Ἀμαθοῦς.

[126] Cl. Baurain, *art. cit.* (n. 124), p. 277-308 ; S. Ribichini, *Kinyras di Cipro*, dans *Religioni e civiltà. Studi in memoria di Angelo Brelich*, Bari 1982, p. 479-500.

[127] Cf. A. Hermary, *art. cit.* (n. 24), p. 375-388.

[128] *CIS* I,5 = *KAI* 31 ; cf. O. Masson - M. Sznycer, *op. cit.* (n. 1), p. 77-78 ; O. Masson, *art. cit.* (n. 25), p. 33-46.

[129] Cf. O. Masson - M. Sznycer, *op. cit.* (n. 1), p. 91-94 (tesson de jarre avec inscription du Ve siècle av. J.-C., en provenance d'Alassa) ; M. Sznycer, dans *BCH* 106 (1982), p. 243-244 ; 109 (1985), p. 970-972 ; 111 (1987), p. 133-136. Pour une vue d'ensemble du matériel phénicien d'Amathonte et une hypothèse de «refondation» phénicienne de la ville, cf. A. Hermary, *art. cit.* (n. 24), p. 375-388.

[130] G.F. Hill, *art. cit.* (n. 117), p. 485-491. Peut-être la tradition relative à la fondation de Carthage en Afrique a-t-elle été contaminée par celle de la Carthage de Chypre. Dans ce sens, Cl. Baurain, article à paraître dans *St.Phoen.* VI.

spectaculaire en relation avec l'arrivée des Phéniciens[131]. La vitalité de
l'élément phénicien et son renouveau dans la deuxième moitié du Vᵉ siècle
av. J.-C. sont des données historiques à ne pas négliger[132].

Aphrodite, dont Tacite vante l'ancienneté du sanctuaire bâti par
l'éponyme local[133], dominait le panthéon. Les fouilles françaises ont mis
au jour les restes de cet important édifice sur l'Acropole[134]. Mais Aphrodite côtoie diverses divinités, ainsi Adonis, assimilé à Osiris, deux divinités
présentant bien des affinités, ou les énigmatiques «sept dans des stèles» (οἱ
ἑπτὰ ἐντὸς τῶν στηλῶν) connus par un texte grec d'époque impériale[135].
Hésychios, pour sa part, nous apprend que l'Héraclès d'Amathonte s'appelait Malika[136], nom dans lequel on peut proposer de voir une déformation
du nom de Melqart ou un théonyme formé, comme celui de Melqart, sur
l'élément *Mlk*. Cependant, on connaît aussi à Amathonte, grâce à une inscription du IIIᵉ siècle av. J.-C., un Zeus Meilichios, de sorte que la portée
du témoignage d'Hésychios demeure incertaine : on ne sait de quelle divinité Malika est un rendu approximatif, mais on ne doit pas négliger le fait
qu'Hésychios en fait un Héraclès[137].

Il faut encore signaler l'existence d'un cippe votif du Iᵉʳ-IIᵉ siècle ap.
J.-C. provenant de l'acropole et dédié au Theos Hypsistos[138]. Cette divinité est connue par huit textes chypriotes, mais on ignore son identité, en
dépit de sa probable origine proche-orientale. Peut-être s'agit-il de Yahvé,
vénéré par l'importante communauté juive de l'île. Enfin, il nous reste à
examiner la célèbre figure du Bès colossal d'Amathonte, découvert en

---

[131] A. HERMARY, *art. cit.* (n. 24), p. 375-388.
[132] Ajoutons encore qu'A. HERMARY, *Amathonte* II. *Testimonia 2 : la sculpture*, Paris 1981,
p. 11 ss , souligne le fiat que l'art d'Amathonte est éclectique, avec des influences mélangées en
provenance d'Égypte, de Phénicie et de Grèce.
[133] TACITE, *Annales* III 62 ; PAUSANIAS IX 2.
[134] A. HERMARY - M. SCHMID, *Le sanctuaire d'Aphrodite à Amathonte*, dans *op. cit.* (n. 32),
p. 279-286.
[135] Sur les affinités entre Adonis et Osiris, cf. S. RIBICHINI, *Adonis. Aspetti «orientali» di un
mito greco*, Rome 1981, *passim*. Pour les «sept dans les stèles», P. AUPERT, *art. cit.* (n. 117), p.
371-372.
[136] HESYCHIOS s.v. Μάλικα : τὸν Ἡρακλέα Ἀμαθούσιοι.
[137] T.B. MITFORD, *Contributions to the Epigraphy of Cyprus*, dans *JHS* 57 (1937), p. 28-37 :
Zeus Meilichios apparaît sur une inscription du IIIᵉ siècle av. J.-C. découverte à Aghios Tychon.
PHILON de Byblos, d'après EUSÈBE de Césarée, *PE* I 10,12, identifie Zeus Meilichios à Chousor-
Héphaïstos. Pour Ch. PICARD, *Sanctuaires, représentations et symboles de Zeus Meilichios*, dans
RHR 126 (1943), p. 97-127, il est un dieu chthonien, infernal et purificateur. Il faut se méfier
de l'article de E. POWER, *The Ancient Gods and Language of Cyprus Revealed by the Accadian Inscriptions of Amathus*, dans *Biblica* 10 (1929), p. 129-169, qui reconnaît un dieu Mukul dans les
inscriptions étéochypriotes d'Amathonte qu'il prend pour de l'accadien ! Cf. O. MASSON, *Les
inscriptions étéochypriotes I. Les pierres d'Amathonte et leur situation actuelle*, dans *Syria* 30 (1953),
p. 83-88 ; ID., *Le texte des inscriptions d'Amathonte*, dans *Syria* 34 (1957), p. 61-63.
[138] P. AUPERT - O. MASSON, *Inscriptions d'Amathonte*, dans *BCH* 103 (1979), p. 361-389.

1873 et conservé à Istanbul[139]. Dans un style archaïsant, un dieu barbu, vêtu d'une peau de lion nouée à la taille et portant des cornes, tient par les pattes un lion dont la tête, rapportée, manque. Cette posture est une expression privilégiée de la domination dans l'art proche-oriental[140]. Les premiers savants à s'y intéresser l'ont prise pour une œuvre d'époque archaïque, mais l'étude stylistique, menée par A. Westholm et confirmée par A. Hermary, permet de le situer vers 200 ap. J.-C. L'objet servait de fontaine, dans une zone voisine du port antique[141]. Ce Bès colossal et d'autres, de taille plus réduite, retrouvés également à Amathonte, représentent, selon toute vraisemblance, une divinité prophylactique et bienfaisante, mais nous ne sommes pas en mesure de savoir si elle correspond ou non à l'un des théonymes donnés par les textes, par exemple à Malika. Bès en tout cas présent à Chypre dès le Bronze Récent, où il a pu jouer un rôle dans l'élaboration de l'iconographie héracléenne à la léonté.

On terminera par la célèbre coupe d'Amathonte, découverte dans la tombe d'un riche soldat et conservée au British Museum[142] (fig. 32). Datée par A. Hermary de *ca* 660/650 av. J.-C., elle présente trois frises, avec une profusion de détails. L'une d'elle «relate» le siège d'une cité. R.D. Barnett y voit la représentation d'un épisode épique ou mythique, mettant en scène, à la manière homérique ou ougaritique, hommes et dieux[143]. On peut relever quelques parallèles figuratifs et souligner surtout l'éclectisme de l'iconographie qui consent difficilement d'y reconnaître un épisode historique regroupant des guerriers grecs, assyriens, chypriotes et mèdes ! Tenter de reconnaître Melqart dans tel ou tel personnage, portant une longue tunique fendue ou arborant une hache fenestrée, nous paraît tout aussi dénué de fondement.

---

[139] L. PALMA DI CESNOLA, *Cyprus, its Ancient Cities, Tombs and Temples*, Londres 1877, p. 219 ss ; A. WESTHOLM, *The Colossus of Amathus*, dans Δράγμα *Martino P. Nilsson dedicatum*, Lund 1939, p. 514-528 ; A. HERMARY, *op. cit.* (n. 132), p. 28-31, n°22.

[140] J. NIZETTE-GODFROID, *art. cit.* (n. 87), p. 96-104.

[141] L'isthme de Corinthe possédait, à l'époque romaine, une fontaine semblable représentant Héraclès et le lion de Némée. Bès n'est donc pas nécessairement, comme le pensait Westholm, le protecteur des marins. Cf. V. KARAGEORGHIS, *Adaptation et transformation de la mythologie grecque à Chypre*, dans *Mythologie gréco-romaine, mythologies périphériques. Études d'iconographie*, Paris 1981, p. 77-87.

[142] J.L. MYRES, *The Amathus Bowl*, dans *JHS* 53 (1933), p. 25-39 ; E. GJERSTAD, *art. cit.* (n. 85), p. 1-18 ; R.D. BARNETT, *art. cit.* (n. 85), p. 11-33 ; ID., *The Amathus Shieldboss Rediscovered and the Amathus Bowl Reconsidered*, dans *RDAC* 1977, p. 157-169 ; G. MARKOE, *op. cit.* (n. 85), p. 172-174, 248-249 ; A. HERMARY, *La coupe en argent du British Museum («The Amathus Bowl»)*, dans R. LAFFINEUR, *Amathonte III, Testimonia 3, L'orfèvrerie*, Paris 1986, p. 177-194. Sur les antécédents iconographiques de ces coupes, E. LAGARCE, *Le rôle d'Ugarit dans l'élaboration du répertoire iconographique syro-phénicien du premier millénaire avant J.-C.*, dans *ACFP 1*, vol. II, Rome 1983, p. 547-561, surtout p. 559-561.

[143] R.D. BARNETT, *art. cit.* (n. 142-1977), p. 157-169, rejette l'hypothèse d'une version chypriote de la Guerre de Troie, en raison du caractère «asiatique» de la scène.

8. Kourion

Le royaume de Kourion a livré une série de documents phéniciens qu'O. Masson et M. Sznycer ont très commodément réunis [144]. Aucun d'eux ne mentionne Melqart, mais dans ce bric-à-brac que constitue le soi-disant «trésor de Kourion» [145], L. Palma di Cesnola mentionne plusieurs bagues et gemmes, ainsi que des scarabées représentant des léontomachies dans lesquelles Héraclès est parfois engagé [146]. La plus fameuse pièce de cet ensemble est la coupe de Kourion, réplique de la non moins célèbre coupe de Palestrina [147] (fig. 33). En neuf scènes, cette pièce retrace la journée de chasse d'un personnage vêtu d'une longue robe et portant la hache fenestrée. R.D. Barnett estime à nouveau que nous sommes en présence d'un morceau mythique extrait des «aventures» de Melqart. Cependant, nous avons à plusieurs reprises émis de nettes réserves quant à cette interprétation, en raison de notre ignorance de toute épopée mythique de Melqart et de la fréquence des attributs ici mis en cause. Le conte illustré renferme en outre une sorte de morale pieuse : en effet, c'est pour avoir honoré les dieux, que le chasseur est sauvé d'une situation difficile. Même si le contexte n'est pas exempt de merveilleux, on fera plutôt du protagoniste un homme, éventuellement un roi ou un «héros».

9. Paphos

Le culte dominant de Paphos est celui d'Aphrodite que les Phéniciens avaient interprété en Astarté [148]. Dans un lot de 11.000 sceaux d'argile découverts en 1970 dans la maison de Dionysos, on a reconnu diverses figurations de Bès, Isis, Harpocrate et d'un personnage vêtu d'une courte tunique [149]. Le fait qu'il soit armé d'une bipenne ainsi que d'un arc et qu'il pose le pied sur un lion l'apparente à des représentations rencontrées précédemment en Phénicie et à Carthage [150]. Nous avons à cette occasion indiqué que son identification comme Melqart présuppose un syncrétisme entre le dieu de Tyr et Nergal qui ne nous est pas paru clairement éta-

---

[144] O. MASSON - M. SZNYCER, op. cit. (n. 1), p. 88-91.

[145] O. MASSON, Cesnola et le trésor de Curium (I), dans Centre d'études chypriotes de Paris X Nanterre. Cahier 1 (1984), p. 16-26 ; (II), ibid. 2 (1984), p. 2-15.

[146] L. PALMA DI CESNOLA, op. cit. (n. 139), pl. IV, n°3 ; pl. VI, n°3 ; pl. XI, n°29 ; p. 324, 336, 363.

[147] R.D. BARNETT, Ezekiel and Tyre, dans Eretz Israel 9 (1969), p. 6-13 ; G. MARKOE, op cit. (n. 85), p. 177, 254-255.

[148] O. MASSON - M. SZNYCER, op. cit. (n. 1), p. 82-86.

[149] K. NICOLAOU, Oriental Divinities Represented on the Clay Sealings of Paphos, Cyprus, dans Hommages à M.J. Vermaseren II, Leyde 1978, p. 849-853, surtout p. 852, n°15 et pl. CLXXVIII,15.

[150] Cf. supra, p. 128, 149, 185.

bli [151]. L'objet paphien n'apporte aucun élément supplémentaire pour résoudre cette problématique.

10. Kalavassos

Une tombe de Kalavassos a livré divers bijoux d'époque classique qui témoignent d'influences égyptiennes, sensibles à Chypre [152]. Plusieurs plaques en argent sont ainsi décorées, au repoussé, de la tête de la déesse Hathor, connue dès le II⁰ millénaire av. J.-C. à Enkomi, mais assimilée, à Kition et Amathonte, à Astarté. L'image traditionnelle d'Hathor a subi ici une métamorphose. Sur plusieurs exemplaires la tête de la déesse est pourvue de deux oreilles dressées à la verticale au-dessus d'un mufle léonin coiffant le visage [153]. On a donc un cas de fusion iconographique entre Héraclès, coiffé de la léonté, et Hathor, souvent pourvue d'oreilles bovines. Cependant, son interprétation en Astarté et celle d'Héraclès en Melqart, combinée à la fréquence du couple Melqart-Astarté, suggère peut-être d'interpréter cette représentation hybride comme le reflet de leur association cultuelle.

Ainsi s'achève l'examen du culte de Melqart à Chypre. On doit bien avouer que les résultats ne sont pas à la hauteur de nos espoirs. Certes, Chypre s'avère être un «bouillon de cultures» où des phénomènes de contamination se manifestent plus nettement qu'ailleurs. Mais simultanément, cette imbrication des niveaux de la réalité religieuse, partagée par diverses communautés, rend difficile l'étude sériée des cultes. Peu de documents concernent explicitement Melqart et ceux-ci sont si fragmentaires que leur apport à notre connaissance est entaché de nombreux doutes. Kition s'impose en tout cas comme le principal centre de son culte et l'on peut espérer que la publication des niveaux phéniciens de Kathari apporte davantage de précisions à ce sujet. Iconographiquement parlant, il ne paraît pas douteux que Chypre a joué un rôle de premier plan dans la mise au point de l'image héracléenne, en bonne partie basée sur des motifs proche-orientaux. La précocité de ce phénomène, même dans les milieux phéniciens de l'île, indique sans doute que l'assimilation entre Melqart et Héraclès était alors déjà bien avancée, mais rien ne prouve que le processus-même de syncrétisme soit conditionné par l'iconographie ou que l'image d'Héraclès se soit formée à partir de celle de Melqart [154].

---

[151] Cf. *supra*, p. 148-150.

[152] V. KARAGEORGHIS, *Chronique des fouilles à Chypre en 1969*, dans *BCH* 94 (1970), p. 191-300, surtout p. 207, fig. 31.

[153] A. CAUBET, *Héraclès ou Hathor. Orfèvrerie chypriote*, dans *La Revue du Louvre* 23 (1973), p. 1-6 ; S. SOPHOCLEOUS, *op. cit.* (n. 29), p. 44.

[154] Cf. *infra*, p. 411-416.

Chapitre VIII : La Grèce

A. L'expansion phénicienne en Grèce

Les témoignages grecs relatifs à la présence de Phéniciens, essentiellement de commerçants, dans le monde égéen, sont assez nombreux[1].
D'Homère[2] aux lexicographes byzantins, en passant par Hérodote et Pausanias, pour ne citer que quelques jalons fondamentaux, les auteurs classiques en ont préservé le souvenir, tantôt sous la forme mythique, avec les
aventures de Cadmos et d'Europe[3], tantôt sous la forme de témoignages
«historiques». Il en ressort que les Phéniciens ont sillonné la Grèce en tous
sens, mais que la périodisation et les modalités précises de ces échanges
demeurent problématiques. L'*opinio communis* veut en effet que l'on ne
parle de «Phéniciens» qu'à partir du tournant, plus ou moins radical, de
1200 av. J.-C. ; l'on exclut de la sorte du champ d'étude les relations intenses qu'ont entretenues la Grèce et le Proche-Orient au IIᵉ millénaire[4]. Si
l'on accepte, avec Cl. Baurain, de décloisonner le domaine des études phéniciennes, on admettra que les Phéniciens, ce peuple «*visiteur, prospecteur,
marchand, pirate, ou tout à la fois*» fut «*le partenaire commercial privilégié
du Grec des époques mycénienne et géométrique*»[5].

Dans le cadre de cette étude sur Melqart, ce sont plus particulièrement les données historiques du Iᵉʳ millénaire qui constituent la toile de fond du
culte et de sa diffusion. Or, pour cette période, on ne peut échapper à l'ir-
réductibilité si souvent soulignée entre les textes et l'archéologie. Les premiers situent les origines de l'expansion phénicienne au début du Iᵉʳ millé-

---

[1] G. BUNNENS, *L'expansion phénicienne en Méditerranée*, Bruxelles-Rome 1979, p. 358-366.

[2] Sur Homère en particulier, J.D. MUHLY, *Homer and the Phoenicians. The Relations between
Greece and the Near East in the Late Bronze Age and Early Iron Age*, dans *Berytus* 19 (1970), p.
19-64 ; P. WATHELET, *Les Phéniciens dans la composition formulaire de l'épopée grecque*, dans
RBPhH 52 (1974), p. 5-14 ; ID., *Les Phéniciens et la tradition homérique*, dans *St.Phoen.* I-II, Leuven 1983, p. 235-243.

[3] R.B. EDWARDS, *Kadmos the Phoenician. A Study in Greek Legends and the Mycenaean Age*,
Amsterdam 1979.

[4] Cl. BAURAIN, *Portées chronologique et géographique du terme «phénicien»*, dans *St.Phoen.* IV,
Namur 1986, p. 7-28.

[5] *Ibid.*, p. 26-27. Sur les différents aspects de ces échanges au IIᵉ et au Iᵉʳ millénaire, dont
les effets se font sentir tant dans la civilisation matérielle que dans l'alphabet ou le vocabulaire,
par exemple, cf. une synthèse par T.F.R.G. BRAUN, dans *CAH²* III,1, Cambridge 1982, p. 1-14,
24-31, 186-189.

naire, voire même au IIe millénaire av. J.-C.[6] La seconde ne livre aucune trace tangible de Phéniciens en Grèce, du moins pour les époques reculées. Mais elle montre qu'aux VIIIe-VIIe siècles av. J.-C., les importations levantines se multiplient, notamment dans les sanctuaires[7]. J.N. Coldstream, qui a récemment réexaminé cette question, met en évidence l'existence d'objets d'origine orientale remontant au IXe siècle av. J.-C. en Attique et surtout dans les nécropoles de Lefkandi en Eubée où certaines pièces semblent même appartenir au Xe siècle av. J.-C.[8] À Cos, Rhodes et en Crète, les importations orientales et les imitations de céramique chyprophénicienne, réalisées dès le IXe siècle av. J.-C., supposent des contacts antérieurs, réguliers, entre la Grèce et le Proche-Orient, les domaines périphériques, comme les Cyclades ou Chypre, ayant pu jouer un rôle primordial dans la reprise des échanges.

Un autre élément dont il faut aussi tenir compte est évidemment la question de l'emprunt de l'alphabet. La découverte récente, mais isolée, d'une inscription phénicienne datée des environs de 1000 av. J.-C. à Tekke, site voisin de Cnossos, est difficile à exploiter dans une reconstitution historique[9]. On ne peut en effet exclure l'hypothèse que l'objet ait été véhiculé en Grèce postérieurement à sa confection. Quoi qu'il en soit, les opinions divergent entre les Hellénistes et les Sémitisants sur la date de l'emprunt de l'alphabet. Les premiers le situent volontiers vers 750 av. J.-C.[10], alors que certains parmi les seconds se prononcent en faveur d'une datation haute, tout au début du Ier millénaire, ou à la fin du II[e][11].

[6] F. VIAN, *Les origines de Thèbes. Cadmos et les Spartes*, Paris 1963 ; R.B. EDWARDS, *op. cit.* (n. 3), p. 167 ss ; C. BRILLANTE, *La leggenda eroica e la civiltà micenea*, Rome 1981, a pour sa part insisté sur la valeur historique de ces traditions.

[7] A. SNODGRASS, *La Grèce archaïque. Le temps des apprentissages*, Paris 1986 (éd. originale 1980), p. 46-55, 107-109.

[8] J.N. COLDSTREAM, *Greeks and Phoenicians in the Aegean*, dans *Phönizier im Westen*, Mainz am Rhein 1982, p. 261-275.

[9] M. SZNYCER, *L'inscription phénicienne de Tekke près de Cnossos*, dans *Kadmos* 18 (1979), p. 89-93 ; F.M. CROSS, *Newly Found Inscription in Old Canaanite and Early Phoenician Scripts*, dans *BASOR* 238 (1980), p. 1-20 ; E. LIPIŃSKI, *Notes d'épigraphie phénicienne et punique*, dans *OLP* 14 (1983), p. 129-165, surtout p. 129-133 ; É. PUECH, *Présence phénicienne dans les îles à la fin du IIe millénaire*, dans *RB* 90 (1983), p. 365-395, surtout p. 374-391 ; A. LEMAIRE, *Divinités égyptiennes dans l'onomastique phénicienne*, dans *St. Phoen.* IV, Namur 1986, p. 87-98, surtout p. 90-91. La Crète était sans doute fréquentée par les Phéniciens ; elle a, du reste, livré des coupes phéniciennes, cf. G. MARKOE, *Phoenician Bronze and Silver Bowls from Cyprus and the Mediterranean*, Berkeley-Los Angeles-Londres 1985, p. 162-169.

[10] Cf., dernièrement, A. SNODGRASS, *op. cit.* (n. 7), p. 66-70.

[11] J. NAVEH, *Origins of the Alphabet*, Londres 1975 ; sur le sujet, cf. aussi A. HEUBECK, *Schrift* (Archaeologica homerica III 10), Göttingen 1979 ; G. GARBINI, *I Fenici. Storia e religione*, Naples 1980, p. 13-40 ; B.S.J. ISSERLIN, *The Earliest Alphabetic Writing*, dans *CAH²* III,1, Cambridge 1982, p. 794-818, avec une bibliographie p. 996 ; É. PUECH, *art. cit.* (n. 9), p. 365-395 ; ID., *Origine de l'alphabet*, dans *RB* 93 (1986), p. 161-213.

La question ne peut donc être, pour l'heure, considérée comme un argument décisif dans le débat sur la périodisation des rapports entre Grecs et Phéniciens. Ces quelques lignes n'ont d'autre ambition que de tracer à gros traits un cadre d'ensemble dans lequel vont venir s'insérer une série d'études spécifiques sur tel ou tel culte de Grèce. Mais avant d'y venir, il est bon de revenir un instant sur la «dialectique» entre textes et archéologie. L'impérialisme de l'objet est tel qu'il est à même de faire vaciller les textes les plus explicites. On doit toutefois se souvenir des conditions particulières des expéditions phéniciennes qu'Homère et Hérodote ont évoquées de manière très réaliste, décrivant les Phéniciens comme des marchands-trafiquants, fourbes et avides de gains, allant et venant en Méditerranée quand la saison le permet, jetant et levant l'ancre en peu de temps, parcourant les ports selon les nécessités d'un commerce quasi de colportage[12]. Leur présence en terre grecque, pour d'évidentes raisons de concurrence commerciale, a bien pu être plus évanescente encore qu'ailleurs et l'on s'étonne dès lors moins du silence du sol à leur sujet pour une période de toute façon peu prolixe.

Avant de pénétrer dans un champ culturel nouveau, nous croyons utile d'en révéler certains mécanismes, en particulier ceux qui lient le culte à la cité. Nous avons à plusieurs reprises valorisé l'apport de D. van Berchem à l'étude de la diffusion du culte de Melqart[13]. Il a eu le grand mérite d'amorcer une démarche nouvelle et fructueuse, en soulignant, notamment dans ses pages introductives, la fonction du culte de Melqart dans l'expansion phénicienne. Jouant le rôle de protecteur et de garant de l'établissement nouveau, ainsi que de ses rapports avec le pays d'origine, Melqart assurait le relais entre les nouveaux arrivants et leur partenaires commerciaux obligés, les «indigènes». Dans son sanctuaire, espace neutre et sacré, pouvaient prendre place les premiers contacts, s'esquisser les échanges économiques et culturels.

Cette logique n'est cependant pas typiquement phénicienne. Les Grecs aussi ont recouru aux sanctuaires pour asseoir leur présence en Méditerranée. Comme l'a bien mis en évidence l'étude de F. de Polignac, le sanctuaire urbain ou extra-urbain tient une place fondamentale dans l'espace civique[14]. Le culte intègre les différentes composantes sociales et ethniques d'un territoire, apportant ainsi une contribution décisive à la formation de la *polis*. En milieu colonial, le sanctuaire matérialise la prise de possession de l'environnement, l'établissement d'une nouvelle souveraineté.

---

[12] HOMÈRE, *Od.* XIV 288-300 ; HÉRODOTE I 1-2.

[13] D. VAN BERCHEM, *Sanctuaires d'Hercule-Melqart*, dans *Syria* 44 (1967), p. 73-109, 307-338.

[14] F. DE POLIGNAC, *La naissance de la cité grecque. Cultes, espace et société. VIIIe-VIIe siècles av. J.-C.*, Paris 1984 ; cf. aussi I. MALKIN, *Religion and Colonization in Ancient Greece*, Leyde 1986.

Les cultes assurent la cohésion, la continuité par rapport à l'univers religieux de la métropole, mais aussi un terrain d'entente et d'intégration pour
les communautés nouvellement associées. Dans ce cadre est apparu le fondateur mythique, un héros civilisateur érigé en œciste, dont le culte, ins-
tallé au cœur de l'espace urbain, centralise les tensions qui traversent la
cité. Il faudra tenir compte, dans notre étude, de cette dimension idéologique du culte, tant pour les Grecs que pour les Phéniciens, et envisager la
possibilité qu'Héraclès d'une part, Melqart de l'autre, aient pu jouer con-
curremment ce rôle-là. La prise de conscience de cette logique peut, à
notre sens, renouveler partiellement l'approche de certains dossiers, comme
celui de Thasos. Un mot encore pour rappeler que le point de vue adopté
dans cette recherche est celui de Melqart, donc de la religion phénicienne.
Notre intrusion dans le monde grec ne doit donc pas nous faire perdre le
cap : Héraclès nous intéressera dans la mesure où les sources grecques y
ont parfois reconnu un répondant de Melqart. Nous suivrons deux voies,
celle du rite et celle du mythe. Par rite, nous entendons les pratiques cultuelles que diverses cités grecques ont adressées à un Héraclès d'origine
explicitement phénicienne ou supposé tel sur la base de l'étude des détails
du rituel. À travers le mythe, ce monologue grec sans écho phénicien à ce
jour, nous tenterons de débusquer les éventuelles interactions qui auraient
pu modifier, remodeler, voire aliéner la personnalité d'Héraclès ou de Melqart. Ainsi nous acheminerons-nous vers une mise en lumière du mécanisme d'assimilation de l'un à l'autre.

B. Thasos

1. Les témoignages d'Hérodote et de Pausanias

Au chapitre 43 de son deuxième livre consacré à l'Égypte, Hérodote
propose à ses auditeurs/lecteurs une réflexion sur l'origine d'Héraclès. Il
constate en effet, étant en Égypte, que le dieu égyptien correspondant à
Héraclès est plus ancien et que, par conséquent, les Grecs ont probablement emprunté Héraclès aux Égyptiens pour l'assimiler au fils d'Amphitryon. Il en fournit des τεκμήρια, se rend dans la foulée à Tyr, à la
recherche d'un autre Héraclès antérieur au grec [15]. Là, il nous gratifie
d'une description du sanctuaire de Melqart que les prêtres locaux lui disent
contemporain de la fondation de la ville au IIIᵉ millénaire av. J.-C. Sa
visite à Tyr lui apprend aussi l'existence dans la métropole phénicienne

---

[15] HÉRODOTE II 44 (trad. Ph.E. LEGRAND, Collection des Universités de France). Pour l'apport de ce texte à la connaissance du culte tyrien de Melqart, cf. *supra*, p. 47-50.

d'un sanctuaire à un Héraclès qualifié de Θασίος [16]. Il se rend alors à Thasos pour en savoir plus.

> 'Απικόμην δὲ καὶ ἐς Θάσον, ἐν τῇ εὗρον ἱρὸν 'Ηρακλέος ὑπὸ Φοινίκων ἱδρυμένον, οἳ κατ' Εὐρώπης ζήτησιν ἐκπλώσαντες Θάσον ἔκτισαν· καὶ ταῦτα καὶ πέντε γενεῇσι ἀνδρῶν πρότερά ἐστι ἢ τὸν 'Αμφιτρύωνος 'Ηρακλέα ἐν τῇ 'Ελλάδι γενέσθαι.»

> «*Je suis allé également à Thasos : j'y ai trouvé un sanctuaire d'Héraclès instauré par les Phéniciens qui, partis à la recherche d'Europe, fondèrent Thasos ; et ces événements sont antérieurs de cinq générations à la naissance en Grèce d'Héraclès, fils d'Amphitryon.*»

Le propos d'Hérodote vise donc à démontrer, preuves à l'appui, souvent récoltées par voie orale, l'antériorité de l'Héraclès non-grec, égyptien ou phénicien, par rapport à l'Héraclès grec. Jusque là, c'est-à-dire avant de nous livrer sa conclusion, Hérodote n'a jamais placé le discours au niveau de la *nature* d'Héraclès, mais de sa *chronologie*. Par ailleurs, la fonction de l'exemple thasien est claire : l'Héraclès de Thasos est présenté comme une sorte d'appendice, d'avatar du dieu phénicien auquel il est, en somme, rapporté. Il ne joue pas le rôle d'objet premier du discours, mais simplement d'argument secondaire [17].

Pour conclure son exposé, Hérodote tire un enseignement général de son enquête sur Héraclès :

> «*Les résultats de mes recherches font donc clairement ressortir qu'Héraclès est un dieu ancien ; et j'estime très sage la conduite de ceux d'entre les Grecs qui ont dédié chez eux des sanctuaires à deux Héraclès, offrant à l'un, qu'ils appellent Olympien, des sacrifices comme à un immortel, tandis qu'à l'autre, ils rendent des honneurs funèbres comme à un héros.*» [18]

On ne peut être plus clair et la distorsion apportée à ce texte par certaines interprétations modernes se révèlent sans fondement : Hérodote ne parle pas d'une double nature, ni, partant, d'un double culte rendu à l'Héraclès Thasien. Sa conclusion est générale et ne se réfère en rien spécialement aux exemples cités précédemment, celui de Thasos, répétons-le, n'intervenant que comme «succursale» du dieu tyrien. Certains modernes se sont néanmoins fondés sur ce texte et sur celui de Pausanias, que nous allons examiner, pour affirmer l'existence à Thasos d'un double culte à

---

[16] Sur les hypothèses interprétatives proposées pour l'Héraclès thasien de Tyr, cf. *supra*, *ibid.*

[17] Déjà dans ce sens, H. SEYRIG, *Quatre cultes de Thasos*, dans *BCH* 51 (1927), p. 178-233, surtout p. 188.

[18] Il faut se souvenir qu'Hérodote appartenait à la même famille que Panyassis d'Halicarnasse, auteur d'une importante œuvre sur Héraclès ; il devait donc être averti de ces matières, cf. V.J. MATTHEWS, *Panyassis of Halicarnassos*, Leyde 1974 ; L.A. OKIN, *Herodotus' and Panyassis' Ethnics in Duris of Samos*, dans *Échos du monde classique* 26 (1982), p. 21-33.

Héraclès, dieu et héros[19]. Ils ont ensuite cherché dans les données archéologiques le reflet de leur interprétation, non sans contradiction du reste, comme nous le verrons. Mais une tendance récente s'est dessinée pour rejeter cette hypothèse et restituer le texte d'Hérodote dans une juste perspective qui tienne compte de l'ensemble du raisonnement dans lequel Thasos s'insère[20].

Le témoignage de Pausanias constitue le second pilier de notre documentation littéraire relative à l'origine phénicienne d'Héraclès Thasien. Près de sept siècles après Hérodote, le Périégète mentionne l'existence à Olympie d'une base de statue inscrite dédiée par les Thasiens[21].

Θάσιοι δέ Φοίνικες τὸ ἀνέκαθεν ὄντες καὶ ἐκ Τύρου καὶ Φοινίκης τῆς ἄλλης ὁμοῦ Θάσῳ τῷ ᾿Αγήνορος κατὰ ζήτησιν ἐκπλεύσαντες τὴν Εὐρώπης ἀνέθεσαν ῾Ηρακλέα ἐς ᾿Ολυμπίαν τὸ βάθρον χαλκοῦν ὁμοίως τῷ ἀγάλματι· μέγεθος μὲν δὴ τοῦ ἀγάλματός εἰσι πήχεις δέκα, ῥόπαλον δὲ ἐν τῇ δεξιᾷ τῇ δὲ ἀριστερᾷ χειρὶ ἔχει τόξον. ἤκουσα δὲ ἐν Θάσῳ τὸν αὐτὸν σφᾶς ῾Ηρακλέα ὃν καὶ Τύριοι σέβεσθαι, ὕστερον δὲ ἤδη τελοῦντας ἐς ῞Ελληνας νομίσαι καὶ ῾Ηρακλεῖ τῷ ᾿Αμφιτρύωνος νέμειν τιμάς. τῷ δὲ ἀναθήματι τῷ ἐς ᾿Ολυμπίαν Θασίων ἔπεστιν ἐλεγεῖον·
    υἱὸς μέν με Μίκωνος ᾿Ονάτας ἐξετέλεσσεν
    αὐτὸς ἐν Αἰγίνῃ δώματα ναιετάων.

«Les Thasiens, qui sont d'origine phénicienne et qui ont navigué depuis Tyr et le reste de la Phénicie avec Thasos, le fils d'Agénor, à la recherche d'Europe, ont dédié à Héraclès, à Olympie, cette base de statue en bronze. La taille de la statue est de dix coudées, elle tient une massue dans la main droite et dans la gauche un arc. J'ai entendu dire à Thasos qu'ils honorent chez eux le même Héraclès que les Tyriens, mais que, plus tard, lorsqu'ils firent partie des Grecs, ils estimèrent rendre aussi un culte à Héraclès, fils d'Amphitryon. Sur l'offrande des Thasiens à Olympie se trouve une élégie :
    Onatas, le fils de Micon, m'a exécutée
    Lui qui a sa demeure à Égine.»

Avant d'interpréter ce texte, glanons-y les données factuelles. La statue d'Héraclès, d'une grandeur notable, plus de 4 mètres, était l'œuvre du fameux sculpteur Onatas d'Égine[22] qui vécut dans la première moitié du

[19] M. LAUNEY, *Le sanctuaire et le culte d'Héraklès à Thasos* (ET 1), Paris 1941, *passim*, notamment p. 131-132 ; cf. aussi les diverses recensions de ce volume, par A.J. NOCK, dans *AJA* 1948, p. 298-301 ; par Ch. PICARD, dans *Journal des Savants* 1949, p. 111-133 ; par R. MARTIN, dans *RÉG* 1949, p. 221. Cf. aussi J. POUILLOUX, *Recherches sur l'histoire et les cultes de Thasos* I (ET 3), Paris 1954, *passim*, par ex. p. 18-22 ; ID., *L'Héraclès thasien*, dans *RÉA* 76 (1974), p. 305-316.
[20] D. VAN BERCHEM, *art. cit.* (n. 13), p. 88-95 ; B. BERGQUIST, *Herakles on Thasos*, Lund 1973, p. 27-29.
[21] PAUSANIAS V 25,12.
[22] J. POUILLOUX, *op. cit.* (n. 19), p. 359-363 ; sur Onatas d'Égine, cf. J. DÖRIG, *Onatas of Aegina*, Leyde 1977.

Vᵉ siècle av. J.-C. L'image qu'elle a fixé n'est pas la plus typique du répertoire iconographique héracléen ; la conjonction de la massue et de l'arc est
en tout cas caractéristique de Thasos. Sur la porte du rempart de la ville,
Héraclès est représenté, au début du Vᵉ siècle av. J.-C., comme un puissant
archer agenouillé [23] (fig. 34) et le monnayage thasien reproduira également
ce «blason» [24]. Certains ont voulu y reconnaître un schéma iconographique proche-oriental, en faisant appel notamment aux orthostates de Zinjirli
où figure aussi un archer agenouillé protecteur de la ville et aux monnaies
de Chypre où Héraclès-Melqart tient l'arc en main [25]. On a noté aussi le
fait que l'inscription figurant sous la porte de Thasos désigne Héraclès et
son «associé» Dionysos comme les fils de Zeus, de Sémélé et
d'Alcmène [26], peut-être pour éviter toute ambiguïté. Cependant, il faut se
méfier des rapprochements trop rapides et se souvenir plutôt que, dès
Homère [27], Héraclès est, dans l'Hadès, un archer redoutable qui fait fuir
les morts. Or, la porte de Thasos est située à proximité de la nécropole,
de sorte que c'est peut-être la raison du choix de cette position pour Héraclès, formant un rempart entre les vivants et les morts.

Il est fondamental de clarifier les rapports éventuels entre le texte
d'Hérodote et celui de Pausanias. Certains modernes ont eu tendance à les
réduire à un et par conséquent ont fait dire à Hérodote plus qu'il n'en dit.
Pausanias affirme explicitement détenir ses informations d'interlocuteurs
thasiens. Certes, il fait appel à des éléments de la vulgate mythique connus
déjà d'Hérodote, mais mentionnés dans un autre passage que celui qui a
retenu notre attention. Au livre VI, chapitres 46 et 47, Hérodote relate en
effet que l'éponyme Thasos, un Phénicien de la mouvance de Cadmos,
s'est établi dans le nord de l'Égée. Cependant, Pausanias n'est nullement
un décalque d'Hérodote, ni du livre II, ni du livre VI. On n'en donnera
pour preuve que les filiations différentes proposées par l'un et l'autre pour
Thasos : fils de Phoinix chez Hérodote, il l'est d'Agénor chez Pausanias.
Il n'est donc pas justifié de faire de Pausanias une explicitation, une glose
d'Hérodote, afin de donner plus de poids à l'hypothèse selon laquelle
Hérodote sous-entend Thasos parmi les cités grecques qui rendent un double culte à Héraclès. Supposer cette soi-disant association d'idées chez
Hérodote, c'est méconnaître la logique profonde de son témoignage, c'est
aussi faire l'économie d'une étude minutieuse du texte de Pausanias.

---

[23] Cf. Ch. Picard, *Les murailles* I. *Les portes sculptées à images divines* (ET 8), Paris 1962,
p. 43-83 ; *Guide de Thasos*, Paris 1968, p. 62-65, fig. 24.
[24] *Guide de Thasos*, Paris 1968, p. 185-191.
[25] Pour les monnaies de Chypre, cf. *supra*, p. 327-328, 336.
[26] *IG* XII/8 356.
[27] Homère, *Od.* XII 599-608.

Pausanias ne fournit en effet pas la preuve, à nos yeux, de la coexistence de deux cultes à Thasos, mais explique plutôt que l'île fut le théâtre
d'un phénomène d'*interpretatio*. Le culte phénicien fut en effet le premier
à s'implanter ; ensuite, avec la colonisation parienne et l'intégration dans
le monde grec, les Thasiens *estimèrent*, par la même occasion, en faisant
d'une pierre deux coups, rendre un culte à l'Héraclès grec. Il y aurait donc
eu assimilation entre les deux Héraclès, le tyrien et le grec. La tournure
νομίσαι (...) νέμειν constitue le nœud de la bonne compréhension du texte
de Pausanias, car elle indique qu'il s'est agi d'une *opération intellectuelle* qui
a fondu en un culte l'Héraclès-dieu et l'Héraclès-héros, que les circonstances historiques ont mis en rapport à Thasos. Ne pas traduire νομίσαι,
comme le fait J. Pouilloux, c'est fausser à la racine un débat dans lequel
deux textes seulement constituent notre matière à réflexion et nécessitent
par conséquent une approche très scrupuleuse [28]. Ce phénomène d'interprétation de l'Héraclès tyrien à Thasos a-t-il éventuellement consenti à des
traits originels, phéniciens, de survivre ? C'est ce que nous tenterons
d'éclaircir à travers les textes épigraphiques. On notera enfin que, là où il
constate un double culte à Héraclès, Pausanias le dit sans ambages ; ainsi
à Sicyone [29] : ἔστι δὲ καὶ ἑτέρωθι ἱερὸν Ἡρακλέους. Les sacrifices lui sont
adressés ὡς ἥρῳ ou ὡς θεῷ. Plutôt que de relever un phénomène de la
sorte, à Thasos, Pausanias vise à rendre compte du passé et du présent du
culte d'Héraclès à Thasos, jadis phénicien, grec à son époque, mais avec
la conscience encore vive de ses antécédents. Cette interprétation des deux
textes qui fondent la problématique de l'Héraclès Thasien nous a montré
qu'Hérodote et Pausanias s'accordent pour attribuer au culte une origine
phénicienne. Leurs témoignages sont au moins partiellement indépendants
et fondés sur l'information orale locale. L'un et l'autre mettent donc Melqart à l'origine du culte d'Héraclès à Thasos. Nous verrons ultérieurement
que le témoignage d'Hérodote relatif aux mines phéniciennes de Thasos a
reçu des confirmations sur le terrain et qu'une attitude hypercritique à son
égard n'est donc pas fondée. Mais ni Hérodote, ni Pausanias ne permettent
d'affirmer que le culte de l'Héraclès grec se serait ajouté à celui de Melqart, faisant de Thasos le siège de deux cultes distincts. On entrevoit au
contraire un phénomène d'assimilation, de fusion entre ces deux Héraclès,
selon une logique dont nous avons rencontré bien des exemples, de la Syrie
à l'Espagne. Reste néanmoins à s'interroger sur la pertinence historique de
cette tradition locale.

---

[28] J. POUILLOUX, *art. cit.* (n. 19), p. 306, ne traduit pas du tout le verbe νομίσαι («*mais par
la suite, à partir du moment où ils furent complètement hellénisés, ils ont rendu aussi un culte à Héraclès, fils d'Amphitryon*») et rend «*coudées*» par «*pieds*».
[29] PAUSANIAS II 10,1.

2. Les Phéniciens à Thasos

Le mythe de Cadmos concerne Thasos à plus d'un titre[30]. Outre l'éponyme local, les sources établissent une connexion entre Cadmos et le continent thrace voisin. Thasos aurait eu une fille, Galepsos, du nom d'un fameux comptoir thasien du continent[31] et Cadmos en personne aurait le premier exploité les très riches mines du Mont Pangée, juste en face de Thasos[32]. Or, Hérodote affirme avoir vu à Thasos, entre Ainyra et Koinyra, des mines exploitées par les Phéniciens[33]. On a souvent mis en évidence la cohérence de la politique d'expansion des Phéniciens pour qui la maîtrise des ressources en métaux, de Chypre à l'Espagne, fut un fil conducteur dans leurs déplacements[34]. Prendre pied à Thasos et sur le continent voisin entrait donc parfaitement dans cette logique. Or, les fouilles françaises de Thasos ont confirmé l'existence d'exploitations minières en divers points de l'île, sur l'Acropole de Thasos, mais aussi dans le secteur indiqué par Hérodote[35]. L'impression livrée par celui-ci d'une montagne bouleversée par les travaux d'extraction demeure d'actualité, de même qu'est confirmée la différence de rentabilité entre les mines assez pauvres de Thasos et celles, fabuleuses, de Skapté Hylé dans le Pangée. Thasos ne serait d'ailleurs pas une étape excentrique dans l'expansion phénicienne : Cadmos aurait aussi fait escale à Samothrace[36] et Homère donne Lemnos pour une échelle phénicienne[37]. L'Ionie elle-même pourrait avoir été fréquentée par des Phéniciens[38]. L'Héraclès Thasien de Tyr, qui possédait

---

[30] Déjà H. Seyrig, *art. cit.* (n. 19), p. 185-198, avait tenu à valoriser ce bloc de mythes cohérents.

[31] Harpocration s.v. Γαληψός ; Steph. Byz. s.v. Γαληψός ; *Souda* s.v. Γαλιψός ; *Etym. Magn.* s.v. Γαληψός.

[32] Strabon XIV 5,28 ; Pline, *HN* VII 197 ; Clément d'Alexandrie, *Stromates* I 16. Cf. D. Tzavellas, *Les mines du Mont Pangée dans l'Antiquité*, mémoire inédit, Liège 1981.

[33] Hérodote VI 46-47.

[34] J.D. Muhly, *art. cit.* (n. 2), p. 19-64.

[35] B. Holtzmann, *Des mines d'or à Thasos ?*, dans *Thasiaca* (BCH suppl. V), Paris 1979, p. 345-349 ; A. Muller, *La mine de l'acropole de Thasos, ibid.*, p. 315-344 ; Id. - T. Kozelj, dans *BCH* 103 (1979), p. 658 ; 105 (1981), p. 960-961 ; J. Des Courtils - T. Kozelj - A. Muller, *Des mines d'or à Thasos*, dans *BCH* 106 (1982), p. 409-417, 674. Pour la localisation d'Ainyra et Koinyra, la zone des mines phéniciennes, cf. F. Salviat - J. Servais, *Stèle indicatrice thasienne trouvée au sanctuaire d'Aliki*, dans *BCH* 58 (1964), p. 267-287, surtout p. 278-284. Il s'agit de la région de Potamia et du Mont Hypsarion. Dans cet article, les auteurs proposent des étymologies sémitiques, suggérées par G. Dossin, pour les toponymes cités par Hérodote, mais elles sont assez problématiques.

[36] Hégésippos de Mékyberna 391 F 2 J (=Schol. Eur., *Rhésos* 29) ; Diodore V 48 ; R.B. Edwards, *op. cit.* (n. 3), p. 29-30.

[37] Homère, *Il.* XXIII 745.

[38] D. van Berchem, *art. cit.* (n. 13), p. 108, pour les possibles «stations héracléennes» en Égée du nord. Nous envisagerons ultérieurement le cas d'Érythrées en Ionie, p. 383-386.

un sanctuaire, témoignerait de la continuité des rapports entre Thasos et la côte syro-palestinienne [39].

Cette logique «historique» du mythe est profondément solidaire de sa dimension idéologique qui en fait un outil dans les mains des Thasiens. J. Pouilloux a bien montré qu'Hérodote et Pausanias font écho à la version officielle de la genèse thasienne [40]. Le recours au mythe des origines phéniciennes fondait et légitimait la réalité de Thasos insulaire et continentale, maîtresse des mines du Pangée et de comptoirs sur le continent. Il pouvait donc servir de protection contre les revendications et les convoitises, particulièrement athéniennes, sur les mines du Pangée. On ne détaillera pas ici les multiples épisodes d'un long et dur conflit entre Athènes et Thasos, mais le siège de l'île par Cimon, en 466-463 av. J.-C., qui s'acheva par le démantèlement de la puissance maritime et minière de Thasos, en fut le point d'orgue [41]. Quand on connaît la force de l'argument d'antériorité, du droit «historique», en Grèce, on ne peut douter de l'utilisation politique, idéologique de la tradition d'une Thasos phénicienne. Mais il n'est pas concevable qu'elle ait été forgée *ex nihilo* : un argument n'est efficace que s'il est crédible. Le mythe phénicien a pu être amplifié, entretenu, mais il n'a pas été, à nos yeux, inventé de toutes pièces.

On peut du reste noter que les Athéniens ne parvinrent jamais, même lorsqu'ils jouissaient d'une souveraineté théorique sur le continent thrace, à se rendre effectivement maîtres des mines. Plus d'une source narre les échecs athéniens dans cette région. Est-il trop audacieux de penser que les Thasiens avaient bénéficié des relations de confiance établies par les Phéniciens désireux d'exporter les ressources des mines thraces ? Les Pariens ne purent certes, lors de leur arrivée, éviter de durs affrontements avec les indigènes, ces «*chiens de Thrace*», selon l'expression d'Archiloque, mais la paix vint et les deux éléments finirent par se confondre dans une cité plus ou moins mixte [42]. De manière symptomatique, le premier monnayage en argent frappé à Thasos à partir de 525 av. J.-C. environ emprunte aux Thraces le type bien connu du silène et de la nymphe [43]. Nous livrerons enfin un dernier élément, l'existence à Thasos, au IVe siècle av. J.-C., d'un certain Ἡρακλείδης, qualifié de Φοῖνιξ [44]. Son nom n'est pas indifférent dans une île où existait un culte d'Héraclès-Melqart.

[39] Cf. *supra*, p. 49-50. P.J. Riis, *Griechen in Phönizien*, dans *Phönizier im Westen*, Mainz am Rhein 1982, p. 237-260.

[40] J. Pouilloux, *op. cit.* (n. 19), p. 18-22.

[41] *Ibid.*, p. 18-22. Pour le siège. cf. Thucydide I 100 ss. Pour les divers échecs subis par les Athéniens dans la région du Pangée, cf. D. Tzavellas, *op. cit.* (n. 32), *passim*.

[42] J. Pouilloux, *op. cit.* (n. 19), p. 27 ss.

[43] *Guide de Thasos*, Paris 1968, p. 185-191.

[44] *IG* XII/8 436.

3. La fondation parienne

Conscients de faire partie d'une communauté culturelle liée à l'expansion phénicienne en Méditerranée, les Thasiens n'en étaient pas moins Pariens d'origine et de cœur. La tradition relative à la colonisation parienne trouve en effet davantage d'assise historique et matérielle, notamment grâce à un protagoniste de ces événements : Archiloque, mais son témoignage pose lui aussi des problèmes d'interprétation[45]. Les sources étalent généralement la colonisation parienne sur trois générations liées à Archiloque : le poète aurait participé à la colonisation ; son père, Télésiclès, aurait reçu l'oracle de Delphes[46] ; son grand-père, Tellis, aurait introduit certains cultes[47]. Une récente étude de A.J. Graham a bien montré que toute cette tradition se structure en réalité autour d'Archiloque et que le seul élément effectif est un synchronisme assez vague entre Archiloque et la colonisation parienne, ce qui pourrait déboucher sur une datation aux alentours de 650 av. J.-C., le reste étant d'une fausse précision historique. Or, les fouilles des dernières décennies à Thasos ont livré un matériel assigné à la première moitié du VIIe siècle av. J.-C.[48], que l'on serait tenté de considérer comme pré-parien, probablement indigène.

Avec eux, les Pariens apportèrent des cultes, probablement celui d'Apollon et d'Athéna Poliouchos qu'ils établirent sur l'Acropole[49]. Dans la ville basse, on relève les cultes fort importants d'Artémis et de Dionysos, ainsi que celui d'Héraclès et d'une multitude de divinités car, sans jamais devenir une métropole religieuse, Thasos vit foisonner les cultes les plus divers. Héraclès pourrait-il avoir été implanté dans l'île par les Pariens ? Archiloque lui témoigne un intérêt particulier, en lui consacrant un hymne en tant que Καλλίνικος, épiclèse bien adaptée à ces temps belliqueux de colonisation[50]. Le rapprochement opéré par certains modernes entre cet

---

[45] M. Launey, op. cit. (n. 19), p. 212-217 ; J. Pouilloux, op. cit. (n. 19), p. 22-34 ; Id., Archiloque et Thasos (Entretiens de la Fondation Hardt X), Genève 1963, p. 1-36.

[46] Oinomaos de Gadara, apud Eusèbe de Césarée, PE VI 7, 256b ; Stéph. Byz. s.v. Θάσος. Cf. A.J. Graham, The Foundation of Thasos, dans BSA 73 (1978), p. 61-98, avec une révision du rôle de Télésiclès qui n'aurait pas participé à la colonisation, cf. déjà J. Pouilloux, art. cit. (n. 45), p. 29.

[47] Pausanias X 28,3 ; J. Pouilloux, op. cit. (n. 19), p. 25-26 ; A.J. Graham, art. cit. (n. 46), p. 81-82.

[48] C'est le cas notamment du matériel livré par les sondages dans les champs Héraclis et Dimitriadis, cf. D. Lazaridis, Thasos and its Peraia, Athènes 1971 ; pour l'Artémision, cf. BCH 104 (1980), p. 729 ; 105 (1981), p. 935 ; N. Weill, La plastique archaïque de Thasos. Figurines et statues de terre cuite de l'Artémision I. Le haut archaïsme (ET 11), Paris 1985, p. 210.

[49] J. Pouilloux, op. cit. (n. 19), p. 27 ss, 330-331 : les traces d'Apollon ne sont pas antérieures au Ve siècle av. J.-C., mais son implantation est probablement plus ancienne.

[50] M. Launey, Inscriptions de Thasos, dans BCH 58 (1934), p. 484-550, surtout p, 488 ; J. Pouilloux, op. cit. (n. 19), p. 336 ss ; Archiloque, fr. 298 Lasserre (hymne dont l'attribution à Archiloque était mise en doute dès l'Antiquité).

Héraclès Kallinikos, une unique dédicace parienne du Ier siècle av. J.-C. et une inscription thasienne adressée au même au IIe siècle ap. J.-C. n'est pas suffisant pour conclure à l'origine parienne de l'Héraclès Thasien[51]. Il faut au contraire souligner l'extrême discrétion du héros à Paros, en flagrante opposition avec son caractère poliade à Thasos. Cette constatation donne à penser que les Pariens auraient pu trouver sur place un Héraclès d'envergure, en dépit du fait qu'Héraclès fut le protecteur attitré des colons grecs. Outre Archiloque, Apollodore met aussi en scène Héraclès à Thasos. Au cours de ses Travaux, il aurait soumis les Thraces et remis ensuite l'île à Androgée, le roi de Paros[52]. De là, il se serait rendu sur le continent voisin à Toroné. Comme le mythe de Cadmos, celui-ci fonde et sanctionne plusieurs aspects de Thasos : la domination sur les Thraces, la présence parienne, le lien entre île et continent[53]. Héraclès légitimait donc les entreprises pariennes en Égée du nord[54]. On trouve la même émulation mythique entre Phéniciens et Grecs à propos de l'éponyme Thasos, rattaché par certains à un rameau phénicien, mais qu'une scholie à Callimaque donne pour fils d'Anios, le prêtre d'Apollon délien[55]. À titre d'hypothèse, on peut proposer de voir dans ce mythe héracléen à Thasos, même si la dimension d'œciste d'Héraclès est bien attestée[56], un doublet, une alternative à l'Héraclès phénicien, «guide» des Tyriens en Méditerranée. Nous savons qu'à Tyr même et à Gadès, Melqart intervient dans les récits de fondation ; le cas de Thasos ne constituerait donc pas un *unicum*.

Nous avons ainsi tiré des témoignages littéraires, ceux d'Hérodote et de Pausanias d'abord, ceux relatifs à la colonisation phénicienne et parienne ensuite, le maximum d'enseignements, nuancés certes, mais néanmoins significatifs, avant de nous tourner vers l'archéologie, particulièrement vers les fouilles de l'Héracleion.

---

[51] *IG* XII/5 234 (Paros), *IG* XII suppl. 413 (Thasos).

[52] APOLLODORE II 5,9.

[53] A.J. GRAHAM, *Colony and Mother City in Ancient Greece*, Chicago 1983 (1e éd. 1964), p. 71-97. On notera que dans le fragment 81 d'ARCHILOQUE (éd. Lasserre), Toroné semble mise en relation avec Thasos.

[54] M. LAUNEY, *op. cit.* (n. 19), p. 215-216 ; J. POUILLOUX, *op. cit.* (n. 19), p. 46-47 ; ID., *art. cit.* (n. 45), p. 18 : «on y verrait volontiers le désir d'écrire l'histoire de la conquête parienne comme une imitation de la geste héroïque». Dans la même logique s'inscrivent aussi les deux sanctuaires d'Aliki, fouillés par Jean Servais, marquant probablement l'emplacement du premier contact des Pariens avec le sol thasien. Ils étaient peut-être placés sous la protection d'Apollon Archégète et gardèrent une dimension civique importante pour les Thasiens, cf. J. SERVAIS, *Les deux sanctuaires*, dans *Aliki I* (ET 9), Paris 1980. Les traces les plus anciennes y remontent à 650 av. J.-C. environ, mais la disposition de ces deux bâtiments jumelés et presque identiques demeure déroutante.

[55] P. PFEIFFER, *Callimachus* I, Oxford 1949, p. 439, n°664.

[56] L. LACROIX, *Héraclès, héros voyageur et civilisateur*, dans *Bulletin de la classe des lettres et des sciences morales et politiques de l'Académie royale de Belgique* 60 (1974), p. 34-59.

4. L'Héracleion thasien (fig. 35)

a) *Localisation*

Le sanctuaire occupe le secteur occidental de la ville antique, au pied de l'Acropole, sur une terrasse artificielle approximativement orientée nord-sud. Dominé à l'est par un quartier d'habitations connu d'Hippocrate, il s'inscrit dans un tissu urbain récemment analysé par R. Martin [57]. Les premières zones d'habitation de la cité de Thasos furent celle de l'Acropole, avec ses sanctuaires d'Apollon Pythien et d'Athéna Poliouchos, liés à la colonisation parienne, et celle du pied de l'Acropole et du vallon, avec le culte d'Artémis. Le secteur de l'Héracleion, au sud-ouest, constitue certes dès l'époque archaïque un pôle de la cité, mais il semble qu'aux premiers temps, il était situé dans une zone isolée, insérée plus tard et selon un processus que nous ignorons dans le milieu habité. On peut peut-être y voir un poste avancé, un lieu de contact et de rencontre entre les communautés formant la société thasienne. Or, cette pratique est familière tant aux Grecs qu'aux Phéniciens, le sanctuaire extra-urbain ou suburbain symbolisant la prise de possession du territoire et canalisant les velléités d'intégration des indigènes [58]. R. Martin offre d'intéressants parallèles en milieu grec de Sicile ; notre enquête en a fourni maintes illustrations pour les Phéniciens. Il n'est donc pas possible de savoir si les Grecs ont hérité de cette localisation excentrique du sanctuaire d'Héraclès, par exemple de leurs prédécesseurs phéniciens, ou s'ils ont inauguré en la matière. On rappellera enfin qu'il faut considérer la place discrète que semble tenir Héraclès à Paros.

b) *Les bâtiments*

G. Roux, qui a récemment réexaminé les résultats des fouilles de l'Héracleion, a insisté sur leur caractère unique : il s'agit du seul Héracleion ayant livré tant de matériel [59]. Mais son mauvais état de conservation explique les difficultés d'interprétation. Nous ne détaillerons pas ici les diverses phases du monument car cet examen n'apporterait aucun élément à notre enquête. Disons simplement que le sanctuaire comprend un temple ionique presque carré, baptisé par M. Launey «l'édifice périptère», cons-

---

[57] R. MARTIN, *Thasos : quelques problèmes de structure urbaine*, dans *CRAI* 1978, p. 182-197. On attend la sortie de l'ouvrage de Y. GRANDJEAN, *Recherches sur l'habitat thasien à l'époque grecque* (ET 12).

[58] D. VAN BERCHEM, *art. cit.* (n. 13) ; F. DE POLIGNAC, *op. cit.* (n. 14).

[59] G. ROUX, *L'Héracleion thasien : problèmes de chronologie et d'architecture*, dans *Thasiaca* (BCH suppl. V), Paris 1979, p. 191-211 ; M. LAUNEY, *op. cit.* (n. 19) ; J. POUILLOUX, *op. cit.* (n. 19), *passim* ; *Guide de Thasos*, p. 70-74 ; B. BERGQUIST, *op. cit.* (n. 20), *passim* ; D. VAN BERCHEM, *art. cit.* (n. 19).

truit vers 500 av. J.-C. au-dessus de l'état le plus ancien du sanctuaire, sous
la forme d'un *oikos*, embelli ensuite à l'époque hellénistique par l'ajout
d'un péristyle. Il comprend encore une galerie de marbre du Vᵉ siècle av.
J.-C., la *leschè* et, au sud, deux édifices archaïques, l'un dont il ne reste
malheureusement qu'un angle de fondation, l'autre, «l'édifice polygonal»,
du VIᵉ siècle av. J.-C., englobé plus tard dans un vaste hestiatorion à cinq
salles.

Sur la base de ces fouilles, M. Launey considérait que l'édifice polygonal abritait le temple d'Héraclès-héros, par opposition au dieu logé dans le
temple ionique. Ainsi la théorie du double culte à Héraclès Thasien
prenait-elle plus de corps, en s'inscrivant sur le terrain. Mais B. Bergquist,
suivie par G. Roux[60], considère plutôt l'édifice polygonal comme un bâtiment sans fonction sacrée. Il s'agirait plus vraisemblablement d'une salle
pour les banquets cultuels. Obtenir confirmation de l'existence de deux
lieux de culte séparés et différents à partir des autels s'avère tout aussi
vain. En effet, s'il existe bien un autel, situé au centre du sanctuaire, le
bothros identifié par M. Launey n'est en réalité qu'un monument circulaire
situé au sud de la cour triangulaire pour abriter un puits et, peut-être, des
rites en rapport avec l'eau. Point de double autel donc, point non plus de
cupules sur l'autel rupestre. M. Launey avait cru les détecter et les avait
rapprochées de cupules semblables sur des autels d'Afrique et du Proche-
Orient[61]. Il faut ajouter enfin que l'on ignore l'étendue exacte du *temenos*
qui pourrait fort bien s'étendre au-delà de la terrasse explorée par M. Launey, étant donné l'importance du culte d'Héraclès à Thasos[62]. On retiendra de cet exposé synthétique que l'hypothèse du double culte n'a pas plus
de fondement archéologique qu'elle n'en a dans les textes.

c) *L'Héracleion primitif*

Reste à se demander si la phase la plus ancienne du sanctuaire, située
sous les niveaux classiques et hellénistiques, n'atteste pas l'origine phénicienne du culte, affirmée par les textes. Aucun élément ne peut être daté
avant le milieu du VIIᵉ siècle av. J.-C., avant la date probable de l'arrivée
des Pariens. J. Des Courtils, qui a repris, il y a quelques années, la fouille
de l'Héracleion, a mis au jour cet état primitif du sanctuaire consistant en

---

[60] B. Bergquist, *op. cit.* (n. 20), p. 65 ss ; G. Roux, *art. cit.* (n. 59), p. 206-209.

[61] Mes plus vifs remerciements vont à Jacques Des Courtils, ancien membre de l'École française d'Athènes, actuel fouilleur de l'Héracleion thasien, pour m'avoir confirmé cette absence
de cupules (lettre du 9/12/1985) et m'avoir fourni de précieux avis. Cf. J. Des Courtils, *Chronique des fouilles*, dans *BCH* 110 (1986), p. 802-806.

[62] Polyen, *Stratégémata* I 45,4, rapporte que les Thasiens se réunirent dans l'Héracleion à
l'invitation du général spartiate Lysandre qui voulait leur tendre un piège.

un petit édifice de plan barlong, bâti à même le rocher arasé et dénommé «temple A»[63]. Il a bien voulu me confirmer son caractère purement grec. Divers trous de poteaux observés sur le sol attendent toujours une explication, tandis qu'un dépôt de céramique, mêlé à des cendres et à des ossements de petits animaux portant des traces de découpe, a été découvert à l'est du bâtiment. Parmi les tessons archaïques, deux portent des graffiti dont un contient le nom d'Héraclès. Force est donc de constater que les Phéniciens, s'ils ont fréquenté Thasos et s'ils y ont implanté leur Héraclès, n'ont laissé aucune trace de leur passage. Il faut toutefois prendre en considération les éventuelles conditions de leur présence, bien différentes sans doute de la véritable colonisation entreprise par les Grecs. Par ailleurs, on notera l'ancienneté de l'Héracleion de Thasos, qui semble contemporain de l'arrivée de Pariens au VIIe siècle av. J.-C.. Or ceux-ci ont plutôt implanté les dieux protecteurs de leur entreprise sur l'Acropole, Apollon et Athéna, et ne paraissent pas avoir, dans leur métropole, honoré particulièrement Héraclès, érigé en revanche à Thasos au premier rang du panthéon. L'archéologie n'apporte donc pas les arguments matériels qui auraient pu étayer la tradition littéraire relative à la présence phénicienne, mais ce n'est pas une raison suffisante pour la rejeter en bloc[64].

[63] Cf. les rapports de fouilles dans le *BCH* 108 (1984), p. 878 ; 109 (1985), p. 881-884 ; 110 (1986), p. 802-806. Pour les éventuels parallèles architecturaux, cf. A. MAZARAKIS-AINIAN, *Contribution à l'étude de l'architecture religieuse grecque des âges obscurs*, dans *AC* 54 (1985), p. 5-48.

[64] Le matériel archéologique thasien, notamment celui de l'Héracleion, atteste l'importance des échanges entre l'île et l'Anatolie. Ce trait est caractéristique de l'époque archaïque, dans toute la Grèce : on ne peut donc pas en tirer grand chose quant aux éventuelles relations privilégiées avec des commerçants levantins. Cf. J. POUILLOUX, *op. cit.* (n. 19), p. 49-51. Pour ce matériel orientalisant, cf. M. LAUNEY, *op. cit.* (n. 19), *passim* ; F. SALVIAT, *Lions d'ivoire orientaux trouvés à Thasos*, dans *BCH* 86 (1962), p. 95-116 ; P. BERNARD, *Céramiques de la première moitié du VIIe siècle à Thasos*, dans *BCH* 88 (1964), p. 95-116 ; R. MARTIN, *L'architecture archaïque de Thasos et l'Anatolie*, dans *Mélanges Mansel*, Ankara 1974, p. 451-465 ; B. HOLTZMANN, *Une nouvelle sima archaïque de Thasos*, dans *Thasiaca* (BCH suppl. V), Paris 1979, p. 1-9 ; J.-J. MAFFRE, *Céramique attique à décor mythologique trouvée à l'Artémision, ibid.*, p. 11-74 ; N. WEILL, *op. cit.* (n. 48), p. 55-57, 119. On a trouvé aussi un aspect lydo-oriental à l'Héraclès de la porte de Thasos (Ch. PICARD, *op. cit.* [n. 23], p. 59), mais nous avons vu précédemment ce qu'il fallait en penser : le message semble grec, même si les signes sont d'inspiration orientale. On peut se demander enfin si l'iconographie de l'Héracleion ne trahirait pas, d'une certaine façon, l'hypothétique antécédent du héros grec. On y relève en effet plusieurs représentations de Pégase, de Bellérophon et la Chimère, appartenant tous à un cycle mythique certes populaire à l'époque en Grèce (p. ex. à Corfou), mais généralement localisé en Asie Mineure. M. LAUNEY, *op. cit.* (n. 19), p. 39-43, établit un rapport entre le personnage nu, montant un cheval ailé, de l'Héracleion et l'archer divin des monnaies de Tyr, dont l'identification à Melqart n'est cependant pas assurée. Certains indices pourraient plaider en faveur d'une confusion entre Persée et Héraclès, résultant peut-être de l'iconographie insolite du second avant son hellénisation. On doit cependant tenir compte aussi de la possible influence de l'iconographie du cavalier thrace. Enfin, l'existence d'un bas-relief unissant Héraclès et Poséidon ne nous paraît pas suffisante pour asseoir l'hypothèse d'un Héraclès marin (M. LAUNEY, *ibid.*, p. 142, 159).

5. Le rituel

Certains modernes ont cherché dans cet aspect du culte d'Héraclès Thasien des arguments en faveur de l'existence d'un héros et d'un dieu, d'une part, en faveur de son origine phénicienne d'autre part. Les fouilles françaises ont livré, pour l'essentiel, deux documents que nous devons examiner en détail. Le premier d'entre eux, un rituel, fut découvert en 1913, remployé dans un mur moderne aux abords du soi-disant prytanée, au nord-est de l'agora [65]. Avant d'en donner la teneur, il faut rappeler que le lieu de sa découverte est désormais identifié comme le passage des théores, un point de jonction entre deux secteurs de la ville. Vers 485-470 av. J.-C., peut-être sur l'emplacement d'un *bothros*, il fut aménagé et décoré de deux frises, représentant des cortèges de divinités allant à la rencontre l'un de l'autre, comme le faisaient les habitants des deux quartiers ainsi mis en communication [66]. Ce lieu avait donc une fonction symbolique, mais aussi une fonction publique et religieuse. On y affichait en effet des listes de magistrats, les théores, qui s'occupaient notamment des cultes, mais aussi des lois sacrées, des règlements cultuels dont chacun pouvait, en ce lieu de passage par excellence, prendre connaissance. Les divinités concernées par ces textes figurent généralement sur les bas-reliefs décoratifs. Ainsi en est-il d'Apollon et des Nymphes, ainsi des Charites, accompagnant Hermès. En cet endroit, on trouve en outre diverses installations cultuelles de petite dimension : niches, autels, foyers et aussi une série de dédicaces [67]. Il semble donc que l'on ait affaire à un réceptacle des archives publiques et sacrées, un endroit aussi où certains gestes élémentaires du culte pouvaient prendre place, dans des sortes de chapelles. Mais ceci ne nous paraît pas suffisant pour considérer que les règlements cultuels affichés ne concernaient que cet endroit. Certains ont déduit de la présence en ce lieu d'une loi sacrée à Héraclès Thasien qu'il y était vénéré, là ou sur l'agora voisine, alors que l'Héracleion abritait un second culte, pratiqué selon des modalités différentes. Il est vrai que l'agora abritait certains cultes, celui de Zeus et Théogénès par exemple [68], mais la fonction du passage des théores, telle que nous venons de la retracer, nous autorise plutôt à penser que les

---

[65] *IG* XII suppl. 414 ; M. LAUNEY, *Un rituel archaïque du culte d'Héraclès thasien trouvé à Thasos*, dans *BCH* 47 (1923), p. 241-274 ; H. SEYRIG, *art. cit.* (n. 17), p. 158-198 ; M. LAUNEY, *op. cit.* (n. 19), p. 130-135 ; J. POUILLOUX, *op. cit.* (n. 19), p. 87, 327, 352 ss ; F. SOKOLOWSKI, *Heracles Thasios*, dans *HThR* 49 (1956), p. 153-158 ; ID., *Lois sacrées des cités grecques, suppl.*, Paris 1962, p. 120, n°63 ; D. VAN BERCHEM, *art. cit.* (n. 13), p. 89-90 ; B. BERGQUIST, *op. cit.* (n. 20), *passim* ; J. POUILLOUX, *art. cit.* (n. 19), p. 305-316.

[66] *Guide de Thasos*, Paris 1968, p. 37-39 ; J. POUILLOUX, *Une énigme thasienne : le passage des théores*, dans *Thasiaca* (BCH suppl. V), Paris 1979, p. 129-141.

[67] *IG* XII suppl. 394, 409.

[68] *IG* XII/8 361.

lois affichées valaient pour toute la cité, donc pour les sanctuaires principaux des divinités concernées. On n'y pratiquait pas de cultes autonomes, mais on avait rassemblé les lois sacrées en un point névralgique où la cité voyait «vivre» son panthéon tout entier, afin de raviver la cohésion civique et religieuse. En outre, l'Héraclès qualifié de Thasien dans cette loi ne peut être, à notre sens, que le grand dieu de Thasos, celui qui avait pour siège l'Héracleion monumental. Nous nous inscrivons en faux contre l'interprétation donnée par certains de cette épiclèse [69]. Elle ne signifie nullement qu'un autre Héraclès était honoré à Thasos, mais bien que d'autres Héraclès étaient vénérés ailleurs qu'à Thasos, avec d'autres épithètes locatives.

Voici la teneur de ce rituel :

['Hρα]κλεῖ Θασίῳ
[αἶγ]α οὐ θέμις οὐ-
[δὲ] χοῖρον· οὐδὲ γ-
[υ]ναιχὶ θέμις· οὐ-
[δ'] ἐνατεύεται· οὐ-
δὲ γέρα τέμνετα-
ι· οὐδ' ἀθλεῖται

À Héraclès Thasien,
il n'est permis (de sacrifier) ni
chèvre ni porc ; aux femmes
il n'est pas permis (de participer) ;
interdiction de prélever le neuvième,
interdiction de couper des gera,
interdiction de célébrer des concours athlétiques.»

L'étude paléographique du document permet de le situer au milieu du Ve siècle av. J.-C. Certains exégètes ont eu le tort, à nos yeux, de le rapprocher d'abord des textes d'Hérodote et de Pausanias avant même d'avoir tenté de le confronter à des documents typologiquement apparentés. Ils ont ainsi argumenté de la tournure négative pour considérer que le législateur avait voulu éviter des confusions sacrilèges avec un autre rite, pratiqué ailleurs, et où tous les interdits spécifiés ici étaient au contraire les gestes obligatoires du culte. Ils tentaient ainsi de renforcer l'hypothèse d'un rite divin et d'un rite héroïque séparés et différents. Mais ils ne s'entendent déjà pas sur l'attribution de ce document à l'un ou à l'autre [70]. Pour les uns, l'absence de parts réservées sous-entendrait que le sacrifice recommandé est un holocauste : il s'adressait par conséquent au héros. J. Pouilloux y reconnaît en revanche le dieu.

---

[69] R. MARTIN, *art. cit.* (n. 57), p. 182-197, à la suite d'autres, interprète l'épiclèse de «Thasien» comme la preuve qu'il s'agit d'un second Héraclès.

[70] H. SEYRIG, *art. cit.* (n. 17) ; J. POUILLOUX, *op. cit.* (n. 19), p. 21, 352 ss.

Pour qui connaît tant soit peu ce genre de documents, il est évident que la tournure négative est extrêmement fréquente dans les lois sacrées. Ces textes, relativement stéréotypés, manient régulièrement les injonctions lapidaires visant à éviter tout acte sacrilège. Il n'y a là rien de spécifique à Héraclès Thasien et on s'en rendra compte d'abord en lisant les autres lois sacrées livrées par les fouilles du passage des théores [71]. Dans le culte de Peitho, des Charites, d'Apollon et des Nymphes, de Dionysos, d'Héra Epilimenia, on peut difficilement suspecter ces interdictions d'être le reflet d'un double culte ! Il n'est pas non plus si assuré que ce règlement suppose la pratique de l'holocauste. Celle-ci est en effet généralement prescrite explicitement par le recours au verbe spécifique καρποῦν outre le fait que la distinction, jadis rigide, entre les sacrifices divins et héroïques s'est avérée bien plus souple et fluctuante [72]. Ce règlement sacré ne nous semble donc nullement attester la dualité du culte d'Héraclès à Thasos, l'utilisation qui en a été faite étant entachée de graves défauts.

Peut-on être aussi affirmatif en ce qui concerne la marque phénicienne qui transparaîtrait dans les interdits formulés ? L'interdiction de sacrifier le porc et la chèvre, outre qu'elle est assez répandue dans le monde grec, est attestée à Thasos même dans les cultes de Peitho, d'Héra, des Charites et d'Apollon [73]. On se gardera donc bien d'y voir un trait proche-oriental. Le fait qu'à Gadès et peut-être à Rome — mais voyez nos réserves sur ce sujet [74] — Héraclès-Melqart refuse les victimes porcines n'est pas suffisamment probant au regard de la cohérence des interdits sacrés proprement thasiens. La même remarque vaut pour l'exclusion des femmes, documentée aussi pour le sanctuaire gaditain, mais existant pareillement à Paros, dans un texte contemporain du nôtre. On sera enfin attentif au fait qu'à Thasos, la loi sacrée d'Athéna Patroié prévoit explicitement la participation des femmes au rituel [75]. Ces textes nous montrent encore une fois la fonc-

---

[71] *IG* XII/8 358 a et b, XII suppl. 394, 409. Cf. D. van Berchem, *art. cit.* (n. 13), p. 91-92.

[72] Sur toutes ces questions, cf. J. Reverdin - E. Rudhardt (éd.), *Le sacrifice dans l'Antiquité* (Entretiens sur l'Antiquité classique 27), Genève 1980. Sur la répartition des parts dans les banquets, cf. P. Schmitt Pantel, *Banquet et cité grecque. Quelques questions suscitées par les recherches récentes*, dans *MÉFRA* 97 (1985), p. 135-158 (avec une abondante bibliographie).

[73] *IG* XII/8 358b, XII suppl. 394. Cf. D. van Berchem, *art. cit.* (n. 13), p. 99, qui fait un rapprochement avec deux inscriptions de Délos (*ID* 1720, 2305) où la chèvre est exclue des sacrifices offerts sur le Cynthe par des Orientaux. Cependant, F. Sokolowski, *art. cit.* (n. 65), p. 157 n'y voit «*nothing oriental*». Pour l'interdiction du porc, cf. R. de Vaux, *Les sacrifices de porcs en Palestine et dans l'ancien Orient*, dans *Bible et Orient*, Paris 1967, p. 499-516.

[74] Cf. *supra*, p. 223-224, 300.

[75] Pour Paros, F. Sokolowski, *Lois sacrées des cités grecques*, Paris 1969, p. 203, n°109 : ἀτ[ελ]έστοι οὐ θέμ[ι]ς, οὐδὲ γυναι[χ]ί. Sur le culte d'Athéna Patroié où les femmes sont invitées à participer, cf. *BCH* 89 (1965), p. 447 ; *Guide de Thasos*, Paris 1968, p. 171. Sur la fonction des interdits rituels, A. Brelich, *Osservazioni sulle esclusioni rituali*, dans *SMSR* 29 (1950), p. 1-21.

tion de différenciation exercée par les interdits rituels : ici, Héraclès le misogyne exclut celles qu'Athéna, la déesse vierge, accueille. Pas plus donc que pour le double culte, ce règlement cultuel n'atteste l'origine phénicienne d'Héraclès Thasien.

D. van Berchem avait proposé de considérer cette loi comme une loi de restriction, visant à rendre le culte privé moins onéreux que le culte public[76]. Mais le porc et la chèvre semblent des victimes peu coûteuses et sont pourtant exclues. Voir dans ces interdictions des mesures de circonstance dictées par l'appauvrissement de Thasos après la victoire athénienne de 463 av. J.-C. est en outre une hypothèse qui fait peu de cas de l'homogénéité des prescriptions rituelles thasiennes. Selon F. Sokolowski, qui connaît fort bien ce type de documents, il pourrait s'agir d'une loi visant notamment à réduire la part des taxes dues lors d'un sacrifice, donc à attirer les Thasiens dans les sanctuaires[77].

Certaines interdictions méritent un mot de commentaire. Nous avons vu précédemment que l'interdiction de parts réservées ne signifie pas nécessairement que l'on brûlait entièrement la victime[78]. Le «neuvième», que l'on ne prélevait pas, a fait couler beaucoup d'encre[79]. La plupart des modernes l'ont considéré comme un terme sacrificiel désignant la part offerte au dieu et non consommée. Cependant, B. Bergquist a bien montré que le terme moins rare désignant la dîme n'est jamais utilisé avec ce sens dans des contextes sacrificiels. Il s'agit plutôt d'une sorte de prélèvement, de taxe, opérée parfois sur des victimes, mais tout aussi bien sur des productions et destinée aux caisses de l'Etat[80]. Nous le rencontrerons ultérieurement dans un contexte nouveau où, de fait, il pourrait n'avoir aucun lien direct avec le culte. Peut-être le neuvième qui ne doit pas être prélevé lors des sacrifices à Héraclès était-il un impôt dû à la cité ou au sanctuaire lors de l'accomplissement d'un sacrifice.

L'ultime prescription doit sans doute se comprendre, dans un texte tout entier centré sur le sacrifice, comme l'interdiction d'organiser des compétitions, donc corollairement de prévoir des parts de sacrifice pour les vainqueurs, des ἄθλα.

Dans ce contexte, que penser de l'hypothèse de J. Pouilloux pour qui le second texte, un bail que nous allons à présent examiner, constituerait une contre-empreinte du premier, apportant ainsi la preuve de la dualité des cultes ? Au sujet de ce document, il faut, à la suite de B. Bergquist,

---

[76] D. van Berchem, *art. cit.* (n. 13), p. 95-96.

[77] F. Sokolowski, *op. cit.* (n. 65), p. 121.

[78] B. Bergquist, *op. cit.* (n. 20), p. 70-76.

[79] *Ibid.*, p. 70-80.

[80] Généralement, les parts du sacrifice destinées à être offertes au dieu, donc brûlées, sont désignées explicitement ; il s'agit souvent de la partie la moins comestible («*la peau et les os*»).

souligner d'emblée la différence typologique qui le sépare de la loi
sacrée[81]. Il ne s'agit plus d'un texte normatif, mais d'un acte juridique,
d'un contrat passé à la fin du IVe-début IIIe siècle av. J.-C.[82] Il ne touche
par conséquent aux matières cultuelles que par le biais. L'exploitation qui
a été faite de ce document, comme s'il pouvait être mis sur le même pied
que le rituel, est donc *a priori* sujette à caution.

Le document qui nous est parvenu est fragmentaire. Selon M. Launey,
son éditeur, il ne représenterait qu'un tiers de l'ensemble du texte. Cette
évaluation de la lacune est ensuite donnée pour sûre par les auteurs postérieurs. Or, un examen attentif montre qu'elle ne va vraiment pas de soi.
Le support du texte est en effet un orthostate de la *leschè* de l'Héracleion,
brisé à gauche. Dans cet état, il mesure 63 cm de haut et 79 cm de long.
Dans l'hypothèse de Launey, le texte complet se serait donc étalé sur une
longueur de près de 2,5 mètres. Le listel qui encadre l'inscription induit
Launey à penser qu'il s'agissait d'un bloc unique[83] ; de plus imposants
encore ont réellement fait partie de la *leschè*, mais sans porter de signes
d'écriture. On doit en effet s'interroger sur la lisibilité de lignes d'une telle
longueur et se demander si, dans pareil cas, on n'aurait pas plutôt adopté
une disposition en colonnes. Le nœud du problème réside dans les motivations qui ont incité M. Launey à proposer une lacune d'une telle importance : la raison principale en est la restitution opérée aux lignes 8 à 10,
par comparaison avec un autre document et surtout avec l'idée préconçue
que les prescriptions du bail devaient constituer l'opposé de celles conte-
nues dans la loi sacrée. Pour en comprendre la portée, reportons-nous au
texte :

1 [...]Θεορρήτου τοῦ Ἐράτωνος, Σκύλλου τοῦ Φιλίσκου,
2 [...]Πυθώνακτος τοῦ Πυθώνακτος, Ἀθηναγόρεος τοῦ
3 [...]τησιχλῆς Τεισιάδευς, Στρατόνικος Πυθωνύμου καὶ
4 [...]ύχηι· ὁ μισθωσάμενος τὸν κῆπον τοῦ Ἡρακλέος τὸν
5 [...]Ν ῥέοντι ὅταμ μὴ ἡ πόλις χρῆται· τὸ δὲ χωρίον τὸ ἐξ
6 [...]ς ἐπιγνώμοσιν. Τὴν δὲ κόπρον τὴγ γινομένην διε
7 [...]ελεύηι ὁ ἐπιγνώμων· ὅσην δ' ἂν λαμβάνηι ὁ τὸ
8 [...]ρον ἐξεβάλλετο, καὶ τὰ πρὸ τῶμ πυλέων πάντα
9 [...]πον καὶ τὸν δοῦλον μαστιγώσας ἀθῷος ἔστω. Βοῦν
10 [...]νατευθῆι. Ὅ τι δ' ἂν ἀπόσθαμον γίνηται, τῶμ μὲν

---

[81] B. BERGQUIST, *op. cit.* (n. 20), p. 80-81.

[82] *IG* XII suppl. 353 ; M. LAUNEY, *Le verger d'Héraklès à Thasos*, dans *BCH* 61 (1937), p.
380-409 ; B. BERGQUIST, *op. cit.* (n. 20), p. 68, fig. 14, p. 74-75. Pour la datation, des critères
paléographiques et prosopographiques peuvent entrer en ligne de compte, mais ils ne permettent
pas de trancher entre la fin du IVe et le début du IIIe siècle av. J.-C. Cf. B. BERGQUIST, *ibid.*,
p. 67, n. 135.

[83] M. LAUNEY, *art. cit.* (n. 82), p. 389, n. 3.

11 [...]ει τοῖς πολεμάρχοις, ὥστε τῆι τάξει τῆι νικώσηι
12 [...]συκέων δένδρη δέκα καὶ μυρσίνης δέκα καὶ λεπτο-
13 [...]οὐκ ἐλάσσους ἑπτὰ κλινῶν, καὶ παρὰ τούτους στωιὴν
14 [...]α ὕψος ὑπὲρ γῆς πέντε πηχέων. λίθινον ὀρθὸν καὶ εὐθύ.
15 [...]αργηλιῶνι ἐπὶ Σκύλλου, τὸ δὲ λοιπὸν ἐν τῶι Θαργηλιῶνι
16 [...]ι τοῦ Ἡρακλέος ἐγγυητὰς καταστήσει οὓς ἂν δέχωνται
17 [...]αι τοῦ χωρίου οὗ ἂν αὐτῶι δοκῆι. Οἰκοδομήσει δ[ὲ κ]αὶ κοπρῶνα
18 [...]θήσει καὶ παραδώσει τῶι νῦμ μεμισθωμένωι. Ἐμισθώσατο.

Le préambule énumère une série de magistrats. Les premiers sont au génitif (lignes 1-2), puis deux autres apparaissent au nominatif. L'intitulé des autres documents thasiens s'ouvre communément par la mention de trois archontes au génitif, précédés d'ἀρχόντων et suivis de θεωροὶ ἀνέγραψαν, avec l'énoncé de trois théores, à moins que les six magistrats ne soient cités au nominatif : ἀνέγραψαν ἄρχοντες ... καὶ θεωροὶ. Ici, l'énoncé semble exceptionnel avec quatre noms au moins au génitif et trois sans doute, au minimum, au nominatif. On peut donc penser, avec J. Pouilloux, que l'on avait associé plusieurs collèges de magistrats intéressés au contrat, peut-être, outre les archontes et les théores, les polémarques ou les ἐπιγνώμονες mentionnés dans le corps de l'inscription[84]. La restitution des deux tiers proposée par M. Launey l'oblige à supposer une énumération très longue de plusieurs collèges, d'éponymes et de leurs suppléants : cela paraît excessif[85].

Vient ensuite le corps du contrat de location du κῆπος τοῦ Ἡρακλέος. Celui qui le loue (ὁ μισθωσάμενος) prend une série d'engagements touchant à l'irrigation, à l'évacuation des ordures — car tel est le sens qu'il faut donner à κόπρος, de préférence à «fumier» — et aux sanctions contre ceux qui en déposent. Suit alors un passage controversé où apparaît un bœuf, puis les cultures autorisées dans le verger. En compensation de l'usufruit du terrain, le locataire se voit chargé de construire un bâtiment avec un certain nombre de lits, dont on peut penser qu'il avait une destination cultuelle[86]. Les dernières lignes du texte fixent les modalités de paiement et de «passation de pouvoir» entre l'ancien et le nouveau locataire, ainsi que de la construction d'un dépôt à ordures.

Sur ce point particulier, à savoir la gestion du κόπρος, un autre texte thasien nous apporte des éclaircissements très intéressants. Il s'agit d'un règlement, relatif aux ordures déversées dans le verger d'Héraclès, qui est

---

[84] J. POUILLOUX, op. cit. (n. 19), p. 400, n. 3.

[85] M. LAUNEY, art. cit. (n. 82), p. 384-385.

[86] Il s'agit peut-être de l'édifice à oikoi de l'Héracleion, cf. B. BERGQUIST, op. cit. (n. 20), p. 81 ss.

sans doute intervenu peu après le bail, afin d'en préciser certaines conditions d'application[87].

1 Ἐπὶ Λυσιστράτου [τοῦ Αἴσχρωνος ἄρχο[ντος........]
2 ἐπὶ τοῖσδε ἐκδέδοται [ὁ κῆπος τὸ] Ἡρακλέος ὁ πρὸς τ[... ὁ ἀνα]-
3 ραιρημένος τὸν κῆ[πον τὸ χωρ]ίον καθαρὸν παρέξει [τὸ παρὰ τὰς]
4 πύλας, ὅπου ἡ κόπρος [ἐξεβάλλ]ετο· ἢν δέ τις ἐγβάλλη[ι ἐλεύθερος ἐς]
5 τὸ χωρίον, εἶναι τὸ ἄγγος τοῦ ἀναιρερημένου τὸν κῆπο[ν, ἤν τις τῶν]
6 δούλ(ω)ν, μαστιγώσαντα ἀθῶιον εἶναι· ὅπως δὲ τὸ χωρίον καθ[αρὸν]
7 παρέχηι, ἐπιμέλεσθαι τὸν ἀγορηνόμον καὶ τὸν ἱερέα τοῦ
8 Ἀσκληπιοῦ τοὺς ἑκάστοτε ἐόντας· ἢν δὲ μὴ ἐπιμέλωνται
9 ὀφείλειν αὐτοὺς τῆς ἡμέρης ἑκάστης ἡμίεκτον ἱρὸν τῶι
10 Ἀσκληπιῶι· δικάζεσθαι δὲ τοὺς ἀπολόγους ἢ αὐτοὺς ὀφείλεν·
11 τὸν δὲ ἀναιρερημένον τῶ[ι ἱ]ρεῖ καὶ τῶι ἀγορηνόμωι ἕκτην ὀφείλεν
12 τῆς ἡμέρης.

Ce règlement de voirie nous est en vérité connu par une copie publiée en 1869 et réalisée tant bien que mal par le docteur Christidis à partir d'un original perdu, découvert à Thasos à proximité de la porte d'Héraclès et Dionysos. C'est en s'appuyant sur ce parallèle, particulièrement sur les lignes 4-5 de ce règlement, que M. Launey proposa pour les lignes 8-9 du bail du verger la seule restitution intégrale. Aux lignes 4-5, le bail fait allusion seulement à l'esclave fouetté, tandis qu'ici le cas d'un homme libre est aussi évoqué. Dans l'hypothèse où il faudrait faire également figurer cette clause dans le bail, la restitution de M. Launey pourrait être légitime. Voici le texte qu'il propose :

8]ρον ἐξεβάλλετο, καὶ τὰ πρὸ τῶμ πυλέων πάντα
9 [καθαρὰ παρέξει· ἢν δέ τις ἐγβάλληι κόπρον ἐς τὸ χωρίον, ἔστω τὸ
   ἄγγος[88] τοῦ μισθωσαμένου τὸν κῆ]πον καὶ τὸν δοῦλον μαστιγώσας
   ἀθώιος ἔστω.

Cette restitution, si elle est vraisemblable, n'est cependant pas assurée dans la mesure où l'on note immédiatement que le règlement ne suit pas textuellement le bail et formule les obligations un peu différemment. Elle s'avère en outre grammaticalement insatisfaisante car, si le règlement de propreté présente un balancement entre ἢν δέ τις ἐγβάλληι ἐλεύθερος ... ἤν

[87] *IG* XII/8 265 ; J. POUILLOUX, *op. cit.* (n. 19), p. 369-370 ; F. SOKOLOWSKI, *op. cit.* (n. 65), n°115 ; B. BERGQUIST, *op. cit.* (n. 20), p. 87, n. 198. Selon F. SALVIAT, *Bail thasien pour un terrain planté*, dans *BCH* 96 (1972), p. 363-373, il ne faut pas attacher trop d'importance à la morphologie et au vocabulaire de ce texte qui plaideraient en faveur d'une datation peu après 350 av. J.-C.

[88] Sur la lecture ἄγγος (sceau) ou ἄγος (sacrilège), cf. Ch. PICARD, *ΑΓΟΣ ou ΑΓΓΟΣ. Note sur une inscription thasienne*, dans *BCH* 36 (1912), p. 240-247 ; M. LAUNEY, *art. cit.* (n. 82), p. 391-392.

τις τῶν δούλων[89], la restitution proposée pour le bail commencerait avec la même formule suivie d'une proposition, dont le sujet est τὸ ἄγγος («*que le sceau soit propriété...*»), reliée par καὶ à une seconde proposition, dont le sujet est différent, car c'est bien le locataire qui est innocent s'il frappe un esclave. Si l'on devine aisément le sens approximatif de la lacune comprise dans le bail, en restituer la lettre est chose périlleuse. Son ampleur ne peut donc être évaluée avec précision et ceci est fondamental pour affronter la question de la restitution des lignes 9-10 du même document.

Le règlement de voirie apporte, quoi qu'il en soit, d'importants renseignements. Ainsi, le respect des prescriptions est confié à l'attention d'un agoranome et du prêtre d'Asclépios, l'un et l'autre étant rémunérés pour cette surveillance. Plus d'un moderne s'est étonné de voir le prêtre d'Asclépios intervenir, et non celui d'Héraclès[90]. Ceci s'explique sans doute par la localisation du verger d'Héraclès à proximité de l'Asclépieion[91] et montre aussi que la cité était partie prenante dans l'exploitation du terrain sacré[92]. Peut-être celui-ci n'entretenait-il que de lointains rapports avec le sanctuaire d'Héraclès ; son nom pourrait à la limite s'entendre comme un lieu-dit. Ceci nous paraît important pour amorcer le retour vers le bail et le passage controversé relatif au bœuf. La ligne 9 s'achève sur la mention d'un βοῦν que le locataire doit sans doute remettre aux autorités responsables, laïques ou religieuses, comme loyer en nature. Le premier mot de la ligne 10 est incomplet ; il faut sans doute lire ἐ]νατευθῆι. On y parle donc du prélèvement du neuvième, peut-être opéré sur l'animal, mais l'étendue de la lacune laisse planer un doute là-dessus. Le terme suivant, ἀπόσταθμον, est un *hapax legomenon*, désignant sans doute ce qui reste après le prélèvement, à la pesée[93]. De ce reliquat, de l'animal ou de quelque autre production du terrain, une partie était probablement destinée aux polémarques qui l'utilisaient pour la «*classe gagnante*». Or, c'est sur ce scénario que repose l'hypothèse de l'opposition entre ce texte et la loi sacrée du passage des théores : là, le neuvième était interdit, ici, pratiqué ; là, pas de compétitions athlétiques, ici, une classe gagnante. D'abord, nous avons expliqué précédemment que le neuvième n'était pas nécessairement une pratique

---

[89] On remarquera que, dans ce texte, l'article < τὸν > semble manquer avant μαστιγώσαντα qui sert de sujet à εἶναι. La copie de Christidis est, selon plusieurs épigraphistes, assez peu fiable.

[90] J. POUILLOUX, *op. cit.* (n. 19), p. 369-370, n. 5, trouve étrange qu'une infraction *contre le rituel d'Héraclès* (sic !) bénéficie à Asclépios.

[91] *Ibid.*, p. 333 : des traces de l'Asclépieion avaient été repérées en 1864, mais on a depuis lors perdu le souvenir de l'emplacement de ces découvertes.

[92] F. SALVIAT, *art. cit.* (n. 87), p. 363-373, présente un autre bail découvert fortuitement au nord-ouest de l'Héracleion et qui concerne des plantations. Y interviennent les mêmes ἐπιγνώμονες (ligne 25) que dans le bail du verger d'Héraclès (ligne 7). Peut-être s'agit-il d'experts ou de contrôleurs.

[93] M. LAUNEY, *art. cit.* (n. 82), p. 394-395 ; B. BERGQUIST, *op. cit.* (n. 20), p. 73.

sacrificielle, mais peut-être une sorte d'impôt prélevé par la cité. Sa présence ou son absence ne serait donc pas significative de la nature du culte pratiqué. Le bail indiquerait que, sur le bœuf ou sur un autre produit issu de l'exploitation du terrain, les autorités thasiennes prélevaient une taxe servant à doter les polémarques, responsables de la vie militaire et de ses fastes. Dans le règlement, on spécifiait le non-prélèvement de cet impôt afin, à titre d'hypothèse, de ne pas rendre les sacrifices trop onéreux pour les privés.

Parmi les fêtes thasiennes, on relèvera l'existence d'un ἀγών funéraire, célébré dans le sanctuaire d'Héraclès Thasien, dieu poliade et guerrier[94]. D'après une inscription du Ve-IVe siècle av. J.-C., on apprend que les familles des morts au combat, les Braves, participent à une célébration au cours de laquelle une panoplie est remise aux fils des défunts. Les exercices consistaient probablement en une compétition dans la manœuvre en ordre serré des divers contingents de l'armée thasienne[95]. Est-on en droit d'y voir une contradiction par rapport à la loi sacrée ?

On ne peut nier le fait qu'il semble y avoir un certain écart entre le rite clairement traité par l'un des textes, touché très indirectement et de manière fort hypothétique par l'autre. Car il suffit d'avoir un minimum de familiarité avec les baux de terrains sacrés pour savoir qu'ils ne contiennent aucune prescription directement cultuelle. C'est la raison pour laquelle la restitution de la ligne 11, qui prétend y faire entrer une mention de *gera*, les parts sacrificielles réservées aux prêtres, pour l'unique raison qu'elles sont exclues dans la loi sacrée, est inacceptable[96]. On crée ainsi de toutes pièces, en fonction d'un *a priori* interprétatif, de prétendus arguments en faveur de la dualité du culte et l'on manipule exagérément les textes[97]. Ce bail ne constitue donc pas une contre-empreinte de la loi sacrée. Il s'agit plus raisonnablement d'un texte incomplet, donc d'interprétation difficile, qui ne traite du culte d'Héraclès que très indirectement. Pour le comprendre, il faut tenir compte de ces éléments et ne pas grossir les différences, attribuables peut-être aux circonstances et aux objectifs poursuivis par chaque texte. Ce bail apporte en définitive peu d'éléments significatifs au sujet de la genèse du culte d'Héraclès à Thasos.

---

[94] J. POUILLOUX, *op. cit.* (n. 19), p. 371-379. On possède un parallèle de compétition funéraire à Athènes, cf. ARISTOTE, *A.P.* LVIII 1. On doit insister sur le caractère initiatique d'une telle cérémonie. Or, Héraclès est l'initié par excellence, cf. C. JOURDAIN-ANNEQUIN, *Héraclès Parastatès*, dans *Les grandes figures religieuses. Fonctionnement pratique et symbolique dans l'Antiquité*, Paris 1986, p. 283-331, surtout p. 314-315.

[95] J. POUILLOUX, *op. cit.* (n. 19), p. 314, n. 3.

[96] M. LAUNEY, *art. cit.* (n. 82), p. 398-399.

[97] J. POUILLOUX, *op. cit.* (n. 19), p. 368, qui donne l'absence de *gera* comme un fait acquis, repris par D. VAN BERCHEM, *art. cit.* (n. 13), p. 100.

Pour compléter ce dossier, il faut encore faire état d'une loi sacrée déchiffrée en 1956, gravée sur une stèle de marbre provenant de la zone orientale de l'agora et datée du dernier quart du IVᵉ siècle av. J.-C.[98] Elle concerne les procédures judiciaires autorisées certains jours fériés et énumère à cet effet, dans l'ordre du calendrier, les fêtes thasiennes, mettant en lumière certaines concordances avec la métropole parienne. Au mois d'Anthestérion, c'est-à-dire en février-mars, on célébrait les *Sotéria*, adressées généralement aux divinités tutélaires de la cité, en l'occurrence à Héraclès qualifié à Thasos, sur le monnayage hellénistique, de Sôter. Sa parèdre, sans doute Artémis, portait le titre de Sôteirè[99]. Le même Héraclès était fêté en mai-juin, au mois de Thargelion, lors des Grandes *Héracleia*, ce qui pourrait laisser supposer l'existence, comme à Athènes lors des Panathénées, d'*Héracleia* moins prestigieuses. Le dieu demeure donc très populaire, même si, sur ce plan, Dionysos constitue un véritable concurrent. On relèvera encore la célébration d'Héroxénies, une fête funéraire en l'honneur des héros, qui témoigne de l'attachement des Thasiens aux cultes héroïques. Mais de cet ensemble de données, on peut difficilement tirer un enseignement. Un rapprochement entre la date des *Sotéria* et l'*egersis* de Melqart à Tyr nous paraît fort discutable en raison de la fluidité des calendriers au cours des siècles. Par ailleurs la coloration sotériologique ne doit sûrement rien à Melqart ; les cultes grecs, à l'époque hellénistique, évoluent dans cette direction et c'est seulement alors que l'image d'Héraclès archer est remplacée par celle du dieu Sôter[100] (fig. 36).

Faut-il alors renoncer à trouver dans le dossier thasien un seul élément qui confirme la tradition livrée, à Thasos même, à Hérodote et Pausanias ? Le cas de Théogénès pourrait bien renfermer des éléments intéressants. J. Pouilloux a voulu en faire un réformateur politico-religieux[101], mais avant lui, M. Launey avait tiré de sa «biographie» des traits qui interpellent davantage[102]. Fils de Timoxénos, le prêtre d'Héraclès, Théogénès était doté d'une force hors du commun qui lui valut de devenir, au Vᵉ siècle av. J.-C., un champion sportif toutes catégories. Il remporta une quantité

---

[98] F. SALVIAT, *Une nouvelle loi thasienne : institutions judiciaires et fêtes religieuses à la fin du IVᵉ siècle av. J.-C.*, dans *BCH* 82 (1958), p. 193-267.

[99] *Ibid.*

[100] D. VAN BERCHEM, *art. cit.* (n. 13), p. 102. Le type de l'Héraclès Sôter n'apparaît dans le monnayage de Thasos qu'à l'époque hellénistique et s'avère être une imitation du type de Maronée de Dionysos Sôter. Cf. G. LE RIDDER, *Trésor de monnaies trouvé à Thasos*, dans *BCH* 80 (1956), p. 1-19 ; *Guide de Thasos*, Paris 1968, p. 185-191 ; O. PICARD, *Trésors et circulation monétaire à Thasos du IVᵉ au VIIᵉ siècle ap. J.-C.*, dans *Thasiaca* (BCH suppl. V), Paris 1979, p. 411-454.

[101] J. POUILLOUX, *op. cit.* (n. 19), p. 62-105.

[102] M. LAUNEY, *L'athlète Théogène et le ἱερὸς γάμος d'Héraklès thasien*, dans *RArch* 18 (1941), p. 22-49.

impressionnante de victoires à la boxe, au pancrace et suscita l'adulation des foules. On lui consacra des statues à Delphes, Olympie et à Thasos, sa patrie, où il fut l'objet d'un culte de dimension divine et fut considéré comme une instance guérisseuse[103]. Son monument érigé à Thasos a été révélé par les fouilles françaises et sa dévotion est bien attestée épigraphiquement[104].

Selon J. Pouilloux, il aurait de son vivant pris la tête d'un parti réformateur qui aurait notamment remodelé le culte d'Héraclès. Les arguments en faveur de cette hypothèse sont toutefois fort ténus et l'auteur lui-même a reconnu récemment avoir surévalué la prétendue «réforme» de Théogénès[105]. Il faut en outre savoir que cette interprétation s'inscrit à nouveau dans le cadre général du double Héraclès qui n'est pas pertinent à nos yeux. Dion Chrysostome rapporte en effet que Théogénès profita de ses succès sportifs pour «entrer en politique», vers 458-450 av. J.-C.[106], soit à l'époque de la soumission à Athènes dont il aurait pu être, avec le peintre Polygnote, un artisan. Or, le rituel dit du Prytanée est contemporain de cette période ; il instaurerait le culte nouvelle version, par réaction contre celui qui prévalait. Ce raisonnement s'appuie sur quelques fragments d'inscription mettant Théogénès en relation avec Héraclès[107] et sur deux passages de Plutarque et d'Athénée[108]. Ceux-ci font écho à une fracassante intervention de Théogénès lors d'un banquet sacré. Il renversa tous les participants, «comme si en sa présence personne d'autre ne devait être proclamé vainqueur». L'épigramme de Posidippos de Pella, reprise par Athénée, lui attribue une faim insatiable, au point qu'il mangea en un jour et «malgré une convention établie», un bœuf de Méonie. Pour J. Pouilloux, ces textes montrent Théogénès supprimant les banquets en l'honneur d'Héraclès, ainsi que le neuvième, et instituant le bœuf comme victime, mesures qui auraient été institutionnalisées par la loi sacrée. Cependant, ni le texte de Plutarque, ni celui d'Athénée ne font la moindre mention d'Héraclès : il s'agit d'une pure conjecture. En outre, J. Pouilloux n'a pas relevé la contradiction qui mine son interprétation : si le bœuf est prescrit comme victime par la loi sacrée, il apparaît aussi dans le bail du verger et les deux

---

[103] PAUSANIAS VI 11,2 ss ; DION CHRYSOSTOME XXXI 22 ; LUCIEN, Assemblée des dieux 12 ; EUSÈBE de Césarée, PE V 34,9.

[104] P. BERNARD - F. SALVIAT, Inscriptions de Thasos, dans BCH 86 (1962), p. 594-595 : Θεογένει θεῶ[ι]. Cf. aussi IG XII suppl. 425, où il porte le titre d'ἐπιφανής ; F. CHAMOUX, Le monument «de Théogénès» : autel ou statue ?, dans Thasiaca (BCH suppl. V), Paris 1979, p. 143-153.

[105] J. POUILLOUX, art. cit. (n. 19), p. 316. Cf déjà les réserves de F. CHAMOUX, L'île de Thasos et son histoire, dans RÉG 72 (1959), p. 348-369.

[106] DION CHRYSOSTOME XXXI 22.

[107] J. POUILLOUX, op. cit. (n. 19), p. 82-85.

[108] PLUTARQUE, Conseils politiques 811 d-e ; ATHÉNÉE X 412. Cf. J. POUILLOUX, op. cit. (n. 19), p. 88 ss.

textes sont dès lors en harmonie et non en opposition. Ne faut-il pas plutôt interpréter les passages de Plutarque et Athénée comme l'expression anecdotique de la précocité et de l'ampleur de la force et de l'orgueil de Théogénès, les deux traits dominants de son caractère qui l'apparentent à Héraclès lui aussi dévoreur de bœuf ?[109] L'allusion à la proclamation d'un vainqueur laisse supposer que le banquet faisait suite à une compétition qui prenait éventuellement place dans le sanctuaire d'Héraclès. Le coup d'éclat de Théogénès ne signifie pas nécessairement qu'il réforma le culte. De même, l'allusion dans l'épigramme à une convention enfreinte par l'olympionice demeure sybilline : peut-être a-t-il simplement oublié de réserver une part pour le dieu.

Quant à son rapport avec Héraclès, nous touchons là un aspect plus intéressant et mieux attesté. Pausanias nous apprend en effet que, selon les Thasiens, son père n'était pas Timoxénos, mais Héraclès en personne qui avait pris l'apparence de ce dernier pour séduire sa femme[110]. L'enfant issu de cette union fut, à neuf ans, séduit par la statue d'un dieu de l'agora qu'il arracha de sa base et emporta chez lui. Toute la population s'en émut et Théogénès fut contraint de la restituer. Il entama alors sa brillante carrière athlétique et, après sa mort, fut gratifié d'une statue dans sa cité natale. Chaque nuit, un de ses ennemis venait fouetter la statue jusqu'au jour où elle tomba et le tua. Reconnue coupable d'homicide, la statue fut précipitée à la mer. Mais, victimes d'une subite stérilité du sol, les Thasiens reçurent l'ordre, de l'oracle de Delphes, de *rappeler les exilés*. C'est alors que des pêcheurs prirent dans leurs filets la statue de Théogénès que l'on restaura.

Les Thasiens considéraient donc Théogénès comme un fils d'Héraclès. Or, son nom, Θεο-γενής, en dépit de sa fréquence dans le monde grec, manifeste cette filiation divine. Le choix de ce nom supposerait la reconnaissance, dès sa naissance, de son origine surhumaine, à moins qu'il ne s'agisse d'un surnom donné plus tard. Cherchait-on ainsi à rendre compte des dons exceptionnels de ce surhomme ? Il nous semble, après M. Launey, que l'on pourrait y voir davantage : un effort pour réécrire son histoire, pour manipuler sa biographie afin d'en faire un second Héraclès, un doublet du dieu. Que l'on songe aux conditions semblables de leur conception : comme Zeus prenant l'apparence d'Amphitryon pour séduire Alcmène, Héraclès se «déguisa» en Timoxénos pour concevoir Théogénès ; que l'on se souvienne que l'un et l'autre ont la réputation d'avoir dévoré un bœuf. Mais le père nourricier de Théogénès était prêtre d'Héraclès et

---

[109] ATHÉNÉE X 412 a ; PAUSANIAS V 5,4 ; J.-L. DURAND, *Le bœuf, le laboureur et le glouton divin*, dans *Recherches et documents du Centre Thomas More* 22 (1979), p. 1-17.
[110] PAUSANIAS VI 11,2 ss.

l'on peut se demander si l'union de sa femme avec le dieu ne trahit pas quelque réminiscence d'hiérogamie, au cours de laquelle le prêtre prenait la place du dieu et où sa femme servait de parèdre. Une pratique semblable n'est pas inconnue du monde grec. Au cours des Anthestéries, les fêtes en l'honneur de Dionysos célébrées au début du printemps, la femme de l'archonte-roi, la *Basilinna*, était promue épouse du dieu[111]. Un cortège nuptial l'accompagnait jusqu'au Boucoleion, l'ancienne résidence royale, où s'accomplissait une hiérogamie dans laquelle l'archonte-roi prenait la place du dieu. Les rapports conjugaux du couple royal ou pseudo-royal avaient donc une valeur désacralisante au regard de la sexualité, de la fécondité. Il est vraisemblable que Dionysos fut ultérieurement intégré à ce rite dynastique, la «reine» symbolisant alors la *polis*.

Dans le monde grec, Héraclès n'est pas sans rapport avec la fertilité, notamment l'Héraclès dactyle, dont les connexions crétoises et proche-orientales seront examinées plus avant[112]. Mais à Thasos où les sources nous parlent d'un passé phénicien, on est tenté d'y trouver un rapport avec l'*egersis* de Melqart, le Roi de Tyr, au cours de laquelle un mariage sacré avec Astarté était probablement célébré[113]. Ceci nous semble possible et l'on notera avec intérêt que plusieurs cultes grecs d'un Héraclès lié à la fécondité, que nous allons prochainement examiner, font intervenir des Thraces. Ainsi à Érythrées où des femmes thraces offrent leur chevelure pour haler la statue du dieu venue en radeau de Tyr[114] ; ainsi à Cos où une Thrace sauve la vie à Héraclès. Il est très difficile, sur la base de ces témoignages isolés, de savoir si transparaît de la sorte une communauté culturelle à laquelle appartient un Héraclès, dieu souverain lié à la fécondité, originaire du Levant et qui aurait essaimé en Égée. La disparition de la statue de Théogène entraîne significativement la *stérilité*.

Il faut conclure. Thasos nous a fourni un cas méthodologiquement fort instructif. Face à deux témoignages indépendants qui affirment explicitement l'origine phénicienne de l'Héraclès de Thasos, l'épigraphie et l'archéologie ne fournissent aucun répondant[115]. Avec Thasos, nous touchons

---

[111] M. LAUNEY, *art. cit.* (n. 102), p. 28 ss ; H. JEANMAIRE, *Dionysos. Histoire du culte de Bacchus*, Paris 1951, p. 51-55.

[112] Cf. *infra*, p. 386-388.

[113] Comme Héraclès et peut-être Melqart, Théogénès se manifestait, ainsi qu'en témoigne l'épithète d'ἐπιφανής qui lui est appliquée (*IG* XII suppl. 425), mais il le faisait surtout grâce à ses dons thérapeutiques. Cf. P. ROUSSEL, *Notes sur deux inscriptions de Thasos*, dans *RÉA* 14 (1912), p. 377-381.

[114] La statue de Théogénès fut repêchée dans la mer, comme c'est le cas de celle d'Hercule à Ostie et d'Héraclès à Érythrées, mais ce motif est trop répandu pour être significatif (M. LAUNEY, *art. cit.* [n. 102], p. 49).

[115] Hervé DUCHENE, de l'Ecole française d'Athènes, a bien voulu me confirmer (lettre du 11/4/1987) que l'inscription thasienne, découverte dans le port en 1984 et dont il prépare la publi-

du doigt la difficulté de cerner historiquement, c'est-à-dire à partir des traces matérielles, un peuple comme les Phéniciens, dont le système d'implantation suscitait sans doute peu de marques durables. Nous devrions en outre les saisir à une période, le premier quart du Ier millénaire, où les éléments grecs eux-mêmes sont relativement évanescents. Ils nous échappent enfin en raison de l'hellénisation achevée de Thasos au moment où Héraclès s'offre à notre connaissance. Pour toutes ces raisons et à cause de divers indices (localisation extra-urbaine du sanctuaire, discrétion d'Héraclès à Paros, ancienneté du sanctuaire primitif, évocation possible d'une hiérogamie), une attitude hypercritique à l'égard d'Hérodote et de Pausanias ne nous paraît pas justifiée. Mais il ne faut pas verser dans l'excès inverse et considérer comme phéniciens des traits cultuels qui ne le sont pas. À notre sens, une implantation de Melqart à Thasos demeure possible, suivie d'une assimilation si parfaite, phénomène qu'évoque Pausanias, qu'elle occulta, dans la pratique quotidienne, mais pas dans les mémoires, les antécédents du culte d'Héraclès Thasien. Pour terminer, nous insisterons sur un ultime argument, dont le poids n'est pas à négliger : le caractère poliade d'Héraclès à Thasos. Cette fonction n'est guère fréquente en Grèce pour Héraclès et elle est étonnante au vu des cultes pariens. Peut-être constitue-t-elle l'héritage le plus patent de Melqart dont le trait spécifique est sa qualité de dieu-Baal poliade, d'ἀρχηγέτης. Contrebalançant les cultes coloniaux de l'Acropole, il pourrait avoir conservé de son prédécesseur une prééminence que les Pariens ne remirent pas en cause, mais exploitèrent à leur profit.

C. Délos

Après avoir joué un rôle important à l'époque classique, notamment dans le cadre de la Ligue qui portait son nom, Délos, que sa situation centrale en Mer Égée favorisait, connut une belle prospérité à l'époque hellénistique. Elle demeura indépendante jusqu'en 167/6 av. J.-C., puis fut confiée par les Romains à la tutelle athénienne. Elle profita des intenses courants d'échange dans la Méditerranée occidentale et orientale. Attirés par sa «prospérité paradoxale»[116], un nombre important d'armateurs, de négo-

---

cation, n'apporte pas d'éléments nouveaux dans le débat sur la genèse d'Héraclès à Thasos. Datant du milieu du Ve siècle av. J.-C., ce texte boustrophédon contient un nouveau règlement de voirie qui mentionne l'*hieron* d'Héraclès, sans épiclèse, comme repère chronologique. Nous remercions son éditeur des renseignements qu'il a eu l'amabilité de nous transmettre.

[116] Cf. C. VIAL, *Délos indépendante (314-167). Étude d'une communauté civique et de ses institutions* (BCH suppl. X), Paris 1984. Notons que, comme d'autres lieux de la Méditerranée, Délos portait le nom d'Ortygia ; M.-F. BASLEZ, *Recherches sur les conditions de pénétration et de diffusion des religions orientales à Délos (IIe-Ier siècles avant notre ère)*, Paris 1977, p. 11.

ciants orientaux, s'établirent dans l'île et constituèrent rapidement l'élément dynamique de l'économie délienne. Avec eux, ils apportèrent leurs cultes, officialisés dans le courant du IIe siècle av. J.-C. Certaines associations de commerçants se placèrent du reste sous le patronage de leurs dieux nationaux.

C'est en particulier le cas des Héracléistes de Tyr, dont nous connaissons l'existence par un décret daté de l'archontat de Phaidrias, en 154/3 av. J.-C. [117] Suite à une réunion de l'assemblée (ἐκκλησία) dans le temple d'Apollon, Dionysos, le président du thiase (ἀρχιθιασίτης), a proposé que, conformément à l'avis de Patron, un bienfaiteur de la corporation (σύνοδος) qui multiplie les démarches en sa faveur et se charge d'accueillir les négociants de passage, on envoie à Athènes une ambassade afin d'obtenir un emplacement pour la construction d'un *temenos* pour Héraclès : τέμενος Ἡρακλέους τοῦ πλείστων [ἀγαθ]ῶν παραιτίου γ[ε]γονότος τοῖς ἀνθρώποις, «*l'auteur des plus grands biens pour l'humanité*» et ἀρχηγοῦ τῆς πατρίδος, «*fondateur de la patrie*». La mission à Athènes, qui se justifie aussi par un accroissement des membres de la corporation attribué à la faveur divine, fut naturellement confiée au même Patron qui la mena à ses propres frais. Pour le remercier de sa sollicitude en cette occasion et parce qu'il avait associé le thiase à une fête de deux jours en l'honneur de son propre fils, la communauté (κοινόν) des Héracléistes de Tyr établis à Délos lui attribua une couronne d'or annuelle, remise lors des sacrifices en l'honneur de Poséidon.

On ne s'étonnera guère que les Tyriens aient choisi le patronage de leur dieu national, Melqart-Héraclès [118]. Ils soulignent, dans le décret, sa fonction d'archégète, perpétuant ainsi le modèle tyrien amplifié par l'expansion en Méditerranée. Outre son caractère ancestral, Melqart est aussi présenté comme un dieu évergète, par le recours à une formule grecque utilisée pour désigner les dieux bienfaisants. De cette façon, les Tyriens présentaient favorablement leur dieu aux Athéniens. Mais cette coloration est fréquente dans les cultes syro-phéniciens et égyptiens de Délos, voire de l'ensemble du monde hellénistique. En dépit de cela, un tel profil semble inhérent à la nature du Baal de Tyr [119], protecteur de la cité et de ses

---

[117] *ID* 1519.

[118] M.-F. BASLEZ, *op. cit.* (n. 116), p. 131. Cf. Ph. BRUNEAU, *Recherches sur les cultes de Délos à l'époque hellénistique*, Paris 1971, p. 409-410. On trouve la même mention de θεοὶ πάτριοι chez les Poséidoniastes de Beyrouth (*ID* 1774, 1776, 1781, 1783, 1785, 2323, 2326, 2327). Cf. M.-F. BASLEZ, *op. cit.* (n. 116), p. 293-294.

[119] EAD., *Cultes et dévotions des Phéniciens en Grèce : les divinités marines*, dans *St. Phoen.* IV, Namur 1986, p. 289-303, surtout p. 295, insiste sur le caractère également familial, social et religieux de l'archégète. Pour la première attestation de Melqart comme protecteur du bien-être des Tyriens, cf. le traité entre Asarhaddon et Baal, *supra*, p. 40-42.

habitants, garant de leur bien-être. L'assimilation à Héraclès, le héros des douze Travaux, que les écoles philosophiques ont érigé en purificateur et en bienfaiteur de l'humanité, a sans aucun doute renforcé cette tendance originelle[120].

Protecteur des Tyriens vivant à l'extérieur, Melqart est par conséquent le dieu des navigateurs, des armateurs, des négociants. Son caractère marin s'est trouvé potentialisé par l'insertion dans un milieu de ce type. Rappelons toutefois que, dès le récit de la fondation de Tyr, l'action de Melqart est liée à l'invention de la navigation[121]. Que nous révèle le décret sur l'organisation de la corporation des Héracléistes de Tyr ?[122] L'appellation de thiase, en concurrence avec σύνοδος et χοινόν, souligne sa fonction religieuse. Mais le culte n'est pas le but de cette association : il en assure la cohésion, en renforce l'homogénéité, en constitue l'armature institutionnelle. Le recrutement des Héracléistes se fait sur une double base, ethnique et professionnelle. Leur club regroupe les négociants et armateurs tyriens, qui trouvent dans la religion le support nécessaire à la reconnaissance du groupe, de ses structures. L'assemblée se tient significativement dans un temple, celui d'Apollon, peut-être dans l'attente de se réunir dans le sanctuaire d'Héraclès dont ils souhaitent la construction. Ses objectifs sont surtout de sauvegarder les intérêts économiques et sociaux des membres qui en font partie, de favoriser leur intégration dans le milieu délien et de créer des contacts fructueux avec les autres habitants de l'île.

Nous ignorons tout de l'emplacement et des aménagements du *temenos* d'Héraclès de Tyr à Délos. L'inscription fut en effet transportée de Délos à Chios où elle fut acquise en 1673. Les fouilles de l'établissement des Poséidoniastes de Beyrouth peuvent sans doute donner une idée de ce genre de bâtiments. On y trouve, outre les installations du culte, diverses constructions utilitaires, comme une hôtellerie et un magasin[123]. La plupart des sanctuaires orientaux, mises à part quelques exceptions comme la Synagogue, sont concentrés dans la zone du Cynthe. Le décret fournit un dernier renseignement digne d'intérêt : les sacrifices à Poséidon sont l'occa-

---

[120] Pour Héraclès-philosophe, M.L. FRANCOIS, *Essai sur Dion Chrysostome*, Paris 1921, p. 159-171.

[121] Cf. *supra*, p. 27-33. Pour l'importance des connotations marines à Délos, cf. M.-F. BASLEZ, *art. cit.* (n. 119), p. 81-82.

[122] Ph. BRUNEAU, *op. cit.* (n. 118), p. 622 ; M.-F. BASLEZ, *op. cit.* (n. 116), p. 206-209, 274-275 ; *art. cit.* (n. 119), p. 289-303.

[123] Ph. BRUNEAU, *op. cit.* (n. 118), p. 622-630 ; M.-F. BASLEZ, *op. cit.* (n. 116), p. 255. On a jadis pensé que Melqart faisait partie de la triade bérytaine, aux côtés de Poséidon et d'Astarté. Mais cette hypothèse est tout à fait abandonnée. Cf. Ph. BRUNEAU, *Les cultes de l'établissement des Poséidoniastes de Berytos à Délos*, dans *Hommages à M.J. Vermaseren* I, Leyde 1978, p. 160-190 ; B. SERVAIS-SOYEZ, *La «triade phénicienne» aux époques hellénistique et romaine*, dans *St.Phoen.*, Namur 1986, p. 350-352 ; M.-F. BASLEZ, *art. cit.* (n. 119), p. 294.

sion de la remise d'une couronne d'or à Patron. Nous connaissons l'existence à Délos d'un *Posideion* de petites dimensions [124] où l'on célébrait annuellement des *Posideia*. Cette fête n'est attestée que pour la période indépendante de Délos, mais il n'est pas impossible qu'elle se soit maintenue sous la domination athénienne. Est-il cependant concevable qu'une fête officielle de l'île ait servi de cadre à l'hommage rendu au Tyrien Patron ? Nous savons que les Poséidoniastes de Beyrouth participaient, par l'offrande d'un bœuf, aux très officielles *Apollonia* déliennes [125], mais ils célébraient aussi une fête en l'honneur du dieu de la mer [126]. Ces deux célébrations en l'honneur de Poséidon n'en font-elles qu'une, son éclipse après 166 av. J.-C. étant l'indice d'un syncrétisme [127], ou s'agit-il au contraire de deux célébrations distinctes ? La réponse n'est pas aisée à formuler. Le rapprochement entre Héraclès, le dieu des Tyriens, et Poséidon, dont le sanctuaire abritait les festivités des Héracléistes, a pu paraître d'autant plus judicieux que l'un et l'autre partageaient des attributions marines, mais l'appellation d'*Héracléistes* que s'est donnée l'association montre bien que l'*interpretatio* traditionnelle de Melqart en Héraclès était respectée.

De la même façon que les deux Poséidon ont pu fusionner, Melqart a côtoyé un Héraclès grec, honoré dans un Héracleion situé sur les bords de l'Inopos, ainsi que dans un antre du Cynthe et à Rhénée [128]. Il y apparaît dans sa fonction traditionnelle de protecteur du gymnase [129] et de héros prophylactique, sa massue constituant un *apotropaïon* apposé sur les habitations [130]. Mais sur les montants des portes, précisément, la massue est parfois accompagnée du symbole des Dioscures, protecteurs des navigateurs [131]. Dans la Maison des Dauphins, outre la massue, apparaissent le fameux signe de Tanit et la signature d'un mosaïste d'Arados [132]. Ces élé-

---

[124] Ph. BRUNEAU, *op. cit.* (n. 118), p. 258-267 ; M.-F. BASLEZ, *op. cit.* (n. 116), p. 112, 274-275.

[125] *ID* 1520, lignes 51-52 ; Ph. BRUNEAU, *op. cit.* (n. 118), p. 629.

[126] *ID* 1520, lignes 32-33.

[127] Ph. BRUNEAU, *op. cit.* (n. 118), p. 622, mais plus réservé p. 258-267 ; M.-F. BASLEZ, *art. cit.* (n. 119), p. 294, n. 38, pense que les Tyriens y reconnaissaient leur Baal, interprété à Tyr même en Zeus olympien. Cette affirmation repose en réalité sur une mauvaise interprétation des textes d'Hérodote et de Flavius Josèphe relatifs aux cultes de Tyr. Cf. *supra*, p. 36, 48.

[128] Ph. BRUNEAU, *op. cit.* (n. 118), p. 399-412 ; M.-F. BASLEZ, *op. cit.* (n. 116), p. 114-117.

[129] *ID* 1925. L'origine phénicienne des dédicants n'autorise toutefois pas à rechercher dans Hermès et Héraclès des interprétations de dieux sémitiques.

[130] Ph. BRUNEAU, *Apotropaia déliens. La massue d'Héraklès*, dans *BCH* 88 (1964), p. 159-168 ; ID., *op. cit.* (n. 118), p. 642-648. On relèvera encore les dédicaces à Héraclès *ID* 2432, 2434, 2435, qui apparaissent dans des contextes orientaux, mais dont le destinataire est malaisé à identifier avec précision.

[131] PHILON de Byblos, *apud* EUSÈBE de Césarée, *PE* I 10,14, fait des Cabires, les Dioscures phéniciens, les premiers utilisateurs du navire.

[132] M.-Th. BRULARD, *Description de revêtements peints à sujets religieux*, dans *EAD* IX, Paris 1926, p. 119-120.

ments pourraient témoigner en faveur d'un syncrétisme entre Melqart et Héraclès, à Délos comme en bien d'autres régions de la Méditerranée. Timide sous l'indépendance, beaucoup plus affirmé pendant la période athénienne, le culte d'Héraclès a pu bénéficier d'un rapprochement avec son correspondant phénicien, ce qui lui a permis d'élargir et de diversifier sa sphère d'action en direction du monde marin, particulièrement important dans une île [133].

Avant de clore ce chapitre, rappelons l'apport de l'onomastique grecque des Orientaux de Délos à l'étude de leurs dévotions. Le nom d'Héraclès apparaît comme un élément théophore recouvrant sans doute Melqart, comme ce pourrait être aussi le cas pour l'élément *Basileus* dans l'anthroponyme Basileidès [134]. Enfin, souvenons-nous de la dédicace faite à Délos par trois habitants de Jamnia, «à *Héraclès et Auronas, les dieux qui tiennent Jamnia*» [135]. Dans ce texte, retrouvé sur le Cynthe, non loin du sanctuaire des dieux d'Ascalon, on énonce l'interdiction d'offrir aux dieux des chèvres. Nous nous sommes prononcée précédemment sur la portée de cette règle et sur l'identité de l'Héraclès de Jamnia et de son acolyte, le dieu Horon. Une seconde inscription, provenant du même endroit, associe Héraclès aux dieux d'en haut [136].

D. Rhodes

Divers indices nous incitent à considérer Rhodes comme une possible station phénicienne dans le Dodécanèse. Le mythe de Cadmos fait état d'une escale du Phénicien à Lindos où il aurait offert à Athéna un chaudron de bronze, avec une dédicace en phénicien [137]. À Ialysos, il aurait fondé un sanctuaire de Poséidon par reconnaissance envers le dieu qui l'avait protégé lors d'une tempête en mer [138]. Ses compagnons de route, qui demeurèrent dans l'île, épousèrent des indigènes et formèrent une caste héréditaire de prêtres. Il existe à Rhodes une cité nommée Astypalaia, dont

[133] On possède une preuve supplémentaire des échanges entre communautés déliennes, grâce à la découverte en 1974-75, dans une maison de Délos, d'un lot d'empreintes sigillaires dont une porte une inscription bilingue fragmentaire gréco-phénicienne. Datée de 128/7 av. J.-C., elle mentionne dans la partie grecque un ΚΟΙΝΟΔΙΚ[ΙΟΥ], «tribunal mixte», sans doute compétent dans les matières inter-communautaires. Cf. P. BORDREUIL, *Note sur la partie phénicienne de l'inscription*, dans *BCH* 106 (1982), p. 446.

[134] M.-F. BASLEZ, *op. cit.* (n. 116), p. 71-79, 352, n°566 ; *art. cit.* (n. 119), p. 299.

[135] *ID* 2308. Cf. Ph. BRUNEAU, *op. cit.* (n. 118), p. 410 ; M.-F. BASLEZ, *op. cit.* (n. 116), p. 100-101. Cf. *supra*, p. 129-130.

[136] *ID* 2309.

[137] *Chronique de Lindos* 531 F 1 J.

[138] DIODORE V 58-59 ; ZÉNON de Rhodes 523 F 1 J ; ERGIAS de Rhodes 513 F 1 J (= ATHÉNÉE VIII 360).

l'éponyme est donnée par plusieurs sources comme fille de Phoinix [139]. Des preuves tangibles d'échanges entre Rhodiens et Phéniciens existent, notamment dans la céramique d'Ialysos qui s'inspire de modèles proche-orientaux, à partir du IXe siècle av. J.-C. [140] Mais il va de soi que les commerçants grecs prirent aussi une part importante dans la circulation en Égée d'objets orientaux, égyptiens ou égyptisants, tels que ceux que livrent les tombes et sanctuaires rhodiens du VIIIe au VIe siècle av. J.-C., comme le fameux «Reshef» de Lindos [141]. Certains exemplaires rhodiens présenteraient cependant des traits non égyptiens, redevables peut-être à des artisans phéniciens [142].

Malheureusement, l'éventuelle présence phénicienne à Rhodes à l'époque géométrique et archaïque ne s'exprime que par ces voies. Rien ne filtre de leurs croyances et cultes. Il faut attendre l'époque hellénistique pour que se précise le profil d'autres Phéniciens que le commerce attira alors à Rhodes, comme à Délos [143]. Certains de ceux-ci nous sont connus par leur nom, phénicien traduit en grec ou non, comme Naoumos et Zénon d'Arados [144], Astis de Sidon [145], Menodotos de Tyr [146] ou Apollonios d'Ascalon [147]. Leurs dévotions sont diverses : Naoumos honore Zeus Sôter, établi à Lindos vers 225 av. J.-C. et qui correspond sans doute à un Baal phénicien [148]. La Sidonienne Astis vénère Héraclès, à Lindos, dans le sanctuaire d'Athéna Lindia, au IIIe siècle av. J.-C. [149] La dédicace Ἀθάναι Λινδίαι καὶ Ἡρακλεῖ suggère qu'il s'agirait de Melqart comme parèdre de la déesse locale, assimilée à Astarté [150]. On relèvera encore, à propos de

---

[139] PAUSANIAS VII 4,1 ; Schol. APOLL. de Rhodes I 185, II 866 ; Schol. LYCOPHRON, *Al.* 488 ; Schol. EURIPIDE, *Phén.* 5.

[140] J.N. COLDSTREAM, *The Phoenicians of Ialysos*, dans *BICS* 16 (1969), p. 1-8.

[141] A.M. BISI, *Le «Smiting God» dans les milieux phéniciens d'Occident : un réexamen de la question*, dans *St.Phoen.* IV, Namur 1986, p. 177, avec toutes les références antérieures.

[142] J. BOARDMAN, *The Greek Overseas. Their Early Colonies and Trade*, 3e éd. 1980, p. 35-159 ; J.N. COLDSTREAM, *The Greeks and the Phoenicians in the Aegean*, dans *Phönizier im Westen*, Mainz am Rhein 1982, p. 261-275 ; P.J. RIIS, *Griechen in Phönizien, ibid.*, p. 237-260.

[143] J.N. COLDSTREAM, *art. cit.* (n. 140), p. 5. Une inscription du 3e quart du VIIe siècle av. J.-C. provient d'une tombe d'Ialysos. Elle comprend une partie grecque et une autre dans un alphabet ayant des affinités avec le phénicien. Cf. L. JEFFERY, *Local Scripts of Archaic Greece*, Oxford 1961, p. 348, 356, n. 2. Sur les Phéniciens à Rhodes à l'époque hellénistique, cf. M.-F. BASLEZ, *art. cit.* (n. 119), p. 289-305.

[144] *IG* XII/1 32 ; *Ins. Lindos* 120. Cf. D. MORELLI, *Gli stranieri in Rodi*, dans *SCO* 5 (1955), p. 126-190.

[145] *Ins. Lindos* 132.

[146] *Ins. Lindos* 245 et 281 b.

[147] A. MAIURI, *Nuova silloge epigrafica di Rodi e Cos*, Florence 1925, n°161.

[148] *Ibid.*, n°28. Cf. M.-F. BASLEZ, *art. cit.* (n. 119), p. 292. À Cos, comme nous le verrons, Zeus Sôter est vénéré conjointement à Astarté.

[149] D. MORELLI, *I culti in Rodi*, dans *SCO* 8 (1959), p. 1-184, surtout p. 53-56, 147-149.

[150] M.-F. BASLEZ, *art. cit.* (n. 119), p. 291.

Melqart-Héraclès, l'anthroponyme Ἡρακλείδης/ʿAbdmelqart, apparaissant dans une bilingue rhodienne [151].

Il faut enfin faire état d'une autre bilingue gréco-phénicienne du IIᵉ siècle av. J.-C. [152] :

]ς Μυλ[
]ριον

B ʿlmlk bn Mlkytn
mqm ʾlm mtrḥ ʿštrny bn Ḥ[

Jusqu'il y a peu, on songeait aux θεοὶ Μυλάντειοι, divinités de Mylantia, que Stéphane de Byzance donne pour une hauteur de Camiros [153]. Mais P.M. Fraser, en raison du titre de «ressusciteur de la divinité, époux d'Astarté», *mqm ʾlm mtrḥ ʿštrny*, pense qu'il s'agirait plutôt d'une dédicace à Μύλιττα, Mulissu, nom que donne Hérodote à la déesse Ninlil [154]. Celle-ci était l'épouse d'Enlil pour les Babyloniens et celle d'Ashur pour les Assyriens. Par cette voie, elle fut assimilée à Ishtar et peut-être à Astarté, dont la présence dans une offrande d'un *mqm ʾlm* ne serait pas étonnante. On ne peut pas non plus exclure l'hypothèse que Μυλ[serve à transcrire en grec le patronyme du dédicant, *Mlkytn*. Nous avons en tout cas affaire à des Phéniciens dont un exerçait l'office de *mqm ʾlm*, «ressusciteur du dieu», titre mis précédemment en relation avec le culte de Melqart [155]. Cependant, ce titre est porté par le père du dédicant, dont l'origine exacte nous est inconnue : peut-être n'était-il pas habitant de Rhodes, auquel cas cette mention d'un *mqm ʾlm* ne porterait pas témoignage du culte de Melqart à Rhodes, mais ailleurs, peut-être en Phénicie même. On ne s'étonnerait pas de l'implantation de Melqart à Rhodes ; plusieurs associations de commerçants étrangers portent le nom d'Héracléistes, par référence à un Héraclès qui résulte probablement du syncrétisme entre le héros grec et le dieu phénicien [156].

On possède, à côté de cela, divers témoignages d'un culte traditionnel au héros grec. Plusieurs textes nous relatent comment Héraclès, accompagné d'Hyllos, s'étant vu refuser un bœuf par un fermier de Lindos, prit

---

[151] P.M. FRASER, *Greek-Phoenician Bilingual Inscriptions from Rhodes*, dans *BSA* 65 (1970), p. 31-36, n°1.

[152] *KAI* 44 ; A. MAIURI, *Un' iscrizione greco-fenicia a Rodi*, dans *ASA* 2 (1916), p. 267-269.

[153] STEPH. BYZ. s.v. Μυλαντία : ἄκρα ἐν Καμίρῳ.

[154] HÉRODOTE I 131. Sur l'équation Mylitta, Mulissu = Ninlil, cf. S. DALLEY, ᵈNIN-LÍL = mul(l)is(s)u, the Treaty of Barga'yah, and the Herodotus' Mylitta, dans *RA* 73 (1979), p. 177-178.

[155] Cf. *supra* 174-179. On ignore toutefois ce que ce titre recouvrait exactement en ce lieu et à cette époque.

[156] D. MORELLI, *art. cit.* (n. 149), p. 147-149. Le parallèle avec les Héracléistes de Tyr à Délos est naturellement fort parlant.

l'animal de sa propre initiative et essuya en retour une volée d'insultes qui déclencha son hilarité [157]. Ce mythe semble avoir une fonction étiologique au regard du rite au cours duquel on offrait des victimes à Héraclès en proférant des injures [158], pratique assez connue, qu'une approche phénoménologique permet d'expliquer. En fait, depuis la colonisation de l'île par les Argiens, Héraclès devait être vénéré à Rhodes, même si son culte ne fut sanctionné officiellement qu'au IIIe siècle av. J.-C. Rhodes fut d'ailleurs la cité natale de Pisandre, l'auteur du VIIe-VIe siècle av. J.-C., qui consacra un poème en deux livres à Héraclès et fut le premier, dit la tradition, à l'affubler d'une massue [159].

E. Cos

Comme Rhodes, dont elle n'est pas très distante, Cos se situe dans la zone de la Méditerranée intensément fréquentée par les négociants phéniciens. On en a quelques traces archéologiques, mais leur présence ne se manifeste dans les textes qu'à partir de l'époque hellénistique [160]. Comme à Rhodes aussi, leurs dévotions reflètent à la fois leurs origines et leurs activités. C'est ainsi qu'une déesse orientale est honorée à Cos dans le sanctuaire d'Aphrodite Pontia [161]. Par ailleurs, une pseudo-bilingue gréco-phénicienne, découverte à Cos il y a quelques années et dont la partie phénicienne a été publiée par M. Sznycer, témoigne de la vénération d'une Astarté marine, assimilée à la même Aphrodite, dans le dernier quart du IVe siècle av. J.-C. [162] Son parèdre Baal est recouvert par Zeus Sôter, dont le culte est officiellement inauguré dans l'île au IIIe siècle av. J.-C. Au Ier siècle av. J.-C., un thiase de Cos, sans discrimination ethnique ni professionnelle, mais d'origine phénicienne, se plaça sous le patronage de Zeus Sôter et d'Astarté [163]. Les Phéniciens de la diaspora ont donc adopté un

[157] Le récit le plus complet se lit dans APOLLODORE II 5,11-18. Cf. J.H. CROON, *Heracles at Lindus*, dans *Mnémosyne* 6 (1953), p. 283-299. Un épisode similaire est localisé dans la région des Dryopes, près du Mont Œta.

[158] D. MORELLI, *art. cit.* (n. 149), p. 147-149.

[159] EUDOCIA AUGUSTA, *Violarium* 803 ; *Souda* s.v. Πείσανδρος.

[160] W. PATON - E.L. HICKS, *The Inscriptions of Cos*, Oxford 1891, 1, 126, 165, 194, 341 ; M.-F. BASLEZ, *art. cit.* (n. 119), p. 290, 291, 293, 300.

[161] G. LEVI DELLA VIDA, *Una bilingue greco-nabatea a Coo*, dans *Clara Rhodos* 9 (1938), p. 139-148. Il s'agit d'une dédicace de la fin du Ier siècle av. J.-C. ou du début du Ier siècle ap. J.-C., faite par le Nabatéen Awsallah et adressée en grec et nabatéen à Aphrodite/Bā'lā.

[162] M. SZNYCER, *La partie phénicienne de l'inscription bilingue gréco-phénicienne de Cos*, dans *Arch.Delt.* 35 (1980 [1986]), p. 17-30. Il s'agit d'un texte commémorant l'offrande à Astarté/Aphrodite d'un objet dont le nom n'est pas complet en phénicien et n'apparaît pas en grec. Cette dédicace est faite *«pour la vie de tous les marins»* par Diotimos, fils d'Abdalonymos/'bd'lnm, roi des Sidoniens.

[163] A. MAIURI, *Nuova silloge epigrafica di Rodi e Cos*, Florence 1925, n°496 ; S. SHERWIN-WHITE, *Ancient Cos*, Göttingen 1978, p. 108 et 111. On notera le fait que l'assimilation est opé-

couple divin standardisé, mais en même temps représentatif de leurs cultes ancestraux. L'interprétation en Zeus indique assez que c'est la souveraineté du dieu qui est soulignée, tandis que son épithète de Sôter, fréquemment appliquée aux divinités et aux souverains de l'époque hellénistique, prend plus de relief encore dans un milieu confronté aux dangers de la navigation.

Il existait à Cos, comme à Rhodes, une cité du nom d'Astypalaia, dont l'éponyme donna un fils à Poséidon : Eurypylos, roi de Cos[164]. C'est lui qui tenta d'interdire l'accès de l'île à Héraclès et y perdit la vie. Pris dans une tempête au retour de Troie, Héraclès aborda en effet à Cos. Le berger qu'il rencontra et à qui il demanda un bélier le provoqua en duel[165]. Les Méropes, une très ancienne population pré-dorienne de Cos[166], se joignirent au berger. Écrasé par la multitude des adversaires, Héraclès se réfugia chez une Thrace et s'y cacha, déguisé en femme. Après avoir vaincu les Méropes, il se maria avec Chalciopé et revêtit pour la circonstance un vêtement brodé. En souvenir de cet événement, le prêtre d'Antimacheia officiait en vêtements féminins et les jeunes mariés s'habillaient de la même façon. La dimension étiologique du mythe est transparente, mais il faut s'arrêter un instant sur les pratiques de travestissement. Le déguisement, que nous avons déjà rencontré à plusieurs reprises, a une valeur prophylactique et initiatique ; il garantit la fécondité et rappelle l'ambiguïté d'un héros à la fois misogyne et *philogynès*[167]. On en possède divers parallèles, en Grèce même, qui indiquent qu'il ne faut pas y chercher quoi que ce soit d'oriental[168]. L'Héraclès que l'on célébrait à Cos était donc un promoteur de la fécondité, mais pas pour autant un Melqart. Le héros dorien est d'ailleurs bien attesté à Cos, comme patron de la tribu des Hylleis. Il faut enfin rejeter l'hypothèse selon laquelle le règlement du culte d'Héraclès institué par le testament de Diomédon, dans le dernier quart du IVe siècle av. J.-C., prévoyait la célébration d'un mariage sacré[169]. Il s'agit en

---

rée pour Zeus, mais ne l'est pas pour Astarté. Il ne s'agit donc nullement d'un processus automatique.

[164] APOLLODORE II 7,1.

[165] PLUTARQUE, *Quaest. Gr.* 58.

[166] S. SHERWIN-WHITE, *op. cit.* (n. 163), p. 47-48.

[167] R.W. HALLIDAY, *A Note on Herodotos VI.83 and the Hybristika*, dans *BSA* 16 (1909-10), p. 212-219 ; M. DELCOURT, *Hermaphrodite*, Paris 1958, p. 33-39 ; M. ELIADE, *Méphistophélès et l'androgyne*, Paris 1962, p. 133 ; C. GALLINI, *Il travestismo rituale di Penteo*, dans *SMSR* 34 (1963), p. 211-228 ; N. LORAUX, *Héraklès : le surmâle et le féminin*, dans *Revue française de psychanalyse* 4 (1982), p. 697-729.

[168] PLUTARQUE, *De mul. virt.* 4 ; *Lyc.* 15,4. cf. M. LAUNEY, *L'athlète Théogénès et le ἱερὸς γάμος* d'Héraclès Thasien, dans *RArch.* 1941, p. 44-49.

[169] W. PATON - E.L. HICKS, *op. cit.* (n. 160), n°36 ; R. HERZOG, *Heilige Gesetze von Kos*, Berlin 1928, n°10 ; F. SOKOLOWSKI, *Lois sacrées des cités grecques*, Paris 1969, n°177, p. 363-365 ; S. SHERWIN-WHITE, *op. cit.* (n. 163), p. 260.

fait de prescriptions relatives aux mariages des descendants de Diomédon qui pourront être célébrés dans l'enceinte sacrée, pratique qui n'est pas sans parallèle. Dans ce texte, Aphrodite est également mentionnée, elle dont le sanctuaire, avec l'épiclèse de Pandémos et Pontia, pourrait avoir côtoyé, au IIe siècle ap. J.-C., dans la zone du port, celui d'Héraclès [170].

F. L'Héraclès dactyle

1) *Thespies et la Béotie*

Il importe à présent de cerner la genèse et la personnalité d'un autre Héraclès, qualifié par les sources de «dactyle» et mis en relation avec le dieu de Tyr. Le témoignage fondamental sur le sanctuaire d'Héraclès à Thespies est celui de Pausanias [171]. Dans ce temple, la prêtresse doit rester vierge la vie durant : elle fait en somme fonction d'épouse du dieu [172]. Le Périégète explique cette contrainte par référence au mythe des cinquante filles de Thespios qu'Héraclès posséda toutes en une nuit, sauf une, celle qui fut attachée à son culte. Et Pausanias de poursuivre :

> «Ce sanctuaire m'a paru plus ancien que l'époque d'Héraclès le fils d'Amphitryon, et je pense qu'il doit appartenir plutôt à l'Héraclès appelé des Dactyles Idéens, celui dont j'ai vu les sanctuaires chez les Érythréens d'Ionie et chez les Tyriens. Les Béotiens non plus n'ignoraient pas ce nom d'Héraclès puisque les habitants de Mycalessos disent eux-mêmes que le sanctuaire de Déméter est consacré aussi à l'Héraclès Idéen» [173].

Pour comprendre la portée de ce témoignage, il est bon d'insérer le culte d'Héraclès à Thespies dans un panthéon qui semble tout entier marqué par le souci de maîtriser la fécondité. La figure centrale en est Éros

---

[170] L. MORRICONE, *Scavi e ricerche a Coo (1935-1943) : relazione preliminare*, dans *Bollettino d'Arte* 35 (1950), p. 54-75, surtout p. 62 ss ; S. SHERWIN-WHITE, *op. cit.* (n. 163), p. 304. L'attribution du second temple à Aphrodite repose sur une inscription antérieure d'un siècle à l'édification du bâtiment. Elle est donc hypothétique. On notera enfin qu'une aryballe découverte à Cos, en forme de tête d'Héraclès à la léonté, n'est pas un produit phénicien comme le pensait L. HEUZEY, *Note complémentaire sur deux aryballes de l'île de Cos*, dans *Gazette archéologique* 1880, p. 160-164, pl. 28,1, mais une faïence typiquement grecque, cf. V. WEBB, *Archaic Greek Faience*, Warminster 1978, p. 130, n° 878.

[171] PAUSANIAS IX 27,6-8.

[172] M. DELCOURT, *op. cit.* (n. 167), p. 33-39. Sur Héraclès en Béotie, A. SCHACHTER, *The Boiotian Herakles*, dans *Proceedings of the IInd Int. Conference on Boiotian Antiquities* (Tiresias suppl. 2), Montréal 1979, p. 37-43.

[173] PAUSANIAS IX 27,1 : ἀλλὰ γὰρ ἐφαίνετό μοι τὸ ἱερὸν τοῦτο ἀρχαιότερον ἢ κατὰ Ἡρακλέα εἶναι τὸν Ἀμφιτρύωνος, καὶ Ἡρακλέους τοῦ καλουμένου τῶν Ἰδαίων Δακτύλων, οὗ δὴ καὶ Ἐρυθραίους τοὺς ἐν Ἰωνίαι καὶ Τυρίους ἱερὰ ἔχοντας εὕρισκον. οὐ μὴν οὐδὲ οἱ Βοιωτοὶ τοῦ Ἡρακλέους ἠγνόουν τοῦτο τὸ ὄνομα, ὅπου γε αὐτοὶ τῆς Μυκαλησσίας Δήμητρος Ἡρακλεῖ τῷ Ἰδαίῳ τὸ ἱερὸν ἐπιτετράφθαι λέγουσιν.

représenté par une pierre, au témoignage de Pausanias[174], et associé à Narcisse, ce jeune homme d'une extrême beauté qui fut métamorphosé en fleur après sa mort. Or, le narcisse est régulièrement associé à Déméter et a une connotation aphrodisiaque. Une épigramme d'Hadrien, du IIe siècle ap. J.-C., nous apprend enfin l'existence d'un culte à Aphrodite Ourania[175].

Le problème fondamental qui se pose est de savoir si Pausanias rapproche l'Héraclès de Thespies de celui d'Érythrées et de Tyr en raison de leurs affinités fonctionnelles dans le domaine de la fécondité ou parce qu'il concevait une véritable filiation historique des sanctuaires. À Érythrées, il prône explicitement la seconde solution, mais ici, il ne se prononce pas. L'idée d'une implantation de Melqart en Béotie ne pourrait trouver un écho que dans la connexion établie entre Cadmos et Thèbes, dont l'évaluation historique demeure aujourd'hui encore problématique[176]. La découverte, dans les fouilles de la Cadmée, l'acropole de Thèbes, de sceaux-cylindres orientaux ne suffit évidemment pas à documenter une véritable implantation de Levantins en Béotie, mais elle révèle l'existence d'échanges entre les deux régions[177]. Aux yeux de Pausanias, un Héraclès lié à la fertilité semble relever de l'insolite, voire de l'étranger, nous dirions volontiers aujourd'hui du «pré-hellénique»[178]. Son témoignage nous indique en outre que le dieu de Tyr était perçu au IIe siècle ap. J.-C. comme un dieu de la fécondité, plus ancien que le héros grec. Au-delà de cet enseignement minimal, il serait hasardeux de se prononcer avant d'avoir envisagé le reste du dossier.

En ce qui concerne Mycalessos, on peut seulement constater qu'Héraclès y était vénéré en association avec Déméter, d'où sans doute son rattachement à la catégorie des Dactyles Idéens. On sait par Pausanias que le

---

[174] Cf. L. BREGLIA PULCI DORIA, *La Sardegna arcaica tra tradizioni euboiche ed attiche*, dans *Nouvelle contribution à l'étude de la société et de la colonisation eubéennes*, Naples 1981, p. 61-95 ; A. SCHACHTER, *Cults of Boiotia* I. *Acheloos to Hera*, Londres 1981, p. 216-219.

[175] *IG* VII 1828. Sur Aphrodite Ourania, cf. V. PIRENNE, *Aspects orientaux du culte d'Aphrodite à Athènes*, dans *St.Phoen.* V, Leuven 1987, p. 145-156.

[176] Cf. R.B. EDWARDS, *Kadmos the Phoenician. A Study in Greek Legends and the Mycenaean Age*, Amsterdam 1979 ; C. BRILLANTE, *La leggenda eroica e la civiltà micenea*, Rome 1981 ; ID., *Cadmo fenicio e la Grecia micenea*, dans *Quaderni urbinati di cultura classica* 46 (1984), p. 167-174.

[177] S. SYMEONOGLOU, *Kadmeia I*, Gothenburg 1973.

[178] J.E. HARRISON, *Themis*, Cambridge 1912, p. 364-374, voit originellement en Héraclès un protecteur de la nature. On rapellera à ce propos le témoignage d'ÉLIEN, Περὶ ζῴων XVII 46, selon lequel, dans un sanctuaire d'Héraclès et d'Hébé, dont la localisation n'est pas précisée, on élevait des coqs et des poules, séparément. Une fois par an, les animaux franchissaient le canal qui les séparait pour s'unir. On doit encore signaler un monument en forme d'édicule, où Déméter et Héraclès apparaissent côte à côte, découvert sur la route de Thespies, à Episkopi. P. JAMOT, *Deux petits monuments relatifs au culte de Déméter en Béotie*, dans *Mélanges Perrot*, Paris 1903, p. 195-199.

sanctuaire de Déméter Mycalessia était fermé tous les soirs et ouvert tous les matins par Héraclès[179]. On ne peut enfin passer sous silence le cas de l'Héraclès d'Hyettos[180]. C'était un héros guérisseur associé à Asclépios et représenté sous la forme d'une pierre brute[181]. Faut-il y chercher dans cette particularité quelque réminiscence d'un bétyle dont on connaît la place dans la religion phénicienne[182] ? Certainement pas, car R. Etienne et D. Knœpfler ont bien montré que, sur la base d'un passage de Pline[183], on peut établir un rapport entre la magnétite, la pierre à aimant, extraite à Hyettos et communément appelée Ἡραχλεία λίθος, et le héros dont elle tire son nom. Or, cette pierre d'Héraclès passait pour avoir des vertus médicinales, d'où les attributions dans ce domaine d'Héraclès à Hyettos.

2) *En Arcadie*

Grâce à la récente synthèse de M. Jost, nous disposons d'un outil de grande qualité pour aborder la problématique du culte arcadien d'Héraclès[184]. Pausanias reconnaît en effet dans l'Héraclès de Mégalopolis une nouvelle manifestation du Dactyle Idéen ; une statue d'une quarantaine de centimètres le représentait aux côtés de la statue colossale de Déméter[185]. Dans cette cité créée *ex nihilo* au IVe siècle av. J.-C., M. Jost a constaté une surprenante tendance au conservatisme religieux et non à l'innovation. La présence d'Héraclès dans le péribole des Grandes Déesses de Mégalopolis, en l'honneur desquelles on célébrait des Mystères, n'est pas un exemple isolé en Arcadie. En d'autres sanctuaires de Mégalopolitide, une déesse est entourée d'une compagnie de démons souvent préhelléniques. Héraclès dactyle était l'un d'eux, l'entourage des déesses de Mégalopolis étant particulièrement fourni. On est donc loin d'un couple standard composé d'une déesse de fertilité et de son parèdre : le rapprochement avec Melqart n'a, par conséquent, guère de fondement. Il faut rappeler en outre que l'Arcadie fut le théâtre de plusieurs exploits d'Héraclès et qu'il apparaît, à Mégalopolis toujours, dans son rôle traditionnel de protecteur du gymnase.

[179] Pausanias IX 19,5.
[180] R. Etienne - D. Knoepfler, *Hyettos de Béotie et la chronologie des archontes fédéraux entre 250 et 171 av. J.-C.* (BCH suppl. III), Paris 1976, p. 176-188.
[181] Pausanias IX 24,3.
[182] S. Ribichini, *Poenus advena*, Rome 1985, p. 115-125.
[183] Pline, *HN* XXXV 128.
[184] M. Jost, *Sanctuaires et cultes d'Arcadie* (Études péloponnésiennes IX), Paris 1985, p. 227-228, 340-344, 532-534.
[185] Pausanias VIII 31,3. Cf. aussi G. Sfameni Gasparro, *Misteri e culti mistici di Demetra*, Rome 1986, p. 316-319.

3) *Érythrées*

Dans le passage consacré à Héraclès d'Érythrées, Pausanias souligne en premier lieu son ancienneté[186]. La statue de culte est, dit-il, égyptienne : ἀκριβῶς ᾿Αιγύπτιον. Suit alors le récit de son origine :

> «*Il y avait un radeau de bois sur lequel le dieu de Tyr, en Phénicie, navigua. La raison de cela, même les Érythréens l'ignorent. Ils disent que lorsque le radeau parvint dans la mer qui baigne l'Ionie, il s'arrêta à hauteur du cap appelé Messaté ('médian'). Il se trouve sur le continent, juste à égale distance d'Érythrées et de l'île de Chios. Donc, lorsque le radeau parvint à ce cap, les Érythréens se donnèrent beaucoup de mal, mais les Chiotes n'en firent pas moins, chacun s'efforçant de haler la statue sur son propre territoire. Finalement, un habitant d'Érythrées, qui vivait de la mer en pêchant le poisson et qui avait perdu l'usage des yeux à la suite d'une maladie — son nom était Phormion — eut en rêve une vision selon laquelle les femmes d'Érythrées devaient couper leur chevelure pour que les hommes, après avoir tressé une corde avec leurs cheveux, tirent le radeau sur le rivage. Mais, parmi les femmes, les citoyennes ne voulurent à aucun prix obéir au rêve. Toutes celles qui étaient d'origine thrace, aussi bien les esclaves que les femmes libres, proposèrent qu'elles-mêmes soient tondues. Ainsi les Érythréens amarrèrent-ils le radeau. L'accès à l'Héracleion est autorisé aux seules femmes thraces et l'on conserve sur place, encore de nos jours, la corde faite de cheveux. Et les Érythréens ajoutent que le pêcheur recouvra la vue et la conserva le reste de sa vie.*»

Nous avons de toute évidence affaire à un *aition* local, livré à Pausanias lors de son passage en Ionie, afin de rendre compte de la présence d'une natte sacrée dans le sanctuaire et des interdits cultuels, peut-être aussi du caractère étrange de la statue de culte. On y retrouve un *topos* très répandu

---

[186] PAUSANIAS VII 5,5-8. Cf. H. HITZIG, *Pausaniae Graeciae Descriptio* II,1, Leipzig 1901, p. 777-778 (le passage est en partie corrompu) : ἡσθείης δ' ἂν καὶ τῷ ἐν ᾿Ερυθραῖς ῾Ηρακλείῳ καὶ ᾿Αθηνᾶς τῷ ἐν Πριήνῃ ναῷ, τούτῳ μὲν τοῦ ἀγάλματος ἕνεκα, ῾Ηρακλείῳ δὲ τῷ ἐν ᾿Ερυθραῖς κατὰ ἀρχαιότητα· τὸ δὲ ἄγαλμα οὔτε τοῖς καλουμένοις Αἰγιναίοις οὔτε τῶν ᾿Αττικῶν < τοῖς > ἀρχαιοτάτοις ἐμφερές, εἰ δέ τι καὶ ἄλλο, ἀκριβῶς ἐστιν Αἰγύπτιον· σχεδία γὰρ ξύλων, καὶ ἐπ' αὐτῇ ὁ θεὸς ἐκ Τύρου τῆς Φοινίκης ἐξέπλευσε· καθ' ἥντινα δὲ αἰτίαν, οὐδὲ αὐτοὶ τοῦτό οἱ ᾿Ερυθραῖοι λέγουσιν. ὡς δὲ ἐς τὴν θάλασσαν ἀφίκετο ἡ σχεδία τὴν ᾿Ιώνων, φασὶν αὐτὴν ὁρμίσασθαι πρὸς ἄκρᾳ καλουμένῃ Μεσάτῃ· ἡ δὲ ἔστι μὲν τῆς ἠπείρου, τοῖς < δὲ > ἐκ τοῦ ᾿Ερυθραίων λιμένος ἐς νῆσον τὴν Χίων πλέουσι τοῦτό ἐστι μεσαίτατον. ἐπεὶ δὲ ἡ σχεδία κατὰ τὴν ἄκραν ἔσχεν, ἐνταῦθα πολὺν μὲν οἱ ᾿Ερυθραῖοι πόνον, οὐκ ἐλάσσονα δὲ ἔσχον οἱ Χῖοι ποιούμενοι σπουδὴν παρὰ σφᾶς καταγαγεῖν ἑκάτεροι τὸ ἄγαλμα· τέλος δὲ ᾿Ερυθραῖος ἄνθρωπος, ᾧ βίος μὲν ἦν ἀπὸ θαλάσσης γεγονὼς καὶ ἄγρας ἰχθύων, διέφθαρτο δὲ ὑπὸ νόσου τοὺς ὀφθαλμούς, ὄνομα δέ οἱ Φορμίων ἦν, οὗτος ὁ ἁλιεὺς εἶδεν ὄψιν ὀνείρατος ὡς τὰς ᾿Ερυθραίων γυναῖκας ἀποκείρασθαι δέοι τὰς κόμας καὶ οὕτω τοὺς ἄνδρας πλεξαμένους κάλον ἐκ τῶν τριχῶν τὴν σχεδίαν παρὰ σφᾶς κατάξειν. αἱ μὲν δὴ ἀσταὶ τῶν γυναικῶν οὐδαμῶς ὑπακούειν τῷ ὀνείρατι ἐβούλοντο· ὁπόσαι δὲ τοῦ Θρᾳκίου γένους ἐδούλευον καὶ οὔσαις σφίσιν ἐλευθέραις ἦν ἐνταῦθα βίος, ἀποκεῖραι παρέχουσιν αὐτάς· καὶ οὕτως οἱ ᾿Ερυθραῖοι τὴν σχεδίαν καθέλκουσι. ἔσοδός τε δὴ ταῖς Θράσσαις ἐς τὸ ῾Ηράκλειόν ἐστι γυναικῶν μόναις, καὶ τὸ καλῴδιον τὸ ἐκ τῶν τριχῶν καὶ ἐς ἐμὲ ἔτι οἱ ἐπιχώριοι φυλάσσουσι· καὶ δὴ καὶ τὸν ἁλιέα οἱ αὐτοὶ οὗτοι ἀναβλέψαι τε καὶ ὁρᾶν τὸ λοιπὸν τοῦ βίου φασίν.

dans les récits relatifs à la prémonition : celui de l'aveugle qui a une vision intériorisée des choses plus pénétrante que celle des voyants. L'association entre la mer et la vérité est un autre trait récurrent de la mythologie grecque. Ainsi «dépoussiéré», le texte de Pausanias continue de renfermer un renseignement incontournable : l'Héraclès d'Érythrées serait originaire de Tyr. Comment se manifesterait cette filiation ?

L'interdit qui frappe les citoyennes en faveur des Thraces n'est pas vraiment éclairci. Certains modernes ont fait un rapprochement avec le rôle tenu par les Thraces à Thasos [187]. On pourrait plutôt prendre en considération l'hypothèse de F. de Polignac [188] pour qui le récit témoignerait des efforts d'intégration des populations locales dans la cité, via le culte. L'offrande de cheveux est attestée dans la religion phénicienne, mais aussi dans les cultes grecs. Il s'agit généralement d'un rite marquant le passage d'un état à un autre (adolescence, mariage...), bref de caractère initiatique comme c'est fréquent dans le mythe d'Héraclès [189]. Le thème de la statue miraculeuse est aussi assez répandu : nous l'avons nous-même rencontré à plusieurs reprises [190]. Au sujet de la navigation d'Héraclès, il existe toute une tradition figurative. Couché ou assis sur un radeau, soutenu par des amphores servant de flotteurs, le héros manœuvre l'ensemble à l'aide de sa massue [191]. Cette embarcation ne peut donc être confondue avec la coupe empruntée par Héraclès au Soleil afin de traverser l'Océan pour atteindre le pays de Géryon. Faut-il voir dans cette tradition un emprunt à Melqart ou une influence de celui-ci ?

---

[187] L.R. FARNELL, *Greek Hero Cults and the Ideas of Immortality*, Oxford 1921, p. 161-164.

[188] F. DE POLIGNAC, *La naissance de la cité grecque. Cultes, espace et société. VIIIᵉ-VIIᵉ siècles av. J.-C.*, Paris 1984, p. 79-80.

[189] Pour le monde grec, cf. L. GERNET - A. BOULANGER, *Le génie grec dans la religion*, Paris 1932, p. 37 (aux Apatouries) ; PLUTARQUE, *Lyc.* 15,5 (pour les jeunes mariées à Sparte). Pour le monde sémitique, cf. J. HENNINGER, *Zur Frage des Haaropfers bei den Semiten*, dans *Die Wiener Schule der Völkerkunde, Festschrift zum 25.jährigen Bestand, 1929-1954*, Vienne 1956, p. 349-368 (réimpr. dans *Arabica sacra*, Göttingen 1981, p. 286-310) ; à Byblos, lors des Adonies, les femmes pouvaient éviter la tonsure rituelle en s'adonnant à la prostitution sacrée, cf. LUCIEN, *dea Syria* 6 ; enfin à Chypre, on avait cru en trouver une trace dans une dédicace à Astarté, cf. A, DUPONT-SOMMER, *Les Phéniciens à Chypre*, dans *RDAC* 1974, p. 75-94 ; É. PUECH, *Le rite d'offrande des cheveux d'après une inscription phénicienne de Kition vers 800 avant notre ère*, dans *RSF* 4 (1976), p. 11-21. Mais il faut sans doute préférer la lecture de M. LIVERANI, *Ciocca di capelli o focaccia di ginepro ?*, dans *RSF* 3 (1975), p. 37-41. Cf. aussi C. JOURDAIN-ANNEQUIN, *art. cit.* (n. 167), p. 283-331, pour Héraclès se coupant les cheveux sur le tombeau de Sostratos, un héros péloponnésien (PAUSANIAS VII 17,8) et les offrandes de cheveux à Héraclès à Agyrion en Sicile (DIODORE IV 24,4).

[190] Cf. *supra*, à Ostie et Thasos, p. 305, 369.

[191] E. COURBAUD, *La navigation d'Hercule*, dans *MÉFRA* 12 (1892), p. 274-288 ; R. STIGLITZ, *Herakles auf dem Amphorenfloss*, dans *Jahreshefte des Österr. Inst.* 44 (1959), p. 112-141 ; L. LACROIX, *Héraclès, héros voyageur et civilisateur*, dans *Bulletin de la Classe des Lettres et des Sciences morales et politiques de l'Académie royale de Belgique* 60 (1974), p. 34-59.

L. Lacroix a bien mis en évidence le fait que la mer, au même titre que la terre, est le theâtre des exploits d'Héraclès, même si la littérature n'en a guère gardé de souvenir précis. Mais justement, en étendant le champ d'action du héros aux flots méditerranéens, les Grecs n'ont-ils pas répondu à l'implantation de Melqart dans le domaine punique d'Occident ? C. Jourdain-Annequin a souligné le fait que *«le mythe d'Héraclès est d'abord un mythe de la géographie des Grecs : le héros mettant un terme à ses navigations là où commence la 'mer inaccessible'»* [192]. Développement «naturel» ou réponse à la diffusion de Melqart, ce trait nous incite à reconnaître effectivement, dans ces figurations, Héraclès sur le radeau, éventuellement comme concurrent de Melqart. Il existe d'ailleurs des parallèles aux navigations d'Héraclès, celles d'Ulysse ou d'Apollon dans son trépied [193]. Les gemmes qui représentent des thèmes semblables auraient pu servir de talismans contre les dangers de la mer. Mais Pausanias parle ici d'une statue égyptienne. Le monnayage de bronze d'Érythrées, de l'époque impériale, montre une statue de dieu nu, debout, tourné vers la droite, les jambes jointes et tendues. Le bras droit levé brandit une massue et le gauche tient obliquement une lance ou une perche [194]. Parfois, il figure dans un temple, une fois entre Apollon et Dionysos, pour célébrer l'alliance d'Érythrées avec Chios, et une fois encore en face de Déméter. L. Lacroix ne lui reconnaît pas le caractère égyptien dont parle Pausanias. Sa posture est bien attestée dans la statuaire grecque archaïque et sur des miroirs étrusques. Peut-être l'allure étrange, pour l'époque de Pausanias, de cette statue, que nous qualifierions plutôt d'archaïque ou d'égyptisante, est-elle à l'origine de la tradition relative à sa provenance phénicienne. Étant donné la renommée du culte tyrien de Melqart, tenu déjà par Hérodote pour plus ancien que celui du héros grec, et la profonde influence égyptienne sur l'art phénicien, un *aition* faisant intervenir Melqart aurait pu rendre compte des spécificités du culte érythréen d'Héraclès. Son association à Déméter sur une monnaie et son appellation de Dactyle chez Pausanias donnent à penser qu'il s'agissait à nouveau d'un dieu lié à la fécondité. L'analogie avec Melqart pourrait donc reposer aussi sur cet aspect de son profil. Outre Pausanias, seul Strabon parle du culte d'Héraclès à Érythrées. Il le qualifie d' ἰποκτόνος, parce qu'il aurait débarrassé la région d'un ver qui rongeait les vignes, l' ἴψ [195].

---

[192] C. JOURDAIN-ANNEQUIN, *Héraclès, héros culturel*, dans *Religione e città nel mondo antico (Atti del centro ricerche e documentazione sull'antichità classica* 11 [1980-81]), Rome 1984, p. 9-29, surtout p. 21.
[193] L. LACROIX, *art. cit.* (n. 191), p. 55-57.
[194] ID., *Les reproductions de statues sur les monnaies grecques*, Liège 1949, p. 66-68.
[195] STRABON XIII 1,64.

Face au témoignage de Pausanias, deux attitudes demeurent donc possibles. Soit on en accepte la portée historique et l'on considère que les Phéniciens ont fréquenté les côtes ioniennes, ce qui paraît vraisemblable, mais n'est pas encore établi pour Érythrées[196]. Le récit relatif au radeau tyrien serait alors la transposition sur le mode mythique de l'implantation de Melqart en relation avec les navigations phéniciennes. Soit on considère cette tradition non comme le reflet fidèle de ces données historiques, mais comme l'écho déformé d'un processus de rationalisation d'un culte au profil insolite. La logique étiologique ainsi mise en avant nous dévoilerait la renommée de Melqart à la fois comme dieu ancien et comme dieu de la fertilité, voire comme dieu «itinérant». Pour se prononcer, il faut cerner de plus près la personnalité de l'Héraclès dactyle.

4) *Le Dactyle Idéen*

Après l'étude de C. Grottanelli, en 1972, nous avons essayé à notre tour de clarifier la figure de ce personnage et ses rapports avec Melqart[197]. Nous proposons ici une interprétation ultérieure de ce phénomène. Cicéron mentionne l'Héraclès Dactyle en troisième position dans l'énumération des divers Hercule, juste avant le Tyrien, avec lequel il ne le confond donc pas[198]. Il s'agit d'un membre de la compagnie des Dactyles Idéens, dont le nombre n'est pas fixe (souvent cinq comme les doigts de la main), mais qui ont une physionomie assez précise[199]. Dès Hésiode, on leur attribue diverses inventions, dont celle de la métallurgie, des instruments à vent et des Mystères[200]. Ils exercent un pouvoir magique[201] et vivent dans l'entourage de la mère des dieux, Rhéa, comme associés ou parèdres[202]. Ils font notamment concurrence aux Corybantes et aux Courètes comme protecteurs de Zeus enfant[203].

---

[196] D. VAN BERCHEM, *Sanctuaires d'Hercule-Melqart*, dans *Syria* 44 (1967), p. 107-109. Pour une possible présence phénicienne à Éphèse, cf. A. BAMMER, *Spuren der Phöniker im Artemision von Ephesos*, dans *AnSt* 35 (1985), p. 103-108.

[197] C. GROTTANELLI, *Eracle Dattilo dell'Ida : aspetti «orientali»*, dans *OA* 11 (1972), p. 201-208 ; C. BONNET, *Melqart, Bès et l'Héraclès dactyle de Crète*, dans *St.Phoen.* III, Leuven 1985, p. 231-240.

[198] CICÉRON, *De natura deorum* III 42.

[199] B. HEMBERG, *Die Idäiischen Daktylen*, dans *Eranos* 50 (1952), p. 41-59 ; A. BRELICH, *Gli eroi greci*, Rome 1958, p. 328, 336-338 ; C. JOURDAIN-ANNEQUIN, *art. cit.* (n. 167), p. 287-291.

[200] Hésiode fr. 176 Rzach³ (= PLINE, *HN* VII 197) ; STRABON X 3,12 ; DIODORE V 64 ; APOLL. de Rhodes I 1125 ss et schol. *ad loc.* ; DENYS d'Halicarnasse I 61,4 ; PLUTARQUE, *De mus.* 5.

[201] PORPHYRE, *Vie de Pythagore* 17 ; DIODORE V 64.

[202] DIODORE XVII 7,4 ; APOLL. de Rhodes I 1125 ss ; DENYS d'Halicarnasse I 61,4 ; POLLUX, *On.* II 156.

[203] DIODORE V 64 ; STRABON X 3,22 ; PAUSANIAS V 7,7. Cf. H. VERBRUGGEN, *Le Zeus Crétois*, Bruxelles 1981.

L'appartenance du grand héros hellénique à ce groupe de génies a suscité une certaine perplexité chez les modernes, notamment chez L.R. Farnell[204], qui le rejette du coup dans les oubliettes des fictions pour littérateurs crédules. Or, cet Héraclès Dactyle est associé à un phénomène aussi important que les concours d'Olympie qu'il aurait fondés[205]. Pour Diodore, ce n'est que dans un second temps que le fils d'Alcmène s'appropria cette gloire : à nouveau, les deux Héraclès sont nettement différenciés. À Olympie, il aurait construit le très fameux autel de Zeus fait des cendres et des cuisses des victimes[206]. En compensation de quoi il reçut un culte dans le gymnase d'Olympie, avec l'épiclèse de Παραστάτης, l'«Assistant», en compagnie de ses frères Dactyles[207].

On semble donc autorisé à reconnaître dans cet Héraclès Dactyle une ancienne divinité crétoise, liée à la fertilité et aux Mystères, imprégnée d'une dimension initiatique. Or, il est fort intéressant de relever le fait que Pausanias fait d'un Crétois nommé Phaistos l'initiateur du culte divin d'Héraclès à Sicyone[208]. Des valeurs religieuses minoennes, mises en contact avec le monde mycénien, ont donc survécu dans la religion grecque, à travers cette figure de l'Héraclès Dactyle, un génie crétois de la végétation. Pour comprendre le rapprochement opéré par Pausanias entre ce Dactyle et Melqart, il faut sans doute faire appel aux attributions de Melqart dans le domaine de la fécondité-prospérité, mais il y a lieu de croire que ce processus fut renforcé par la médiation du dieu Bès[209]. Devenu populaire au Nouvel Empire, ce dieu égyptien est en effet un nain joueur, protecteur des enfants. On le représente parfois jouant de la flûte, associé à une femme ou à une mère, voire identifié à elle. De nombreuses amulettes garantissaient sa protection et son pouvoir magique bienfaisant[210]. Les racines figuratives de Bès se trouvent dans l'art mésopotamien du IIIe millénaire av. J.-C., mais il fut adopté en Phénicie au IIe millénaire av. J.-C.

---

[204] L.R. FARNELL, op. cit. (n. 187), p. 125-131.

[205] DIODORE III 74,4 ; PAUSANIAS V 7,7 ; R. VALLOIS, Les origines des jeux olympiques. Mythes et réalités, dans RÉA 28 (1926), p. 305-322 ; P. LEVÊQUE, Des dieux et des jeux d'Olympie, dans RÉG 87 (1974), p. 341-344.

[206] PAUSANIAS V 14,7.

[207] PAUSANIAS VI 23,3.

[208] PAUSANIAS II 10,1. Sur cette question de l'Héraclès-dieu, voir l'ouvrage déjà vieilli d'A. CASTELLUCCIO, Il dio Eracle come espressione di religiosità primitiva, Salerne 1951 ; pour l'héritage créto-mycénien dans la religion grecque P. LEVÊQUE, Le syncrétisme créto-mycénien, dans Les syncrétismes dans les religions de l'Antiquité, Leyde 1975, p. 19 ss ; ID., Les cultes de la fécondité/fertilité dans la Grèce des cités, dans A. BONANNO (éd.), Archaeology and Fertility Cult in the Ancient Mediterranean, Amsterdam 1986, p. 242-256.

[209] V. WILSON, The Iconography of Bes with Particular Reference to the Cypriot Evidence, dans Levant 7 (1975), p. 77-103 ; A.M. BISI, Da Bes a Herakles. A proposito di tre scarabei del Metropolitan Museum, dans RSF 8 (1980), p. 19-42.

[210] F. JESI, Bès initiateur, dans Aegyptus 38 (1958), p. 171-183.

où il acquit une physionomie de maître des animaux. Dans la glyptique chypriote et sur les coupes phéniciennes de Chypre, s'opéra une contamination entre l'iconographie de Bès et celle d'Héraclès, avec, comme toile de fond, l'assimilation Melqart-Héraclès. Est-ce vraiment fortuit si Clément d'Alexandrie situe la découverte de la métallurgie par les Dactyles à Chypre ?[211] Les points de convergence entre Bès et les Dactyles sont assez impressionnants ; ils ne manquent pas entre l'Héraclès Dactyle et Melqart, tous deux plus anciens que le héros grec et agissant dans la même sphère. L'incorporation du premier, originellement un génie crétois lié à la fertilité et associé à une déesse-mère, à la religion grecque s'est donc faite par la voie d'une assimilation à Héraclès. À travers lui se sont maintenues des valeurs naturalistes, incarnées généralement par des déesses associées à des parèdres, couples peu représentatifs de la trifonctionnalité indo-européenne, mais largement attestés en Anatolie et au Proche-Orient d'où ils irradièrent.

G. Corinthe

Certains modernes ont émis l'hypothèse que le héros corinthien Mélicerte serait en réalité une déformation de Melqart[212]. Mélicerte, appelé aussi Palémon, est le fils d'Ino-Leucothéa, la déesse marine dont nous avons parlé précédemment, comme *interpretatio graeca* d'Astarté à Tyr et Pyrgi, aux côtés d'Héraclès-Melqart[213]. Pour échapper à la mort violente qui la menaçait, elle et ses fils, Ino se précipita dans la mer. Un dauphin la recueillit en compagnie de Mélicerte et les conduisit à Corinthe où l'enfant fut enseveli par Sisyphe. Mère et fils devinrent les protecteurs de la navigation et, en l'honneur de Mélicerte, on institua les Jeux Isthmiques[214]. Plusieurs témoignages nous renseignent sur le Palémonion corinthien : on y célébrait, dans un ἄδυτον, des rites secrets, ὄργια[215]. Il s'agissait donc d'un culte chthonien, de type initiatique, comme l'était aussi celui de sa mère, liée à la sphère dionysiaque.

---

[211] CLÉMENT d'Alexandrie I 16,75. Cf. R. BORGEAUD, *L'absence d'Héphaïstos*, dans *Chypre des origines au Moyen Âge*, Genève 1975, p. 159-169, note qu'à Chypre Héphaïstos est remplacé, comme parèdre d'Aphrodite, par une série de petits magiciens liés à la métallurgie.
[212] W.W. BAUDISSIN, *Studien zur semitischen Religionsgeschichte* II, Leipzig 1878, p. 174, 215 ; S. REINACH, *Les Cabires et Mélicerte*, dans *RArch*. 32 (1918), p. 56-61 ; E. MAASS, *Griechen und Semiten auf dem Isthmos von Korinth*, Berlin 1903 ; M.C. ASTOUR, *Helleno-Semitica*, Leyde 1967, p. 209-212 ; J. DUGAND, *Chypre et Canaan*, Nice 1973, p. 203-210.
[213] Cf. *supra*, p. 63-66, 285-286. Cf. notre étude *Le culte de Leucothéa et de Mélicerte en Grèce, au Proche-Orient et en Italie*, dans *SMSR* 52 (1986), p. 51-73.
[214] Ed. WILL, *Korinthiaka*, Paris 1955, *passim*.
[215] PAUSANIAS II 2 ; PLUTARQUE, *Thésée* 25,2 ; PHILOSTRATE, *Imagines* II 16.

Le monnayage corinthien montre à plusieurs reprises son temple rond, flanqué d'un pin, l'arbre sacré des Jeux Isthmiques et de Dionysos[216]. Les fouilles américaines ont permis d'exhumer les traces de ce sanctuaire. On a longtemps cru qu'il ne remontait pas au delà de la période romaine, mais les dégagements plus récents ont laissé entrevoir la possibilité de son existence, à proximité du stade, dès le Vᵉ, voire le VIᵉ siècle av. J.-C.[217]

Pour justifier l'identification entre Mélicerte et Melqart, qui jusqu'ici ne trouve aucun fondement, on a parfois tiré argument d'un passage d'Eusèbe de Césarée, citant Philon de Byblos[218]. Melqart y est orthographié Μελχάρθος. Or, l'éditeur Viger introduisit malencontreusement un -ι, ce qui donna Μελίχαρθος. Le rapprochement, on le comprend, est spécieux. Le second argument, plus fondamental, est celui de l'homophonie évidente entre les deux noms. Cependant, il faut prendre en compte la très probable étymologie grecque du nom de Mélicerte, d'après μέλι, le «miel», puis par extension, «ce qui est doux», et κεράννυμι, «mélanger», comme dans le substantif μελίχρατον désignant, dès Homère, le mélange de miel et d'huile offert dans les sacrifices. On pourrait songer aussi au verbe κείρειν, «tondre, raser, récolter». Quelle que soit l'option retenue et sans négliger l'hypothèse d'une étymologie populaire, on notera avec intérêt que Mélicerte est un anthroponyme historique, attesté par la Souda[219].

Palémon, le second nom de Mélicerte, est aussi une épithète d'Héraclès, mettant en évidence son tempérament de «lutteur». Il est appliqué à Mélicerte en raison du patronage qu'il exerce sur les Jeux et aussi parce qu'il combat contre les éléments naturels pour assurer la protection des marins. En dépit de cette convergence entre Héraclès et Mélicerte, jamais les sources ne font le moindre rapprochement entre eux[220]. Certes Mel-

[216] B.V. HEAD, BMC. Corinth, Colonies of Corinth, Londres 1889, p. 79, 80, 90.

[217] O. BRONEER, Excavations at Isthmia, Third Campaign, 1955-56, dans Hesperia 27 (1958), p. 1-37 ; J.G. HAWTHORNE, The Myth of Palaemon, dans TAPhA 89 (1958), p. 92-98 ; O. BRONEER, Isthmia II. Topography and Architecture, Princeton 1973 ; D.W. RUPP, The Lost Classical Palaimonion Found, dans Hesperia 48 (1979), p. 64-72.

[218] EUSÈBE de Césarée, PE I 10,27.

[219] Souda s.v. Σιμωνίδης (Adler IV 362). Cf. A. FICK - F. BECHTEL, Die griechischen Personennamen, 2ᵉ éd., Göttingen 1894, p. 201, 458 ; W. PAPE - G. BENSELER, Wörterbuch der griechischen Eigennamen II, Graz 1959, p. 889-890 ; P. CHANTRAINE, Dictionnaire étymologique de la langue grecque III, Paris 1974, p. 681-682.

[220] Les fouilles menées en 1953-54 dans le lit asséché de l'Ilissos, à Athènes, par G. MILIADIS, Ἀνασκαφὴ παρὰ τήν κοίτην τοῦ Ἰλισσοῦ, dans Πρακτικὰ τῆς ἐν Ἀθηναῖς ἀρχαιολογικῆς ἑταιρείας 1953 (1956), p. 47-60 ; 1954 (1957), p. 41-49, ont livré les traces d'un sanctuaire en activité du IVᵉ siècle av. J.-C. au IIIᵉ ap. J.-C. Une iconographie héracléenne y est bien attestée, en relation avec un dieu qualifié de Παγκράτης. Un autre dieu est représenté, plus âgé, assis sur un trône, avec une corne d'abondance. Miliadis veut y reconnaître Palémon parce que son nom figure sur un bas-relief. Il ne fait cependant pas de doute qu'il s'agit de Sérapis. Palémon est ici une épiclèse d'Héraclès. Le fait que certaines dédicaces soient l'œuvre de Sidoniens ne prouve nullement l'identification de Palémon-Mélicerte à Melqart-Héraclès.

qart protège aussi les Tyriens dans leurs entreprises sur les mers, mais cela ne suffit nullement à les identifier. Un témoignage de Lycophron rapporte qu'à Ténédos, où son corps aurait échoué, on honorait Mélicerte par des sacrifices d'enfants [221] et l'on a pensé à rapprocher cette donnée du sacrifice *mlk* bien attesté dans le monde punique [222]. Cepedant, les sacrifices humains ne sont pas absents de la religion grecque et semblent en revanche n'avoir aucun rapport avec Melqart [223]. Par ailleurs, dans le mythe, Mélicerte est précisément un enfant victime de la jalousie d'Héra et de la folie de son père. Le rite réactualisait donc le mythe.

Reste un ultime argument d'ordre iconographique. Palémon sur le dos d'un dauphin rappelle bien vaguement les monnaies de Tyr avec le cavalier divin, mais son identité n'est pas assurée et ce motif est assez répandu. Sur un miroir étrusque, un jeune éphèbe à cheval s'avance vers la mer, un dauphin à sa suite [224]. La légende l'identifie comme Herclé, l'Héraclès étrusque, et sa monture est Pégase, *Pakste* [225]. Le dauphin évoque le milieu aquatique dans lequel évolue parfois Herclé ; on n'a donc aucune raison d'y chercher Mélicerte. On doit bien constater que l'hypothèse selon laquelle Mélicerte serait la version grecque de Melqart ne repose sur rien de solide ; la stature de l'un et de l'autre est, du reste, bien différente. Comment expliquer le caractère infantile de Mélicerte par référence à Melqart, le Baal de Tyr ? Cadmos est certes le grand-père de Mélicerte, mais jamais ce dernier n'est rattaché à une contrée orientale, ni ne franchit les limites de la Grèce. Cette conclusion ne présage au demeurant pas de la possibilité d'un passage de Phéniciens à Corinthe où le culte d'Aphrodite Ourania s'accompagnait de la prostitution sacrée [226].

H. Le Mont Œta

«Le puissant Héraclès lui-même n'a pas échappé à la mort ; il était cher entre tous cependant à Sire Zeus, fils de Cronos ; mais le destin l'a vaincu et

---

[221] LYCOPHRON, *Cass.* 229 et scholie de TZETZES *ad. loc.* Palémon y est qualifié de βρεφοκτόνος. Cf. aussi CALLIMAQUE, *Aitia* V 3.

[222] En dernier lieu, M.G. AMADASI GUZZO, *La documentazione epigrafica dal* tofet *di Mozia e il problema del sacrificio* molk, dans *St.Phoen.* IV, Namur 1986, p. 189-207. La portée de ce rite est actuellement objet de débat, cf. S. MOSCATI, *Il sacrificio punico dei fanciulli : realtà o invenzione*, dans *ANLR* 384 (1987), p. 3-15.

[223] A. BRELICH, *Presupposti del sacrificio umano*, Rome 1968 ; A. HEINRICHS, *Human Sacrifice in Greek Religion : Three Case Studies*, dans *Le sacrifice dans l'Antiquité*, Genève 1981, p. 195-235.

[224] J. DE WITTE, *Mélicerte*, dans *Gazette archéologique* 5 (1879), p. 217-222.

[225] Cf. *supra*, p. 292.

[226] A. ROBERTSON, *The Ritual Background of the Dying God in Cyprus and Syro-Palestine*, dans *HThR* 75 (1982), p. 313-359, surtout p. 340-342, soutient l'hypothèse d'un culte d'Adonis à Corinthe.

le courroux cruel d'Héré[227]. Ainsi s'exprimait déjà Achille chez Homère. Le thème de la mort d'Héraclès est donc fort ancien. Dans l'*Odyssée* aussi, Homère met en scène Ulysse rencontrant Héraclès dans l'Hadès, archer redoutable qui fait fuir les morts autour de lui, mais jouit simultanément de l'immortalité dans l'Olympe[228]. Il n'est pas dans nos intentions d'entrer ici dans les détails du statut *post mortem* d'Héraclès chez Homère, mais plutôt de nous interroger sur les circonstances et la signification de sa mort. En prononçant ces paroles à l'adresse de sa mère Thétis, Achille exprime son désir de rejoindre Patrocle dans la mort, puisque tel est, de toute façon, le destin de l'homme. Héraclès est, dans sa bouche, le prototype des mortels, des hommes dont il partagea le sort funeste. Mais d'emblée, Héraclès se situe au-dessus, au delà des hommes puisque, en dépit de sa mort, il jouit de l'immortalité, conformément à une ambiguïté qui constitue la trame même de son personnage[229]. La promotion d'Héraclès après sa mort va être, au fil des siècles et des œuvres, largement explicitée et édifiée. Ainsi Hésiode évoque-t-il l'apothéose d'Héraclès, son mariage avec Hébé, gage de réconciliation avec Héra, son séjour dans l'Olympe, en récompense de l'accomplissement de ses travaux[230]. Partant de là, n'a cessé de se développer le thème du juste souffrant, réhabilité en vertu de ses mérites, thème qui connaîtra un vif succès parmi les écoles philosophiques, mais qui trouve ses racines dans la plus ancienne littérature, que l'on songe à la «*Théodicée babylonienne*» ou au récit des malheurs de Job[231].

La manière dont Homère fait allusion à la mort d'Héraclès permet de supposer que le motif était connu de tous et que le poète en savait sur le héros bien plus qu'il ne le montre. On doit en effet s'interroger sur la manière dont, à l'époque, on se représentait concrètement la mort d'Héraclès. L'épisode du Mont Œta et de son célèbre bûcher apparaît dans l'art au VIᵉ siècle av. J.-C. et est consacré dans la littérature au Vᵉ siècle av. J.-C., avec les *Trachiniennes* de Sophocle[232]. On en conclut généralement

---

[227] HOMÈRE, *Il.* XVIII 117-119 (trad. P. MAZON, Coll. des Univ. de France, Paris 1961). Cf. G. PATRONI, *La morte di Eracle e alcuni aspetti dell'oltretomba*, dans *ANLR* 3 (1927), p. 529-570 ; A. CASTELLUCCIO, *op. cit.* (n. 208) ; M.S. MENKES, *Herakles in the Homeric Epics*, Ann Arbor 1979.

[228] HOMÈRE, *Od.* XI 602-627.

[229] N. LORAUX, *Héraclès*, dans Y. BONNEFOY (éd.), *Dictionnaire des Mythologies* I, Paris 1981, p. 494.

[230] HÉSIODE, *Théog.* V 950-955.

[231] Cf. l'ancienne, mais précieuse étude de E. DES ESSARTS, *Du type d'Hercule dans la littérature grecque*, Paris 1871, et, plus récemment, G.K. GALINSKY, *The Herakles Theme. The Adaptations of the Hero in the Literature from Homer to the 20th Century*, Londres-Southampton 1972. Pour le thème du juste souffrant, cf. J. PAULUS, *Le thème du juste souffrant*, dans *RHR* 121 (1940), p. 18-66 ; J. BOTTÉRO, *Naissance de Dieu*, Paris 1986, p. 167.

[232] F. STOESSL, *Der Tod des Herakles*, Zurich 1945 ; M. EDSMAN, *Ignis divinus*, Lund 1949, p. 233-249 ; F. BROMMER, *Herakles. Die zwölf Taten des Helden in antiker Kunst und Literatur*,

qu'il s'agit d'un aménagement tardif, en tout cas post-homérique du mythe d'Héraclès. Mais alors, faut-il supposer que pour Homère Héraclès mourait autrement ? Cela semble d'autant moins vraisemblable que, dès l'épopée homérique, les Travaux d'Héraclès liés à la quête de l'immortalité et les épisodes précédant la mort sur le bûcher sont, eux, bien attestés. Les fouilles menées dans les années vingt par N. Pappadakis sur le sommet du Mont Œta ont révélé l'existence d'un sanctuaire avec un portique, un autel, un temple et un pyré[233]. Parmi les multiples traces d'holocauste, on a retrouvé divers tessons portant le nom d'Héraclès, ainsi que deux petits bronzes le représentant en dieu combattant et triomphant, le tout du VIᵉ siècle av. J.-C. Ce *temenos* d'Héraclès sur le Mont Œta pose naturellement le problème des rapports entre le mythe et le rite. Le premier aurait-il simplement une fonction étiologique au regard du second ? Certains ont même pensé que le culte pratiqué sur ce site et faisant intervenir le feu n'aurait été relié à Héraclès que dans un second temps. La problématique globale du rapport mythe-rite a fait couler beaucoup d'encre[234]. Aujourd'hui, il semble désormais acquis qu'une approche idéologique, monolithique de cette question débouche sur une impasse, de même qu'il peut être vain, dans certains cas, de poser la question en terme de genèse des deux phénomènes, méconnaissant de la sorte les connexions qui seules étaient significatives pour les fidèles. C. Kluckhohn, dans son fameux article sur le sujet, comparait ce problème à celui de l'œuf et de la poule et il est vrai que, dans notre cas, nous ne disposons pas d'éléments suffisants pour retracer un processus historique. Cependant, la cohérence de l'épisode par rapport à l'ensemble du mythe d'Héraclès et la symbolique mise en œuvre vont difficilement de pair avec un récit artificiellement créé pour rendre compte d'un rite.

Ainsi G. Dumézil discerne-t-il, dans le mythe d'Héraclès, une triade de feux successifs dont celui de l'Œta est l'expression paroxysmique[235]. Le

---

Münster 1953 ; H.A. SHAPIRO, *Heros Theos : the Death and Apotheosis of Heracles*, dans *CW* 77 (1983), p. 7-18.

[233] N. PAPPADAKIS, dans *Arch.Delt.* 5 (1919), p. 25 ss ; dans *BCH* 1920, p. 392 ss ; 1921, p. 532 ss ; 1923, p. 522. Un passage de TITE-LIVE XXXVI 30 y fait allusion. Cf. M.P. NILSSON, *Der Flammentod des Herakles auf dem Oite*, dans *Archiv für Religionswissenschaft* 21 (1922), p. 310-316 ; ID., *Fire-Festivals in Ancient Greece*, dans *JHS* 63 (1923), p. 144-148 ; J.H. CROON, *Artemis Thermia and Apollo Thermios with an Excursus on the Oetean Heracles Cult*, dans *Mnémosyné* 9 (1956), p. 193-220 ; Y. BEQUIGNON, *La vallée du Spercheios des origines au IVᵉ siècle avant J.-C.*, Paris 1937, p. 206-215.

[234] C. KLUCKHOHN, *Myth and Rituals. A General Theory*, dans *HThR* 35 (1942), p. 45-79 ; D. SABBATUCCI, *Il mito, il rito e la storia*, Rome 1984 ; ID., *Miti di passaggio e riti delle origini*, dans U. BIANCHI (éd.), *Transition Rites. Cosmic, Social and Individual Order*, Rome 1986, p. 63-68.

[235] G. DUMÉZIL, *Mythe et épopée* II, Paris 1971, p. 117-124 ; ID., *L'oubli de l'homme et l'honneur des dieux*, Paris 1985, p. 71-79.

premier feu, lié à la troisième fonction dumézilienne, est celui que véhicule la tunique de Nessos. C'est en effet pour regagner à elle un époux adultère que Déjanire la lui offre : ce vêtement brûle d'un feu pernicieux, sensuel, invisible. Pour y mettre un terme, en proie à d'insupportables tourments, Héraclès décide, sur les conseils de l'oracle de Delphes, de s'immoler sur un bûcher, au sommet du Mont Œta. C'est quand il se consume d'un feu bien réel et belliqueux — Héraclès n'a-t-il pas revêtu, pour la circonstance, sa cuirasse ? — qu'intervient le troisième feu, le feu souverain et surnaturel, sous la forme de la foudre de Zeus qui le transporte au ciel. Pour G. Dumézil, cette structure tripartie ne saurait être fortuite, sensible qu'elle est à plusieurs niveaux du discours[236]. L'épisode tout entier révèle donc l'éventail des potentialités du feu : châtiment et purification, mort et apothéose.

C'est aussi au symbolisme du feu que s'est intéressée M. Delcourt[237]. Elle a montré que, si dans les rites romains, comme les *Parilia*, le feu a un rapport évident avec la fécondité, la Grèce par contre «*a récusé le feu (...), elle lui a dénié les valeurs que tant d'autres peuples lui ont reconnues*»[238]. Souvent dans la mythologie grecque, plutôt que de régénérer, le feu tue. Héraclès y jette ses enfants, non pour les rendre immortels, mais pour les supprimer, ce qu'a bien compris Euripide qui remplace le feu par des flèches et un couteau. Le bûcher royal qui recouvre généralement un rite d'immortalisation du roi défunt est rabaissé au rang d'acte avilissant. Ainsi celui de Crésus qui n'est qu'un suicide. Les personnages liés au feu sont régulièrement dénigrés ; Héraclès pourtant fait exception dont le mythe contraste avec «*la malignité des légendes archaïques où l'épreuve du feu échoue invariablement*»[239]. Il est vrai que, dans les systèmes philosophiques grecs, le feu est associé à l'idée de conflagration universelle. On ne peut par ailleurs ignorer que certaines traditions helléniques, par exemple à Éleusis, liait le feu et l'immortalité.

Pour quelles raisons Héraclès trouve-t-il précisément sur un bûcher une issue à la fois fatale et heureuse ? A-t-on recouru à un motif proche-oriental et s'est-on plus spécifiquement inspiré de l'*egersis* de Melqart ? La Grèce a connu divers rites du feu et la Thassalie en particulier abritait de telles cérémonies. Il n'est donc pas interdit de penser que l'une d'elles fut associée à Héraclès dont la mort pouvait dès lors être «mise en scène» dans cette zone.

---

[236] Niveau des «allumeurs» : Nessos, Philoctète, Zeus ; étages de l'univers impliqués : monde chthonien, terre, ciel ; legs faits par Héraclès : sa maîtresse à son fils, ses armes à Philoctète, sa personne à son père.

[237] M. DELCOURT, *Pyrrhos et Pyrrha*, Paris 1965.

[238] *Ibid.*, p. 66.

[239] *Ibid.*, p. 75.

De manière unanime, artistes et écrivains grecs attribuent au feu le pouvoir de libérer l'élément divin d'Héraclès et d'anéantir sa partie humaine[240]. Le feu n'est donc pas simplement l'instrument de sa mort, ni non plus celui de son apothéose : il en crée les conditions. Ce n'est que plus tard, à l'époque romaine, que le feu comme tel deviendra un outil d'immortalisation. Dans l'*egersis* de Melqart, le feu anéantissait aussi le dieu, prémices à son retour à la vie et à l'efficience, comme protecteur de la cité dont il est le Roi. Il est donc pour l'un et l'autre le même instrument ambivalent de vie et de mort. Ces analogies sont-elles suffisantes pour rapprocher, non plus sur le plan de la typologie, mais d'un point de vue historique, le rite de l'*egersis* et le bûcher de l'Œta ? Arguer dans ce sens du caractère prétendument tardif du mythe de la crémation d'Héraclès n'est pas une démarche satisfaisante. Défendre l'hypothèse d'un emprunt direct à la religion phénicienne ne reposerait que sur une approche phéno-ménologique risquant de nous engager dans ce que M. Sznycer dénonce comme le «*comparatisme sauvage*»[241]. En effet, prendre en compte la seule présence d'un bûcher dans l'un et l'autre cas, c'est mettre en avant une convergence que Melqart et Héraclès partagent avec bien d'autres person-nages de diverses mythologies, le feu étant un instrument traditionnel de passage d'un état à l'autre ; c'est surtout masquer le fait que l'un et l'autre s'enracinent, indépendamment, dans des ensembles culturels fondamentale-ment différents. Héraclès, grâce au feu, connaît l'apothéose, la jeunesse immortelle dans l'Olympe et reçoit à partir de ce moment un culte, mettant en évidence tel ou tel trait de sa personnalité : son caractère belliqueux, prophylactique, endurant, funéraire, panhellénique[242]... Melqart, qui est un dieu à part entière et domine le panthéon de sa ville, après son passage par le feu, revient à la vie par l'intermédiaire probable d'une hiérogamie où interviennent des substituts du Roi et d'Astarté. Il est ainsi promu annuellement au rang d'ancêtre royal divinisé, prototype et garant du roi en fonction, dont il sanctionne le pouvoir. On ne peut négliger le poids considérable de ces différences. Vouloir limiter un emprunt au seul rôle

---

[240] J. BOARDMAN, *Herakles in Extremis*, dans E. BÖHR - W. MARTINI (éd.), *Studien zur Mytho-logie und Vasenmalerei, Konrad Schauenburg zum 65. Geburtstag am 16. April 1986*, Mainz am Rhein 1986, p. 127-132.

[241] M. SZNYCER, *Sémites occidentaux*, dans Y. BONNEFOY (éd.), *Dictionnaire des mythologies* II, Paris 1981, p. 426.

[242] G. PICCALUGA, *La mitizzazione del Vicino Oriente nelle religioni del mondo classico*, dans H.-J. NIESSEN - J. RENGER (éd.), *Mesopotamien und seine Nachbarn*, Berlin 1982, p. 573-612, sur-tout p. 594 et n. 125-126, remarque que le massacre des Thermopyles a eu lieu non loin de l'Œta, ainsi chargé négativement, tandis que Marathon est le siège d'un culte divin à Héraclès. Il existe donc une symbiose étonnante entre la géographie du culte du héros et les aléas des Guerres Médiques.

du feu, c'est enfin oublier que la Grèce elle-même a connu diverses célébrations au cours desquelles des animaux et des effigies étaient jetés au feu,
en l'honneur d'une série de divinités promouvant la pérennité des forces
vives[243]. Par conséquent, il ne nous semble pas fondé de voir dans le
bûcher de l'Œta un simple décalque de celui de Melqart lors de l'*egersis*,
même si ce trait commun a indubitablement contribué à faciliter, voire renforcer le rapprochement entre eux.

---

[243] M.P. Nilsson, *art. cit.* (n. 233), p. 144-148 ; A. Castelluccio, *op. cit.* (n. 208), *passim.*

DEUXIÈME PARTIE :

L'APPROCHE HISTORICO-RELIGIEUSE
DE MELQART

A. L'assimilation de Melqart à Héraclès

1. Introduction

Nous nous proposons ici de clarifier une problématique centrale dans l'étude de Melqart, celle de son assimilation à Héraclès. C'est Hérodote, le premier, qui la formule explicitement, au Ve siècle av. J.-C. Cependant, l'historien d'Halicarnasse n'en fournit pas la clé : il en parle comme d'un phénomène acquis et souligne, simultanément, ce qui, en dépit de ce rapprochement, continue de différencier l'un et l'autre. L'Héraclès grec est un héros, le Tyrien est un dieu ; le premier est récent, le second est ancien, antérieur au moins de cinq générations au fils d'Amphitryon. Même si Hérodote cristallise une réalité en vérité plus nuancée, il ne s'agit donc pas tant d'identifier totalement Melqart à l'Héraclèc grec, mais de relever leur commune appartenance à la «catégorie» héracléenne, dont il importe par conséquent de faire ressortir les traits spécifiques.

Dans un récent ouvrage sur la religion chez Hérodote, F. Mora en vient à confirmer ce que chacun pouvait logiquement pressentir : Hérodote procède par assimilations fonctionnelles ayant pour point de départ les attributions grecques des divinités concernées[1]. Dans le cas qui nous occupe, c'est donc Melqart qui a été rapporté à Héraclès. Il importera dès lors de s'interroger à deux niveaux, en se demandant d'une part ce qui, aux yeux des Grecs, était le noyau de la figure d'Héraclès, son «essence» (si tant est que l'on puisse utiliser ce terme en histoire des religions), la physionomie particulière qui lui donnait son identité, en nous efforçant de comprendre, d'autre part, comment cette base a favorisé le rapprochement avec Melqart, ce qui signifie chercher dans le Baal de Tyr les traits qui l'apparentent à cet Héraclès «idéal».

Trois voies devront être explorées. D'une part, celle du contexte mythologique dans lequel Héraclès est mis en scène, pour établir si l'existence de cycles mythiques présentant des similarités pourrait avoir constitué la base de l'assimilation. D'autre part, celle qui passe par une analyse spécifique de la physionomie d'Héraclès et de Melqart, afin de déterminer si des affinités fonctionnelles profondes, des traits constitutifs de leur personnalité ne donneraient pas la clé du phénomène. Enfin, celle de l'iconographie, car l'image du personnage surhumain combattant le lion est retenue par certains comme commune aux deux Héraclès.

---

[1] F. MORA, *Religione e religioni nelle storie di Erodoto*, Milan 1986.

2. Le contexte mythologique

Dans sa récente étude sur l'interprétation phénicienne d'Héraclès et d'Apollon, J. Teixidor a énoncé l'idée que *«l'assimilation de Melqart, dieu, à Héraclès, héros, ne put donc se fonder que sur les éléments héroïques que l'une et l'autre biographies auraient comportés»*[2]. Si nous marquons notre accord sur la nature «héroïque» de Melqart, que nous expliciterons ultérieurement[3], il ne nous semble pas acquis que celle-ci résulte de sa «biographie», c'est-à-dire de l'accomplissement d'exploits comparables à ceux d'Héraclès. À l'heure actuelle, en effet, rien ne nous autorise à postuler l'existence d'un mythe relatant *«la vie et les œuvres»* de Melqart, dans la même veine, selon J. Teixidor toujours, que les mythes ougaritiques de Baal, Keret ou Aqhat. On ne peut nier la profonde continuité existant entre l'idéologie religieuse de l'Âge du Bronze, marquée particulièrement par le culte des ancêtres divinisés, et celle de la Phénicie du Iᵉʳ millénaire. Mais il nous paraît en tout état de cause périlleux de rendre compte de l'assimilation de Melqart à Héraclès par un soi-disant cycle mythique de Melqart dont aucune trace ne nous est parvenue. En dépit du fait que l'argument *a silentio* est d'un usage délicat, n'est-il pas significatif qu'Hérodote, lors de sa visite du sanctuaire de Tyr, ait reçu des prêtres des informations sur la fondation du culte, contemporaine de celle de la ville, mais ne fasse la moindre allusion à une mythologie relative à ce dieu ? Le Baal de Tyr est certes mis en scène dans l'un ou l'autre épisode de fondation, celui de Gadès, de Carthage ou de Tyr. Mais ces récits ont transité par les sources gréco-romaines qui ont fort probablement remodelé une tradition originale en fonction d'un schéma narratif très fréquent dans les mythes de fondations classiques. Par ailleurs, on insistera sur la dimension étiologique au regard du rite des rares mythes où intervient Melqart : celui de sa mort et résurrection par les cailles crée, à nos yeux, le modèle de l'*egersis* où intervient la Caille, Ortygia-Astéria, c'est-à-dire Astarté ; les récits de fondation en font un dieu oraculaire ou colonial, de sorte que l'horizon sémantique de ces mythes est extrêmement limité. On est loin de la richesse des mythes d'Ougarit. Cette constatation n'est du reste pas seulement valable pour Melqart. Les recherches de S. Ribichini ont mis en évidence la dimension préférentiellement rituelle de la religion phénicienne du Iᵉʳ millénaire av. J.-C. L'activité mythopoétique vivante et opérante semble s'y être réduite sensiblement. Les textes sacrés sont alors préservés dans les

---

[2] J. Teixidor, *L'interprétation phénicienne d'Héraclès et d'Apollon*, dans *RHR* 200 (1983), p. 243-255.

[3] Cf. déjà, dans ce sens, S. Ribichini, *Poenus advena*, Rome 1985, p. 19-40, 129-145 et *infra*, p. 418-434.

archives des sanctuaires ou des palais et constituent une matière à usage de l'élite sacerdotale, le rite seul réactualisant le temps fondateur du mythe. Sans vouloir exclure totalement l'existence d'un cycle mythique constitué à Tyr autour de la figure du Roi de la Ville, il est préférable, à ce jour, de ne pas spéculer sur celui-ci pour expliquer l'assimilation de Melqart à Héraclès.

Dans le même article, J. Teixidor défend l'hypothèse d'une initiative phénicienne dans le processus de rapprochement. Grecs et Phéniciens se sont de tous temps, ou presque, fréquentés en Méditerranée ; saisir les acteurs et le théâtre de l'assimilation est chose impossible. L'auteur propose Thasos et le VIIe siècle av. J.-C. Chypre pourrait tout aussi bien faire l'affaire : nous n'en savons rien. Que l'un et l'autre peuple y aient pris leur part d'initiative est fort probable ; cependant, nous sommes tributaires de l'origine gréco-romaine de nos sources sur Héraclès-Melqart, qui nous imposent une certain point de vue. Indépendamment de cela, nul n'ignore l'ethnocentrisme des Grecs. Par la voie des assimilations religieuses, ils cherchaient à helléniser, à se rendre familiers de multiples divinités de panthéons étrangers. À l'opposé, les Phéniciens se montrèrent très réceptifs aux cultures environnantes, égyptienne et grecque en particulier ; à Tyr même, Melqart prit le visage d'Héraclès. Bref, on est confronté ici à un phénomène cumulatif et réciproque d'assimilation profonde.

Nos sources étant quasi muettes sur les aventures de Melqart, on a cherché au cycle héracléen des antécédents proche-orientaux. B.C. Brundage a avancé l'idée que le mythe d'Héraclès est un décalque de celui de Gilgamesh[4]. Les deux cycles se rencontrent en effet sur plusieurs points : le thème du voyage, de la chasse, de la lutte... De telles affinités, communes aussi à Ninurta et Héraclès, partagées du reste avec certains mythes de la religion indo-européenne, sont toutefois beaucoup trop générales pour signifier quoi que ce soit au niveau historique, sinon une certaine unité de l'histoire humaine.

Cela dit, il serait absurde de nier que certains épisodes du mythe d'Héraclès trouvent leur modèle au Proche-Orient : c'est le cas notamment du combat contre l'Hydre de Lerne, qui apparaît en Grèce vers le milieu du VIIe siècle av. J.-C.[5] Mais ce courant culturel est très puissant à l'époque

---

[4] B.C. BRUNDAGE, *Herakles the Levantine*, dans *JNES* 17 (1958), p. 225-236 ; cf. aussi G.R. LEVY, *The Oriental Origin of Herakles*, dans *JHS* 54 (1934), p. 40-53 ; J. VAN DIJK, *LUGAL UD ME-LÁM-bi NIR-ĜÁL* I, Leyde 1983, p. 17-19, pour le rapprochement avec les «travaux» de Ninurta et W. BURKERT, *Oriental and Greek Mythology : the Meeting of Parallels*, dans J. BREMMER (éd.), *Interpretations in Greek Mythology*, Londres 1987, p. 10-40, surtout p. 14-19.

[5] A.M. BISI, *L'Idra. Antecedenti figurativi orientali di un mito greco*, dans *Cahiers de Byrsa* 10 (1964-65), p. 21-42 ; G. AHLBERG-CORNELL, *Herakles and the Sea-Monster in Attic Black-Figure Vase-Painting*, Stockholm 1984.

archaïque : il n'est pas propre à Héraclès et ne rend nullement compte de l'ensemble d'un mythe dont la complexité est avouée par tous. Pour essayer de voir clair dans cette multitude d'épisodes, les Grecs ont précisément élaboré le cycle des *erga* ou *athloi*, des *parerga* et des *praxeis*. Les modernes de leur côté ont tenté d'y déceler une logique[6]. L'optique dans laquelle ils ont œuvré a suscité un cinglant commentaire de la part de G. Dumézil qui regrette le *«désolant traitement (...) depuis plusieurs générations, et qui s'aggrave à chacune»*[7]. Ce qui a effectivement largement prévalu, c'est l'étude analytique, descriptive des divers faits et gestes du héros. Comme un chapelet d'aventures désarticulées, associées à une litanie plus longue encore de sources et de variantes, les études sur Héraclès énuméraient, décortiquaient, mais n'interprétaient que très rarement. Dans cet exposé, nous nous en tiendrons aux principales voies dégagées, afin de rendre le lecteur sensible la difficulté de réduire le mythe héracléen à *une* logique, donc *a fortiori* à *un* soi-disant modèle proche-oriental.

M.P. Nilsson s'est attaché à souligner la cohérence du cadre géographique dans lequel s'opèrent les premiers travaux[8]. Ils se déroulent en effet dans les centres mycéniens du Péloponnèse, auxquels il faut ajouter Thèbes qui revendique, comme Argos et Tirynthe, la paternité du héros. On en déduit logiquement qu'à l'époque mycénienne, une tradition orale devait circuler au sujet des exploits d'un homme doué d'une force exceptionnelle[9]. Chaque conteur récitait ses aventures et puisait à la géographie du

---

[6] Cf. en particulier, E. Des Essarts, *Du type d'Hercule dans la littérature grecque*, Paris 1871 ; J.E. Harrison, *Themis. A Study of the Social Origins of Greek Religion*, Cambridge 1912, p. 364-374 ; O. Gruppe, *Herakles*, dans *PW* suppl. III, Stuttgart 1918, col. 910-1121 ; C. Robert, *Die griechische Heldensage*, Berlin 1921 ; B. Schweitzer, *Herakles. Aufsätze zur griechischen Religions- und Sagengeschichte*, Tübingen 1922 ; M.P. Nilsson, *The Mycenaean Origin of Greek Mythology*, Berkeley 1932 ; A. Castelluccio, *Ricerche sul mito di Eracle e Deianira. La figura di Eracle dalle origini a Sofocle*, Salerne 1937 ; M. Delcourt, *Légendes et cultes de héros en Grèce*, Paris 1942 ; R. Flacelière - P. Devambez, *Héraclès. Images et récits*, Paris 1966 ; J. Schoo, *Hercules' Labors, Fact or Fiction*, Chicago 1969 ; G. Dumézil, *Heur et malheur du guerrier*, Paris 1969, p. 89-96 ; F. Brommer, *Herakles. Die zwölf Taten des Helden in antiker Kunst und Literatur*, 2e éd. Darmstadt 1972 ; G.K. Galinski, *The Herakles Theme. The Adaptations of the Hero in Literature from Homer to the 20th Century*, Londres-Southampton 1972 ; F. Prinz, *Herakles*, dans *PW* suppl. XIV, Stuttgart 1974, col. 137-196 ; N. Loraux, *Héraclès*, dans Y. Bonnefoy (éd.), *Dictionnaire des mythologies* I, Paris 1981, col. 492-498 ; F. Brommer, *Herakles II. Die unkanonischen Taten des Helden*, Darmstadt 1984 ; F. Bader, *De la préhistoire à l'idéologie tripartie : les Travaux d'Héraclès*, dans R. Bloch et alii, *D'Héraklès à Poséidon. Mythologie et protohistoire*, Genève 1985, p. 9-124. On se rappelera Aristote, *Pol.* VIII 1451a 16 soulignant la pluralité du mythe d'Héraclès : *«le mythe n'est pas un du fait qu'il n'y a qu'un héros (...). Ils semblent s'être trompés les auteurs de Vie d'Héraclès (...) car ils croient que, du fait même qu'il n'y a qu'un héros, la fable aussi est nécessairement une»*.

[7] G. Dumézil, *op. cit.* (n. 6), p. 89.

[8] M.P. Nilsson, *op. cit.* (n. 6).

[9] C. Brillante, *La leggenda eroica e la civiltà micenea*, Rome 1981, *passim*.

temps le cadre des événements. De cette période, il se peut fort bien que le mythe héracléen ait gardé d'autres traces que des toponymes. Une enquête approfondie devrait être en mesure de nous en dire davantage, mais on peut songer d'emblée à la place de la royauté dans le cycle héracléen.

Si le mythe d'Héraclès s'est longtemps caractérisé par une fluidité structurelle, ceci ne signifie pas qu'il n'existait pas déjà un propos «logique» sous-jacent. Selon G. Dumézil, la floraison d'épisodes tous azimuts ne doit pas dissimuler le canevas, la trame qu'il identifie, pour sa part, comme trifonctionnelle[10]. La carrière d'Héraclès, héros de la deuxième fonction, se répartirait en trois sections, ouvertes chacune par un péché nécessitant une expiation par l'accomplissement de travaux. Le premier péché est l'hésitation à obéir à l'ordre de Zeus d'exécuter les tâches édictées par Eurysthée, le roi d'Argos. Il s'agit d'un péché contre la première fonction, qui provoque la détérioration de la santé mentale du héros : il tue ses propres enfants. Le second péché, contre la deuxième fonction, est le meurtre lâche d'un ennemi, Iphitos, qui entraîne la maladie physique d'Héraclès. Il en guérira après son esclavage chez Omphale. Le troisième péché, enfin, contre la fonction correspondante, c'est la passion adultère pour Iole, qui le conduit à la mort sur le bûcher. Pour G. Dumézil, il semble difficile de croire que des compilateurs tardifs, chez qui nous lisons le mythe, aient créé de toutes pièces un cadre si cohérent, à une époque où l'on avait perdu le souvenir de l'antique structure tripartie. Car, l'idée dont J. Schoo se fait l'écho, selon laquelle l'ensemble de ces récits avait perdu son sens et fonctionnait au fond comme de simples «histoires», est fallacieuse[11]. On peut sans doute hériter d'une structure tripartie, sans jamais la véhiculer consciemment, mais on ne peut reproduire un mythe vide de sens. Que celui-ci ait évolué, qu'il ait fait l'objet de réajustements, c'est ce que nous nous emploierons à montrer dans la suite, mais le maintien du processus de création mythopoétique autour de la figure d'Héraclès, durant des siècles, montre assez que le mythe n'a jamais cessé d'être fonctionnel. Le visage du mythe fut logiquement remodelé en fonction des préoccupations existentielles, imaginaires ou réelles, des «consommateurs» et c'est la raison pour laquelle une approche historique du mythe d'Héraclès constitue un complément indispensable à l'étude phénoménologique. Dans le cas d'Hé-

---

[10] G. DUMÉZIL, *op. cit.* (n. 6), p. 89-96 ; ID., *L'oubli de l'homme et l'honneur des dieux*, Paris 1985, p. 71-79. Cf. C. JOURDAIN-ANNEQUIN, *Héraclès Parastatès*, dans *Les grandes figures religieuses. Fonctionnement pratique et symbolique dans l'Antiquité*, Paris 1986, p. 283-331, surtout p. 314, qui songe plutôt à une récupération indo-européenne du modèle de l'initié pour en faire le prototype du héros guerrier.
[11] J. SCHOO, *op. cit.* (n. 6).

raclès, les problèmes d'exégèses proviennent justement du fait qu'il porte en lui plusieurs messages, et non qu'il est «exangue» de sens.

Le mérite de F. Bader, dans sa récente étude sur les travaux d'Héraclès, aura été de dégager et de décrypter une pluralité de niveaux dans la lecture du mythe[12]. L'auteur identifie en effet un discours cosmologique, qui vise à fonder la taxinomie de l'environnement (animaux, eau, soleil...) et fait d'Héraclès le garant de l'ordre cosmique ; un discours historique, qui relate la maîtrise progressive de la chasse, des techniques néolithiques, de l'agriculture, la domestication des espèces ; enfin un discours fonctionnel, qui définit la morale et les modes de comportement d'un guerrier, destructeur de monstres, mais aussi prédateur solitaire et autonome, ne devant pas mettre en péril l'équilibre de subsistance de ses congénères. Au terme de sa vie, de son *initiation*, le héros de la deuxième fonction réaffirme la préséance de la première, par sa soumission à Zeus et Héra, ainsi que le manifeste son nom tel qu'il était interprété par certains, *Héra-clès*, «celui qui tient sa gloire d'Héra»* et, grâce à elle, l'immortalité[13]. Ainsi interprété, le mythe d'Héraclès acquiert une «épaisseur» logique trop souvent occultée par le foisonnement des détails. On n'est du reste pas loin de penser que ce sont les contradictions mêmes du tempérament héracléen qui en constituent l'identité héroïque. Il s'impose comme un mythe à plusieurs voix et nous permet de mesurer, *au niveau de l'affabulation mythique*, toute la distance qui le sépare de Melqart. Le Baal de Tyr, par son culte, perpétue, sanctionne, garantit aussi *l'ordre des choses*, mais il le fait selon des modalités et dans un système culturel *fondamentalement différent* de l'univers grec.

3. Les affinités fonctionnelles

Dater la «création» d'Héraclès est chose impossible, vaine, voire inutile[14]. Après une phase, obscure pour nous, d'élaboration et de circulation orale de son mythe, dans le cadre d'un répertoire assez mouvant d'aventures, intervint une mise par écrit. Le premier témoin en est

---

[12] F. BADER, *art. cit.* (n. 6), p. 9-124.

[13] L'interprétation du nom d'Héraclès par *«celui qui tient le* kleos *d'Héra»* est donnée déjà par les sources anciennes ; c'est donc qu'Héraclès était perçu comme tel dès l'Antiquité. Cf. N. LORAUX, *Héraklès : le surmâle et le féminin*, dans *Revue française de psychanalyse* 4 (1982), p. 697-729, surtout p. 722-723. Elle insiste sur l'ambivalence du nom signifiant simultanément *«glorieux par Héra»* et *«celui par qui la gloire advient à Héra»*. On réduirait sans doute la réalité si l'on cherchait à annuler cette tension sémantique. Cf. aussi W. PÖTSCHER, *Der Name des Herakles*, dans *Emerita* 39 (1971), p. 169-184 ; J. HAUDRY, *La religion cosmique des Indo-Européens*, Milan-Paris 1987, p. 188, 189, 208-214.

[14] F. BADER, *art. cit.* (n. 6), p. 42 : le rejet dans le temps mythique d'épisodes de chasse correspondrait à un amoindrissement de l'importance de la chasse, au profit de la guerre.

Homère[15]. Dès la fin du XIXe siècle, E. Des Essarts dressait le portrait de l'Héraclès homérique : héros audacieux, au cœur de lion, archer téméraire, révolté contre les dieux, destructeur violent, guerrier arrogant et puissant, qui accéda à une forme d'immortalité. Au sujet d'Héraclès, Homère en sait plus qu'il n'en dit : il procède par allusions. Or, en l'espace de quelques siècles, ce personnage brutal va se métamorphoser en porte-drapeau de l'hellénisme, en colon audacieux, en intrépide pionnier de la civilisation[16]. Dès Hésiode, le profil agressif du héros est adouci : il incarne la force certes, mais bienfaisante, au service d'un projet divin. Exécuteur des travaux, il purge le monde des monstres et acquiert une aura morale qui ne cessera de s'amplifier jusqu'à faire de lui, qui *«ne rêvait que plaies et bosses»*[17], le modèle du juste souffrant et de la perfection humaine. Une sorte d'hagiographie avant la lettre transforma son mythe en *légende*, au sens étymologique du terme auquel nous nous sommes ralliée dans notre introduction, fournissant un *exemplum*.

Entre Hésiode et Pindare, divers auteurs traitèrent d'Héraclès dont ne nous sont parvenus que des fragments insuffisants pour percer leur approche du personnage : parmi ceux-ci, Pisandre de Rhodes, l'inventeur présumé de la massue héracléenne, et Panyassis d'Halicarnasse, le parent d'Hérodote[18]. Il aurait été intéressant de voir si l'Asie Mineure, d'où les Grecs essaimèrent largement et qui jouait un rôle déterminant dans les échanges à haute époque, avait contribué, au VIe siècle av. J.-C., à forger l'image du héros civilisateur. Pindare, le poète thébain, témoigne en tout cas d'un profond remodelage de la figure d'Héraclès. La vile besogne de l'homme à tout faire d'Eurysthée s'est muée en une entreprise de reconnaissance des confins du monde. Le goinfre, le buveur devient un paradigme de la civilisation. Désormais, Héraclès est réinterprété en une figure de voyageur par excellence, celui qui arpente et balise de ses aventures le monde grec ou revendiqué comme tel. C'est chez Pindare qu'apparaissent pour la première fois les fameuses Colonnes d'Héraclès, symbole de la nouvelle orientation du mythe. L'origine thébaine du poète montre assez que

[15] *Il.* II 657-660, V 392-404, 638-642, XI 690-691, XIV 249-256, XV 24-30, XVIII 117-119, XIX 95-133 ; *Od.* VIII 224. Cf. M.S. MENKES, *Herakles in the Homeric Epics*, Ann Arbor 1979.
[16] Cf. E. DES ESSARTS, *op. cit.* (n. 6) ; R. DION, *Mythe au service de la Patrie : la promotion d'Hercule*, dans *Antiquités nationales et internationales* 3 (1962), p. 13-30 ; L. LACROIX, *Héraclès, héros voyageur et civilisateur*, dans *Bulletin de la Classe des Lettres et des Sciences morales et politiques de l'Académie royale de Belgique* 60 (1974), p. 34-59 ; C. JOURDAIN-ANNEQUIN, *Héraclès en Occident. Mythe et histoire*, dans *DHA* 8 (1982), p. 227-282 ; EAD., *Héraclès, héros culturel*, dans *Religione e città nel mondo antico* (= *Atti del Centro Ricerche e Documentazione sull'Antichità classica* 11 [1980-81]), Rome 1984, p. 9-29, et sa thèse à paraître sur Héraclès en Occident.
[17] L. LACROIX, *art. cit.* (n. 16), p. 35.
[18] V.J. MATTHEWS, *Panyassis of Halicarnassos*, Leyde 1974 ; L.A. OKIN, *Herodotus' and Panyassis' Ethnics in Duris of Samos*, dans *Échos du monde classique* 26 (1982), p. 21-33.

c'est bien la *«grécité»* d'Héraclès qui est ainsi exacerbée. L. Lacroix et C. Jourdain-Annequin ont fort bien cerné la physionomie de ce chevalier errant qui a parcouru le monde et fondé mainte cités [19]. De l'Espagne à l'Inde, pas une région n'a manqué de se l'approprier, à moins que ce ne soit l'inverse [20]. Mais souvent, le même schéma narratif préside à son arrivée : le bon Grec qu'est Héraclès apporte les bienfaits de la civilisation aux Barbares qui n'en évaluent pas toujours la valeur. Un des leurs, un être impie, cruel, sans foi ni loi, défie Héraclès, qui le supprime pour le bien de tous [21]. Bref, Héraclès est le symbole de l'*acculturation*.

L'action du héros ne consiste donc plus seulement à purifier ou pacifier, mais aussi à coloniser, dans tous les sens du terme. La dimension étiologique de ce volet du mythe est évidente : Héraclès fonde le modèle du mouvement historique de colonisation et d'extension de la *polis* en Méditerranée. Le bricolage sur le mythe en fait l'archégète des colons grecs. C'est la logique du *«mito di precedenza»*, selon l'expression judicieuse de M. Giangiulio, qui légitime toutes les entreprises d'implantation. Elle se manifeste encore dans la volonté de rattacher à Héraclès diverses lignées ethniques grecques ou «barbares» [22], en donnant du monde une vision et une genèse panhelléniques.

On est naturellement enclin à se demander quel impact a pu avoir dans ce processus l'assimilation de Melqart à Héraclès. Nous avons amplement développé la dimension «coloniale» de Melqart, dieu tutélaire des Tyriens d'Orient et d'Occident. Que ce soit en Afrique, en Espagne ou en Sicile, la *superposition* de la géographie du *culte* de Melqart et du *mythe* d'Héraclès autorise à penser qu'une forme de concurrence les a opposés, à l'instar de la compétition commerciale que se livraient Grecs et Phéniciens. Ailleurs aura prévalu une cohabitation pacifique, résultant de leur profonde assimilation et du caractère mixte de la société pratiquant le culte des deux Héraclès.

---

[19] L. Lacroix, *art. cit.* (n. 16), p. 34-59 ; C. Jourdain-Annequin, *art. cit.* (n. 16), p. 227-282, 9-29. Sur Pindare plus sépcialement, cf. D.L. Pike, *Pindar's Treatment of the Heracles Myth*, dans *Acta classica* 27 (1984), p. 15-22 ; P. Vivante, *Héraclès chez Pindare*, dans *Actes du IIIᵉ Congrès sur la Béotie antique*, Amsterdam 1985, p. 159-163.

[20] Pour l'Iran, G. Scarcia, *Ricognizione a Shimbar. Note sull'Eracle iranico*, dans *OA* 18 (1979), p. 255-275 ; pour l'Espagne, G. Piccaluga, *Herakles, Melqart, Hercules e la Penisola iberica*, dans *Minutal. Saggi di storia delle religioni*, Rome 1974, p. 111-131 ; pour la Sicile, M. Giangiulio, *Greci e non-Greci in Sicilia alla luce dei culti e delle leggende di Eracle*, dans *Forme di contact et modes de transformation dans les sociétés antiques*, Pise-Rome 1983, p. 785-846; pour l'Occident en général, P. Fabre, *Les Grecs et la connaissance de l'Orient*, Lille 1981, p. 274-295.

[21] Cf. Pisandre de Rhodes fr. 10 Kinkel, qui appelle Héraclès δικαιότατον δὲ φονῆος : *«le plus juste des meurtriers»*. À ce sujet, B. Gentili, *Eracle «omicida giustissimo»*, dans *Il mito greco*, Rome 1977, p. 299-305.

[22] C. Jourdain-Annequin, *art. cit.* (n. 16-1984), p. 22.

Loin de nous la tentation de verser dans le déterminisme historique et d'expliquer de la sorte l'ensemble du mythe d'Héraclès dont nous venons à peine de souligner la plurivalence[23]. À côté de ces contingences historiques et idéologiques, le mythe porte aussi une *pérennité*, pour reprendre la terminologie usitée par C. Jourdain-Annequin dans sa thèse consacrée à Héraclès en Occident. La progression héracléenne vers l'ouest n'est pas uniquement le reflet de la colonisation[24]. Elle s'éclaire aussi par la forte charge merveilleuse et chthonienne des confins du monde. Là, Héraclès cueille les pommes des Hespérides, symbole d'immortalité ; là, il pénètre les brumes de l'Hadès et en ramène Cerbère. Bref, il s'achemine, de manière décisive, vers l'apothéose.

De l'ensemble de ces données, on peut conclure que le fléchissement du mythe d'Héraclès[25], qui a fait de lui l'*hegemon* des Grecs de la diaspora, n'est sans doute pas étranger à sa rencontre avec Melqart. La question fondamentale est de poser ce rapport en termes de genèse : l'a-t-il provoqué, facilité ou en est-il la conséquence ? L'examen ultérieur de la physionomie d'Héraclès va nous indiquer que c'est peut-être plus en amont encore qu'il faut rechercher les racines de l'assimilation. Si elles ne sont pas à la base du rapprochement entre Melqart et Héraclès, ces affinités d'archégète sont-elles vraiment la résultante de l'assimilation ? Les Grecs avaient, nous le savons par la littérature des *Ktiseis*, la manie de rattacher toute cité à un héros fondateur. On ne peut donc exclure totalement que le remaniement dans ce sens de la figure d'Héraclès soit le produit d'une évolution *sui generis* de la religion grecque. Cependant, le choix de la personne d'Héraclès, que peu de choses, chez Homère, semblent prédisposer à endosser ce rôle, et la précision des correspondances géographiques entre Melqart et Héraclès sont deux arguments de poids en faveur de notre interprétation. La commune fonction de *leader* de l'expansion a, de manière considérable, renforcé, relayé, amplifié le processus d'interprétation de Melqart par Héraclès, mais il n'en fournit complètement pas la clé.

Pour aller au fond des choses, il faut cerner de très près la nature héroïque d'Héraclès. Il est le héros par excellence, le seul à faire l'unanimité des Grecs, comme l'a montré A. Brelich[26]. Son nom indique que,

---

[23] G.S. KIRK, *Methodological Reflexion on the Myths of Heracles*, dans *Il mito greco*, Rome 1977, p. 285-297, montre combien une lecture univoque du mythe d'Héraclès est fallacieuse. Il faut donc en éviter les approches doctrinaires.

[24] C. JOURDAIN-ANNEQUIN, *art. cit.* (n. 16-1984), p. 26-28.

[25] On possède d'autres illustrations de l'utilisation idéologique d'Héraclès, par exemple dans la tradition relative au retour des Héraclides, cf. C. BRILLANTE, *op. cit.* (n. 9), p. 149 ss ; B. SERGENT, *Le partage du Péloponnèse entre les Héraclides*, dans *RHR* 192 (1977), p. 121-136 ; 193 (1978), p. 3-25.

[26] A. BRELICH, *Gli eroi greci*, Rome 1958, *passim*.

par l'entremise d'Héra, il a acquis le *kleos*, le renom qui procure l'immortalité[27]. Son nom renferme donc déjà la promesse de l'apothéose. Telle est la tension essentielle qui traverse continuellement le personnage d'Héraclès et ses aventures : partagé entre l'humain et le divin, il parcourt toute la distance entre les hommes et les dieux[28]. Oscillant constamment, dans la même tonalité, entre deux pôles, le bestial et le civilisé, le surmâle et le féminin, le sérieux et le burlesque, le lucide et le fou, le destructeur et le pacificateur, l'homme libre et l'esclave, le vivant et le mort, Héraclès est l'incarnation de l'ambiguïté, de l'humanité. Tout en fondant la condition humaine, faite de peines et de l'espoir de récompenses, il la dépasse d'emblée par sa destinée exceptionnelle. C'est en cela, comme le note Angelo Brelich, qu'Héraclès est «*perfettamente eroe*». Il concentre d'ailleurs sur sa personne un nombre impressionnant de traits caractéristiques de la catégorie des héros : le rapport à la mort, le caractère combattant, le profil monstrueux, le pouvoir guérisseur et oraculaire, la dimension initiatique, le rôle d'œciste. Il est donc le paradigme du héros, mais il est aussi *le seul héros* à connaître l'*immortalité*. Tous les héros, par le biais du culte qui leur est adressé après leur mort, connaissent une promotion *post mortem*. On cherche à obtenir leurs faveurs, mais seuls les hommes, en maintenant le souvenir de leurs qualités exceptionnelles, les gardent «en vie», alors que c'est Zeus et Héra en personne qui ont conféré à Héraclès une immortalité dans l'Olympe que rien ne peut remettre en cause. Le parcours terrestre des héros communs est relégué dans un temps héroïque, qui a précédé l'histoire. Pour Héraclès, en revanche, son existence est comme figée dans l'éternité, dans la permanence qui est l'apanage des dieux. Héros exemplaire d'un passé exemplaire, Héraclès est l'incarnation permanente de l'ère héroïque.

Par cette condition unique de *héros divin*, ἥρως θεός, selon la remarquable formule de Pindare[29], Héraclès se distingue dans la religion grecque. Nous touchons enfin là à cette «essence» à la recherche de laquelle nous sommes partie en ouvrant ce chapitre. Or, il semble désormais acquis par cette étude, et notre chapitre final sur la formation de Melqart en fournira une démonstration plus systématique encore, que Melqart, en tant que Roi mythique de la Ville de Tyr et ancêtre des souverains en place, partage avec Héraclès une «ambiguïté» qui l'inscrit simultanément dans l'histoire et le mythe. Il est dieu, mais son caractère souverain n'est pas seulement

---

[27] W. PÖTSCHER, *art. cit.* (n. 13), p. 169-184 ; F. BADER, *art. cit.* (n. 6), p. 121-124 ; EAD., *De l''auscultation' à la célébrité, formes de la racine* *kel-, dans *Hommages à J. Cousin*, Paris 1983, p. 27-60.
[28] G.S. KIRK, *art. cit.* (n. 23), p. 285-297 ; N. LORAUX, *art. cit.* (n. 6), p. 492-498.
[29] PINDARE, *III Ném.* 22.

la marque de sa toute-puissance : il est aussi le souvenir de ses origines, de sa promotion au rang d'ancêtre royal divinisé.

Certains traits spécifiques des héros apportent du reste de l'eau à notre moulin [30]. Le héros entretient un rapport privilégié avec la sphère *funéraire*. Son tombeau, le *mnema*, est le centre du rituel et le point névralgique autour duquel s'organise l'espace urbain et civique [31]. Il existe un lien puissant entre la création, le développement, la structuration de la *cité* et le culte héroïque. Le sanctuaire est le lieu privilégié où les composantes sociales et ethniques s'intègrent, où la coexistence s'affirme, où les rapports sociaux naissent, en toute impunité. Le sanctuaire héroïque symbolise donc la prise de possession d'un territoire, la souveraineté et fixe la frontière entre la civilisation et la barbarie. La *«fureur héroïsante»* du VIIIᵉ siècle av. J.-C. s'inscrit dans cette logique d'une civilisation qui cherche à asseoir son existence. Chaque cité s'invente un fondateur mythique dont elle établit la sépulture au centre de la ville qu'elle rend ainsi plus homogène, moins fuyante. Or, à Érétrie, ce culte civique du héros fondateur est celui du *dernier monarque*. Le monde héroïque est en effet régulièrement mis en relation avec la royauté qui disparut avec lui et fut reléguée dans les temps mythiques. Ainsi à Érétrie, à une époque où le pouvoir royal a été aboli et morcelé en diverses instances de décision, vénère-t-on le dernier souverain, en affirmant du même coup et la nécessité d'un pouvoir individuel fort, capable d'assurer la cohésion d'un État nouveau, et sa précarité, son inexorable disparition au profit de la *polis* isonomique. En Phénicie, le modèle dynastique s'est maintenu, mais on saisit immédiatement, en dépit des *irréductibles disparités culturelles*, la communauté que de telles données fondaient entre Melqart et Héraclès et, au-delà d'eux, entre les religions du Proche-Orient et la Grèce des héros. Reposant donc originellement sur leur commune nature de héros divin, elle était ravivée par leur rôle essentiel d'archégète, par leur association fréquente à une parèdre, par leur rapport récurrent à la mort, aux sources, à la fécondité.

4. L'iconographie

Le scénario que nous venons de suggérer montre combien la plate-forme sur laquelle s'est opéré le rapprochement entre Melqart et Héraclès

---

[30] Cf. en particulier, A. BRELICH, *op. cit.* (n. 26), p. 5-22 (pour le *status quaestionis*) ; Th. HADJISTELLIOU-PRICE, *Hero Cult and Homer*, dans *Historia* 1973, p. 129-144 ; J.N. COLDSTREAM, *Hero-Cult in the Age of Homer*, dans *JHS* 96 (1976), p. 8-17 ; A. SNODGRASS, *The Origin of the Greek-Hero Cult*, dans G. GNOLI - J.P. VERNANT (éd.), *La mort, les morts dans les sociétés anciennes*, Cambridge 1982 ; C. BÉRARD, *Récupérer la mort du prince : héroïsation et formation de la cité, ibid.*, p. 89-105 ; ID., *L'héroïsation et la formation de la cité*, dans *MÉFRA* 1983, p. 43-62 ; I. CHIRASSI COLOMBO, *La religione in Grecia*, Rome-Bari 1983, p. 46-60.

[31] F. DE POLIGNAC, *La naissance de la cité grecque*, Paris 1984.

suppose de part et d'autre une perception très juste et très fine tant de la religion phénicienne que de la religion grecque. Par rapport à cela, l'iconographie apparaît comme un *épiphénomène*. Il serait faux de croire que des identifications peuvent reposer sur de simples impressions visuelles. Il faudrait d'ailleurs supposer qu'à chaque divinité correspond une iconographie spécifique, cohérente, univoque. Or, ce n'est sans doute pas le cas. Plutôt que de susciter des interprétations, l'image en sera le reflet et, partant d'un objet complexe et changeant, sa représentation le sera également. Le bilan iconographique de l'assimilation entre Melqart et Héraclès doit donc s'écrire en termes nuancés.

Plusieurs études se sont récemment attachées à retracer l'histoire du type héracléen. Du côté de Melqart, notre dossier est extrêmement pauvre. La seule pièce à l'identifier formellement est la stèle d'Alep où le dieu est figuré debout, vêtu d'une longue tunique fendue, portant une coiffe et arborant une hache fenestrée appuyée sur l'épaule (fig. 6). Quelques autres documents présentent la même image, sans l'identifier ; le parallélisme très suggestif avec la stèle d'Alep permet de penser qu'il s'agit d'un personnage identique. L'étude des attributs, hache, fleur de lotus, n'apporte que peu d'informations par rapport aux textes relatifs au culte de Melqart. Parallèlement, dès le VIᵉ siècle av. J.-C., le type héracléen à la léonté fait son apparition en Syro-Palestine. On peut supposer que l'assimilation Melqart-Héraclès, qu'Hérodote donne au Vᵉ siècle av. J.-C. pour un fait acquis, remonte au moins à cette époque. Le dieu ainsi représenté sera par conséquent un Melqart-Héraclès, dans lequel la part héracléenne représentera l'iconographie, et peut-être, dans certains cas, davantage. Mais peut-on déceler une certaine continuité entre l'iconographie de Melqart et celle d'Héraclès ?

Par son schéma iconographique, Héraclès est à bien des égards l'héritier du «Smiting God» proche-oriental. Dans ses études d'iconographie phénico-punique, W. Culican a précisé les processus d'élaboration de cette image [32]. Ce dieu combattant, qui est tantôt Rashap, tantôt Baal, peut-être d'autres encore, est lui-même tributaire de l'image du pharaon conquérant représenté en train de frapper ou de menacer un ennemi de petite dimension. Le geste est réaliste : d'une main, le pharaon saisit son ennemi, de l'autre, il brandit une ou plusieurs armes, notamment une massue. Sur cette image, d'origine égyptienne, est venu se greffer un courant iconographique asiatique, celui du maître des lions, bien attesté dès le IIIᵉ millé-

---

[32] W. CULICAN, *Melqart Representations on Phoenician Seals*, dans *Abr-Nahrain* 2 (1960-61), p. 41-54 ; ID., *The Iconography of Some Phoenician Seals and Seal Impressions*, dans *AJBA* 1/1 (1968), p. 50-103 ; ID., *Problems of Phoenico-Punic Iconography. A Contribution*, dans *AJBA* 1/3 (1968), p. 28-57 ; ID., *Baal on an Ibiza Gem*, dans *RSF* 4 (1976), p. 57-68.

naire av. J.-C. en Mésopotamie et répandu dans tout le domaine syro-hittite[33]. Maîtrisant l'animal, parfois figuré en miniature pour amplifier la puissance du dieu, celui-ci symbolise la domination sur les forces néfastes.

Ces deux traditions figurées se sont rencontrées dans l'iconographie du Baal syro-phénicien. M. Yon a bien mis en évidence la manière dont certains motifs ont été réinterprétés. Ainsi le geste accompli par le «Smiting God» syro-phénicien, bien connu à Ougarit, dans toute la Syro-Palestine, en Égypte[34] et dans les milieux coloniaux d'Occident, n'est plus le geste réaliste de qui assomme l'adversaire, mais plutôt une posture symbolique, celle d'un dieu combattant et triomphant[35].

Pour suivre ce processus, il faut nous transporter à Chypre. Dans ce milieu hétérogène où Chypriotes, Grecs et Phéniciens se côtoyaient, l'iconographie héracléenne s'est peaufinée et a trouvé un terrain particulièrement favorable ; elle est donc largement représentée. Cependant, la léonté apparaît pour la première fois comme attribut d'Héraclès sur un alabastre protocorinthien récent de la fin du VIIe siècle av. J.-C.[36] Dans le deu-

---

[33] E. CASSIN, Le roi et le lion, dans Le semblable et le différent, Paris 1987, p. 167-217, montre bien l'arrière-plan idéologique qui sous-tend cette image.

[34] En Égypte, l'image du dieu conquérant est primitivement celle du pharaon. Lorsqu'elle est appliquée aux divinités sémitiques, elle semble l'apanage de Rashap, Baal adoptant une autre posture. Rashap tient généralement plusieurs armes, dont une lance et un bouclier. En Syrie, cette posture est aussi utilisée pour représenter Baal, comme dans le fameux Baal au foudre. Son attribut, le foudre ou parfois un élément végétal, permet de le distinguer du Rashap guerrier. Mais lorsque l'objet tenu par le dieu a disparu, comme c'est presque toujours le cas pour les «Smiting Gods» phéniciens d'Occident, l'identification est très malaisée. Parler systématiquement de Rashap ou de Baal n'est donc pas fondé (cf. H. GALLET DE SANTERRE, Les statuettes de bronze mycéniennes au type dit du «dieu Reshef» dans leur contexte égéen, dans BCH 111 [1987], p. 7-29, souligne bien le caractère conventionnel de cette appellation). On notera encore en Égypte quatre bronzes d'époque saïte, très semblables, représentant un dieu en position d'attaquant. On s'attendrait à y trouver Rashap ; pourtant tous les quatre ont le visage de Bès. Cette iconographie avait donc perdu, sous la 26e Dynastie, sa relation exclusive à Rashap et pris un sens en soi (cf. H. DE MEULENAERE, Over vier Egyptische bronzen beeldjes uit de saitische tijd, dans Oudheidkundige mededelingen uit het Rijksmuseum van Oudheden te Leiden 30 (1949), p. 10-15. Peut-être ces documents pourraient-ils être utilement rapprochés de l'ex-voto chypriote du VIIe siècle av. J.-C. probablement dédié à Rashap-Shed et consistant en une stèle figurant le dieu Bès. Cf. A. HERMARY, Deux ex-voto chypriotes reconstitués, dans Revue du Louvre 1984, p. 238-240.

[35] A.M. BISI, Le «Smiting God» dans les milieux phéniciens d'Occident : un réexamen de la question, dans St.Phoen. IV, Namur 1986, p. 169-187 ; M. YON, À propos de l'Héraklès de Chypre, dans L. KAHIL - Ch. AUGÉ - P. LINANT DE BELLEFONDS (éd.), Iconographie classique et identités régionales (BCH suppl. XIV), Paris 1986, p. 287-297.

[36] G. DONNAY, Autour de l'Héraclès chypriote, dans Th. PAPADOPOULLOS - S.A. HADJISTYLLIS (éd.), Πρακτικά τοῦ Β' διεθνοῦς κυπριολογικοῦ συνεδρίου I, Nicosie 1985, p. 373-377. Cf. aussi A. VIOLANTE, Armi e aramture di Heracles, dans Acmè 36 (1983), p. 189-202 ; V. KARAGEORGHIS, Adaptation et transformation de la mythologie grecque à Chypre, dans Mythologie gréco-romaine, mythologies périphériques. Études d'iconographie, Paris 1981, p. 77-87. Il ne nous est guère possible de traiter ici des antécédents iconographiques lointains d'Héraclès tels qu'ils apparaissent notamment dans la glyptique mésopotamienne : dieux à la massue ou portant une peau d'animal. À ce sujet, W. BURKERT, art. cit. (n. 4), p. 15-18.

xième quart du VIᵉ siècle av. J.-C., les vases attiques affublent Héraclès du mufle léonin. Il faut donc s'interroger sur la provenance de cet attribut, avec d'autant plus de raison que, chez Homère, Héraclès n'est pas un tueur de fauve : c'est un archer. Et pour cause ! A. Schnapp-Gourbeillon [37], en étudiant les comparaisons homériques, leur fonction et l'implication des animaux dans celles-ci, a pu montrer que *«le lion est plus qu'un modèle, il est l'interlocuteur d'une société qui se donne à voir elle-même»* [38]. Le lion homérique est donc tout autre chose qu'un fétiche ou un élément d'exotisme, il est un pur référent idéologique, l'archétype même du héros, celui qui reflète le code de valeurs de la société épique. Solitaire, confronté aux hommes, courageux, glorieux, habile «stratège», belliqueux, il est un vainqueur exemplaire. Héraclès, chez Homère, *est* un lion ; il ne pourrait être simultanément un chasseur de fauves. La léonté qu'il porte serait dès lors un souvenir de cet état de choses, non point une image issue de la réalité quotidienne, mais un code idéologique à l'égard duquel le mythe de la victoire sur le lion de Némée a une fonction étiologique [39]. Cet attribut aurait pu, au surplus, résulter d'une contamination avec un personnage affublé d'une peau de félin, en particulier Bès, comme nous allons le voir.

À Chypre, à partir de la fin du VIᵉ siècle av. J.-C., apparaît un personnage divin, barbu ou imberbe, debout, en position d'attaquant ou de combattant, le bras droit levé et tenant une arme, généralement une massue, vêtu d'une courte tunique ou nu, associé à un lion sous la forme d'une léonté ou d'un, voire de deux petits lions qu'il tient par les pattes ou la queue [40]. On y reconnaît généralement Héraclès-Melqart, tant à Kition, qu'Idalion, Lapéthos, Lefkoniko... (fig. 28). Ces figurines de calcaire et les effigies monétaires similaires pourraient, selon M. Yon, renvoyer à une statuaire de grande dimension. Le calcaire fragile de Chypre obligea les artistes à réduire le mouvement du bras levé derrière la tête et à coller la massue dans la nuque. Il allie donc la position du pharaon conquérant, ayant transité par Baal, et celle du tueur de lion, attesté déjà à Ébla, Nimrud et, à Chypre, sur un manche de miroir en ivoire de la fin du XIIIᵉ siècle av. J.-C. [41] Sur la coupe en argent d'Idalion (fig. 31), datant du VIIIᵉ ou du

---

[37] A. Schnapp-Gourbeillon, *Lions, héros, masques. Les représentations de l'animal chez Homère*, Paris 1981, surtout p. 38-48, 59, 194.

[38] *Ibid.*, p. 39.

[39] J. Carter, *The Beginning of Narrative Art in Greek Geometric Period*, dans *BSA* 67 (1972), p. 25-58. Le port de l'arc n'est pas moins intéressant car, comme la massue, il souligne la sauvagerie d'Héraclès et l'assimile à l'éphèbe. Ainsi équipé, Héraclès est le prototype du chasseur rusé, l'anti-hoplite qui s'initie de manière solitaire à l'art de la chasse.

[40] M. Yon, *art. cit.* (n. 35), p. 287-297 ; J. Nizette-Godfroid, *Quelques figurations du maître des lions à Chypre*, dans *RDAC* 1975, p. 96-104 ; S. Sophocleous, *Atlas des représentations chypro-archaïques des divinités*, Göteborg 1985, p. 28-56.

[41] V. Karageorghis, *Cyprus from the Origins to the Roman Period*, Londres 1982, fig. 85.

début du VIIe siècle av. J.-C., le médaillon central est orné du pharaon asommant ses ennemis[42], tandis que, dans la bande circulaire la plus excentrique, apparaissent divers personnages maîtrisant des animaux, sphinx, griffons ou lions. Certains d'entre eux sont des génies d'inspiration néo-assyrienne[43], un autre est un personnage massif, vêtu d'une peau de lion dont la queue lui pend entre les jambes. Tantôt il affronte le lion en le saisissant par les pattes, tantôt il le porte sur les épaules. On a sous les yeux l'esquisse la plus nette de l'image héracléenne à la léonté. L'emprunt de la peau de lion à un autre personnage divin est rendu assez manifeste par cette image paradoxale d'un chasseur qui a revêtu la peau du lion avant même de l'avoir tué.

Les deux études approfondies de V. Wilson et de A.M. Bisi ont bien montré comment l'iconographie de Bès a contaminé celle d'Héraclès[44]. Originaire d'Égypte, où il acquiert une popularité exceptionnelle comme protecteur des naissances et comme dieu bienfaisant, Bès est un nain grotesque portant la couronne de plumes et une peau de panthère ou de lion, dont la queue est visible entre ses jambes. Dès le IIIe millénaire, il se répand au Proche-Orient, il est présent à Byblos, dans les dépôts du Temple aux Obélisques, au IIe millénaire av. J.-C. Son implantation en Syro-Phénicie a pour effet d'amplifier sa qualité de *potnios therôn*, de maître des lions. C'est ainsi qu'il apparaît sur les scarabées phénico-puniques dès le VIIIe-VIIe siècle av. J.-C., notamment en Sardaigne ou à Ibiza. À Chypre, il se manifeste dès le Bronze Récent et entre en contact avec diverses iconographies, la Gorgone par exemple et Héraclès. D'autre part, Melqart et Bès se sont côtoyés en Phénicie et se sont rencontrés sur certaines attributions : la dimension prophylactique, bienfaisante. Peut-être, en raison de son assimilation à Héraclès, Melqart fut-il l'intermédiaire dans le processus de contamination iconographique entre Bès et Héraclès[45]. La léonté serait ainsi parvenue à Héraclès qui l'aurait adoptée, le mythe se chargeant de l'helléniser. Cela dit, on doit signaler que certaines images d'un dieu, en qui l'on

---

[42] G. MARKOE, *Phoenician Bronze and Silver Bowls from Cyprus and the Mediterranean*, Berkeley-Los Angeles-Londres 1985, p. 68-69, 151-154, 170-171, 244-245.

[43] Le même motif apparaît au centre d'une autre coupe d'Idalion (G.M. MARKOE, *op. cit.* [n. 42], p. 169-170, 242-243) et de Kourion (*ibid.*, p. 177-178, 256-259).

[44] V. WILSON, *The Iconography of Bes, with Particular Reference to the Cypriot Evidence*, dans *Levant* 7 (1975), p. 77-103 ; A.M. BISI, *Da Bes a Herakles. A proposito di tre scarabei del Metropolitan Museum*, dans *RSF* 8 (1980), p. 19-42. Cf. déjà les remarques de R. DUSSAUD, *Melqart*, dans *Syria* 25 (1948), p. 205-239, surtout p. 221 et pour le rôle de Chypre, A. CAUBET, *La religion à Chypre dans l'Antiquité*, Lyon 1979, p. 33-34.

[45] G. DONNAY, *art. cit.* (n. 36), p. 373-377, propose, à tort selon nous, de considérer la léonté comme un emprunt à Nergal et la massue comme un héritage de Baal, via Melqart. De même est irrecevable l'explication du nom d'Héraclès par Eragal, une variante du nom de Nergal et la caractérisation de Melqart comme un *«avatar local de Nergal»* (p. 375).

peut probablement reconnaître Melqart, par exemple sur certains scarabées chypriotes ou sardes, montrent un personnage tuant un lion avec une hache fenestrée et portant un arc à flèches dans le dos, tandis qu'un chien se tient à côté[46]. Les parallèles avec Héraclès, figuré de la même façon, sont frappants. Mais plutôt que de penser qu'Héraclès a hérité de Melqart la scène du combat contre le lion, l'arc et le chien, nous inclinerions plutôt à voir dans ces représentations une image hybride, composite, phénico-grecque, issue de l'assimilation entre Melqart et Héraclès. Elle ne suffit donc pas à prouver que Melqart était un maître des lions comme Héraclès.

À partir du VIe-Ve siècle av. J.-C., le problème qui se pose à nous est celui de la portée exacte de l'iconographie héracléenne si répandue à Chypre. Elle traduit sans doute régulièrement Héraclès-Melqart. Ainsi en est-il à Kition où le succès de ce type iconographique n'éclipse cependant pas totalement le dieu à la hache fenestrée. Son identification sur les coupes phéniciennes est par contre extrêmement problématique en l'absence de textes rendant ces «bandes dessinées» intelligibles. Parallèlement à cela, l'implantation de l'iconographie héracléenne en des sites où Rashap-Apollon domine, comme à Idalion ou Golgoi, permet d'émettre l'hypothèse qu'elle a servi d'image-standard pour le Baal phénicien, alias le Grand Dieu gréco-chypriote[47], interprété, selon les circonstances en Héraclès-Melqart, Rashap-Apollon, ou Zeus[48].

Le milieu chypriote se singularise donc par une grande ouverture, une réelle liberté et souplesse dans le langage figuré, que des textes rares n'éclairent qu'imparfaitement. Il ne semble pas y avoir d'orthodoxie en la matière, mais une équivocité, une confusion entretenues afin de permettre à chacun de s'adapter aux cultes pratiqués dans l'île par diverses communautés.

Chypre fut, plus que les autres régions, sinon avant elles, le théâtre d'une fusion, traduite par l'iconographie, entre Melqart et Héraclès, fusion que la vogue héracléenne sous Alexandre entérina dans tout le monde méditerranéen. Mais dans ce processus, chacun est loin d'y apporter un peu du sien : c'est Héraclès qui sert bel et bien à représenter son «homologue» phénicien. L'image du dieu à la hache fenestrée s'efface devant le

[46] W. CULICAN, art. cit. (n. 32), p. 87 et pl. III,1.

[47] M. YON, art. cit. (n. 35), p. 287-297 ; EAD., Cultes phéniciens à Chypre : l'interprétation chypriote, dans St.Phoen. IV, Namur 1986, p. 127-152.

[48] M. YON, art. cit. (n. 46), fig. 10, pour le «Zeus Keraunios» de Kition, du VIe siècle av. J.-C., qui représente un dieu grec barbu, empruntant la position du «Smiting God». Cette pluri-valence de l'iconographie héracléenne nous a incitée, çà et là (cf. supra, p. 50, 172, 328-330), à suggérer l'hypothèse d'une confusion iconographique entre Melqart/Héraclès et Rashap/Apollon, mais les trop rares attestations de ce phénomène ne permettent pas d'en tirer un enseignement sûr.

héros à la léonté et à la massue[49], mais on peut penser que le culte continuait de préserver l'identité de chacun. Le syncrétisme est total, mais
l'image n'en est pas le fondement : elle ne fait que manifester un processus
combien plus profond, dans lequel elle fonctionne comme un révélateur.

---

[49] R. DUSSAUD, *Melqart d'après de récents travaux*, dans *RHR* 151 (1957), p. 1-21, surtout
p. 18-21, estime que ce processus s'est déroulé *«sous la pression populaire»*, sans initiative sacerdotale. C'est une hypothèse, mais elle n'est guère démontrable.

B. Les antécédents historiques de Melqart

Avec cet ultime chapitre, nous abordons une question fondamentale et assez neuve pour Melqart : la plupart des savants le considèrent en effet comme un produit du Iᵉʳ millénaire av. J.-C., lié à l'essor de la puissance maritime de Tyr[1]. On tentera, dans les pages qui vont suivre, de comprendre comment s'est constitué un dieu polythéiste dont les traits de physionomie, complexes et soumis à l'érosion du temps, se rattachent en partie à une *tradition* religieuse caractéristique du milieu syro-palestinien dans lequel il éclot, mais parlent, en même temps, en raison de leur agencement et de leur mode spécifique de valorisation, en faveur d'une *identité propre*. Notre perspective sera donc profondément historique : elle visera à montrer comment Melqart est, en terre phénicienne, l'avatar, *stricto sensu*, d'une lignée syro-palestinienne d'ancêtres royaux divinisés[2]. Sur ce terrain, on procédera au moyen d'une prudente méthode comparatiste, en tenant bien compte des particularités inhérentes à chaque civilisation, à chaque religion, à chaque histoire. Si l'éclairage ainsi apporté à Melqart est assez original, assez neuf, on doit reconnaître que notre réflexion a indubitablement bénéficié des recherches menées ces dernières années dans divers secteurs des religions du Proche-Orient, en particulier dans le domaine ougaritique[3].

1. La «royauté sacrée»

Melqart est le «*Roi de la Ville*» : nous nous prononcerons ultérieurement sur la nature exacte de la cité sur laquelle il règne, mais il ne fait pas de doute que le théonyme tyrien renvoie d'emblée au phénomène attesté dans bien des civilisations du Proche-Orient et en Égypte : la *royauté sacrée*[4]. Pour le comprendre, il suffit de se souvenir du lien privilégié qui existe entre l'éclosion de la civilisation urbaine et le développe-

---

[1] Cf., par ex., R. DUSSAUD, *Melqart*, dans *Syria* 25 (1948), p. 205-230 ; ID., *Melqart d'après de récents travaux*, dans *RHR* 151 (1957), p. 1-21.

[2] Dans la même perspective, P. XELLA, *Sulla più antica storia di alcune divinità fenicie*, dans *ACFP 1*, vol. II, Rome 1983, p. 401-407 ; S. RIBICHINI, *Poenus advena*, Rome 1985, p. 43-73.

[3] Pour Ougarit, cf. *infra*, p. 423-426.

[4] Les classiques sont I. ENGNELL, *Studies in Divine Kingship in the Ancient Near East*, 2ᵉ éd., Oxford 1967 ; H. FRANKFORT, *Kingship and the Gods*, Chicago 1948 ; AA.VV., *La regalità sacra. Contributi al tema dell'VIII Congresso internazionale di storia delle religioni*, Leyde 1959 ; P. GARELLI (éd.), *Le palais et la royauté*, Paris 1974.

ment des temples[5]. À Tyr même, le berceau de Melqart, ne considérait-on pas, dans les milieux sacerdotaux où Hérodote s'est informé, comme strictement contemporaines la fondation de la ville et celle du temple de Melqart[6] ? C'est dans ce cadre historique et mental que ce sont probablement développées simultanément les figures de la divinité poliade et du roi-prêtre[7]. Dans son étude désormais classique, R. Labat a souligné le rapport qui unit l'un à l'autre[8] : le dieu est considéré comme le véritable roi local qui délègue sa puissance au prince incarnant sa volonté. Ceci explique sans doute la régulière qualification des dieux poliades comme *lugal* + toponyme[9]. Typologiquement parlant, Melqart se présente comme l'héritier de cette tradition du dieu-roi d'une ville. Il en est même l'expression par excellence tant par son nom que par son titre de Baal de Tyr. Il est intéressant, dans cette perspective, de relever l'existence en Mésopotamie d'un correspondant sémantique parfait de Melqart, ^dl u g a l - ú r u, qui apparaît dans quelques documents de Girsu et dans des listes d'offrandes à Fāra et que l'on a proposé d'identifier à Ningirsu, le dieu poliade de la ville de Girsu[10]. Dans ce cas, le titre de «*Roi de la Ville*» ne désigne pas une entité divine autonome, comme l'est Melqart, mais sert d'épiclèse. Malgré le parallélisme entre ces deux «*Rois de la Ville*», il n'y a aucune raison de croire que Ningirsu, s'il s'agit bien de lui, ait pu constituer un antécédent historique de Melqart. Nous avons affaire, plus simplement, à une logique culturelle similaire.

Comme l'a montré P. Xella, certaine figures mythiques mésopotamiennes liées à la royauté témoignent en outre d'une ambiguïté, d'une duplicité intéressantes[11]. Gilgamesh et Dumuzi, pour choisir deux exemples connus de tous, sont simultanément héros royaux et dieux ; ils sont inscrits dans l'histoire et dans le mythe, deux dimensions que nous avons appris à distinguer, mais qui étaient alors profondément imbriquées. La fête de l'*akītu*, au cours de laquelle le roi était rituellement dépossédé de sa fonction, puis

---

[5] A. BRELICH, *Introduzione alla storia delle religioni*, Rome 1966, p. 164 ss.

[6] HÉRODOTE II 44 ; cf. *supra*, p. 47-50.

[7] À Tyr, le roi et le grand-prêtre sont, à en croire le témoignage de JUSTIN XVIII 4,5, deux personnes distinctes, peut-être à la suite d'une différenciation progressive du politique et du sacré. Il est vrai que le roi restait *de facto*, de par sa fonction royale, lié à Melqart, son répondant mythique.

[8] R. LABAT, *Le caractère religieux de la royauté assyro-babylonienne*, Paris 1939, p. 33-35.

[9] *Ibid.*, p. 35. Cf. K. TALLQVIST, *Akkadische Götterepitheta*, Helsinki 1938, p. 349-358. Divers dieux sont aussi qualifiés de Bel + nom de cité, cf. D.O. EDZARD, dans W. HAUSSIG (éd.), *Wörterbuch der Mythologie* I/1, Stuttgart 1965, p. 46 ; AA.VV., dans *RLAss*. VII/1-2, 1987, p. 109-158.

[10] Cf. H. STEIBLE, *Die altsumerischen Bau- und Weihinschriften* II, Wiesbaden 1982, p. 8, n. 9 ; W.G. LAMBERT, *Lugal-uru*, dans *RLAss*. VII/1-2, 1987, p. 153. Tous mes remerciements vont au Dr Franco Pomponio, de l'Université de Rome, pour les renseignements qu'il m'a fournis à ce sujet.

[11] P. XELLA, *Problemi del mito nel Vicino Oriente antico*, Naples 1976, p. 5-46.

réinvesti de la souveraineté et qui voyait également la création cosmique tout entière réactualisée par le rite, est un exemple supplémentaire de cette fusion des deux niveaux entre lesquels la figure du roi occupait une position charnière [12]. C'est peut-être pourquoi, dans l'anthroponymie accadienne, le nom personnel du roi pouvait constituer un élément théophore au même titre que n'importe quel théonyme, et notamment celui de *Malik* sur lequel nous reviendrons, mais qui désignait, selon toute vraisemblance, le Roi divinisé [13]. En Égypte aussi, le roi, c'est-à-dire le pharaon, était à proprement parler l'incarnation et le propriétaire de l'Etat, donc le dépositaire des cultes. Les figures divines d'Osiris, le roi mort, et d'Horus, le roi nouveau, tiennent du reste une place privilégiée dans le panthéon égyptien. Les affinités que nous avons décelées précédemment entre Melqart et Osiris, tous deux victimes de Typhon, puis ramenés à la vie par l'intermédiaire d'une déesse, garants de l'ordre et de la fertilité, sont significatives de leur fonction partagée de Roi divin.

2. Le culte ouest-sémitique des ancêtres royaux divinisés

Cela dit, on ne peut se contenter d'une approche aussi globale que celle proposée ci-dessus. Elle sert évidemment à insérer Melqart dans une dynamique culturelle assez obvie, mais elle ne tient pas suffisamment compte des spécificités de chaque civilisation, de chaque panthéon et de la multiplicité des réponses apportées à la question des rapports entre le pouvoir et le «sacré». Par son nom, Melqart se rattache à *Mlk* et acquiert ainsi, à nos yeux, une épaisseur historico-religieuse nouvelle. Une récente étude de G.C. Heider sur le culte de Molek nous permet de disposer d'un important dossier documentaire qu'il s'agira de valoriser en fonction de notre point de vue [14]. Il est intéressant de noter que, dès le XVIIe siècle, J. Selden, dans son *Dîs Syris*, relevait l'existence à Tyr de noms théophores formés sur *Mlk*. Après lui, bien des savants, dont F. Münter, F.K. Movers, W.W. Baudissin et O. Eißfeldt, se sont interrogés sur les rapports existant entre *Mlk* et *Mlqrt* [15].

---

[12] H. FRANKFORT, *op. cit.* (n. 4), p. 301-306.

[13] J.J. STAMM, *Die akkadische Namengebung*, Leipzig 1939, p. 76-78 ; H. FRANKFORT, *op. cit.* (n. 4), p. 306-307. On peut trouver, dans l'anthroponymie accadienne, le nom du roi ou le terme «roi» dans un nom de personne, comme marque de déférence à l'égard du souverain régnant, soit le terme «roi» (*malik*), précédé du déterminatif divin (*dingir*), en particulier dans les textes d'Ur III, au tournant du IIe millénaire, pour se référer alors au roi divinisé, probablement ancestral, sinon mythique.

[14] G.C. HEIDER, *The Cult of Molek : A Reassessment* (JSOT suppl. 43), Sheffield 1985.

[15] *Ibid.*, p. 1-9, pour le *status quaestionis*. Cf. aussi H. RINGGREN - K. SEYBOLD - H.-J. FABRY, *mlk*, dans *ThWAT* IV, Stuttgart 1984, col. 926-957.

a) *Ébla*

Les archives du Bronze Ancien découvertes à Tell Mardikh attestent l'existence d'un élément théophore *Ma-lik*, utilisé dans l'onomastique, et du théonyme correspondant ᵈMa-lik[16]. Son appartenance à la racine sémitique *mlk*, désignant le «*roi*», est acceptée par la majorité des savants. Dans les textes lexicaux bilingues d'Ébla, le sumérien n a m - e n, désignant «*l'exercice de la royauté*», est glosé en éblaïte par *ma-li-gú-um* (/*malikum*/)[17]. Ce qui continue d'être débattu, c'est l'importance effective du pouvoir détenu par l'e n d'Ébla et ses rapports avec le l u g a l[18]. *Malik* semble apparaître, une fois au moins à ce jour, avec le sens de «*roi*», dans un texte économique, de sorte que le rapport entre le nom divin *Malik* et la royauté semble difficile à nier[19]. L'enquête onomastique ne permet guère de préciser le profil de ce dieu *Malik*, mais d'autres textes nous autorisent à le considérer comme le roi divinisé[20].

Dans plusieurs textes, on relève en effet la mention de e n - e n, en l'honneur desquels on célébrait une lamentation funèbre, s i - d ù - s i - d ù, dans le «*jardin*» (ou cimetière), ᵍⁱˢ k i r iₓ, et auxquels on faisait des offrandes de la part du roi[21]. Nous verrons plus loin que le jardin du palais était, à Ougarit aussi, le siège du culte des ancêtres royaux ; or, le jardin tient une place importante par exemple dans le mythe d'Adonis ou dans le passage d'Ézéchiel relatif au roi mythique de Tyr[22]. Dans une récente communication au colloque de Heidelberg, P. Xella a proposé de reconnaître, dans une des trois gloses éblaïtes qui accompagnent les ᵈ e n - e n dans les textes lexicaux bilingues, une racine qui exprime l'idée de «*gésir*», «*dor-*

---

[16] *Ibid.*, p. 94-101, appendice A, p. 409-415, pour les anthroponymes. Cf. F. POMPONIO, *I nomi divini nei testi di Ebla*, dans *UF* 15 (1983), p. 141-156, surtout p. 151.

[17] *MEE* IV n°318. Cf. P. FRONZAROLI, *Un atto di donazione dagli archivi di Ebla (TM.75.G.1766)*, dans *SEb* 1 (1979), p. 3-16, surtout p. 5-6 ; ID., *The Eblaic Lexicon : Problems and Appraisal*, dans ID. (éd.), *Studies on the Language of Ebla*, Florence 1984, p. 145. Cf. aussi M. KREBERNIK, *Zu Syllabar und Orthographie der lexikalischen Texte aus Ebla II*, dans *ZA* 73 (1983), p. 38.

[18] Cf. G. PETTINATO, *Ebla. Nuovi orizzonti della storia*, Naples 1986, p. 135-146.

[19] TM.75.G.1933 r.VIII.3 = *ARET* IV, Rome 1984, p. 220, n°24 : *I-mi-ir-NI / ma-lik I-za-rí-LUM^{ki}*.

[20] H.-P. MÜLLER, *Religionsgeschichtliche Beobachtungen zu den Texte von Ebla*, dans *ZDPV* 86 (1980), p. 11-14.

[21] TM.75.G.1764 r.III.1-12 ; TM.74.G.2238 r.IV.21-23 ; TM.74.G.2238 r.XII.21-26. Dans le texte TM.75.G.1764 r.VI.1-4 et XI.20-28, ils sont les acteurs de l'offrande et non les destinataires. Il pourrait s'agir d'offrandes faites en leur nom. Cf. G. PETTINATO, *Culto ufficiale ad Ebla durante il regno di Ibbi-Sipiš*, dans *OA* 18 (1979), p. 85-215 ; P. XELLA, *Tradition und Innovation. Bemerkungen zum Pantheon von Ebla*, dans *Wirtschaft und Gesellschaft von Ebla*, à paraître. Pour les parallèles sumériens, cf. J. BAUER, *Zum Totenkult im altsumerischen Lagasch*, dans W. VOIGT (éd.), *XVII. Deutscher Orientalistentag* I, Wiesbaden 1969, p. 107-114.

[22] Cf. *supra*, p. 45.

mir» : *du-uš-da-i-i-lu-um*. Le déterminatif divin indiquerait qu'il s'agit bel et bien des rois divinisés[23] et le symbolisme du roi mort ou endormi pourrait trouver un étonnant parallèle dans l'*egersis* de Melqart, son «*réveil*». On notera encore que des offrandes sont adressées au ^d e n, c'est-à-dire au roi divinisé[24] et qu'un culte est rendu aux dieux-pères, ^d a - m u ou a - m u - a - m u, ce qui trouve un écho, à Ougarit[25], dans le dieu ancestral *il-ib*, le *mlk* et les *mlkm*, le dieu ancestral et le(s) roi(s) divinisé(s)[26]. On peut donc penser qu'à la suite d'une opération rituelle, les rois défunts se voyaient conférer le statut d'ancêtres, de protecteurs de la communauté dont ils étaient issus et sur laquelle ils avaient régné[27]. Ainsi celle-ci renversait-elle à son profit les puissances négatives liées à la mort et permettait-elle à ses souverains de prolonger depuis l'au-delà leur action bénéfique au profit des vivants. Or, les témoignages archéologiques, du moins pour la période amorite un peu postérieure, viennent utilement relayer les textes. Les fouilles de P. Matthiae sur le Tell Mardikh ont en effet montré qu'un rapport organique unissait le Palais du Bronze Moyen II, vers 1800 av. J.-C., la nécropole princière et un sanctuaire comprenant des chapelles dans lesquelles prenait peut-être place le rituel en l'honneur des ancêtres royaux[28].

b) *Mari*

Dans la première moitié du IIe millénaire, en un milieu qui a entretenu d'étroites relations avec Ébla, mais où la composante amorite est particulièrement sensible, l'élément théophore *Mlk* est également usité dans l'anthroponymie[29]. Il entre aussi en composition dans des toponymes et pose des problèmes de vocalisation qu'il serait trop long d'exposer ici. Pour notre étude, il importe de noter qu'il est à nouveau inséré dans un rituel funéraire. Une vingtaine de textes mariotes font en effet état d'offrandes

---

[23] *MEE* IV, p. 289, n°801.

[24] TM.74.G.2238 r.V.20-24 ; TM.75.G.11010 r.V.14-18, r.VII.31-35. Cf. aussi A. Archi, *Die ersten zehn Könige von Ebla*, dans *ZA* 76 (1986), p. 213-217, pour une liste de rois, précédés du déterminatif divin.

[25] P. Xella, *Aspekte religiöser Vorstellungen in Syrien nach den Ebla- und Ugarit-Texten*, dans *UF* 15 (1983), p. 279-290.

[26] W.G. Lambert, *Old Akkadian Ilaba = Ugaritic Ilib*, dans *UF* 13 (1981), p. 299-301.

[27] A. Brelich, *op. cit.* (n. 5), p. 16-17, 23, sur la notion d'ancêtres.

[28] P. Matthiae, *Princely Cemetery and Ancestors Cult at Ebla during Middle Bronze II : a Proposal of Interpretation*, dans *UF* 11 (1979), p. 563-569 ; Id., *An Hypothesis on the Princely Burial Area of Middle Bronze II at Ebla*, dans *ArOr* 49 (1981), p. 55-65 ; Id., *Fouilles à Tell Mardikh-Ebla, 1978 : le bâtiment Q et la nécropole princière du Bronze Moyen II*, dans *Akkadica* 17 (1980), p. 1-52.

[29] G.C. Heider, *op. cit.* (n. 14), p. 102-113, appendice B, p. 416-417, pour l'onomastique. Parfois *mlk* n'est pas un élément théophore, mais le substantif «*roi*».

adressées au *kispum* des rois (*a-na kispim ša šarrāni*)[30]. Deux fois par mois, les rois défunts, faisant figure de Mânes du souverain, comme l'indique l'expression *kispum ša abbê*, («kispum des pères»), recevaient des dons et étaient au centre d'un banquet funéraire auquel participait le roi en fonction. Or, presque toujours, ces mentions sont suivies de celles d'offrandes *a-na ma-li-ki(-im)*, «au malikū», exécutées une fois par mois et moins somptueuses. Ce terme *malikū* apparaît, dans les recueils hépatoscopiques, c'est-à-dire dans des textes d'époque différente, en compagnie de l'*eṭemmu*, le «fantôme» : il désigne donc vraisemblablement un démon infernal, un génie chthonien. Peut-on pour autant le rattacher au dieu Malik que les sources mésopotamiennes d'ailleurs assimilaient à Nergal, le dieu des Enfers ? Certains ont proposé, plutôt que de le rapprocher du vocable ouest-sémitique *mlk*, désignant le «*roi*», d'y voir les conseillers du roi, les *malikū*, en se référant donc à un terme accadien. Ceux-ci seraient l'objet d'un culte conjointement avec leurs maîtres défunts[31]. Cependant, l'homogénéité de la tradition relative au culte du roi divinisé, appelé *Mlk*, fait pencher la balance en faveur de la première interprétation. Récemment encore, après avoir réexaminé la documentation mariote, D. Charpin et J.-M. Durand ont proposé de les identifier aux enfants du roi, aux membres non régnants de la famille royale[32].

c) *Ougarit*

Les textes d'Ougarit nous fournissent indubitablement, pour la deuxième moitié du IIe millénaire av. J.-C., le tableau le plus riche et le plus instructif[33]. Il est hors de propos d'en réexaminer ici les détails : nous cueillerons les fruits de plusieurs années de recherches intenses. Comme ailleurs, *Mlk* est un élément théophore de l'onomastique. Le dieu *Mlk* est cité dans plusieurs textes avec pour résidence traditionnelle *'ttrt*, c'est-à-dire probablement la cité transjordanienne d'Ashtarot, le Tell Ashtarah moderne[34]. Parallèlement à ce dieu apparaissent les *mlkm*, rendus en

---

[30] Ph. TALON, *Les offrandes funéraires à Mari*, dans *AIPHOS* 22 (1978), p. 53-75 ; A. TSUKIMOTO, *Untersuchungen zur Totenpflege* (*kispum*) *im Alten Mesopotamien* (AOAT 216), Neukirchen 1985, p. 65-69 ; D. CHARPIN - J.-M. DURAND, «*Fils de Sim'al» : les origines tribales des rois de Mari*, dans *RA* 80 (1986), p. 141-183, surtout p. 163-170.

[31] G.C. HEIDER, *op. cit.* (n. 14), p. 160-176. Cependant D. CHARPIN - J.-M. DURAND, *art. cit.* (n. 30), souligne le fait que pas une seule fois à Mari le terme n'est utilisé pour désigner des conseillers. On notera aussi l'ambiguïté du terme *malikū*, singulier ou pluriel, désignant probablement une collectivité.

[32] *Ibid.*, avec des parallèles dans le monde hittite.

[33] *Ibid.*, p. 113-149 et p. 417-419, appendice C, pour l'onomastique.

[34] *KTU* 1.100 ; *KTU* 1.107 ; et un texte découvert dans les fouilles d'Ougarit en 1986, cf. *supra*, p. 125-127. Cf. S. RIBICHINI - P. XELLA, *Milk'aštart*, mlk(m) *e la tradizione siropalestinese sui Refaim*, dans *RSF* 7 (1979), p. 145-158. La tradition biblique relative aux Rephaïm fait d'ailleurs intervenir le Bashan, c'est-à-dire la Transjordanie.

accadien par ^d MA.LIK.MEŠ[35]. Ceci rappelle évidemment les *malikū* de Mari et ^d e n(- e n) d'Ébla. Il s'agit probablement, ici aussi, des ancêtres royaux divinisés et devenus les protecteurs de la communauté. On possède du reste deux textes fort révélateurs. Dans *KTU* 1.113, figure une liste des rois successifs d'Ougarit, précédés du déterminatif divin *'il*[36] et dans le rituel *KTU* 1.161, intitulé *dbḥ ẓlm*, à interpréter sans doute comme «*sacrifice pour les ombres*», il est fait appel, au bénéfice du souverain en fonction, Ammurapi, à une longue série de rois défunts, ses ancêtres[37]. Ces *mlkm* sont aussi qualifiés de *rp'um*, membres de la collectivité des Rephaïm, à la tête de laquelle se trouve Baal lui-même, qualifié de *rp'u*. C'est à la suite de son expérience de mort et de retour à la vie que Baal a pu acquérir cette position de leader des Rephaïm ougaritiques, les ancêtres liés au monde chthonien, assurant aux vivants la prospérité, la paix, le bien-être, la guérison[38]. Car le nom même de *rp'um* dérive de la racine *rp'*, signifiant «*guérir*», «*sauver*». En écho à cette tradition, les Rephaïm bibliques sont localisés dans la région du Bashan, en Transjordanie, une région possédant de fortes connotations mythiques et chthoniennes[39]. Dans l'Ancien Testament, cependant, les Rephaïm font l'objet d'un processus de «*désacralisation*» et d'«*historicisation*». Ils sont présentés tantôt comme des morts ordinaires, tantôt comme un groupe pseudo-ethnique ayant occupé la Palestine avant l'arrivée des Israélites. Mais ils gardent toutefois certains traits mythiques, comme leur grande taille[40].

---

[35] *KTU* 1.47:33 ; *KTU* 1.118:32. Cf. J. NOUGAYROL, *Ugaritica V*, Paris 1968, p. 45 ; J.F. HEALEY, *Malkū : Mlkm : Annunaki*, dans *UF* 7 (1975), p. 235-238 ; ID., MLKM / RP'UM *and the* kispum, dans *UF* 10 (1979), p. 89-91.

[36] K.A. KITCHEN, *The King-List of Ugarit*, dans *UF* 9 (1977), p. 131-142.

[37] A. CAQUOT, *Les Rephaïm ougaritiques*, dans *Syria* 37 (1960), p. 75-93 ; ID., *La tablette RS 24.252 et la question des Rephaïm ougaritiques*, dans *Syria* 53 (1976), p. 295-304 ; M. DIETRICH - O. LORETZ - J. SANMARTÍN, *Die ugaritischen Totengeister Rpu(m) und die biblische Rephaim*, dans *UF* 8 (1976), p. 45-52 ; J.C. DE MOOR, *Rāpi'ūma-Rephaim*, dans *ZAW* 88 (1976), p. 323-345 ; A. CAQUOT, *Rephaim*, dans *DBS* 55 (1981), col. 344-357 ; M.H. POPE, *The Cult of the Dead at Ugarit*, dans G.D. YOUNG (éd.), *Ugarit in Retrospect*, Winona Lake 1981, p. 159-179 ; B.A. LEVINE - J.-M. DE TARRAGON, *Dead Kings and Rephaim : The Patrons of Ugaritic Dynasty*, dans *JAOS* 104 (1984), p. 649-659.

[38] P. XELLA, *Les mythologies du Proche-Orient ancien d'après les découvertes récentes*, dans *LEC* 53 (1985), p. 311-329, surtout p. 328 : «*il est clair que la catabase du dieu aux Enfers ouvre la voie aux morts, en leur offrant d'être reconnus comme membres d'une communauté, celle des* rpum *qui continue à survivre dans la mémoire et dans le culte des vivants*». Cf. aussi ID., *Gli antenati di Dio. Divinità e miti della tradizione di Canaan*, Vérone 1982, p. 219-227.

[39] Dans *KTU* 1.108:1-2, Yaqaru, le fondateur mythique de la dynastie d'Ougarit, résidant à *'ttrt*, est qualifié de *rp'u.mlk. 'lm*, «*le Rephaïte, roi d'antan*». Cf. *Gen.* 14,5 ; *Deut.* 1,4 ; *Josué* 13,12 et 31 ; *I Chron.* 6,56 ; *I Macc.* 5,43-44 ; *II Macc.* 12,26, pour la localisation en Transjordanie. Selon A. CAQUOT, *art. cit.* (n. 37-1981), col. 344-346, elle pourrait être secondaire par rapport à une localisation originelle en Cisjordanie. Cf. aussi *Ps.* 68,16 ; *Jér.* 22,20 ; *Amos* 4,1. Cf. D. KELLERMAN, *'Aštārōt-'Ast arōt Qarnayim-Qarnayim*, dans *ZDPV* 97 (1981), p. 45-61.

[40] *Deut.* 2,10-11 ; 3,11-13 ; 2 *Sam.* 21,16-22.

Il est fort intéressant de voir à l'œuvre, par ce biais, un processus de différenciation, certes inachevé, de la religion yahviste à l'égard des traditions religieuses syro-palestiniennes, particulièrement envers le culte des ancêtres royaux, un élément spécifique de la culture de cette zone[41]. Yahvé, le dieu unique, n'acceptait pas que ses fidèles aient d'autres interlocuteurs que lui, pas même leurs propres morts. Relégués dans le Shéol, une sphère associée au plus haut degré d'impureté, ceux-ci sont irrémédiablement séparés de Yahvé, le dieu des vivants. Interdiction est faite de les honorer et plus encore leur protecteur mythique, Baal «sauveur». Les théologiens israélites ont combattu avec d'autant plus d'acharnement cette vision alternative du monde qu'elle était attirante, «humaine» et relativement complémentaire par rapport au yahvisme.

Il est bon de rappeler que ce culte des ancêtres royaux n'a pas pour objectif la sotériologie individuelle dans l'au-delà, mais, au contraire, le bien-être collectif ici-bas. Les rois défunts qui sont promus au rang d'ancêtres efficients — et non pas mués en véritables dieux immortels — agissent pour l'intégrité et la prospérité de la communauté. Le roi, leur interlocuteur privilégié, s'adresse à eux au cours d'un rituel spécifique, accompli dans le *gn*, le *«jardin»* du palais, avec des offrandes, voire un banquet funéraire comparable au *kispum*[42]. Grâce à cette liturgie, le souverain s'assure la protection de ses prédécesseurs, donc cherche à garantir l'efficacité de son action politique au sens large. Le mythe d'Aqhat semble offrir une illustration intéressante de cette idéologie. Après sa mort, Aqhat est au centre d'un rituel visant non pas à le ramener à la vie, mais à lui trouver une place parmi la collectivité des Rephaïm. En tant que personnage lié à la royauté, tel était son destin : échapper au commun des mortels et, après convocation des *rp'um*, être intégré parmi les ancêtres de rang royal. Il est d'ailleurs le fils de Danil, dit *mt rp'i*, *«homme de* rp'u»[43]. C'est donc toute l'institution dynastique qui se trouve ainsi sanctionnée, encadrée[44].

---

[41] P. XELLA, *Il re, la morte e gli antenati nella Siria antica*, dans U. BIANCHI - M.J. VERMASEREN (éd.), *La soteriologia dei culti orientali nell'Impero romano*, Leyde 1982, p. 614-631 ; ID., *Il culto dei morti nell'Antico Testamento : tra teologia e storia delle religioni*, dans *Religioni e civiltà. Scritti in memoria di A. Brelich*, Bari 1982, p. 645-666 ; K. SPRONK, *Beatific Afterlife in Ancient Israel and in the Ancient Near East* (AOAT 219), Kevelaer-Neukirchen-Vluyn 1986 ; Th. PODELLA, *L'aldilà nelle concezioni vetero-testamentarie : Sheol*, dans P. XELLA (éd.), *Archeologia dell'Inferno*, Vérone 1987, p. 163-190.

[42] P. BORDREUIL - D. PARDEE, *Le rituel funéraire ougaritique RS 34.126*, dans *Syria* 49 (1982), p. 121-128 ; J.F. HEALEY, *The Immortality of the King : Ugarit and the Psalms*, dans *Or.* 53 (1984), p. 245-254 ; G. DEL OLMO LETE, *Liturgia funeraria de los reyes de Ugarit (KTU 1.106)*, dans *SEL* 3 (1986), p. 55-71.

[43] *KTU* 1.20, 21, 22 : il s'agit du fameux *«poème des Rephaïm»*, qui pourrait constituer la fin du mythe d'Aqhat.

[44] W. SCHMIDT, *Königtum Gottes in Ugarit und Israel*, Berlin 1961 ; M. LIVERANI, *La royauté syrienne de l'Âge du Bronze Récent*, dans P. GARELLI (éd.), *op. cit.* (n. 4), p. 329-356 (position fort

L'ensemble de cette documentation nous met en présence d'une tradition religieuse ouest-sémitique assez homogène et significative. Là se trouvent, à nos yeux, les racines historiques du type divin auquel Melqart se rattache. Le domaine est-sémitique a également connu Malik, mais il pose, à cet égard, des problèmes spécifiques que l'on ne peut traiter ici, comme celui de la différenciation entre *malikum*, «roi» et *maliku*, «conseiller»[45]. On peut toutefois raisonnablement penser que le Malik et les *mal(i)kū*, qui apparaissent dans les textes accadiens de présage comme des êtres chthoniens et maléfiques, en rapport avec les *Anunnaki*, intervenant eux-mêmes dans les célébrations funéraires et royales, se rattachent à la tradition ouest-sémitique examinée précédemment[46]. Les archives d'Émar apportent confirmation de cette hypothèse. En effet, si l'onomastique renferme de nombreux noms comprenant un élément théophore précédé de *Mil-ki* ou suivi de *Ma-lik*[47], à deux reprises apparaît un dieu $^d Mil\ ^{il}$-*ku*, dans des rituels que leur éditeur qualifie d'«anatoliens»[48]. Y sont de fait insérées une série de divinités se rattachant de toute évidence à l'Anatolie ou à la Syrie du nord, comme la paire de montagnes divinisées, Namni et Hazi[49], ou Sandas. C'est donc dans un contexte nord-syrien qu'est incorporé notre Milku, le Roi divinisé, qui reçoit diverses offrandes (pain, farine, vin, bière). De cette région, il s'est probablement répandu en Mésopotamie et y a subi quelque écart par rapport au modèle : telle est l'hypothèse qui semble, aujourd'hui, la mieux fondée[50].

d) *La Palestine*

Si les attestations de *Mlk* en Palestine, comme en Moab, Édom, Ammon[51] et Aram, ne sont guère nombreuses, le témoignage de la Bible est au centre de profondes controverses sur le sens et la portée du terme

---

prudente) ; J. SAPIN, *Quelques systèmes socio-politiques en Syrie du 2ᵉ millénaire avant J.-C. et leur évolution d'après des documents religieux (légendes, rituels, sanctuaires)*, dans *UF* 15 (1983), p. 157-190.

[45] Il s'agit peut-être d'une autre formation nominale sur la même racine contenant l'idée de pouvoir, ces conseillers étant en quelque sorte des «fondés de pouvoir» du roi.

[46] G.C. HEIDER, *op. cit.* (n. 14), p. 149-168 ; J.F. HEALEY, *art. cit.* (n. 35-1975), p. 235-238.

[47] D. ARNAUD, *Recherches au pays d'Aštata. Emar VI 1-3. Textes sumériens et accadiens* (ERC Synthèse 18), Paris 1985-86. *Ma-lik* est une forme à l'état absolu, utilisée dans l'onomastique, cf. P. FRONZAROLI, *Per una valutazione della morfologia eblaita*, dans *SEb* 5 (1982), p. 93-120, surtout p. 107, tandis que *mil-ki* est une forme avec suffixe de possession («*mon roi*»).

[48] D. ARNAUD, *op. cit.* (n. 47), p. 458 ss, n°472, l. 62 ; p. 466 ss, n°473, l. 15.

[49] C. BONNET, *Typhon et Baal Ṣaphon*, dans *St.Phoen.* V, Leuven 1987, p. 101-143. Le Hazi est le Mont Ṣaphon, juste au nord d'Ougarit.

[50] Elle est défendue par G.C. HEIDER, *op. cit.* (n. 14).

[51] Il faut quand même signaler le cas de Milkom, dieu des Ammonites, dont le nom est formé sur la même racine et pour lequel nous avons évoqué les possibles affinités avec Melqart. Cf. *supra*, p. 147-148.

Molek[52]. On a en effet songé à l'interpréter, non comme un terme sacrificiel, le *mlk-molk* des inscriptions puniques provenant des tophet, mais comme un théonyme. Suite à la réélaboration théologique anti-cananéenne due au clergé yahviste, cette figure divine aurait en quelque sorte été chargée de tous les maux du baalisme. Comme dans le cas de la figure composite et polémique de Baal, le *Mlk* biblique pourrait avoir emprunté quelque chose à la religion voisine de la Phénicie, voire à Melqart[53]. Mais cette question est en cours de discussion, de sorte que nous ne pouvons en tirer argument.

3. Melqart = Mlk de Tyr ?

Prendre en considération tout l'arrière-plan historico-religieux évoqué dans les pages précédentes nous paraît une démarche indispensable afin de sortir Melqart de son isolement et de saisir avec plus d'acuité la force contraignante de la tradition tout autant que la marque spécifique et novatrice des Phéniciens du Ier millénaire dans la mise au point de sa figure. Dans deux inscriptions sidoniennes du roi Eshmounazor, au Ve siècle av. J.-C., les Rephaïm sont la communauté des défunts[54], tandis que, dans la bilingue néopunique d'El-Amrouni, *l 'l[n]' r'p'm* correspond au latin *D(is) M(anibus)*[55]. La tradition gardait donc quelque actualité. Si on laisse de côté la question du vocabulaire sacrificiel, *Mlk* n'apparaît jamais comme tel dans l'épigraphie phénico-punique[56]. Cela suffit-il pour nier son existence sous des formes nouvelles, par exemple celle de Melqart ? Outre le fait que bien des éléments de la présente étude apportent des arguments en faveur de cette hypothèse, qui fait de Melqart un Roi divinisé, il faut faire état de quelques indices intéressants.

Dans une inscription de Sidon, est mentionné un *mlk 'dr*, un «roi puissant», qui, selon une hypothèse de S. Ribichini, protègerait le repos des

---

[52] G.C. Heider, *op. cit.* (n. 14), p. 168-174, 223-400. Cf. aussi H.-P. Müller, *molk*, dans *ThWAT* IV, Stuttgart 1984, col. 957-968 ; J. Trebolle Barrera, *La transcripción* 𐤟𐤟𐤟 = μόλοχ, *historia del texto e historia de la lengua*, dans *AO* 5 (1987), p. 125-128, qui montre que *molech* ne figure pas dans les anciennes versions hébraïques ou grecques de la Bible qui ne connaissent que la forme *mlkm*.

[53] *Ibid.*, p. 404.

[54] *KAI* 13, 14.

[55] *KAI* 117. Cf. F. Vattioni, *La bilingue latina e neopunica di El-Amrouni*, dans *Helikon* 20-21 (1980-81), p. 293-299.

[56] R. Dussaud, *Milk, Moloch, Melqart*, dans *RHR* 49 (1904), p. 163-168 ; S. Rinaldi, *Mlk come nome proprio di divinità*, dans *BeO* 6 (1964), p. 77 ; A. van den Branden, *La triade phénicienne*, dans *BeO* 23 (1981), p. 35-64, surtout p. 37-41 ; G. Garbini, *Il sacrificio dei bambini nel mondo punico*, dans F. Vattioni (éd.), *Atti della settimana di studio «Sangue e Antropologia biblica»* I, Rome 1981, p. 127-134 (Milk serait Baal Ḥammon et ce dernier serait assimilé à Melqart, interprétation dénuée de fondement).

morts et ferait songer à Malcandros, un roi de Byblos chez qui Isis recherche Osiris mort, selon le témoignage de Plutarque [57]. Il serait dès lors à identifier à Baal Addir, l'éventuel antécédent punique du Pluton africain qualifié dans une inscription de *rex magnus* [58] et, à titre d'hypothèse, à Agrouhèros ou Agrotès, le personnage qui, chez Philon de Byblos, forme, avec Agros, les Alètès, les *«errants»*, une qualification appliquée à Ougarit et dans la Bible aux Rephaïm [59]. Cependant, ce *«roi puissant»* qui punira les violateurs de sépulture semble bien être, plutôt qu'un être mythique, un personnage en chair et en os, un véritable souverain qui prendra possession de Sidon, en représailles contre sa négligence envers les rois morts. F. Mazza, qui a étudié ces formules de malédiction, en a montré le caractère stéréotypé et en a dégagé les prototypes dans la littérature accadienne, comme c'est le cas ici [60].

Il vaut mieux se référer à l'onomastique. *Mlqrt* est un élément théophore bien connu, *Mlk* également. Celui-ci apparaît précisément, dès le IIe millénaire av. J.-C., dans la formation du nom du roi de Tyr Abi-milku (*«Le roi est mon père»*) et de son ambassadeur Ilu-milku (*«Le roi est mon dieu»*), connus par les archives d'El-Amarna du XIVe siècle av. J.-C. [61] La qualité des personnages ainsi nommés pourrait être un indice de la vénération, dans les milieux palatiaux tyriens, d'un ancêtre royal divinisé dès cette époque [62].

Un rapide sondage dans l'onomastique de Carthage semble en outre révéler une certaine affinité entre les éléments théophores *Mlk* et *Mlqrt*. Sur les 98 épitaphes puniques de Carthage, reproduites dans la synthèse d'Hélène Bénichou-Safar [63], 35 font intervenir des anthroponymes formés sur Melqart. Sur ces 35 cas, 25 des généalogies concernées ne comportent

---

[57] *KAI* 14, l. 9. Cf. S. RIBICHINI, *Agrouheros, Baal Addir et le Pluton africain*, dans *IIIe Colloque sur l'histoire et l'archéologie d'Afrique du Nord*, Montpellier 1985, p. 133-142. cf. PLUTARQUE, *De Iside et Osiride* 15-16. Cf. *supra*, p. 119-120.

[58] *CIL* VIII 12018.

[59] PHILON de Byblos 790 F 2 J § 12-13. Cf. S. RIBICHINI, *art. cit.* (n. 57), p. 136-137 ; ID. - P. XELLA, *La valle dei passanti (Ezechiele 39:11)*, dans *UF* 12 (1980), p. 434-437.

[60] F. MAZZA, *Le formule di maledizione nelle iscrizioni funerarie e votive fenicie e puniche*, dans *RSF* 3 (1975), p. 19-30, surtout p. 28-29.

[61] EA 146-155. Cf. E. LIPIŃSKI, dans E. GUBEL (éd.), *Les Phéniciens et le monde méditerranéen*, Bruxelles 1986, p. 74 (catalogue de l'exposition de Bruxelles) ; sur *Mlk* dans l'onomastique, cf. F.L. BENZ, *Personal Names in the Phoenician and Punic Inscriptions*, Rome 1972, p. 344 ; F. ISRAEL, *Osservazioni formali all'onomastica fenicia della madrepatria*, dans *ACFP 1*, vol. III, Rome 1983, p. 667-672. On notera que des rois de Byblos, Sidon et Kition, par exemple, portent également des noms formés sur *Mlk*.

[62] J.W. BETLYON, *Notes on the Phoenician Ostracon from Near Sidon*, dans *BMB* 26 (1973), p. 31-34, interprète justement le nom propre *Mlkṣr* comme «Mlk *est rocher*», plutôt que comme «Mlk *de Tyr*».

[63] H. BÉNICHOU-SAFAR, *Les tombes puniques de Carthage*, Paris 1982.

pas de noms comprenant *Mlk*, 10 en contiennent, dont une où l'on observe une alternance *Mlkpls / Bdmlqrt*, d'une génération à l'autre, puis une alternance *Mlkpls / Mlqrtpls*[64]. C'est l'unique cas où les deux éléments semblent interchangeables. On notera aussi que *Mlk* n'apparaît qu'à deux reprises dans des généalogies en dehors des dix cas précités. On ne peut guère tirer de conclusion de ce sondage, mais il est indicatif d'un certain apparentement entre les deux éléments *Mlk* et *Mlqrt*.

Afin de se prononcer sur le rapport existant entre Milk et Melqart, un argument supplémentaire est naturellement le cas de Milkashtart. Notre étude n'a pas permis de tirer au clair la manière dont les acteurs du culte différenciaient Melqart et Milkashtart, ni en vertu de quelles préoccupations ils privilégiaient l'un ou l'autre. Dans cette partie, ce sont précisément leurs points de rencontre qui retiendront notre attention. Milkashtart est donc originellement le dieu *Mlk*, résidant à *'ttrt*[65]. Que ce théonyme ait ensuite été réinterprété ou cristallisé, par les élites sacerdotales ou au niveau du culte populaire, pour devenir l'expression théocrasique de *Mlk* ou *Mlqrt* et d'Astarté semble fort probable. L'essentiel est de se souvenir que l'iconographie héracléenne est utilisée tant pour Melqart que pour Milkashtart. Les Phéniciens percevaient donc parfaitement la parenté qui les unissait, parenté qui remonte sans doute à leur commune physionomie de *Mlk*.

Nous pensons donc pouvoir défendre l'hypothèse selon laquelle Melqart est un dieu *Mlk* implanté à Tyr, peut-être dès le IIe millénaire av. J.-C., mais qui adopta une forme spécifique, au millénaire suivant, peut-être sous l'impulsion d'une «réforme» religieuse patronnée par Hiram Ier, à laquelle Flavius Josèphe pourrait faire allusion. Son appartenance à la catégorie des *Mlk(m)* fait de lui un ancêtre royal, un protecteur divin, un garant du bien-être de la communauté de ces sujets. Le culte qu'on lui destine vise à assurer son efficience[66] et celle de son représentant terrestre, le roi, qui rejaillit sur toutes les facettes de la vie, naturelle et humaine. C'est la raison pour laquelle le roi de Tyr devait entretenir *de facto*, et pas nécessairement par la voie d'une charge sacerdotale, une relation privilégiée avec Melqart[67]. Le «*réveil*» de Melqart n'était donc pas seulement, loin de là, celui de la nature printanière. Comme Baal *rp'u* guérit ou sauve, Melqart

---

[64] *CIS* I,6000 bis.

[65] Cf. *supra*, p. 125-127.

[66] Dans l'onomastique, un seul élément semble exclusivement employé avec l'élément théophore Melqart : *mšl*, qui signifie «*régner*». Ce verbe est d'ailleurs utilisé dans la Bible pour désigner la royauté de Yahvé. Cf. *ThWAT* V, Stuttgart 1986, p. 69-73, s.v. *mašal*.

[67] G. GARBINI, *La regalità*, dans *I Fenici. Storia e religione*, Naples 1980, p. 53-63, avec des interprétations historiques relatives à la place de la royauté dans le monde phénico-punique que nous ne partageons pas entièrement.

est sorti «guéri», indemme de la mort grâce à l'intervention d'Iolaos, le héros guérisseur et des cailles représentant Astéria-Astarté, actrice d'une hiérogamie[68]. Cette aventure, cette expérience unique de mort et de résurrection rejaillit naturellement sur tout son «entourage», c'est-à-dire les Tyriens et, au premier chef, leur souverain.

Par ce biais, un autre aspect de la problématique liée à Melqart obtient un ultime éclairage : celui de son assimilation à Héraclès. Conformément à un schéma culturel représenté en Mésopotamie par Gilgamesh et Dumuzi, les «héros» royaux, Melqart s'inscrit simultanément dans l'histoire et dans le mythe, il est des hommes et des dieux[69]. Il est donc parfaitement justifié d'en faire un «héros divin», comme Adonis ou Eshmoun, selon l'interprétation proposée pour ces figures par S. Ribichini[70]. De ceci découlent deux constatations :

— la finesse de l'interprétation de Melqart par Héraclès et d'Eshmoun par Asclépios, deux personnages dont l'ambiguïté est manifeste. Plutôt que de privilégier une approche sémantique au premier degré qui aurait mis en avant le caractère «royal» de Melqart et l'aurait, par exemple, rapproché de Zeus, le dieu souverain, on a préféré le héros par excellence, Héraclès, le seul à avoir été promu au rang d'Olympien. Les acteurs de ce rapprochement, Grecs et/ou Phéniciens, ont perçu la physionomie profonde d'une figure qui, comme Baal *rp'u* ou Héraclès, avait fait l'expérience de la vie et de la mort.

— l'exactitude historique, le bien-fondé de la «théologie» philonienne. Celle-ci manifeste une tendance fréquemment taxée d'evhémérisme, mais qui, sans nier complètement cette influence, rend en réalité compte d'une tonalité «historicisante» de la religion phénicienne[71]. On ne rappellera de Philon qu'une seule phrase qui intéresse tout particulièrement Melqart : «*en particulier, ils (=* les Phéniciens*) affectèrent soit à des éléments de l'Univers, soit à certains de ceux qu'ils croyaient être des dieux des noms qu'ils empruntaient à leurs propres rois (...) si bien qu'ils avaient des dieux mortels et des dieux immortels*»[72].

De ce bilan découle une problématique de plus grande ampleur que nous ne pouvons qu'effleurer, celle de la genèse de la catégorie héroïque au sein de la religion grecque et de sa «dette» à l'égard du Proche-Orient.

---

[68] A. CAQUOT, *art. cit.* (n. 37-1960), p. 75-93.

[69] P. XELLA, *op. cit.* (n. 11), a montré que cette tendance n'est pas une fuite de l'histoire, mais une fuite dans l'histoire. En intégrant l'histoire dans le mythe, on la rend plus contrôlable, on accepte mieux ses crises, on lui donne une finalité moins contingente.

[70] S. RIBICHINI, *op. cit.* (n. 3), p. 43-73.

[71] *Ibid.*, p. 19-40.

[72] PHILON de Byblos *apud* EUSÈBE de Césarée, *P.E.* I 9,29.

4. Melqart = Mlk de la ville

En ouvrant ce dossier sur Melqart, nous avons évoqué l'hypothèse de W.F. Albright selon laquelle *qrt* renverrait non à une cité humaine, mais aux Enfers, à l'au-delà, sur lequel Melqart règnerait. Nous avons certes relevé, au fil de notre propos, des connotations funéraires bien naturelles pour un dieu qui meurt et revient à la vie. Elles sont sensibles aussi dans la figure des Rephaïm ou des *malikū*. Mais ces ancêtres royaux ne règnent pas sur l'au-delà : ils continuent, de l'au-delà, à régner, c'est-à-dire à agir en faveur de la communauté dont ils sont issus. Leurs pouvoirs ne concernent pas tellement les morts, mais bien davantage les vivants. De la même façon, Melqart est le roi, non des Enfers, mais de Tyr. Nous pensons pouvoir être désormais catégorique sur ce point capital : l'éventail d'arguments que l'examen des *testimonia* nous a fourni va dans ce sens. Melqart est qualifié de Baal de Tyr ; il en est l'archégète, celui qui a présidé à sa fondation et en accompagne les vicissitudes çà et là. Son sanctuaire est indissociable de la ville. Là où ses dévôts s'implantent, ils n'ont de cesse de se placer sous son patronage, en lui consacrant un sanctuaire ou en prenant son nom, comme ces Héracléistes de Tyr à Délos. En ce sens, le parallélisme entre *Mlk qrt* et *B'l Ṣr*, d'une part, et entre *Mlk qrt* et *Mlk 'ttrt*, de l'autre, est lourd de sens.

L'idée contenue dans le terme *qrt* est celle d'un espace circonscrit, délimité, entouré, d'une agglomération de constructions, d'une ville [73]. On sait qu'E. Forrer, dans un célèbre article sur la fondation de Carthage [74], a suggéré que *qrt* désignait, non pas une ville quelconque, mais une *capitale*. Cette hypothèse ne résiste cependant pas à l'examen [75] et, dans le cas de Carthage, le toponyme désigne simplement une «*Ville Nouvelle*». Rien n'interdit de penser qu'implicitement *qrt* renvoyait à la métropole, à Tyr [76]. Quoi qu'il en soit, la désignation de Tyr comme *qrt*, dans le théonyme Melqart, s'inscrit dans un processus historique de nucléarisation de la côte phénicienne, parcellisée en cités-états jalouses de leur indépendance et de leurs particularismes. Les cultes servirent donc d'instruments

---

[73] *DISO*, p. 267. Cf. F. ALTHEIM - R. STIEHL, *Die aramäische Sprache unter den Achaimeniden* I, Francfort 1960, p. 223-232 ; K. AARTUN, *Neue Beiträge zum ugaritischen Lexicon (II)*, dans *UF* 17 (1986), p. 19-20.

[74] E.O. FORRER, *Karthago wurde erst 673-663 v. Chr. gegründet*, dans *Festschrift F. Dornseiff*, Leipzig 1953, p. 56-63 ; P. CINTAS, *Manuel d'archéologie punique* I, Paris 1970 ; W. HUSS, *Geschichte der Karthager*, Munich 1985, p. 72.

[75] P. CINTAS, *op. cit.* (n. 74), p. 62 ; G. BUNNENS, *L'expansion phénicienne en Méditerranée*, Bruxelles-Rome 1979, p. 41-42. Il existait, par exemple, une ville du nom de *Qartime*, soit «*Ville-sur-mer*», sur la côte phénicienne (*ibid.*, p. 257).

[76] Pour Cintas, Carthage est nouvelle par rapport à Utique dont le nom signifierait la Vieille. Mais cette étymologie est douteuse.

d'affirmation de l'identité nationale. Si Tyr s'est adjugée la droit d'être *la* Ville, c'est qu'elle cherchait à faire reconnaître son identité, voire son ambition de suprématie, ne serait-ce que théorique, idéologique ; elle est la ville par excellence, celle dont on peut taire le nom et ce type de logique ne trouve pas ici sa seule illustration : que l'on songe à l'*Urbs* (Rome) ou à la Πόλις (Constantinople-Istanbul)[77].

Une fois mise en évidence la part de la continuité historico-religieuse pluriséculaire qui transparaît dans la figure de Melqart, il importe, si tant est que l'histoire est avant tout l'étude de la différence, du singulier, de comprendre en quoi Melqart, comme Baal de Tyr, est le produit d'une époque et d'un lieu.

5. Melqart, Baal de Tyr au Iᵉʳ millénaire

S'il ne faut pas exagérer la portée du tournant entre l'Âge du Bronze et l'Âge du Fer[78], on peut malgré tout penser que le Iᵉʳ millénaire fut le théâtre de l'émergence des cités de la côte phénicienne qui entreprirent leur vigoureuse expansion en Méditerranée. Le choc des Peuples de la Mer, la chute de l'empire hittite, le déclin de l'Égypte, l'arrivée des Philistins, la sédentarisation des Israélites et des Araméens ont donné lieu à un *New Deal* qui plaça les Phéniciens dans des conditions différentes[79]. Cantonnés à une étroite bande côtière, ils cherchèrent plus que jamais le salut vers l'ouest. Mais, plutôt que de s'allier, les états microscopiques de Phénicie se firent concurrence et l'idéologie religieuse supporta cet effort de différenciation. Ainsi percevons-nous mieux le rôle d'un panthéon urbain comme celui de Tyr.

Par son nom même, Melqart est l'expression «culminante» de ce phénomène, de la religion urbaine. Dans les cités proches de Sidon et de Byblos, Eshmoun et la Baalat Gebal jouaient le même rôle de porte-drapeau de l'identité «nationale». Sous l'impulsion de cette tendance, on peut penser que la figure de Baal qui dominait les panthéons syro-palestiniens du IIᵉ millénaire av. J.-C., comme maître des agents atmosphériques, comme champion de l'ordre cosmique, guérisseur et sauveur, a donné naissance à plusieurs figures divines. Celles-ci se rattachent à lui par leur position dominante dans le panthéon : Melqart est le *Baal* de Tyr

---

[77] Pour le rapport entre un dieu et sa ville, on notera, en passant, l'existence à Ébla déjà d'un couple divin *DINGIR.A.LUM*, le(s) dieu(x) de la ville. Je remercie Franco Pomponio qui m'a indiqué ce cas.

[78] Cl. BAURAIN, *Portées chronologique et géographique du terme «phénicien»*, dans *St.Phoen.* IV, Namur 1986, p. 7-28 et notre introduction, p. 1-11.

[79] Cf. R. DE VAUX, *La Phénicie et les Peuples de la Mer*, dans *MUSJ* 45 (1969), p. 479-498.

Eshmoun le *Baal* de Sidon[80]. Mais ils constituent surtout l'avatar d'une «partie» de la personnalité multiforme de Baal ; ils sont l'expression paroxysmique d'un trait de sa physionomie. Melqart potentialise une facette de Baal, celle qui exalte le modèle dynastique. À Sidon, Eshmoun met plutôt en avant le pouvoir thérapeutique de Baal. Une fois ce processus accompli[81], il est évident qu'en tant que leader du panthéon de sa ville, le dieu poliade a tendance à concentrer dans ses mains un éventail toujours plus large de prérogatives[82]. Dieu souverain, Melqart est aussi un dieu de la navigation, des fondations, de la fertilité, du bien-être ; il s'insère par ailleurs dans un panthéon où les «tâches» sont réparties entre une multitude d'êtres surhumains qui se sont chacune forgés un domaine spécifique[83].

Si le panthéon tyrien porte la marque d'une exaltation de la figure royale, les autres cités phéniciennes aussi nous livrent des témoignages de l'implication du souverain dans le culte[84]. Partant de là, il est très difficile de rendre compte des conditions historiques qui ont présidé à son développement «anormal» à Tyr. *Aura* d'un roi particulièrement glorieux, comme Hiram Ier ? Succès expansionnistes de Tyr, devenue métropole en Méditerranée ? Il est plus prudent d'avouer notre ignorance. Nous retenons en tout cas que, typologiquement parlant, Melqart est l'héritier du culte syro-palestinien des ancêtres royaux divinisés et qu'il fonctionne avant tout comme dieu poliade de Tyr. De la «fusion» de ces deux aspects,— mais en parlant ainsi on rend abstrait un processus complexe et nuancé,— résulta le *Mlk qrt* ou *B'l Ṣr*, deux appellations dont on mesure mieux à présent le parallélisme.

Melqart se distingue toutefois des *Mlkm* ougaritiques : il est devenu un dieu à part entière. On ne possède guère, en milieu phénicien, de trace de culte rendu aux ancêtres. Il est plutôt relayé par des figures plus nettes de roi divin ou de dieu royal. Nous partageons donc le point de vue de P. Xella qui constate «*un écart vers le haut*» par rapport à Ougarit, le roi étant

---

[80] *KAI* 14. cf. G. GARBINI, *op. cit.* (n. 67), p. 152. Adonis pour sa part porte un nom qui est un titre de Baal, cf. O. LORETZ, adn *come epiteto di Baal e i suoi rapporti con Adonis e Adonaj*, dans AA.VV., *Adonis. Relazioni del Colloquio di Roma*, Rome 1984, p. 25-33.

[81] Il s'agit d'une tendance quasi animistique, cf. A. BRELICH, *Il politeismo*, Rome 1958, p. 159.

[82] A. BRELICH, *op. cit.* (n. 81), p. 121, 168-169 ; M. DETIENNE, *Du polythéisme en général*, dans *CP* 81 (1986), p. 47-55, surtout p. 52.

[83] P. XELLA, *op. cit.* (n. 11), p. 42-43, note bien la différence entre l'individualisme religieux de la Mésopotamie archaïque qui relève d'une phase pré-polythéiste où le seul dieu poliade est vraiment objet de vénération et l'organisation d'un panthéon urbain, organique et hiérarchisé, lié aux civilisations supérieures. Cf. M. LAMBERT, *Polythéisme et monolatrie des cités sumériennes*, dans *RHR* 157-158 (1960), p. 1-19 ; W. VON SODEN, *Monotheiotistische Tendenzen und Traditionalismus im Kult in Babylonien im 1. Jahrtausend v. Chr.*, dans *SMSR* 51 (1986), p. 5-19.

[84] J. ELAYI, *Le roi et la religion à l'époque perse*, dans *St.Phoen.* IV, Namur 1986, p. 249-261.

ressenti comme une personne divine, plutôt que comme un ancêtre puissant et actif agissant au sein d'une communauté mythique[85]. Melqart est par ailleurs un dieu qui meurt périodiquement : cela constitue-t-il, comme dans le cas des héros grecs, une limite à son caractère divin ou faut-il donner un sens culturellement tout différent à ce trait ? Les sources relatives à l'*egersis* de Melqart, ou à la «passion» d'un personnage divin du même type, nous font connaître un rite sanctionnant la réintégration annuelle au rang de roi du premier personnage de la ville et constituant pour celui-ci une promesse d'intégration au sein de la communauté des Rois divinisés[86]. Cette célébration réaffirme le rôle du roi comme interlocuteur privilégié du dieu et des hommes, comme médiateur capable de garantir à chacun le bien-être et l'intégrité. Comme en Mésopotamie, ces épisodes de mort et résurrection, parfois accompagnés de noces sacrées, ne visent pas tant à agir, selon le modèle frazérien du *dying god*, sur la φύσις, mais tout au contraire, en premier lieu, sur le νόμος.

Avec l'expansion phénicienne en Méditerranée, les panthéons des microcosmes urbains vont se côtoyer. Deux processus apparemment contradictoires, mais en réalité parfaitement conciliables, vont en découler : d'une part, un attachement renouvelé aux particularités de la patrie d'origine, un repli sur soi-même, sur son identité propre, dont témoignent, par exemple, les dédicaces faites à Melqart, Baal de Tyr, à Malte au IIe siècle av. J.-C. ou le patronage de la corporation des Héracléistes de Tyr ; d'autre part, l'émergence progressive d'une sorte de panthéon supra-national, «phénicien», «colonial», dans lequel Melqart jouait sans doute un rôle important, comme dieu de la navigation, de l'expansion, étant donné la place primordiale de Tyr dans ce mouvement[87]. Mais l'Occident punique fut aussi le siège de processus historiques de différenciation vis-à-vis du panthéon tyrien, de sorte que l'on est loin de pouvoir considérer la religion punique comme un décalque de la religion phénicienne : nous avons pu le vérifier sur le terrain.

Ainsi s'achève l'exploration historico-religieuse de Melqart. On ne peut masquer la tournure en partie spéculative de cette reconstitution, mais elle s'appuie sur un dossier documentaire, pas toujours aussi adéquat qu'on l'aurait souhaité pour répondre à des questions délicates, mais qui nous a néanmoins permis de tracer des perspectives siginificatives et riches, bien différentes de celles qui limitaient l'horizon de Melqart au Ier millénaire av. J.-C.

---

[85] P. Xella, *Le polythéisme phénicien*, dans *St.Phoen.* IV, Namur 1984, p. 38.

[86] S. Ribichini, *op. cit.* (n. 3), p. 69-73.

[87] G. Garbini, *Continuità e innovazioni nella religione fenicia*, dans *RelFen*, Rome 1981, p. 29-42. Cf. P. Xella, *op. cit.* (n. 11), p. 42-43, pour un processus comparable en Mésopotamie.

Conclusions

Les deux chapitres finaux de cette étude, consacrés à l'assimilation de Melqart à Héraclès et à la formation de la figure du Baal de Tyr, ont tracé des perspectives historico-religieuses, ouvert des horizons. Nous nous dispenserons par conséquent de suggérer des pistes ultérieures, de spéculer davantage sur un sujet déjà soumis aux aléas d'une documentation hétérogène et mutilée. Nous reparcourrons plutôt le chemin accompli, en tentant de souligner les résultats acquis et les questions demeurées en suspens, car notre introduction déjà nous avait fait pressentir que les contraintes d'un dossier «à prendre ou à laisser» ne nous autoriseraient pas à répondre à toutes les interrogations surgies à priori.

Partie de Tyr, le berceau de Melqart, nous avons entrepris, dans le sillage des Phéniciens, un vaste périple en Méditerranée. La dispersion géographique du culte de Melqart a constitué simultanément une source d'enrichissement de la problématique et un facteur d'opacité dans notre effort de connaissance. En effet, l'insertion du dieu tyrien dans un milieu culturel différent nous a fréquemment confrontée à une *interprétation* de sa figure, plus ou moins fidèle à un original dont les traits ne sont pas toujours parfaitement établis. Une étude systématique de la documentation tyrienne s'imposait comme un préalable, mais elle comporte ses propres limites. Pour le reste, interpréter un dieu, le «traduire» par un autre théonyme, c'est certes le trahir, mais c'est aussi manifester tel ou tel aspect de sa personnalité, retenu comme significatif. L'apport des cultes coloniaux rendus à Melqart peut donc se mesurer à une meilleure appréhension de ses fonctions, de ses attributions, de ses rapports avec les autres composantes d'un panthéon, du déroulement des cérémonies en son honneur, du personnel attaché à son culte. Mais nous avons dû avancer avec prudence, consciente de l'*écart* de contenu qu'un même théonyme peut masquer. Ce n'est pas tellement une mosaïque qu'il s'est agi de reconstituer, mais autant de mosaïques qu'il exista de cultes de Melqart. Il serait vain méthodologiquement, et historiquement dénué de fondement, de prétendre avoir reconstitué *la* figure de Melqart. Ici, il nous est apparu au sommet du panthéon, là, assez effacé ; ici, assimilé à Héraclès, là, plus proche de Poséidon. L'intérêt fondamental de l'historien pour le temps et l'espace est réaffirmé par cette étude qui montre combien une figure divine partage les contingences du commun des mortels.

Le parti pris géographique adopté comme fil conducteur peut donner l'impression que la dimension chronologique passe au second plan, voire même s'estompe. Ce sentiment de synchronie est en réalité imputable à l'état même de notre documentation. Non seulement elle laisse bien des vides dans notre reconstitution, nous contraignant à enjamber de-ci, de-là, hardiment, des tranches de temps non négligeables, mais encore elle super-pose dans un seul discours plusieurs niveaux chronologiques : celui de l'au-teur, celui de sa source, celui du fait rapporté. Comment faire la part de chaque époque et à quelle période imputer, par exemple, le témoignage de Flavius Josèphe, inspiré de Ménandre d'Éphèse, qui aurait lui-même utilisé les Annales de Tyr, relatif à la première célébration de l'*egersis* de Melqart par Hiram Ier de Tyr ? Proposer une périodisation du culte de Melqart s'avère donc un exercice périlleux, à moins de s'abstraire des sources et de raisonner. En filigrane de cette étude, apparaissent en somme trois temps forts :

— l'amont de Melqart, aux IIIe et IIe millénaires av. J.-C., sa «préhis-toire», au cours de laquelle se développe en Syrie le culte des ancêtres royaux divinisés ;

— la «période historique», celle qui voit se développer, au Ier millénaire av. J.-C., en Phénicie, dans les régions avoisinantes et dans les colonies d'Occident, le culte du Baal de Tyr ;

— enfin, l'aval de Melqart, son assimilation à Héraclès, amorcée peut-être très tôt, mais pleinement réalisée, notamment dans l'iconographie, à l'époque classique, puis aux époques hellénistique et romaine. Elle fait alors véritablement de lui l'Héraclès Tyrien.

Pour chacune de ces phases, nous avons tenté d'apporter une informa-tion complète et de proposer des interprétations. Dans une civilisation où les particularités locales revêtaient une importance hors du commun, Mel-qart est l'expression de l'identité tyrienne. Tyr en effet se différencia des autres cités de la côte par l'exaltation du modèle dynastique, en faisant de son Baal poliade un Roi divinisé, dans la tradition syrienne évoquée précé-demment. Inscrit dans un passé mythique où le roi était dieu, mais inaugu-rait aussi par son règne la lignée historique des souverains de Tyr, Melqart fut très judicieusement perçu par les Grecs comme une figure apparentée à la catégorie héroïque, celle qui participe de l'humain et du divin. Héra-clès, le héros par excellence, le seul qui connut et les peines des Travaux et l'immortalité de l'Olympe, convenait donc parfaitement pour rendre Melqart. L'un et l'autre accompagnèrent du reste leurs fidèles dans leurs entreprises d'expansion et fournirent aux fondations nouvelles les garanties sacrées jugées indispensables à leur réussite. Il n'est donc pas impossible que le recours assez systématique au mythe héracléen pour asseoir la légiti-mité grecque en Occident soit un écho à l'implantation par les Tyriens de leur dieu ancestral, à Gadès ou Lixus. Nous avons tenu à souligner cette dimension idéologique du culte de Melqart et du mythe d'Héraclès car, au-delà des pratiques, la religion met aussi en œuvre une logique étiologique qui rend compte et fonde la réalité.

Culte de Melqart, mythe d'Héraclès. Au terme de notre enquête, nous ne pensons pas être en mesure d'affirmer l'existence d'une véritable mythologie centrée sur Melqart, comparable à celle qui gravite autour du personnage d'Héraclès. Le Baal de Tyr est associé à certaines fondations, mais loin d'accomplir des exploits à la manière d'Alcide, il intervient toujours dans un contexte cultuel. La mise en veilleuse de l'activité mythopoétique dans la Phénicie du Ier millénaire, suggérée par les plus récentes études sur la religion phénicienne, trouve, à travers Melqart, une confirmation. L'absence de «biographie héroïque» de Melqart — ce qui n'exclut pas l'existence de traditions avec arrière-plan mythique où il est impliqué — apporte peut-être un élément d'explication à la pauvreté iconographique dont cette étude a souffert.

La dévotion à Melqart s'est manifestée, des siècles durant, à travers tout le bassin méditerranéen et même jusqu'au pied du Mur d'Hadrien, par l'attachement de tel Abdmelqart ou d'un certain Bodmelqart, établis à Carthage ou Motyé ; elle s'est signalée par des dédicaces, des offrandes au dieu protecteur, bienfaisant, promoteur du bien-être, de la prospérité, du succès. Ces témoignages épars, tantôt laconiques, tantôt stéréotypés, ou encore fragmentaires, ne nous livrent pas une image précise des modalités du culte de Melqart. Bien des réalités restent dans l'ombre : lieu et moment du sacrifice, types d'offrandes..., mais il semble en tout cas acquis que Melqart n'était pas le destinataire de sacrifices humains.

La célébration qui, annuellement, proclamait Melqart Roi de Tyr nous est connue par le terme grec d'ἔγερσις, qui évoque l'idée de réveil. Passé par le feu, Melqart était l'acteur d'une mort rituelle et d'un retour à la vie auquel le roi, en sa qualité de successeur, donc d'interlocuteur privilégié de Melqart, ou un important magistrat prenait probablement une part active comme «ressusciteur de la divinité». À travers cette cérémonie s'établissait une communication entre le roi d'en haut et celui d'ici-bas. Restauré dans sa toute puissance, Melqart garantissait la pérennité des choses de ce monde, notamment du cycle naturel qui reprenait vie avec lui au printemps, il sanctionnait le pouvoir en place et lui conférait l'efficience sans laquelle le peuple de Tyr ne pouvait espérer ni le vêtement, ni la nourriture. Son expérience de vie et de mort fondait tout à la fois la condition humaine, le rythme saisonnier et la supériorité des dieux qui seuls échappent au néant. Le modèle du *dying god* est ainsi profondément révisé, notamment quant au déterminisme naturel.

La place quasi constante d'Astarté aux côtés de Melqart, que nos sources ont inlassablement confirmée, outre le fait qu'elle apporte un démenti supplémentaire à la prétendue «triade phénicienne», témoigne sans doute des prérogatives que la déesse partageait avec Melqart dans le domaine de la fécondité. Probablement associée à l'*egersis* par la voie d'une hiérogamie, Astarté-Astéria, la Caille, fut à ce point ressentie comme la source de la vie de Melqart que les Grecs traduisirent en termes de généalogie une donnée rituelle, faisant d'elle la mère de l'Héraclès de Tyr. On peut sans doute chercher loin dans le temps les racines de ce couple divin formé d'une déesse de fertilité et d'un dieu souverain, dont Melqart et Astarté sont les paradigmes tyriens. Sans doute ce phénomène n'est-il pas étranger à l'adjonction fréquente, particulièrement en Méditerranée occidentale, d'une parèdre à Héraclès.

Si de telles interprétations ont pu être proposées, en dépit d'une assise documentaire bien étroite, il faut vivement souhaiter que l'extension des recherches, la poursuite ou la reprise de la collecte de matériel — nous songeons notamment au Liban — viennent enrichir, approfondir, renouveler notre connaissance de Melqart. Il reste beaucoup à faire dans l'étude des mécanismes d'interprétation, par exemple par le biais d'une meilleure perception des divinités indigènes entrées en contact avec les dieux phénicopuniques ; on attend aussi la mise au point d'un discours global sur le ou les systèmes de représentation des divinités. Les archives nouvellement découvertes à Ébla, à Ougarit, sur le site de Ras Ibn Hani, à Émar, pour ne prendre que quelques points de repère, peuvent donner une épaisseur nouvelle à nos recherches, situant, à juste titre, les études phénicopuniques dans le cadre d'ensemble du Proche-Orient, tandis que l'exploitation attentive et «jusqu'au boutiste» des sources classiques les valorisent dans une perspective méditerranéenne.

On soulignera, en dernier lieu, combien l'examen des antécédents typologiques de Melqart manifeste la part de continuité entre l'Âge du Bronze et l'Âge du Fer, nous contraignant par conséquent à réviser le concept étroit de «Phénicie» et de «Phéniciens». Mais, dans cette œuvre de révision, la religion n'entre que pour une part ; pareille entreprise nécessite le concours de toutes les disciplines. On ne peut que l'appeler de ses vœux.

BIBLIOGRAPHIE

F. Abel, *Inscriptions de Transjordanie et de Haute Galilée*, dans *RB* 5 (1908), p. 567-578.

E. Acquaro, *I rasoi punici*, Rome 1971.

—, *L'espansione fenicia in Africa*, dans *Fenici e Arabi nel Mediterraneo*, Rome 1983, p. 23-61.

—, *Sui «ritratti barcidi» delle monete puniche*, dans *Rivista storica dell'antichità* 13-14 (1983-84), p. 83-86.

H. Adamczyk, *Phoenicians, Carthaginians and Greeks on Sicily until the Battle of Himera*, dans *Eos* 40 (1972), p. 355-368.

B. Aggoula, *Remarques sur les inscriptions hatréennes V*, dans *Syria* 57 (1977), p. 123-143.

—, *Remarques sur les inscriptions hatréennes VIII*, dans *Syria* 60 (1983), p. 101-110.

—, *Remarques sur les inscriptions hatréeennes XI*, dans *Syria* 64 (1987), p. 91-106.

S. Ahituv, *Canaanite Toponyms in Ancient Egyptian Documents*, Jérusalem 1984.

G. Ahlberg-Cornell, *Herakles and the Sea-Monster in Attic Black-Figure Vase-Painting*, Stockholm 1984.

G.W. Ahlström, *Aspects of Syncretism in Israelite Religion*, Lund 1963.

E. Akurgal, *Aramean and Phoenician Stylistic and Iconographic Elements in Neo-Hittite Art*, dans A. Biran (éd.), *Temples and High Places in Biblical Times*, Jérusalem 1981, p. 131-141.

W.F. Albright, *The Canaanite God Ḥaurôn*, dans *AJSL* 53 (1936), p. 1-12.

—, *Two Cressets from Marisa and the Pillars of Jachin and Boaz*, dans *BASOR* 85 (1942), p. 18-27.

—, *A Votive Stele Erected by Ben-Hadad I of Damascus to the God Melcarth*, dans *BASOR* 87 (1942), p. 23-29.

—, *Archaeology and the Religion of Israel*, Baltimore 1942.

—, *From the Stone Age to Christianity*, 2e éd., New York 1957.

—, *Yahweh and the Gods of Canaan*, Londres 1968.

C. Alfaro Asins, *Sistematización del antiguo numerario gaditano*, dans *Los Fenicios* II, Barcelone 1986, p. 121-138.

M. Almagro Gorbea, *Pozo Moro y el influjo fenicio en el periodo orientalizante de la Península Ibérica*, dans *RSF* 10 (1982), p. 231-272.

—, *Sobre la dedicación de los altares del templo de Hercules Gaditanus*, dans *La religión romana en Espana*, Madrid 1982, p. 304 ss.

—, *Colonizzazione e acculturazione nella Penisola iberica*, dans *Modes de contact et processus de transformation dans les sociétés antiques*, Pise-Rome 1983, p. 429-461.

W. Al-Salihi, *Hercules-Nergal at Hatra*, dans *Iraq* 33 (1971), p. 113-115.

J. Alvar - C.G. Wagner, *Consideraciones históricas sobre la fondación de Cartago*, dans *Gerión* 3 (1985), p. 79-95.

J. Andrew Dearman - J. Maxwell Miller, *The Melqart Stele and the Ben-Hadads of Damascus : two Studies*, dans *PEQ* 1983, p. 95-101.

D.R. Ap-Thomas, *The Phoenicians*, dans D.J. Wiseman (éd.), *Peoples of the Old Testament Times*, Oxford 1973, p. 259-286.

AA.VV., *L'area sacra di Sant'Omobono*, dans *PdP* 32 (1977), p. 9-128.

M.C. Astour, *Helleno-Semitica*, Leyde 1967.

M.E. Aubet Semmler, *La Cueva d'es Cuyram (Ibiza)*, dans *Pyrenae* 4 (1969), p. 1-66.

—, *El santuario de Es Cuieram*, Eivissa 1982.

—, *Zur Problematik des orientalisierenden Horizontes auf der Iberischen Halbinsel*, dans *Phönizier im Westen*, Mainz am Rhein 1982, p. 309-335.

—, *Aspectos de la colonización fenicia en Andalucía durante el siglo VIII a.C.*, dans *ACFP 1*, vol. III, Rome 1983, p. 815-824.

—, *Los Fenicios en España : estado de la cuestión y perspectivas*, dans *Los Fenicios* I, Barcelone 1986, p. 9-38.

A. Audin, *Les piliers jumeaux dans le monde sémitique*, dans *ArOr* 16 (1948), p. 265-276 ; 21 (1953), p. 430-439.

—, *Inhumation et incinération*, dans *Latomus* 19 (1960), p. 312-322 ; 518-532.

P. Aupert - A. Hermary, *Fouilles françaises à Amathonte*, dans V. Karageorghis (éd.), *Archaeology in Cyprus*, Nicosie 1985, p. 227-237.

M. Avi-Yonah, *Mount Carmel and the God of Baalbek*, dans *IEJ* 2 (1952), p. 118-124.

—, *Syrian Gods at Ptolemais-Accho*, dans *IEJ* 9 (1959), p. 1-12.

E. Babelon, *La chronologie des rois de Citium*, dans *Mélanges numismatiques* 2 (1893), p. 49-84.

—, *Catalogue des monnaies grecques de la Bibliothèque Nationale. Les Perses achéménides, les satrapes et les dynastes tributaires de leur empire, Cypre et Phénicie*, Paris 1893.

A. Ballabriga, *Le Soleil et le Tartare*, Paris 1986.

D.C. Baramki, *The Coin Collection of the American University of Beirut Museum*, Beyrouth 1974.

R.D. Barnett, *Ezekiel and Tyre*, dans *Eretz-Israel* 9 (1969 = *Albright Volume*), p. 6-13.

—, *The Nimrud Bowls in the British Museum*, dans *RSF* 2 (1974), p. 11-33.

—, *The Amathus Shieldboss Rediscovered and the Amathus Bowl Reconsidered*, dans *RDAC* 1977, p. 157-169.

M.L. Barré, *The God-List in the Treaty between Hannibal and Philipp V of Macedonia : A Study in Light of the Ancient Near Eastern Treaty Tradition*, Baltimore-Londres 1983.

F. Barreca, *Ricerche puniche in Sardegna*, dans AA.VV., *Ricerche puniche nel Mediterraneo centrale*, Rome 1970, p. 21-37.

—, *Sardegna*, dans AA.VV., *L'espansione fenicia nel Mediterraneo*, Rome 1971, p. 7-27.

—, *La Sardegna fenicia e punica*, Sassari 1974.

—, *Il tempio di Antas e il culto di Sardus Pater*, Iglesias 1975.

—, *A proposito di una scultura aniconica rinvenuta nel Sinis di Cabras*, dans *RSF* 5 (1977), p. 165-179.

—, *Nuove scoperte sulla colonizzazione fenicio-punica in Sardegna*, dans *Phönizier im Westen*, Mainz am Rhein 1982, p. 181-184.

—, *L'archeologia fenicio-punica in Sardegna. Un decennio di attività*, dans *ACFP 1*, vol. II, Rome 1983, p. 291-310.

—, *Il giuramento di Annibale (considerazioni storico-religiose)*, dans G. SOTGIU (éd.), *Studi in onore di Giovanni Lilliu per il suo settantesimo compleanno*, Cagliari 1985, p. 71-81.

M.-F. BASLEZ, *Recherches sur les conditions de pénétration et de diffusion des religions orientales à Délos (IIe-Ier s. av. notre ère)*, Paris 1977.

—, *Cultes et dévotions des Phéniciens en Grèce : les divinités marines*, dans *St.Phoen.* IV, Namur 1986, p. 289-305.

E.L. BASSETT, *Hercules and the Hero of Punica*, dans *The Classical Tradition. Studies in Honour of H. Caplan*, Ithaca 1966, p. 259-273.

W.W. BAUDISSIN, *Studien zur semitischen Religionsgeschichte* I, Leipzig 1876 ; II, Leipzig 1878.

—, *Adonis und Esmun*, Leipzig 1911.

G.J. BAUDY. *Adonisgärten. Studien zur antiken Samensymbolik*, Königstein 1986.

A.I. BAUMGARTEN, *The Phoenician History of Philo of Byblos. A Commentary*, Leyde 1981.

Cl. BAURAIN, *Kinyras*, dans *BCH* 104 (1980), p. 277-308.

—, *Un autre nom pour Amathonte de Chypre ?*, dans *BCH* 105 (1981), p. 361-372.

—, *Réflexions sur les origines de la ville d'après les sources littéraires*, dans *Amathonte I, Testimonia 1*, Paris 1984, p. 109-117.

—, *Chypre et la Méditerranée orientale au Bronze récent. Synthèse historique*, Paris-Athènes 1984.

—, *Portées chronologique et géographique du terme «phénicien»*, dans *St.Phoen.* IV, Namur 1986, p. 7-28.

J. BAYET, *Hercule funéraire*, dans *MÉFRA* 39-40 (1921-22), p. 219-266.

—, *Les origines de l'Hercule romain*, Paris 1926.

—, *Herclé. Étude critique des principaux monuments relatifs à l'Hercule étrusque*, Paris 1926.

—, *Histoire politique et psychologique de la religion romaine*, 2e éd., Paris 1969.

M. BAYLISS, *The Cult of the Dead Kin in Assyria and Babylonia*, dans *Iraq* 35 (1973), p. 115-125.

J. BEAUJEU, *La religion romaine à l'apogée de l'Empire* I, Paris 1955.

G. BECATTI, *Il culto di Ercole ad Ostia ed un nuovo rilievo votivo*, dans *BCAR* 67 (1939), p. 39-60.

—, *Nuovo documento del culto di Ercole ad Ostia*, dans *BCAR* 70 (1942), p. 115-125.

H. BÉNICHOU-SAFAR, *Les tombes puniques de Carthage*, Paris 1982.

F. BENOIT, *La légende d'Héraclès et la colonisation grecque dans le delta du Rhône*, dans *Lettres d'Humanité* 8 (1949), p. 104-148.

—, *La compétition commerciale des Phéniciens et des Hellènes. Ambiance ionienne au royaume de Tartessos*, dans *Rivista di studi liguri* 30 (1964), p. 115-132.

H. BEN YOUNÈS, *Contribution à l'eschatologie phénico-punique : la fleur de lotus*, dans *REPPAL* 1 (1985), p. 63-75.

F.L. BENZ, *Personal Names in the Phoenician and Punic Inscriptions*, Rome 1972.

C. BÉRARD, *Récupérer la mort du prince : héroïsation et formation de la cité*, dans G. GNOLI - J.P. VERNANT (éd.), *La mort, les morts dans les sociétés anciennes*, Cambridge 1982, p. 89-105.

—, *L'héroïsation et la formation de la cité*, dans *MÉFRA* 95 (1983), p. 43-62.

J. BÉRARD, *La colonisation grecque de l'Italie méridionale et de la Sicile dans l'Antiquité. L'histoire et la légende*, 2ᵉ éd., Paris 1957.

P. BERGER, *Inscription néopunique de Cherchell, en l'honneur de Micipsa*, dans *RA* 2 (1888), p. 35-46.

— *Mémoire sur une inscription phénicienne de Narnaka dans l'île de Chypre*, dans *RA* 3 (1895), p. 69-88.

—, *Le culte de Mithra à Carthage*, dans *RHR* 55 (1912), p. 1-15.

B. BERGQUIST, *Herakles on Thasos*, Uppsala 1973.

A. BERTHIER - R. CHARLIER, *Le sanctuaire punique d'El-Hofra à Constantine*, Paris 1952.

J.W. BETLYON, *The Coinage and Mints of Phoenicia. The Pre-Alexandrine Period*, Chico 1980.

W. BEYERLIN (éd.), *Religionsgeschichtliches Textbuch zum Alten Testament*, 2ᵉ éd., Göttingen 1985.

U. BIANCHI, *Initiation, mystère, gnose*, dans C.J. BLEEKER (éd.), *Initiation*, Leyde 1965, p. 154-171.

— (éd.), *Transition Rites. Cosmic, Social and Individual Order*, Rome 1986.

P.M. BIKAI, *Tyre : Report of an Excavation, 1973-1974*, Ann Arbor 1976.

—, *The Pottery of Tyre*, Warminster 1978.

A.M. BISI., *L'Idra. Antecedenti figurativi orientali di un mito greco*, dans *Cahiers de Byrsa* 10 (1964-65), p. 21-42.

—, *L'irradiazione semitica in Sicilia in base ai dati ceramici dei centri fenicio-punici dell'isola*, dans *Kokalos* 13 (1967), p. 30-60.

—, *Fenici o Micenei in Sicilia nella seconda metà del II millennio ? (in margine al cosiddetto Melqart di Sciacca)*, dans *Atti e Memorie del I Congreso Internazionale di Micenologia* III, Rome 1968, p. 1156-1168.

—, *La religione punica in Sicilia alla luce delle nuove scoperte archeologiche*, dans *SMSR* 39 (1968), p. 31-59.

—, *Sull'iconografia di due terrecotte puniche di Ibiza*, dans *SM* 7 (1975), p. 19-40.

—, *La diffusion du «Smiting God» syro-palestinien dans le milieu phénicien d'Occident*, dans *Karthago* 19 (1977-78), p. 5-14.

—, *Da Bes a Herakles. A proposito di tre scarabei del Metropolitan Museum*, dans *RSF* 8 (1980), p. 19-42.

—, *L'espansione fenicia in Spagna*, dans *Fenici e Arabi nel Mediterraneo*, Rome 1983, p. 97-151.

—, *Le «Smiting God» dans les milieux phéniciens d'Occident : un réexamen de la question*, dans *St.Phoen.* IV, Namur 1986, p. 169-187.

J.Mª. BLÁZQUEZ, *El Herákleion gaditano, un templo semita en Occidente*, dans *Actas del I Congreso arqueologico del Marruecos español*, Tétouan 1954, p. 309-318.

—, *Las colonizaciones semitas en Huelva, Cádiz y la baja Andalucía*, dans *Papeles del laboratorio de arqueología de Valencia* 11 (1975), p. 207-250.

—, *Tartessos y los origenes de la colonización fenicia en Occidente*, Salamanque 1975.

—, *Diccionario de las religiones prerromanas de Hispania*, Madrid 1975.

—, *Panorama general de la presencia fenicia y púnica en España*, dans *ACFP 1*, vol. II, Rome 1983, p. 311-374.

—, *Los Fenicios en la Península ibérica (1100-final siglo VI a.C.)*, Madrid 1983.

—, *Gerión y otros mitos griegos en Occidente*, dans *Gerión* 1 (1983), p. 21-38.

—, *Primitivas religiones ibericas II. Religiones prerromanas*, Madrid 1983.

R. BLOCH, *Processus d'assimilations divines dans l'Italie des premiers siècles*, dans *Les syncrétismes dans les religions de l'Antiquité*, Leyde 1975, p. 112-122.

—, *Interpretatio. Hannibal et les dieux de Rome*, dans *Recherches sur les religions de l'Italie antique*, Genève 1976, p. 32-42.

—, *Le culte étrusco-punique de Pyrgi vers 500 av. J.-C.*, dans AA.VV., *Die Göttin von Pyrgi*, Florence 1981, p. 123-135.

—, *L'alliance étrusco-punique de Pyrgi et la politique religieuse de la République romaine à l'égard de l'Étrurie et de Carthage*, dans *ACFP 1*, vol. II, Rome 1983, p. 397-400.

P.M. BOGAERT, *Montagne sainte, jardin d'Eden et sanctuaire (hiérosolymitain) dans un oracle d'Ézéchiel contre le Prince de Tyr (Éz. 28, 11-19)*, dans H. LIMET - J. RIES (éd.), *Le mythe, son langage et son message*, Louvain-la-Neuve 1983, p. 131-153.

S.F. BONDÌ, *Osservazioni sulle fonti classiche per la colonizzazione della Sardegna*, dans *Saggi fenici*-I, Rome 1975, p. 49-66.

—, *Gli scarabei di Monte Sirai, ibid.*, p. 73-98.

—, *Note sull'economia fenicia I. Impresa privata e ruolo dello stato*, dans *EVO* 1 (1978), p. 139-149.

—, *I Fenici in Occidente*, dans *Modes de contact et processus de transformation dans les sociétés anciennes*, Pise-Rome 1983, p. 380-407.

—, *L'espansione fenicia in Italia*, dans *Fenici e Arabi nel Mediterraneo*, Rome 1983, p. 63-95.

—, *Per una caratterizzazione dei centri occidentali nella più antica espansione fenicia*, dans *EVO* 7 (1984), p. 75-92.

C. BONNET, *Le dieu Melqart en Phénicie et dans le bassin méditerranéen : culte national et officiel*, dans *St.Phoen.* I-II, Leuven 1983, p. 195-207.

—, *Phoinix Πρῶτος Εὑρετής*, dans *LÉC* 51 (1983), p. 3-11.

—, *Melqart, Bès et l'Héraclès dactyle de Crète*, dans *St.Phoen.* III, Leuven 1985, p. 231-240.

—, *Le culte de Melqart à Carthage : un cas de conservatisme religieux*, dans *St. Phoen.*IV, Namur 1986, p. 209-222.

—, *Le culte de Leucothéa et de Mélicerte, en Grèce, au Proche-Orient et en Italie*, dans *SMSR* 52 (1986), p. 53-71.

—, *Typhon et Baal Ṣaphon*, dans *St.Phoen.* V, Leuven 1987, p. 101-143.

P. Bordreuil - J. Teixidor, *Nouvel examen de l'inscription de Bar-Hadad*, dans *AO* 1 (1983), p. 271-276.

—, *Le dieu Echmoun dans la région d'Amrit*, dans *St.Phoen.* III, Leuven 1985, p. 221-230.

—, *Attestations inédites de Melqart, Baal Ḥamon et Baal Ṣaphon à Tyr*, dans *St.Phoen.* IV, Namur 1986, p. 77-86.

—, *Charges et fonctions en Syrie-Palestine d'après quelques sceaux ouest-sémitiques du second et du premier millénaire*, dans *CRAI* 1986, p. 290-308.

—, *Catalogue des sceaux ouest-sémitiques inscrits de la Bibliothèque Nationale, du Musée du Louvre et du Musée biblique de Bible et Terre-Sainte*, Paris 1986.

P. Bosch-Gimpera, *Phéniciens et Grecs dans l'Extrême Occident*, dans *La Nouvelle Clio* 3 (1951), p. 269-296.

—, *Les Phéniciens, leurs prédécesseurs et les étapes de leur colonisation en Occident*, dans *CRAI* 1972, p. 464-475.

A. Bounni, *Iconographie d'Héraclès en Syrie*, dans L. Kahil - Ch. Augé - P. Linant de Bellefonds (éd.), *Iconographie classique et identités régionales* (BCH suppl. XIV), Paris 1986, p. 377-387.

G. Bowersock, *Greek Intellectuals and the Imperial Cult in the Second Century A.D.*, dans *Le culte des souverains dans l'empire romain*, Genève 1972, p. 177-212.

P. Boyancé, *Le sommeil et l'immortalité*, dans *Études sur la religion romaine*, Rome 1972, p. 309-315.

W. Boyd-Barrick, *The Funerary Character of «High Places» in Ancient Palestine : A Reassessment*, dans *VT* 25 (1975), p. 565-595.

J.D. Breckenridge, *Hannibal as Alexander*, dans *The Ancient World* 7 (1983), p. 111-128.

L. Breglia Pulci Doria, *La Sardegna arcaica tra tradizioni euboiche ed attiche*, dans *Nouvelle contribution à l'étude de la société et de la colonisation eubéennes*, Naples 1981, p. 61-95.

A. Brelich, *Osservazioni sulle esclusioni rituali*, dans *SMSR* 22 (1950), p. 1-21.

—, *Tre variazioni romane sul tema delle origini*, Rome 1955.

—, *Gli eroi greci*, Rome 1958.

—, *La religione greca in Sicilia*, dans *Kokalos* 10-11 (1964-65), p. 35-62.

—, *Prolégomènes à une histoire des religions*, dans *Histoire des religions* (La Pléiade) I, Paris 1970, p. 3-59.

—, *Problemi di mitologia I : un corso universitario*, dans *Religioni e civiltà* 1 (1972), p. 331-525.

—, *La metodologia della scuola di Roma*, dans *Il mito greco*, Rome 1977, p. 3-29.

E. Bresciani, *Rešef-Mkl=Eracle*, dans *OA* 1 (1962), p. 215-217.

C. Brillante, *La leggenda eroica e la civiltà micenea*, Rome 1981.

D. Briquel, *Les Pélasges en Italie. Recherches sur l'histoire de la légende*, Rome 1984.

F. Brommer, *Herakles. Die zwölf Taten des Helden in antiker Kunst und Literatur*, 2ᵉ éd., Darmstadt 1972.

Ph. Bruneau, *Recherches sur les cultes de Délos à l'époque hellénistique*, Paris 1971.

A. Bruhl, *Liber Pater. Origine du culte dionysiaque à Rome et dans le monde romain*, Paris 1953.

B.C. Brundage, *Herakles the Levantine*, dans *JNES* 17 (1958), p. 225-236.

G. Bunnens, *Commerce et diplomatie phéniciens au temps de Hiram Iᵉʳ de Tyr*, dans *JESHO* 19 (1976), p. 1-31.

—, *L'expansion phénicienne en Méditerranée*, Bruxelles-Rome 1979.

—, *Le rôle de Gadès dans l'implantation phénicienne en Espagne*, dans *Los Fenicios* II, Barcelone 1986, p. 187-192.

—, *Aspects religieux de l'expansion phénicienne*, dans *St.Phoen.* IV, Namur 1986, p. 119-125.

W. Burkert, *Rešep-Figuren, Apollon von Amyklai und die «Erfindung» des Opfers auf Cypern. Zur Religionsgeschichte der «dunklen Jahrhunderte»*, dans *Grazer Beiträge* 4 (1975), p. 51-79.

—, *Oriental and Greek Mythology: the Meetings of Parallels*, dans J. Bremmer (éd.), *Interpretations in Greek Mythology*, Londres 1987, p. 10-40.

T.A. Busink, *Der Tempel von Jerusalem*, Leyde 1970.

G. Caputo - F. Ghedini, *Il tempio di Ercole a Sabratha*, Rome 1984.

A. Caquot, *Chadrapha, à propos de quelques articles récents*, dans *Syria* 29 (1952), p. 74-88.

—, *Les Rephaïm ougaritiques*, dans *Syria* 37 (1960), p. 75-93.

—, *Les danses sacrées en Israël et à l'entour*, dans *Les danses sacrées*, Paris 1963, p. 119-143.

—, *Le dieu Milk'ashtart et les inscriptions de Umm el 'Amed*, dans *Semitica* 15 (1965), p. 29-33.

— et O. Masson, *Deux inscriptions phéniciennes de Chypre*, dans *Syria* 45 (1968), p. 295-321.

—, *Religions sémitiques comparées*, dans *Problèmes et méthodes d'histoire des religions*, Paris 1968, p. 113-121.

—, *Les religions des Sémites occidentaux*, dans *Histoire des religions* I, Paris 1970, p. 307-358.

— et alii, *Textes ougaritiques* I. *Mythes et légendes*, Paris 1974.

—, *Horon: revue critique et données nouvelles*, dans *AAAS* 29-30 (1979-80), p. 173-180.

—, *Rephaïm*, dans *DBS* 55 (1981), col. 344-357.

J. Carcopino, *Aspects mystiques de la Rome païenne*, Paris 1943.

T.H. Carter, *Western Phoenicians at Lepcis Magna*, dans *AJA* 69 (1965), p. 123-132.

A. Castelluccio, *Ricerche sul mito di Eracle e Deianira. La figura di Eracle dalle origini a Sofocle*, Salerne 1937.

—, *Il dio Eracle come espressione di religiosità primitiva*, Salerne 1951.

A. Caubet, *Héraclès ou Hathor. Orfèvrerie chypriote*, dans *La Revue du Louvre* 23 (1973), p. 1-6.

—, *La religion à Chypre dans l'Antiquité*, Lyon 1979.

— et M. Pic, *Un culte hathorique à Kition-Bamboula*, dans *Archéologie au Levant. Recueil R. Saïdah*, Lyon 1982, p. 237-249.

—, *Le sanctuaire chypro-archaïque de Kition-Bamboula*, dans G. Roux (éd.), *Temples et sanctuaires*, Lyon 1984, p. 107-118.

—, *Les sanctuaires de Kition à l'époque de la dynastie phénicienne*, dans *St.Phoen.* IV, Namur 1986, p. 153-168.

H. Cazelles, *Molok*, dans *DBS* 5 (1957), col. 1337-1346.

M.C. Marín Ceballos, *Documents pour l'étude de la religion phénico-punique dans la Péninsule ibérique : Astarté*, dans *Actes du IIe Congrès International d'Étude des Cultures de la Méditerranée occidentale*, Alger 1978, p. 21-32.

—, *Documentos para el estudio de la religion fenicio-púnica en la Península ibérica II. Deidades masculinas*, dans *Habis* 10-11 (1979-80), p. 217-231.

— et F. Chaves Tristán, *El elemento religioso en la amonedación hispánica antigua*, dans *Proceedings of the 9th International Congress of Numismatics*, Louvain-la-Neuve - Luxembourg 1982, p. 657-671.

—, *La religion fenicia en Cádiz*, dans *Cádiz en su historia. II Jornadas de historia de Cádiz*, Cadix 1984, p. 5-41.

S. Cecchini, *I ritrovamenti fenici e punici in Sardegna*, Rome 1969.

—, *Due templi fenicio-punici di Sardegna e le loro connessioni vicino-orientali*, dans *Studi orientali e linguistici* 2 (1984-85), p. 55-65.

M.V. Cerutti, *Sonno e «passaggio»*, dans U. Bianchi (éd.), *Transition Rites. Cosmic, Social and Individual Order*, Rome 1986, p. 131-141.

M. Chéhab, *Trois stèles trouvées en Phénicie*, dans *Berytus* 1 (1934), p. 44-46.

—, *Tyr à l'époque romaine*, dans *MUSJ* 38 (1962), p. 11-40.

—, *Monnaies gréco-romaines et phéniciennes du Musée National, Beyrouth, Liban*, Paris 1977.

—, *Découvertes phéniciennes au Liban*, dans *ACFP 1*, vol. I, Rome 1983, p. 165-172.

—, *Fouilles de Tyr. La nécropole II-IV*, Paris 1984-1986.

S. Chiappisi, *Il Melqart di Sciacca e la questione fenicia in Sicilia*, Rome 1961.

G. Chiera, *Qarthadašt = Tharros ?*, dans *RSF* 10 (1982), p. 197-202.

—, *Fenici e Cartaginesi à Menfi*, dans *RSF* 15 (1987), p. 127-131.

I. Chirassi, *Elementi di culture precereali nei miti e riti greci*, Rome 1968.

—, *La religione in Grecia*, Rome-Bari 1983.

P. Chuvin, *Apollon au trident et les dieux de Tarse*, dans *Journal des Savants* 1981, p. 305-326.

E. Ciaceri, *Culti e miti nella storia dell'antica Sicilia*, Catane 1911.

A. Ciasca, *Ricerche puniche a Malta*, dans *Ricerche puniche nel Mediterraneo centrale*, Rome 1970, p. 91-109.

—, *Malta*, dans *L'espansione fenicia nel Mediterraneo*, Rome 1971, p. 63-75.

—, *Il tempio fenicio di Tas-Silg. Una proposta di ricostruzione*, dans *Kokalos* 22-23 (1976-77), p. 162-172.

—, *Insediamenti e cultura dei Fenici a Malta*, dans *Phönizier im Westen*, Mainz am Rhein 1982, p. 133-154.

P. CINTAS, *Manuel d'archéologie punique* I, Paris 1970.

Ch. CLERMONT-GANNEAU, *L'imagerie phénicienne*, Paris 1880.

—, *L'inscription phénicienne de Ma'soub*, dans *RA* 5 (1885), p. 380-384.

—, *Recueil d'archéologie orientale*, 8 vol., Paris 1888-1924.

—, *L'Héracleion de Rabbat-Ammon-Philadelphie et la déesse Astéria*, dans *RArch.* 5 (1905), p. 209-215.

G. COACCI POLSELLI, *Elementi arcaici nell'onomastica fenicio-punica della Sardegna*, dans *Saggi fenici*-I, Rome 1975, p. 67-72.

—, *L'onomastica fenicia di Mozia*, dans *RSF* 3 (1975), p. 75-79.

J.N. COLDSTREAM, *The Phoenicians of Ialysos*, dans *BICS* 16 (1969), p. 1-8.

—, *Greeks and Phoenicians in the Aegean*, dans *Phönizier im Westen*, Mainz am Rhein 1982, p. 261-275.

E. COLOZIER, *Les Étrusques et Carthage*, dans *MÉFRA* 65 (1953), p. 63-98.

D. CONRAD, *Der Gott Reschef*, dans *ZAW* 83 (1971), p. 157-183.

P. CORBIER, *Hercule africain, divinité indigène ?*, dans *DHA* 1 (1974), p. 95-109.

E. COURBAUD, *La navigation d'Hercule*, dans *MÉFRA* 12 (1892), p. 274-288.

J.H. CROON, *The Herdsman of the Dead*, Utrecht 1952.

—, *Heracles at Lindus*, dans *Mnémosyné* 6 (1953), p. 283-299.

—, *Artemis Thermia and Apollo Thermios, with an Excursus on the Oetean Heracles Cult*, dans *Mnémosyné* 9 (1956), p. 193-220.

F.M. CROSS, *The Stele Dedicated to Melcarth by Ben-Hadad of Damascus*, dans *BASOR* 205 (1972), p. 36-42.

W. CULICAN, *Melqart Representations on Phoenician Seals*, dans *Abr-Nahrain* 2 (1960-61), p. 41-54.

—, *The Iconography of Some Phoenician Seals and Seal Impressions*, dans *AJBA* 1,1 (1968), p. 50-103.

—, *Problems of Phoenico-Punic Iconography. A Contribution*, dans *AJBA* 1,3 (1968), p. 28-57.

—, *Baal on an Ibiza Gem*, dans *RSF* 4 (1976), p. 57-68.

J.-L. CUNCHILLOS, *Étude philologique de mal'āk. Perspectives sur le mal'āk de la divinité dans la Bible hébraïque*, dans *VTS* 32 (1981), p. 30-51.

—, *La'ika, mal'āk et mᵉlā'kāh en sémitique nord-occidental*, dans *RSF* 10 (1982), p. 153-160.

A. CUTRONI TUSA, *Ricerche sulla monetazione punica in Sicilia*, dans *Kokalos* 13 (1967), p. 73-87.

—, *I Cartaginesi in Sicilia nell'epoca dei due Dionisii. La documentazione numismatica*, dans *Kokalos* 28-29 (1982-83), p. 213-236.

—, *Rapporti tra Greci e Punici in Sicilia attraverso l'evidenza numismatica*, dans

ACFP 1, vol. I, Rome 1983, p. 135-143.

—, *Recenti soluzioni e nuovi problemi sulla monetazione punica della Sicilia*, dans *Studi di numismatica punica* (*RSF* suppl. 11), Rome 1983, p. 37-42.

J. DAY, *Asherah in the Hebrew Bible and Northwest Semitic Literature*, dans *JBL* 105 (1986), p. 385-408.

J. DE BERTOU, *Essai sur la topographie de Tyr*, Paris 1843.

F. DECRET - M. FANTAR, *L'Afrique du Nord dans l'Antiquité*, Paris 1981.

J. DE LA GENIÈRE, *Entre Grecs et non-Grecs en Italie du Sud et en Sicile*, dans *Modes de contact et processus de transformation dans les sociétés anciennes*, Pise-Rome 1983, p. 257-285.

M. DELCOR, *Une inscription bilingue étrusco-punique récemment découverte à Pyrgi. Son importance religieuse*, dans *Le Muséon* 81 (1968), p. 241-254.

—, *Rite pour l'obtention de la pluie à Jérusalem et dans le Proche-Orient*, dans *RHR* 178 (1970), p. 117-132.

—, *Religion d'Israël et Proche-Orient ancien, des Phéniciens aux Esséniens*, Leyde 1976.

—, *La grotte d'Es Cuyram à Ibiza et le problème de ses inscriptions votives en punique*, dans *Semitica* 28 (1978), p. 27-51.

—, *Le personnel du temple d'Astarté à Kition d'après une tablette phénicienne* (CIS *86 A et B*), dans *UF* 11 (1979), p. 161-163.

—, *Les cultes étrangers en Israël au moment de la réforme de Josias, d'après 2 R 23. Étude de religions sémitiques comparées*, dans *Mélanges bibliques et orientaux en l'honneur de M. Henri Cazelles*, Kevelaer-Neukirchen-Vluyn 1981, p. 91-123.

M. DELCOURT, *Légendes et cultes de héros en Grèce*, Paris 1942.

—, *Héphaïstos ou la légende du magicien*, Paris 1957 (réimpr. 1982).

—, *Hermaphrodite*, Paris 1958.

—, *Pyrrhos et Pyrrha. Recherches sur les valeurs du feu dans les légendes helléniques*, Paris 1965.

G. DEL OLMO LETE, *La 'capilla' o 'templete'* (ḫmn) *del culto ugaritico*, dans *AO* 2 (1984), p. 277-280.

—, *Liturgia funeraria de los reyes de Ugarit* (KTU *1.106*), dans *SEL* 3 (1986), p. 55-71.

—, *The Cultic Literature of Ugarit. Hermeneutical Issues and their Application to* KTU *1.112*, dans K. HECKER - W. SOMMERFELD (éd.), *Keilschriftliche Literaturen*, Berlin 1986, p. 155-164.

E. DE MARTINO, *Morte e pianto rituale nel mondo antico*, Turin 1958.

J.C. DE MOOR, *Rāpi'ūma - Rephaim*, dans *ZAW* 88 (1976), p. 323-345.

—, *El, the Creator*, dans *The Bible World. Essays in Honour of C.H. Gordon*, New York 1980, p. 171-187.

F. DE POLIGNAC, *La naissance de la cité grecque*, Paris 1984.

E. DES ESSARTS, *Du type d'Hercule dans la littérature grecque*, Paris 1871.

M. DETIENNE, *Héraclès, héros pythagoricien*, dans *RHR* 158 (1960), p. 19-53.

—, *L'olivier, un mythe politico-religieux*, dans *RHR* 178 (1970), p. 5-24.

—, *L'invention de la mythologie*, Paris 1981.

R. DE VAUX, *Les prophètes de Baal sur le Mont Carmel*, dans *BMB* 5 (1941), p. 7-20 (réimpr. dans *Bible et Orient*, Paris 1967, p. 485-497).

—, *Les sacrifices de porcs en Palestine et dans l'Ancien Orient*, dans *BZAW* 77 (1958), p. 250-268 (réimpr. dans *Bible et Orient*, Paris 1967, p. 499-516).

F. DE VISSCHER, *Héraclès Epitrapezios*, Paris 1962.

J. DE WITTE, *Mélicerte*, dans *Gazette archéologique* 5 (1879), p. 217-221.

M. DIETRICH - O. LORETZ - J. SANMARTÍN, *Die ugaritischen Totengeister Rpu(m) und die biblischen Rephaim*, dans *UF* 8 (1976), p. 45-52.

R. DION, *Tartessos, l'Océan homérique et les travaux d'Hercule*, dans *Revue historique* 224 (1960), p. 27-44.

—, *La voie héracléenne et l'itinéraire transalpin d'Hannibal*, dans *Hommages à Albert Grenier*, Bruxelles 1962, p. 527-543.

—, *Mythes au service de la Patrie : la promotion d'Hercule*, dans *Antiquités nationales et internationales* 3 (1962), p. 13-30.

—, *Aspects politiques de la géographie antique*, Paris 1977.

A. DI VITA, *L'elemento punico a Selinunte*, dans *Archeologia Classica* 5 (1953), p. 39-47.

—, *Shadrapa e Milk-'ashtart dei patri di Leptis Magna ed i templi del lato nord-ovest del Foro vecchio leptitano*, dans *Or.* 37 (1968), p. 201-211.

—, *Le date di fondazione di Leptis e di Sabratha sulla base dell'indagine archeologica e l'eparchia cartaginese d'Africa*, dans *Mélanges Renard*, Bruxelles 1969, p. 196-202.

G. DONNAY, *Autour de l'Héraclès chypriote*, dans Th. PAPADOPOULLOS - S.A. HADJISTYLLIS (éd.), Πρακτικά τοῦ Β᾿ διεθνοῦς κυπριολογικοῦ συνεδρίου Α. Ἀρχάιον τμήμα, Nicosie 1985, p. 373-377.

R. DU MESNIL DU BUISSON, *Les tessères et les monnaies de Palmyre*, Paris 1962.

—, *Origine et évolution du panthéon de Tyr*, dans *RHR* 164 (1963), p. 133-163.

—, *Bas-relief provenant probablement de la cathédrale de Tyr*, dans *La Revue du Louvre* 15 (1965), p. 161-164.

—, *Zeus Dêmarous, père de Melqart, d'après Philon de Byblos*, dans *Mélanges Michalowski*, Varsovie 1966, p. 553-559.

—, *Études sur les dieux phéniciens hérités par l'Empire romain*, Leyde 1970.

—, *Nouvelles études sur les dieux et les mythes de Canaan*, Leyde 1973.

G. DUMÉZIL, *Le festin d'immortalité*, Paris 1924.

—, *Heur et malheur du guerrier*, Paris 1969.

—, *Mythe et épopée* II, Paris 1971.

—, *La religion romaine archaïque*, Paris 1974.

—, *L'oubli de l'homme et l'honneur des dieux. Esquisses de mythologie*, Paris 1985.

M. DUNAND, *Stèle araméenne dédiée à Melqart*, dans *BMB* 3 (1939), p. 65-76.

—, *À propos de la stèle de Melqart du Musée d'Alep*, dans *BMB* 6 (1942-43), p. 41-45.

— et R. DURU, *Oumm El-'Amed. Une ville de l'époque hellénistique aux échelles de*

Tyr, Paris 1962.

—, *Tombe peinte dans la campagne de Tyr*, dans *BMB* 18 (1965), p. 5-51.

— et N. SALIBY, *Le temple d'Amrith dans la Pérée d'Aradus*, Paris 1985.

J. DUS, *Melek Ṣōr-Melqart ? (Zur Interpretation von Ez., 28,11-19)*, dans *ArOr* 26 (1958), p. 179-185.

R. DUSSAUD, *Le panthéon phénicien*, dans *Revue de l'École d'Anthropologie* 14 (1904), p. 101-112.

—, *Milk, Moloch, Melqart*, dans *RHR* 49 (1904), p. 163-168.

—, *Le dieu phénicien Echmoun*, dans *Journal des Savants* 5 (1907), p. 36-47.

—, *Héraclès et Astronoé à Tyr*, dans *RHR* 63 (1911), p. 331-339.

—, *Topographie historique de la Syrie antique et médiévale*, Paris 1927.

—, *Le vrai nom de Baʻal*, dans *RHR* 113 (1936), p. 5-20.

—, *Melqart*, dans *Syria* 25 (1948), p. 205-230.

—, *Melqart d'après de récents travaux*, dans *RHR* 151 (1957), p. 1-21.

—, *Les* Dii Patrii *de Lepcis (Leptis Magna)*, dans *Hommages à W. Deonna*, Bruxelles 1957, p. 203-208.

F.E. EAKIN, *Yahwism and Baalism before the Exile*, dans *JBL* 84 (1965), p. 407-414.

J. EBACH, *Weltentstehung und Kulturentwicklung bei Philo von Byblos*, Stuttgart 1979.

C.M. EDSMAN, *Ignis Divinus. Le feu comme moyen de rajeunissement et d'immortalité : contes, légendes, mythes et rites*, Lund 1949.

R.B. EDWARDS, *Kadmos the Phoenician. A Study in Greek Legends and the Mycenaean Age*, Amsterdam 1979.

O. EISSFELDT, *Der Gott Karmel*, dans *Sitzungsberichte der deutschen Akademie der Wissenschaften zu Berlin, Klasse für Sprachen, Literatur und Kunst*, Berlin 1953.

J. ELAYI, *The Relations between Tyre and Carthage during the Persian Period*, dans *JANES* 13 (1981), p. 15-29.

—, *Studies in Phoenician Geography*, dans *JNES* 41 (1982), p. 83-110.

—, *Les cités phéniciennes et l'empire assyrien à l'époque d'Assurbanipal*, dans *RA* 77 (1983), p. 45-58.

—, *Les relations entre les cités phéniciennes et l'empire assyrien sous le règne de Sennachérib*, dans *Semitica* 35 (1985), p. 19-26.

—, *Le roi et la religion dans les cités phéniciennes à l'époque perse*, dans *St.Phoen.* IV, Namur 1986, p. 249-261.

M. ELIADE, *Le «dieu lieur» et le symbolisme des nœuds*, dans *RHR* 134 (1948), p. 5-36.

—, *Traité d'histoire des religions*, Paris 1953.

J.L. ESCACENA, *Gadir*, dans *Los Fenicios* I, Barcelone 1986, p. 39-58.

R. ÉTIENNE, *Le culte impérial dans la Péninsule ibérique*, Paris 1958.

P. FABRE, *Les Grecs et la connaisance de l'Occident*, Lille 1981.

M. FANTAR, *Les inscriptions*, dans *Ricerche puniche ad Antas*, Rome 1969, p. 47-93.

—, *Le dieu de la mer chez les Phéniciens et les Puniques*, Rome 1977.

—, *À propos du toponyme «Hadrumetum»*, dans *REPPAL* 2 (1986), p. 267-275.

—, cf. F. DECRET.

F.C. FENSHAM, *A Possible Explanation of the Name of Baal-Zebub of Ekron*, dans *ZAW* 79 (1967), p. 361-364.

—, *A Few Observations on the Polarisation between Yahweh and Baal in I Kings 17-19*, dans *ZAW* 92 (1980), p. 227-236.

—, *The Relationship between Phoenicia and Israel during the Reign of Ahab*, dans *ACFP 1*, vol. II, Rome 1983, p. 589-594.

J.H. FERNÁNDEZ - J. PADRÓ, *Escarabeos del Museo arqueológico de Ibiza*, Madrid 1982.

F. FERNÁNDEZ GÓMEZ, *Un Melkart de bronce en el Museo arqueológico de Sevilla*, dans *Homenaje al Prof. M. Almagro Basch* II, Madrid 1983, p. 369-375.

M. FERNÁNDEZ MIRANDA, *Rešef en Ibiza, ibid.*, p. 359-368.

J. FERRON, *Quelques remarques à propos de l'inscription phénicienne de Pyrgi*, dans *OA* 4 (1965), p. 181-198.

—, *L'épitaphe de Milkpillès à Carthage*, dans *SM* 1 (1966), p. 67-79.

—, *La dédicace à Astarté du roi de Caere, Tibérie Velianas*, dans *Le Muséon* 81 (1968), p. 523-546.

—, *Las inscripciones votivas de la plaqueta de «Es Cuyram» (Ibiza)*, dans *Trabajos de Prehistoria* 26 (1969), p. 295-304.

—, *Le dieu des inscriptions d'Antas (Sardaigne)*, dans *Studi sardi* 22 (1971-72), p. 269-289.

—, *Chaton de bague punique*, dans *Le Muséon* 84 (1971), p. 537-552.

—, *Un traité d'alliance entre Caere et Carthage contemporain des derniers temps de la royauté étrusque à Rome ou l'événement commémoré par la quasi bilingue de Pyrgi*, dans *ANRW* I/1, Berlin-New York 1971, p. 189-216.

—, *La nature du dieu Ṣid d'après les découvertes récentes d'Antas*, dans *Actes du XXIXe Congrès International des Orientalistes*, Paris 1975, p. 9-16.

—, *Ṣid : état actuel des connaissances*, dans *Le Muséon* 89 (1976), p. 425-450.

J.-G. FÉVRIER, *L'inscription funéraire de Micipsa*, dans *RA* 45 (1951), p. 139-150.

—, *L'inscription punique «Tripolitaine 37»*, dans *RA* 50 (1956), p. 185-190.

—, *À propos du hieros gamos de Pyrgi*, dans *JA* 253 (1965), p. 11-13.

—, *Astronoé*, dans *JA* 256 (1968), p. 1-9.

J. FITZ, *La représentation d'Hercule-Melkart sur des médailles et statues*, dans *Numizmatikai Közlöny* 56-57 (1957-58), p. 71-72.

M. FLORIANI SQUARCIAPINO, *I culti orientali ad Ostia*, Leyde 1962.

—, *Leptis Magna*, Bâle 1966.

O. FOUCART, *Le Zeus Stratios de Labranda*, dans *Monuments Piot* 18 (1911), p. 143-175.

L. FOUCHER, *Hadrumentum*, Tunis 1964.

M.D. FOWLER, *The Israelite bamâ : a Question of Interpretation*, dans *ZAW* 94 (1982), p. 203-213.

D.R. FRAYNE, *Notes on the Sacred Marriage*, dans *BiOr* 42 (1985), p. 5-22.

P.M. Fraser, *Greek-Phoenician Bilingual Inscriptions from Rhodes*, dans *BSA* 65 (1970), p. 31-36.

J.G. Frazer, *Adonis* (trad. franç. de Lady Frazer), Paris 1921.

V. Fritz, *The Meaning of the Word* Hamman / hmn', dans *Folia Orientalia* 21 (1980), p. 103-115.

M.J. Fuentes Estañol, *Corpus de las inscripciones fenicias de España*, dans *Los Fenicios* II, Barcelone 1986, p. 5-30.

W.J. Fulco, *The Canaanite God Rešef*, New Haven 1976.

—, *Melqart*, dans M. Eliade (éd.), *The Encyclopedia of Religion* IX, New York 1987, p. 365.

J. Gagé, *Hercule-Melqart, Alexandre et les Romains à Gadès*, dans *RÉA* 42 (1940), p. 425-438.

—, *Gadès, l'Inde et les navigations atlantiques dans l'Antiquité*, dans *Revue historique* 205 (1951), p. 189-216.

G.K. Galinsky, *The Herakles Theme. The Adaptations of the Hero in Literature from Homer to the 20th Century*, Londres-Southampton 1972.

G. Garbini, *Melqart*, dans *Enciclopedia dell'arte antica*, Rome 1961, p. 995-996.

—, *Note di epigrafia punica*, dans *RSO* 40 (1965), p. 205-213.

—, *I Fenici in Occidente*, dans *SE* 34 (1966), p. 111-147.

—, *Elementi «egei» nella cultura siro-palestinese*, dans *Atti e memorie del 1° Congresso Internazionale di Micenologia*, Rome 1968, p. 1118-1129.

—, *Dieci anni di epigrafia punica nel Magreb (1965-74)*, dans *SM* 6 (1974), p. 1-36.

—, *Le iscrizioni puniche di Antas*, dans *AION* 19 (1969), p. 317-331.

—, *Gli «Annali di Tiro» e la storiografia fenicia*, dans *Oriental Studies Presented to B.S.J. Isserlin*, Leyde 1980, p. 114-127.

—, *I Fenici. Storia e religione*, Naples 1980.

—, *L'impero di David*, dans *ASP* 13 (1983), p. 1-20.

—, *Gli Ebrei in Palestina : yahvismo e religione fenicia*, dans *Modes de contact et processus de transformation dans les sociétés anciennes*, Pise-Rome 1983, p. 899-910.

A. Garcia y Bellido, *Hercules Gaditanus*, dans *AEA* 36 (1963), p. 70-153.

—, *Deidades semitas en la España antigua*, dans *Sefarad* 24 (1964), p. 12-40, 237-275.

—, *Les religions orientales dans l'Espagne romaine*, Leyde 1967.

M.P. Garcia Bellido, *Altares y oráculos semitas en Occidente : Melkart y Tanit*, dans *RSF* 15 (1987), p. 135-158.

P. Garelli, *Remarques sur les rapports entre l'Assyrie et les cités phéniciennes*, dans *ACFP 1*, vol. I, Rome 1983, p. 61-66.

H. Gese, *Die Religion der Phönizier*, dans AA.VV., *Die Religionen Altsyriens, Altarabiens und der Mandäer*, Stuttgart 1970, p. 182-203.

M. Giangiulio, *Greci e non-Greci in Sicilia alla luce dei culti e delle leggende di Eracle*, dans *Modes de contact et processus de transformation dans les sociétés anciennes*, Pise-Rome 1983, p. 785-846.

J.C.L. Gibson, *Textbook of Syrian Semitic Inscriptions* III. *Phoenician Inscriptions*,

Oxford 1982.

E. GJERSTAD et alii, *The Swedish Cyprus Expedition*, Stockholm 1934-1948.

—, *Decorated Metal Bowls from Cyprus*, dans *Opuscula archaeologica* 4 (1946), p. 1-18.

—, *The Phoenician Colonization and Expansion in Cyprus*, dans *RDAC* 1979, p. 230-254.

H. GOLDMAN, *The Sandon Monument of Tarsus*, dans *JAOS* 60 (1940), p. 544-553.

—, *Sandon and Heracles*, dans *Hesperia* suppl. 8 (1949), p. 164-174.

R.M. GOOD, *The Carthaginian* mayumas, dans *SEL* 3 (1986), p. 99-114.

C.F. GRAESSER, *Standing Stones in Ancient Palestine*, dans *BA* 3 (1972), p. 34-63.

A.J. GRAHAM, *The Foundation of Thasos*, dans *BSA* 73 (1978), p. 61-98.

J. GRAY, *The Canaanite God Horon*, dans *JNES* 8 (1949), p. 27-34.

A.W.R. GREEN, *The Role of Human Sacrifice in the Ancient Near East*, Missoula 1975.

J.C. GREENFIELD, *Larnax tès Lapethou III Revisited*, dans *St.Phoen.* V, Leuven 1987, p. 391-401.

C. GROTTANELLI, *Il mito delle origini di Tiro : due «versioni» duali*, dans *OA* 11 (1972), p. 49-63.

—, *Eracle Dattilo dell'Ida : aspetti «orientali»*, dans *OA* 11 (1972), p. 201-208.

—, *Melqart e Sid fra Egitto, Libia e Sardegna*, dans *RSF* 1 (1973), p. 153-164.

—, *I connotati fenici della morte di Elissa*, dans *Religioni e civiltà* 1 (1972), p. 319-327.

—, *Astarte-Matuta e Tinnit Fortuna*, dans *VO* 5 (1982), p. 103-116.

—, *Encore un regard sur les bûchers d'Amilcar et d'Elissa*, dans *ACFP 1*, vol. II, Rome 1983, p. 437-442.

O. GRUPPE, *Herakles*, dans *PW suppl.* III (1918), col. 910-1121.

S. GSELL, *Histoire ancienne de l'Afrique du Nord*, 8 vol., Paris 1914-1930.

E. GUBEL, *An Essay on the Axe-Bearing Astarte and her Role in a Phoenician «Triad»*, dans *RSF* 8 (1980), p. 1-17.

M.G. GUZZO AMADASI, *Le iscrizioni fenicie e puniche delle colonie in Occidente*, Rome 1967.

—, *Note sul dio Sid*, dans *Ricerche puniche ad Antas*, Rome 1969, p. 95-104.

— et V. KARAGEORGHIS, *Fouilles de Kition III. Inscriptions phéniciennes*, Nicosie 1977.

—, *Culti femminili a Mozia*, dans *RSF suppl.* 9 (1981), p. 7-11.

—, *Les divinités dans les inscriptions puniques de Tripolitaine : essai de mise au point*, dans *BAC* 17 (1981 [=1984]), p. 189-196.

—, *La documentazione epigrafica dal* tofet *di Mozia e il problema del sacrificio* molk, dans *St.Phoen.* IV, Namur 1986, p. 189-207.

— et P. GUZZO, *Di Nora, di Eracle Gaditano e della più antica navigazione fenicia*, dans *Los Fenicios* II, Barcelone 1986, p. 59-71.

—, *Scavi a Mozia. Le iscrizioni*, Rome 1986.

— et G. LEVI DELLA VIDA, *Iscrizioni puniche di Tripolitania (1927-1967)*, Rome 1987.

T. HADJISTELIOU-PRICE, *Hero-Cult and Homer*, dans *Historia* 22 (1973), p. 129-144.

E. HAJJAR, *La triade d'Héliopolis-Baalbek. Iconographie, théologie, cultes et sanctuaires*, Montréal 1985.

G. HALFF, *L'onomastique punique de Carthage*, dans *Karthago* 12 (1963-64), p. 63-146.

J. HANI, *La religion égyptienne dans la pensée de Plutarque*, Paris 1976.

R.S. HANSON, *Tyrian Influence in the Upper Galilee*, Cambridge 1980.

J.F. HEALEY, *Malkū : Mlkm : Anunnaki*, dans *UF* 7 (1975), p. 235-238.

—, MLKM/RP'UM *and the* kispum, dans *UF* 10 (1979), p. 89-91.

—, *The Immortality of the King: Ugarit and the Psalms*, dans *Or* 53 (1984), p. 245-254.

G.C. HEIDER, *The Cult of Molek. A Reassessment*, Sheffield 1985.

J.G. HEINTZ, *Le «feu dévorant», un symbole du triomphe divin dans l'Ancien Testament et les milieux sémitiques ambiants*, dans *Le Feu dans le Proche-Orient antique*, Leyde 1973, p. 63-78.

W. HELCK, *Die Beziehungen Ägyptens zu Vorderasiens im 3. und 2. Jahrtausend*, 2ᵉ éd., Wiesbaden 1971.

—, *Die Beziehungen Ägyptens und Vorderasiens zur Ägäis bis ins 7. Jahrhundert v. Chr.*, Darmstadt 1979.

J.B. HENNESSY, *Thirteenth Century B.C. Temple of Human Sacrifice at Amman*, dans *St.Phoen.* III, Leuven 1985, p. 85-104.

A. HERDNER, *Dédicace araméenne au dieu Melqart*, dans *Syria* 25 (1946-48), p. 329-330.

A. HERMARY, *Amathonte II. Testimonia 2 : la sculpture*, Paris 1981.

—, *Deux ex-voto chypriotes reconstitués*, dans *La Revue du Louvre* 1984, p. 238-240.

—, *Amathonte de Chypre et les Phéniciens*, dans *St.Phoen.* V, Leuven 1987, p. 375-398.

J. HEURGON, *The Inscriptions of Pyrgi*, dans *JRS* 56 (1966), p. 1-15.

G.F. HILL, *BMC. Phoenicia*, Londres 1910.

—, *Amathus*, dans *Mélanges E. Boissacq*, Bruxelles 1937, p. 485-491.

A.M. HONEYMAN, *Larnax tès Lapéthou. A Third Phoenician Inscription*, dans *Le Muséon* 51 (1938), p. 285-298.

—, *The Phoenician Inscriptions of the Cyprus Museum*, dans *Iraq* 6 (1939), p. 104-108.

—, *The Phoenician Title* mtrḥ 'štrny, dans *RHR* 121 (1940), p. 5-17.

M. HÖRIG, *Dea Syria. Studien zur religiösen Tradition der Fruchtbarkeitsgöttin in Vorderasien*, Kevelaer-Neukirchen-Vlyun 1979.

W. HUSS, *Der karthagische Sufetat*, dans *Historia* 40 (1983), p. 24-43.

—, *Geschichte der Karthager*, Munich 1985.

—, *Hannibal und die Religion*, dans *St.Phoen.* IV, Namur 1986, p. 223-238.

F.O. HVIDBERG-HANSEN, *Ba'al-Malagê dans le traité entre Asarhaddon et le roi de*

Tyr, dans *Acta orientalia* 35 (1973), p. 57-81.

—, *La déesse TNT*, Copenhague 1979.

—, *Uni-Astarte and Tanit-Iuno Caelestis. Two Phoenician Goddesses of Fertility Reconsidered from Recent Archaeological Discoveries*, dans A. BONANNO (éd.), *Archaeology and Fertility Cult in the Ancient Mediterranean*, Amsterdam 1986, p. 170-195.

M. JACZYNOWSKA, *Le culte de l'Hercule romain au temps du Haut-Empire*, dans *ANRW* XVII/2, Berlin-New York 1981, p. 631-661.

L. JALABERT, *Inscriptions grecques et latines de Syrie*, dans *MUSJ* 1 (1906), p. 132-188 ; 2 (1907), p. 265-320.

H. JEANMAIRE, *Dionysos. Histoire du culte de Bacchus*, Paris 1951.

G.K. JENKINS - R.B. LEWIS, *Carthaginian Gold and Electrum Coins*, Londres 1963.

—, *Coins of Punic Sicily*, dans *Revue Suisse de Numismatique* 50 (1971), p. 25-78 ; 53 (1974), p. 23-41 ; 56 (1977), p. 5-65 ; 57 (1978), p. 5-68.

—, *Two New Tarsos Coins*, dans *RNum* 15 (1973), p. 30-34.

A. JEPSEN, *Zur Melqart-Stele Barhadads*, dans *AfO* 16 (1952-53), p. 315-317.

—, *Elia und das Gottesurteil*, dans *Near Eastern Studies in Honour of W.F. Albright*, Baltimore 1971, p. 291-306.

N. JIDEJIAN, *Tyre through the Ages*, Beyrouth 1969.

K. JONGELING, *Names in Neo-Punic Inscriptions*, Groningen 1984.

M. JOST, *Sanctuaires et cultes d'Arcadie*, Paris 1985.

C. JOURDAIN-ANNEQUIN, *Héraclès en Occident. Mythe et histoire*, dans *DHA* 8 (1982), p. 227-282.

—, *Héraclès, héros culturel*, dans *Religione e città nel mondo antico* (=*Atti del centro ricerche e documentazione sull'antichità classica* XI [1980-81]), Rome 1984, p. 9-29.

—, *Héraclès Parastatès*, dans *Les grandes figures religieuses. Fonctionnement pratique et symbolique dans l'Antiquité*, Paris 1986, p. 284-331.

L. KADMAN, *The Coins of Akko Ptolemais*, Jérusalem 1961.

V. KARAGEORGHIS (et M.G. AMADASI GUZZO), *Un'iscrizione fenicia da Cipro*, dans *RSF* 1 (1973), p. 129-134.

—, *Kition, Mycenaean and Phoenician*, Londres 1973.

—, *Kition auf Zypern. Die älteste Kolonie der Phönikier*, Bergisch Gladbach 1976.

—, *Mycenaean and Phoenician Discoveries at Kition*, New York 1976.

—, *Adaptation et transformation de la mythologie grecque à Chypre*, dans *Mythologie gréco-romaine, mythologies périphériques. Études d'iconographie*, Paris 1981, p. 77-87.

—, *Cyprus, from the Stone Age to the Romans*, Londres 1982.

— et M. DEMAS, *Excavations at Kition V. The Pre-Phoenician Levels, Area I and Area II*, 2 vol., Nicosie 1985.

—, cf. M.G. GUZZO AMADASI.

H.J. KATZENSTEIN, *The History of Tyre*, Jérusalem 1973.

—, *Tyre in the Early Persian Period (539-486 B.C.)*, dans *BA* 42 (1979), p. 23-34.

G. Kestemont, *Les Phéniciens en Syrie du Nord*, dans *St. Phoen.* III, Leuven 1985, p.135-161.

D. Kellermann, *'Aštārōt-'Aštārōt Qarnayim-Qarnayim*, dans *ZDPV* 97 (1981), p. 45-61.

N.J. Kikuchi, *Phoenician Personal Names*, thèse inédite, Saint-Andrew University 1963.

D. Kinet, *Ba'al und Jahwe. Ein Beitrag zur Theologie des Hoseabuches*, Francfort-Berne 1977.

A. Klinz, *Ἱερὸς γάμος*, dans *PW suppl.* VI, Stuttgart 1935, col. 107-113.

C. Kluckhohn, *Myth and Rituals. A General Theory*, dans *HThR* 35 (1942), p. 45-79.

M. Koch, *Tarschisch und Hispanien*, Berlin 1984.

E. Koffmahn, *Sind die altisraelitische Monatsbezeichnungen mit den kanaanäisch-phönikischen identisch ?*, dans *BZ* 10 (1966), p. 197-219.

Ch. Krahmalkov, *Notes on the Inscriptions of 'bd'dny from Umm el-'Amed*, dans *RSO* 46 (1971), p. 33-37.

S.N. Kramer, *Le mariage sacré*, Paris 1983.

L.B. Kutler, *Social Terminology in Phoenician, Biblical, Hebrew and Ugaritic*, Ph. D., Ann Arbor 1984.

R. Kuntzmann, *Le symbolisme des jumeaux au Proche-Orient ancien*, Paris 1983.

L. Lacroix, *Monnaies et colonisation dans l'Occident grec*, Bruxelles 1965.

—, *Héraclès, héros voyageur et civilisateur*, dans *Bulletin de la classe des lettres et des sciences morales et politiques de l'Académie royale de Belgique* 60 (1974), p. 34-59.

E. Lagarce, *Le rôle d'Ugarit dans l'élaboration du répertoire iconographique syro-phénicien du premier millénaire avant J.-C.*, dans *ACFP 1*, vol. II, Rome 1983, p. 547-561.

M.-J. Lagrange, *Études sur les religions sémitiques*, Paris 1903.

W.G. Lambert, *Trees, Snakes and Gods in Ancient Syria and Anatolia*, dans *BSOAS* 48 (1985), p. 435-451.

V. Lanternari, *Orgia sessuale e riti di recupero nel culto dei morti*, dans *SMSR* 24-25 (1953-54), p. 163-188.

E. Laroche, *Un syncrétisme gréco-anatolien : Sandas=Héraklès*, dans *Les syncrétismes dans les religions grecque et romaine*, Paris 1973, p. 101-114.

M. Launey, *Inscriptions de Thasos*, dans *BCH* 58 (1934), p. 484-500.

—, *Le verger d'Héraclès à Thasos*, dans *BCH* 61 (1937), p. 380-409.

—, *L'athlète Théogénès et le ἱερὸς γάμος d'Héraklès thasien*, dans *RArch* 18 (1941), p. 22-49.

—, *Le sanctuaire et le culte d'Héraclès à Thasos*, Paris 1944.

R. Lebrun, *L'Anatolie et le monde phénicien du Xᵉ au IVᵉ siècle av. J.-C.*, dans *St.Phoen.* V, Leuven 1987, p. 23-33.

J. Leclant, *Astarté*, dans *LÄg.* I, Wiesbaden 1973, col. 499-509.

J. Le Gall, *Le Tibre, fleuve de Rome dans l'Antiquité*, Paris 1953.

M. Le Glay, *Les dieux de l'Afrique romaine*, dans *Archeologia* 39 (1971), p. 48-55 ;

40 (1971), p. 60-69.

—, *Les syncrétismes dans l'Afrique ancienne*, dans *Les syncrétismes dans les religions de l'Antiquité*, Leyde 1975, p. 123-151.

D. LE LASSEUR, *Mission archéologique à Tyr*, dans *Syria* 3 (1922), p. 1-26, 116-133.

A. LEMAIRE, *Le monnayage de Tyr et celui dit d'Akko dans la 2ᵉ moitié du IVᵉ siècle av. J.-C.*, dans *RNum* 18 (1976), p. 13-24.

—, *Vers l'histoire de la rédaction des Livres des Rois*, dans *ZAW* 98 (1986), p. 221-235.

—, *Divinités égyptiennes dans l'onomastique phénicienne*, dans *St.Phoen.* IV, Namur 1986, p. 85-98.

L.H. LENAGHAN, *Hercules-Melqart on a Coin of Faustus Sulla*, dans *The American Numismatic Society Museum Notes* 11 (1964), p. 131-149.

G. LEVI DELLA VIDA, *The Phoenician God Satrapes*, dans *BASOR* 87 (1942), p. 29-32.

—, *Some Notes on the Stele of Ben-Hadad*, dans *BASOR* 90 (1943), p. 30-32.

—, *Iscrizione punica di Lepcis*, dans *ANLR* 10 (1955), p. 550-561.

—, *Tracce di credenze e culti fenici nelle iscrizioni neopuniche della Tripolitania*, dans *Festschrift Friedrich* I, Heidelberg 1959, p. 299-314.

—, *Su una bilingua latino-neopunica da Leptis Magna*, dans *Atti dell'Accademia della Scienze di Torino* 1967, p. 395-409.

—, cf. M.G. GUZZO AMADASI.

G.R. LEVY, *The Oriental Origin of Herakles*, dans *JHS* 54 (1934), p. 40-53.

I. LÉVY, *Cultes et rites syriens dans le Talmud*, dans *Revue des études juives* 43 (1901), p. 183-205.

—, *Recherches esséniennes et pythagoriciennes*, Genève 1965.

B. LIOU-GILLE, *Cultes «héroïques» romains. Les fondateurs*, Paris 1980.

E. LIPIŃSKI, *La fête de l'ensevelissement et de la résurrection de Melqart*, dans *Actes de la XVIIᵉ RAI*, Ham-sur-Heure 1970, p. 30-58.

—, *Eshmun «Healer»*, dans *AION* 33 (1973), p. 161-183.

—, *From Karatepe to Pyrgi. Middle Phoenician Miscellanea*, dans *RSF* 2 (1974), p. 45-61.

—, *Studies in Aramaic Inscriptions and Onomastics* I, Leuven 1975.

—, *Syro-fenicische wortels van de karthaagse religie*, dans *Phoenix* 28 (1982), p. 51-84.

—, *Notes d'épigraphie phénicienne et punique*, dans *OLP* 14 (1983), p. 147-183.

—, *La Carthage de Chypre*, dans *St.Phoen.* I-II, Leuven 1983, p. 209-234.

—, art. *mkr*, dans *ThWAT* IV, Stuttgart 1984, col. 874.

—, *Vestiges phéniciens d'Andalousie*, dans *OLP* 15 (1984), p. 81-132.

—, *Phoenicians in Anatolia and Assyria, 9th-6th Centuries B.C.*, dans *OLP* 16 (1985), p. 81-90.

—, *Nordsemitische Texte*, dans W. BEYERLIN (éd.), *Religionsgeschitliches Textbuch zum Alten Testament*, Göttingen 1985, p. 245-284.

—, *Fertility Cult in Ancient Ugarit*, dans A. Bonanno (éd.), *Fertility Cult in the Ancient Mediterranean*, Amsterdam 1986, p. 207-215.

—, *Reshef Amyklos*, dans *St.Phoen.* V, Leuven 1987, p. 87-99.

M. Liverani, *La royauté syrienne de l'Âge du Bronze Récent*, dans P. Garelli (éd.), *Le palais et la royauté*, Paris 1974, p. 329-356.

G. López Monteagudo, *Panorama actual de la colonización semita en la Península Ibérica*, dans *RSF* 5 (1977), p. 195-204.

O. Loretz, *Der Sturz des Fürsten von Tyrus (Ez. 28,1-19)*, dans *UF* 8 (1976), p. 455-458.

—, Adn *come epiteto di Baal e i suoi rapporti con Adonis e Adonaj*, dans AA.VV., *Adonis. Relazioni del Colloquio di Roma*, Rome 1984, p. 25-33.

—, cf. M. Dietrich.

E. Maass, *Griechen und Semiten auf dem Isthmos von Korinth*, Berlin 1903.

A. Magnaguti, *Hadrianus in nummis*, dans *Numismatic Circular* 40 (1932), p. 162-168.

I. Malkin, *Religion and Colonization in Ancient Greece*, Leyde 1986.

L.I. Manfredi, *Melqart e il tonno*, dans *Studi di egittologia e di antichità puniche* 1 (1987), p. 67-82.

E. Manni, *Minosse ed Eracle nella Sicilia dell'età del bronzo*, dans *Kokalos* 8 (1962), p. 6-29.

P. Marchetti, *Histoire économique et monétaire de la deuxième guerre punique*, Bruxelles 1978.

G. Markoe, *Phoenician Bronze and Silver Bowls from Cyprus and the Mediterranean*, Berkeley-Los Angeles-Londres 1985.

A. Marmorstein, *The Contest between Elijah and the Prophets of Baal*, dans *SMSR* 9 (1933), p. 29-37.

R. Martin, *Histoire de Sélinonte d'après les fouilles récentes*, dans *CRAI* 1977, p. 48-63.

—, *Thasos : quelques problèmes de structure urbaine*, dans *CRAI* 1978, p. 182-197.

—, *Introduction à l'étude du culte d'Héraclès en Sicile*, dans *Recherches sur les cultes grecs et l'Occident*, Naples 1979, p. 11-17.

O. Masson, *Cultes indigènes, cultes grecs et cultes orientaux à Chypre*, dans *Éléments orientaux dans la religion grecque ancienne*, Paris 1960, p. 129-142.

— et M. Sznycer, *Recherches sur les Phéniciens à Chypre*, Genève-Paris 1972.

P. Matthiae, *Princely Cemetery and Ancestors Cult at Ebla during Middle Bronze II : a Proposal of Interpretation*, dans *UF* 11 (1979), p. 563-569.

—, *Fouilles à Tell Mardikh-Ebla, 1978 : le bâtiment Q et la nécropole princière du Bronze Moyen II*, dans *Akkadica* 17 (1980), p. 1-52.

—, *An Hypothesis on the Princely Burial Area of Middle Bronze II Ebla*, dans *ArOr* 49 (1981), p. 55-65.

H.G. May, *The Fertility Cult in Hosea*, dans *JSLL* 48 (1932), p. 73-98.

—, *The King in the Garden of Eden : a Study of Ezekiel 28,12-19*, dans B.W. Anderson - W. Harrelson (éd.), *Israel's Prophetic Heritage. Essays in Honour of James Muilenburg*, Londres 1962, p. 166-176.

J. MAZARD, *Corpus nummorum Numidiae Mauritaniaeque*, Paris 1955.

F. MAZZA, *Le formule di maledizione nelle iscrizioni funerarie e votive fenicie e puniche*, dans *RSF* 3 (1975), p. 19-30.

—, *Le fonti classiche per la più antica storia fenicia : Giuseppe Flavio e la dinastia dei re di Tiro*, dans *ACFP 1*, vol. I, Rome 1983, p. 239-242.

D. MENDELS, *Writers of the Second Century B.C. on the Hiram-Solomon Relationship*, dans *St.Phoen.* V, Leuven 1987, p. 429-441.

M.S. MENKES, *Herakles in the Homeric Epics*, Ann Arbor 1979.

J.T. MILIK, *Recherches d'épigraphie proche-orientale I. Dédicaces faites par des dieux (Palmyre, Hatra, Tyr) et des thiases sémitiques à l'époque romaine*, Paris 1972.

T.B. MITFORD, *Contributions to the Epigraphy of Cyprus*, dans *JHS* 57 (1937), p. 28-37.

—, *Further Contributions to the Epigraphy of Cyprus*, dans *AJA* 65 (1961), p. 113-115.

D. MORELLI, *I culti in Rodi*, dans *SCO* 8 (1959), p. 1-184.

J. MORGENSTERN, *The King-God among the Western Semites and the Meaning of Epiphanes*, dans *VT* 10 (1960), p. 138-197.

S. MOSCATI, *Considerazioni sulla cultura fenicio-punica in Sardegna*, dans *ANLR* 22 (1967), p. 129-152.

—, *Sulla più antica storia dei Fenici in Sicilia*, dans *OA* 7 (1968), p. 185-193.

—, *I Fenici e Cartagine*, Turin 1972.

—, *Problematica della civiltà fenicia*, Rome 1974.

—, *Sicilia e Malta nell'età fenicio-punica*, dans *Kokalos* 22-23 (1976-77), p. 147-161.

—, *Precolonizzazione greca e precolonizzazione fenicia*, dans *RSF* 11 (1983), p. 1-7.

—, *Il sacrificio dei fanciulli : realtà o invenzione ?*, dans *ANLR* 384 (1987), p. 3-15.

R. MOUTERDE, *Cultes antiques de la Coelésyrie et de l'Hermon*, dans *MUSJ* 36 (1959), p. 53-87.

—, *Monuments et inscriptions de Syrie et du Liban*, dans *MUSJ* 25 (1943), p. 21-79.

F.C. MOVERS, *Die Phönizier* I, Bonn 1841 ; II, Berlin 1856.

J.D. MUHLY, *Homer and the Phoenicians. The Relations between Greece and the Near East in the Late Bronze Age and Early Iron Age*, dans *Berytus* 19 (1970), p. 19-64.

M.J. MULDER, *De naam van de afwezige god op de Karmel. Onderzoek naar de naam van de Baäl van de Karmel in 1. Koningen 18*, Leyde 1979.

J.L. MYRES, *Handbook of the Cesnola Collection of Antiquities from Cyprus*, New York 1914.

—, *The Amathus Bowl*, dans *JHS* 53 (1933), p. 25-39.

P. NASTER, *Fenicische en punische munten*, dans *Phoenix* 21 (1975), p. 65-76.

—, *Munten van Tyrus*, dans *St.Phoen.* I-II, Leuven 1983, p. 91-95.

—, *Ambrosiai Petrai dans les textes et sur les monnaies*, dans *St.Phoen.* IV, Namur 1986, p. 361-371.

K. NICOLAOU, *The Historical Topography of Kition*, Göteborg 1976.

H.G. NIEMEYER, *Anno octogesimo post Troiam captam...Tyria classis Gadis condi-*

dit ? Polemische Gedanken zum Gründungsdatum von Gades (Cádiz), dans *Hamburger Beiträge zur Archäologie* 8 (1981), p. 9-33.

M.P. NILSSON, *Der Flammentod des Herakles auf dem Oite*, dans *Archiv für Religionswissenschaft* 21 (1922), p. 310-316.

—, *Fire-Festivals in Ancient Greece*, dans *JHS* 43 (1923), p. 144-148.

—, *The Mycenaean Origin of Greek Mythology*, Berkeley 1932.

J. NIZETTE-GODFROID, *Quelques figurations du maître des lions à Chypre*, dans *RDAC* 1975, p. 96-104.

M. NOTH, *Die israelitischen Personennamen im Rahmen der gemeinsemitischen Namengebung*, Stuttgart 1928.

G. ÖSTBORN, *Yahweh and Baal. Studies in the Book of Hosea and Related Documents*, Lund 1956.

E. PARATORE, *Hercule et Cacus chez Virgile*, dans H. BARDON - R. VERDIÈRE (éd.), *Vergiliana*, Leyde 1971, p. 260-282.

G. PATRONI, *La morte di Eracle ed alcuni aspetti dell'oltretomba*, dans *ANLR* 6 (1927), p. 529-570.

J.B. PECKHAM, *The Development of the Late Phoenician Scripts*, Cambridge 1968.

—, *Phoenicia and the Religion of Israel : the Epigraphic Evidence*, dans P.D. MILLER - P.D. HANSON - S.D. MAC BRIDE (éd.), *Ancient Israelite Religion. Essays in Honor of F.M. Cross*, Philadelphia 1987, p. 79-99.

C. PEMÁN, *Arqueología gaditana*, dans *AEA* 42 (1969), p. 20 ss.

J.-Y. PERREAULT, *La céramique attique au Levant : étude des échanges entre la Grèce et le Proche-Orient aux VIe et Ve siècles*, thèse de IIIe cycle, Paris 1984.

—, *Céramique et échanges : les importations attiques au Proche-Orient du VIe au milieu du Ve siècle av. J.-C.— Les données archéologiques*, dans *BCH* 110 (1986), p. 145-175.

G. PESCE, *Sardegna punica*, Cagliari 1961.

G. PETTINATO, *I rapporti politici di Tiro con l'Assiria alla luce del «Trattato tra Asarhaddon e Baal»*, dans *RSF* 3 (1975), p. 145-160.

—, *Culto ufficiale ad Ebla durante il regno di Ibbi-Sipiš*, dans *OA* 18 (1979), p. 85-215.

—, *Ebla. Nuovi orizzonti della storia*, Milan 1986.

G.B. PHILIPP, *Ἄλλος οὗτος Ἡρακλῆς. Zu Plut., De Hdt mal. 13/14, 857 C-E*, dans *Gymnasium* 89 (1982), p. 67-83.

Phönizier im Westen. Die Beiträge des Internationalen Symposiums über «Die phönikische Expansion im westlischen Mittelmeerraum», in Köln vom 24. bis 27. April 1979, herausgegeben von H.G. NIEMEYER, Mainz am Rhein 1982.

Ch. PICARD, *Un rituel archaïque du culte d'Héraklès thasien trouvé à Thasos*, dans *BCH* 47 (1923), p. 241-274.

—, *Les murailles I. Les portes sculptées à images divines* (ET 8), Paris 1962.

—, *Hercule héros malheureux et bénéfique*, dans *Hommages Jean Bayet*, Bruxelles 1964, p. 561-568.

C. PICARD, *Sacra punica. Étude sur les masques et les rasoirs de Carthage*, dans *Karthago* 13 (1965-66), p. 3-115.

—, *Les sources de l'iconographie hellénistique à Carthage*, dans *ACFP 1*, vol. III,

Rome 1983, p. 725-729.

— et G.Ch. Picard, *Hercule et Melqart*, dans *Hommages Jean Bayet*, Bruxelles 1964, p. 569-578.

G.Ch. Picard, *Les religions de l'Afrique antique*, Paris 1954.

G. Piccaluga, *Herakles, Melqart, Hercules e la Penisola iberica*, dans *Minutal. Saggi di storia delle religioni*, Rome 1974, p. 111-131.

—, *La mitizzazione del Vicino Oriente nelle religioni del mondo classico*, dans H.-J. Nissen - J. Renger (éd.), *Mesopotamien und seine Nachbarn*, Berlin 1982, p. 573-612.

A. Piganiol, *Les origines d'Hercule*, dans *Hommages Grenier*, Bruxelles 1962, p. 1261-1264.

F. Pomponio, *I nomi divini nei testi di Ebla*, dans *UF* 15 (1983), p. 141-156.

M. Ponsich, *Lixus : le quartier des temples*, Rabat 1981.

—, *Territoires utiles du Maroc punique*, dans *Phönizier im Westen*, Mainz am Rhein 1982, p. 429-444.

M.H. Pope et W. Röllig, *Die Mythologie der Ugariter und Phönizier*, dans H.W. Haussig (éd.), *Wörterbuch der Mythologie* I, Stuttgart 1965, p. 219-312.

J. Poucet, *Les origines de Rome, tradition et histoire*, Bruxelles 1985.

J. Pouilloux, *Recherches sur l'histoire et les cultes de Thasos* I, Paris 1954.

—, *L'Héraclès thasien*, dans *RÉA* 76 (1974), p. 305-316.

F. Prinz, *Herakles*, dans *PW suppl.* XIV (1974), col. 137-196.

J.B. Pritchard (éd.), *Ancient Near Eastern Texts Relating to the Old Testament*, 3e éd., Princeton 1969.

—, *Recovering Sarepta, a Phoenician City. Excavations at Sarafand, Lebanon, 1969-1974*, Princeton 1978.

É. Puech, *Présence phénicienne dans les îles à la fin du IIe millénaire*, dans *RB* 90 (1983), p. 365-395.

—, *Origine de l'alphabet*, dans *RB* 93 (1986), p. 161-213.

—, *Les inscriptions phéniciennes d'Amrit et les dieux guérisseurs du sanctuaire*, dans *Syria* 63 (1986), p. 327-342.

G. Pugliese Carratelli, *Intorno alle lamine di Pyrgi*, dans *SE* 33 (1965), p. 221-235.

—, *Lazio arcaico e mondo greco*, dans *PdP* 36 (1981), p. 9-20.

— et alii, *Sikanie. Storia e civiltà della Sicilia greca*, Milan 1985.

AA.VV., *Pyrgi. Scavi nel santuario etrusco (1959-1967)*, dans *Notizie degli scavi* 24 (1970) suppl. II,1 et 2.

AA.VV., *Akten des Kolloquiums zum Thema «Die Göttin von Pyrgi, archäologische, linguistische und religionsgeschichtliche Aspekte» (Tübingen 16-17/1/1979)*, Florence 1981.

J. Quaegebeur, *Une statue égyptienne représentant Héraclès-Melqart ?*, dans *St.Phoen.* V, Leuven 1987, p. 157-166.

J. Ramin, *Mythologie et géographie*, Paris 1979.

J. Ramón, *Sobre els orígens de la colonia fenicia d'Eivissa*, dans *Eivissa* 12 (1981), p. 24-31.

—, *Es Cuyeram 1907-1982 : 75 años de investigación*, Ibiza 1982.

D. RAOUL-ROCHETTE, *Mémoire sur l'Hercule assyrien et phénicien considéré dans ses rapports avec l'Hercule grec*, Paris 1848.

R. REBUFFAT, *Hélène en Égypte et le Romain égaré (Hérodote, II,115 et Polybe, III,22-24)*, dans *RÉA* 68 (1966), p. 245-263.

—, *Les Phéniciens à Rome*, dans *MÉFRA* 78 (1966), p. 7-48.

—, *Bronzes antiques d'Hercule à Tanger et à Arzila*, dans *AntAfr* 5 (1971), p. 179-191.

AA.VV., *La regalità sacra. Contributi al tema dell'VIII Congresso Internazionale di Storia delle Religioni*, Leyde 1959.

S. REINACH, *Les Cabires et Mélicerte*, dans *RArch.* 32 (1898), p. 56-61.

AA.VV., *La religione fenicia. Matrici orientali e sviluppi occidentali*, Rome 1981.

E. RENAN, *Mission de Phénicie*, Paris 1864.

J.-P. REY-COQUAIS, *Arados et sa pérée aux époques grecque, romaine et byzantine*, Beyrouth-Paris 1974.

—, *Inscriptions grecques et latines découvertes dans les fouilles de Tyr (1963-1974) I. Inscriptions de la nécropole*, dans *BMB* 29 (1977).

J.M. REYNOLDS, *Some Inscriptions from Lepcis Magna*, dans *Papers of the British School at Rome* 19 (1951), p. 118-121.

— et J.B. WARD PERKINS, *The Inscriptions of Roman Tripolitania*, Rome 1952.

S. RIBICHINI, *Melqart nell'iscrizione di Pyrgi ?*, dans *Saggi fenici-I*, Rome 1975, p. 41-47.

—, *Un'ipotesi per Milk'aštart*, dans *RSO* 50 (1976), p. 43-55.

— et P. XELLA, *Milk'aštart, mlk(m) e la tradizione siropalestinese sui Refaim*, dans *RSF* 7 (1979), p. 145-158.

—, *Adonis. Aspetti «orientali» di un mito greco*, Rome 1981.

—, *Una tradizione sul fenicio Sid*, dans *RSF* 10 (1982), p. 171-175.

—, *Morte e sacrificio divino nelle tradizioni sul pantheon fenicio*, dans *Atti della seconda settimana di studio «Sangue e antropologia biblica nella patristica»* II, Rome 1982, p. 815-852.

—, *Temple et sacerdoce dans l'économie de Carthage*, dans S. LANCEL (éd.), *Histoire et archéologie de l'Afrique du Nord, IIᵉ Colloque International*, Paris 1985, p. 29-37.

—, *Poenus advena. Gli dei fenici e l'interpretazione classica*, Rome 1985.

—, *Agrouheros, Baal Addir et le Pluton africain*, dans *IIIᵉ Colloque sur l'histoire et l'archéologie de l'Afrique de Nord*, Montpellier 1985, p. 133-142.

P.J. RIIS, *L'activité de la mission archéologique danoise sur la côte phénicienne en 1960*, dans *AAAS* 11-12 (1961-62), p. 134-144.

—, *Griechen in Phönizien*, dans *Phönizier im Westen*, Mainz am Rhein 1982, p. 237-260.

N. ROBERTSON, *The Ritual of the Dying God in Cyprus and Syro-Palestine*, dans *HThR* 75 (1982), p. 313-359.

E.G.S. ROBINSON, *Punic Coins of Spain and their Bearing on the Roman Republican Series*, dans *Essays in Roman Coinage Presented to H. Mattingly*, Oxford 1956, p. 34-53.

W. Röllig, *Paläographische Beobachtungen zum ersten Auftreten der Phönizier in Sardinien*, dans *Antidoron. Festschrift für Jurgen Thimme*, Karlsruhe 1983, p. 125-130.

—, cf. M.H. Pope.

P. Rouillard, *Phéniciens, Grecs et Puniques. Histoire et archéologie de la Péninsule ibérique antique*, dans *RÉA* 81 (1979), p. 116-123.

J. Rouvier, *Numismatique des villes de la Phénicie, Tyr*, dans *JIAN* 7 (1904), p. 65-108.

G. Roux, *L'Héraclès thasien : problème de chronologie et d'architecture*, dans *Thasiaca (BCH* suppl. V), Paris 1979, p. 191-211.

H.H. Rowley, *Elijah on Mount Carmel*, dans *BJRL* 43 (1960-61), p. 190-219 (réimpr. dans *Men of God. Studies in Old Testament History and Prophecy*, Londres-Edimbourg 1963, p. 37-65).

F. Salviat, *Une nouvelle loi thasienne : institutions judiciaires et fêtes religieuses à la fin du IVe siècle av. J.-C.*, dans *BCH* 82 (1958), p. 193-267.

J. Sapin, *Quelques systèmes socio-politiques en Syrie au 2e millénaire avant J.-C. et leur évolution historique d'après des documents religieux (légendes, rituels, sanctuaires)*, dans *UF* 15 (1983), p. 157-190.

F. Saracino, *Ger. 9,20, un polmone ugaritico e la forza di Môt*, dans *AION* 44 (1984), p. 539-553.

F. Sbordone, *Il ciclo italico di Eracle*, dans *Athenaeum* 19 (1941), p. 72-96, 149-180.

G. Scandone - P. Xella, *«Il possesso dell'oro». Studi sulla religione della Siria antica II*, dans *SMSR* 50 (1984), p. 221-231.

G. Scarcia, *Ricognizione a Shimbar. Note sull'Eracle iranico*, dans *OA* 18 (1979), p. 255-275.

A. Schachter, *Cults of Boiotia* I. *Acheloos to Hera*, Londres 1981.

J. Scheid - J. Svenbro, *La ruse d'Elissa et la fondation de Carthage*, dans *Annales ESC* 40 (1985), p. 328-342.

D. Schlumberger, *L'Orient hellénisé*, Paris 1970.

W. Schmidt, *Königtum Gottes in Ugarit und Israel*, Berlin 1961.

M.K. Schretter, *Alter Orient und Hellas. Fragen der Beeinflusssung griechischen Gedankengutes aus altorientalischen Quellen, dargestellt an den Göttern Nergal, Rescheph, Apollon*, Innsbruck 1974.

H. Schubart, *Phönizische Niederlassungen an der Iberische Südküste*, dans *Phönizier im Westen*, Mainz am Rhein 1982, p. 207-234.

A. Schulten, *Der Heraklestempel von Gades*, dans *Festgabe der philosophischen Fakultät der Friedrich-Alexander-Universität Erlangen zur 55. Versammlung deutscher Philologen und Schulmänner*, Erlangen 1925, p. 66-76.

B. Schweitzer, *Herakles. Aufsätze zur griechischen Religions- und Sagengeschichte*, Tübingen 1922.

F. Schwenn, *Die Menschopfer bei den Griechen und Römern*, Giessen 1915.

H. Seeden, *The Standing Armed Figurines in the Levant*, Munich 1980.

S. Segert, *An Ugaritic Text Related to the Fertility Cult*, dans A. Bonanno (éd.), *Archaeology and Fertility Cult in the Ancient Mediterranean*, Amsterdam 1986, p. 217-224.

J. de C. SERRA-RAFOLS, *Posibles bronces votivos del Herakleion de Cádiz*, dans *Actas del I Congreso arqueológico del Marruecos español*, Tétouan 1954, p. 309-318.

H. SEYRIG, *Quatre cultes de Thasos*, dans *BCH* 51 (1927), p. 178-233.

—, *Les rois séleucides et la concession de l'asylie*, dans *Syria* 20 (1939), p. 35-39.

—, *Héraclès-Nergal*, dans *Syria* 24 (1945), p. 62-80.

—, *Tessère relative à l'asylie de Tyr*, dans *Syria* 28 (1951), p. 225-228.

—, *Les grands dieux de Hiérapolis*, dans *Syria* 37 (1960), p. 233-251.

—, *Divinités de Ptolémaïs*, dans *Syria* 39 (1962), p. 193-205.

—, *Les grands dieux de Tyr à l'époque grecque et romaine*, dans *Syria* 40 (1963), p. 19-32.

H.A. SHAPIRO, *Heros Theos : the Death and Apotheosis of Herakles*, dans *CW* 77 (1983), p. 7-18.

W.H. SHEA, *The Kings of the Melqart Stela*, dans *Maarav* 1 (1979), p. 159-176.

A. SIMONETTI, *Sacrifici umani e uccisioni rituali nel mondo fenicio-punico. Il contributo delle fonti letterarie classiche*, dans *RSF* 11 (1983), p. 91-111.

E. SJÖQUIST, *Heracles in Sicily*, dans *Opuscula romana* 4 (1962), p. 117-123.

J.A. SOGGIN, *Jezabel, oder die fremde Frau*, dans *Mélanges bibliques et orientaux en l'honneur de M. Henri Cazelles*, Kevelaer-Neukirchen-Vluyn 1981, p. 453-459.

F. SOKOLOWSKI, *Heracles Thasios*, dans *HThR* 49 (1956), p. 153-158.

J.M. SOLÁ SOLÉ, *La plaquette de bronze d'Ibiza*, dans *Semitica* 4 (1951-52), p. 25-31.

—, *Miscelánea púnico-hispana*, dans *Sefarad* 16 (1956), p. 325-355.

—, *La inscripción púnica Hispania 10*, dans *Sefarad* 21 (1961), p. 251-256.

—, *A proposito de nuevas y viejas inscripciones fenopúnicas de la Península Ibérica*, dans *Homenaje García y Bellido* I, Madrid 1976, p. 175-198.

S. SOPHOCLEOUS, *Atlas des représentations chypro-archaïques des divinités*, Göteborg 1985.

D. SOURDEL, *Les cultes du Hauran à l'époque romaine*, Paris 1952.

B. SOYEZ, *Le bétyle dans le culte de l'Astarté phénicienne*, dans *MUSJ* 47 (1972), p. 149-169.

—, *Recherches sur les panthéons des grandes cités phéniciennes aux périodes hellénistique et romaine*, thèse de doctorat inédite, Liège 1974.

— -SERVAIS, *La «triade» phénicienne aux époques hellénistique et romaine*, dans *St.Phoen.* IV, Namur 1986, p. 347-360.

K. SPRONK, *Beatific Afterlife in Ancient Israel and in the Ancient Near East*, Kevelaer-Neukirchen-Vluyn 1986.

R. STIGLITZ, *Herakles auf dem Amphorenfloss*, dans *Jahreshefte des österr. Institut* 44 (1959), p. 112-141.

—, *Die großen Göttinnen Arkadiens*, Vienne 1967.

E. STOCKTON, *Stones at Worship*, dans *AJBA* 1,3 (1968), p. 58-81.

—, *Phoenician Cult Stones*, dans *AJBA* 2,3 (1974-75), p. 1-27.

M. SZNYCER, *Note sur le dieu Ṣid et le dieu Ḥoron d'après les nouvelles inscriptions d'Antas (Sardaigne)*, dans *Karthago* 15 (1969), p. 67-74.

—, *Antiquités et épigraphie nord-sémitiques*, dans *AEPHE IVᵉ section* (1974-75), p. 191-208 ; 1975-76, p. 167-200.

—, *L'«assemblée du peuple» dans les cités puniques d'après les témoignages épigraphiques*, dans *Semitica* 25 (1975), p. 47-68.

—, *Carthage et le civilisation punique*, dans C. NICOLET (sous la dir. de), *Rome et la conquête du monde méditerranéen* II. *Genèse d'un empire*, Paris 1978, p. 545-593.

—, *Deux noms de Phéniciens d'Ascalon à Demetrias*, dans *Semitica* 19 (1979), p. 45-52.

—, *Salamine de Chypre et les Phéniciens*, dans *Salamine de Chypre, histoire et archéologie. État des recherches*, Paris 1980, p. 123-129.

—, *Phéniciens et Puniques. Leurs religions*, dans *Dictionnaire des Mythologies*, Paris 1981, p. 250-256.

—, *Sémites occidentaux. Les religions et les mythes. Et les problèmes de méthode*, ibid., p. 421-429.

—, *Le problème de la royauté dans le monde punique*, dans *BAC* 17b (1984), p. 291-301.

—, cf. A. CAQUOT et alii.

—, cf. O. MASSON.

U. TÄCKHOLM, *Tarsis, Tartessos und die Säulen des Herakles*, dans *Opuscula romana* 5 (1965), p. 143-200.

P. TALON, *Les offrandes funéraires à Mari*, dans *AIPHOS* 22 (1978), p. 53-75.

J. TEIXIDOR, *A Note on the Phoenician Inscription from Spain*, dans *HThR* 68 (1975), p. 197-198.

—, *The Phoenician Inscriptions of the Cesnola Collection*, dans *Metropolitan Museum Journal* 11 (1976), p. 55-70.

—, *The Pagan God*, Princeton 1977.

—, *The Pantheon of Palmyra*, Leyde 1979.

—, *L'interprétation phénicienne d'Héraclès et d'Apollon*, dans *RHR* 200 (1983), p. 243-255.

—, *Bulletin d'épigraphie sémitique (1964-1980)*, Paris 1986.

—, cf. P. BORDREUIL.

H.O. THOMPSON, *Mekal. The God of Beth-Shan*, Leyde 1970.

C.-P. TIELE, *La religion des Phéniciens*, dans *RHR* 3 (1881), p. 167-217.

C.C. TORREY, *The Exiled God of Sarepta*, dans *Berytus* 9 (1948), p. 45-49.

R. TOURNAY, *Le Psaume 72,16 et le réveil de Melqart*, dans *Mémorial du Cinquantenaire 1914-1964*, Paris 1964, p. 97-104.

J. TOUTAIN, *Observations sur le culte d'Hercule à Rome*, dans *RÉL* 6 (1928), p. 200-212.

V. TRAN TAM TINH, *Le culte des divinités orientales en Campanie*, Leyde 1972, p. 152-158.

L. TROIANI, *Commento storico al «Contro Apione» di Giuseppe*, Pise 1977.

—, *Contributo alla problematica dei rapporti tra storiografia greca e storiografia vicino-orientale*, dans *Athenaeum* 61 (1983), p. 427-438.

N.J. Tromp, *Water and Fire on Mount Carmel*, dans *Bibl.* 56 (1975), p. 480-502.

Ju.B. Tsirkin, *Mifologiya Melkarta*, dans *Anticnyï mir i arheologiya*, Saratov 1977, p. 72-89.

—, *The Labours, Death and Resurrection of Melqart as Depicted on the Gates of the Gades' Heracleion*, dans *RSF* 9 (1981), p. 21-27.

—, *Karfagen i ego kultura*, Moscou 1986.

A. Tsukimoto, *Untersuchungen zur Totenpflege* (kispum) *im Alten Mesopotamien*, Kevelaer-Neukirchen-Vluyn 1985.

G.M. Turnquist, *The Pillars of Hercules revisited*, dans *BASOR* 216 (1974), p. 13-15.

V. Tusa, *La statuetta fenicia del Museo nazionale di Palermo*, dans *RSF* 1 (1973), p. 173-179.

—, *La presenza fenicio-punica in Sicilia*, dans *Phönizier im Westen*, Mainz am Rhein 1982, p. 95-112.

—, *Greci e non Greci in Sicilia*, dans *Modes de contact et processus de transformation dans les sociétés anciennes*, Pise-Rome 1983, p. 299-314.

—, *La Sicilia fenicio-punica : stato attuale delle ricerche e degli studi e prospettive per il futuro*, dans *ACFP 1*, vol. I, Rome 1983, p. 187-197.

—, *La statua di Mozia*, dans *PdP* 213 (1983), p. 445-456.

—, *Il giovane di Mozia*, dans *RSF* 14 (1986), p. 143-152.

B. Uffenheimer, *The «Awakeners». A Cultic Term from the Ancient Near East*, dans *Lesonénu* 30 (1965), p. 163-174 (en hébreu).

L. Vagnetti, *I Micenei in Occidente. Dati acquisiti e prospettive future*, dans *Modes de contact et processus de transformation dans les sociétés anciennes*, Pise-Rome 1983, p. 165-185.

D. van Berchem, *Hercule Melqart à l'Ara Maxima*, dans *Rendiconti della Pontificia Accademia romana di archeologia* 32 (1959-60), p. 61-68.

—, *Sanctuaires d'Hercule-Melqart*, dans *Syria* 44 (1967), p. 73-109, 307-338.

A. van den Branden, *I bruciaincenso Jakin e Bo'az*, dans *BeO* 4 (1962), p. 47-52.

—, *L'inscription phénicienne de Larnax Lapethou II*, dans *OA* 3 (1964), p. 245-261.

—, *L'iscrizione fenicia di Masub*, dans *BeO* 7 (1965), p. 69-75.

—, *L'inscription phénicienne d'Idalion, CIS,I,88*, dans *Studi sull'Oriente e la Bibbia*, Genève 1967, p. 55-70.

—, *Quelques remarques concernant l'inscription phénicienne de Pyrgi*, dans *Melto* 4 (1968), p. 91-111.

—, *Quelques notes concernant l'inscription Trip. 37 = KAI 119*, dans *BiOr* 31 (1974), p. 223-226.

—, *I titoli mqm 'lm mtrḥ 'štrnj*, dans *BeO* 16 (1974), p. 133-137.

—, *Lapithos après la conquête de Ptolémée I*, dans *BeO* 24 (1982), p. 113-122.

H.J. van Dijk, *Ezekiel's Prophecy on Tyre, a New Approach*, Rome 1968.

A. Vanel, *L'iconographie du dieu de l'orage dans le Proche-Orient ancien jusqu'au VIIᵉ siècle av. J.-C.*, Paris 1965.

F. Vattioni, *Il dio Resheph*, dans *AION* 15 (1965), p. 39-74.

—, *Tripolitana 1 et Tobie III,6*, dans *RB* 78 (1971), p. 242-246.

—, *Aspetti del culto del signore dei cieli II*, dans *Augustinianum* 13 (1973), p. 37-73.

—, *Antroponimi fenicio-punici nell'epigrafia greca e latina del Nordafrica*, dans *Annali del seminario di studi sul mondo classico, sezione di archeologia e storia antica*, Naples 1979, p. 153-191.

—, *I sigilli fenici*, dans *AION* 41 (1981), p. 177-193.

—, *Le iscrizioni di Ḥatra*, Naples 1981.

H.C.R. VELLA, *Quintinus (1536) and the Temple of Juno and Hercules in Malta*, dans *Athenaeum* 60 (1982), p. 272-276.

J. VERCOUTTER, *Les objets égyptiens et égyptisants du mobilier funéraire carthaginois*, Paris 1945.

F. VERKINDEREN, *Les cités phéniciennes dans l'Empire d'Alexandre le Grand*, dans *St.Phoen.* V, Leuven 1987, p. 287-308.

M. VERZÁR, *Pyrgi e l'Afrodite di Cipro*, dans *MÉFRA* 92 (1980), p. 35-86.

L. VILLARONGA, *La monedas hispano-cartaginesas*, Barcelone 1973.

—, *Diez años de novedades en la numismatica hispano-cartaginesa, 1973-1983*, dans *Studi di numismatica* (=*RSF* suppl. 11), Rome 1983, p. 57-73.

A. VIOLANTE, *Armi e armature di Heracles*, dans *Acme* 36 (1983), p. 189-202.

E. VON WEIHER, *Der babylonische Gott Nergal*, Kevelaer-Neukirchen-Vluyn 1971.

C.G. WAGNER, cf. J. ALVAR.

J. WAIS, *Malakbel and Melqart*, dans *Studia Palmyreńskie* 5 (1974), p. 97-101.

M.K. WAKEMAN, *Sacred Marriage*, dans *JSOT* 22 (1982), p. 21-31.

P. WATHELET, *Les Phéniciens et la composition formulaire de l'épopée grecque*, dans *RBPhH* 52 (1974), p. 5-14.

—, *Les Phéniciens et la tradition homérique*, dans *St.Phoen.* I-II, Leuven 1983, p. 235-243.

K.-W. WEEBER, *Die Inschriften von Pyrgi*, dans *Antike Welt* 16,3 (1985), p. 29-37.

M. WEINFELD, *The Worship of Molech and the Queen of Heaven and its Background*, dans *UF* 4 (1972), p. 131-154.

R. WERNER, *Die phönikisch-etruskischen Inschriften von Pyrgi und die römische Geschichte im 4. Jh. v. Chr.*, dans *Grazer Beiträge* 1 (1973), p. 241-271 ; 2 (1974), p. 263-294.

Éd. WILL - C. ORRIEUX, *Ioudaïsmos-Hellènismos. Essai sur le judaïsme judéen à l'époque hellénistique*, Nancy 1986.

Ern. WILL, *Au sanctuaire d'Héraclès à Tyr, l'olivier, les stèles et les roches ambrosiennes*, dans *Berytus* 10 (1950-51), p. 1-12.

—, *Sur quelques monnaies de Tyr*, dans *RNum* 15 (1973), p. 80-84.

—, *Les aspects de l'intégration des divinités orientales dans la civilisation gréco-romaine : langage conventionnel et langage clair*, dans *Mythologie gréco-romaine, mythologies périphériques. Études d'iconographie*, Paris 1981, p. 157-161.

V. WILSON, *The Iconography of Bes with Particular Reference to the Cypriot Evidence*, dans *Levant* 7 (1975), p. 77-103.

J.G. WINTER, *The Myth of Hercules at Rome*, dans *Univ. of Michigan Studies, Human Serv.* 4 (1912), p. 171 ss.

S. WOODFORD, *Cults of Heracles in Attica*, dans *Studies Presented to G.M.A. Hanf-mann*, Mainz am Rhein 1971, p. 211-225.

P. XELLA, *A proposito del giuramento annibalico*, dans *OA* 10 (1971), p. 189-193.

—, *Per una riconsiderazione della morfologia del dio Ḥoron*, dans *AION* 32 (1972), p. 271-286.

—, *Un'uccisione rituale punica*, dans *Saggi fenici*-I, Rome 1975, p. 23-27.

—, *Problemi del mito nel Vicino Oriente antico*, Naples 1976.

—, *Il dio siriano Kothar*, dans *Magia. Studi di storia delle religioni in memoria di R. Garosi*, Rome 1976, p. 111-124.

—, *Remarques sur le panthéon phénico-punique de la Sardaigne sur la base des données onomastiques*, dans *Actes du IIe Congrès International d'Étude des Cultures de la Méditerranée occidentale* II, Alger 1978, p. 71-77.

—, *Le dieu Rashap à Ugarit*, dans *AAAS* 29-30 (1979-80), p. 145-162.

—, *I testi rituali di Ugarit* I, Rome 1981.

—, *Aspetti e problemi dell'indagine storico-religiosa*, dans *RelFen*, Rome 1981, p. 7-25.

—, *QDŠ. Semantica del «sacro» ad Ugarit*, dans *MLE* 1 (1982), p. 9-17.

—, *Il re, la morte e gli antenati nella Siria antica*, dans U. BIANCHI - M.J. VERMASE-REN (éd.), *La soteriologia dei culti orientali nell'Impero romano*, Leyde 1982, p. 614-632.

—, *Il culto dei morti nell'Antico Testamento : tra teologia e storia delle religioni*, dans *Religioni e Civiltà. Scritti in memoria di A. Brelich*, Bari 1982, p. 645-666.

—, *Sulla più antica storia di alcune divinità fenicie*, dans *ACFP 1*, vol. II, Rome 1983, p. 401-407.

—, *Aspekte religiöser Vorstellungen in Syrien nach den Ebla- und Ugarit-Texten*, dans *UF* 15 (1983), p. 279-290.

—, *Gli antenati di Dio. Divinità e miti della tradizione di Canaan*, Vérone 1984.

—, *Les mythologies du Proche-Orient ancien d'après les découvertes récentes*, dans *LÉC* 53 (1985), p. 311-329.

—, *Le polythéisme phénicien*, dans *St.Phoen.* IV, Namur 1986, p. 29-39.

—, *Tradition und Innovation. Bemerkungen zum Pantheon von Ebla*, dans *Wirtschaft und Gesellschaft von Ebla* (colloque de Heidelberg, 4-7/11/1986), à paraître.

—, cf. S. RIBICHINI.

—, cf. G. SCANDONE.

Y. YADIN, *The 'House of Baʿal' of Ahab and Jezabel in Samaria and that of Athalia in Judah*, dans *Archaeology in the Levant. Essays for K. Kenyon*, Warminster 1978, p. 127-135.

M. YON, *Le maître de l'eau*, dans *Archéologie au Levant. Recueil R. Saïdah*, Lyon 1982, p. 251-263.

—, *Fouilles françaises à Kition-Bamboula (Chypre), 1976-1982*, dans *CRAI* 1984, p. 80-99.

—, *Mission archéologique française de Kition-Bamboula 1976-1984*, dans V. KARA-GEORGHIS (éd.), *Archaeology in Cyprus 1960-1985*, Nicosie 1985, p. 219-225.

—, *Cultes phéniciens de Chypre : l'interprétation chypriote*, dans *St.Phoen.* IV, Namur 1986, p. 127-152.

—, *À propos de l'Héraklès de Chypre*, dans L. KAHIL - Ch. AUGÉ - P. LINANT DE BELLEFONDS, *Iconographie classique et identités régionales* (*BCH* suppl. XIV), Paris 1986, p. 287-297.

—, *Le royaume de Kition. Époque archaïque*, dans *St.Phoen.* V, Leuven 1987, p. 357-374.

P. ZANOVELLO, *I due «betili» di Malta e le ambrosiai petrai di Tiro*, dans *Rivista di archeologia* 5 (1981), p. 16-29.

Index des noms de lieux

Index des divinités,
personnages mythiques et épiclèses

Index général

Index des sources

1. Sources littéraires

2. Index des sources épigraphiques

Table des cartes

Table des planches

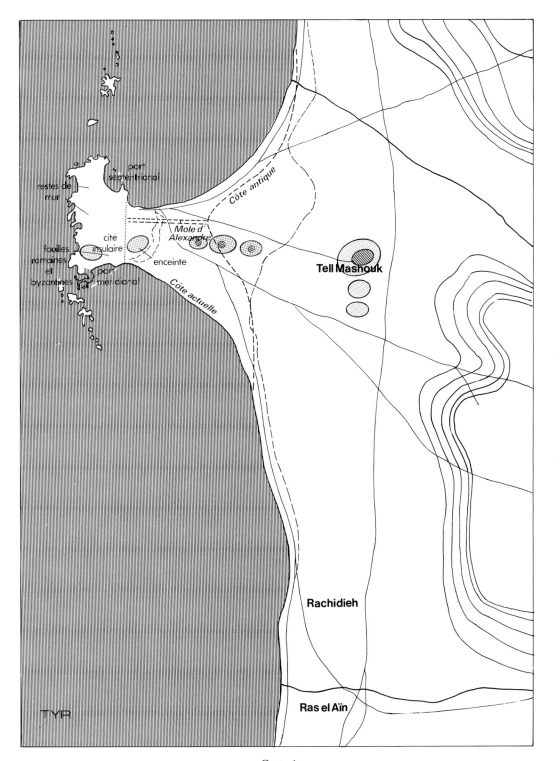

restes de
mur

port
septentrional

cité
insulaire

fouilles
romaines
et
byzantines

port
méridional

enceinte

Côte antique

*Mole d'
Alexandre*

Tell Mashouk

Côte actuelle

TYR

Rachidieh

Ras el Aïn

Carte 1

ANTI-TAURUS
▲ 2056
▲ 2493
Marash

SAMOSATE ■

TAURUS
2194 ▲
TARSE ■
Mersin ■

■ Karatêpé

■ Sakçagözü
SAMAL
Zinjirli
▲ 940

Arslan-Tash ■
HARRAN ■

CARCHÉMISH ■
HIÉRAPOLIS ■

ANANUS

1796 ▲

▲ 1700
ANTIOCHE ■
ALALAKH ■
■ Alep

Al–Mina ■

POSIDEION
Ras el Bassit ■

Euphrate

OUGARIT
Ras–Shamra
Lattakié ■
Ras Ibn Hani
Tell Soukas ■
1562 ■

■ EBLA

Oronte

1146 ▲
HAMAT ■

ARADOS ■ AMRITH ■
Tell Kazel ■
ÉMÈSE ■
■ QATNA

Mer Méditerranée

QADESH ■

PALMYRE ■

3083 ▲

▲ 750
BYBLOS ■
Nahr Ibrahim
HELIOPOLIS ■
Baalbek ▲ 2659

Beyrouth ■
Nahr Damour
Litani
ANTI-LIBAN

SIDON ■ 1800 ▲
SAREPTA ■
2424 ▲

TYR ■
Qumm el–ᶜAmed ■
2814 ▲

■ DAMAS

DESERT

AKKO ■
1208 ▲
HATSOR ■

HERMON

■ ASHTAROT

DE

Atlit ■
■ MEGIDDO

HAURAN

■ BOSTRA

SYRIE

Jourdain

SAMARIE ■
▲ 1261

EKRON ■
881 ▲
JAMNIA ■
BETH-HORON ■
JERICHO ■
■ GADARA
■ AMMON
Amman

ASCALON ■
JERUSALEM ■
QUMRAN ■
1020 ▲
EBRON ■

Mer Morte

BEERSHEBA ■
MASADA ■

DÉPRESSION DE L'ARABA

0   50   100km

Carte 2

Carte 3

CARTHAGE

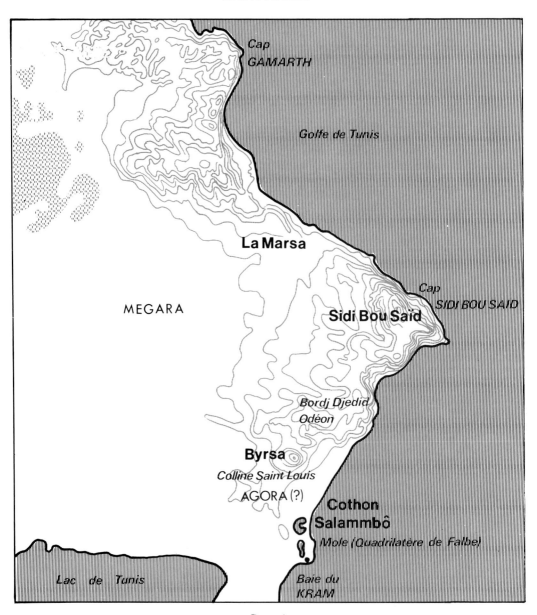

Carte 4

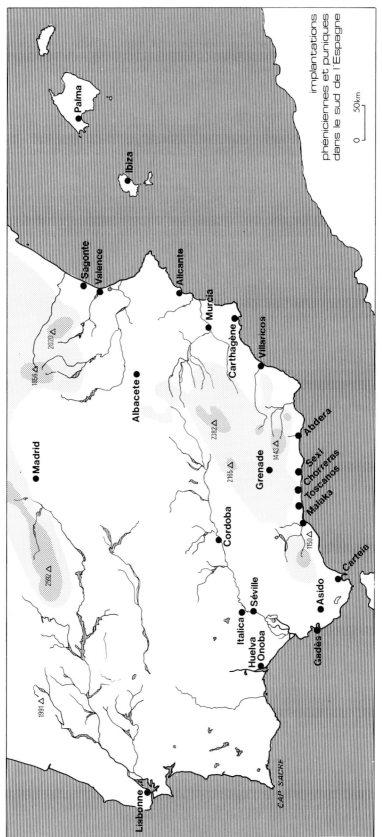

implantations
phéniciennes et puniques
dans le sud de l'Espagne

0   50km

Palma

Ibiza

Sagonte
Valence

Alicante

Murcie

Carthagène

Villaricos

2020△

1856△

Albacete●

Abdera

2382△

Sexi
Chorreras
Toscanos
Malaka

●Madrid

Grenade●

1443△

2165△

2362△

Cordoba●

1150△

Séville●

Italica●

Canteta

Huelva●
●Onoba

●Asido

Gadès●

1991△

CAP SACRÉ

Lisbonne●

Carte 5

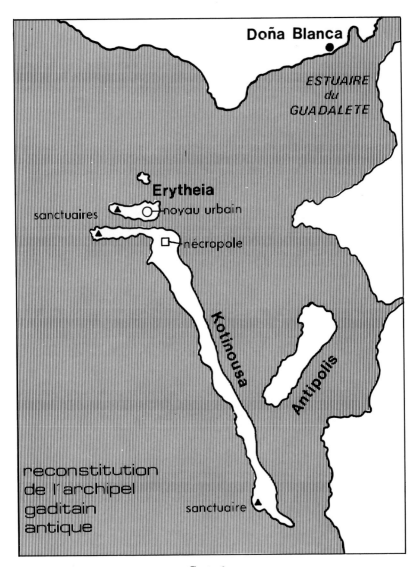

Doña Blanca

*ESTUAIRE
du
GUADALETE*

Erytheia

sanctuaires ▲ ○ ●noyau urbain

▲

□ ●nécropole

Kotinousa

Antipolis

reconstitution
de l'archipel
gaditain
antique

sanctuaire ▲

Carte 6

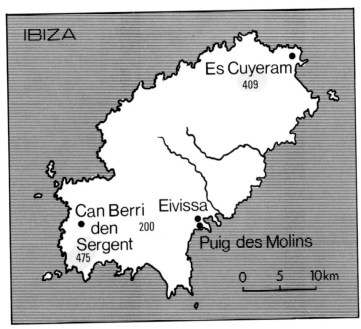

Carte 7

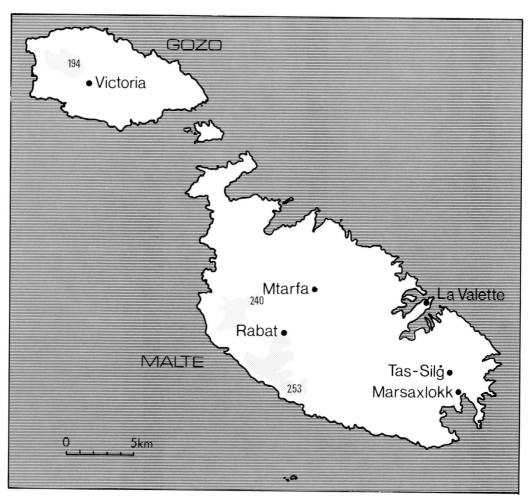

GOZO

194
•Victoria

Mtarfa •
240

Rabat •

La Valette
•

MALTE

253

Tas-Silġ•
Marsaxlokk•

0   5km

Carte 8

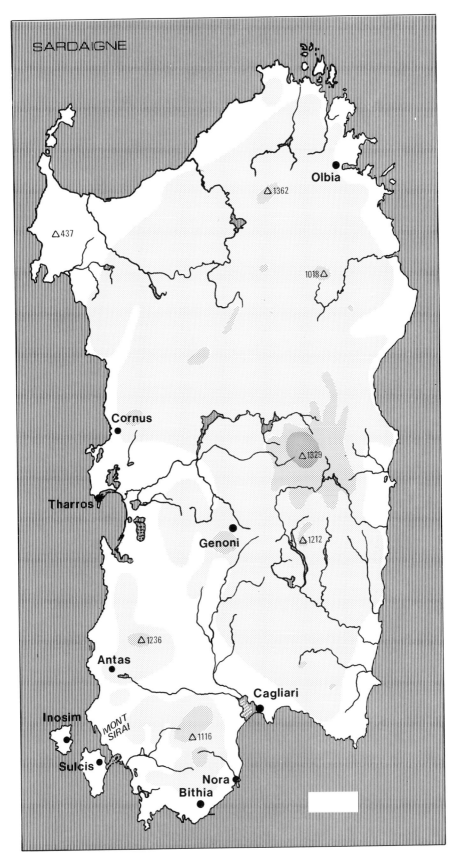

SARDAIGNE

△1362

Olbia

△437

1018△

Cornus

△1329

Tharros

Genoni

△1212

△1236

Antas

Cagliari

Inosim

MONT
SIRAI

△1116

Sulcis

Nora
Bithia

Carte 9   1 cm = 13,5 km

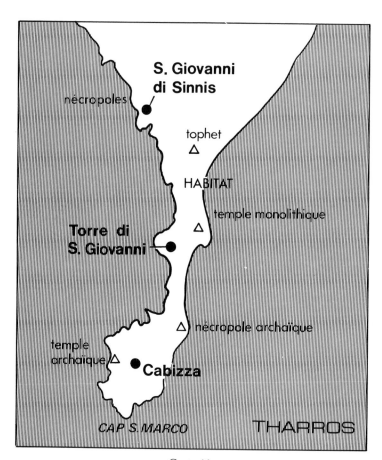

S. Giovanni
di Sinnis

nécropoles

tophet
△

HABITAT

temple monolithique
△

Torre di
S. Giovanni

temple monolithique

△ nécropole archaïque

temple
archaïque △ ●Cabizza

CAP S. MARCO

THARROS

Carte 10

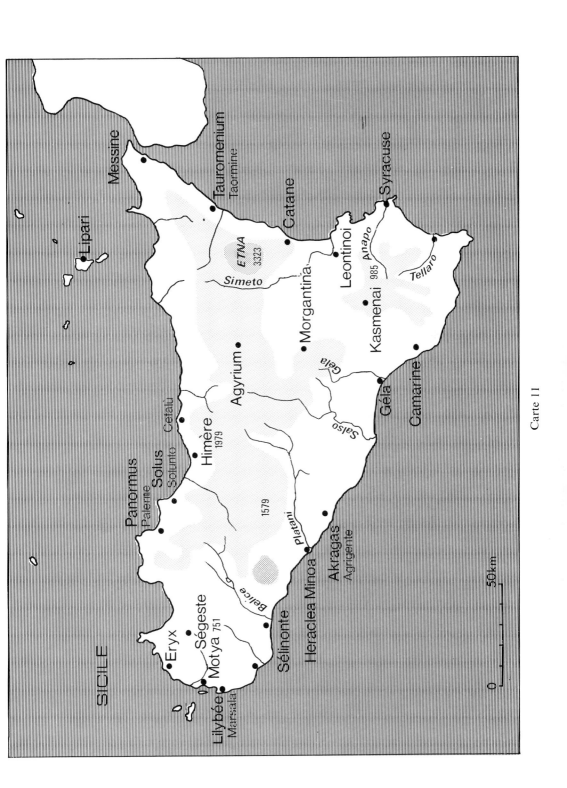

SICILE

Messine

Lipari

Tauromenium
Taormine

Catane

ETNA
3323

Simeto

Morgantina

Leontinoi

Syracuse

Anapo

Kasmenai 985

Tellaro

Agyrium

Gela

Géla

Camarine

Salso

Cefalu

Panormus
Palerme

Solus
Solunto

Himère
1979

1579

Platani

Belice

Eryx

Ségeste 751

Motya

Sélinonte

Heraclea Minoa

Akragas
Agrigente

Lilybée
Marsala

0   50km

Carte 11

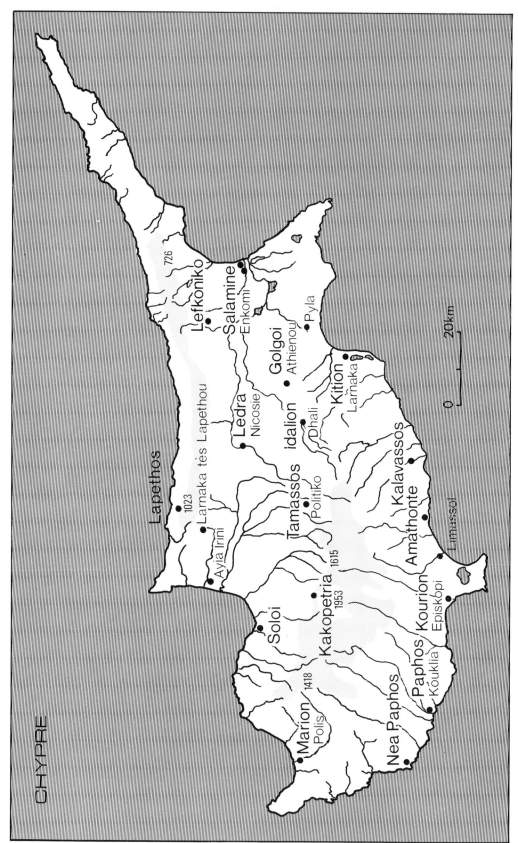

CHYPRE

Lapethos

Lapethos
Larnaka tès Lapethou
1023
Ayia Irini

726
Lefkoniko
Salamine
Enkomi

Ledra
Nicosie

Golgoi
Athienou
Pyla

Idalion
Dhali

Kition
Larnaka

Soloi

Tamassos
Politiko

Kalavassos

Marion
1418
Polis

Kakopetria
1953

1615

Amathonte
Limassol

Nea Paphos

Paphos
Kourion
Episkopi
Kouklia

0   20km

Carte 12

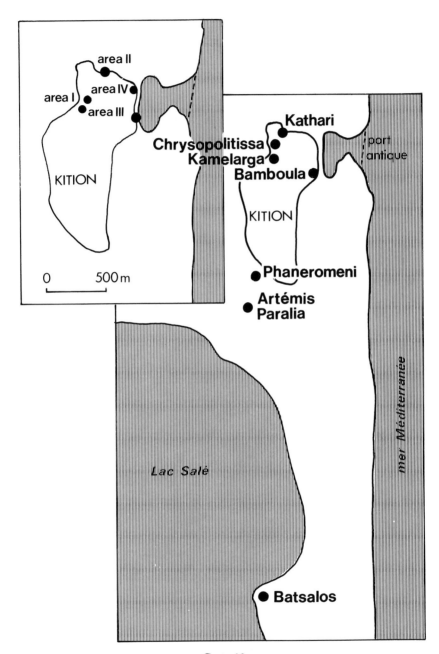

area II

area IV

area I

area III

KITION

0   500 m

Kathari

Chrysopolitissa
Kamelarga

Bamboula

KITION

port
antique

Phaneromeni

Artémis
Paralia

Lac Salé

mer Méditerranée

Batsalos

Carte 13

Fig. 1

Fig. 2

a.

b.

c.

d.

e.

f.

Fig. 3

Fig. 4

Fig. 5

Fig. 6

Fig. 7

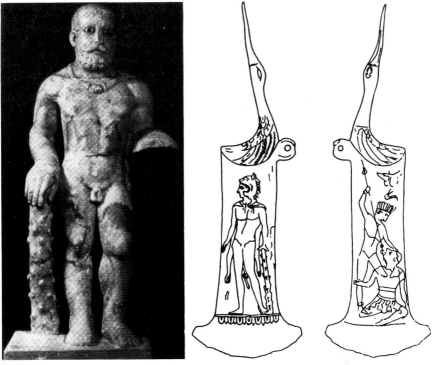

Fig.8   Fig. 9

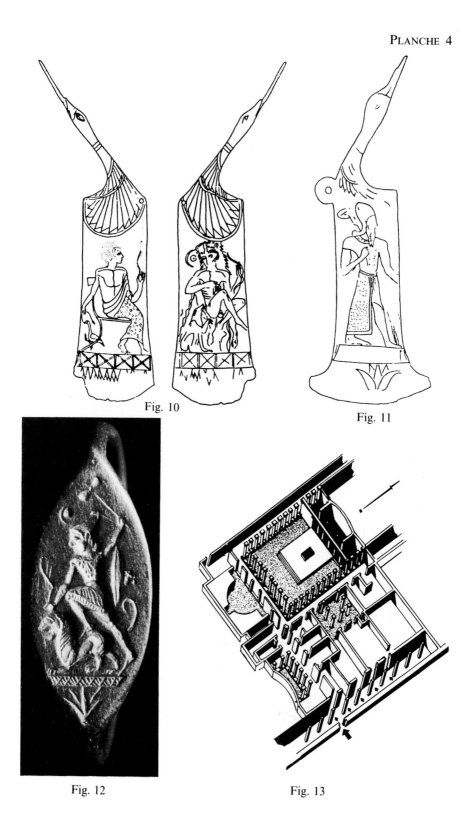

Fig. 10

Fig. 11

Fig. 12

Fig. 13

Fig. 14
(agrandie 2 fois)

Fig. 15
(agrandie 2 fois)

Fig. 16

Fig. 17

Fig. 18

Fig. 19

Fig. 20

Fig. 21

Fig. 22

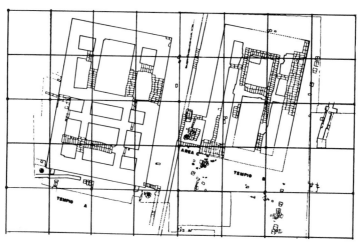

Fig. 23

Fig. 24

Fig. 25

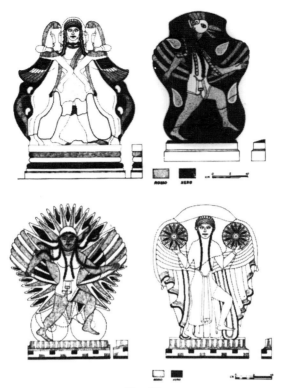

Fig. 26

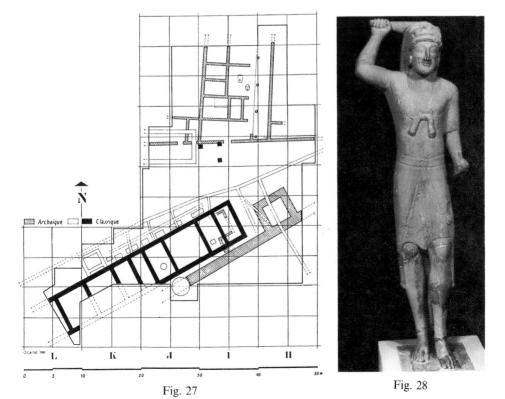

Fig. 27

Fig. 28

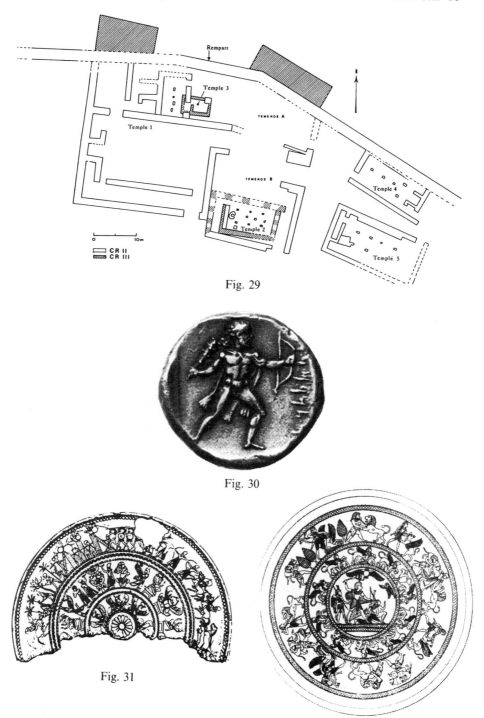

Fig. 29

Fig. 30

Fig. 31

Fig. 32